PR 이론과 실무

이 도서의 국립중앙도서관 출판시도서목록(CIP)은 서지정보유통지원시스템 홈페이지(http://seoji.nl.go.kr)와
국가자료공동목록시스템(http://www.nl.go.kr/kolisnet)에서 이용하실 수 있습니다.
(CIP제어번호: CIP2015009391)

Public Relations Theory & Practice

PR 이론과 실무

박진용 지음

한울
아카데미

서문

소통과 관계의 미학

현대사회에서 조직이 생존·발전하기 위해서는 PR의 당위성을 피해갈
수 없다. PR은 소통을 통해 조직과 연관된 공중들과 우호적 관계를 형성하
는 활동이다. 경영학은 물론 행정학, 정치학 등 여러 학문의 관심 분야로 주
목받고 있다. 그 이유, 즉 PR의 가치는 무엇일까? 오늘날의 기업, 비영리단
체, 정부는 늘 관계망 속에 존재한다. 관계의 메커니즘을 다루는 PR에 대한
이해 없이는 조직 운영이 어려워진다. 특히 모바일 시대는 소통과 관계에
서의 팽팽한 위험인식을 요구한다. 조직의 위험 요인을 예방, 회피, 분산,
완화, 조정, 해소시켜주는 것이 PR의 중요한 역할이 됐다. 이런 이유로 PR
은 다른 학문들이 해결해주지 못하는 조직 경영의 만병통치약 같은 존재
로 받아들여지고 있다. 그만큼 PR에 대한 의존도가 높아진 것이다. 정보통
신기술의 급격한 발전이 이런 추세를 촉진하고 있다. PR은 조직들의 표현,
즉 광고를 대체하는 수단으로서의 의미도 크다. 광고 없는 세상을 상상할
수 없듯이 이제 PR 없는 세상을 만난다는 것은 불가능하다. 광고의 범람이
현대인들을 질식시켜 그 효용성에 대한 의문이 커지면서 조직들은 PR로
눈을 돌리고 있다. PR이 광고보다 사람들을 덜 피곤하게 만들면서 더 설득
적이기 때문이다. 커뮤니케이션 환경이 복잡해질수록 PR의 무게는 점점

늘어날 것으로 보인다.

저술의 주안점 이 책 저술의 주안점은 두 가지다. PR 개론서에 걸맞은 내용들을 담아주는 것과 그 내용들을 알기 쉬운 틀로 체계화시키는 것이다. PR이 신생 학문으로서 아직 이론체계나 교육체계가 제대로 정립되지 않은 상태라는 점을 대전제로 한다. 먼저, 내용 측면에서는 이론과 실무 지식을 두루 보여주는 데 역점을 두었다. 저자는 기존의 PR 및 언론 교재들과 실무서를 집성해 그 해답을 찾아보고자 했다. PR의 체계화도 난삽한 문제 중 하나다. PR의 차원과 영역이 복잡하게 맞물리고 중첩되는 데서 오는 현상이다. 주류적인 큰 흐름, 큰 줄기를 따라 단순화시키는 쪽으로 방향을 잡았다. 단순한 목차 설정이 개론서의 1차적 덕목이라고 생각했기 때문이다. 두 가지의 저술 주안점은 상세성의 부족, 자의적 목차 설정이라는 약점을 가지지만 개론서로서의 실익이 더 크다고 자위해본다. 책의 기술에서는 원문들을 건너뛰고 축약해 핵심 개념을 쉽게 전달하는 데 중점을 두었다. PR 프로젝트를 기획할 수 있을 만한 기초 지식은 담아냈다고 생각한다. 교양서, 실무서로도 쓰일 수 있을 것이다.

책의 구성 이 책은 10장 체제다. 1장 개관, 2·3장 PR 이론, 4~8장 PR 관리, 9·10장 퍼블리시티가 각 하나의 부문을 구성한다. 1장 PR의 개관에서는 PR의 역사, 개념, 체계, 분야, 윤리와 법제를 짚어본다. PR의 체계를 독자적으로 정리해보았다.

2장에서는 PR 이론, 3장에서는 설득이론을 설명한다. PR 이론은 다양한 학문영역을 바탕으로 하고 있으나 경영이론, 커뮤니케이션 이론, PR 고유 이론이 3개의 축을 형성하고 있다. 이들 전체를 2장에서 정리했다. 3장에서는 PR의 본질적 속성인 설득을 따로 떼어 소개했다. 부분적이나마 PR 이론과 설득이론을 PR 활동과 연계시켜 보았다.

다음의 4~8장은 PR 관리, PR 기획 그리고 PR의 세 기둥(명성관리, 관계관리, 위기관리)을 차례로 설명하고 있다. 4장 PR 관리는 PR 실무를 요약적으로 보여준다. PR의 존재 이유와 통제 기능, PR 조직 구성과 업무, PR 커뮤니케이션, PR 리서치, PR 평가를 담았다. 5장 PR 기획에서는 PR 문제 해결 또는 개선을 위한 PR 프로젝트를 상황 분석, 기획, 실행 및 관리로 나눠 기술했다. 6장의 명성관리는 개념을 광의적으로 파악했다. 관계관리, 위기관리 이외의 PR 활동들은 모두 명성관리의 범주로 간주했다. PR이 그런 추세로 움직이고 있다. 즉, 조직의 사회적 책임, 조직문화 관리, 이미지 및 정체성 관리, 마케팅 PR, 스포츠 PR, 유명인 PR까지를 모두 이 범주에 포함시켰다. 7장 관계관리는 조직을 둘러싼 공중들과 상호 신뢰에 바탕을 둔 우호적 관계 형성 문제를 다룬다. 온라인 시대가 되면서 PR은 언론 관계 중심에서 공중 관계 중심으로, 대중 중심에서 이해관계자 중심으로 변화하고 있는 사실에 주목할 필요가 있다. 관계관리의 대상은 다양하게 구분할 수 있으나 이 책에서는 종업원, 투자자, 지역사회, 활동적 공중, 공공문제의 다섯 분야만 다룬다. 8장 쟁점관리 및 위기관리에서는 예방 PR로서의 여론 관리, 이해관계자 관리, 쟁점관리를 선행적으로 짚어본다. 이들 3자 관리는 명성관리, 관계관리와도 관련이 있으나 업무의 연결성과 유사성을 감안해 위기관리에 배치시켰다. 위기관리에서는 위기의 예방, 준비, 대응, 평가를 설명한다. 정보통신기술의 발달 등으로 위기가 일상화되면서 위기관리의 중요성이 커지고 있다.

9장 언론홍보, 10장 온라인 PR에서는 주로 언론 퍼블리시티를 다룬다. 퍼블리시티는 모든 PR 활동의 바탕이며 전략적 외연이다. 온라인 시대 이후 대중/집단/대인 커뮤니케이션의 구분이 어려워졌고, 언론을 통한 퍼블리시티의 무게감도 전과 같지 않지만 그 중요성은 과소평가할 수 없다. 9장 언론홍보에서는 말 그대로 신문, 방송, 온라인 등 대중매체 홍보를 다룬다. 언론 관계, 언론전략, 보도자료, 인터뷰, 기자회견, 보도 대응 등의 소주제들이 있다. 10장 온라인 PR에서는 전통 매체를 제외한 언론, 즉 웹사이트, 소셜미디어 등 여타 분야에서의 온라인 PR과 퍼블리시티를 다룬다. 언론과 비언론의 경계가 허물어지고 있다는 점을 염두에 둬야 한다.

읽어두기   PR 관리의 현실은 고차방정식처럼 복잡다단하게 전개되어 책으로 PR의 모든 상황을 설명하거나 해답을 제시해줄 수는 없다. PR은 체험적이며, 시행착오는 불가피한 수업료다. 무리한 도식화는 오히려 사실을 이탈하거나 왜곡시킬 수 있다. 이론이나 모델의 이해 및 활용은 이런 바탕 위에서 이뤄지는 것이 바람직하다. 또 한 가지, PR의 모든 측면들은 직간접으로 연계되어 있다는 점에 유의해야 한다. 책의 체계나 장절 설정, 서술의 선후는 교과서적 편의사항으로 받아들여야 한다. 전체 내용이 하나의 덩어리로 이해될 필요가 있다.

여느 학문 분야에서와 마찬가지로 PR 역시 용어 정립이 안 된 경우가 많아 학습자나 교수자, PR 실무자 모두가 혼란을 겪고 있는 실정이다. 이는 번역의 자의성과 언어 개념의 차이, 문화의 차이 등이 겹쳐서 일어나는 현상이다. 이런 혼란을 명확히 정리할 방법은 없다. 이 책에서는 대강의 가이드라인을 정해 용어 사용의 이해를 돕고자 한다. 우선 커뮤니케이션은 소통과 같은 의미로 사용하되 양자를 병용했다. 대중매체의 의미를 가지는 미디어는 대중매체, 언론매체, 매스미디어, 미디어로 혼용했다. 미디어는 광의로 커뮤니케이션 미디어란 의미도 가지고 있다. PR과 홍보도 양자를 동의어로 간주해 병용했다. 퍼블리시티는 언론홍보, 더 넓게는 공시(公示)의 개념으로 사용했다. 퍼블리시티의 원래적 의미는 대중매체를 통해 조직, 상품, 서비스 등을 알리거나 공중들과의 관계를 증진하는 것이나 현재의 언론 환경에서는 이런 개념의 적용이 곤란해졌다. 온라인 시대가 되면서 대중매체, 조직매체, 대인매체의 구분이 불가능해졌기 때문이다. 따라서 퍼블리시티를 전통적인 언론홍보와 함께 공시라는 포괄적 의미로도 함께 쓸 수밖에 없었다. PR 프로젝트, PR 캠페인, PR 프로그램은 용어를 구분하기가 쉽지 않았다. 언어적 관행에 따라 프로젝트는 전략 활동, 캠페인은 특별 활동, 프로그램은 일반 활동 및 개별 활동으로 잠정했으나 혼용이 불가피했다. PR 책임자, PR 관리자, PR 실무자 등은 의미가 비슷비슷하게 사용되는 경우가 많아 따로 구분하지 않고 편의에 따랐다. 스테이크홀더(stakeholder)는 책에 따라 이해관계자 또는 이해당사자로 번역되는데 전자가 의미의 적합성이 높은 것으로 보인다. model은 모델과 모형 중 사용빈도가 높은 모델로 일치시켰다. PR 프로그램의 타깃(target)이 되는 공중은 목표공중으로 정리했다. 우리 언어 관습상 사람을 표적으로 묘사하는 것은 부적절한 인상을 줄 수 있기 때문이다. 리서치(research)는 조사연구가 적합한 번역이겠으나 책에서는 문장의 맥락에 따라 조사, 조사연구, 리서치로 혼용했다.

감사 말씀 이 책은 PR의 기초를 닦아주신 선행 저작자들의 노고를 바탕으로 이뤄진 작업이다. 특히 몇몇 연구자들과 실무자들의 저서에 도움받은 바 크다는 점을 말씀드리고 싶다. 이 책이 모습을 드러낼 수 있도록 해주신 영남대 언론정보학과 교수님들의 지원과 배려에 대한 고마움도 빠트릴 수 없다. 기대와 관심으로 지켜봐주신 매일신문사 동료 선후배들께도 많은 마음의 빚을 느낀다. 또한 출판을 선선히 수락해주신 한울 가족과 편집작업을 맡아주신 조수임, 윤순현 님께도 특별한 고마움을 전하고 싶다. 곁에서 작업을 늘 지켜봐준 고금자 선생님, 박시경·박선영 부부, 그리고 아버지의 아버지를 대망하는 작은 눈들도 적지 않은 힘이 됐음을 상기해본다.

2015년 봄
月村 박진용

1장
PR

1. PR의 역사

PR은 인류의 문명적 활동이다. 역사시대의 시작 이래 선전, 공지, 설득, 협상, 이해, 공감 등 PR의 여러 개념들은 의식 또는 무의식중에 인간사를 지배해왔다. 그런 점에서 역사의 많은 부분들은 PR의 결과물이라고 해도 지나친 바가 없다. 기독교, 이슬람교, 불교의 경전은 모두가 선교를 위한 PR 기록이다. 각국의 건국신화 역시 민족이나 국가의 특별성을 강조하기 위한 PR 차원의 소산이다. 선전 개념으로서의 PR은 불과 240년 전의 미국 건국신화로 이어진다. 허구적인 이야기들이 견고한 불변의 역사 사실로 자리 잡아가고 있다. 현대 중국사회에서 지속되고 있는 동북공정(東北工程)과 서남공정(西南工程)은 역사를 짜 맞추는 선전 활동이다. 일본의 과거사 부정 역시 정부 차원의 선전전략이라 할 수 있다.

1) PR 이전 시대

우리가 알고 있는 이집트, 아시리아, 페르시아에 관한 역사 사실들은 주로 당시 집권자를 찬양하고 선전하기 위한 기록물에 바탕을 둔 것이다. 기원전 수 세기부터 10세기까지 존재했던 마야 문명의 기념비들은 당시 지도자의 생일을 더 강성했던 지도자의 생일과 일치시켜 환생을 암시하기도 했다. 권력의 정당성이나 정통성을 부여하기 위한 선전 활동으로 볼 수 있다(프랫카니스·아론슨, 2005). 기원전 1800년경 이라크인들이 남긴 농사회보는 일종의 정부 홍보물이었다. 회보는 파종법, 관개법, 들쥐 퇴치법, 추수법 등을 설명하고 있다.

동양 중국 역사의 시발점으로 삼는 삼황오제(三皇五帝) 시대는 단군신화와 다를 바가 없다. 요, 순, 우 임금은 주나라가 중국 통일을 기념하기 위해 각 부족의 잡다한 조상신을 끌어 모은 허구로 봐야 한다(김성원, 1994). 중국의 춘추전국시대는 정치 및 행정 PR의 만개 시대였다고 할 만하다. 소위 제자백가(諸子百家)들은 정치와 행정, 철학을 전파하고자 천하를 주유하며 (로드쇼) 유세 활동(설득)을 펼쳤다. 춘추 말기에 인의 정치를 부르짖은 공자(孔子), 전국 말기의 상앙(商鞅), 한비자(韓非子) 등이 대표적이다. 한비자는 자신의 저술 제12편 『세난(說難)』에서 설득의 어려움을 이렇게 적고 있다. "의견을 말하기가 어렵다는 것은 상대편을 설득하기가 어렵다는 말이 아니다. 생각하는 바를 상대에게 전달하기가 어렵다는 것도 아니다. 설득하는 상대의 마음을 간파하고 자기 의견을 그것에 맞추기가 어렵다는 것이다. 명예를 원하는 데 이익을 줘서는 안 되고, 이익을 원하는 데 명예를 줘서는 안 된다. 상대의 껍질과 속이 다른 경우도 있다"(김상일, 1976). 현대의 설득 커뮤니케이션에서 가장 중요한 요소로 꼽는 수용자의 감성을 설파하고 있는 것이다.

서양 서양에서 설득으로서의 PR을 창시한 인물은 기원전 6세기의 소크라테스다. 고대 그리스에서는 변론과 설득을 재판이나 국가 정책 결정의 주된 수단으로 삼았다. 이런 사회적 수요가 아리스토텔레스로 하여금 기원전 323년 설득이론 총서인『수사학』을 내놓게 했다. PR학자들은 고대 로마에서도 초보적 행태의 PR이 있었다고 말한다. 기원전 19년 로마의 시인 베르길리우스(Publius Vergilius Maro)의 농경시는 도시 주민을 농촌으로 이주시켜 농업 생산을 늘리려는 설득적 노력의 일환이었다(김병철, 2005b). 초기 기독교의 사도 바울과 베드로는 신자를 늘리고 새 교회를 세우기 위해 연설, 편지, 집회 등 PR 활동을 했다. 예수 사망 40년 후에 쓰인 네 복음서도 예수의 생애를 역사적으로 기록했다기보다 신앙을 전파하기 위한 PR물이라고 할 수 있다(그루닉·헌트, 2006a). 중세 이후 서양에서는 1351년 가톨릭 개혁에 앞장선 존 위클리프(John Wycliffe), 15세기 이탈리아 정치가 니콜로 마키아벨리(Niccolo Machiavelli) 등이 PR을 시행한 주요 사례로 꼽힌다(뉴섬 외, 2007). 활판인쇄술의 발명 이후 여론과 PR은 급속한 발전을 보이기 시작했다. 르네상스와 종교개혁, 시민혁명은 커뮤니케이션 기술 또는 여론과 PR이 그 원동력이었다.

근대의 PR 1600년대에 신문이 대중 커뮤니케이션 매체로 자리 잡으면서 여론과 PR은 신문을 통해 크게 확장됐다. 신문은 여론의 힘을 깨닫게 해주었으며 PR과 역사의 발전을 이끄는 촉매제가 됐다. 18세기 미국독립혁명은 PR 유사 활동의 직접적인 영향을 받았다. 당시 대다수의 엘리트 시민들은 영국을 지지했고, 일반 대중들은 독립에 관심을 두지 않았다. 이 혁명을 가능케 한 것은 대중의 지지를 이끌어낸 소수의 숙련된 선전가들이었다. 독립전쟁을 발발시키는 데 가장 큰 공헌을 한 사람은 새뮤얼 애덤스(Samuel Adams)로 그는 현대 PR 실무자들이 채택하는 매체 믹스, 표어, 의사사건(擬似事件, pseudo-event),[1] 갈등의 조성, 지속적 캠페인 등 6가지 기술을 사용했다(그루닉·헌트, 2006a). 또 한 가지 특기할 만한 사실은 해밀턴(Alexan-der Hamilton)과 매디슨(James Madison)의 미국 연방헌법 승인을 위한 PR 캠페인이었다. 당시 13개 주들은 독재, 과중한 세금 등을 우려해 연방정부의 권한이 커지는 것에 대해 부정적이었다. 두 사람은 신문 기고를 통한 해설, 연설, 대화 등을 통해 헌법 승인 캠페인을 성공시켰다. 18세기 유럽에서는 프로이센의 프리드리히 대제(Friedrich II, 1712~1786)가 언론홍보를 적극 활용한 것으로 알려져 있다. 프랑스의 나폴레옹(Napoléon Bonaparte, 1769~1821) 역시 언론보도를 중시해 전쟁터에까지 이동식 인쇄기를 가지고 다니며 자신에게 유리한 기사들이 보도되도록 했다(한정호 외, 2014).

2) 현대 PR의 발전

PR이라는 용어의 첫 사용에 대해서는 1807년 토머스 제퍼슨(Thomas Jefferson) 미국 대통령과 1882년 도먼 이턴(Dorman Eaton) 변호사의 2가지 설이 있는데, 후자의 신빙성이 더 높아 보인다. 이튼 변호사는 예일대 법대 졸업식에서 법조계의 PR과 임무라는 제목의 연설문을 남겼다. 15년 뒤인 1897년 미국철도협회의 연례 철도 보고서에서 PR이란 용어가 다시 등장하는데, 이것이 현대적 의미의 첫 용례로 받아들여진다(뉴섬 외, 2007). 1900년 최초의 퍼블리시티 전문 회사인 퍼블리시티 뷰로(the Publicity Bureau)가 보스턴에 설립됐다.

---

1) 대중들에게 널리 알릴 목적으로 만들어낸 사건을 말한다. 미국의 역사학자 부어스틴(Daniel Boorstein)이 처음 사용한 말이다. 시위, 삭발, 단식 등이 대표적이다. 인터뷰, 기자회견까지도 의사사건의 범주에 포함시키는 학자들도 있다. 주로 광고나 PR 목적으로 사용된다. 의사사건은 정보 질서를 훼손하고 대중을 기만하는 부작용을 초래하기도 한다(『매스컴대사전』, 1993).

언론대행술 시대　많은 이들은 미국에서 현대적 개념의 PR이 발전했다고 본다. 초기의 PR은 언론대행업과 선전에 뿌리를 두고 있었으며 공통되는 지식체계나 관련 이론도 없이 뒤죽박죽 성장했다. 언론대행술 시대는 멀리는 1800~1899년, 가까이는 1850~1899년까지로 본다. 당시 PR은 미국 정부와 기업인, 시민운동가 등에 의해 서부 개척, 엔터테인먼트, 서적, 교육, 비즈니스 등에 두루 활용됐다(뉴섬 외, 2007). 언론대행업은 1830년대 페니 신문의 등장과 함께 본격화됐다. 미국의 초기 언론대행 활동은 주로 진기(珍技)를 이용한 속임수였다. 괴상하고 악명 높은 일도 마다하지 않았다. 옐로 저널리즘을 이끌었던 윌리엄 허스트(William Hearst)는 신문부수를 늘리기 위해 진기 연재물을 통해 스페인과 미국의 전쟁을 부추겼다는 비난을 받고 있다. 19세기 언론대행업자인 피니어스 바넘(Phineas Barnum)은 이런 진기 연출가로 유명했다. 그는 샴쌍둥이 등 유명인을 만들어내는 언론대행업을 활용해 서커스를 흥행시켰다. PR 실무자들은 바넘을 PR의 원조로 생각한다(왓슨·노블, 2006). 언론대행술은 종종 비윤리적이고 무책임했다. 한편 미국 최초의 대통령 대변인은 신문기자 출신 에이머스 켄달(Amos Kendall)로 잭슨(Andrew Jackson) 대통령 재임 8년 동안 백악관의 모든 PR 업무를 혁신적으로 수행했다.

현대 PR의 여명　19세기 말 20세기 초 미국 대기업들의 과도한 이윤 추구와 전횡, 부패, 사회적 책임 회피는 폭로 기자, 개혁 정치인들의 공격목표가 됐고 반기업 정서를 확산시키는 원인이 됐다. 이런 일련의 상황들로 인해 대기업들이 홍보전략과 기술의 도움을 필요로 하면서 초보적 홍보의 원칙들이 제시됐다. 이때 등장하는 인물들이 아이비 리(Ivy Lee)[2]와 에드워

---

2)　리(1877~1934)는 뉴욕에서 기자로 일하다 1904년 조지 파커(George Parker)와 함께 홍보회사를 설립했다. 여론의 중요성을 인식하고 전자의 웨스팅하우스, 금융의 모건, 광산의 구겐하임, 원유의 록펠러 등 당시 업계 선도 기업들을 위해 홍보 활동을 벌였다.

드 버네이즈(Edward Bernays)[3])다(아르젠티·포먼, 2006). 두 사람이 활동을 시작했던 시기를 현대 PR의 여명기로 볼 수 있다. 이들의 활동으로 PR이 세를 넓혀가면서 법률 제정에까지 영향을 미치자 미국 연방의회는 의회의 예산 허가가 없이는 정부가 PR 전문가를 고용하지 못하게 하는 법률(Gillett amendment, 1913)을 제정했다. 미국 정부기관은 지금도 PR이란 말 대신에 PA (Public Affairs), 즉 공공문제 관계란 용어를 사용한다.

• 아이비 리   현대적 의미의 PR 활동을 한 최초의 인물인 리는 정확한 사실을 전달받은 대중은 이성적으로 행동할 것이며, 윤리적 기업에게는 대중들도 호의적 반응을 보여줄 것이라는 믿음 아래 언론홍보의 원칙을 작성해 언론에 배포했다. 1904년 미국에서 세 번째로 정치 홍보 대행사 사무실을 차렸다. 1906년 열차 참사가 발생하자 현대적 의미의 보도자료를 처음으로 배포했다.

• 에드워드 버네이즈   진정한 의미의 PR은 1921년 무렵 버네이즈에 의해 이뤄졌다. 그는 PR은 사회과학 지식에 기반을 두어야 한다고 믿었으며 1922년 PR 카운슬링 개념을 도입했다. 버네이즈는 공중은 선전가가 원하

언론에 공개적인 커뮤니케이션을 해야 한다는 원칙을 내세웠지만 록펠러 회사 관련 건이나 자신에 관한 일에서는 그러하지 못했다(아르젠티·포먼, 2006). '히틀러의 언론대행업자'라는 불명예를 안고 사망했다.

3) 현대 PR은 1923년 버네이즈(1891~1995)가『여론의 정수(Crystallizing Public Opinion)』라는 저서를 내놓은 후부터 학문적·사회적으로 자리 잡기 시작했다. 버네이즈는 100살 넘게 살았으며 80년을 홍보 분야에서 일했다. 제1차 세계대전 때 미국 공공정보위원회 위원으로 활동했으며, 1922년 뉴욕대학교에서 최초로 PR 강의를 했다. 1929년 아메리칸 토바코사의 자유의 횃불 행진(여성 흡연권 확대, 즉 흡연인구 확대) 등의 홍보 활동을 시행했다. 담배, 베이컨 같은 기업 PR을 하면서 시장점유율을 높이기보다 시장을 키우는 전략을 쓴 것으로 유명하다. 버네이즈는 집단심리, 홍보 이벤트의 기획과 집행, 대중 행동의 이해, 커뮤니케이션 채널들의 상대적 장점, 윤리의식 등 홍보의 주요 아이디어들을 처음으로 제시했다(아르젠티·포먼, 2006).

는 방향으로 설득되는 것이 아니라 자기들에게 이익이 될 때만 설득이 될 수 있다고 강조했다(최윤희, 2008). 또 이미지가 사람들에게 얼마나 큰 영향을 미칠 수 있는지에 대해 놀라지 않을 수 없다고 말했다. 대중은 몇 가지 단편적인 인상에 자신들의 상상력을 덧붙여 영웅을 만들어내고, 이 영웅을 다시 살아 있는 신으로 떠받든다고 설파했다(아르젠티·포먼, 2006). 버네이즈로 인해 20세기에 접어들면서 PR은 하나의 용어, 직업, 학문 영역으로 자리 잡았다.

• 도입기의 PR   1930년대 들면서 GM의 PR부 설치(1931)와 함께, 대학, YMCA, 적십자, 교회, 협회, 비영리단체들이 홍보를 시작했다. 여론조사회사인 갤럽의 활동이 본격화되고, 1939년 미국PR협회(the American Council on Public Relations: ACPR)가 결성됐다. 제2차 세계대전 기간의 PR 활동은 전쟁정보국(the Office of War Information), 전쟁광고위원회(War Advertising Council)의 설립 등 제1차 세계대전에 비해 훨씬 정교화됐다(뉴섬 외, 2007). 1940년대 후반 영국에서는 PR에 전문직 개념을 처음으로 도입했다.

현대 PR의 발전   1947년 보스턴 대학에 PR학부가 처음으로 개설된 이후 2년 만에 100개 대학에서 PR 과목을 개설했다. 1950년대 PR의 주요 이슈는 정직함이었다. 1954년 미국PR협회(Public Relations Society of America: PRSA)가 윤리강령을 발표하면서 첫 조항으로 정직함을 강조했다. 1955년 유럽과 미국의 PR 대행사들이 런던에서 국제PR협회(International Public Relations Association: IPRA)를 창설했다(박성호, 2008). 미국의 경우 1960년대 중반 이후 PR의 중요성과 복잡성이 증가하기 시작했고, 공공문제 관계(PA)가 중요 분야로 부상했다. 사회적으로는 1960년대부터 1970년대 초반까지 소비자운동이 전 세계로 확산되면서 시민들은 기업과 정부의 관계를 감시하기 시작했다. 이때부터 PR의 역할이 기업경영 차원을 넘어서는 단계로 확대됐다. 1980년대 들어서야 진정한 의미에서의 PR 전문직이 발달되기 시작했다. 전문직은 PR을 반사회적 목적으로 사용하지 않도록 억제하는 가치관과 윤리기준을 바탕으로 한다.

경영 PR 시대 현대 PR의 여명 및 발전기인 1900년부터 1980년까지 기업의 경영 중심은 대략 20년 단위로 4M(Manufacturing, Man, Money, Marketing), 즉 생산 - 인사 - 재무 - 마케팅 관리의 순서로 바뀌어왔다. 1980년 이후 현재까지의 기간은 전략관리와 문화관리가 중시된 시기라 할 수 있다. 이 기간 동안 PR은 전통적 경영자원인 인력, 자본, 기술에 이어 제4의 경영자원으로 격상됐다(박진용, 2011 재인용). 정보화 사회라는 시대적 배경이 정보, 지식, 기술 등을 통합하고 연결하는 PR의 기능과 역할을 중요시하게 된 것이다. 기업의 구조변동이 극심했던 1980년대 이후 20년간은 전략관리라는 개념을 요구하면서 PR은 조직의 생존 또는 존립을 튼튼히 하는 안보 작업에 주안점을 두었다. 미국이나 일본, 유럽의 기업들은 PR 조직에 최정예 인력을 배치해 정보 수집 및 분석, 평가는 물론이고 경영전략 수립, 조직 커뮤니케이션 활성화를 통한 경영 능률 향상 등 다양한 역할을 부여했다(김병철, 2005b). 2000년 이후 문화관리 시대의 PR은 전략관리와 함께 지속 가능 경영에 무게의 중심을 두고 있다. 지속 가능 경영이란 공중 관계의 중요성을 말해주는 것에 다름 아니다. 사회가 다원화되고 복잡해짐에 따라 공중들이 어떤 사안에 대해 점점 다양하면서도 배타적인 관점을 갖게 되어 PR의 도움 없이는 새 경영정책 추진이 어렵게 됐다. 기업들이 경제학이나 경영학, 또는 광고로도 해결할 수 없는 틈새를 발견하고 이를 PR로 메우려 하는 것이다. 1980년대 이후 등장한 PR의 대안적 접근인 공중 관계성 접근은 이런 PR의 요구를 반영한 것이라 할 수 있다.

3) 한국의 PR

PR은 문명사회 어디에서나 나타나는 현상이다. 한국도 마찬가지다. 고대국가의 건국신화는 대개 통치의 정당성을 확보하기 위한 정치 PR로 볼 수 있다. 고구려의 동명왕, 신라의 박혁거세와 김알지, 가야의 김수로 등이 알이나 궤짝에서 태어나는 것은 연맹체 대군장의 신령스러움을 알리려는 선전적 PR이다. 이런 PR의 기법은 우리 역사 곳곳에서 모습을 드러낸다. 백제 무왕(600~641)이 신라 진평왕의 셋째 딸인 선화공주를 아내로 취하기 위해 불렀다는 「서동요(薯童謠)」는 입소문을 내기 위한 노래다(박노준, 2003). 기록의 진실성에 대해서는 의문이 없지 않지만 그런 배경을 논외로 한다면 구전 PR의 한 형태로 간주할 수 있다. 신라 26대 진평왕 대의 승려 융천사(融天師)는 향가(鄉歌, 한시에 대응한 우리 고유의 시가)를 지어 혜성이 사라지게 하고, 왜군이 퇴각하게 하는 등 이적(異蹟)을 일으켰다고 한다(문일평, 1970). 이는 민중들의 향가에 대한 신뢰와 믿음을 정부가 PR의 수단으로 활용했음을 의미한다. 특히 통일신라 시대 초기 경덕왕의 요청으로 승려 충담사(忠談師)가 지은 「안민가(安民歌)」는 고구려, 백제 유민들의 항거와 불화(정권다툼이란 해석도 있다)를 향가의 힘으로 억누르기 위한 것이었다(권상로, 1978). 전후 점령지역 백성들을 대상으로 한 정부의 선무 PR 활동으로 볼 수 있다. 우리에게 잘 알려진 고려 때 정서의 「정과정곡(鄭瓜亭曲)」이나 조선조 정철의 「사미인곡(思美人曲)」은 임금을 향한 개인 차원의 정치 PR이라고 할 수 있다.

공보 시대 미국에서 PR이란 용어가 사용된 것은 19세기 말부터다. 일본에서는 제2차 세계대전 이전에 PR이라는 용어와 해석이 있었다. 공공 관계, 공중 관계 등으로 번역됐다. 1970년대까지 광보(廣報)를 중심으로 홍보(弘報), 공보(公報)를 혼용했다. 한국에서는 해방 전까지 선전이란 말이 주로 쓰였고, 공보는 드물게 사용됐다. 일본에서 사용되던 홍보라는 한자 말을 처음 사용한 것은 1923년의 일이다. 그해 12월 17일 자 ≪조선일보≫에 처음 나타나는데 사용빈도는 높지 않았다(신인섭·이명천·김찬석, 2010). 1945년 8월 15일 해방이 되면서 미군의 진주와 함께 PR이란 용어가 한국에 들어왔다. 1953년부터는 공보 성격의 정부 PR이 영화 상영 전 대한뉴스 형식으로 배포됐다. 3꼭지 평균 8분 길이의 대한뉴스는 1994년 폐지될 때까지 1만 2780개가 제작됐다. 한국에서 PR, 홍보라는 용어가 보편화된 것은 1961년 5·16 군사정변 뒤의 일이다. 학계보다는 현업에서 개념 도입이 앞섰다. 정부 PR 차원에서 특기할 만한 일은 공보 수단으로 라디오 대용품인 스피커가 대대적으로 활용됐다는 점이다. 1961년 10만 8000대에서 1967년 81만 4000대로 보급이 늘어나면서 한 시대를 풍미했다(한정호 외, 2014). 1970년대까지 국내에서는 홍보보다 공보가 대대적으로 발전했다.

홍보 시대[4] 1970년대 한국 PR의 전문성은 불모 상태였다. 그러나 기업들의 압축적 성장과 함께 우호적 관계관리의 중요성이 인식되면서 1976년 럭키그룹(현재의 LG)의 홍보 창구가 독립 기구로 설립됐다. 대학에서도 광고, 홍보 강의가 시작됐다. 1980년대 전두환 정권하에서는 언론통제와 함께 PR이 오히려 퇴보했다. 현대적 의미의 PR은 1988년 서울올림픽을 기점으로 한다. 이후의 시기는 ① 도입기(1988~1996), ② 발전기(1997~2008), ③ 정착기(2008년 이후)로 나눌 수 있다. 도입기는 언론 자유화, 신문 발행 면수 규제 철폐, 광고 시장 개방, 인터넷 등 정보통신기술의 발전과 맞물려 있다. 유명 다국적 PR 회사들이 1990년대 초부터 한국에 진출했다. 국내 PR업이 자리를 잡은 것도 1990년대 들어서의 일이다. 이때에 이르러 PR의 업무 범위가 확대되고 전문화됐다. 1971년 최초의 PR 회사가 등장한 이래

---

4) 이하 내용은 신인섭·이명천·김찬석(2010) 참조.

20여 년 만의 일이다. 이후 PR이란 용어의 사용이 줄어든 대신 홍보라는 말이 일반화됐다. 1997년 한국홍보학회는 PR의 우리말을 널리 알린다는 뜻의 홍보로 결정했다. 진보 정권 10년의 발전기에는 기업, 정부기관, 단체들의 PR에 대한 중요성 인식이 더 분명해졌다. 2008년 이후에 PR은 산업화의 길을 걸으며 정착기로 접어들었다.

도입기　1980년대 후반부터 기업들은 매체와 지면의 제약이 있던 언론홍보 대신 이벤트 분야로 PR을 확장시켰다. 찬조, 협찬의 소극적 방식에서 직접 행사를 기획해 기업의 이미지를 높이고자 했다. 광고를 이용한 마케팅적 접근도 이뤄졌다. 1987년 12월 대통령 선거에는 광고 PR 전문 회사들이 뛰어들어 정치 PR의 새 장을 열었다. 선거에 임박한 75일 동안 30건의 여론조사가 실시되는 등 본격적인 PR 시대를 예고했다.

• 스포츠 PR　1988년 서울올림픽은 민주화, 개방화 추세와 함께 PR에 대한 인식을 바꾸는 데 커다란 영향을 미쳤다. 올림픽조직위원회는 1985년 미국 최대의 PR 회사인 버슨-마스텔러(Burson-Marsteller)를 고용해 올림픽 홍보를 성공시켰다. 홍보전략은 올림픽과 한국 정치를 분리시키는 것으로, 한국의 이미지를 재포지셔닝했다. 88올림픽은 스포츠 마케팅에 대한 인식을 심어준 계기가 되기도 했다. 스포츠를 광고로 활용한다는 인식의 출발점이 됐던 것이다. 또한 국제 PR의 필요성을 절실히 깨닫게 해준 배경이 됐다.

• 위기관리/CI 작업　1991년 두산전자의 낙동강 페놀 유출사건은 두산그룹에 심각한 타격을 입히며 위기관리의 중요성을 인식시키는 첫 사례가

됐다. 이후 1994년의 성수대교 붕괴, 1995년의 대구 지하철 가스 폭발 사고 등으로 위기관리에 대한 인식이 크게 높아졌다. 한편 1980년대 후반부터 1990년대 초반까지 기업의 대형화와 여러 기업들이 하나의 그룹을 형성하게 되자 CI 작업이 본격화됐다. 기업들의 사업영역 및 정체성 변화가 CI 작업을 촉발시킨 것이다. 삼성그룹과 LG그룹은 1994년과 1995년 미국 CI 전문 회사인 랜도(Landor)를 고용해 그룹 CI 작업을 했는데 이는 세계 시장을 겨냥한 독자 브랜드 형성이라는 의미가 컸다. CI 작업은 국제 PR의 활성화로 연결됐다.

발전기와 정착기　1997년 이후의 발전기는 기업, 정부, 단체들이 PR이 무엇인가를 제대로 깨달은 시기라 할 수 있다. PR 전문 회사들이 궤도에 오르고, 광고에서처럼 PR주, PR 회사, 매체사의 삼각구도가 완성된 것도 이 무렵의 일이다. 1997년 IMF 구제금융 사태의 수습을 위해 정부는 서울올림픽에 이어 버슨-마스텔러를 재고용했다. 당시 금모으기운동으로 국제 금값이 하락하자 세계 금생산업자단체(World Gold Council)는 PR 전문 회사 에델만을 통해 금 수출이 한국에 불리함을 인식시키는 역PR을 성공시켰다. 외환위기와 그에 따른 구조조정, M&A를 겪으면서 기업들은 투자자 관계의 중요성을 절감했다. 투자자 관계는 이때부터 국내뿐 아니라 국제적 성격을 갖게 됐다. 비슷한 시기에 박찬호, 박세리가 미국 스포츠계에서 돌풍을 일으키자 그 성과에 힘입어 스포츠 마케팅에 대한 관심이 부쩍 높아졌다. 2000년대 들어서는 위기관리가 주요 이슈로 대두됐다. PR계 내부에서는 어카운터빌리티(accountability), 즉 PR 효과에 대한 설명 책임이 이슈가됐다. 투자한 돈이 얼마나 효과를 냈는지를 설명할 책임이 제기되기 시작한 것이다. 정부 차원의 변화로는 김대중 정부가 공보처를 없애고 국정홍보처를 신설한 점을 들 수 있다. 노무현 정부에서는 여러 정부기관이 평창 동계올림픽, APEC 정상회의 유치 등 정부 이슈에 제일기획, 씨제이스 월드(CJ's World), 버슨-마스텔러 등 PR 전문 회사를 활용했다. 홍보 공무원 증원, 예산 증액, 정책 고객 DB 구축 등 변화가 일어났다.

PR단체의 발전 서울올림픽이 열렸던 1988년에는 국제PR협회(IPRA) 한국지부가, 1989년에는 기업 PR 실무자들을 중심으로 한 한국PR협회가 창립됐다. 1992년에는 한국시장과여론조사협회(KOSOMAR)가 발족되어 PR의 한 분야인 여론조사 회사들의 모임이 만들어졌다. 1994년에는 한국메세나협의회가 결성됐으며, 1996년에는 철강홍보위원회, 증권홍보협의회, 1997년에는 한국병원홍보협회 등 업종별 홍보협회들이 등장했다. 이와 함께 1997년에는 한국홍보학회(2009년에 한국PR학회로 개칭), 1998년에는 광고홍보학회가 결성됐다. 2000년에는 17개의 PR 전문 회사들이 한국PR기업협회를 창립했다. 2013년 현재 PR 전문 회사의 수는 200여 개로 추정되며, 이 중 34개사가 한국PR기업협회에 가입해 있다.

2. PR의 개념

PR은 자유민주 체제를 바탕으로 한다. PR이 발전하려면 표현의 자유와 언론매체의 정상적 커뮤니케이션 매개 활동이 전제돼야 한다. 선전과 선동에만 의미를 두는 공산주의나 전체주의 환경에서 PR은 설 자리가 없다 (신인섭·이명천·김찬석, 2010). 역으로 PR은 자유민주 체제의 유지와 발전을 도와주는 기능을 한다. PR의 실천은 공개주의에 입각한 민주적 의사 결정의 윤활유 역할을 할 수 있다. 경영의 투명성과 공개성을 기본 정신으로 하는 만큼 사회의 민주화를 촉진하는 데 기여한다.

1) PR의 정의

미국에서는 PR이 경영 기능을 가진다는 점을 PR의 정의에서 빈번하게 거론한다. 이와 달리 영국에서는 경영 기능을 포함시키지 않는 것이 주류적 사고다. 영국PR협회는 PR을 조직과 공중 간의 상호 이해를 넓히고 유지하기 위한 노력으로 정의한다. PR은 경영적 관점에서 보느냐, 상호 이해의 관점에서 보느냐에 따라 정의가 달라진다.

PR의 정의 PR은 공중을 뜻하는 Public과 관계를 뜻하는 Relations로 이뤄진 말이다. 제1차 세계대전 기간에 PR은 사람들에게 영향을 미치기 위한 언론홍보, 즉 퍼블리시티 활동으로 이해됐다. 설득적 퍼블리시티로서의 PR 개념은 아직도 PR을 규정할 때 많이 사용된다. 제2차 세계대전 후 PR의 정의들은 일방적 작용에서 상호작용을 강조하는 방향으로 변화를 보이며 mutual, between과 같은 단어들을 포함시켰다(최윤희, 2008). 1976년 할로우(R. Harlow)는 472개에 이르는 정의를 찾아내 이를 분석한 결과, 업무, 효과, 상호 관계, 관리 방식, 책임감 여부에 따라 아주 다양한 정의가 가능함을 밝혀냈다. 수많은 정의들에서는 ① 조직뿐 아니라 공중의 이익을 추구, ② 수용자로부터의 피드백을 포함하는 쌍방적 의사 교류, ③ 공중의 이해와 용인을 얻기 위한 경영 기능 등을 공통적으로 포함하고 있었다. 그 중 대부분은 하나의 조직과 공중 사이의 커뮤니케이션 관리로 집약됐다. 구체적으로는 조직이 자신을 둘러싼 다양한 공중들과의 우호적 관계를 유지하고 발전시켜나가는 과정이라 할 수 있다(그루닉·헌트, 2006a). 1984년 그루닉과 헌트(Grunig and Hunt)는 PR을 조직과 조직의 공중들 사이에서 발생하는 커뮤니케이션의 관리라고 정의했다. 2012년 미국PR협회(Public Relations Society of America: PRSA)는 시대 변화에 맞춰 PR을 조직과 공중 사이의 상호 호혜적인 관계를 구축하는 전략적 커뮤니케이션 과정으로 재정의했다. 이상의 정의들을 종합하면 PR은 조직과 공중이 서로 이해하거나 상호 호혜적인 관계를 형성하고 유지하기 위한 전략적 관리 기능 또는 경영 기능의 일환이라 할 수 있다. 주장이나 경제적 이해관계를 초월해 사회적으로 신뢰할 수 있는 인간관계를 구축하는 것을 목적으로 한다.

공중과 군중, 대중 PR은 군중이나 대중이 아니라 공중을 관계 대상으로 한다. 이들 3자는 장소 집단, 생활 집단, 이해 집단이라는 차이를 보인다. 군중은 일정한 시기에 일정한 장소에 모여 있는 일시적 또는 정기적 집단이다. 공동 목표를 위해 행동을 유발할 수 있으며 충동적·무비판적이고 무책임한 특성을 보인다. 군중은 전염성이 강해 다른 사람의 감정이나 행동을 쉽게 받아들이고 흉내 낸다. 군중 속의 개인은 설득에 무방비한 상태여서 쉽게 설득당하는 특성이 있다. 대중은 집단의식 또는 소속감이 없는 이질적인 익명의 개인들로 구성되며 상호작용이나 의사소통이 거의 일어나지 않는 집단이다. 한 몸처럼 움직이지 않으며 전혀 행동하지 않는 것이 보통이다. 공중은 근대사회에서 여론이 중시되면서 나타난 개념으로 이슈화된 대중이라고도 한다. 공동의 관심사, 즉 이해관계를 같이하는 쟁점을 중심으로 형성되는 집단이다. 공중은 분산되어 있고 간접적으로 연결되어 있다는 점이 군중이나 대중과 다르다. 공중의 성원들은 직접 대면한 적이 없으면서도 단일 시스템처럼 행동을 할 수 있다. 동일한 정보를 투입하고 처리하며 동일한 행동을 산출하기 때문이다. 일부 상황에서 공중이란 용어가 잘못 쓰이기도 한다. 언론매체의 수용자, 연령 등 인구통계학적 동일 특성을 지닌 집단, 일반 공중은 모두 오류다. 수용자나 동일 특성 집단 속에는 여러 형태의 공중이 있을 수 있다. 일반 공중이라는 말은 성립되지 않는다. 변하지 않고 계속 존재하는 집단으로 생각하는 것도 공중에 대한 오류의 하나다.

PR의 기능 PR의 정의에서 밝힌 바와 같이 PR의 기능은 조직과 공중의

<표 1-1> PR의 전략적 기능

구분	기능
내·외부 환경	조직에 영향을 미칠 여론, 쟁점, 태도, 행동에 대한 예견, 분석, 해석 활동
사회적 책임	조직의 사회적 책임에 대한 정책 결정, 행동지침, 커뮤니케이션 활동
공중 관계	조직 목적 달성에 필요한 공중의 이해를 얻기 위한 PR 프로그램의 실행과 평가
공공정책	공공정책에 영향을 미치기 위한 조직의 노력을 기획하고 집행하는 활동
자원관리	PR에 필요한 자원들을 관리하는 기술과 활동

상호 관계 관리라는 측면과 조직의 경영 기능으로서의 전략관리라는 측면이 핵심적 요소다. 전자는 외부에, 후자는 내부에 초점을 맞춘 기능이라 할 수 있다. PR은 상호 관계의 측면에서 조직과 공중, 조직과 조직 간의 오해와 갈등, 무관심을 지양하고 상호 이해와 조화를 촉진시킨다. 다양한 의사 교환을 통해 개인, 집단, 사회를 조정하고 이해시키며 통합하는 도구적 역할을 한다. 파편화된 현대인의 사회성을 증진시키고 조직 간 연대성을 높여 사회 전체의 조화나 조정을 도와주는 기능이라고 할 수 있다. 또 개인, 조직이 사회 적응을 쉽게 하도록 해주는 기능도 한다. 조직의 PR 활동은 사회 구성원들에게 변화하는 사회의 해설서나 길잡이 역할을 해줄 수가 있다. 조직의 가치관이나 경영 방침도 대중들의 사회 적응력 강화에 도움을 주는 지표가 된다(한정호 외, 2014). 전략관리의 측면에서 PR은 조직의 존속·유지·발전을 위해 사회 환경에 최적화되도록 하는 활동이다. PR이 전략적 경영 기능이라는 정의도 여기에서 유래된다. 이 때문에 PR은 사회 환경 변화를 예민하게 추적해 조직의 목표를 조정, 재조정하며 거기에 부합하는 전략 개념을 제시할 수 있어야 한다(최윤희, 2008). 조직의 전략 기능으로서의 PR은 <표 1-1>의 사항들을 포함한다. 이들 다섯 가지 항목은 미국

PR협회가 제시하고 있는 PR의 기능과 유사하다. 즉, ① 조직에 영향을 미칠 수 있는 여론, 쟁점들을 예측하고 분석하는 기능, ② 공중 관계와 사회 책임에 대한 조직의 정책, 행동, 커뮤니케이션에 관한 경영진 조언 기능, ③ 조직 홍보 활동 및 공중 관계 커뮤니케이션 프로그램 수행 및 평가 기능, ④ 조직에 영향을 미칠 공공정책 대응 기능, ⑤ 앞의 기능들을 수행하기 위한 예산, 직원, 교육, 시설 등의 PR 자원관리 기능이다.

2) PR 관련 용어

국내에서는 홍보라는 용어를 다의적으로 사용하고 있다. 생활용어로서의 홍보는 의미의 폭이 아주 넓어 PR은 물론 마케팅, 광고, 선전까지를 포함한다. 이때의 홍보는 가두홍보나 장소홍보, 대중매체를 이용하는 언론 홍보(Publicity), PR로서의 홍보를 모두 포괄한다. 학술용어로서의 홍보는 PR 또는 언론홍보의 개념으로 사용되고 있다. 언론홍보는 PR의 한 부분으로 조직이나 개인에 관한 정보를 출판물이나 뉴스매체에 실리도록 하는 활동이다. 구체적으로는 대중매체와 각종 기관지 등에 뉴스 가치가 있는 정보를 제공하는 행위를 일컫는다. 일방적 커뮤니케이션과 정보의 전파에 중점을 두며, 조사연구보다 경험과 직관으로 업무를 처리할 때가 많다. 국내 학계서는 1990년대 이후 홍보라는 용어를 광의적 의미의 PR과 동일하게 사용하고 있다. 그러나 아직 용어의 정립이 완성된 것은 아니다. 일부에서는 홍보를 언론홍보의 개념으로, PR은 원어 그대로 사용하는 경우가 있다(조계현, 2005). 용어를 배타적으로 구획하기 어려운 것이 지금의 언어 현실이다. 이 책에서는 홍보를 PR과 같은 뜻으로 혼용한다. 일본에서는 PR을 광보(廣報)로 번역해 사용하고 있다. 이 용어가 일반화되기 전에는 홍보(弘報)로 번역했는데 1970년대 일본 문부성의 상용한자(제한한자)에 홍(弘)

자가 들지 않아 광(廣)자를 사용했다고 한다(박성호, 2008 재인용).

PR과 선전, 공보　고대 수사학으로부터 체계화된 설득 커뮤니케이션은 17세기에 이르러 종교, 정치, 군사 등 실용적 목적으로 선전이 됐고, 산업혁명 이후 시장 확보를 위한 경제적 목적에서 광고로 발전했으며, 20세기에 이르러 상업적 영역에 있던 광고가 정치 및 공공영역으로 역수출되면서 사회적 목적의 PR이 됐다(배규한 외, 2006). 선전은 상징을 조작하거나 개인의 심리를 조종해 대중에게 암시나 영향력을 행사한다는 의미로 간주된다. 자신의 이념체계나 신조(dogma)를 확장시키기 위해 편파적 또는 비편파적인 이념, 사실, 주장 등을 퍼트린다. 선전 주체 측에 유리한 정보만을 제공하는 일방성이 짙고, 상대편의 그것을 깎아내린다는 전제가 깔릴때도 있다. 선전의 주체를 은폐하거나 감정적이고 허위적 내용을 전달해서 여론이나 대중을 조작할 수도 있기 때문에 부정적 뉘앙스를 지닌다. 주로 정치, 군사, 종교 목적으로 많이 쓰인다(프랫카니스·아론슨, 2005). 설득 커뮤니케이션이라는 점에서 볼 때 PR과 공통점을 지니지만 수단과 방법을 가리지 않고 정보를 유포하여 여론을 조작한다는 점에서 PR과 구별된다. 선전은 메시지의 강제성이 강한 데 비해 PR은 자유 선택을 조건으로 한다. 한편 PR은 공중과의 우호적인 관계 형성을 위해 쌍방적 정보 교환을 강조하나, 공보는 일방적 메시지 전달에 중점을 두며 설득과 의견 수렴 과정이 없다는 차이점을 보인다.

PR과 마케팅, 광고　PR의 목적이 조직과 그 조직과 관련 있는 사회그룹들 간의 상호 우호적인 관계의 형성 및 유지·발전에 있다면, 마케팅의 목적은 조직의 경제적 목적 달성을 위해 지속적인 고객 만족과 관심 유발에 있다(정인태, 2006). PR은 종업원, 투자자, 지역사회, 언론, 정부 등과의 관계를 중시하는 반면, 마케팅은 제품개발, 유통, 시장 분석, 고객서비스에 중점을 둔다. 이런 차이점으로 인해 양자는 서로 다른 길을 가게 됐으나 기업 경영

환경이 치열해지면서 양자의 이해관계가 중첩되는 영역이 넓어지고 있다. 단순한 제품이나 용역(service)의 판매가 아닌 고객의 신뢰 유지, 이해도 제고 등 관계 강화를 필요로 하고 있기 때문이다(최윤희, 2008 재인용). 소셜미디어 등장 이후 PR을 마케팅 도구로 사용하는 경우가 늘면서 마케팅과 PR의 경계는 더욱 모호해지고 있다. 광고는 마케팅 가운데 촉진(promotion)의 한 수단으로 상품이나 용역의 판매를 목적으로 한다. 정신적 산물이 아닌 제품이나 용역의 판매를 목적으로 한다는 점에서 선전과 구분된다. PR에 광고가 사용되면 이는 제품 판매가 목적이 아니라 조직 이해를 돕기 위한 것이다. PR은 광고와 달리 공익성과 진실성을 강조한다. 업계에서는 선전을 Believe me 또는 Follow me, 광고를 Buy me, PR을 Love me로 표현한다. PR의 한 분야인 언론홍보는 Know me로 표현된다(이명천·김요한, 2010; 박성호, 2008).

3) PR의 환경

피터 드러커(Peter Drucker)는 현대 문명사회는 일상적 변화를 뛰어넘는 불연속적인 변화를 겪고 있다며 이를 단절의 시대라 지칭한다. 전혀 새로운 기술의 급속한 발전과 같은 불연속적인 변화는 PR의 환경에도 패러다임 변화를 일으키고 있다. 한편 앨빈 토플러(Alvin Toffler)는 제3의 물결 도래로 사회 여러 세력 간의 역학관계 변화, 균형관계 유지를 위한 정보교환 증가, 행정기구의 복잡화 등을 예상했다. 조직 주변 환경은 이전에 비해 훨씬 체계화되고 이익/압력단체 등이 각자의 이익을 추구하고 있다. 사회의 다양화로 집단 간 정보교환이 증가하고 있으며, 행정기구는 복잡화, 전문화되고 있다. PR 실무자에게는 사회 환경의 제반 제약을 관찰해 이를 설명하고 해석하는 책임이 주어진다(최윤희, 2008).

사회 환경 변화　PR은 사회 환경과의 상호작용이며 환경에의 적응 과정이다. 환경에 따라 PR의 성격은 변화될 수밖에 없다. 21세기 이후 사회 차원에서 PR 환경의 주요 변화를 꼽는다면 ① 세계화, ② 다원화와 적대집단의 증가, ③ 규제 및 욕구 수준의 증가 등이 될 것이다. 그 각각은 PR 활동의 성격과 내용에 중대한 영향을 미치고 있다. 1994년 WTO체제 출범 이후 전 세계는 하나의 시장으로 통합되면서 정부, 기업 등 모든 조직들은 법률, 행정지침, 결정, 규칙, 조치 등에서 세계화의 기준을 요구받고 있다(최윤희, 2008). 세계화는 특히 아니라 국제 PR 차원에서 중대한 제약 요인이 될 수 있다. 작은 국가들은 권위주의적 시장경제를 기반으로 하는 세계화를 제2의 식민지화로 인식한다. 서구 문화의 영향력에 대해 일부 국가 특히 이슬람 세계의 문화적 반감은 극도의 적대 활동으로 연결되고 있다. 다원주의적 가치관과 조직을 둘러싼 적대적·비판적 이익집단들의 증가 역시 PR 활동의 위협 요인이 되고 있다. 경제적 이익집단과 공공 이익집단은 이제 조직의 활동에 상당한 영향력을 미치는 단계에 있다. 각종 시민·사회단체, 전투적 언론기관 등은 어떤 쟁점으로 조직과 마찰을 일으킬지 알 수 없는 상황이다. 사회가 다원화되는 만큼 조직 활동도 환경, 문화, 정보, 윤리 등 전 분야에서의 이익을 고려하지 않으면 안 된다. 정부 규제기관과 법적 규제의 지속적 증가도 PR 활동의 극복 과제가 되고 있다. 교육 수준의 향상에 따른 공중들의 조직에 대한 욕구 수준 증가도 PR 환경을 복잡하게 만들고 있다. 공중들의 욕구는 사회 각 분야 간 상호 관계를 이해하고 관조하는 통찰에 바탕을 둔 것이 아니다. 피상적 지식을 근거로 일방적이고 편협한 주장을 하는 경우가 많다. 지금은 이룰 수 없는 기대감으로 가득 찬 시대가 연출되고 있어 PR의 역할과 책임이 더 커지고 있다(쑤쑤, 2009; 최윤희, 2008; 뉴섬 외, 2007).

정보 환경 변화　정보통신기술의 발달은 우리의 문화에서 생각에 필요한 시간적 여유나 정신적 공간을 앗아가고 속도라는 개념만 중시하게 만들었다. 문화는 점점 긴장만 커지고 생각은 없어지는 방향으로 나아가고 있다. 이런 시끄럽고 혼돈스러운 환경에서 조직은 PR을 통해 일관된 목소리와 이미지를 보여줘야 하는 어려운 처지에 놓여 있다. 1990년대 이후 정보통신기술의 급진적 발달과 그에 따른 정보 빅뱅은 과거에 볼 수 없었던 정보 환경 변화를 가져왔다. 근본적인 양상으로 ① 매스미디어의 영향력 쇠퇴, ② 수용자 중심 정보유통, ③ 미디어의 개인화 등을 들 수 있다.

• 매스미디어의 영향력 쇠퇴 정보 빅뱅으로 지금의 일반인이 얻을 수 있는 정보량은 10여 년 전에 비해 530배로 늘어났다. 정보의 범람은 언론 이용자들의 뉴스에 대한 집중력과 신뢰도를 저하시키고 뉴스의 신비감을 현저히 감소시켰다(아르젠티·포먼, 2006). 광고의 신뢰도나 위력도 반감됐다. 이는 메시지를 반복적으로 각인시키는 주입형 매스마케팅, 큰 소리 광고의 종말을 의미한다.

• 수용자 중심 정보유통 이제 정보 소비자들은 나와 관계가 없거나 흥미가 없다고 생각되는 정보에 대해서는 냉정히 창구를 닫아버린다. 사람들의 관심 자체가 희소자원이 된 것이다. 더 나아가 정보유통은 생산자 중심에서 수용자 중심으로 바뀌어 정보 이용자들의 영향력이 전에 없이 커지고 있다. 일례로 정보 빅뱅 이후 기억의 외부화 현상이 보편화되면서 과거 우리 기억 속에 있던 많은 자료들은 휴대전화나 PC 속으로 들어갔다. 정보 소비자들은 정보들을 편한 곳에 저장해두고 필요한 시간에 필요한 정보만을 꺼내볼 수 있는 권리를 갖게 된 것이다. 이는 정보 전달의 주도권이 발신자에게서 수신자로 넘어갔음을 의미한다(이종혁, 2012 재인용).

• 미디어의 개인화 미디어의 개인화 역시 PR 환경을 변화시키는 근본적인 요인의 하나다. 지난 수백 년간 세계의 문화와 정보는 신문이 지배했으며 1940년대 후반과 1950년대 초반에는 TV, 1980년대에는 케이블 TV,

1990년대에는 인터넷이 그 자리를 대신했다. 2000년대 이후 커뮤니케이션 기술의 비약적 발전은 개인의 손에 엄청난 힘을 실어줬다. 미디어의 개인화로 개인은 과거에는 상상할 수 없던 커뮤니케이션 능력을 보유하게 된 것이다(아르젠티·포먼, 2006). 이런 일련의 상황은 미디어의 감시망을 무소부재로 확대시켰다.

PR의 변화 전통 매체 시대의 PR은 언론홍보를 본령으로 했다. 그러나 현재의 PR 활동은 언론 관계보다 투자자, 지역사회, 정부, 시민단체 등 다양한 이해관계자들과의 커뮤니케이션 활동으로 무게중심을 옮기고 있다. 특히 공중과의 직접 커뮤니케이션이 가능해진 온라인 환경에서 일부 조직들은 언론 의존적 관계를 벗어나 언론과 정보 확산 및 의제 설정의 경쟁자가 되는 상황으로 발전하고 있다(이종혁, 2006). 조직은 이제 조직과 공중을 이어주던 언론의 역할을 직접 담당할 수 있게 됐고, 제한적이지만 독자적 홍보전략 수행이 가능해졌다. 그러나 허위사실 유포 등 분초 단위의 정보 확산 속도에 대응하지 못하면 위험에 노출될 개연성이 커졌다. 특히 위기 관리가 일상화되고 있다는 사실은 심각한 도전 과제가 되고 있다(최윤희, 2008). PR 전략과 전술 차원에서는 목표공중뿐 아니라 비목표공중들이 메시지를 어떻게 이해하고 반응할 것인가를 사전에 검토하지 않으면 안 되게 됐다(뉴섬 외, 2007). 여론 조성 속도가 순간화되면서 비목표공중들까지 잠재적 위협으로 등장하고 있기 때문이다. 특히 정보통신기술의 발달은 조직의 좋고 나쁜 행태가 쉽게 노출되게 만들어 공공책임이나 사회책임에 대한 인식의 강화를 요구하고 있다.

3. PR의 체계

PR의 체계는 PR이라는 학문과 실무의 프레임, 즉 정리된 틀을 보여주는 것이다. 이 틀을 통해 PR을 포괄적이고 체계적으로 접근할 수 있다. PR의 업무영역들은 상호 관련성을 가져 이런 틀의 도움이 있어야 전체의 PR 활동을 이해하기가 쉬워진다. 여기서는 PR의 구성요소 중심으로 개념도를 그려보고, PR의 관리와 영역, 4절에서는 PR의 분야를 설명해보고자 한다.

1) PR의 구성요소

이 책은 PR의 구성요소를 7개의 바퀴살을 가진 수레바퀴로 상정했다. 7 가지 구성요소는 PR이라는 바퀴 축을 중심으로 서로 대응되게 배치된다. 전체적으로 왼편의 요소들은 내부 지향성과 잠재적 활동, 오른편의 요소들은 외부 지향성과 현재적 활동을 보여준다. PR의 바퀴살들은 서로 분리된 요소라 할 수 없다. 모두가 모두에게 영향을 미치는 상호적 관계로 이해해야 한다.

PR의 수레바퀴 7가지 요소는 인체의 구성과도 비슷하다. 머리 부분에는 PR의 주체와 통제 기능이 자리 잡는다. 최고경영자(CEO), PR 조직, PR 기획, PR 예산, PR 관리, PR 교육, PR 커뮤니케이션 기술관리 등이 여기에 배속된다. PR을 존재하고 굴러가게 만드는 요소다. 양어깨 부분에는 PR을 견인하는 내부 환경과 외부 환경이 자리 잡는다. 내부나 외부 환경이 좋지 않으면 PR의 잠재력이나 성과가 축소될 수밖에 없다. 내부와 외부 환경은 PR 활동들의 전략적 기반이 된다. CEO 마인드, 예산, 조직 인지도 등 내·외부 환경이 모두 좋은 경우 장기전략 수립이 용이하다. 내·외부 환경이 열악하면 PR은 축소되고 제한될 수밖에 없다. PR 수레바퀴의 양팔 위치에는

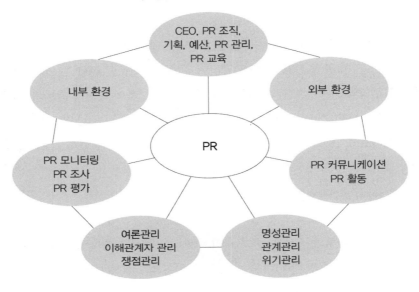

〈그림 1-2〉 PR의 구성요소

PR의 수단적 요소들이 포진된다. PR 실무들이 주로 이 차원에서 이뤄진다. 지원 요소와 실행 요소로 구분할 수 있다. 지원 요소는 PR 모니터링, PR 조사, PR 평가 등을, 실행 요소는 PR 커뮤니케이션과 PR 활동을 말한다. 양자는 상호 의존적이며 늘 피드백을 주고받는 관계다. 마지막으로 두 다리의 위치에는 예방적 PR과 반응적 PR이라는 두 가지 영역이 나타난다. PR의 활동성 또는 건강성을 재는 척도가 된다. 예방적 PR은 여론관리, 이해관계자 관리, 쟁점관리를, 반응적 PR은 명성관리, 관계관리, 위기관리를 구성 요소로 한다. 예방적 PR과 반응적 PR은 상호작용을 한다. 대체적으로는 예방적 PR이 반응적 PR의 밑바탕이 된다. 양자는 완전히 배타적인 구획이라고 할 수 없다. 예컨대 명성관리나 위기관리의 하부 프로그램으로 여론관리가 동원될 수 있다. 이를 개념도로 제시해보면 <그림 1-2>와 같다.

분야와 영역 전통적으로 PR은 기업에서부터 출발해 정치 PR, 정부 PR,

기업 PR, 정부 PR, 행정 PR, 정당 PR, 비영리단체 PR, 과학 PR, 문화예술 PR, 스포츠 PR, 관광 PR, 연예 PR, 건강 PR, 국제 PR

PR 관리
CEO 관리, PR 조직·예산 관리, 정보기술 관리, PR 및 미디어 교육, PR 기획 및 프로그램 관리, PR 모니터링, PR 리서치, PR 평가, 퍼블리시티(언론홍보), 온라인 PR, PR 광고, 이벤트, 캠페인, 로비

여론관리, 이해관계자 관리, 쟁점관리		
명성관리	관계관리	위기관리
사회책임 관리, 조직문화 관리, 명성관리, PI(President Identity), CI(Corporate Identity), BI(Brand Identity), MPR(Marketing PR), SPR(Sports PR), CPR(Celebrity PR), RPR(Recruit PR)	종업원 관계, 투자자 관계, 협력업체 관계, 소비자/고객 관계, 지역사회 관계, 정부 관계, 활동적 공중 관계, 언론 관계	위기의 예방과 예측, 위기 계획과 위기 매뉴얼, 위기대응 원칙과 전략, 위기 시 언론 관리, 소문 및 공중 관리, 위기 회복 관리

행정 PR, 국제 PR로 확장되어왔다. 여기에 PR의 전문영역이 확대되면서 건강 PR,[5] 과학 PR 등이 등장했다. 또 PR의 세분화로 경찰 PR, 문화예술 PR, 스포츠 PR, 관광 PR, 연예 PR, 지역 PR, 비영리기관 PR, 교육기관 PR, 소송 PR 등이 새로운 장르를 열었다. PR 분야의 확대는 앞으로도 계속될 전망이다. PR의 분야는 주체와 성격의 두 가지 구분기준을 적용해볼 수 있다. 주체별로는 기업, 정부, 정당, 비영리단체 등을, 성격별로는 국제, 정치,

---

5) 전 세계 정부는 다양한 PR 전략과 전술로 건강 PR을 시행하고 있다. 비만 퇴치운동이 대표적이다. 프랑스 보건부는 학교에서 과일을 무료 배급하고 곳곳에 식수대를 설치해 탄산음료 소비를 줄이도록 했다. 싱가포르는 비만 군인에 대해 훈련시간을 더 늘리고 예비군에게 해마다 체력 테스트를 통과하도록 했다(뉴섬 외, 2007).

건강, 과학, 스포츠 등을 들 수 있다. PR의 분야를 주체와 성격으로 구분하지만 PR의 다차원·중층적 성격으로 인해 완벽한 구분기준을 제시하기는 어렵다. 예컨대 국제 PR의 세 주체는 기업, 정부, 기관단체가 되고, 정부나 기업이 건강 PR, 스포츠 PR의 주체가 될 수 있다. PR의 분야뿐 아니라 PR의 영역도 중층적인 성격을 가져 일목요연한 분류가 쉽지 않다. 예를 들면 조직문화 관리는 종업원 관계인 동시에 위기관리와 연결된다. PI 역시 명성관리의 한 분야이지만 관계관리와 위기관리에 포괄적 영향을 미친다. 학자들마다 체계의 적용이 제각각인 것도 이런 PR의 복잡성에 기인한다. 이 책에서는 PR의 체계를 분야 - 관리 - 영역의 패턴으로 정리했다. 어떤 PR이든 먼저 PR의 주체나 성격(분야)이 있어야 하고, 주체나 성격은 PR 활동들을 조직하고 조정, 통제, 실행하는 PR 관리 기능을 통해 PR 각 영역의 목적과 목표를 추구하게 된다.

2) PR 관리

어떤 조직의 비전 계발은 조직의 존재 이유와 궁극적 목표를 설정하는 일이다. PR 부서는 비전 계발의 한 축을 담당해야 한다. 비전은 보통 신조(credo)나 사명(mission statement) 등의 형태로 제시되는데, 공중에 투영되는 조직의 바람직한 이미지와 정체성을 담아내야 한다. 장문의 철학적 내용을 담거나 한두 개의 짧은 단락들로 구성된다. PR 활동은 조직의 비전, 더 구체적으로는 사명을 달성하기 위한 수단이라 할 수 있다. 사명은 조직문화와 커뮤니케이션 환경에도 결정적 영향을 미친다. 조직의 사명은 5년 정도의 주기로 재평가될 필요가 있다(뉴섬 외, 2007).

주요 업무   어떤 분야의 PR이든 PR 부서는 조직의 1년, 5년, 10년 장단기 목적과 목표를 개발하는 데 기여해야 한다. 목적은 장기적인 관점인 반

〈표 1-2〉 PR 부서의 기본 업무

업무 구분	관련 활동
모니터링	일상 모니터링, 특별 모니터링, 정보 분석
PR 계획	PR 중장기계획, 연간계획, PR 조사 및 평가
PR 기획	홍보전략 마련, 종합기획, 연간기획, 테마별 기획, PR 조사 및 평가
여론/이해관계자/쟁점 관리	여론 모니터링, 정보 분석, 쟁점 확인/관리/대응
PI 및 CI	PI(CI) 계획 입안, 연설원고 작성, 어록자료 관리, 홍보 스케줄 관리
언론홍보	매체관리, 기자관리, 보도관리(보도자료 개발, 인터뷰, 기자회견, 취재 협력, 모니터링, 보도 분석, 오보관리), 홍보기획, 홍보교육
온라인 PR	홈페이지, 블로그·트위터 등 관리, 온라인 모니터링, 콘텐츠 제작 및 관리, 팬클럽/서포터즈 운영
홍보물 제작/조직매체 관리	사보, PR지, 팩트 시트, 뉴스레터, 사사(社史), 웹사이트/사내방송 관리
캠페인/이벤트	전시회, 쇼, 회사 방문의 날, 공장 견학, 강연회 등
사회공헌활동	공익 활동, 문화사업 지원 활동, 자선 활동, 지역사회 관계
홍보교육	홍보매뉴얼, 언론매체 대응 교육

자료: 시노자키(2004) 재정리.

면 목표는 단기적이고 측정 가능한 것을 의미한다. PR 부서는 조직뿐 아니라 PR 부서 자체의 목적과 목표를 수립해야 한다. 단순한 제시가 아니라 이의 달성을 위한 인적·물적 자원을 효율적으로 운용할 수 있는 PR 관리능력을 보여줄 수 있어야 한다. PR 관리는 PR의 목적과 목표 달성을 위해 PR 활동을 조직, 조정, 통제, 실행하는 기능이기 때문이다. PR 관리는 ① 조직 관련, ② 활동 관련, ③ 환경 적응 관련의 3가지로 나눠 파악할 수 있다. 조직 관련에서는 비전 계발, CEO 관리, PR 조직·예산 관리 등이 중심 업무가 된다. PR 활동을 위한 인프라를 구축하는 작업이다. 활동 관련에서는 환경 모니터링, PR 기획 및 프로그램 관리, PR 커뮤니케이션 및 활동, PR 리서치, PR 평가가 업무의 뼈대를 이룬다. PR 기획 및 프로그램 관리는 문제 상황

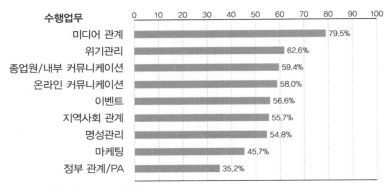

〈그림 1-4〉 미국 기업들의 PR 부서 수행업무(복수 응답)

수행업무	비율
미디어 관계	79.5%
위기관리	62.6%
종업원/내부 커뮤니케이션	59.4%
온라인 커뮤니케이션	58.0%
이벤트	56.6%
지역사회 관계	55.7%
명성관리	54.8%
마케팅	45.7%
정부 관계/PA	35.2%

자료: 조용석 외(2007) 재구성.

을 해결 또는 개선하기 위한 프로그램을 만들고 이를 실행하는 활동이다. 대개 PR 커뮤니케이션과 활동이 PR 프로그램의 실체가 된다. 모든 PR 활동에는 리서치와 평가가 수반돼야 한다. 리서치는 시간이 많이 소요되기 때문에 대개 외부 대행사를 활용하는 경우가 많다. 통상 전체 예산의 6~10% 정도가 투입된다. 환경 적응에서는 정보기술 관리, PR 및 미디어 교육 등의 하위 분야가 있다(뉴섬 외, 2007).

기본 업무   주요 업무는 환경 모니터링(환경 변화 예측)과 조직 관련 분야 및 사회 전반의 정보 분석, 그리고 경영전략으로서의 홍보, 즉 전략 홍보를 포함한다. 조직의 이념, 규모, PR 부서 위상 등에 따라 차이가 있지만 기본 업무는 PR 계획, PR 기획, PI, CI, 언론홍보(미디어 퍼블리시티, 미디어 서비스), 홍보물 제작, 캠페인과 이벤트, 사회공헌활동, 홍보교육 등으로 구성 된다(시노자키, 2004). 언론홍보 위주의 PR 활동에 공중 관계, 특히 블로그나 트위터 등 SNS 관리 업무가 중요한 과제로 떠올랐다. PR 관리의 주요 업무 는 4장과 5장에서 구체적으로 설명된다.

지난 2006년 미국 기업 PR 실무자들을 대상으로 조사한 바에 따르면 PR

부서에서 수행해야 할 1순위 업무(전체 18개 항목)가 미디어 관계(응답률 79.5%)였다. 다음이 위기관리(62.6%), 종업원/내부 커뮤니케이션(59.4%), 온라인 커뮤니케이션(58.0%), 이벤트(56.6%), 지역사회 관계(55.7%), 명성관리(54.8%), 마케팅(45.7%), 정부 관계/PA(35.2%) 순이었다. 이런 활동을 물론 홍보부서 한 곳에서 담당할 수는 없다. PR 예산 사용 비율에서도 미디어 관계(18.6%)가 1위, 다음이 마케팅(13.1%), 이벤트(9.0%), 종업원/내부 커뮤니케이션(8.7%), 지역사회 관계(7.7%) 순으로 나타났다. 국내의 경우도 PR 실무자들이 빈번하게 수행하는 업무는 보도자료 작성 및 배포, 기사 모니터링, 사내방송 제작, 사보 제작, PR 이벤트 등으로 나타났다(조용석 외, 2007).

3) PR의 영역

PR의 하부 영역은 여론관리, 이해관계자 관리, 쟁점관리와 명성관리, 관계관리, 위기관리의 6가지로 정리할 수 있다. 앞의 3개는 사전적·예방적 영역이고, 뒤의 3개는 사후적·반응적 영역이다. 명성관리, 관계관리, 위기관리는 여론관리, 이해관계자 관리, 쟁점관리라는 잠재적 활동을 공통 기반으로 한다. 앞에서도 설명했지만 6가지 영역들은 꼭 배타적 구획으로 볼 수 없다. 또한 예방적 PR 안에서도 여론, 이해관계자, 쟁점은 같은 의미가 될 수 있다. 예컨대 여론 문제이면서 이해관계자 문제이고 사회적 쟁점에 관한 PR 활동이 있을 수 있다. 예방적 PR의 3가지 영역은 반응적 PR의 3가지 영역과 서로 혼합되거나 연결되기도 한다. 여론, 이해관계자 및 쟁점의 관리가 잘못되면 명성의 위기, 관계의 위기, 여타의 위기를 불러오기 때문이다. 이런 이유로 여론, 이해관계자, 쟁점의 관리가 위기관리 영역과 함께 설명되는 경우가 많다. 뉴스, 새 정책, 루머 등 환경 모니터링을 통해 조짐을 보이거나 진행 중인 쟁점을 관찰하는 일은 특히 중요하다. 쟁점을 모니

터링하고 문제를 예측·대비하는 활동이 있어야 위기로의 발전을 막을 수
있기 때문이다. 미디어 관계, 활동적 공중 관계, 지역사회 관계, 정부 관계
등이 쟁점관리를 특히 필요로 한다.

명성관리 정보통신기술의 발달로 기업 환경은 이제 투명성의 시대로
접어들었다. 기업은 자신의 행동뿐 아니라 생각까지도 언젠가는 모두 공
개될 것이라는 전제하에 움직여야 한다. 명성관리는 협의적으로 정체성
관리, 이미지 관리를 주 내용으로 한다. PI, CI, BI가 정체성 및 이미지 형성
에 많은 영향을 미친다. 조직의 실체인 정체성과 공중들의 인식 또는 평가
인 이미지 중 어느 것이 중요한가에 대해서는 일률적으로 말하기가 어렵
다. 조직의 성격이나 상황이 중요한 변수가 되기 때문이다. 일부 학자들은
조직의 명성이 이미지, 즉 제3자가 그 조직을 어떻게 인식하느냐에 좌우되
는 시대가 됐다고 말한다(아르젠티·포먼, 2006 재인용). 또 다른 일부는 정체
성이 뒷받침되지 않는 명성은 사상누각이라는 입장을 보인다. 명성관리에
는 광의적으로 관계관리, 위기관리 이외의 모든 활동을 포함시킬 수 있다.
즉 조직책임 관리, 조직문화 관리, 마케팅 PR(marketing PR), 스포츠 PR(sports
PR), 유명인 PR(celebrity PR), 사원 채용 PR(recruit PR) 등이 모두 명성관리적
인 성격을 가진다. 특히 홍보와 기업문화 간의 조율능력이 강조되는 추세
다. 기업 신조에 명시된 일련의 가치들에 대해 내부 구성원들 간의 상호 이
해와 한목소리를 내는 환경을 조성해낼 필요가 있다. 명성관리는 6장에서
소개된다.

관계관리 관계관리는 조직에 영향을 미치는 공중들과의 관계를 관리
하는 PR 영역이다. 여기서의 공중은 조직에게 영향을 미치거나 영향을 받
는 주요 이해관계자들로 설명할 수 있다. 조직의 공중으로는 종업원, 투자
자(재정 공중), 소비자, 기부자, 지역사회, 활동적 공중, 언론 공중, 정부 공중
(정책 공중) 등이 있다. 정부 공중, 지역사회 공중, 활동적 공중, 언론 공중 등

을 묶어 공공문제 관계 공중으로 범주화하기도 한다. 이들과의 관계를 우호적으로 유지하고자 하는 것이 관계관리의 목적이다. 공공문제 관계는 최근 들어 중요성이 커지고 있는 분야다. 정부의 조직에 대한 통제와 감시가 강화되면서 조직의 생존 환경에 직접적인 영향을 미치고 있기 때문이다. 공공문제 관계는 협의로 정부 관계를 의미하는 경우가 많다. 투자자 관계로 불리는 재정 커뮤니케이션도 기업홍보 분야에서 빠르게 부상하고 있다. 재정 커뮤니케이션은 증시 분석가, 경제 및 재무 관련 미디어들과 좋은 관계를 만들어가는 것을 목표로 한다. 재무적 수치 그 자체도 중요하지만 수치가 전달되고 소통되는 방식이 점점 중시되는 추세다(아르젠티·포먼, 2006). 이 외에도 조직에 따라 여러 형태의 특수 공중이 있을 수 있다. 한국의 경우 다문화 가정이 정부 PR의 대상 공중이 될 수 있다. 초고령사회로 접어들면서 노인 대상의 관계관리가 필요할 개연성도 커지고 있다. 여성, 학생, 군인, 교육자, 학령 아동, 의사 등 다양한 구분기준에 따라 특수 공중이 생성될 수 있다. 관계관리는 7장에서 다룬다.

위기관리　위기관리는 최근 10여 년간 급격히 부상하고 있는 PR 영역이다. 2000년대 이후 출간된 국내나 서구의 PR 교재에는 위기관리를 공통적으로 중시하고 있다. 위기관리 연구도 꾸준히 증가하고 있는데 이는 PR 현장의 관심과 체계적 관리의 필요성을 방증하는 것이다. 위기관리 지식과 기법의 발달은 PR의 경영적 위상을 강화하고 PR 실무의 숙련도 증진에 기여한다는 평가가 있다(한정호 외, 2014). 이런 추세에 힘입어 한때 PR의 특수 영역에 머물렀던 위기관리는 기본 영역의 하나로 격상됐다. 대한한공의 땅콩 회항(2014년)이 보여주듯 오늘날의 조직들은 늘 위기의 전 단계에 놓여 있다. 정보통신의 발달이 위기를 확대하고 증폭시키는 요인으로 작용하고 있다. 과거에는 아무 일도 아닌 듯이 지나갈 일들이 온라인이나 소셜 미디어를 타고 위기로 부각되는 일이 다반사로 일어난다. 현재의 커뮤니케이션 환경에서는 여론관리, 이해관계자 관리, 쟁점관리, 명성관리, 관계관리의 어느 부분이 잘못되더라도 위기 상황을 초래할 수 있다. 위기관리는 안전사고나 성희롱처럼 예방이나 관리가 가능한 범주도 있지만, 자연재해나 테러, CEO 스캔들, 부적절한 발언처럼 손이 미치지 않는 경우도 적지 않아 상황 대응력을 기르는 것이 중요한 과제가 된다. 위기관리는 8장에서 다룬다.

4. PR의 분야

스타크와 크루크버그(Starck and Kruckeberg)는 인류와 PR 영역에 지속적으로 영향을 미치는 요인으로 교통과 커뮤니케이션 기술, 글로벌리즘을 꼽았다. 이들 요인의 급격한 변동으로 21세기 들어 우리는 엄청난 사회변화를 겪고 있다. PR은 이런 사회변화와 경향들을 분석하고 그 결과를 예견해 조직과 공공의 이익에 공헌할 수 있는 활동이다. 이를 위해 PR 실무자는 환경 모니터링을 통해 PR 업무를 조직 경영의 중심으로 끌어올리고, 조직을 재구성하는 데 선도적 역할을 맡아야 한다. 현대 행정학에서는 PR을 조직, 기획, 인사, 재정 등과 더불어 행정의 주요 요소로 간주하고 있다.

1) 기업 PR

PR의 분야는 아주 다양하지만 그 주류는 기업 PR이다. PR 실무자들이 가장 많이 관여하는 분야도 기업 PR이다. 그간의 PR 연구와 저술은 기업 PR을 전제로 하는 경우가 많았다. 기업 PR의 이유는 종업원, 고객, 투자자, 협력업체, 경쟁사, 이익집단, 정부, 미디어 등이 늘 기업 활동을 지켜보고 있기 때문이다. 기업에 대한 국민들의 관심은 광범위하고 지속적이며 부정적인 내용들이다. 기업에 대한 인식은 서적이나 영화, 뉴스미디어 등을 통해 늘 부정적으로 묘사된다. 또한 정보통신기술의 발달은 기업 감시 활동과 반기업 정서를 확산시키고 있으나 기업들은 PR의 중요성에 충분히 주목하지 못하고 있다(아르젠티·포먼, 2006).

목적과 효과　기업 PR의 목적은 공중과 호혜적인 관계를 형성하고 유지해 기업 경영에 우호적인 환경을 조성하는 것이다. 기업의 장단기 경영목표나 사업목표와 조화를 이루도록 해야 한다. 일부 학자는 기업 PR의 목적을 다음의 6가지로 제시하고 있다. ① 기업의 이념, 목표, 정책 등을 공중에게 이해시켜 좋은 이미지를 형성하는 것, ② 기업의 정체성을 바탕으로 브랜드의 일관된 이미지를 형성하는 것, ③ 경영진의 우수성, 기술개발 및 제품과 서비스의 개선 등을 강조해 기업 이미지를 긍정적으로 유도하는 것, ④ 건실한 재무구조를 강조해 기업에 대한 투자 욕구를 높이는 것, ⑤ 사회적 이슈에 대한 기업의 입장을 피력하는 것, ⑥ 임직원의 사기를 높이고 잠재 취업자들에게 일하기 좋은 기업임을 알리는 것 등이다(이영권, 1999 재인용). 기업 PR의 기대 효과로는 종업원 관계에서 높은 생산성, 사기 고취, 애사심 증가, 고객 관계에서 호감도 증가, 명성 제고, 매출 증가 등이 된다. 투자자 관계에서는 투자유치, 자금조달, 지역사회 관계에서는 기업 지원, 치안서비스, 우수 인재 유치 등의 효과를 얻을 수 있다. 정책 공중 관계는 우호적 입법, 민원 처리, 언론 관계에서는 우호적 보도, 루머 확산 방지 등을 기대하게 된다(이명천·김요한, 2012).

기업 PR의 기능　PR의 기능은 일반적 지향으로서의 목적과 구체적 지향으로서의 목표와 무관할 수 없다. 그러나 행동적 역할과 효과를 강조한다는 점에서 차이가 있다. 기업 PR의 기능에 대해서는 다양한 논의들이 있다는 데 그만큼 PR의 효용이 넓다는 의미로 받아들일 수 있다. 1차적 기능 또는 가치는 기회의 상실을 초래하거나, 위협을 간과해 막대한 대가를 치르는 일을 막아줄 수 있다는 데 있다. 우수 PR 이론은 PR이 조직의 효율성, 즉 경쟁력에 기여하는 관리 기능이라고 주장한다. 우수한 PR은 비즈니스보다 더 좋은 결과를 가져올 수 있다. PR은 시민들의 지속적인 감시와 부정적 관심에 대처하는 수단이 되기도 한다(아르젠티·포먼, 2006). 급속한 사회 변화가 일상화되면서 기업 PR은 지속적인 기업 이미지 재구축, 환경 변화의 예측과 대응, 위기 대응, 재무 홍보의 4가지 기능을 중시하고 있다. 브랜드 자산 관리, 사업기회의 창출 등도 기업 PR의 빠트릴 수 없는 기능이다. 이런 기업 PR의 기능을 유형별로 정리해보면 기업 및 기업 활동 보호 기능, 이미지 창출 및 향상 기능, 대내적 총화 형성 기능, 이익 창출 기능, 광고 기능, 공익 기능, 옹호 기능, 조직 재구성 기능 등으로 나눌 수 있다. ≪PR 위크(PR week)≫와 버슨-마스텔러가 미국 기업 CEO 215명을 대상으로 조사한 바에 의하면 PR의 활용은 매출 증진이 가장 많았고 다음이 이미지 보호, 기업 명성 신장, 브랜드 인지도 제고, 기업 명성 모니터링, 종업원 동기부여, 위기관리, 쟁점관리 등이었다고 한다(김찬석, 2007). PR 활동을 매출 증진과 명성관리에 주로 연결시키고 있다는 해석이 가능하다.

기업 PR의 공공성　기업 PR은 점점 공공 PR을 지향하거나 닮아가고 있다. 기업이 사회에 대해 가지는 지배력과 영향력에 대한 공중들의 인식이 커지면서 사회적 기구로서의 역할을 요구받게 된 것이다. 일부 학자들이 자유민주주의의 가치라는 것이 실상은 기업적 가치라고 할 정도로 사회 전 분야에서 기업의 영향력이 커지고 있는 것이 사실이다. 이에 따라 기업의 위상이나 영향력에 걸맞은 공익성을 보여줘야 한다는 것이 PR의 기본 원칙처럼 받아들여지고 있다. 미국의 경우 기업의 경영전략을 수정하게 만드는 요인 중 하나가 사회적 책임이 될 정도로 기업의 공공성은 중요한 쟁점이 되고 있다(김찬석, 2007). 사회에 대한 기업의 공공성은 기업 평가와 이미지에서 중요한 요소로 작용하고 있다. 이에 근거할 때 기업의 독점이나 과도한 이윤 추구, 비윤리성 등은 심각한 위기를 몰고 올 수 있다. 기업 PR은 투명성의 추구, 공중들과의 공감대 형성, 충분한 여론 수렴을 바탕으로 이뤄지는 것이 바람직하다. 투명성 차원에서 기업은 정보를 공개하고 사회의 이해를 얻어야 한다는 점을 먼저 인식해야 한다(시노자키, 2004). 정보의 공개 수준은 미묘한 판단이 요구되는 문제다. 사회통념상 객관적으로 용인될 수 있는 범위가 공개 수준이 돼야 한다. 공감대 형성은 공익사업에 대한 기업의 기여를 의미한다. 여론 수렴은 쌍방 과정으로서의 PR 실행과 함께 PR의 효과를 높이기 위한 전제조건으로 받아들일 수 있다(최재완, 2002).

CPR과 MPR   기업 PR은 종업원, 투자자, 지역사회, 정부, 언론 등 공중들과의 관계관리를 중심으로 하는 CPR(Corporate PR)과 소비자 관계를 중심으로 하는 마케팅 PR의 2원적인 구조를 가진다. 양자는 유사한 무게와 중요성을 갖는다. 여타 조직 PR에서도 고객이나 소비자에 대응되는 개념이 없는 것은 아니지만 기업 PR의 경우처럼 조직의 존립과 발전에 결정적인 경우는 드물다. 그만큼 마케팅 PR이 직접적이고 긴밀한 의미를 가진다. 1980년대에 처음 등장한 마케팅 PR은 보통 능동적(proactive) PR과 대응적(reactive) PR의 두 가지 범주가 있다. 능동적 PR은 PR을 기업의 마케팅 목표를 달성하기 위한 한 수단으로 간주한다. 제품의 판매촉진을 위해 PR을 적극적으로 활용한다. 신제품 발표, 경영층 성명, 보도자료 배포 등이 이에 속한다. 대응적 PR은 외부 환경 변화에 대처하기 위한 PR 활동이다. 경쟁사 위협, 소비자 태도 변화, 정부 정책 변화 등에 의해 야기된 외부적 위협에 대응해 기업의 명성 회복, 시장잠식 방지, 상실 매출 회복 등의 목적을 갖는다(안광호 외, 2004). 마케팅 PR은 사회적 공기(公器)인 언론매체를 기업의 마케팅에 활용한다는 발상으로 인해 비판의 대상이 되기도 한다. 그러나 지금의 정보 환경은 뉴스, PR, 광고의 배타성을 따지기가 힘든 상황이어서 단순히 윤리적 접근만 내세우기 어려운 입장이 됐다.

2) 정부 및 행정 PR

민주주의 체제에서 정부는 PR 없이 존립할 수 없다. 정권과 정책의 당위성이 국민 여론을 바탕으로 하기 때문에 국민의 이해와 지지는 필수적 조건이다. 정권의 안정과 정책의 흔들림 없는 집행을 위해서는 국민과의 소통을 통해 정당성을 확보하지 않으면 안 된다. 정부 PR은 사회 통합이라는 목적도 갖는다. 이해집단들의 이질적이고 혼란스러운 관심의 충돌을 조정하고 통합해 보편적 국가이익을 추구해야 할 의무가 정부에게 있다(최윤희, 2008). 현실적 의미에서의 정부 PR은 국정에 대한 이해와 설득, 국정 참여 유도, 정부 권위의 유지, 국가 이미지 제고 등을 목적으로 한다. 국민을 대상으로 한 정책의 공지, 설명, 설득, 계몽 활동뿐 아니라 광범위한 민의 수렴까지도 PR의 범주에 포함된다. 입법에 대한 영향이나 공무원 사기 앙양을 목적으로 추가하기도 한다(김주환, 2010; 박성호, 2008).

정부 PR 한국의 경우 1980년대와 1990년에 정부 PR의 중요성이 인식되면서 정책의 절반이 PR이라는 말이 회자되기 시작했다. 2000년대 중반 들어서는 아예 정책이 PR이라는 말로 바뀌었다. 그만큼 정부 PR에 대한 인식이 긴박해진 것이다. 정부 PR은 평시의 정책홍보와 쟁점관리, 위기 시의 위기관리가 중심이 된다(유재웅, 2010). 다른 PR 분야에 비해 대상공중이 훨씬 다양하고 폭이 넓다. 정책별로 사회 전반에 미칠 세밀한 상황 분석과 공중세분화, 정교한 전략 및 전술 기획이 필요하다. 정부 PR의 수단으로는 각종 기념일, 대중집회 등이 이용될 수 있다(김주환, 2010). 정책 입안을 할 때는 사전 홍보계획을 마련하는 것이 바람직하다. 홍보계획에는 여론 수렴

방안, 홍보 대상, 이해관계자별 홍보목표 및 전략, 언론 대책, 홍보 프로그램, 가용 예산 조달 등이 고려돼야 한다(국정홍보처, 2005). 정부 PR의 난점은 국민들이 정부와 정부기관에 대해 근본적으로 비판적인 시각을 가지고 있다는 사실이다. 심지어 공직 구성원들에 대해서까지 거부감을 드러낸다. 정부의 기능이 포괄적이고 복합적이어서 국민들이 안정된 지식체계를 갖추기 힘들다는 점도 정부 PR을 어렵게 만든다. 국민들의 일반적 지식은 거의 백지 수준이어서 엄청난 PR 노력을 필요로 한다. 매스미디어를 비롯한 각종 정보 미디어들의 일상적 보도가 대부분 정부 비판적이라는 사실도 정부 PR의 장애가 된다(최윤희, 2008). 좋은 정책을 만들고 우호적인 관계를 만드는 것이 PR의 대전제가 돼야 한다.

PR 캠페인 정부 PR은 1회성이 아니라 일정 기간에 일정 목표를 정해 지속적으로 실시하는 PR 캠페인이 많다. 공공성을 기반으로 해야 하며, 제한된 시간에 구체적인 결과를 얻을 수 있어야 한다. 캠페인의 기능으로는 정보 제공, 여론 수렴, 여론 확산, 교육, 국가 쟁점의 정리, 사회통합, 행정 능률 향상 등을 들 수 있다. 캠페인은 기대하는 효과에 따라 인지, 태도, 행동 캠페인으로 나눌 수 있다. 인지 캠페인은 새 주소 정책을 알리는 단순 정보와 조류 인플루엔자 대응 요령 등 특수 정보(교육정보, 전문정보) 캠페인으로 구분할 수 있다. 태도나 행동 캠페인은 새로운 태도나 행동의 창출, 기존의 긍정적 태도나 행동의 강화, 기존의 부정적 태도나 행동의 완화를 목적으로 한다. PR 목표와 상황에 따라 적절한 PR 유형을 찾아내야 한다. PR의 수단으로는 언론보도, 정부 광고, 여론조사, 공청회, 세미나, 토론회, 교육활동, 이벤트, 출판물, 영상물, 포스터, 슬로건, 상징물, 온라인 미디어 등이 주로 사용된다. 캠페인 성공을 위해서는 단계별 목표 설정, 통합적 커뮤니케이션 관리와 같은 PR 기법을 필요로 한다(박성호, 2008).

행정 PR 정부 PR이 주로 국가기관의 PR 활동이라면 행정 PR은 지방

자치단체의 PR을 일컫는다. 지방자치단체의 PR은 그 자체가 지방자치의 존재 이유가 될 만큼 중요하다. 무엇을 했느냐의 실적 못지않게 어떻게 하느냐의 과정이 많은 의미를 지닌다(최윤희, 2001). 규범 차원에서 행정 PR은 행정기관과 주민과의 소통 및 신뢰관계 형성을 최우선적인 목표로 하고 있다. 그러나 현실에서의 자치 홍보는 여러 변수들의 작용으로 PR 차원에서만 접근하기가 어렵다. 행정 PR은 기능적 측면에서 여론 감수성 제고, 주민들의 정보욕구 충족, 조직 활성화, 커뮤니케이션 기술 신장 등의 순기능을 갖는다. 그러나 정책 및 기관장 과잉 홍보, 여론 호도, 조직 미화 및 약점 은폐, 우회적 선거운동, 예산 낭비 등의 역기능도 적지 않다. 그동안의 행정 PR은 공중 관계라기보다 대 언론 관계라는 매체 중심적 태도를 보이는 경향이 강했다. 또한 현실과 유리된 허구적 기대감을 조성하거나 전시 행정 PR에 치중하는 문제점을 드러냈다. 향후의 행정 PR은 관료적 행위가 아닌 주민과의 쌍방적 행위로서의 위상을 재정립할 필요가 있다. 행정 PR의 성공을 위해서는 홍보 전문 인력과 예산의 확보, 언론매체 및 온라인 홍보의 효율화, 주민 의견 조사의 정책 반영, 민원 감찰인 제도 활성화 등 기본 조건이 충족돼야 한다(조계현, 2005).

행정 PR 전략 행정 PR은 기업의 제품 퍼블리시티와 CI(Corporate Identity)에 상응하는 정책 PR 및 CI(Community Identity) 그리고 PI에 무게중심을 둔다. 행정기관이 주민들에게 제공하는 주된 서비스는 정책이다. 퍼블리시티와 광고를 통한 정책홍보는 행정기관의 정당성 및 경쟁력의 바탕이 된다. 정책의 공지, 설명과 이해, 지지를 끌어내기 위한 퍼블리시티 활동이 긴요해진다. 행정 CI는 지방화 시대가 되면서 나타난 새로운 PR의 양상이다. 각 지방 간에 차별화 경쟁이 가속화되면서 지역별 정체성 확보가 행정의 주요 과제가 됐다. 여기서 기업 변혁의 수단으로 활용됐던 기업 CI를 행정 CI로 차용하게 된 것이다. 행정 CI는 지역의 성장을 위해 지역을 새롭게 변혁시키는 것과 지역의 정체성을 지역 내외에 표현하여 이를 공유하는 두 가지 기본적 과제를 갖는다. 행정 CI에서의 정체성은 관계를 가지는 사람들, 즉 지역주민들이 공유하는 고유의 가치와 개성으로 정의할 수 있다. 한편 PI는 기업체의 최고경영자를 대상으로 했으나 행정기관으로 넘어오면서 기관장의 정체성 전략이 됐다. 보통 CI와 PI는 서로 일치시키려는 경향을 보인다(조계현, 2005).

3) 정치 및 선거 PR

미국PR협회는 정치 PR을 넓은 범위로 규정하고 있다. 정당이나 정치인, 선거 후보자뿐 아니라 선거에 나설 잠재성을 가진 공직자, 이들 후보자나 공직자를 매개로 입법 활동에 영향을 미치려는 PR주들까지 포함시킨다. 행정 PR, 기업 PR의 영역과 일부 겹쳐지는 부분이 나타난다. 이 같은 범위의 규정은 현실을 반영한 것이긴 하나 정치 PR의 영역을 모호하게 만들 수 있다. 정당 및 정치인, 정치 행위로 PR의 범주를 한정하는 것이 원래적 의미에 부합한다. 다만 선거 PR은 한시성을 가지는 정치 PR의 한 특수 영역으로 간주할 수 있다.

정치 PR의 특성　　정치 PR의 목적은 정당 차원이든 정치인 개인 차원이든 국민으로부터 위임된 권력을 수임하고자 하는 점이 다른 PR에서 찾아볼 수 없는 특성이다. PR의 기능적 목표는 정당이나 정당 후보자의 지지도를 유지하고, 부동층을 동조자로 만들며, 정치적 무관심 공중을 정치 행위에 참여시키는 것이 된다. 이를 위해 건설적인 정책의 제안과 실현을 통해 정당 및 정치인 개인의 이미지를 긍정적이고 우호적으로 유지해나가야 한다. 정치 PR의 또 한 가지 특성은 늘 정치선전으로 악화되거나 강요될 상황적 위험을 안고 있다는 점이다. 국민 일반도 정치 PR을 선전의 개념으로 받아들이는 경향이 강하다. 이는 여타 분야 PR과 근본적 차이점이라 할 수 있다. 하지만 상호 이해를 목표로 하는 PR적 요소가 완전히 배제되는 것은 아니다. 온라인 시대 이후 정치 참여의 직접성이 높아지면서 국민 일반과 직접 소통해야 할 PR의 필요성이 커지고 있기 때문이다. 정치 PR의 또 다른 특성은 이념과 관심을 관철시킬 수단과 정보 전달 창구가 풍부하다는 점이다. 언론매체와의 접촉은 늘 열려 있고, 선거 시 방송 시간을 배분받을 수 있는 특권을 가진다. 정당은 소속 국회의원, 당원 및 직원들을 조직화된 PR 요원으로 활용할 수 있다. 집단 전체가 견고한 PR 조직이 되는 것이다. 정당의 대표자와 지도부 인사들은 특히 중요한 위치를 차지한다. 정당의 이미지 관리를 위해서는 PI 개념을 동원할 필요가 있다(최윤희, 2008).

정치 PR의 장애　　정치 PR에는 본질적으로 몇 가지 장애 요소들이 존재한다. 정치 PR의 한 가지 한계는 정당의 강령이나 정책이 다양한 이해집단으로 인해 늘 딜레마에 봉착할 수밖에 없다는 사실이다. 엉거주춤한 입장이 되거나 이중적 태도를 보이는 경우가 많다. 정치적 반대의견을 가진 사람들을 동조자로 끌어들이는 것도 지극히 어려운 작업이다. 사람들의 신념, 가치, 태도, 행동 등은 평생을 통해 형성되는 것으로 단기간의 PR로 이를 바꾼다는 것은 거의 불가능하다. 설득적 PR에 대한 이해를 필요로 한다. 사회의 개인화, 파편화로 정치적 무관심 계층이 늘고 있는 것도 정치 PR을 어렵게 한다. 정치적 무관심 공중을 정치 행위에 참여시켜야 한다는 목표는 분명하나 실행전략 마련이 쉽지 않다(최윤희, 2008).

소셜미디어의 여파　　소셜미디어는 정치 참여의 비용을 획기적으로 낮출 뿐 아니라 언제 어디서나 정치적 소통과 참여가 가능한 환경을 조성하고 있다. 소셜미디어는 일상생활이나 감정 공유를 기반으로 하기 때문에 생활과 정치는 더욱 밀접해지고 있다. 생활 정치가 새로운 정치 패러다임으로 부각될 것으로 보는 이들도 있다. 생활 이슈 중심의 정치적 의사소통 방식은 정치의 주도권을 기존 정치제도와 대중매체에서 일반 시민과 유권자들로 옮겨가게 할 가능성이 높다. 그러나 자발적 공중에 의한 정치 참여가 과열됨에 따라 왜곡된 정보, 포퓰리즘, 무책임한 선동에 의해 여론이 좌우될 우려가 커지는 것도 사실이다. 정치인과 유권자의 직접 소통 방식이 보편화됨으로써 정당, 언론, 시민단체 등 전통적인 정치 매개집단의 역할이 무시되는 정치문화가 조성될 수 있다. 이슈와 이해관계에 따라 여론의 장터가 사분오열되는 집단분극화 현상이 우려되기도 한다. 모바일의 고이동성, 실시간성으로 인해 여론 형성과 정치 과정 반영 속도가 지나치게 빨라져 정치적 의사소통의 질 저하와 편향적인 여론의 폐해가 확대될 수도 있다(소셜미디어 연구포럼, 2012).

선거 PR 공직후보자 선거에서 PR은 선거운동 그 자체가 된다. 이는 일종의 커뮤니케이션 캠페인으로 대중매체와 홍보물, 이벤트 등을 통해 유권자의 태도와 행동을 선거에 유리하게 이끄는 활동이라 할 수 있다(조계현, 2005). 공직후보자 PR은 자체 조직에 의해서도 이뤄지지만 정치 컨설턴트에 의존하는 경우도 적지 않다. 정치 컨설턴트는 여론조사, 미디어 접촉, 정치광고, 홍보 기획, 홍보 제작, 모금운동 등 제반 컨설팅과 서비스를 제공해주는 PR 전문가집단이다. 선거전략가로서 후보자에게 알맞은 이슈를 선택하는 등 선거운동의 방향을 기획하고 관리한다. 선거운동의 전 국면을 관리해주는 경우도 있지만 한두 가지 부분만 관리하는 컨설턴트들도 있다(최윤희, 2008). 자체 조직이든 컨설턴트 조직이든 PR 실무자의 목표공중은 언론과 유권자가 된다. 국내의 경우 선거 PR 활동은 공직선거법의 통제와 감시하에 이뤄진다. 중앙선관위 홈페이지에 공시된 선거운동 방법은 ① 대중매체, ② 집회, ③ 대담 및 토론회, ④ 인쇄물, ⑤ 전기통신, ⑥ 시설물 설치, ⑦ 선거사무 관계자를 이용한 선거운동으로 나눠진다. 이 가운데 대중매체, 집회, 대담 및 토론회, 전기통신 등 4가지가 언론매체와 직간접적인 연관을 가진다. 전기통신 선거운동에는 인터넷 홈페이지 활용, 전화 활용 등의 방법이 있다. 소셜미디어나 모바일을 이용한 선거운동은 이미 대중화 단계에 들어섰다. 전화는 여론조사, 지지 호소에 적합하며 선거 상황 판단에 이용될 수 있다. 시설물은 간판, 현판, 현수막 등을 말하는데 후보자의 이미지와 선거운동의 주제를 알리는 데 주목적이 있다(조계현, 2005).

4) 비영리단체 PR[6)]

비영리단체는 NGO(Non-Government Organization), NPO(Non-Profit Organization), 제3섹터 등으로 통칭된다. 대체로 정부나 기업조직 이외의 조직을 말한다. NGO는 대안적인 민간조직이라는 의미가 강하고, NPO는 비영리 조직을 말하나 이윤을 주요 목표로 삼지 않는다는 정도의 개념으로 접근해야 무리가 없다. 제3섹터는 강제력을 가진 정부 영역 즉 제1섹터, 이윤을 추구하는 기업 영역 즉 제2섹터와 구분되는 개념으로 강제력이나 이윤 동기를 벗어난 민간의 자발적 활동 영역을 의미한다.

비영리단체   비영리단체는 공익성, 민간 주도성, 자주성, 자발성을 주요 특성으로 한다. 정부와 시장의 실패에 대응한 대안적 서비스 제공, 시민사회 구성원들의 사회참여 제고, 자원봉사 등을 통한 가치와 신념의 표현 등을 추구한다. 국내의 경우 1980년대 후반 시민사회단체를 중심으로 비영리단체의 등장이 본격화됐다. 그 이전에는 관변단체들이 비영리단체의 중심 세력을 형성했다. 비영리단체의 등장은 일반적으로 정부와 기업에 대한 신뢰의 상실이 원인이 된다고 하나 사회의 다양화, 개방화와도 무관치

---

6) 한정호 외(2014: 424~442) 참고. 7장 활동적 공중 관계 참조. 비영리단체는 비영리단체 PR의 주체가 되는 한편으로 기업 등의 활동적 공중 관계의 목표공중이 된다.

않다. 한국의 비영리단체는 아직 충분할 정도의 시민 민주주의를 구현하고 있다고 보기 어렵다. 하향식 조직, 정부 종속 아니면 체제 저항의 이분법적 정체성, 권위적 조직문화, 규모와 재정의 취약 등이 한계점으로 지적되고 있다. 실제로 국민의 54~85%(2012, 2013년)가 대표적 비영리단체를 잘 모른다고 할 정도로 존재감이 부실하다. 비영리단체의 본래적 역할을 강화해야 할 과제를 안고 있다.

유형 국내에서 비영리단체는 20개 대분류, 49개 소분류를 사용하고 있을 정도로 분류체계가 복잡하다. 규범적 입장에서 병원, 대학 등도 비영리조직으로 분류하지만 여기에 대해서는 이론이 있을 수 있다. 현재의 병원, 대학 등은 서비스를 판매하는 영리조직에 가까운 특성을 보일 때가 많다. 의료나 교육이 산업적으로 접근되고 있는 최근의 추세가 이런 현실을 방증한다. 따라서 비영리단체 PR은 공익단체, 사회복지단체, 종교단체, 시민단체, 이익단체, 압력단체 등으로 범위를 한정하는 것이 현실적일 수 있다. 이들 단체들도 조직 운영을 위한 영리 활동이나 기금 조성 등 재무적 활동을 하지만 병원, 대학보다는 자발적 활동이라는 특성이 강하다. 비영리단체는 기업이나 정부 입장에서 보면 활동적 공중 관계의 대상이 된다.

PR의 특성 비영리단체 PR은 인간과 사회를 변화시키고 사회적 자본을 형성하는 데 주된 목적이 있다. PR은 사회적 존립의 당위성과 사업 확대의 필요성에 역점을 두게 된다. 영리기관이 아닌 만큼 재정의 투명성을 확보하지 않으면 안 된다. PR 비용이나 메시지의 선택 등에서 윤리적 결함을 노출시키면 심각한 저항을 불러온다. 공중으로부터 존립의 근거를 찾아야 하기 때문에 기업이나 정부 PR보다 더 엄중한 의미를 갖는다. 이런 특성으로 인해 사명, 즉 미션(mission)을 PR의 핵심 가치로 강조하게 된다. 내·외부 공중에게 조직의 목적 달성 전략을 밝히는 사명은 비영리단체의 존재 이유에 대한 설명으로 볼 수 있다. 조직의 목적을 미래적 관점에서 폭넓게 안내하는 비전(vision)은 구체성이 떨어져 잘 언급되지 않는 편이다. 커틀립(S. M. Cutlip) 등은 사명 중심으로 비영리단체의 PR 목적을 5가지로 꼽는다. 사명에 대한 공중의 동의를 얻어내고, 사명에 부합하는 공공정책을 개발하고 유지시키는 것이 그 첫 번째 목적이다. 단체 구성원들에게 목적과 목표에 대한 동기를 부여하며, 조직에 우호적인 커뮤니케이션 채널을 구축하고, 기금 확보를 위한 분위기 조성 및 유지와 같은 실행적 목적도 가진다. 이와 더불어 자원봉사자들의 참여를 유도하고 사회적 쟁점에 대한 의견을 개진하는 것도 PR 목적이 될 수 있다.

PR 프로그램　비영리단체 PR 프로그램은 상황 분석, 기획, 실행, 평가라는 일반적 PR 과정 외에 스튜어드십(stewardship) 단계가 추가되는 특징이 있다. 비영리단체에 국한되는 PR 프로그램 관련 사항들로는 다음의 것들이 있다. 상황 분석의 PR 조사에서는 기업 PR의 경쟁 업체 분석처럼 유사 단체들과의 경쟁 상황을 분석해볼 필요가 있다. 모금, 자원봉사자, 미디어 능력, 영향력 등에 대한 파악이 이뤄져야 한다. 기획 단계에서는 프로그램 전략 외에 단체의 경영전략, 인적·물적 자원의 확충 전략, 단체 유지전략이 두루 고려돼야 한다. 매체 전략에서는 단체와 긴밀한 관계를 유지해온 매체를 이용하는 것이 유리하다. 단체 활동에 대한 심층 설명이 가능하고 메시지를 협조적으로 조정할 여지가 있기 때문이다. 실행, 평가에 이은 스튜어드십 단계는 PR 활동으로 형성된 공중 관계를 유지하기 위한 과정이라 할 수 있다. 단체의 후원자, 기부자 관리에 주된 목적이 있다. 스튜어드십은 호혜, 책임, 보고, 관계 증진의 4가지를 구성요소로 한다. 호혜는 단체와 공중이 서로에게 이익이 되는 사업을 찾아내고 기획해 실천적 결과를 얻어내는 것이다. 책임은 단체 지원 공중들에게 사회적 책임을 다하는 행동을 보여준다는 의미로 설명된다. 보고는 조직 정보를 충실히 전달한다는 실천적 의지를, 그리고 관계 증진은 기존 지원 공중들과의 관계를 우선적으로 관리한다는 의미를 담고 있다.

기금/기부금 모금 기금 조성과 기부금 모금은 비영리단체 PR의 특징적 측면이다. 기업의 투자자 관계와 비슷한 활동으로 공중들에게 조직의 사명을 얼마나 효과적으로 전달하고 있느냐를 재는 척도가 된다. 가장 관여도가 높은 공중을 대상으로 한다는 점도 투자자 관계와 유사하다. 기금 조성과 기부금 모금의 결과는 단체의 목표 활동에 초점이 맞춰지기 때문에 공중들로부터 활동사업을 평가받는 의미가 크다. 더 넓게는 조직 운영에 대한 전반적인 평가와 연결될 수 있다. 기금 조성과 기부금 모금은 조직 운영의 정당성과 맞물려 있어 공중과의 연결고리가 깨지면 존립 자체를 위협받을 수도 있다. 실무적 입장에서 비영리단체의 기금 및 기부금은 정부, 기업, 개인의 3가지 채널로 조달된다. 재원 조달이 3자 간 균형을 이루지 못하고 한쪽에 치우치면 자치권을 확보하는 데 문제가 생긴다. 한국에서 행해지는 기금 조성 프로그램은 결연 후원, 정기 후원, 비정기 후원, 프로그램 후원 등으로 구분된다. 소액기부가 숫자에서 주류를 이루지만 상위 몇몇 기부자들의 거액기부가 모금 목표액의 70% 정도를 차지하는 것이 일반적이다.

5) 국제 PR

국제 PR의 50%는 외교요, 외교의 50%는 국제 PR이라고 할 정도로 양자는 불가분의 관계에 있다. 국제 PR은 인터내셔널 PR 또는 글로벌 PR로 일컬어지며 주로 국제관계에서 일어나는 분쟁이나 갈등을 완화·해소하고 상호 이해 증진을 도모하는 과정이라 할 수 있다. 국제 PR은 대면 접촉을 통하기보다 언론을 통한 간접 커뮤니케이션으로 이뤄지는 특성이 있다. 국제협약의 확대 및 국제교류 일상화 등으로 활동기반이 넓어진 기업들, 국제 단위의 기구들, 각국 정부들의 위상 증진 노력 등이 그 필요성을 높이고 있다. 국제간의 분쟁이나 갈등은 본질적 문제도 있지만 정보나 홍보의 부족으로 인한 사실의 오해, 오인 등에서 비롯되는 경우도 많다. 국제 PR은 분쟁이나 갈등이 발생하지 않도록 하는 예방적 활동과 발생 후의 위기관리 활동으로 양분할 수 있다(조계현, 2005). 국제 PR의 성공요소로는 현지 공중의 저항 극복, 자국이나 자민족 중심주의의 극복, 문화적 요소의 활용, 적절한 현지 PR 대행사의 활용 등이 거론된다(박성호, 2008). 국제 PR의 공중은 기업, 기관단체 혹은 정부에 영향을 주거나 받는 다양한 집단들로 구성된다.

국제 PR의 접근　국제 PR을 정체성 중심으로 접근해보면 ① 자국 중심, ② 현지 개별 국가 중심, ③ 지역 국가 중심, ④ 세계 국가 중심으로 표준과 범위가 넓혀진다. 자국 중심 PR은 외국을 자국과 유사하다고 간주하고 벌이는 PR 방식이다. 현지 개별 국가 중심은 개별 국가들이 저마다 유일하고 고유한 특성을 가진 것으로 보는 접근이다. 지역 국가 중심은 동남아시아 국가연합(ASEAN), 유럽연합(EU)처럼 일정 지역을 하나의 고유한 속성 영역으로 보고 통합전략에 따라 접근한다. 세계 국가 중심은 통합적 세계전략 관점에서 접근하는 PR 방식이다. 세계를 단일적, 표준적, 포괄적 대상으로 파악한다(조계현, 2005). 또한 ① 현지형, ② 표준형, ③ 절충형으로 국제 PR을 접근하는 방법도 있다. 현지형은 현지 개별 국가의 환경에 적용할 수 있는 방법론을 채택한다. 시장진입 때 많이 쓰인다. 홍보 관리비가 많이 들고 세계적 이미지 구축과는 무관하다는 단점이 있다. 표준형은 세계를 하나의 시장, 하나의 문화로 간주하는 접근이다. 모든 국가에 동일한 홍보제작물을 사용하기 때문에 경제적 이점이 있으나 특정 문화나 특정 시장에 제대로 침투하기 어려운 단점을 보인다. 절충형은 상황에 따라 현지형과 표준형 전략을 절절히 섞어 쓰는 접근이다(박성호, 2008).

국제 PR의 영향 요인　제임스 그루닉(James Grunig)은 우수 PR 이론 연구에서 국제 PR에 영향을 미치는 요인으로 ① 문화, ② 정치체계, ③ 경제체계, ④ 경제개발 정도, ⑤ 시민운동 수준, ⑥ 미디어 체계의 6가지를 들고 있다(뉴섬 외, 2007). 이 중 각 국가의 언어, 역사, 관습, 사회제도 등 문화의 차이는 국제 PR에서 가장 우선적으로 고려해야 할 사항이다. 문화 차이는 정치, 종교, 가치관, 태도, 법, 교육, 기술과 물질문화 등에서 두루 나타난다. 문화적 가치의식은 좋고 나쁘고, 옳고 그르고, 권장하거나 금기시해야 할 행동을 구체화한다. 사회 내의 갈등을 줄이는 규칙으로도 작용한다. 다양한 문화 요인들 중 우선적으로 극복해야 할 장애물은 역시 언어다. 언어가 문제가 되는 것은 개개의 단어들이 제각각의 문화적 배경과 의미, 가치, 뉘앙스를 갖기 때문이다. 비언어 표현에서는 몸짓, 공간 이용 등에 대한 해석을 나라나 문화권별로 달리 해야 한다. 일반적으로 몸짓은 다른 사람에 대한 태도, 자신의 감정상태, 환경 통제의 의도를 표시하는 가시적인 메시지다. 보통 다른 메시지와 함께 배합해서 사용한다(최윤희, 2008).

• 문화 이해의 5가지 차원 한편 길트 홉스테드(Geert Hofstede)는 국가별 문화를 이해하는 5가지 차원으로 권력 거리의 높낮이, 집단주의와 개인주의, 남성성과 여성성, 불확실성의 회피, 장기 지향성과 단기 지향성을 꼽는다. 권력 거리가 높다는 것은 권력의 불평등한 분배를 자연스럽게 수용한다는 의미다. 집단주의와 개인주의는 집단 또는 개인의 규범에 따라 행동하는 성향을 말한다. 남성성은 성공, 경쟁, 야망, 성 역할 차별과 같은 가치를, 여성성은 관계나 삶의 질, 성 역할 동등과 같은 가치를 중시한다. 불확실성의 회피는 모호함에 대한 인내 수준을 의미하는 것으로 회피 성향이 클수록 규제나 규율을 많이 만들어내는 특성이 있다. 장기지향성과 단기지향성은 주로 경제적 측면에서 미래 보상 지향이냐 즉각 보상 지향이냐로 구분한다(한정호 외, 2014).

국제 PR의 분야 국제 PR의 장애 요인은 앞서 든 요소들만이 아니다.

본국에까지 뻗어 있는 긴 명령체계, 언론 및 PR의 발전 수준 차이, 다국적 기업이나 강대국에 대한 반감, 국가적 자존심, 과거의 국가 간 관계 등이 모두 영향을 미친다. 그렇기 때문에 공감을 바탕으로 한 상호 교류적인 탐색이 필요하다(김병철, 2005b 재인용). 국제 PR의 세 주체는 정부, 기업, 비영리 단체다.

• 정부 PR   정부 PR의 일반적 목적은 실제 상황에 부합하는 국가상을 인식시키고, 타국의 정치외교적 지지와 신의를 확보하는 데 있다. 재무 분야 등 특정 목표 수용자의 이해와 협조를 얻기 위한 목적으로도 활용된다. 예컨대 국가 신용등급의 조정이나 국가 경제지표 등의 평가에서 유리한 결과를 끌어내기 위한 활동일 수 있다. 외국을 상대로 한 정부 PR은 정치적, 경제적, 문화적 목적이 통합되는 경향을 보인다. 선진 각국들은 외국에서의 자국 정보전파를 주목적으로 하는 초기의 공보원 체제를 문화원 체제로, 다시 통합센터 체제로 바꿔나가고 있다. 문화원은 대외 홍보, 정보수집, 언어교육, 학술 및 문화예술 교류 등 외교 및 문화 활동에 치중하는 편이었다. 이에 비해 통합센터는 외교, 문화, 경제, 무역, 관광 등 전방위적 활동을 목적으로 한다(최윤희, 2008).

• 기업 PR   기업 PR 분야에서는 다국적기업들이 해외시장을 확장하면서 현지 PR의 필요성을 절감하고 있다. 현지의 법규, 문화, 가치관을 모르고서는 기업 활동이 원활해질 수 없기 때문이다. 직접 또는 PR 대행사를 고용해 현지 언론과 정보채널을 모니터링하고 적합한 PR 활동을 벌이고 있다. 국내의 경우도 삼성, LG, SK 등 대기업들이 명성관리, 관계관리를 위해 퍼블리시티, 광고, 마케팅 PR, 스포츠 PR, 사회공헌활동 등에 많은 투자를 하고 있다(최윤희, 2008). 국제 기업 PR은 한 국가의 전체적인 이미지와 밀접하게 연결된다는 점에서 해당 국가의 홍보전략과 연계된 활동이어야 효과적일 수 있다. 현지 PR 실무자 활용, 지역사회 프로그램 개발, 해당 국가

각계 지도자들과의 우호적 관계, 자국의 정부 관료나 현지 주재 공관의 활용 등 다양한 접근이 필요하다(박성호, 2008; 김병철, 2005b 재인용).

• 비영리단체 PR 비영리단체 PR 분야에서는 국제기구, 협회, 재단, 기관, 단체 등이 설립목적에 따라 다양한 PR 활동을 펼치고 있다. 이들 조직은 본부조직과 외국의 하부조직을 하나의 PR 공동체로 만들어 일반 기업과 마찬가지의 환경 모니터링을 하고 PR 프로그램을 실행한다. 주로 현지 정부와의 우호적 관계 형성을 목적으로 하고 있다. 각종 국제 구호단체는 주기적으로 PR 캠페인을 벌여 기금과 구호금품을 모은다(최윤희, 2008).

5. PR의 윤리와 법제

현대사회에서의 PR은 공중의 요구와 이해에 기초해야 한다. 이것은 PR이 여론을 존중하는 민주주의 사상에서 연유하였으며 이를 관철하는 것이 인간관계와 봉사 정신이기 때문이다(서정우 외, 2002). 공중에 PR의 대한 책임은 PR의 기본적인 철학이다. 리(Ivy Lee) 이후 모든 PR 실무자들은 공중에 대한 책임이 PR의 대전제가 된다고 주장해왔다. 1971년 미국 경제발전위원회는 "기업은 공중의 동의에 의해 기능하게 되며 기업의 기본적인 목적은 사회의 욕구에 부응하여 사회의 이익에 이바지하는 것"이라고 성명했다. 실제로 공중은 점점 더 기업들로 하여금 사회의 요구에 반응을 보이도록 규정이나 제재조치를 정부에 요구하고 있다. 기업이 경제적 실체라는 개념은 옅어지고 사회적 실체로 부각되고 있는 것이다. PR 담당자는 기업의 사회에 대한 위반 행위를 주시하는 감시견 역할을 하지 않으면 안 될 상황이다(그루닉·헌트, 2006a).

1) PR의 전문성

PR의 전문성은 PR의 윤리와 직결되는 문제다. 전문직의 윤리는 대개 공익을 조직의 이익보다 우선하는 경향이 있다. PR이 전문성을 지향할수록 사회에 도움이 되는 방향으로 나아갈 수 있음을 의미한다. 사회과학자들은 전문성을 직업적 특성으로서보다 개인 실무자의 특성으로 파악하는 경향이 있다. 같은 분야에 있으면서도 전문인인 경우도, 비전문인인 경우도 있다는 것이다. 전문성이란 대체로 다음과 같은 몇 가지 특성을 지닌다. ① 남에게 봉사하는 일이 자신의 경제적 이득을 취하는 것보다 더 중요하다. ② 정당한 보상의 범위 내에서 자신의 직분을 수행할 자유를 선호한다. ③ 전문인으로 구성된 조직체의 회원으로서 전문적인 규범을 준수한다. ④ 지적 전통과 체계적인 이론으로 구성된 지식체계를 가지고 있다. ⑤ 전문적 훈련을 통해 습득한 기술이 있다(그루닉·헌트, 2006a).

언론의 전문성 PR 실무자들과 언론인들은 비슷한 전문인으로서의 가치관을 가지고 비슷한 언론 활동을 한다. PR직이 전문직이냐의 문제는 언론인의 경우를 참고로 해볼 만하다.[7] 전반적으로 저널리즘 활동은 전문직의 일반적 기준인 ① 중요한 사회적 역할의 존재, ② 직업에 대한 진입 통제, ③ 훈련이 요구되는 핵심 기술, ④ 윤리강령과 실천기준의 강제, ⑤ 기술 행사의 자율성을 충분히 충족시키지 않는다. 언론인들이 가진 핵심적이고 유일무이한 전문직 기술이 무엇인가에 대해서는 아직까지 확실하게 정리되지 않고 있다. 자율성과 자율규제의 문제도 애매모호한 상태다. 학

---

7) 국내 기자들은 언론에서 다루는 보도내용이 전문적이지 않다고 자평한 기자(33.8%)가 전문적이라고 평가한 기자(18.8%)보다 훨씬 많았다. 담당 분야에 대해 전문성이 있다고 자평한 기자는 46.3%였다. 인터넷 언론사(60.5%), 신문사(45.9%), 방송사(45.1%), 뉴스통신사(43.2%) 순이었다(한국언론진흥재단, 2013b).

자들의 전문성에 대한 판단도 엇갈린다. 마이클 셔드슨(Michael Schudson)은 뚜렷한 경계가 없는 저널리즘 속성 때문에 비배타적 전문직으로 분류했다. 게이 터크먼(Gaye Tuchman)은 뉴스의 객관성은 전문직의 이데올로기와 다름없다며 언론인의 전문성은 동료들에 의해 인정될 수 있는 것이라고 했다. 윈달(S. Windahl)과 동료들은 언론인의 지식기반은 전문직이라고 인정받는 직업집단의 지식기반과 동일한 존중을 요구하는 것이 아니라고 결론지었다. 한스 케플링거(Hans Kepplinger) 등은 언론인은 다른 전문직과 달리 평소 만나고 관계를 맺는 사람들의 범위가 매우 선별적이고, 보도의 부정적 결과들에 대해 도덕적 책임을 지지 않는다는 점을 근거로 전문직 계층에 포함될 수 없다고 주장했다. 올렌(Olen)은 저널리즘은 제도가 독점할 수 없는 표현의 자유에 대한 권리를 실천하는 것이기 때문에 전문직이 돼서는 안 된다고 지적했다(맥퀘일, 2008).

PR의 전문성[8]   언론인과 마찬가지로 PR의 전문성에 대해서도 지속적인 의문이 제기되어왔다. 앞에서 언급된 전문직의 조건을 종합해보면 ① 사회적 역할의 존재, ② 면허 등의 직업에 대한 진입 통제, ③ 갖춰진 지식 체계, ④ 훈련이 요구되는 핵심 기술, ⑤ 전문 조직체와 윤리강령의 강제, ⑥ 기술 행사의 자율성 등이 요구된다. 이런 조건에 맞춰보면 PR의 전문성은 충족도가 낮은 것으로 판단된다. 먼저, 전통적 세 분야의 전문직인 법률가, 의사, 성직자처럼 직업에 대한 진입통제 장치가 없다. 배타적인 핵심기술도 불분명한 편이고, 평소 만나고 관계를 맺는 사람들의 범위도 선별적이다. 그러나 직업적 특성이 아니라 개인적 특성으로 접근한다면 전문성을 인정할 여지가 충분하다. 언론인들의 객관성을 전문직 이데올로기로 파악한 것처럼 PR의 관계성 접근이나 비판적 접근은 PR의 이데올로기 또

---

8) 이하 내용은 그루닉·헌트(2006a: 103~133) 참조.

는 높은 윤리성의 표현으로 간주할 수 있을 것이다. 한편 PR의 전문성을 후술될 PR 4모델에 대입시켜보면 언론대행과 불균형 모델을 채택하는 조직에서는 비전문적인 PR인을 고용하는 것이 자연스럽다. PR 담당자는 조직의 이익을 추구할 뿐이므로 전문직의 윤리는 조직 적응의 장애가 될 수 있다. 공공정보 모델에서의 전문성은 PR보다 저널리즘에 더 가까운 특성을 보인다.

전문성의 측정   그루닉과 헌트는 PR인의 전문성 측정을 가치관, 전문인협회, 윤리강령, 지식체계, PR 교육 등의 형태로 접근한 바 있다. 가치관 항목에는 전문적인 기술과 지식을 적용하고자 하는 욕구, 자율성에 대한 욕구, 사회에 유용한 서비스를 제공할 준비, 다른 PR 실무자들로부터의 인정 등이 포함된다. 이 가운데 조직 내에서의 자율성이 특히 강조된다. 전문인들은 조직을 조직 이익이 아니라 사회가 원하는 방향으로 이끌기 위해 고도의 자율성을 행사할 수 있어야 한다는 것이다. 전문인협회와 윤리강령 항목에서는 협회 운영의 전문성 정도와 강령의 효율성 및 강제성을 측정할 수 있다. 지식체계는 PR 이론 조직화 정도와 자료 수준으로 평가된다. PR 교육은 양성교육과 직업교육(평생교육)의 커리큘럼 구성 등을 통해 살펴볼 수 있다. 그루닉 등이 분석한 미국의 전문인협회, 윤리강령, 지식체계 부분은 전문성을 말하기에는 미흡한 수준인 것으로 나타났다. 특히 지식체계 부분에서 4141편의 논문과 책 가운데 63편만이 학술적 연구였고, 나머지는 경험담이나 일화 수준이었다고 한다. 미국 텍사스 주 실무자들을 대상으로 한 전문성 측정에서는 10%만이 조건을 충족시켰다고 한다.

PR 교육   미국의 경우 1980년대 이후 저널리즘보다 PR을 전공하는 학생 수가 더 많을 정도로 정규 교육과정이 성숙 단계에 들어섰다. 양성교육의 교과과정에 대해서는 대개 3가지 요구가 공존한다. 경험을 통해 배운다는 사람들은 교양과목을, PR을 언론기술로 간주하는 사람들은 기사작성,

편집, 출판 훈련을, 전문성을 중시하는 사람들은 사회과학을 연구해 커뮤니케이션 기술자보다 PR 컨설턴트로 봉사해야 한다고 강조한다. 광범위한 교양교육(교과목의 75%)과 함께 커뮤니케이션 기술교육(초급 단계), PR 프로그램 관리, 기획 등 PR 관리교육(중급 단계), 경영학, 교육학, 행정학, 사회학, 심리학 등을 통한 조직 이해 교육 및 실질적인 경험(고급 단계) 등이 요구된다는 것이다. 직업 교육은 미국PR협회(PRSA)의 교육 방식을 참고할 만하다. 미국PR협회는 초보 전문인, 중급 전문인, 전문 관리자, 수석 전문인으로 나눠 평생교육을 실시하고 있다.

2) PR의 윤리

PR은 기본적으로 조직과 공중들 간의 커뮤니케이션을 다루고 각종 미디어를 통해 여론에 영향을 미치는 만큼 윤리적·법적 책임을 피해갈 수 없다. 언론과 마찬가지의 공익과 진실을 추구해야 하며, 커뮤니케이션 채널을 오염시키는 행위를 해서는 안 된다(김병철, 2005b). PR 실무자의 우선적인 임무는 조직의 이익과 공중의 이익을 조화시키는 일이다. 이를 위해 최고경영자에게 PR과 공중의 이익이 언제나 일치될 수 없다는 점을 올바르게 인식시켜야 한다. PR의 한계점을 그대로 제시하는 것도 중요한 역할의 하나다.

윤리이론　윤리란 사회 구성원들 사이의 상호작용을 통해 형성된 도의적 가치로서 행동이나 사고의 옳고 그름을 가늠해주는 규범적 척도라 할 수 있다. 윤리이론은 크게 3가지로 구분된다. 철학, 신학 영역의 규범윤리학과 사회학 영역의 비교윤리학, 그리고 최근의 윤리기준으로 부각된 상황적 윤리다. 이들 각각은 의무론적 윤리, 목적론적(상대론적) 윤리, 상황윤리(의무-목적론적 윤리)로도 지칭된다. 규범윤리학에서는 행동을 그 자체로 좋은 것과 나쁜 것으로 구분한다. 이 원칙에 충실하면 어떤 규칙을 발견해 그 규칙을 준수하는 것을 당연한 것으로 본다. 비교윤리학에서는 행동의 결과나 효용성을 강조한다. 윤리를 상대적인 것으로 보고 행동 자체보다는 행동의 의도에 주목한다. 비윤리적 행동도 사회에 이익이 된다면 정당화될 수 있다는 공리주의적, 실용주의적 입장이다. 저널리즘에서 선호하는 논리다. 상황윤리는 윤리기준이 상황에 따라 달라질 수 있다고 보는 시각이다. 극단론자들은 모든 상황에 적용되는 한 가지 원칙은 없다고 본다. 행동과 행동의 결과를 같이 중요한 것으로 간주한다(박성희, 2013). PR의 전문가 정신이나 PR 윤리강령과 같은 행동규칙은 규범주의와 연관되어 있다.

PR **윤리강령** PR은 그 정의에서 공익성 또는 공공성을 윤리적 토대로 한다. 한국PR협회는 PR인 윤리강령을 통해 PR의 최고 가치는 공익이며 진실성에 입각해 행동할 것을 먼저 주문한다. 조직과 사회 가운데 어느 쪽의 이익을 우선할 것이냐의 문제에 있어 사회, 곧 공공의 이익을 앞세우고 있다. 반면 고객이나 고용주에 대해서는 업무 수행의 정직성과 양심을 지킬 것을 명시한다. 이와 함께 공공 커뮤니케이션 채널을 타락시키는 행동을 해서는 안 되며, 능력 밖의 결과를 보장해서도 안 된다는 입장을 견지한다. 또 허위정보를 배포하지 않으며, 잘못된 커뮤니케이션은 바로 시정한다고 적고 있다(김병철, 2005b). 미국PR협회(PRSA) 윤리강령은 정보의 자유로운 교류, 경쟁, 정보의 노출, 비밀 보장, 이해관계의 상충, 전문성 증진 등의 항목을 설정해두고 각 항목별로 핵심 원칙, 목적, 지침을 밝히고 있다. 윤리강령은 의도적으로 거짓 또는 공중을 현혹시키는 정보를 전달해서는 안 된다는 입장을 강조한다. 금전 제공 등 공공 커뮤니케이션 채널을 타락시키는 행동을 배척하고 있다(뉴섬 외, 2007). 전문성 증진 항목에서는 PR 활동을 통해 성취할 수 있는 사실을 명확히 정의해야 한다는 점을 주지시키고 있다. 이와 함께 PR 업무에서 능력 밖의 어떤 결과도 보장해서는 안 된다는 점과 윤리강령에 위배되는 행동을 요구하는 고객에 대해서는 이를 거절해야 한다고 명시한다(조계현, 2005).

윤리적 쟁점 정직해서 손해날 것이 없다는 가설을 검증하기 위한 한 연구는 결과가 그 반대임을 확인했다. 윤리강령은 강령일 뿐 현실에서는 다양한 문제들이 나타난다. 윤리적 쟁점은 언론홍보 분야에서 자주 돌출되고, 내용상으로는 PR의 진실성, 매수 행위가 일반적 형태가 된다. 이런 현실을 반영하듯 언론홍보는 뉴스 서비스를 제공한다는 긍정적 측면과 함께 뉴스를 조작한다는 상반된 시각이 상시적으로 존재해왔다. PR 실무에서는 허위 또는 과장 보도의 유도나 요구, 비합법적인 방법으로 부정적 기사의 게재 저지, 기사 게재를 전제로 한 보상 제공, 광고 제공이나 철회를 무기로 한 압력 행사 등이 빈번한 쟁점으로 떠오른다. 또한 거짓 또는 현혹시키는 정보, 불리한 사실 감추기, 정보의 생략, 사실의 은폐, 과장된 표현 등이 늘 쟁점이 되고 있다. 뉴스미디어는 정직하고 정당하게 이용돼야 하지만 현실은 그렇지가 못한 경우가 많다는 것이다.

• 언론홍보 윤리   언론홍보와 관련해 쟁점이 되는 기술적 차원의 실무윤리는 다음의 6가지가 중심이 된다. 모두가 보도의 왜곡을 부르는 요인들이다. 즉 ① 과장 또는 확대, ② 축소, ③ 일반화, ④ 이분법(유형화), ⑤ 꼬리표 붙이기(labeling), ⑥ 이미지 전이다. 과장 또는 축소는 보도기법상 어느 정도 불가피한 측면이 있어 고의성과 정도의 문제라 할 수 있다. 일반화는 개개 사안들의 특수성을 무시한 채 하나의 범주로 묶어버리는 과잉 일반화를 의미한다. 이분법은 판단의 중간지대나 다른 선택을 열어두지 않은 채 흑백논리로 상황을 재단하는 것을 말한다. 꼬리표 붙이기는 무리하게 낙인을 찍거나 성공/성취와 결부시키는 것이다. 이미지 전이는 사람, 사건, 제품의 이미지를 본질적 속성이 다른 사람, 사건, 제품으로 연결시키는 행위다(헨드릭스, 2005). 이 같은 왜곡은 사실의 한쪽 측면만을 강조하는 스핀

(spin)과 맥락이 닿는다. 언론홍보 등에서의 직접적인 매수행위도 심각한 윤리적 쟁점이 된다. 일부 PR 대행사들은 기자, 공무원, 평론가 등에게 공짜 여행이나 시상을 빙자해 보상을 제공하고 있다. 기자가 PR 대행사의 요청을 받아 아예 기사를 작성하거나 퍼블리시티를 부업으로 하는 경우도 있다. 때로는 보도자료를 실어주는 대가로 돈을 지불하기도 한다. 뉴스(퍼블리시티)와 광고의 구분이 흐려지면서 보도를 PR의 도구로 활용하는 경우도 늘어나고 있다(뉴섬 외, 2007).

• 로비 윤리 로비 활동의 경우 일반적으로 사전 정보의 수집, 행정절차에 관한 정보의 획득, 관계자들에 대한 설득이나 주장까지는 합법적인 것으로 인정된다. 그러나 회유나 설득을 위해 압력을 행사하거나 금전적인 수단을 사용하는 것은 윤리규범에 위배된다. 국제 PR 회사들은 로비 스캔들을 막기 위해 선물의 범위, 활동의 한계, 로비 활동 보고의 의무화, 불법적 PR 계약의 거절 등 자체 규정을 마련하고 있다(한정호 외, 2014). 한국에서는 로비 자체가 불법이다. 그러나 로비가 없다고 말하기는 어렵다.

정치 PR의 윤리 언론홍보는 정치 PR에서도 핵심적인 쟁점이 된다. 미국의 경우 조작, 허구적 인물 만들기, 정치의 본질이 빠진 의사사건 연출 등 윤리적 문제점을 노출하는 경우가 많았다. 매체 전문가들이 벌이는 광고 및 PR은 정치언론의 흐름을 크게 오염시키기도 했다. 유권자의 시선을 끌고 호의적 반응을 얻기 위해 술수, 헛구호, 연기 정치에 의존하는 경우가 많았기 때문이다. 걷기, 조깅 등 진기하면서도 내용이 없는 쇼를 연출해 표를 모아들이는 데 성공한 사례가 숱하다. 이런 문제점을 의식해 미국PR협회는 정치 PR의 가이드라인을 제시했다. 먼저 선거, 로비, 정치헌금, 명예훼손 등과 관련한 각종 법규의 준수를 강조하고, 일반적으로 수용되는 기준에 따라 공공의 이익에 부합하는 방법으로 정치 PR이 이뤄져야 한다는 점을 대전제로 했다. 허위 사실이나 오해를 불러일으키는 퍼블리시티 또는 광고를 피해야 한다는 입장도 가이드라인에 포함시켰다. 오해의 소지가 있는 정보를 이용해 상대 후보자의 명예를 훼손하는 일에 특별한 주의를 기울여줄 것을 촉구했다(최윤희, 2008).

• 윤리적 쟁점들 국내에서도 정치 PR은 심각한 윤리적 딜레마에 빠져 있다. PR의 진실성과 관련해 보도자료 또는 광고를 내면서 복잡한 쟁점들을 단순화하거나 후보자의 퍼스낼리티를 지나치게 강조한다는 비판을 받는다. TV의 정치광고는 움직임이나 음성의 변조, 후보자의 신체적 단점을 가리는 사진의 조작 등이 쟁점이 되고 있다(최윤희, 2001). 이런 전략적·기술적 문제뿐 아니라 정치인들에 의한 의혹의 확대재생산과 같은 흑색선전이 일상화되고 있어 정치 PR의 윤리를 들먹이기가 거북할 정도다. 이와 관련해서는 언론윤리의 의혹 보도의 성립조건이 준용돼야 한다. 즉, 의혹을 제기하려 할 때는 의혹 대상자의 주장과 대등 또는 유사한 정도의 상반되는 자료가 뒷받침돼야 한다는 것이다(박진용, 2012).

3) PR 법제

PR 실무자는 입법, 행정, 사법의 다양한 정부규제기관들을 상대해야 한다. 그 가운데 민법과 형법 판례는 PR에 많은 영향을 미친다. 모든 부분에 걸쳐 가장 중요한 책임은 진실성이다. PR 실무자는 직접 작성한 광고나 퍼블리시티에 대해 법적인 책임을 져야 한다. 또한 조직의 재정적 위기를 축소하는 퍼블리시티를 작성하거나 인포머셜(informercial)용 방송 대본으로 시청자를 오도해서는 안 된다. 상업적 표현에 대해서는 법원 판결이 엇갈리나 관대해지는 경향이다(뉴섬 외, 2007).

피소 대상 행위 PR 실무자들은 ① 커뮤니케이션에 대한 치명적 의존, ② 대위책임, ③ 고용자 책임, ④ 저작물의 공정이용 등과 관련해 소송을 당할 수 있다. 치명적 의존은 PR 실무자가 전달한 정보로 인해 공중이 치명적 손실을 입었을 때 일어나는 법적 문제다. 대위책임은 음란물 등의 무단 자료 게시가 있었을 때 게시자를 대신해 온라인 서비스업체가 책임을 지는 경우 등을 말한다. PR 대행사 등 외부 인력이 만들어낸 과실이라도 고용자 책임을 져야 한다. 저작물의 공정이용은 연구, 교육, 학술, 보도, 비평 등 목적으로 저작권자의 이익을 부당하게 침해하지 않는 범위에서 저작물 복제, 인용 등을 허용하는 것을 말한다. 저작권법의 적용이 배제되는 공정이용의 범위와 내용에는 다툼이 있을 수 있다. 온라인 시대가 되면서 이러한 문제가 점점 복잡해지고 있다(뉴섬 외, 2007).

• 유의사항　법적 문제를 일으킬 우려가 있는 개별 PR 활동으로는 재무보고, 광고 등이 있다. 투자자 관계 등에 사용되는 재무보고의 경우 전망의 발표, 시의적 공표를 유의해야 한다. 추측정보의 유출, 낙관적 기록과 추산, 희미한 가능성의 합병, 발전만 강조하는 홍보, 루머의 조작과 전파 등이 있어서는 안 된다. 시의적 공표의 회피, 즉 정보를 고의적으로 미뤄서 발표하는 행위도 용납되지 않는다. 이러한 행위는 여러 가지 의혹을 일으킬 수 있다. 광고에서는 허위 주장, 허위의 승인이나 특허, 허위의 연구기관, 허위의 성분 등을 내세우면 법적 분쟁의 대상이 된다. 소비자 보호 측면에서는 케네디 대통령이 법제화한 안전할 권리, 알 권리, 선택할 권리, 남에게 의견을 말할 권리 등 4가지 기본적인 권리를 유의해야 한다(그루닉·헌트, 2006b).

사생활 침해　사생활권은 개인에게만 해당되는 문제다. 국가권력으로부터의 개인 사생활 보호가 주된 목적이었으나 정보화 사회로 진입하면서 개인이 자신의 정보를 관리·통제할 수 있는 권리로 개념이 확장됐다. 재산의 소유 내역 등 개인의 정보 사생활권을 포함한다(김병철, 2005a). 대한민국 헌법은 사생활 보호를 매우 폭넓게 규정하고 있다. 제10조 인간의 존엄과 행복추구권, 제16조 주거의 불가침, 제17조 사생활의 비밀·자유 불가침, 제18조 통신비밀의 불가침을 명시하고 있다. 사생활 관련 판례는 드문 편으로 명예훼손과 사생활 침해를 동의적 개념으로 파악하고 있기 때문이다. 1990년 이래 인권침해 보도는 명예훼손이 주류를 이루고, 사생활권 침해는 보조적으로 다뤄지고 있다. 공적 인물의 사생활처럼 사회 전체의 이익이 있거나 공중의 정당한 관심의 대상이 되는 사실을 정당한 방법으로 공개하는 것은 불법행위를 구성하지 않는다. 공인의 사생활 보호 수준은 그만큼 좁아진다(박진용, 2012).

• 미국의 법 관행 미국의 경우 사생활 침해는 1960년대 이후 ① 침입(intrusion), ② 침해(public disclosure), ③ 허위의 공표(publicity), ④ 도용(appropriation)의 4가지 유형으로 구분·적용해왔다. 침입은 개인의 사적 공간을 물리적으로 침입하거나 엿보거나 엿듣는 행위다. 개인의 사적 문제의 공표(침해)는 당사자의 사전 허락 없는 사적 정보의 공표나 개인의 난처한 상황에 대한 공표를 가리킨다. 공인인지 사인인지, 사적 사항인지 공적 관심사인지가 쟁점이 된다. 공중으로 하여금 개인을 오인케 하거나 잘못된 인상을 줄 우려가 있는 허위의 공표도 침해의 한 유형으로 볼 수 있다. 개인의 성명이나 초상을 사전 허락 없이 영리적 목적에 사용하는 행위는 도용으로 간주된다(박진용, 2012 재인용).

• 초상권 초상권은 개인이 자신의 초상에 대해 가지는 인격적, 재산적 권리라 할 수 있다. 넓은 의미의 초상권에는 용모나 자태뿐 아니라 특정인임을 알 수 있는 신체적 특징, 목소리 등도 포함된다. 미국에서는 초상권을 프라이버시법의 하나로, 독일 등 대륙법에서는 인격권의 문제로 이해하고 있다. 대중 흡인력을 가지는 유명인의 이름이나 초상 등의 상업적 이용에 관한 권리는 따로 퍼블리시티권이라 한다. 인격권의 재산권적 측면이다. 저작권과 유사해보이지만 자신에 관한 정보를 자신이 통제한다는 의미에

서 사생활권에 가깝다. 퍼블리시티권은 사생활권과 달리 양도, 상속이 가능하다(김춘식 외, 2010). 성명이나 초상의 도용은 PR과 관련해 사고가 잦은 영역으로, 품위를 손상당하거나 정신적 고통을 받았는가 여부와 관계없이 사생활 침해가 성립된다.

명예훼손 명예란 사람의 가치에 대한 사회적 평가를 말한다. 명예는 내적 명예, 외적 명예, 명예 감정으로 구분되나 민형사상으로 보호되는 명예는 외적 명예에 국한된다. 명예훼손은 사람에 대한 사회적 평가를 저하시키는 행위로 인격이나 신용의 저평가, 성명이나 초상에 대한 모욕이나 모독 등을 포함한다. 영어권 문화에서는 인쇄물에 의한 명예훼손을 라이블(libel), 말로써 행해진 명예훼손을 슬랜더(slander)로 구분한다. 명예훼손의 판단은 비방할 목적, 공연성, 공공의 이익 여부 등에 의한다. 공연한 비방은 명예훼손이 되나 공공의 이익을 가진 때에는 달리 해석한다. 미국에서는 공적 인물 여부도 판단기준이 된다. 잘 알려진 공적 인물이거나 특정 보도에 의해 인지도가 높아진 제한적 공적 인물 등은 명예훼손을 좁게 해석한다. 그러나 한국에서는 공인과 사인에 대해 같은 법리를 적용하고 있다.

• 국내 법조항　국내의 경우 헌법(제21조 제4항), 형법(제307조~제312조), 민법(제751조, 제764조), 정보통신망법(제70조), 저작권법(제127조), 언론중재법(제4조, 제5조)에 명예훼손 관련 조항을 두고 있다(김춘식 외, 2010). 언론보도로 인한 명예훼손죄는 형법 제307조에 규정되어 있다. 공연히 사실을 적시하거나(제1항), 허위의 사실을 적시하여(제2항) 불특정 또는 다수인이 인식할 수 있는 상태에 이르면 명예훼손이 성립된다. 명예훼손죄는 간접 정범(비방 목적으로 기자에게 허위사실을 제공한 사람)에 의해서도 발생할 수 있다. 대한민국 헌법과 법률은 언론의 우월적 지위를 보장하기보다 책임을 강조하는 경향이 있다(박진용, 2011; 한균태 외, 2008).

• 온라인 명예훼손　온라인에서의 명예훼손은 오프라인보다 시공간적

무제한성, 신속성과 전파성 등 피해가 크기 때문에 강화된 처벌을 요구한다. 우리 법체계도 이를 따르고 있다. 상호작용적 특성으로 인해 최초의 정보 게재자와 2차적 게재자, 사이트 운영자 사이에 법적 책임 소재와 크기를 놓고 논란이 벌어질 수 있다. 조직 웹사이트의 경우 이용자 약관 등을 통해 명예훼손에 대한 정책적 방침을 충분히 고지하고, 동의를 받은 다음 게시판에 글을 올리도록 할 필요가 있다(한균태 외, 2008; 김병철, 2005a).

저작권 저작권(copyright)은 저작자가 문학, 예술, 학술 활동의 결과물과 같은 저작물에 대해 가지는 권리다. 책, 음반, 만화 등의 1차 창작물은 물론 이를 기반으로 하는 2차 창작물에도 적용된다. 어떤 아이디어나 사실을 표현하는 구체적이고 개별적인 방식만 보호한다. 아이디어나 사실 그 자체는 보호 대상이 아니다. 동일한 주제나 사건에 대해 여러 형태의 글을 쓰더라도 표현의 방식만 다르면 문제가 되지 않는다. 저작권법에 의해 보호받는 것이라도 공정한 이용은 허용된다. 연구, 교육, 도서관 활동, 패러디, 비평, 저널리즘 등의 이용은 규제를 받지 않는 것이 보통이다. 이용의 목적과 성격, 이용 행위가 저작물의 잠재적 시장가치에 미치는 영향, 저작의 성격, 인용의 분량 등에 따라 공정한 이용 여부가 판단된다. 온라인 미디어에서는 정보의 조작과 표절, 복제, 배포가 간단해 저작권 침해의 소지가 크다. 하지만 저작권자, 저작물, 책임의 정도가 모호해 판단이 쉽지 않다(박진용, 2012 재인용). 지적재산권 침해를 부추기는 경우가 아닌 한 하이퍼링크는 용인된다는 것이 대체적인 합의의 방향이다. PR 실무자로서는 다른 사람이 조직의 이름(링크)을 사용하고자 할 경우 사전 허가를 요청하도록 유도해야 한다. 사이트에 질문 환영과 분쟁의 재판 회부를 명시하는 것이 좋다(필립스, 2004).

2장

PR 이론

1. PR의 접근

PR 이론은 사회학과 심리학에 기초를 두고 있다. 경영학, 조직학, 정치학(공공문제 PR), 커뮤니케이션학(대인·조직·대중·설득 커뮤니케이션) 등 다양한 학문영역에서 이론들을 차용하고 있다. PR이 경영 기능의 하나이고, 조직 환경과의 상호작용인 만큼 여러 장르의 이론들을 필요로 하는 것은 당연한 일이다. 그러나 아직 완전하게 하나의 학문적 체계를 갖췄다고 보기는 힘들다. 지식기반과 이론적 접근 방식이 발전 중인 분야다. 미국, 영국 등에서 PR 지식체계가 개발되고 있지만 전문직 수준에 도달하기 위해서는 아직도 극복해야 할 과제들이 많다. 교육 모델을 확립할 수 있는 국제 공통의 지식체계도 구축되어 있지 않다.

1) 조직이론

조직이론은 경영학 또는 조직학과 커뮤니케이션학의 교차점에 놓여 있는 학문 분야이다. 20세기 중반에 조명을 받기 시작해 1960년대와 1970년대에 기틀이 확립됐다. 조직이론의 접근방법인 ① 고전적 접근, ② 인간관계적 접근, ③ 인적 자원적 접근은 오늘의 조직에서도 영향력을 행사하고 있다. 현대적 접근방법들인 ④ 체계이론 접근, ⑤ 문화적 접근, ⑥ 비판적 접근은 조직 이해의 서로 다른 시각을 제공한다(밀러, 2006). 종업원 관계에서 PR 실무자는 그 조직이 택하고 있는 조직이론을 통해 기업 커뮤니케이션 유형과 기능을 분석할 수 있다.

기계이론 19세기 말 20세기 초의 경영이론이다. 미국 경영학의 출발점인 테일러(Frederick Taylor), 대량생산체제를 개발한 포드(Henry Ford), 경영관리 이론을 정립한 페이욜(Henry Fayol) 등이 기계이론을 선도했다. 기계이론에서는 조직과 사람의 통제 및 협조를 조작 가능한 기계처럼 취급한다. 조직 구성원은 자유를 포기하는 대가로 임금과 작업환경을 받아들인 것으로 본다. 커뮤니케이션은 구성원들에게 어떻게 일할 것인가를 지시하고, 명령에 따르지 않을 경우 처벌을 받게 된다는 점을 알리기 위해 필요할 뿐이다. 경영자가 구성원을 통제하기 위한 하향적 목적으로만 사용된다. 기계적 경영 방식에서의 PR 프로그램은 사원들에 대한 경영인의 통제를 보강시켜주는 정보만 제공한다. 수평적 커뮤니케이션과 비공식 채널을 통한 계획되지 않은 커뮤니케이션은 고려 대상이 아니다(박기동·박주승, 2006; 그루닉·헌트, 2006c). 기계이론은 고도로 구조화된 조직에서 나타나는 내부 커뮤니케이션 모델이다.

인간관계 이론 1930년대 경영자들은 기계이론만으로 조직의 통제력이나 구성원들의 직업만족도와 생산성을 높일 수 없다는 사실을 발견했다. 인간을 생산수단으로 간주하던 당시의 지배적 사고방식을 비판하고 인간관계의 중요성을 강조하게 된 것이다. 여기서 등장한 인간관계 이론은 조직 내 사회적 관계의 필요성을 중시한다. 종업원 간행물을 인간화하는 한편 다른 내부 커뮤니케이션 채널을 만들기 시작했다. 커뮤니케이션은 종업원의 기분을 좋게 하는 표현적 내용으로 옮아갔다. 종업원의 복종에 대해 표현적 커뮤니케이션과 인간적 대우를 교환한 것이다. 건의함, 경영자의 작업장 방문과 같은 장치를 통해 피상적 상향 커뮤니케이션을 도입하지만 주류적 커뮤니케이션 방식은 여전히 하향적이다. 비공식 채널을 통한 계획되지 않은 수평적 커뮤니케이션도 인정되지 않는다(박기동·박주승, 2006; 그루닉·헌트, 2006c). 구조화된 조직에 어울리는 이론이다.

인적 자원 이론 인간관계 이론의 2차적 산물이다. 종업원들을 활성화시키는 방법으로 실질적인 배려를 주장한다. 1970년대 매슬로(Abraham Maslow)의 욕구위계 이론[1]에 뿌리를 두고 있다. 이 외에 맥그리거(Douglas McGregor)의 X이론, Y이론, 허즈버그(Frederick Herzberg)의 동기위생이론, 경영관리의 격자망 등이 인적 자원 이론들이다. 인간자원 이론이라고도 한다. 대개의 인적 자원 이론은 구성원들에게 자기성취의 필요를 느끼게 하

---

[1] 매슬로는 인간의 동기에 대한 일반적 이론으로 욕구위계 이론을 발전시켰다. 욕구 5단계설이라고도 한다. 어떤 시점에서 한 개인의 행동은 그 사람을 지배하고 있는 가장 강한 기본적 욕구에 의해 동기화된다는 것이 이론의 핵심이다. 욕구는 생리적 욕구 → 안전 욕구 → 사회적 인정 욕구 → 존중 욕구 → 자아실현 욕구의 5단계를 밟으며 확대된다. 생리적 욕구는 물, 음식, 옷, 잠, 감각적 기쁨 등의 신체적, 생명유지적 욕구를 말한다. 안전 욕구는 위험, 위협으로부터의 안전을, 사회적 인정 욕구는 소속감과 사회적 관계 형성을, 존중 욕구는 외적 존경과 내적 존경을 바라는 성향이다. 자아실현 욕구는 의미 있는 활동과 창의성의 충족을 요구한다. 5가지 욕구는 계층으로 배열되어 있어 상위 욕구로 가기 위해서는 하위 욕구가 만족돼야 하지만 예외적인 경우도 있다. 설득이론으로도 사용된다.

고 자신의 일에 자율성을 주는 경영 방식을 옹호한다. 조직의 의사 결정에 대한 공개적인 커뮤니케이션을 경영의 필수적인 요건으로 받아들인다. 상급자와 하급자 등 여러 차원의 수평적, 교차적 커뮤니케이션을 권장한다. 인적 자원 이론은 구조화가 느슨한 조직에 어울린다. 그러나 자율성과 개방적 커뮤니케이션이 모든 조직에서 최선의 방법이라는 증거는 별로 없다. 구성원들은 불확실성이 적은 엄격하고 표준화된 일을 선호하고 있다는 연구도 있다(그루닉·헌트, 2006c).

체계이론　1960년대에 조직을 하나의 유기체로 설명하려는 학자들이 등장했다. 생물학의 영향을 받은 이들은 경영을 생산성이나 인간관계처럼 단편적으로 보지 않고 생명을 가진 조직체의 관리로 볼 것을 주장했다(박기동·박주승, 2006). 체계이론은 조직과 공중 사이의 상호 의존적 관계에 적용된다. 체계는 어떤 경계선 안에서 목표를 달성하고 유지하기 위해 환경의 압력에 대응하고 적응하는 상호작용의 복합적 단위다. 체계이론가들은 체계의 행태를 설명하기 위해 조직과 환경의 두 동심원에 투입(환경), 처리과정(조직), 산출(환경), 피드백(환경)의 4가지 개념을 사용한다(최윤희, 2008). 체계는 목표를 달성하고 유지하기 위해 환경(공중들)과 상호작용하는 단위로서 관리, 생산, 적응 등 여러 개의 하부체계를 가진다. 체계의 투입, 처리, 산출 과정은 주위의 다른 체계들과 평행을 이룰 때까지 계속된다(조계현, 2005). 환경과의 상호작용의 성격과 양에 따라 체계는 폐쇄체계와 개방체계로 나눠진다.

체계이론은 PR의 개념과 기능을 이해하는 데 유용한 틀을 제공한다. 이 이론에서 모든 종류의 조직이나 하부 조직에 알맞은 구조나 커뮤니케이션 시스템은 없다고 본다. 앞의 3가지 이론들이 엄격한 규제, 인간화된 기법, 자율성의 부여라는 전부 아니면 전무 원칙으로 접근하는 것과 차이를 보인다. 체계이론은 정적인 환경이나 전문화가 안 된 인적 구성에서는 설득

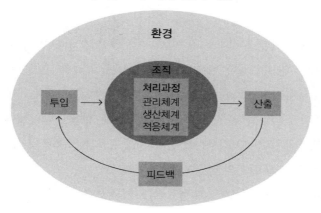

〈그림 2-1〉 체계이론의 개념

환경

조직

처리과정
관리체계
생산체계
적응체계

투입 →

→ 산출

피드백

과 하향 커뮤니케이션에 주안점을 둔다. 반면 역동적 환경에서는 수평적·교차적 커뮤니케이션을 강조한다(그루닉·헌트, 2006c).

개방/폐쇄 체계   PR 이론은 체계이론을 근간으로 발전해왔다. PR은 관리 하부체계의 한 부분으로서 여타 하부체계를 지원하는 기능을 한다. 개방이냐 폐쇄냐에 따라 공중과의 상호작용, 조직 내부의 상호작용이 달라진다(그루닉·헌트, 2006a). 개방체계 접근에서는 조직의 하부체계들이 서로 영향을 끼치며 환경체계와 상호작용을 한다. 후술될 쌍방 균형이나 쌍방 불균형 모델에서 개방체계 개념을 주로 이용한다. PR을 환경(공중)과 조직 자체의 변화를 유발시키는 과정의 중간에 위치시킨다. 조직과 공중의 상호 호혜적 목표의 유지 또는 성취가 PR의 효과가 된다. 폐쇄체계 접근에서의 PR은 공중의 변화를 꾀하는 한편 조직의 현상 유지를 강조한다. 조직이나 부서의 관리에서 다른 조직이나 환경과의 상호작용 또는 체계적응을 고려하지 않으며 조직관리 방법에만 중점을 둔다. 환경과의 상호작용보다 효율적 PR에 관심을 갖는다고 할 수 있다(조계현, 2005). 후술될 공공정보 모델이나 언론대행 모델에서 폐쇄체계 개념을 이용한다.

2) 커뮤니케이션 이론

사람들의 머릿속은 매스미디어를 통해 얻은 정보와 지식, 태도와 의견, 인상으로 가득 차 있다. 매스미디어가 다양한 효과를 발생시키고 사회의 일반적 경향성이 매스미디어에 의해 만들어진다는 주장에 대해서는 많은 사람들이 동의하는 것 같다. 역사적으로 PR은 매스커뮤니케이션을 바탕으로 발전해왔다. PR 실무는 언론 관계를 강조했기 때문에 매스커뮤니케이션 이론은 PR 발전의 터전이 됐다.

대중이론 커뮤니케이션의 영향력은 주로 ① 정보, ② 행위의 자극, ③ 차별화된 주목의 유도, ④ 설득, ⑤ 상황의 정의나 현실의 틀 짓기를 통해 나타난다. 매스미디어와 관련해서는 설득, 자극을 통한 효과보다 틀 짓기, 정보 제공, 특정 이미지나 아이디어에 차별화된 주목을 통해 효과를 자주 발생시킨다. 그러나 복잡한 사회 안에서 다른 요인을 배제하고 미디어 효과만을 이야기하기란 쉽지 않다(맥퀘일, 2008). 매스미디어의 효과는 ① 내용별로 인지와 태도(감정), 행동, ② 대상별로 개인, 집단, 사회, ③ 기간별로 단기, 중기, 장기 등 다양한 형태로 나타난다(한균태 외, 2008). 효과 연구에서는 3가지 내용별 효과가 기본 축으로 이용된다. 인지적 효과는 정보, 기억, 이해, 지식의 수용 등으로 측정되고, 감정적 효과는 태도와 의견의 강화나 변화로 파악된다. 행동적 효과는 캠페인 참가, 헌혈, 항의 전화 등 구체적으로 어떤 행동을 했는지 여부로 조사한다. 효과의 평가에서 의견과 태도는 직접적으로 관찰할 수 없고 명확한 개념 정의가 어렵다는 한계점이 있다. 태도는 특정 대상에 대한 사람들의 정신적(주로 감정적) 성향을 말하며 보통 평가적 진술문에 대한 언어적 반응으로 측정된다. 의견은 태도의 외현적 표현이다. 구체성을 띠며 잠정적으로 유지되는 특성이 있다. 의견 역시 지배적 관점, 관점의 합산 등을 통해 여론으로 파악된다. 미디어가 태도에 미치는 영향력은 의견보다 작을 수 있다. 태도는 천천히 변화하며 변화를 거부하는 특성이 있다(맥퀘일, 2008). 대중이론은 4절에서 따로 설명된다.

대인이론 커뮤니케이션의 발생단위는 ① 개인(자아), ② 대면, ③ 소집단 (group), ④ 공공(public), ⑤ 대중(mass), ⑥ 국제 및 문화 간으로 차원이 넓어진다. 커뮤니케이션 참여 인원은 개인이 1명, 대면이 2인 이상, 소집단이 5인 이상 12인 이내, 공공이 연사와 다수의 청중, 대중이 사회 구성원이다(한국 언론학회, 1994). 대인 커뮤니케이션 이론은 사람을 연구대상으로 하고 있어 그 적용범위가 커뮤니케이션 발생단위 전반과 연관된다. 대상에서 소집단, 대집단, 사회 전체로 영향을 미칠 수 있으며, 내용에서 관계, 설득, 행위를 포괄한다. PR, 스피치, 광고, 협상 등 설득 커뮤니케이션 분야는 대인 이론을 공유하고 있다. ① 균형이론, ② 대칭이론, ③ 인지 부조화 이론과 같은 일관성 이론들은 설득 및 대인 이론으로 사용된다. 귀인이론 역시 대인 커뮤니케이션을 다루는 내용이다. 이 외에도 사회인지 이론, 사회적 교환이론, 친교의 변증법 이론, 포부 수준 이론, 커뮤니케이터 특성 이론, 기대 위반 이론, 게임이론[2] 등이 있다.

• 대인이론의 적용 대인이론은 조직과 이해관계자들의 조치가 관계에 미치는 영향을 설명하는 데 사용된다. 일례로 게임이론은 갈등관계 분석

---

[2] 개인, 집단의 어떤 행동의 결과가 게임처럼 결정되는 상황에서, 최대의 이익이 되도록 행동을 분석하는 수리적 이론이다. 경쟁 상태를 모형화해 최적 전략을 선택하는 데 주안점을 둔다. 영합(零合, zero sum)과 비영합(非零合, non zero sum) 게임, 2인 게임(바둑) 과 다수 게임(포커 등, n인 게임이라 한다)으로 분류된다. 영합은 한쪽의 이익이 상대방의 손실을 가져오게 되어 득실을 합하면 항상 영(zero)이 된다. 비영합에서는 한편의 승리가 상대의 패배를 의미하지 않으며 다함께 승리할 수도 있다. 게임이론에서 가장 많이 나타나는 형태는 2인 영합 게임이다. 조직과 공중의 승승전략을 마련하는 데 게임이론을 활용할 수 있다(박성호, 2008).

의 틀을 제공한다. 무엇이 잘못이었으며 왜 잘못됐는지를 설명하는 데 도움을 준다(최윤희, 2008). 귀인이론은 사람들의 위기인식과 위기 상황이 조직 평판에 미치는 영향을 설명해줄 수 있다. 사회적 판단이론, 인지 정교화 이론, 3수준 태도 변화 이론 등 관여도 이론들은 쟁점관리에 유용하다. 사회 인지 이론(Social Cognitive Theory) 또는 자아효능감 이론(self-efficacy theory)[3]은 PR 메시지 작성에 도움이 된다. 효능감을 북돋워주는 메시지는 강한 효력의 인식을 갖게 하고 이와 관련된 노력을 증대시킨다고 한다. 자아효능감은 어떤 문제나 쟁점에 대해 무엇인가를 할 수 있다고 믿거나 자신의 행위가 문제 해결에 도움이 된다고 확신하는 정도를 말한다(한정호 외, 2014 재인용). 대인이론은 설득이론과 함께 3장에서 설명된다.

설득이론　PR의 여러 핵심 기능들은 조직의 긍정적 이미지를 고양시키고 유지하겠다는 명시적이거나 암묵적인 목표를 가지고 있다. 이 과정에서 설득은 본질적인 것이다. PR의 많은 기능들은 공중을 설득하고자 하는 명백한 목적을 구체화하고 있다. 적어도 외부 공중이 관여되는 부면에서는 설득, 즉 옹호를 뜻하고 있다(보턴·해즐턴, 2010). 설득 커뮤니케이션은 SMCRE[4] 등으로 표현되는 커뮤니케이션 과정 모델과 수사학에서 유래된 설득의 4요소로 설명된다.

• 커뮤니케이션 과정 모델　커뮤니케이션 과정 모델은 송신자, 메시지, 채널, 수용자, 효과 등의 요소들로 구성된다. 송신자, 메시지, 수용자가 그

---

3) 반두라(Bandura)는 사회 학습 이론에 기초해 인간의 사고와 행동이 행위, 개인, 환경 간의 삼원작용에 의해 결정된다는 사회 인지 이론을 제시했다. 일부 학자들은 자아효능감이 행동 변화의 중심적 역할을 하는 것으로 보아 이 이론을 자아효능감 이론이라 부른다.

4) SMCRE는 송신자, 메시지, 채널, 수용자, 효과, 즉 Sender(Source) - Message - Channel - Receiver - Effect의 두문자를 딴 것이다. 헤럴드 라스웰(Harold Lasswell)이 창안한 대표적인 커뮤니케이션 과정 모델이다.

가운데 핵심적 요소다. 설득 여부를 결정짓는 요소는 그 중에서도 수용자다. 송신자와 수용자 사이의 동질성 정도는 커뮤니케이션의 성패에 직접적 영향을 미친다. 경험 분야가 겹치는 부분이 클수록 커뮤니케이션이 성공적으로 이뤄질 수 있다. 메시지는 수용자와 심리적 근접성을 지녀야 하고, 연관성이 있어야 한다. 매체와 같은 의미의 채널, 커뮤니케이션 잡음, 커뮤니케이션 상황 등도 설득의 효과에 영향을 미친다(최윤희, 2008; 나은영, 2009).

• 설득의 4요소 설득의 4요소는 아리스토텔레스(Aristoteles)와 키케로(Marcus Cicero)에 의해 창안된 설득법이다. 사전 설득, 정보원 공신력, 적절한 메시지 구성과 전달, 긍정적인 감정의 유발로 구성된다. 사전 설득은 이슈를 구성하고 결론을 틀 짓기(framing) 하는 것을 말한다. 정보원 공신력은 송신자가 호의적 이미지, 즉 쉽게 설득시킬 수 있는 어떤 속성들을 가졌느냐를 의미한다. 메시지 구성과 전달은 청중에 맞는 메시지를 개발해야 한다는 의미로 해석된다. 긍정적인 감정의 유발은 송신자의 요구를 쉽게 받아들일 수 있도록 수용자의 심리적, 정서적 환경을 조성하는 것을 말한다(프랫카니스·아론슨, 2005). 커뮤니케이션 과정 모델과 설득의 4요소는 커뮤니케이션의 핵심 요소인 송신자, 메시지, 수용자를 공유하고 있다.

• 설득이론 설득이론은 크게 태도이론과 관여도 이론으로 구분할 수 있다. 태도이론은 신념 위계 이론, 학습이론, 일관성 이론, 귀인이론 등으로 구성된다. 일관성 이론에는 균형이론, 대칭이론, 인지 부조화 이론 등의 세부이론이 있다. 관여도 이론에는 사회적 판단이론, 심리적 욕구 이론, 인지 정교화 이론, 3수준 태도 변화 이론 등이 있다. 3장 PR과 설득에서 상세하게 설명된다.

3) PR 이론

PR 연구는 1950, 1960년대에 매스컴 연구의 한 파생 분야로 등장해 1970년대 후반 이후 경영과 커뮤니케이션의 두 학문 분야에 걸친 영역으로 간주되기 시작했다. 신생 학문으로서 고유의 이론 개발이 부족해 1980년대 중반 그루닉(James Grunig) 등이 제창한 PR 4모델, 우수 PR 이론, 상황이론이 여전히 PR 이론의 중심을 이루고 있다. 이들 기능주의 이론은 PR의 사회적 기능을 당연시하는 주류적, 긍정적 이론이다. 이에 비해 1990년대의 공중 관계성 접근은 대안적 성격이 강하며, 2000년대의 포스트모더니즘 접근은 비판적 성격이 강하다. 이 두 가지 접근은 PR 업무의 사회적 가치가 무엇인지를 삭제 성찰하게 만든다. 기능주의 이론은 2절과 3절에서 차례로 소개되는 만큼 여기서는 PR의 패러다임을 확장시킨 대안적·비판적 접근에 대해서만 살펴보고자 한다.

공중 관계성 접근 버네이즈 시대의 PR은 미디어의 힘을 빌려 공중의 인식, 태도, 행동에 영향을 미치는 설득 커뮤니케이션이었다. 일정 부분 허구의 이미지를 만들어내는 작업까지를 포함했다. 이 때문에 PR이 조직의 이익 달성을 위한 도구적 기능만을 한다는 비판을 받는 원인이 됐다. 이런 PR의 본질은 PR 실무에서 주류를 이뤄왔고 지금도 마찬가지다(한정호 외, 2014). 공중 관계성 접근은 1980년대 중반 퍼거슨(Ferguson)이 미국언론학회에서 처음으로 주창했으며 관계성이 PR 연구와 실제의 요체가 돼야 한다고 강조했다. 이후 퍼거슨의 관점이 커틀립·센터·브룸(Cutlip, Center and Broom)의 교재 채택을 계기로 신속하게 보급됐고 1990년대 들면서 PR의 본질적 가치로 받아들여졌다(최윤희, 2008). 체계이론에 바탕을 둔 공중 관계성 접근은 PR이 이미지를 조작하는 상징적 커뮤니케이션과 더불어 조직의 행동적 관계성(실체나 행위)을 중시하는 관점이다. 이미지보다는 실체와 이미지의 총합으로서의 평판을 지향한다. 여기서 이미지와 실체는 상호 보완적인 것으로 본다. 또 PR의 효과와 목표를 언론에 의한 단기적 인지형성이 아니라 공중과의 호혜적 관계성에 둔다. PR의 효과 측정도 전략적인 공중과의 관계성을 중심으로 한다.

• 관계성 접근의 의미   퍼블리시티 중심 시각에서 관계성 중심 시각으로의 변화는 PR의 이론적 연구, PR 실무, PR 효과 측정에 전반적인 영향을 미치고 있다. 2012년 3월 미국PR협회가 상호 호혜적인 관계성을 강조한 새로운 PR의 정의를 내린 것도 공중 관계성 접근과 무관하지 않다. 국내의 경우 관계성은 지속 가능 경영, 관계마케팅 등의 개념으로 이미 경영학에서 응용되고 있고, PR에서도 수용 가능한 이론적 틀로 부각되고 있다(한정호 외, 2014).

관계성의 차원   공중 관계성 접근은 조직에 영향을 미치는 공중과의 관계성을 어떻게 형성하고 유지·발전시키는지에 관심을 갖는다. 포스트모더니즘 접근과 달리 조직 입장에 중심을 두는 대안적 접근이다. 공중 관계성이 PR의 새 패러다임으로 자리 잡으면서 학자들은 관계성의 세부 측정 차원 연구로 눈을 돌리고 있다. 차원의 제시는 학자마다 다르나 ① 신뢰, ② 만족, ③ 애착을 중심으로 ④ 교환관계, ⑤ 공공관계, ⑥ 상호 통제성 등이 중점적으로 논의되고 있다. 신뢰는 조직의 진실성, 언행의 일관성, 발표의 실천능력(전문성) 등 하위 개념을 가지며 관계성의 효율을 높여주는 요인이다. 신뢰 방정식으로 신뢰의 관계성을 측정한다. 즉, 자기중심성을 분모로 진실성, 일관성, 전문성을 분자로 설정한다. 신뢰 자산을 늘리려면 분자 영역을 늘리거나 분모 영역을 줄여야 한다. 만족은 공중들의 기대 대비 호의성 인지 정도를 말하며, 애착은 공중들의 관계 지속에 대한 가치 의식을 가리킨다. 교환관계는 관계성을 비용과 혜택의 공식으로 설명하는 사회적 교환이론 개념과 유사하다. 비용은 시간과 비용, 혜택은 비용의 대가로 얻는 금전적 이익, 만족감, 지식, 필요의 충족 등을 의미한다. 교환관계는 조직과 공중이 시혜에 대해 수혜를 기대하는 정도라고 할 수 있다. 공공관계는 복지 제공이나 사회공헌활동처럼 상대에 대한 조건 없는 시혜로 평가한다. 상호 통제성은 조직과 공중이 상대에게 영향을 미칠 수 있는 정당한 힘의 크기로 측정된다.

• 관계성의 의미 관계성은 늘 변화될 수 있는 성질의 것이다. 기대의 부응 정도에 따라 긍정적으로 유지·발전되거나 부정적으로 악화·단절될 수 있다. 따라서 관계성은 늘 모니터링의 대상이 된다. 관계성은 공중 관계의 균형성과 불균형성으로도 측정될 수 있다. 노사관계, 쟁점관리, 갈등관리, 고객관계 등의 영역에 적용 가능하다. 공중 관계성 접근은 공중과의 관계 악화에 따른 소송, 규제, 압력, 매출 하락 등을 예방하거나 완화시켜주는 효과를 기대할 수 있다. 한국에서는 문화적 특징을 고려하면서 현실에 맞는 이론화 작업이 필요할 것으로 보인다(한정호 외, 2014).

포스트모더니즘 접근[5)] 대부분의 PR 연구와 활동은 사회나 조직 차원에서 PR의 당위성을 기정사실화하면서 PR의 수단, 전략, 이론을 도출하고자 한다. 이런 실증주의에 기반을 둔 PR 연구와 활동은 기능주의적 흐름이 주도하고 있다. 우수 PR 이론이 대표적인 기능주의적 입장이다. 그러나 최근의 PR 현장은 비이성적, 비예측적 현상이나 결과들로 뒤섞이고 있어 이해의 새로운 패러다임을 요구하고 있다. 포스트모더니즘 접근은 이런 논의의 중심에 있다. 포스트모더니즘은 모더니즘, 즉 특정 가치관이나 사상에 입각해 파편화된 현실에 통일성과 질서를 부여하자는 사조를 벗어나려는 움직임이다. 1960년대 중반에 등장해 학생운동, 여성운동, 제3세계 운동 등으로 연결되면서 문화사에 큰 획을 그었다. 포스트모더니즘 연구는 모

---

5) 포스트모더니즘 접근은 한정호 외(2014: 98~110) 참조.

더니즘에서의 거대담론(meta-narrative)이 아니라 미시담론을 추구하며, 현실의 파편성과 비결정성, 불확실성을 받아들이고 탈중심성과 다양성을 강조한다. 주류 이론이 당연시해오던 것들에 의문을 제기하며 기존의 법칙성에서 벗어나 사회현상을 바라보고자 한다.

• PR 이해의 시각   2000년대의 대표적 학자인 홀츠하우젠(Derina Holtz-hausen)은 PR을 조직의 지배구조 유지를 위한 이념적 메시지로 간주하고 있다. 대화와 상호 이해를 강조하는 쌍방향 균형 모델까지도 그 연장선상으로 파악한다. 커뮤니케이션을 통해 합의를 이끌어내려는 의도 자체를 부당한 목표의 추구로 보는 것이다. 포스트모더니즘 학자들은 진정한 합의나 일치는 쌍방의 원천적인 차이로 인해 불가능하다는 입장을 견지한다. 리오타르(Jean-François Lyotard) 같은 학자는 문제 해결은 불일치에서 이뤄진다며 조화가 아닌 차이와 구분을 강조하고 있다. 포스트모던 PR은 지배 권력을 지닌 조직의 이해관계를 대변하는 합의보다 불일치 그 자체를 지향하고 있다. PR 커뮤니케이션에서는 미디어 기술의 발달과 함께 점점 더 정교해지는 이미지 조작의 가능성에 대해 경계의 시각을 드러낸다.

PR **적용과 비판**   포스트모더니즘 시각의 PR 적용은 기능 중심, 조직 중심의 사고에서 벗어나 사회의 다양성 존중과 불공정성 개선에 기여할 수 있음을 시사한다. 포스트모던 PR이 지닌 가치의 존중과 실현이 PR 발전의 토대가 될 수 있다는 것이다. PR 담당자는 조직 내부의 저항세력이 되어 힘의 균형을 잡아주는 역할을 해야 하는 것으로 이해한다. 조직의 비윤리성 비판, 사회의 불공정한 지배구조 개선, 소외 계층 배려 등 조직의 양심과 변혁의 주도자로서의 모습을 부각시킨다. 포스트모던 PR은 점점 다양해지는 사회를 이해하고 이에 효과적으로 대응하는 방법론과 문제 해결책을 제시해줄 수 있다는 점에서 의의를 가진다. 전략적 커뮤니케이션 측면에서는 구조화되고 경직된 통제의 틀을 비구조화되고 유연한 담론의 틀로 대체시켜야 한다는 대안을 제시한다. 위기 커뮤니케이션에서는 경영진의 시각만을 대변하지 않고 여러 구성원들과 이해관계자들을 참여시켜 다양한 목소리들의 반응을 촉진시키고자 한다. 위기관리에서의 포스트모더니즘은 위기에 대응하는 조직에게 더 인간적이고 실질적이며 온당한 기회와 방법을 제공할 수 있는 측면이 있다. 이에 대해 비판론자들은 포스트모던 PR은 무질서와 같은 것이며 방향성이 없어 조직 내 PR의 역할을 규정하기가 어려워진다고 말한다. 또 PR이 감시 또는 저항세력이 아닌 조직의 의사결정 참여자가 된다고 해서 반드시 비윤리적이 되는 것은 아니라고 지적한다. 최근 화두가 되고 있는 윤리경영, 인간중심 경영은 효율성 탈피, 탈성장 중심의 포스트모던과 같은 경영철학을 공유하고 있다는 점을 실례로 들고 있다.

2. PR의 4모델

그루닉과 헌트(Grunig and Hunt)가 제시한 PR의 4모델은 미국의 PR 성장 또는 패러다임 변화를 그대로 보여준다. 시대 상황의 산물로서의 PR 역사가 PR 4모델과 궤적을 같이하고 있다. 두 사람은 PR 모델을 커뮤니케이션 방향(일방, 쌍방)과 목적(균형, 불균형)에 따라 일방 불균형, 일방 균형, 쌍방 불균형, 쌍방 균형 모델로 제시했다. 여기서의 불균형이란 조직이 자체의 변화는 시도하지 않고 공중의 변화만 추구하는 것을 말한다. 균형은 조직과 공중 간의 협력, 타협, 대화를 의미한다. 균형은 정적인 상태가 아니라 평형상태가 유지되도록 조정·재조정되는 개념이다. 19세기의 언론대행 홍보 모델이 일방 불균형, 1900년대의 공공정보 모델이 일방 균형 모델이다. 쌍방 불균형 모델은 1920년대에, 쌍방 균형 모델은 1960, 1970년대에 등장한 모델이다(그루닉·헌트, 2006a). PR 4모델은 PR에 대한 최초의 이론적 접근이라는 의의를 가지나 엄밀한 의미에서 이론이라고 말하기는 어렵다. 그루닉은 여기서 상황이론을 발전시켰다.

1) 일방 모델

언론대행 홍보 모델은 19세기 중엽 이후의 언론대행업자들의 활동 모델이다. 1830년대 잭슨 대통령 시절의 켄달이 언론대행 모델을 처음 선보였지만 일반적으로 흥행 사업가인 피니어스 바넘을 모델의 시발점으로 꼽는다. 당시 다수의 언론대행업자들은 미국의 영웅들을 창조해냈다. 미국의 초기 퍼블리시티는 주로 진기를 이용한 속임수였다(1장 PR의 역사 참조).

언론대행 모델 미국에서 언론대행술이 만개한 시기는 1830년대 황색 신문이 발행된 이후부터다. 기묘한 사건, 영웅 신화, 기괴한 거짓말 등으로 사람들의 관심을 끌어들였다. 1834년 최초의 대중신문인 ≪뉴욕 선(New York Sun)≫이 창간되면서 바넘은 언론대행 활동으로 점보, 샴쌍둥이 등의 용어를 유행시켰다. 바넘은 "나쁜 홍보란 없다(There is no such thing as bad publicity)"라는 말을 신조로 삼았다(이명천·김요한, 2012). 당시 대기업은 대중이 기업의 운영을 모르면 모를수록 영업 활동이 효율적이고, 수익성이 있으며, 사회적으로 유용할 것이라고 믿었다. 기업들은 20세기 접어들면서까지 노동자단체들의 비난에 대응하고, 제품을 팔기 위해 언론대행술을 활용했다(그루닉·헌트, 2006a). 언론대행 모델에서 PR 활동은 조직 전반에 관한 정보제공 의무를 느끼지 않는다. PR은 조직의 선전과 공중 설득을 목적으로 하며 조직 이미지를 위해 종종 불완전하거나 왜곡된 정보를 제공하기도 한다. 완벽한 진실을 필수적으로 생각하지 않았다(윤희중·신호창, 2000). 인지도 제고가 주목적인 스포츠, 연예, 정치 등에서는 현재도 언론대행 홍보 모델이 사용된다. 이 모델에서 언론의 보도가 항상 긍정적이어야 하는 것은 아니다. 부정적 사건을 통해서도 인지도가 높아지는 경우가 있다. 스캔들이나 루머를 의도적으로 퍼트리는 노이즈 마케팅(noise marketing)이 이 모델을 원용한 홍보기법이다. 언론대행 홍보 모델에서는 직관적이고 감정적인 업무처리 방법을 활용한다.

공공정보 모델   20세기 초 미국 인구의 절반은 아무것도 소유하지 못했으며, 1%의 인구가 부의 54%를 차지했다. 기업 활동에 비판적인 사람들은 홍보가 대기업 횡포에 대항하는 효과적인 무기라는 것을 깨달았다. 기업들은 여론에서 불리해지자 대응의 필요를 느껴 공공정보 모델을 사용하게 됐다(그루닉·헌트, 2006a). 이 모델은 20세기 초 추문 폭로 언론에 대응한 기업, 정부의 활동 방식으로 조직 관련 사실을 있는 그대로 알리는 데 중점을 뒀다. 리(Ivy Lee)는 이 모델에 입각한 첫 PR 시행자다. 그는 완전하고 정확한 정보만 제공된다면 공중은 올바른 결정을 내리는 합리적 인간 집단이라고 생각했다. 1902년 광산노조 파업 등에서 "공중은 알아야 한다"라는 홍보정책을 개발했다. 1913년 탄광노조 파업으로 지탄의 대상이 됐던 록펠러가를 남모르는 자선의 주인공으로 반전시켰다. 여론관리에 대해 잘 이해했으나 여론 측정을 위한 과학적 연구는 하지 않았다. 공공정보 모델의 PR 실무자들은 대부분이 신문기자 출신으로 신문사의 내근기자처럼 일했다. PR에 대한 공공정보 모델의 입장은 "민주국가에서 기업 활동은 일반대중의 허락과 함께 시작되며 대중의 승인하에서만 존재한다. 이에 연유할 때 기업은 공중에게 기업의 정책, 현재의 일, 앞으로의 일을 알려야 한다. 이것은 하나의 의무다"라는 페이지(Arthur Page)의 언급이 잘 요약하고 있다. 공공정보 모델은 공중에게 조직 전반에 대한 정보를 알려야 하는 의무와 함께 정보의 진실성이 필수적이라 믿었다. PR 담당자는 조직 내의 언론인으로 기능하며 조직 정보를 객관적으로 보도하는 역할을 맡는다. 그러나 언론대행 모델과 마찬가지로 대중매체를 통해 조직에 유리한 정보만 배포함으로써 일방 불균형의 특성을 보여주기도 한다.

2) 쌍방 모델

20세기 초 행동과학과 사회과학의 도입으로 PR은 쌍방 커뮤니케이션으로 발전했다. 언론인 출신으로 제1차 세계대전 당시 미국의 공공정보위원회 책임자였던 조지 크릴(George Creel)은 공중의 설득을 위해 심리학에 기초한 과학적 대중 설득 방법을 사용해 성공을 거뒀다. 이것이 쌍방 불균형 모델의 시발점이었다(박성호, 2008). 모델 성립의 초기에는 선전과 설득이론을 바탕으로 정교하게 설계된 메시지를 개발하기 위해 노력했다.

쌍방 모델의 발전　모델의 개척자인 버네이즈는 사회과학이론을 이용해 설득을 설명하는 데 힘을 기울였다. 버네이즈는 공중이 조직에 대해 호의를 갖는 점이 무엇인지 찾아낸 후 그를 강조하거나 조직의 태도와 가치관을 공중에 부합되도록 기술하는 데 PR의 초점을 맞췄다. "대중의 습관과 의견을 의식적이고 지적으로 조작하는 일은 민주사회에서 매우 중요하다. 이 보이지 않는 메커니즘을 조작하는 사람들은 이 나라의 진정한 지배세력이자 보이지 않는 정부다"라는 언급을 남겼다. 사회과학 지식을 PR 문제에 적용하고, 각종 비공식 서베이를 실시했다. 버네이즈는 PR의 개념을 "공중을 이해해야 하며 그들의 욕구가 고려돼야 한다"로 바꾸었다. 공중은 자기들에게 이익이 될 때만 설득이 될 수 있다는 것을 알았다. 버네이즈의 홍보기법은 ① 공중의 관심을 식별한다, ② 그 원인을 규명한다, ③ 관심을 하나의 초점으로 집중한다, ④ 행동을 자극한다로 요약할 수 있다(박성호, 2008). 버네이즈는 당초 공중을 이해해야 하며 그들의 욕구가 고려돼야 한다는 설득적 입장을 보였으나, 나중에는 여기서 한 걸음 더 나아가 PR

은 조직에게 공중을 설명하고 공중에게 조직을 설명해야 한다는 상호 이해의 입장으로 발전시켰다. 공중으로 하여금 조직을 이해하도록 설득하기 전에 공중이 기대하는 것을 경영자 측이 해내도록 설득시켜야 한다고 믿었다. PR을 쌍방 불균형에서 쌍방 균형으로 확장시키는 이론적 근거를 마련한 것이다. 쌍방 균형 모델은 1950년대 후반부터 학계에서 고려되기 시작했다(그루닉·헌트, 2006a). 이 모델의 개념화를 시도한 것은 커틀립(S. M. Cutlip)과 홍보 실무자인 앨런 센터(Allen Center)였다. 이들은 1952년 발간된 『효과적 PR(Effective PR)』이란 책에서 PR을 조직과 공중의 조화를 도모하기 위한 상호 적응적 노력으로 설명했다.

쌍방 불균형 모델 1920년대에 발전한 쌍방 불균형 모델은 기업들의 제품 판매 경쟁이 심해지면서 나타난 모델이다. 과학적 설득을 PR 활동의 목적으로 삼고 이를 위해 공중의 요구와 필요를 파악하고자 사회과학적 방법을 이용한 조사 활동을 벌였다. 공중의 요구와 필요에 부응해 조직을 바꾸기보다 조직이 원하는 방향으로 공중을 설득할 수 있는 메시지를 개발하고 이를 바탕으로 조직에 대한 공중의 태도와 행동을 변화시키려 노력했다(윤희중·신호창, 2000). PR 효과가 조직에 유리하도록 되어 있기 때문에 쌍방 불균형이다. 이 모델에서의 피드백 역시 일방적이거나 불균형적인 성격을 갖는다. 피드백은 수용자를 조종하는 데 도움을 주는 커뮤니케이션을 말한다. 쌍방 불균형 모델은 1940년대와 1950년대의 과학적 여론조사 기법 발전에 힘입어 오늘날과 같은 형태로 정착됐다. 여론조사를 통해 공중이 원하고 수용하는 것이 무엇인지를 알고 커뮤니케이션을 신중하게 계획한다는 것이 특징적 측면이다. 불균형 모델에서는 경영자에게 공중의 호의를 얻기 위해 조직이 어떻게 변화돼야 한다는 점은 말하지 않는다. 가장 설득적인 정보만을 보도하길 원함으로써 미디어의 뉴스 준칙과 갈등을 일으킬 수 있다. 쌍방 불균형 PR사례로는 석유회사의 새 에너지원 개발 주장, 군 입대의 긍정적 이유, 병원의 현대식 검사시설 홍보 등을 들 수 있다.

쌍방 균형 모델 쌍방 불균형 모델이 다른 체계를 통제하려는 의도를 보인다면 쌍방 균형 모델은 다른 체계에 적응하거나 타협하고자 한다. 조직과 공중 간의 상호 이해를 넓히는 것이 PR의 기본 목표가 된다. 공중에게 동기를 부여하고 설득 메시지를 찾기보다 연구를 통해 이해를 넓히고, 문제 해결을 위한 대화를 중요시한다. 쌍방 불균형 모델이 기업 간 경쟁 상황에서 도출된 산물이라면 쌍방 균형 모델은 상호작용에 대한 사회적 요구의 산물이다(그루닉·헌트, 2006a). 이 모델에서는 PR을 상호 이해를 목적으로 하는 집단과 집단, 조직과 조직 사이의 상호작용으로 본다. 조직 역시 공중의 필요와 요구에 반응하고 변화해야 하는 존재로 인식된다. 설득이 있다면 조직과 공중 모두에게 일어난다. 양쪽 모두 상호 교환적 커뮤니케이션에 참여한 집단들로 이해된다. 조직과 공중은 정보원과 수용자 역할을 바꿔가며 상호작용에 나선다. PR 담당자들은 조직과 공중 사이의 커뮤니케이션 매개자로 기능한다. 공중의 요구를 조직에 전달하는 것뿐 아니라 공중의 요구에 맞게 조직의 정책이나 행동을 수정하도록 노력한다. 일반적으로 설득이론보다 커뮤니케이션 이론을 이용하려는 경향을 보인다. PR 업무의 책임과 윤리 측면을 강조하는 모델이다. 그러나 공중의 입장을 너무 강조함으로써 조직의 활동이 제약을 받아 현실적으로 하나의 구호나 이론에 그칠 수 있다는 한계점이 지적되고 있다. 지방자치단체가 여론을 수렴해 정책, 사업을 바꾸거나 기업이 사회공헌활동에 나서는 것 등이 이런 모델에 부합하는 활동이다(박성호, 2008).

3) PR 4모델의 평가

그루닉 등의 PR 4모델은 PR 실무자들의 행동과 태도를 분류해놓은 관찰의 결과다. 실증적이라기보다 규범적이라는 견해가 지배적이다. PR학자들은 커뮤니케이션 방향과 목적이라는 2가지 변인만으로 전체적인 PR 현상을 이론화하기에는 너무 단순하고 실무적 연계성도 부족하다는 지적을 한다. 이런 약점에도 불구하고 PR 4모델은 다양하게 활용되고 있다. 유럽 학자들은 그루닉의 PR 4모델과 상황이론을 자신들의 연구에 폭넓게 받아들이고 있다. 다만 이들 이론은 서구사회 그것도 백인사회를 대상으로 만들어진 것이니만큼 특정 문화에만 적용될 수 있는 이론이라는 점을 염두에 둬야 한다.

4모델의 비교 PR 4모델의 비교 평가는 <표 2-1>을 참고할 수 있다. PR의 목적, 커뮤니케이션의 방향, 커뮤니케이션의 효과, 커뮤니케이션 모델, 연구 태도, PR 평가, 적용 분야, 시행비율 등이 비교 평가의 대상 항목이다. PR의 목적에서는 언론대행, 공공정보, 쌍방 불균형, 쌍방 균형으로 발전하면서 선전, 정보 확산, 설득, 이해로 바뀌고 있다. 커뮤니케이션의 방향은 진실성이 담보되지 않은 임의적 정보를 일방적으로 내보내는 데서 객관적 정보를 일방적으로, 피드백 정보를 일방적으로, 쌍방적 대화로 발전하고 있다. 커뮤니케이션의 효과는 불균형, 소극적 균형, 불균형, 참여적 균형으로 정리할 수 있다. PR 연구 및 평가와 관련해서는 언론대행 모델은 기사 게재 건수, 판촉 참가자 수를 세는 이상의 활동이 없다. 공공정보 모델은 정보의 확산을 중시하기 때문에 독이성(讀易性) 측정, 제공 정보 이용 여부를 조사한다. 불균형 모델에서는 공중이 수용할 만한 것이 무엇인지를 찾기 위해 형성적 연구를 하며 설득의 결과로서의 태도 변화를 측정한다. 균형 모델에서는 형성적 연구 결과를 반영해 공중의 이익에 어떻게 기여할 수 있는지에 관심을 둔다. PR 활동이 조직에 대한 공중의, 그리고 공중에 대한 경영자의 이해도를 얼마나 증진시켰는지를 측정한다. 한편 PR의 사회적 책임과 관련해서는 4모델이 나름의 윤리적 틀을 보여준다. 언론대

<표 2-1> PR 4모델의 특성

특성	언론대행	공공정보	쌍방 불균형	쌍방 균형
목적	선전	정보 확산	설득(상대 변화)	이해(상호 변화)
커뮤니케이션 방향	일방적(임의적)	일방적(객관적)	일방적(피드백)	쌍방적 대화
커뮤니케이션 효과	균형 잃은 효과	소극적 균형	균형 잃은 효과	참여적 균형
커뮤니케이션 모델	정보원→ 수용자	정보원→ 수용자	정보원→ 수용자(피드백)	집단 ↔ 집단
연구 태도	거의 없음, 경험	거의 없음	규범적	규범적
PR 평가	건수, 인원 수	독이성, 독자 수	태도 변화	이해의 수준
관련 인물	바넘	아이비 리	버네이즈	버네이즈
적용 분야	스포츠, 연예, 판촉	정부기관, 기업, 비영리기관	정부기관, PR 대행사, 경쟁적 기업	정부기관, 공기업
시행 비율	15%	50%	20%	15%

자료: 그루닉·헌트(2006a).

행 모델이나 쌍방 불균형 모델은 공중에게 해가 되는 일을 하도록 설득해서는 안 된다고 강조한다. 공공정보 모델은 조직이 사회적 책임을 다하기 위해 무엇을 했으며, 책임을 다하지 못한 것이 무엇인지를 공중에게 알려야 한다는 입장이다. 쌍방 균형 모델은 조직의 사회적 책임에 대한 압력이 만들어낸 모델이므로 가장 적극적인 사회책임을 추구한다(그루닉·헌트, 2006a).

모델의 적용   1950년대 이후 조직 연구자들은 조직의 전통적인 관리원칙이 이따금 작용되며 그 작용 여부는 조직과 환경의 본질에 좌우됨을 알았다. 상황적 관점이 등장한 것이다. 이 관점에서는 어느 접근법이든 언제나 어떤 조건하에서나 적합한 것은 없으며, 가장 훌륭한 접근법은 조직과 환경의 본질에 따라 달라지는 것이다. PR의 4모델도 상황적 관점으로 이해돼야 한다. 예를 들어 야구경기 입장권 판매에는 언론대행, 정부기관의 건강 캠페인은 공공정보, 기업체가 법률 제정에 영향을 미치려면 쌍방 불균형이 적합하다. 각 모델에 어울리는 이론과 기술을 찾아내는 연구가 중요하다. 일반적으로 환경이 동적이고 변화가 많을수록, 그리고 공중과 조직이 복잡하고 다양하며 상호 반목적일수록 쌍방 모델이 바람직하다. 조직이 일상적 형태를 유지하는 정적인 환경에서는 언론대행 모델과 공공정보 모델이 유리하다. 국내 대부분의 기업 및 PR 대행사는 쌍방 모델보다 일방 모델을 선호한다. 언론이든 정부 관료든 개인적 우호관계 형성을 중시하기 때문에 PR 4모델보다는 개인 간의 상호작용에 초점을 맞춘 인맥 모델의 타당성이 높다. 인맥 모델에서는 구체적인 목표공중을 대상으로 하지 않는다. 대인 커뮤니케이션이며, 일방 커뮤니케이션의 형태를 띤다(최윤희, 2008).

문제점과 대안이론　PR 4모델의 문제점은 크게 2가지가 지적되고 있다. 첫째, PR의 역사를 너무 인위적으로 발전 지향적으로 해석하고 있다. 역사의 불규칙성이나 복잡성을 무시하고 있다는 것이다. 17세기에도 미국 독립 캠페인과 같은 현대적 PR이 존재할 수 있고, 21세기에도 전근대적 PR이 나타날 수 있다. 공공정보 모델과 쌍방 불균형 모델은 시대의 선후가 있는 것처럼 보이나 실제로는 동시대에 나타난 경쟁적 PR 모델이었다. 모델의 개척자인 리와 버네이즈는 어느 정도 겹치는 시기에 활동했다. 둘째, 조직과 공중 간의 상호 이해를 도모하는 쌍방 균형 모델의 현실성에 대한 논란이다. 상호 이해는 협상에서의 윈윈(win-win) 관계와 유사한데, 그러기 위해서는 공중의 적극적인 참여가 전제돼야 한다. 하지만 현실 세계에서는 그런 관계를 기대하기가 어렵다. 일부 PR 전문가들은 조직과 공중의 이익을 동시에 충족시킨다는 것은 사실상 불가능하다는 입장을 견지한다(한정호 외, 2014).

• **혼합 동기 모델**　여기에서 나온 대안이론이 머피(Priscilla Murphy)의 혼

합동기 모델(mixed-motive model)이다. 그는 게임이론 접근을 통해 순수 균형 모델은 현실 세계에서 발견되지 않는다며 균형과 불균형의 관점을 혼합해야 상호 이해와 협력을 이룰 수 있다고 본다. 머피의 주장을 수용할 경우 PR 4모델은 언론대행, 공공정보, 쌍방 불균형, 혼합 동기 모델이 된다. 그루닉도 4모델을 수정해 일방 모델과 쌍방 모델의 2모델을 제시한 바 있다(한정호 외, 2014).

• 3I 이론 한편 허턴(J. Hutton)은 PR 4모델의 한계를 극복하기 위해 대안이론인 3I 이론을 제시한다. 3I, 즉 ① 이해(Interest), ② 주도성(Initiative), ③ 이미지(Image)라는 3가지 차원을 이용해 PR의 실무를 설득, 옹호, 공공정보, 공익, 이미지/명성 관리, 관계관리의 6가지로 구분하고 있다. 이해는 조직과 공중 가운데 누구의 이익에 초점을 두고 있느냐는 질문이다. 주도성은 사전 행위적인가, 사후 반응적인가를 기준으로 한다. 마지막 이미지는 실체와 이미지 중 어디에 초점을 두는가와 관련된 문제다. 설득은 조직의 이익을 위한, 사전 행위적, 이미지 변화 노력으로 볼 수 있다. 옹호는 조직의 이익을 위한, 사후 반응적, 이미지/실체 동시 추구 노력이다. 여론법정에서 조직을 변호하는 역할이다(김병철, 2005b). 나머지 4가지의 PR 실무도 3가지 기준으로 구분하고 있으나 명확성이 부족해 보이는 단점이 있다.

4) PR의 대전략[6]

PR의 대전략은 PR 4모델의 2가지 차원, 3I 이론의 3가지 차원을 6가지 차원으로 확장한 대안 이론의 하나다. PR의 대전략은 한 조직의 문화와 함께 만들어지는 것으로 PR에 영향을 미치는 6가지 차원의 가치는 조직의 목

---

6) PR의 대전략에 대해서는 보턴·해즐턴(2010: 296~315) 참조.

표, 변화에 대한 태도, 공중에 대한 태도, 이슈에 대한 태도, 커뮤니케이션에 대한 태도, PR 실무자들에 대한 태도 등이다. 이들 가치는 PR 실무자들이 직면할 활동의 질, 윤리적 한계, 업무의 범위를 규정하고 통제한다. 대전략은 비타협적, 저항적, 협조적, 통합적 유형으로 구분된다. PR 4모델 각각과 연계되는 점이 있다(보턴·해즐턴, 2010).

비타협적 대전략 다수의 조직들은 부분적으로 비타협적 관점을 드러낸다. 자신들의 결정을 주변 환경에 밀어붙이고, 적대적 환경을 극복해야 한다는 입장을 취한다. 분식회계가 발각된 엔론과 워터게이트 사건의 닉슨이 이런 대전략을 사용했다. 6차원에 대한 입장은 다음과 같다. ① 조직의 목표는 일부 환경을 조직의 뜻에 복종시키는 것이다. 공중에 도움이 되는지 해가 되는지는 그들에게 무의미하다. ② 변화는 나쁘고 비용을 발생시킨다고 믿는다. ③ 공중을 조직의 요구를 만족시키기 위해 존재하는 사람들로 보거나 위험한 존재로 본다. 공중들이 해당 조직에 대한 합법적 이해관계가 없다고 생각한다. 정부기관까지 선동자로 보기도 한다. ④ 대개 사회적 이슈를 적대적 주변 환경에 의한 외부 공격이나 장애물로 간주한다. 특정 이익집단이나 미디어가 참견 정보를 얻지 못하도록 노력한다. ⑤ 커뮤니케이션 과제는 자신들이 옳다는 것을 공중들에게 알려주는 것이다. 대개 일방적인 캠페인만으로 이런 목적이 달성된다고 본다. 결정적인 정보를 공중들에게 알리지 않거나 가끔 속임수를 사용해도 된다고 생각한다. ⑥ PR 실무자들은 윗선의 결정사항을 실행하는 기술을 가진 기능인일 뿐이다.

저항적 대전략 생존에 필요한 최소한의 변화 외에는 외부 통제에서 가능한 한 자유로울 수 있는 방법을 모색한다. 주변 환경이 통제력을 가진 세력이라는 것을 이해하고 있다는 점에서 비타협적 대전략과 구분된다. ① 조직이 환경과 상호 의존적 관계라는 점을 인정한다. 자신들이 원하는 바

〈표 2-2〉 PR의 대전략 요약표

대전략	목표	변화	공중	이슈	커뮤니케이션	PR 실무자
비타협적	통제	부정적	사용	방어적	일방향	기능인
저항적	통제	부정적	사용	회피·해결	수정 일방향	기능인
협조적	공유	부정적	분리·동등	해결	쌍방향	관리자
통합적	공유	긍정적	공생	함께 관리	쌍방향	전략부서

자료: 보턴·해즐턴(2010).

를 환경으로부터 얻을 수 있는 경우를 제외하고는 폐쇄체계로 운영하지만 개방체계의 일부라는 사실도 받아들인다. ② 변화는 비용이 들고 파괴적인 것이어서 가능하면 피해야 할 대상으로 여긴다. 변화의 필요성을 인정하지만 착수를 지연시키려 한다. 공중이 받아들일 최소한의 변화가 조직이 받아들일 최대한이 된다. 미니맥스 법칙(게임이론의 하나로 추정되는 최대의 손실을 최소화하는 기법)이 적용된다. 공중들은 비타협적 조직과의 차이를 판별할 수 없다. ③ 공중은 힘을 가진 위험한 존재로 간주하며, 공중과의 타협을 피하거나 최소화하려고 한다. 여기에서도 미니맥스 법칙이 적용된다. ④ 이슈는 조직에 강요하는 방해물이지만 조직 환경의 정상적 부분으로도 생각한다. ⑤ 공중에 적응하기 위해 쌍방향 커뮤니케이션이 필요하다는 것을 수긍하는 편이다. 공중의 욕구 충족을 위해 취한 행동이나 조직의 자발적 조치를 알리고 납득시키기 위해 커뮤니케이션을 활용한다. ⑥ PR 실무자를 윗선의 결정을 외부에 알릴 수 있는 기능인으로 바라본다.

협조적 대전략　조직은 환경의 건설적인 일부가 되는 것이 기회이자 의무라고 생각하며, 재정적인 문제를 넘어서는 책임으로 간주한다. 공중과의 지속적인 관계 유지가 바람직한 일이고 변화를 자연스럽게 받아들인다. ① 조직과 환경을 상호 의존적인 관계로 파악한다. ② 변화는 바람직하기는 하나 자원의 소모를 가져온다는 부정적 경험으로 연결 짓는다. ③ 공중은 건설적인 집단으로 파악하며, 공중 욕구에 맞게 조직을 변화시키는 것을 긍정적으로 바라본다. ④ 이슈는 공중이 조직에게 필요한 변화를 알려주는 방법으로 인식한다. ⑤ 쌍방향 커뮤니케이션이 최선의 방법이라는 생각을 가진다. ⑥ PR 실무자를 기능인이 아닌 전문가로 여기며 윤리적 문제를 조언할 수 있는 존재로 받아들인다. PR 책임자, 즉 CCO(Chief Communication Officer)는 조직 의사 결정의 중요한 일원이 된다.

통합적 대전략　　조직을 주변 환경의 일부로 만들기 위해 항상 진화하는 관계망으로 통합시키려는 입장이다. 다른 대전략들과 달리 변화를 긍정적으로 생각하며 지향해야 할 것으로 간주한다. ① 조직의 목적을 주변 환경과 통합하려고 노력을 기울인다. 윤리적인 상호 설득이 통합적 대전략의 핵심이다. ② 변화를 구성요소로서 받아들인다. 신속하고 효율적으로 변화할 수 있는 능력을 조직의 강점으로 본다. ③ 공중은 이슈를 정의하는 PR 환경의 정상적 한 부분으로 간주된다. 공중과 조직은 서로를 창조하고 재창조해간다는 관점을 유지한다. ④ 이슈의 발전을 커뮤니케이션 과정의 결과로 받아들인다. 조직은 커뮤니케이션 과정의 일부가 돼야 한다. ⑤ 전략적 커뮤니케이션과 이슈 관리에 숙련된 커뮤니케이터를 조직의 핵심 리더로 여긴다. ⑥ PR 실무자들은 전략적 통솔 기능의 일원이 될 수 있다.

3. 상황이론/우수 이론

이론은 실무를 관찰한 결과가 발전된 것이며, 이론을 통해 결과를 예측하기가 쉬워진다. 결과에 대한 예측은 효과적인 PR 프로그램을 기획하고 집행하는 데 도움이 된다. 현재 PR 이론이 실무에서 하고 있는 역할은 제한적이다. 그러나 다양한 학문 분야의 개념을 차용함으로써 의미 있는 진전을 보이고 있다.

1) 공중

PR은 공중의 존재를 전제로 한다. 공중에 대한 정의는 1940년대의 사회학자 허버트 블루머(Herbert Blumer)와 철학자 존 듀이(John Dewey)의 견해가 지금까지 통용되고 있다. 이들은 공중을 쟁점과 함께 형성되어 관련 조직에 문제를 일으키거나 압력을 가하는 집단으로 정의했다. 듀이는 일단의 사람들이 ① 해결되지 않은 유사한 상황에 직면해서, ② 문제가 되는 것이 무엇인지를 알고 있으며, ③ 그 문제에 관해 무엇인가 하기 위해 조직화할 때 공중이 발생한다고 보았다. 즉, 공중이란 어떤 문제 혹은 쟁점을 중심으로 형성되는 사람들의 집단이라 할 수 있다(한균태 외, 2008). 공중은 일시적이 아닌 어느 정도 지속적인 성격을 갖는다. 항상 특수한 집단이며, 따라서 일반 공중이라는 말은 성립되지 않는다. 공중은 또한 생겼다가 없어졌다가 하는 것이다. 공중과 이해관계자(stakeholder, 내재 공중, 이해당사자)는 종종 동의어로 쓰이지만 PR을 전략적으로 계획할 때는 구분하여 사용한다. 조직의 의사 결정으로 영향을 받는 집단이거나 그 집단의 의사 결정이 조직에 영향을 미치면 이들은 이해관계자가 된다. 기업의 이해관계자에는 종업원, 투자자, 협력업체, 소비자/고객, 경쟁기업, 언론매체, 지역사회, 정부 등등이 있다(최윤희, 2008).

내부/외부 공중 공중은 조직에 어떤 형태로든 관여하는 집단 또는 개인을 의미하며, 내부 공중과 외부 공중으로 나뉜다. 내부 공중은 경영진, 종업원, 투자자 등과 같이 조직의 실체를 공유하는 집단이다. PR 실무에서는 종업원만을 지칭하기도 한다. 공중의 구분은 다소 인위적인 측면이 있다. 투자자의 경우 투자 규모에 따라, 개인 성향에 따라 내부 공중 또는 외부 공중으로 분류될 수 있다. 특정 대학의 졸업생이라면 자신들을 외부 공중이 아니라 내부 공중으로 생각할지도 모른다. 외부 공중은 조직과 직간접의 관련을 맺고 있으며 조직에 영향을 미칠 수 있는 외부 집단을 말한다. 투자자, 업계, 재계, 소비자/고객, 언론기관, 교육기관, 각종 시민단체, 지역사회, 정부 등을 들 수 있다. 투자자 공중에는 주주(예비주주), 증권분석가, 투자자문가, 증시 관련 언론, 다우존스 등 주요 통계평가서비스, 비즈니스 잡지, 주요 종합 미디어 등이 있다. 소비자 공중은 회사 종업원, 소비자, 소비자단체, 지역 미디어, 지역사회 지도자와 조직 등으로 구성된다. 언론 공중은 오프라인과 온라인, 전국/지역 미디어, 종합/전문 미디어 등으로 구분된다. 지역사회 공중은 주민(각계 지도급 인사), 조직(기업, 각종 시민단체, 사회단체 등), 지역 언론, 자치단체 등의 세부 공중들을 가진다. 정부 공중은 입법부, 행정부, 산하 기관단체를 망라한다. 국제 공중으로는 해당 국가 미디어, 해당 국가 지도자, 해당 국가 조직들이 있다. 공중의 구분은 조직의 상황이나 형편에 따라 신축성 있게 접근하는 것이 바람직하다. 종업원, 투자자, 협력업체, 경쟁 업체, 소비자, 미디어, 정책 공중(정부, 지방자치단체 등) 등을 따로 통합 커뮤니케이션 공중이라고 부른다(뉴섬 외, 2007).

연결 유형별 공중　밀턴 에스먼(Milton Esman)에 따르면 조직과 환경의 연결(linkage) 유형별 공중은 4가지 범주로 구분할 수 있다. 즉, ① 권능적 공중, ② 기능적 공중, ③ 규범적 공중, ④ 확산적 공중이다. 권능적 공중은 조직과 사회집단 사이를 연결해주는 공중으로 조직에 권위를 제공하고 조직이 존재할 수 있도록 하는 자원들을 통제한다. 정부규제기관, 이사회, 주주, 의회 등이 여기에 속한다. 기능적 공중은 제품, 서비스의 생산과 관련되는 투입 연결과 소비와 관련되는 산출 연결로 나뉜다. 투입 연결에는 종업원 관계, 공급자 관계가 있고, 산출 연결에는 서비스 이용자, 소비자 관계가 있다. 규범적 공중은 유사한 가치관을 공유한 조직들과의 연결이다. 상공회의소나 협회와 같은 조직이다. 확산적 공중은 공식 조직으로 분명하게 확인될 수 없는 사회 요소들과의 연결을 말한다. 미디어 공중이나 소수집단 등을 예로 들 수 있다. PR 실무자, 판매원, 서비스 대행자 등 조직 내부에서처럼 조직 외부에서도 많은 접촉을 갖는 피고용자들은 경계인 그룹으로 분류하기도 한다. PR 관리자들은 조직이 환경과의 동적 균형이 깨지는 것에 대비하기 위해 자체 조직과 연결 조직 간의 상호 침투 시스템을 확인, 점검하는 조치가 필요하다. 조직 하부체계 중 어떤 것이 균형을 깨트릴 가능성이 많은지를 결정하고, 그런 하부체계에 대한 커뮤니케이션 프로그램을 계획해야 한다(그루닉·헌트, 2006b).

목표공중 조직의 주목을 받아 PR 활동의 초점이 되는 집단을 목표공중(목표 수용자) 또는 우선 공중(priority public)이라 한다. 이와 상반되는 개념으로서의 일반 공중 또는 일반 수용자라는 접근법은 PR의 오류로 간주된다. PR의 예산과 인력 등 자원은 늘 제한적이기 때문에 일반인을 상대로 한 PR 계획은 비논리적·비경제적이라는 점에서 그런 평가를 받는다(최윤희, 2008). 목표공중은 ① 명명식 기준, ② 인구통계학적 기준, ③ 심리학적 기준으로 분별할 수 있다. 명명식은 '지역사회 지도인사'처럼 공중에게 명칭을 부여하는 방식이다. 성별, 연령, 수입, 교육 수준 등 인구통계학적 기준이나 감정적, 행동적 특성(관심, 태도, 신념, 행동)과 같은 심리학적 기준으로 공중을 분류할 수도 있다. 인구통계학적 기준은 타당성이 떨어지나 선별이 쉽다는 점 때문에 자주 이용된다. 심리학적 기준의 태도는 행동을 알려주는 정확한 지표로 볼 수는 없지만 행동보다 측정하기가 쉬워 공중 분류의 방법으로 유용하다. 태도가 변했다고 행동이 따라 변하는 것은 아니다. 비공식적 목표공중 분류법으로는 PVI인덱스(P+VI)가 있다. P는 공중에 대한 조직의 영향력, V는 공중에 의해 조직이 영향 받을 가능성, I는 조직에 대한 공중의 중요성이 된다(뉴섬 외, 2007).

목표공중 세분화 PR의 공중 세분화 노력은 공중의 특성을 명확히 이해한 후 태도 변화를 유도하려는 설득자의 관점이라고 할 수 있다. 마케팅, 광고 분야의 STP전략, 즉 세분화(Segmentation) - 목표 수용자(Targeting) - 포지셔닝(Positioning)과 맥락을 같이한다. PR 프로그램에서는 목표공중 세분화, 목표공중의 결정, 차별적 메시지의 전달과 같은 과정으로 연결된다. 목표공중 세분화는 공중을 식별 가능한 특성을 토대로 작으면서 동질적인 하위 단위로 나누는 것을 말한다. 다른 집단과는 이슈에 대해 차별화된 반응을 보이거나 이질성을 가져야 한다. 유사한 특성이 있기 때문에 메시지 전략이나 커뮤니케이션 채널 선택에도 영향을 미친다. 공중 구성원에게 직접 질문하여 지각, 인지, 태도를 알아보는 추론 변인이나 인구학적 특성, 지리적 특성, 매체 이용 특성 등 2차 자료로 얻는 객관적 변인으로 세분화가 가능하다. 추론 변인은 경비가 많이 드나 목표공중 파악이 정확해 도달 비용을 줄여준다. 객관 변인은 경비는 적게 드나 목표공중 도달 비용을 많이 들게 한다. 시간과 비용 때문에 인구통계학적 자료가 유일한 세분화 도구가 될 때가 많다(한정호 외, 2014; 최윤희, 2008).

2) 상황이론

그루닉의 상황이론(situational theory)은 PR에서 광범하게 적용되는 공중 세분화 이론이다. 공중이론이라고도 한다. PR의 목표 수용자인 공중과 비공중을 분리시키는 기준으로 활용된다. 공중은 스스로 형성되고 조직을 선별해서 주목한다는 점에서 시장 세분화 이론과는 성격적 차이가 있다. 상황이론은 사람들이 어떤 이유로 커뮤니케이션 하고, 언제 조직화된 집단으로 변하며, 커뮤니케이션 프로그램이 언제 효과적인가를 설명해준다. 이 이론은 조직의 문제를 경험하는 사람에게만 관련되기 때문에 상황적이

된다. 또한 공중 유형을 구분해줌으로써 프로그램 적용의 과학적 틀을 마련해준다. 주로 PR 문제의 발견 단계에서 적용된다.

이론의 개념 그루닉은 듀이의 공중의 3가지 조건들을 토대로 공중을 ① 비공중, ② 잠재적 공중, ③ 자각적 공중(aware public), ④ 활동적 공중으로 구분했다. 3가지 조건 중 한 가지도 적용되지 않으면 비공중, 문제에 직면해 있으나 직면한 문제를 알아채지 못하면 잠재적 공중이다. 직면한 문제를 알면 자각적 공중, 공중이 문제를 알고 거기에 대해 토론하거나 무슨 일인가 하기 위해 조직화한다면 활동적 공중이 된다(그루닉·헌트, 2006b). 이런 4가지 공중 유형을 식별하기 위해 상황이론은 PR 대상 집단의 ① 문제 인식, ② 제약 인식, ③ 관여도라는 3가지 독립변인을 측정한다. 문제 인식은 공중이 조직의 작위에 대한 결과를 인식하는 것이며, 제약 인식은 그 일과 관련된 모종의 행동을 하는 데 제약 요인이 있다는 것을 지각하는 정도를 말한다. 관여도는 그 일이 자신들에게 관련된다는 사실을 지각하는 수준이다. 3가지 독립변인은 ① 정보행동의 적극성과 소극성, ② 쟁점에 대한 적극성과 소극성이라는 종속변인을 예측한다.

• **문제 인식** 문제 인식과 제약 인식은 정보 행동과 관련된다. 정보 행동의 적극성은 정보 추구가 되며 정보 검색, 정보 유포 등 적극적 커뮤니케이션 행동을 나타낸다. 정보 행동의 소극성은 정보처리가 되며 노력 없이 주어지는 정보만을 처리하는 수동적 커뮤니케이션 행동을 보인다(그루닉·헌트, 2006b). 정보처리는 해당 정보를 인식하고 주의를 기울인다는 점에서 정보에 단순 노출되는 것과는 구분된다. TV 시청과 같은 처리 정보는 추구 정보보다 커뮤니케이션 효과가 적다. TV 뉴스를 본 뒤 15분이 지나면 시청자들은 어느 것도 기억하지 못한다고 한다. 상황이론 검증연구들을 보면 3가지 독립변인 중 문제 인식이 정보행동의 결정요소가 되는 것으로 나타났다(한정호 외, 2014).

• 제약 인식, 관여도　제약 인식은 자아효능감, 즉 어떤 문제나 쟁점에 대해 무엇인가를 할 수 있다고 믿거나 자신의 행위가 문제 해결에 도움이 된다고 확신하는 정도와 유사한 개념이다. 자아효능감이 높으면 제약 인식이 낮아진다. 제약 인식이 많으면 정보 추구 행동을 나타내기 어렵다. 정보 행동은 잠재적·자각적 공중의 결정 요소는 되지만 활동적 공중의 결정 요소는 아니다(그루닉·헌트, 2006b). 관여도는 쟁점에 대한 적극성·소극성 구별 요인이다. 관여도가 높은 사람은 메시지 출처보다 내용에 더 주목하는 반면, 관여도가 낮은 사람은 메시지 내용보다 출처에 더 주목한다.

행동 유형과 공중 유형　상황이론은 먼저 문제 인식과 제약 인식의 2가지 독립변인을 사용해 4가지 행동 유형을 찾아낸다. 즉, ① 문제 인식이 높고 제약 인식이 낮은 문제 직면적 행동(problem facing: PF), ② 문제 인식과 제약 인식이 모두 높은 제약된 행동(constrained behavior: CB), ③ 문제 인식과 제약 인식이 모두 낮은 일상적 행동(routine behavior: RB), ④ 문제 인식은 낮고 제약 인식이 높은 숙명적 행동(fatalistic behavior: FB) 유형이 그것이다. 여기에 고관여(high involvement: HI)와 저관여(low involvement: LI)의 관여도 변인을 적용하면 8가지의 행동 유형이 도출된다. 8가지 행동 유형은 비공중, 잠재적 공중, 자각적 공중, 활동적 공중의 공중 유형 판단기준이 된다. 일반적으로 관여도, 문제 인식이 없으면 비공중(nonpublic), 관여도와 문제인식을 잘 인지하지 못하면 잠재적 공중, 이를 충분히 인지하면서 제약 인식이 감소되면 자각적 공중, 활동적 공중으로 발전한다. 구체적으로 HIPF, HIRB는 활동적 공중, LIPF, HICB는 자각적·활동적 공중, LICB는 잠재적·자각적 공중, LIRB는 비공중·잠재적 공중, HIFB는 잠재적 공중, LIFB는 비공중으로 분류된다. 이들 8가지 행동 유형 가운데 HIPF와 LIFB는 자주 발생하나 HIFB는 좀처럼 발생하지 않는다. 일반적으로 비공중은 PR 관리자의 주의를 받을 가치가 없다고 본다. 이상의 행동 유형과 공중 유형을 정리하면

〈표 2-3〉 상황이론의 행동 유형과 공중 유형*

구분		HI(고관여)		LI(저관여)	
행동 유형	독립변인	행동 유형	공중 유형	행동 유형	공중 유형
PF	고1, 저2	HIPF	활동	LIPF	자각·활동
CB	고1, 고2	HICB	자각·활동	LICB	잠재·자각
RB	저1, 저2	HIRB	활동	LIRB	비공중·잠재
FB	저1, 고2	HIFB	잠재	LIFB	비공중

* 독립변인 1은 문제인식, 2는 제약인식.
자료: 그루닉·헌트(2006b) 재구성.

<표 2-3>과 같다(그루닉·헌트, 2006b).

공중의 특성 상황이론은 공중의 특성을 다음의 몇 가지로 제시한다. 먼저 공중의 태도는 일반적으로 상황적이어서 끊임없이 변화한다. 예컨대 특정 기업의 제품에 대해서는 호의적이면서 환경오염에 대해서는 악의적 평가를 내릴 수 있다. 둘째, 상황에 대한 사람들의 인식이 그들의 커뮤니케이션 행동을 결정짓는다. 수입이 낮고 육체노동을 하는 사람들이 나이 많고 교육 수준이 높은 사람보다 병원과 건강에 더 관심이 많을 수 있다. 커뮤니케이션할 가능성이 높은 공중은 상식적으로 예측할 수 있는 공중들이 아니다. 또 한 가지, 공중이 지나치게 크고 확산적이 되면 자각적 단계에서 활동적 단계로 좀처럼 이동하지 않는다. 한 공중의 성원들이 많을 경우 어느 한 성원도 이익을 얻기 위해 활동적이 되겠다는 강한 동기를 가지지 못하기 때문이다. 그래서 소집단 행동주의자들이 조직화되지 않은 대규모 집단보다 조직에 더 큰 손상을 줄 수 있다(그루닉·헌트, 2006b). 그루닉은 또 다른 관점에서 상황이론을 적용해 PR 프로그램에 자주 등장하는 4가지 형태의 공중을 찾아냈다. 즉, ① 모든 쟁점에 행동적인 공중, ② 모든 쟁점에 무관심한 공중, ③ 거의 모든 사람들에게 관련되는 쟁점에만 행동적인 공중, ④ 단일 쟁점에만 행동을 보이는 공중의 4가지다. 행동주의 공중은 보

통 모든 쟁점에 행동적인 공중이 된다. 거의 모든 사람들에게 관련되는 쟁점에만 행동적인 공중은 노동문제 중 급여 쟁점에만 행동적인 공중 등을 말한다. 단일 쟁점에만 행동을 보이는 공중은 예를 들어 환경 이슈 중 동물 보호에 대해서만 관심을 보이고 다른 쟁점에 대해서는 무관심한 공중이다 (최윤희, 2008).

상황이론의 시사점 상황이론은 여러 가지 공중별 전략을 시사한다. 비공중을 상대로 PR 프로그램을 기획하고 실행하는 것, 자각적 공중을 방치하는 것, 활동적 공중이 되기를 기다리는 것, 활동적 공중과 소통할 수 있다고 기대하는 것 등은 모두 적절하지 않은 생각이다. 비공중은 문제의 대상이라고 할 수 없으며 쟁점에 대한 관계 유지가 어렵고 불필요한 비용과 시간을 들이게 한다. 자각적 공중 전략에서는 이들을 방치하면 다른 출처에서 문제에 대한 정보를 구하게 된다는 사실을 유념해야 한다(조계현, 2005). 조직화할 가능성이 적으니만큼 공중을 구성하는 각 개인에게 반응을 보이는 것이 바람직하다. 전화, 편지, 방문을 활용할 수 있다. 문제의 확대를 막아야 한다. 활동적 공중은 많은 출처로부터 정보를 구하고 심사숙고 끝에 결정을 내리므로 설득하기가 쉽지 않다. 인지 부조화 이론이 예측하는 바와 같이 자신들의 결정이나 태도, 행동을 강화하는 정보만 찾기 때문이다 (그루닉·헌트, 2006b).

• 전략적 고려 사항 한편 공중 일반에 대한 전략에서는 다음의 몇 가지를 유의해야 한다. 공중의 정보 추구나 정보처리 확률이 낮을 때 PR 프로그램은 무의미하다. 비공중이나 잠재적 공중은 조직의 메시지에 주목하도록 하는 데 주안점을 둬야 한다. 소극적 공중은 정보를 추구하지 않는다. 기회 요인 PR에서 비공중이나 잠재적 공중을 자각적 공중으로 변화시키려면 이들을 향한 메시지는 스타일과 창조성을 가져야 한다. 공중의 많은 성원들의 인식, 태도, 행동 변화를 기대하기는 어렵다. PR의 목적이 태도나 행

<표 2-4> 할라한의 공중이론 요약

공중 유형	비활동 공중	인지 공중	환기 공중	활동 공중
행동특성	숙명적 행동	방관적 행동	자각적 행동	조직화 행동
대응전략	예방전략	교육전략	개입전략	협상전략

자료: 한정호 외(2014) 재구성.

동의 변화라면 확률이 가장 높은 공중에게 집중해야 한다(최윤희, 2008). PR 관리자들은 항상 조직의 사회적 영향을 재검토하고 공중이 어떻게 반응하는지를 연구, 추적하는 노력이 필요하다(그루닉·헌트, 2006b).

문제점과 대안이론 상황이론이 가장 비판받고 있는 부분은 문제 인식과 관여도의 개념 중첩성이다. 이론 개발자인 그루닉이 문제 인식과 관여도의 상관관계를 인정하면서 후속 연구자들은 문제 인식과 관여도를 선택적으로 적용하거나 통합해서 적용하는 예들이 다수 나타나고 있다. 일부 학자들은 상황이론을 확장시켜 공중 세분화를 이해관계자 단계(가치관, 관계, 능력), 공중 단계(문제인식, 제약인식), 쟁점 및 위기 단계(자원, 문제, 결과)로 구분해 적용하고 있다.

• 지력, 관여도 이론 한편 커크 할라한(Kirk Hallahan)은 쟁점 상황에서의 공중 세분화를 지력(知力)과 관여도 수준으로 접근하고 있다. 지력이란 특정 쟁점에 대한 개인의 지적 능력, 즉 사람들의 태도, 신념 또는 전문성을 의미한다. 지력이 높을수록 정보 추구와 처리능력이 커진다. 관여도는 쟁점에 대해 주의를 기울이는 개인의 동기 및 커뮤니케이션 성향과 관련되는 개념이다. 할라한은 ① 저지력 저관여는 비활동 공중, ② 고지력 저관여는 인지 공중, ③ 저지력 고관여는 환기 공중, ④ 고지력 고관여는 활동 공중으로 분류한다.

• 공중별 특성 비활동 공중은 상황이론의 숙명적 행동 공중처럼 동기가 없거나 쟁점의 현 상황을 당연하게 받아들인다. 인지 공중은 높은 지력을 갖고 있지만 개인적 이해관계가 없어 쟁점에 대해 적극적 태도나 행동을

보일 의지가 없는 사람들이다. 행동하지 않는 지식인이나 여론 지도층이 여기에 속한다. 좀처럼 활동 공중으로 변화되지 않는다. 환기 공중은 동기화되어 있지만 아직 조직화되기 전의 공중이다. 보도 노출, 토론, 경험 등으로 쟁점 해결에 필요한 기술과 지식을 얻게 되면 활동 공중이 될 수 있다. 활동 공중은 필요하다고 판단되면 언제나 조직화될 수 있는 집단으로 듀이의 전통적인 공중 개념에 근접하는 부류다.

• 공중별 전략 이들 4가지 공중에 대해서는 각각 ① 예방전략, ② 교육전략, ③ 개입전략, ④ 협상전략이 동원된다. 각 전략에는 옹호, 혼합, 조화의 3가지 소전략이 있어 전체 전략은 12가지로 확장된다. 할라한 이론에서는 공중의 지력과 관여도가 변화됨에 따라 공중 유형 역시 변화된다고 본다. 쟁점이 확대, 발전될 경우 지력과 관여도를 높이거나(기회 요인) 낮추는(위협 요인) 것이 중요한 전략적 대응이 된다. 기회 요인의 경우 비활동 공중 → 환기 공중 → 활동 공중(또는 인지 공중 → 활동 공중)의 방향이 되고, 위협요인의 경우 그 역방향이 된다. 할라한 이론은 다양한 검증 과정이 있어야 정상적인 이론으로 발전할 수 있을 것으로 보인다(한정호 외, 2014).

3) 우수 PR 이론

주류 이론의 하나인 우수 PR 이론과 그 대안 이론인 정황적 수용이론은 PR의 개념화에 크게 기여한 이론들이다. 두 이론은 PR 영역의 중소 이론과 개념들을 통합해 일반 이론으로 발전시킨 것이라 할 수 있다. 두 이론은 PR의 전문지식을 체계적으로 공유하고, PR에 대한 논의를 용이하게 만들고 있다. 특히 우수 PR 이론은 개념적 토대가 미약하던 PR 학문이 궤도에 오를 수 있도록 하는 계기를 마련했다는 평가를 받는다. PR 영역에서 가장 많이 연구되고 인용되는 이론이다.

이론 개발의 배경   우수 PR 이론은 1985년부터 10년 넘게 진행된 국제 기업커뮤니케이션 협회(IABC) 연구재단의 공모 지원사업의 결과물이다. 이 연구사업의 핵심 과제는 '커뮤니케이션이 조직의 목적 달성에 어떻게, 왜, 어느 정도 영향을 미칠 수 있는가'였다. 지원 대상자로 선정된 그루닉 등 6명의 학자들은 PR의 존재 가치에 대한 일반 이론으로서의 우수 PR 이론을 성립시켰다(한정호 외, 2014). 이들은 커뮤니케이션, 경영, 경제, 심리, 문화인류, PR 등 광범위한 문헌연구를 통해 이론적 전제들을 설정했다. 역할이론, PR 4모델 등 여러 개의 중범위 이론들이 우수 PR 이론에 통합됐다. 이어 300여 개의 조직에서 5000명의 최고경영자와 커뮤니케이션 관리자 등을 대상으로 검증작업을 실시했다. 검증 서베이에서는 ① PR이 어떻게 조직의 효율성에 기여하는가, ② 그 기여는 어떤 가치가 있나, ③ 우수 PR 부서의 특징은 무엇인가를 중심으로 이뤄졌다. 그리고 이 문제들에 대한 요약적 결론으로 우수 PR 조직의 여러 가지 원칙들이 제시됐다(최윤희, 2008). 우수 PR 이론은 PR이 프로그램 차원뿐 아니라 조직적·사회적 차원에서도 가치가 있는 활동임을 광범위한 문헌연구와 실증연구를 통해 보여줬다. 조직 구성원들의 직업 만족도를 증진시키고 규제, 압력, 소송 등의 비용을 줄여주는 것이 우수 PR의 효과라 할 수 있다. 그루닉 등은 우수 PR 이론의 결과를 PR 부서 평가, 경영진 PR 인식 개선, PR 실무자 교육 등에 사용할 경우 발전적인 PR 활동을 하는 데 도움이 될 것으로 전망했다(한정호 외, 2014).

PR의 영향 요인   1장 국제 PR에서 설명된 바와 같이 우수 PR 이론은 PR에 영향을 주는 6개 요인으로 ① 문화, ② 정치체계, ③ 경제체계, ④ 경제개발 정도, ⑤ 시민운동 수준, ⑥ 미디어 체계 등을 제시하고, 국가마다 6개 변인에 대한 결과가 다름을 확인했다. 연구에 의하면 문화와 PR은 서로 연계되어 있다. 전 세계적으로 문화를 공유하는 사회는 PR 역시 공통점을 가진다. 정치체계의 측면에서는 집회결사의 자유, 언론의 자유, 특히 공공의 장에서 정부를 비판할 수 있는 자유, 일반 시민이 자유롭게 입출국할 수 있는 자유, 불만 사항에 대해 법적 소구권을 가지느냐 여부 등이 PR에 중대한 영향을 미친다. 경제체계와 경제개발 정도와 관련해서는 개방화·다양화된 사회일수록 PR 활동은 더욱 필요성이 높아지는 것으로 나타났다. 시민운동은 대안적 관점을 단순히 언어적으로 표현하는 것에서 폭력적인 방법을 사용하는 형태까지 다양한 모습을 띠는데 교육, 타협, 설득, 압박, 강압 등의 방법으로 공중에 영향을 미친다. 미디어 체계에서는 정부가 미디어의 사회적 기능을 어떻게 생각하는가, 미디어 소유권은 누구에게 있는가, 편집인과 기자들의 교육 수준과 경험 그리고 윤리관은 어떠한가 등이 PR 영향 요인이다(뉴섬 외, 2007).

우수 PR 조직의 특성　우수 PR 이론은 PR이 조직을 둘러싼 사회적·정치적 요소들과 상호작용하도록 돕는 독특한 경영관리 기능임을 보여준다. 우수한 PR 활동을 하는 조직의 중요한 원칙들로는 다음과 같은 것들이 있다. ① 전략적 PR 경영, ② 최고경영자의 PR 중요성 인식, ③ 쌍방 균형 커뮤니케이션의 사용, ④ 독립된 경영 기능으로서의 PR, ⑤ 통합된 PR 기능, ⑥ 경영자에 의한 PR 부서 관리, ⑦ 쌍방적 조직 내 커뮤니케이션, ⑧ PR 전문가들로 구성된 PR 부서 직원, ⑨ 남녀, 인종, 민족에서 다양성을 가진 PR 전문가들, ⑩ 참여적 경영문화가 그것이다. 전략적 운영을 통해 PR은 조직의 운영에 방해되는 소송, 법적 규제, 파업, 활동 공중의 압력을 사전에 예방할 수 있도록 돕는다. 공중과의 갈등을 전략적으로 관리하면 막대한 마찰 비용을 줄여줄 수 있다. 쌍방 균형 커뮤니케이션은 전략적 공중과의 갈등을 미연에 대응할 수 있도록 도와준다(뉴섬 외, 2007). 공중들과 균형적으로 의사소통을 할 때 더 효과적인 관계를 형성할 수 있다. PR의 가치는 조직이 개발하고 발전시키는 공중들과의 관계에서 나오기 때문이다(보턴·해즐턴, 2010). 우수 PR 이론 연구는 시민단체가 조직에게 유익하다는 것을 보여준다. 다음으로 PR과 마케팅을 통합하기보다는 상호 보완적 기능으로 조화를 이루도록 하는 것이 두 영역을 효율적으로 만든다. 한쪽이 다른 쪽에 통합되면 두 기능의 가치를 모두 잃게 된다. 그러나 PR 부서는 통합된 부서로 운영돼야 한다. 열등한 조직일수록 PR 기능은 분산되어 수행된다. PR 책임자의 경우 기업경영 전반에 영향을 미칠 수 있는 위치에 있어야 한다. 핵심 임원의 일부가 되거나 최고 의사 결정자에 대한 접근이 자유로워야 효과적인 PR을 기대할 수 있다. 이와 함께 PR 책임자는 최고경영진의 요구나 시각을 이해할 수 있어야 한다. 최고경영자의 PR에 대한 기대와 PR 부서의 잠재력 사이에 평형상태가 유지될 때 효과적인 PR이 가능하다. 우수하지 못한 조직은 종업원과 불균형적으로 커뮤니케이션을 한다(뉴섬 외, 2007).

4) 정황적 수용이론 외

우수 PR 이론은 PR 영역에서 폭넓게 인정받고 있으나 이 이론에 통합된 PR 4모델은 또 다른 논란거리가 되고 있다. 우수 PR 이론이 4모델 중 이상적인 쌍방 균형 커뮤니케이션을 강조함으로써 PR 현장의 현실을 설명하거나 포착해내지 못하고 있다는 것이 비판론의 요지다.

정황적 수용이론　여기서 제기된 대안이론이 글렌 캐머런(Glen Cameron) 등이 개발한 정황적 수용이론(contingency theory of accommodation)이다. 쌍방 균형 모델의 대안으로 제시된 머피(Murphy)의 혼합 동기 모델(mixed-motive model)이 정황적 수용이론의 단초를 제공했다. 캐머런 등은 PR이 복잡하고 다양한 변수들의 영향을 받는 유동적 활동이어서 PR 4모델의 규격화된 틀로만 설명할 수 없다고 말한다. 그들은 PR이 절대 옹호와 절대 순응의 두

축을 중심으로 일어나는 활동이며, 축의 이동은 다양한 상황변수의 영향을 받는다고 본다. 따라서 주어진 시간과 그 시점의 변수들의 역학관계에 따라 공중들에게 가장 적합한 PR 방법을 찾아내는 것이 이 이론의 지향점이다. 우수 PR 이론은 비윤리적·비합리적 공중에 대해서도 쌍방 균형적인 소통을 지향하는 데 비해 정황적 수용이론은 윤리에 얽매이지 않는 실용적 입장을 취한다. 공중은 언제나 윤리적이고 약자임을 상정하지 않는다. 상황변수는 조직 내부와 외부 변수들로 구성되며 5개의 범주로 나눠진다. 제시된 변수는 모두 87개에 이르며 구체적인 척도 개발이 지속적으로 이뤄지고 있다(한정호 외, 2014).

공동지향 이론　　공동지향 이론은 시어도어 뉴컴(Theodore Newcomb)의 대칭이론(3장 일관성 이론 참조)을 PR에 차용해 발전시킨 이론이다. 상호 지향성 이론이라고도 한다. PR 전문가들은 공중의 태도 변화만을 목적으로 하지 않는다. 조직과 공중이 서로에게 그리고 환경에 공동으로 지향하는 방법을 변화시키려고 노력한다. 공동지향 접근은 ① 정확성, ② 조화를 바탕으로 ③ 이해, ④ 의견 일치를 추구한다. 여기서 정확성은 상대의 아이디어나 평가에 대한 지각이 실제와 근사한 정도를 말한다. 조화는 조직과 공중이 상대의 아이디어나 평가가 자신의 것과 비슷하다고 생각하는 정도다. 공중과 조직이 모두 이익을 얻을 때 조화가 이뤄진다. 이해는 아이디어가 똑같은 정도, 의견 일치는 평가가 똑같은 정도를 말한다. 아이디어가 다르면 조화의 수준이 낮아지고 이해가 어려워진다. 평가가 다르면 의견 일치를 보기 어렵다. PR의 역할은 커뮤니케이션의 정확성을 바탕으로 이해, 의견 일치를 추구하는 것이 된다. 연구들을 보면 정확성, 이해, 의견 일치 순으로 관계 개선에 기여하는 빈도수가 높았다(조계현, 2005). 의약분업의 시행에서 정부와 공중, 고용과 공해를 유발하는 공장의 건설에서 기업과 공중의 관계를 공동지향 이론으로 설명해볼 수 있다. 양자의 인식 차이를 인정하고 이를 해소할 방법을 찾는 것이 PR의 목적이 된다(박성호, 2008).

인지적 전략 이론　환경문제에 대해 양립할 수 없는 신념을 가진 공중들을 설명하기 위해 스탬과 그루닉(Stamm and Grunig)이 고안한 이론이다. 기업 이미지가 좋다고 해서 공중들이 그 기업에 대해 반드시 호감(태도)을 갖지 않는다는 전제에서 출발한다. 사람들은 두 개의 상호 갈등적 신념과 마주칠 때 이를 하나의 신념으로 통합하거나, 하나를 완전히 버리는 방식으로 문제를 해결한다. 전자가 울타리 치기(hedge)고, 후자가 쐐기 박기(wedge)다. 기업에 대한 비우호적 신념을 쐐기 박기하는 전략이 필요함을 시사한다. 예컨대 강한 사회공헌활동을 통해 환경오염이라는 비우호적인 인식을 묻어버릴 수 있다. 바로 웨지 아웃(wedge out)전략이다. PR이 긍정적 신념뿐 아니라 부정적 정보까지도 처리해야 한다는 전략 개념을 이론화한 것이라 할 수 있다(박성호, 2008).

4. 미디어 이론

미디어 이론은 매스커뮤니케이션 이론, 그 중에서도 매스미디어가 수용자들에게 미치는 영향 또는 효과 이론 중심으로 발달해왔다. 미디어의 영향력은 미디어가 가질 수 있는 효과에 대한 일반적 잠재력을 의미하며, 미디어 효과는 미디어가 발생시킨 의도적·비의도적 결과를 말한다. 미디어 효과와 관련된 현상은 매우 다양하고 복잡하다는 데 이해의 어려움이 있다. 그뿐만 아니라 효과의 본질이나 범위에 대한 평가가 엇갈리고 있어 단정적으로 말하기도 어렵다(맥퀘일, 2008). 1절 PR의 접근에서 논의한 바와 같이 이 절에서는 PR 분야에서 자주 인용되는 대중이론, 즉 매스커뮤니케이션 이론을 살펴보고자 한다. 대인이론과 설득이론은 3장에서 다뤄진다.

1) 미디어 효과

미디어 효과에 대한 인식의 발전은 시간과 장소에 크게 영향을 받았다는 점에서 자연사적 성격을 가지고 있다. 효과 인식의 역사는 ① 태도와 행동에 강한 영향(강 효과), ② 제한된 영향(제한 효과), ③ 인지적 차원의 영향(강 효과), ④ 구성주의적 영향(강 효과)으로 이어져 왔다(보턴·해즐턴, 2010).

강/제한/인지 강효과 이론　1920~1940년대 초 강효과 이론은 매스커뮤니케이션으로 사람을 설득할 수 있다고 믿었으며, 학자들은 설득적 효과에 연구를 집중했다. 미디어는 사람들의 의견과 신념을 형성시키고 삶의 방식을 변화시키며 행위를 만들어내는 엄청난 힘을 가진 것으로 여겨졌다. 이런 관점은 과학적 조사에 의한 것이 아니고 신문, 영화, 라디오의 엄청난 인기를 관찰한 결과였다(맥퀘일, 2008).

제한효과 이론은 대략 1940년대 초부터 1960년대까지 지속된 이론이다. 설득 효과가 매우 적다는 증거들이 하나둘 나타나면서 정보처리 모델(학습 모델)이 행동주의와 정신분석 이론을 대신해 매스미디어 효과를 설명했다. 정보처리 모델에 따르면 메시지가 설득력을 가지려면 ① 메시지가 수용자의 주의를 끌어야 하고(묵살된 메시지는 영향력이 없다), ② 메시지의 주장을 이해하고 파악해야 하며, ③ 메시지의 주장을 기억하고 사실로 수용해야 한다는 것이었다. 이 단계를 다 통과하기 어렵기 때문에 효과가 미미하다고 본 것이다(맥퀘일, 2008). 인지적 차원의 강효과가 등장한 것은 핵심 매스미디어가 라디오와 신문에서 TV로 바뀐 것과 무관하지 않다. 1960, 1970년대의 연구는 매스미디어 효과에 대한 정의를 태도나 행동양식의 변화에서 인지에 대한 영향력(변화)으로까지 훨씬 넓게 파악했다(한균태 외, 2008). 그 결과 연구자들은 다수의 미묘한 효과, 또는 간접 효과를 만들어낸다는 것을 알아냈다. 버나드 코헨(Bernard Cohen)에 따르면 매스미디어는 사

〈표 2-5〉 미디어 효과 이론의 역사

시대구분	강효과	제한효과	인지 강효과	구성주의 효과
	1920	1940	1960	1970 후반

자료: 보턴·해즐턴(2010).

람들에게 무엇을 생각할 것인가(What to think)를 말하는 것이 아니라 무엇에 대해 생각할 것인가(What to think about)를 이야기해준다는 것이다.

구성주의 강효과　1970년대 후반의 구성주의 효과는 미디어가 의미를 구성함으로써 가장 중요한 효과를 발생시킨다고 보았다. 의미, 즉 효과는 수용자 자신에 의해 만들어지는 것으로 간주한다. 이 단계 연구들로는 거브너(George Gerbner)의 문화계발 효과 이론, 노이만(Noelle Neumann)의 침묵의 나선이론 등이 있으며 인지 강효과 이론과 몇 가지 공통점을 지닌다. 구성주의는 2가지를 강조한다. 첫째, 미디어가 예측 가능하고 정형화된 방식으로 현실의 이미지를 틀 지움으로써 사회의 모습과 때로는 역사 자체도 구성한다. 둘째, 수용자들이 미디어가 제공하는 구성된 상징적 이미지에 상호작용함으로써 사회현실과 그들이 처한 환경에 대해 그들만의 관점을 구성한다. 결론적으로 미디어 효과는 미디어와 수용자 간의 지속적인 조정을 통해 발생한다고 보는 것이다. 구성주의적 접근은 기존의 미디어 효과 과정의 모든 양식을 대체하지는 않는다. 이 접근은 특히 여론, 사회적 태도, 정치적 선택, 이데올로기, 인지 등과 관련하여 적용될 여지가 크다. 틀짓기나 스키마 이론 역시 이런 접근의 일환으로 볼 수 있다(맥퀘일, 2008).

효과의 복합성　최근의 미디어 효과 연구는 1950년대의 제한 효과 이론보다 더 현실적이고 강력하다는 사실로 기울고 있다. 스티븐 채피(Steven Chaffee)는 미디어 효과가 18가지라고 주장했다. 즉, 내용 때문에 효과가 있거나, 미디어와 함께하는 시간 때문에 효과가 있을 수 있고, 이것을 인지적

(지식에 미치는 효과), 감정적(태도), 행동적(행동) 효과와 결부시키면 6가지 효과가 나타난다. 여기에 개인, 대인, 사회와 결부시키면 18가지 효과가 된다. 채피는 커뮤니케이션 효과 연구가 미디어 내용×개인 태도에 미치는 효과에만 집중됐다고 말한다. 맥리오드와 리브스는 5가지 쌍방적 특성들을 개념화시켜 32개의 효과(조합)를 상정하고 그동안의 효과 연구가 개인 태도 변화에 영향을 미치는 미시적 효과 1가지만 연구해왔다고 지적했다(그루닉·헌트, 2006b).

효과와 시대 상황　제임스 캐리(James Carey)는 미디어 효과 이론이 강력한 미디어 효과에서 제한된 효과로 그리고 다시 강력한 효과를 주장하게 된 것은 시대에 따라 사회가 변화했기 때문이라고 주장한다. 캐리는 1920년대와 1930년대는 경제공황이 발생하고, 전체주의의 득세로 인한 전쟁위협 등 사회가 불안했기 때문에 미디어가 강하게 작용할 수 있었다고 본다(배규한 외, 2006). 변화와 불안정한 시기에 사람들은 판단을 위한 정보원으로서 미디어에 더 의존할 가능성이 높다. 미디어가 위기의 시기에 더 큰 영향력을 발생시키거나 사람들의 인식을 강화한다는 가능성을 배제할 수 없다(맥퀘일, 2008). 마찬가지로 1950년대와 1960년대는 사회가 안정되어 미디어의 영향이 감소할 수밖에 없었고, 1970년대 들어서는 경제 불황이 겹치면서 심리 불안이 일어나 강 효과의 토대가 마련될 수 있었다는 것이다. 미디어는 또한 개인적으로 직접 경험하기 힘든 영역의 문제에서 더 큰 영향력을 발휘하는 것으로 알려져 있다. 미디어 영향력은 시대, 주제에 따라 변할 수 있다는 관찰인 것이다(배규한 외, 2006).

• 미디어 의존 이론　이와 비슷한 맥락에서 1970년대에 볼로키치와 드플로어(Ball-Rokeach and DeFleur)에 의해 개발된 미디어 의존 이론을 참고할 만하다. 이 이론에서 미디어 효과는 주어진 상황과 수용자들의 미디어 의존도에 따라 달라진다고 가정한다. 수용자 개인 속성보다 사회의 구조적

조건과 역사적 상황에 중점을 둔다. 수용자에 대한 미디어의 효과는 다시 사회 및 미디어 체제에 영향을 미치는 것으로 가정하고 있다. 미디어 - 수용자 - 사회체제의 상호 의존관계를 균형 있게 강조하는 이론이다(나은영, 2009).

2) 의제 설정 이론

20세기 초 미국 언론인이자 작가인 월터 리프만(Walter Lippmann)은 사람들이 인식하는 세계는 실제세계와 동떨어진 허상이고, 공중의 여론은 허위 현실에 대한 반응의 결과물이라고 지적했다. 이 같은 통찰을 맥스웰 맥콤스와 도널드 쇼(Maxwell McCombs and Donald Shaw)는 미국 대통령 선거 연구에 처음으로 적용하여 1960년대에 의제 설정(agenda setting) 이론으로 재탄생시켰다. 두 사람은 의제 설정 이론에서 미디어가 공공의제를 규정한다고 결론을 내렸다.

이론의 요지 뉴스미디어의 의제 설정 기능은 사람들이 뉴스에 자주 보도되는 문제들을 중심으로 여론을 형성하게 만들고, 몇 개 이슈들에 공중의 관심이 집중되도록 하는 것을 말한다. 예컨대 범죄가 늘어난 것이 아닌데도 미디어들이 범죄 보도, 즉 의제 설정을 강화하면 사람들은 범죄를 큰 사회문제로 인식한다는 것이다. 미디어가 공중에게 하루의 중요 이슈가 무엇인지를 보여주고, 공중은 이에 따라 무엇이 중요한지를 지각한다는 것이 의제 설정 이론의 핵심 개념이다(맥퀘일, 2008). 맥콤스와 쇼는 "우리는 제한된 인식 역량을 갖고 있기 때문에 사회의 제반 문제에 대해 중요도나 우선순위에 따라 관심을 기울이는 정도를 달리한다. 그 중요성을 인식하는 데 있어 매스미디어의 영향을 크게 받는다"고 주장한다. 즉, 미디어는 사회에서 일어나는 일 가운데 어떤 것들을 선별하여 보도함으로써 무엇이 논의할 가치가 있고, 생각할 만한 비중이 있는지를 결정하는 데 영향을 준다는 것이다. 현실 속의 중요한 문제와 미디어에서 다루는 중요한 문제들이 항상 비례하지 않는다는 사실에서 의제 설정 효과를 확인할 수 있다. 현실에서 중요하지 않더라도 미디어가 거듭 공적 의제로 제시하면 사람들은 그 중요성을 높게 평가한다. 그 반대의 경우도 성립된다(한균태 외, 2008). 연구들을 보면 미디어가 제시한 선거 이슈와 수용자들의 이슈 및 중요도 평가에서 서로 일치하는 경향을 보였다. 미디어의 중요 이슈 순서와 정치인, 공중의 이슈 순서도 비슷하게 일치하는 것으로 나타났다(맥퀘일, 2008).

이론의 확장　의제 설정 이론은 맥콤스와 쇼에 의해 이론적 확장이 이뤄져 의제 설정의 2단계 가설(second level agenda setting) 개념을 탄생시켰다. 맥콤스 등은 매스미디어가 공중에게 단지 이슈의 중요성만을 인식시키는 것이 아니라 이슈가 갖고 있는 특정 속성의 중요성 또한 인식시킨다는 가설을 주장했다. 이 가설에 따르면 모든 이슈들은 다양한 세부 속성을 가지고 있고, 그 중 어떤 속성을 부각시키는가에 따라 이슈가 매우 다르게 평가된다는 것이다. 매스미디어가 강조하는 속성이 공중이 중요하게 여기는 속성으로 전이된다는 것을 의미한다. 무엇(what)에 대해서뿐만 아니라 어떻게(how) 생각할 것인가를 알려주는 효과가 있다는 주장이다(한균태 외, 2008).

• 의제 구축　의제 설정 이론에 대한 학계의 높은 관심도를 반영하듯 이 이론은 다른 학자들에 의해 의제 구축, 미디어 점화 효과로 이론의 지평이 넓혀졌다. 1980년대 초 랭과 랭(Lang and Lang)은 미국 워터게이트 사건 보도와 여론의 상관관계를 연구하는 과정에서 의제 설정이 짧은 시간 내에 단순히 이뤄지는 것이 아니라 오랜 시간 여러 단계를 거치며 구축되는 것으로 관찰했다. 미디어가 의제를 설정하기보다 구축(agenda building)한다고 본

것이다. 기자들이 뉴스원이 말한 것을 선택하여 보도할 때 의제는 구축되고, 뉴스원과 기자는 의제 구축에서 상호작용을 한다(그루닉·헌트, 2006c). 예를 들자면 1997년 한국의 외환위기는 단편적 보도가 있었으나 의제 구축, 즉 사회적인 이슈로 부각되지 않아 대응책 마련의 기회를 놓치고 말았다.

• 미디어 점화 효과 한편 정치 커뮤니케이션 영역에서 의제 설정 이론은 미디어 점화 효과(media priming effects)로 발전됐다. 점화 효과를 주장한 아이옌거와 킨더(Iyengar and Kinder)는 미디어에서 특별히 주목받는 정치적 이슈가 공중들이 정치 행위자의 성과를 평가하는 데 가장 중요하게 고려된다는 점을 밝혀냈다. 정당, 정치인에 대한 일반적 평가는 가장 현저한 이슈와 관련한 그들의 태도나 행동에 의해 좌우된다는 것이다. 국내의 정치적 실패를 묻어두고 경제적 성공 문제로만 국민의 관심을 돌리는 것이 점화 효과의 활용 사례라 할 수 있다(맥퀘일, 2008).

이론의 한계 의제 설정 연구에서 제시하는 대부분의 근거들은 이 이론의 타당성을 이야기하기에 충분하지 않다. 많은 연구자들은 의제 설정 효과라는 것이 그럴 듯하지만 아직까지 확실히 검증되지 않은 것으로 평가하는 경향이 있다. 의제 설정 이론의 가설은 정치집단이나 이익집단이 중요하게 여기는 이슈가 뉴스미디어의 의제선택에 영향을 미치고 나아가 공중의견에 영향을 미친다고 하지만 이런 영향력의 흐름은 뒤바뀔 수도 있다. 에버렛 로저스(Everett Rogers) 등은 미디어 의제, 공중의제, 정치 엘리트의 정책의제는 복잡한 방식으로 상호작용하며 각기 다른 방향으로 서로에게 영향력을 미칠 수 있다고 지적했다. 다른 연구들은 미디어 보도가 개인적 경험의 영향과 상호작용한다는 사실을 분명히 보여준다. 이는 의제 설정이나 점화 효과가 모두에게 똑같이 나타나지 않는다는 것을 확인시켜주는 것이다. 또한 일반적 의제와 달리 정치적 의제에서는 미디어의 의제 설정 기능이 떨어진다는 점을 주목할 만하다. 팬과 코시스키(Pan and Kosicki)

는 미국 대통령 평가와 관련, 미디어 점화 효과는 다른 영향 요인과 비교해 볼 때 매우 미약하다고 주장했다(맥퀘일, 2008; 서정우 외, 2002).

PR 적용 의제 설정의 후속 연구들은 몇 가지 중요한 사실들을 확인해 냈다. 기사에 대한 상세한 인지도를 갖게 하기 위해서는 3~5개월의 의제 설정 기간이 필요하다는 것이 그 하나다. 또 전통 매체 상황에서 TV보다는 신문이 의제 설정에 주도적 역할을 하는 것으로 조사됐다. 사람들이 어떤 사안과 관련이 깊을수록 미디어는 그들 생각에 영향을 미치지 못하며, 문제에 대해 불확실성이 많은 사람들이 의제를 더 쉽게 받아들이는 것으로 밝혀졌다. 사안에 대해 아는 것이 없을 때 미디어가 주요 정보원으로 쓰인다는 것도 같은 맥락이다. 디어링과 로저스(Dearing and Rogers)는 의제 설정의 일반적 특성을 다음의 몇 가지로 제시했다. ① 미디어의 의제는 현실 세계를 알려주는 지표와 잘 맞지 않는다. ② 의제 설정에서 중요한 점은 이슈의 절대적 중요성이 아니라 이슈를 정의하고 부각시키려는 세력이나 사람들의 상대적 힘이다. ③ 미디어는 이슈의 중요성 판단에서 다른 미디어와 의견을 일치시키려는 경향이 있다(그루닉·헌트, 2006c).

3) 틀 짓기 이론

뉴스의 틀(프레임)은 어떤 사안이나 이슈를 보도함에 있어 특정 측면을 강조하고 정교화하며, 그 외 다른 측면들은 배제하거나 단순화해 특정 이야기 구조를 만들어낸다. 이렇게 구성된 뉴스 틀은 공중이 그 이슈를 해석하고 이해하는 방식에 영향을 미치는데 이를 틀 짓기 효과, 즉 미디어 프레이밍(media framing) 효과라 한다. 틀 짓기 이론은 언론에서 제공하는 틀에 따라 수용자가 뉴스를 학습하게 된다고 주장한다. 또한 수용자는 언론에서 제공하는 틀 자체를 배우게 된다고 가정한다.

이론의 요지　이론의 기초는 1990년대 로버트 엔트먼(Robert Entman)이 제공했다. 엔트먼은 매스미디어가 어떤 사안이나 이슈에 대해 객관적인 정보만을 전해주는 것이 아니라 수용자가 사건에 대한 의미를 이해하는 틀을 함께 형성하도록(제시) 해준다고 본다. 어떤 세부사항을 포함하거나 누락시키고 강조하느냐에 따라 수용자들이 사안이나 이슈의 의미를 파악하는 데 큰 차이를 줄 수 있다(앤더슨·워드, 2008). 일례로 강도 행각을 사건 그 자체, 즉 개인의 반사회적 행동으로 틀 짓기 하느냐, 저소득층의 생활난과 같은 주제, 즉 행위 이면의 부조리를 부각시키느냐에 따라 사건에 대한 이해가 완전히 달라진다. 언론은 대부분의 보도 사안들이 다층적이고 복잡한 구조를 가짐에도 틀 짓기를 통해 사회적 이슈의 특정한 측면을 특정한 시각으로 선택하고 부각시키는 것이 일반적이다(배규한 외, 2006). 기사 쓰기의 원칙 중 의미의 재창조라는 측면과 일맥상통한다. 언론의 틀 짓기 권한은 거의 모든 논의를 극과 극으로 몰고 갈 수 있다.

• **이론의 평가**　틀 짓기라는 하나의 패러다임을 만들고자 했던 엔트먼의 시도에 대해 연구자들은 비판적으로 평가한다. 학자들은 사람의 기억 속에 내재하는 지식구조나 배경지식, 곧 스키마(schema)가 다르면 미디어의 해석적 틀이 다른 반응을 초래할 수 있다는 반론을 내놓는다. 우리가 새로운 사안이나 이슈에 대한 정보를 처리하기 위해서는 기존의 정보체계, 즉 스키마를 활성화시키는데 같은 정보라도 스키마의 차이에 따라 사람들이 서로 다른 의미로 받아들인다는 것이다. 실제로 스키마에 따라 영향력이 제한된다는 연구결과도 적지 않다. 학자들은 또 효과 과정으로서 틀 짓기가 어떻게 작동하는지에 대한 설명도 분명치 않다고 지적한다(맥퀘일, 2008).

PR 적용　미디어 효과 이론에 대한 PR 연구의 대부분은 언론의 틀 짓기, 즉 미디어 프레이밍 이론에 초점을 맞추고 있다. 엔트먼은 틀은 묘사되는 현실의 특정한 측면을 선택해 관심을 갖게 하고 동시에 다른 측면에 관심을 갖지 못하게 한다고 주장했다. 그는 커뮤니케이터, 수용자, 텍스트, 문화적 틀에서 틀 짓기가 일어난다는 것을 발견했다. 이 중 텍스트는 특정한 핵심어, 문구, 정형화된 이미지, 정보원 출처 등을 통해 틀을 나타낸다고 본다. 문화적 틀은 특정 집단 내 사람들에게 내재된 문화, 혹은 사회적 유형화 등을 의미한다. 갬슨(William Gamson) 등은 틀을 캐치프레이즈, 묘사, 비유, 예화, 시각적 이미지라는 5가지 공통적 기제를 사용해 파악할 수 있다고 보았다. PR 실무자는 5가지 기제 중 하나 이상을 사용해 전체 이야기를 만들며 해당 프레임을 언론에 강조할 수 있다(보턴·해즐턴, 2010).

4) 제한효과 이론

1940년대 이후 1960년대 후반 사이에 미디어의 즉각적이고 강력한 효과는 실재하지 않으며, 수용자들 또한 수동적이며 고립적인 존재가 아니라는 제한효과(limited effect) 이론들이 나타났다. 2단계 흐름(유통) 이론과 선택적 노출 이론이 대표적인 제한 효과 이론이다. 연구들은 주로 미디어에 대한 노출 정도와 수용자의 태도, 의견, 행동 변화의 상관관계를 규명하고자 했다. 그 결과 수용자들의 동기, 욕구, 대인관계 등 개인적 특성에 의해 효과가 차별적으로 발생한다는 결론을 얻었다. 또한 수용자 개인은 매스미디어에 의해 직접 영향을 받기보다 자신의 주변 사람들에게서 더 큰 영향을 받는다는 연구결과를 속속 제시했다.

2단계 흐름 이론　폴 라자스펠드(Paul Lazarsfeld)는 1944년과 1948년 미국 대선에서 가족, 직장 등 소규모 집단의 규범과 집단 속에서 발생하는 정신적인 압력이 수용자 개인의 지지후보를 결정하는 데 가장 큰 영향을 준다는 사실을 밝혀냈다. 소규모 집단에서는 매스미디어 이용시간이 많은 여론선도자들이 정보를 습득하여 다른 구성원들에게 전달하는 역할을 수행한다고 보았다. 이것이 2단계 흐름 모델(two-step flow model)이다. 라자스펠드는 매스커뮤니케이션을 통해 전달되는 메시지가 사람들의 정치적 태도나 의견을 결정짓는 주요인이 아니라고 주장했다. 그보다는 정당 소속감, 기존 정치성향, 정치경제적 환경 등 보다 구조적이고 지속적인 요인들이거나 가족, 친구, 직장 동료들과의 대인 커뮤니케이션에 영향을 받는다고 했다(한균태 외, 2008). 이 이론의 등장은 매스커뮤니케이션 과정에서 인간이 차지하는 비중을 높임으로써 인간 커뮤니케이션의 전체 과정 속에서 매스커뮤니케이션을 이해할 수 있는 발판을 마련했다. 초기 모델은 의견지도자를 대중과 구분되는 독특한 사람으로 가정했으나, 최근에는 의견지도자의 역할이 있다기보다 다른 사람들과의 상호 관계 속에서 매스커뮤니케이션 효과가 조절된다는 주장, 즉 다단계 흐름(multi-step flow of information)이 설득력을 얻고 있다(나은영, 2009; 『매스컴대사전』, 1993).

선택적 노출 이론　선택적 노출(selective exposure) 이론은 수용자들이 미디어의 영향에도 불구하고 기존의 태도를 변화시키기보다 강화하는 것에 대한 이유를 설명한다. 과거 경험에 의한 것이든, 의식적 선택의 결과이든 사람들은 자신의 기존 태도나 의견에 일치되는 메시지에 대한 노출은 강화하고, 반대되는 메시지에는 노출을 줄이려 한다. 반대되는 메시지에 노출되더라도 메시지를 그대로 인식하는 것이 아니라 기존 의견에 가깝게 왜곡하여 해석한다. 사실을 거짓이라고 부정하거나 메시지의 논리를 자신에게 유리하게 해석함으로써 메시지의 영향력을 감소시키는 것이다. 매스미디어는 결국 개인의 태도나 의사 결정을 하는 데 커다란 영향을 주지 못하며, 단지 수용자 개인이 필요를 느낄 때 선택적으로 이용되는 수동적 기능만 한다는 것이 선택적 노출 이론의 요지다. 선거 입후보자에 대해서는 수용자들의 선택적 노출, 선택적 집중, 기존 신념의 강화 효과가 있는 것으로 보고되고 있다(나은영, 2009).

  PR **적용** PR 실무자들은 의견지도자의 역할이 강조되는 2단계 흐름 이론에 주목할 필요가 있다. 지역사회 관계에서는 보편적 의미의 의견지도자가 큰 역할을 하기 때문에 2단계 흐름 이론이 PR 활동의 바탕이 될 수 있다. 선택적 노출 이론 또는 사회적 판단 이론(3장 PR과 설득 참조)은 목표공중 선정의 논리적 기반이 된다. PR 실무자는 조직의 입장에 긍정적인 공중을 1차적인 목표공중으로 하고 약간 긍정, 보통, 약간 부정 순으로 프로그램 대상을 선정하는 것이 바람직하다. 강하게 반대하는 완전 부정 공중은 목표공중에서 제외시키는 것이 적절할 때가 많다. 태도가 견고하거나 반대 또는 거부 입장을 공개적으로 표명한다면 그런 공중은 이해나 설득의 가능성이 거의 없기 때문이다. 장기간에 걸친 작업이 아니고 즉시 설득해야 할 상황이라면 부정적 공중에 대한 투자는 자원의 낭비가 되기 쉽다(헨드릭스, 2005). PR 광고에서의 선택적 노출은 광고 자극에 선택적으로 반응해 감각기관을 활성화시키는 것을 의미한다. PR 실무자는 선택적 노출을 최소화하기 위해 주의환기 효과가 높은 매체나 프로그램에 광고를 배치하는 것이 좋다(안광호 외, 2004).

5) 이용과 충족 이론 외

  카츠(E. Katz) 등의 이용과 충족 이론(uses and gratification theory)은 종래의 수동적 수용자 개념을 능동적 수용자 개념으로 전환시켰다는 점에서 중요한 의미를 갖는다. 이 이론의 등장 이후 효과 연구는 미디어가 사람에게 무엇을 하는가라는 물음에서 사람들이 미디어를 가지고 무엇을 하는가라는 물음으로 바뀌었다. 미디어 이용의 개인적 동기를 다룬 이론에서 가장 중요한 것은 수용자가 기대하는 보상을 미디어가 제공하고 있느냐는 점이다. 보상은 개인이 가치 있게 생각하는, 경험된 심리적 효과(미디어 충족)라고 할 수 있다.

이용과 충족 이론　미디어 수용자는 사회적·심리적 요인에 기반을 둔 개개인의 욕구, 흥미, 취향의 유사성에 따라 다르게 형성된다. 욕구들 중 전형적인 것이 정보, 오락, 교제, 기분전환, 현실도피다(맥퀘일, 2008). 카츠와 동료들은 이용과 충족 연구에서 수용자의 능동적 기대, 선택, 만족 등의 개념을 집중 연구했다. 그 결과 미디어나 다른 정보원에 대한 기대를 만들어내는 욕구의 사회적, 심리적 기원들이 서로 다른 미디어 노출 행위를 낳고, 이것이 욕구 충족과 다른 효과를 낳는다는 것을 확인했다. 쉽게 말하면 미디어에 대한 개인의 요구와 기대가 다르고, 그에 따라 미디어 이용행태도 달라지며, 미디어 이용 후 충족이나 파급효과도 달라진다는 이야기다(배규한 외, 2006). 1940년대 낮 시간의 라디오 연속극은 시간 때우기의 분별 없는 내용으로 치부됐으나 연구 결과 주부의 역할 모델 제시, 주부들에 대한 조언과 격려, 주부들의 감정 정화라는 이용과 충족이 내재된 것으로 확인됐다(맥퀘일, 2008).

• 이론의 정교화　이용과 충족 접근의 기본 가정들은 1960, 1970년대에 재발견되고 정교화되어 다음과 같이 정리됐다. ① 미디어와 콘텐츠는 합리적 판단에 근거해 선택되며 어떤 특정 목표나 충족과 직접 연관된다. 따라서 수용자는 능동적이다. ② 수용자 집단은 개인적 상황과 사회적 환경에서 발생되는 미디어와 관련한 욕구를 가진다. 이를 동기라는 측면으로 표현할 수 있다. ③ 대체적으로 수용자를 형성하는 데 개인적 효용성이 문화적 요인들보다 더 중요한 결정 요인이다. ④ 동기, 만족, 미디어 선택, 환경변인 등 수용자 형성과 관련된 요인들의 대부분은 측정이 가능하다. 일반적으로 미디어에 대한 태도와 이용행위 사이의 상관관계는 약하며 그 방향도 불확실하다(맥퀘일, 2008).

• 이론의 적용 이용과 충족 이론은 이용 동기가 분명한 콘텐츠 유형, 예를 들어 정치, 뉴스, 성인 대상 프로그램의 이용을 설명하는 데 적합해 보인다. 또 이용자들이 정보를 적극적으로 탐색하는 특성을 보이는 인터넷 등 뉴미디어에 적절하게 적용될 수 있을 것이며, 실제로 그 적용이 늘고 있다. 그러나 이론적 정교화에도 불구하고 수용자 동기와 관련한 경험적 측정도구를 만들어내기가 쉽지 않다는 제약점이 있다(맥퀘일, 2008).

기대와 가치 이론 팜그린과 레이번(Palmgreen and Rayburn)은 1980년대에 이용과 충족 이론을 한 차원 정교화시켜 GSi=biei라는 기대가치 모델로 발전시켰다. 충족 추구(Gratification Sought: GS) → 미디어 이용 → 충족 획득(Gratification Obtained: GO)의 과정에서 충족 획득 GO가 충족 추구 GS보다 클 때 만족과 주의 집중, 이용 증가를 낳고, 작으면 미디어 이용이 점차 줄어들 것으로 예측한다(맥퀘일, 2008). 이 이론은 이용과 충족 이론과 마찬가지로 쌍방향적 커뮤니케이션이 가능해진 온라인 시대에 들어오면서 유용성이 높아지고 있다. 기존 미디어의 경우 이용 후 불만족이 있으면 비이용으로 넘어가는 데 비해 온라인에서는 불만족이 새로운 기대 형성을 만드는 특성을 보인다. 이용과 충족 이론 그리고 그 연장선상의 기대와 가치 이론의 가장 큰 단점은 적극적 수용자를 가정하면서도 파편화된 개인에게 미치는 영향만을 강조했다는 점이다. 사람들이 가치를 느껴 기대를 하고 이용을 한 다음 충족을 느끼는 모든 과정은 혼자만으로 이뤄지는 것이 아니다. 주변 사람이나 사회구조의 영향을 받게 되고 개인의 가치, 기대, 이용, 충족 등은 다시 주변 사람과 사회 전체에 영향을 미친다. 따라서 이들 상호 관계 속에서 이용과 충족을 바라볼 필요가 있다(나은영, 2009; 맥퀘일, 2008).

침묵의 나선 이론 독일의 커뮤니케이션 학자인 노이만이 오랜 시간에 걸쳐 검증하고 발전시킨 여론 과정 이론이다. 여론조사 결과와 판이한 독일 정치 상황을 설명하기 위해 고안됐다. 침묵의 나선(The Spiral of Silence) 이론은 중요한 사회적 문제의 논의 과정에서 고립되는 것을 피하기 위해 많은 사람들이 자신의 생각이 우세 또는 열세 의견인가를 판단하고 그에 따라 행동한다고 본다. 자신의 의견이 소수에 속하면 의견을 숨기려는 경향이 있고, 다수 쪽이면 적극적으로 의견을 표명하려고 한다. 그 결과 매스미디어의 영향력은 다수의 의견을 더욱 강력한 다수로 확대 강화하고, 소수의 의견은 더욱 열세 의견으로 위축되게 한다. 소수의견으로 지각된 입장이 나선형을 그리면서 사라지는 현상이 침묵의 나선 효과다. 나선(螺旋)은 골뱅이 형태로 돌돌 말린 선을 말한다. 준거집단이 활성화될수록 침묵의 나선 과정은 작동 범위가 줄어든다. 어떤 견해가 처음에 소수의 의견이었다고 해도 다수의 미디어가 보도하면 사람들은 마치 다수인 것처럼 인식하게 되고, 반대 의견은 침묵하는 경우도 가정한다. 여론에 대한 미디어의 영향력은 사회현실과 일치된 반영을 제공할 때 가장 커진다. 노이만은 미디어의 ① 편재성(ubiquity), ② 누적성(accumulation), ③ 공명성(consonance), 즉 어디서나 반복적으로 여러 매체들의 같은 목소리와 같은 특성들로 인해 소규모 집단에서의 집단 압력과 같은 위력을 거대사회에도 지닐 수 있다고 주장한다(한균태 외, 2008). 침묵의 나선 이론은 아직까지 이론을 지지하는 근거가 미약하고, 이론의 주장과 불일치되는 경우도 있다.[7] 모이(Patricia Moy) 등의 연구(2001)에서는 공중의 여론 분위기보다 주위의 가족과 친구들의 의견 분위기가 공개적 의견 표명의 중요한 결정 요인인 것으로 알려

---

7) 침묵하는 다수와 시끄러운 소수 현상을 예로 들 수 있다. 현재의 온오프 다원적 멀티미디어 환경에서는 침묵의 나선 효과가 쉽게 관찰되지 않는 것이 사실이다. 오히려 모스코비치(Serge Moscovici)의 말처럼 여론형성 과정에서 조용한 다수보다 시끄러운 소수(silent majorities and loud minorities)가 의견 변화에 더 영향을 미치는 경우가 있다(한균태 외, 2008).

졌다(맥퀘일, 2008).

제3자/제1자 효과   제3자 효과와 제1자 효과는 밴드 왜건(band wagon) 효과와 함께 침묵의 나선 이론을 간접적으로 지원해주는 효과들이다. 데이비슨(W. Davison)은 침묵의 나선 이론 관점에서 미디어의 효과에 대한 일반인의 인식을 다루는 제3자 효과(third person effect) 가설을 처음으로 주장했다. 요지는 사람들이 미디어의 부정적 영향력을 평가할 때 일반인과 자신에 대해 이중적 잣대를 사용해 자신에 대한 영향력을 과소평가하는 경향을 보인다는 것이다. 예를 들어 선정적, 저질 프로그램을 비난하면서도 자신은 태연히 이를 시청한다든가, 왜곡 보도에 대해 자신은 분별력을 지니나 타인들은 그렇지 않을 것이라고 생각하는 것이 전형적인 제3자 효과다(배규한 외, 2006). 제1자 효과는 제3자 효과와 역의 관계에 있다. 메시지 내용이 바람직한 경우 타인보다 자신이 영향을 많이 받을 것이라고 지각하는 것이 제1자 효과다. 두 효과는 자기중심적 사고의 산물이다. 조직이 PR 커뮤니케이션을 구상하면서 공중의 제3자 효과를 과대평가한 나머지 PR의 방향이나 메시지를 재구성하는 경우가 없지 않다(박성호, 2008).

3장
PR과 설득

1. 설득의 이해

우리 생활의 많은 부분을 지배하는 설득 커뮤니케이션은 인간 커뮤니케이션의 하위영역 가운데 가장 넓은 범위를 가진다. 전형적인 형태로는 대인설득(협상, 상담, 조정 등), 선전, 광고, PR, 마케팅(프로모션)이 있다. 설득현상을 설명하는 데는 설득의 원리나 설득의 요소, 설득이론과 같은 상호보완적인 여러 가지 접근들을 동원할 수 있다. 서로 겹치는 부분이 있지만 이들 접근들을 통합적으로 바라봐야 설득 커뮤니케이션을 보다 가깝게 이해할 수 있다. 설득의 원리는 동기나 인지반응, 설득 저항, 순응 등으로, 설득의 기본 요소는 커뮤니케이션 과정 모델이나 설득의 4요소로 설명된다. 태도이론, 관여도 이론 등 설득이론들은 이들 전반과 관련된다.

1) 동기, 인지반응

PR은 근본적으로 설득적이거나 설득을 바탕으로 하는 경우가 많다. 그루닉은 PR을 포함하는 설득이 조작과 관련되기 때문에 모든 설득은 윤리적으로 문제가 있다고 비난한다. 그러나 설득이 조작적이라는 이유로 비윤리적이라고 하는 것은 지나치다. 설득의 윤리성은 참여 민주주의에 의해 변호될 수 있고, 이에 근거할 때 건전한 커뮤니케이션 과정의 하나로 받아들일 수 있다. 오늘날 PR에서 가장 심각한 윤리적 문제는 수단이 아닌 목적에 관한 것이다(보틴·해즐턴, 2010).

설득의 개념   설득은 일반적으로 개인의 믿음, 태도, 행위의 변화를 이끌어내기 위한 커뮤니케이션이라고 할 수 있다. 몇 가지 유사한 패턴으로 정의된다. 그 중 하나는 개인이나 집단이 커뮤니케이션 수단을 사용해 다른 개인이나 집단의 태도를 형성·통제·변화시키려는 기도로 보는 시각이다(이명천·김요한, 2010). 미리 설정된 목표의 방향으로 다른 사람들의 동기를 유발시키고 그들의 사상이나 행동을 바꿔보고자 하는 기도라는 정의도 있다. 이러한 설득의 기본 속성은 다음의 5가지로 정리된다. ① 구체적 목적 달성을 위한 의식적 의도가 담겨 있으며, ② 언어나 그림 등으로 구성된 메시지를 사용하고, ③ 수용자들의 자유로운 선택을 전제로 하며, ④ 커뮤니케이션이 어떤 목적 달성의 도구로 사용되고, ⑤ 일반 대중을 대상으로 하는 것이 아니라 특정한 대상을 목표 수용자로 한다는 점이다(배규한 외, 2006). 타인에게 영향을 끼치려는 시도이며 일체의 강압적 수단을 사용하지 않는다는 것이 핵심 개념이다.

• **설득과 선전**   설득은 커뮤니케이션의 윤리성에서 선전(propaganda)과 구분된다. 설득은 메시지가 현안 문제에 대해 생각하도록 유도하는 반면, 선전은 생각을 단절시키고 기존의 편견을 이용하려 든다. 선전으로서의

폄하성 유머는 야유 상황을 만들어 사람들에게 자신도 조롱의 대상이 될지 모른다는 두려움을 심어줌으로써 동조반응을 일으키게 한다. 또한 설득은 커뮤니케이터가 사람들의 감정을 이성적, 윤리적 행동을 모색하는 쪽으로 유도한다면, 선전은 비윤리적 편견 등으로 유도한다. 심리학자 베르하이머(M. Werthimer)는 선전이 사람들에게 공민권을 가진 인간으로서의 사고나 행동을 하지 못하도록 하는 것이라고 설명한다(프랫카니스·아론슨, 2005).

동기 동기란 행동을 활성화시키고 방향 지어주는 욕구나 바람을 말한다. 동기이론은 ① 내용이론, ② 과정이론으로 구분된다. 내용이론으로는 매슬로의 욕구위계 이론이 있고, 동기화 과정이론으로는 프리츠 하이더(Fritz Heider)의 균형이론과 레온 페스팅거(Leon Festinger)의 인지 부조화 이론이 있다. 설득은 동기 측면에서 보상성, 일관성과 연관되는데 내용이론은 보상성, 과정이론은 일관성과 상응한다(마이어스, 2008).

• 일관성 사람들은 인지, 태도, 행동에서 일관성을 유지하고자 하는 욕구가 있다. 이들 요소 간 일관성의 균형이 깨지면 긴장이나 불편함 같은 부정적 감정을 경험하게 된다. 이런 부정적 상태는 동기적 힘으로 작용해 일관성을 회복하기 위한 노력을 하게 되며, 인지나 태도, 행동의 변화를 일으키게 만든다. 균형이 깨지지 않은 일관성 상태 그 자체를 설득에 활용하기도 한다. 예를 들어, 작은 부탁을 들어준 사람은 자존감의 유지를 위해 좀 더 큰 부탁도 들어줄 가능성이 크다(마이어스, 2008). 일관성 이론은 이 장 3절에서 설명된다.

• 보상성 보상성은 보통 설득 상대의 욕구 충족을 의미한다. 설득이 효과가 있기 위해서는 상대에게 도움 또는 이득이 되는 측면이 있어야 한다. 타인의 인정을 받고 싶은 소비자에게 특정 제품을 팔려면 인정을 암시하는 설득 메시지를 전달하는 것이 효과적일 것이다. 말하자면 설득의 보상

성 원리다. 반스 패커드(Vance Packard)에 따르면 사람들의 숨겨진 욕구에는 감정적 안정, 가치 확인, 자기충족, 창조적 표현, 사랑의 대상, 권력감, 뿌리, 불로장생 등 8가지가 있다. 숨겨진 욕구는 매슬로의 욕구위계 이론(2장 PR의 접근 참조)과 맥락이 닿는다. 설득 메시지가 효과적이려면 수용자에게 가장 절실한 욕구가 어느 욕구 단계에 있는지를 파악해 그것을 충족시켜주는 방향으로 전달돼야 한다(마이어스, 2008). 생리적 욕구가 충족되지 않은 상태에서 존중 욕구를 일깨우는 것은 현명한 접근이 아니다. 피설득자의 욕구를 알고 이를 공략하는 것을 설득의 기본 전략으로 해야 한다.

인지반응 인간의 인지반응은 설득을 이해하는 중요한 바탕을 마련해준다. 인지반응 이론은 태도 변화를 외부의 자극보다 수용자 스스로가 만들어낸 생각들에서 유도된 결과라고 본다. 설득 커뮤니케이션에서 고려돼야 할 인지반응은 그 형태가 여러 가지지만 ① 자기 합리화, ② 인지력 보존, ③ 대조 효과 등이 중심이 된다(프랫카니스·아론슨, 2005).

• 자기 합리화 인간은 합리적 동물이 아니라 합리화하는 동물이다. 자신의 비이성적인 행동과 상관없이 자신 또는 타인에게 합리적으로 보이고 싶어 한다. 철학자 알베르 카뮈(Albert Camus)는 인간은 자신의 삶이 불합리하지 않다고 자신을 확신시키는 데 인생을 다 바치는 존재라고 했다. 자신의 행위를 정당화하기 위해 때로는 왜곡, 부정, 자아설득 등을 불사한다. 전쟁 상황에서 적군을 비인간화시키면 어떤 잔혹행위도 합리화할 수 있다. 자기 합리화는 인지 부조화 이론과 관련이 있다.

• 인지력 보존 인지력 보존 역시 인간의 대표적인 인지반응 중 하나다. 사람은 인지 에너지를 보존하려고 끊임없이 노력한다. 정보의 과잉, 판단해야 할 사안의 홍수 속에서 시간, 에너지, 능력을 갖지 못한 사람들은 어쩔 수 없이 휴리스틱(heuristic, 발견법)과 같은 고정관념을 사용하고, 어림짐작에 따라 행동한다. 휴리스틱이란 문제를 풀기 위한 단순한 단서나 규칙을 말한

다. 연설자의 확신, 자연산이라는 상품의 라벨, 사람들의 박수갈채 등이 휴리스틱의 사례가 될 수 있다. 고정관념이나 어림짐작으로는 비싼 것은 좋은 것이다, 전문가의 말은 무조건 맞다와 같은 것들이 있다. 비싼 것은 그값을 한다는 생각은 반복되는 구매경험을 통해 축적된 것이다. 간호사들은 의사의 터무니없는 처방이나 지시에도 전문가이니까 의문을 제기하지 않는다는 실험연구가 있다. 인지력 보존은 인지 정교화 이론과 연결된다.

• 대조 효과 대조 효과는 판단의 상대성을 의미한다. 사람들은 나중에 제시된 사물이 처음 제시된 사물과 큰 차이를 보이면 차이를 훨씬 크게 인식하는 경향이 있다. 가벼운 물건을 들어본 뒤 무거운 물건을 들면 처음부터 무거운 물건을 들었을 때보다 더 무겁게 느낀다. 부동산 소개업자는 형편없는 집을 먼저 보여준 뒤 소개하고 싶은 물건을 나중에 내놓는다. 뒤에 보여주는 물건의 매력을 두드러지게 하기 위해서다. 비싼 양복을 먼저 판 뒤 양복보다 값이 싸지만 상대적으로 비싼 와이셔츠를 파는 것이 상술의 요령이다. 왜냐하면 와이셔츠의 가격이 낮아 보이기 때문이다. 이처럼 우리 생활 주변에는 대조 효과를 이용한 설득의 실례가 널려 있다(프랫카니스·아론슨, 2005).

2) 설득의 장애 요인

사람들이 흔히 갖는 진실에 대한 믿음을 깨는 일은 거의 불가능하다. 인간 자체가 스스로에게 익숙하고 전통적이며 몸에 밴 것을 좋아하는 습성을 지니고 있기 때문이다. 설득은 여하한 경우에도 단시간에 달성될 수 없다. 무엇보다 메시지의 반복이 중요하다. 서둘러서도 안 된다. 한꺼번에 모든 것을 이루겠다는 생각으로 설득에 나서면 무리한 전략을 사용하게 되어 불필요한 양보를 하는 등 좋지 않은 결과를 낳게 된다. 또한 단판에 결말

짓겠다는 강박감에 빠지면 거짓말을 하기가 쉽다.

선택적 수용 사람은 성장 과정을 거치며 가치체계, 즉 기본 성향을 확립하는데 그 핵심에는 태도가 자리 잡고 있다. 태도는 주어진 대상에 대한 그 사람의 감정적 평가, 즉 그 대상을 좋아하거나 싫어하는 정도를 말한다. 사람들은 자신의 기존 태도에 따라 ① 선택적 노출, ② 선택적 인식, ③ 선택적 수용 성향을 보인다. 선택적 노출은 자신의 태도에 부합하는 메시지만 접촉하려는 편향성이다. 긍정적으로 생각하는 일에 대한 정보 추구에 적극적인 반면, 신념과 상반되는 정보는 피하려 한다. 확신이 약해지면 자신의 신념과 반대되는 의견을 피하는 경향이 있다. 미디어 이론 중 선택적 노출 이론과 맥락이 맞닿는다. 선택적 인식은 주어진 메시지를 자신에게 유리한 방향으로 인식하고 해석하는 특성이다. 일반적으로 자신의 생각과 다른 메시지를 체계적으로 왜곡하거나 재해석해 무시해버린다. 선택적 수용은 자신이 좋아하거나 자신에게 필요한 부분만을 선택해 기억 속에 저장하고 회상하려는 편향성이다. 중요한 이야기를 듣더라도 태도에 부합되지 않는 것은 흘려버리고 유리하거나 필요한 것만 골라 외워둔다는 것이다. 선택적 인식, 선택적 수용에도 불구하고 사람들은 정보의 합리성만을 앞세워 상대의 태도와 행동을 변화시키려는 헛된 시도를 하는 경우가 많다. 바람직한 설득 전략은 상대의 생각과 유사한 주장에서부터 점점 자신의 주장 쪽으로 이동하는 점진적 접근법이다(임태섭, 2003).

설득 저항 아무리 그럴듯한 설득 수단을 제시하더라도 설득 저항이 크면 설득이 어렵다. ① 수용자의 초기 태도, ② 개입과 관여, ③ 정서, ④ 반발심리 등의 요인이 작용한다. 수용자의 초기 태도는 외부 메시지 처리의 기준점 역할을 한다. 기준점이 어디 있느냐에 따라 설득이 쉬워지거나 어려워진다. 같은 무게라도 그보다 무거운 물건을 먼저 든 뒤 실험대상 물건을 들면 가볍게 느껴지고, 그보다 가벼운 물건을 먼저 들면 무겁게 느껴진다. 무게에 대한 판단이 과거의 경험에 따라 달라지는 것이다. 극우인 사람은 중도 우파적 메시지가 좌파 메시지로 느껴질 수 있다. 기준점은 사회적 판단 이론(4절 관여도 이론 참조)의 주요 개념 중 하나다. 개입은 발을 빼내지 못하는 상황을 뜻하며, 관여는 정서적으로 깊이 몰입되어 중요하게 여기는 상태를 말한다. 사람들은 자신의 이해가 걸려 있지 않은 일에 대해서는 무관심하거나 대범하게 행동하지만 이해관계가 걸린 일에는 매우 집착하는 경향을 보인다. 개입이나 관여의 문제다. 수용자의 이해관계나 정서가 깊게 걸린 사안에서 그들의 태도나 신념을 함부로 바꾸려 드는 것은 역효과를 낳을 가능성이 크다. 사람들은 남이 자신의 자유를 제한하려 한다는 판단이 생기면 무작정 반발부터 하는 경향이 있기 때문이다. 상대의 말이 합당하더라도 의견이나 행동을 통제하려 한다는 생각이 들면 상대가 원하는 방향과 반대 방향으로 움직이게 된다. 반발심리의 전형적인 형태는 로미오와 줄리엣 효과다. 부모가 자식의 애정관계를 반대한다는 이유로 자식이 더욱 상대를 사랑하게 만드는 현상이 로미오와 줄리엣 효과다. 로미오와 줄리엣이 서로를 깊이 사랑한 가장 큰 이유는 부모의 반대라는 장벽이었다(임태섭, 2003). 반발하면 설득 방향과 반대로 움직이게 되므로 상대의 비위를 자극하는 일은 피하는 것이 좋다.

예방접종 이론 설득에서 저항의 메커니즘에 대한 연구는 중요한 의미가 있으나 이와 관련된 이론은 거의 발전하지 못했다. 유일한 예외가 윌리엄 맥과이어(William McGuire) 등의 예방접종 이론(inoculation theory)이다. 예방접종 이론은 인지반응 이론의 하나로(김영석, 2005) 변화에 반대하는 기존의 의견을 강화하기 위해 고안된 방어전략 이론이다. 예방접종은 ① 보강적 방어와 ② 반박적 방어로 구성된다. ③ 단순 보강적 방어는 수용자의 태도에 반하는 도전에 노출시키지 않기 때문에 자신들을 과신하게, 공격에 취약하게 만든다. 또 입장의 잠재적 약점을 깨닫지 못하고, 방어의 동기

부여가 되지 않으며, 태도 방어에도 미숙함을 드러낸다. 이에 비해 반박적 방어는 보강적 방어보다 훨씬 효과적이라는 사실이 확인됐다. 기존 태도에 반하는 주장을 반박할 수 있는 선제논박을 함께 제공하면 사람들에게 변화에 저항하는 태도를 보강할 강한 동기를 유발하게 된다는 것이다. 선제반박은 기존 태도에 대한 하나 이상의 구체적인 도전을 체계적으로 제기하는 것과 그에 대한 답변으로 구성된다. 보강적 방어와 반박적 방어가 함께 사용됐을 때가 하나만 사용했을 때보다 효과적이라는 사실도 확인됐다. 이를 PR에 적용하면 조직의 잠재적 취약점이나 위기에 대해 선제적으로 반박하고 조직의 처리방침을 알려주면 더 큰 방어력을 얻게 된다. 지지 전략과 예방접종 전략을 같이 사용하는 것이 하나의 전략만 사용하는 것보다 더 큰 저항력을 갖게 할 수 있다. 예방접종 이론은 이슈에 대해 조직의 입장과 일치하는 공중의 태도를 강화하기 위한 옹호광고에서 그 효능을 증명했다. 하지만 이론의 다양한 적용을 위해서는 더 많은 연구가 필요하다(보턴·해즐턴, 2010).

2. 설득 커뮤니케이션

설득 커뮤니케이션을 설명하는 기본적인 접근 방법이 SMCR(Sender/Source, Message, Channel, Receiver) 등으로 표현되는 커뮤니케이션 과정 모델이다. 정보원(송신자), 메시지, 채널, 수용자라는 커뮤니케이션 기본 요소별로 설득을 탐색해보는 것이다. 고대 수사학에서 유래된 설득의 4요소, 즉 ① 사전설득, ② 정보원 공신력, ③ 메시지 구성과 전달, ④ 긍정적인 감정의 유발도 설득 현상을 접근하는 방법이 된다. 이 절에서는 양자를 혼용해 설득 커뮤니케이션을 살펴보고자 한다.

1) 사전 설득

커뮤니케이션 과정 모델과 설득의 4요소는 동질적인 요소들을 담고 있다. 과정 모델의 커뮤니케이션 상황은 4요소의 사전 설득과 대응되고, 송신자는 정보원 공신력, 메시지는 메시지 구성과 전달, 수용자는 긍정적인 감정의 유발 조건과 부합한다. 채널, 즉 매체 조건을 제외한 커뮤니케이션의 핵심 3요소(송신자, 메시지, 수용자)를 공유하고 있다. 커뮤니케이션 과정 모델은 송신자와 수용자 사이의 동질성 정도가 커뮤니케이션의 성패에 직접적 영향을 미치는 것으로 이해한다. 경험 분야가 겹치는 부분이 클수록 커뮤니케이션이 성공적으로 이뤄질 수 있다. 매체와 같은 의미의 채널, 커뮤니케이션 잡음, 커뮤니케이션 상황 등도 커뮤니케이션의 효과에 개입된다.

설득의 4요소　설득의 4요소는 아리스토텔레스와 키케로에 의해 창안된 설득법이다. 설득이론을 처음 발전시킨 아리스토텔레스는 설득의 3요소로 로고스(Logos, 이성적 논증), 에토스(ethos, 윤리적 논증), 파토스(pathos, 감정적 논증)를 들었다. 이성적 논증은 연설가의 주장으로, 윤리적 논증은 연설가의 특성으로, 그리고 감정적 논증은 청중에게서 끌어낸 감정으로 이뤄진다. 에토스는 송신자 또는 정보원, 로고스는 메시지, 파토스는 청중의 감정에 해당된다. 청중의 기분을 이해하는 것이 무엇보다 중요하다고 했다. 한편 고대 로마의 키케로는 연설자의 의무라는 지침에서 3요소 외에 스타티스(statis, 이슈의 상태), 즉 현대적 의미의 사전 설득 개념을 발전시켰다(그리핀, 2010). 이런 과정을 거쳐 설득의 4요소는 사전 설득, 정보원 공신력, 메시지 구성과 전달, 긍정적인 감정의 유발로 정리됐다. 사전 설득은 이슈를 구성하고 결론을 틀 짓는(framing) 것을 말하고, 정보원 공신력은 호의적 이미지, 즉 쉽게 설득시킬 수 있는 어떤 속성을 의미한다. 메시지 구성과 전달은 청중에 적절한 메시지를 개발해야 한다는 뜻으로 해석된다. 긍정적인 감정의 유발은 송신자 또는 정보원의 요구를 쉽게 받아들일 수 있도록 수용자의 심리적·정서적 환경을 조성하는 것이다(프랫카니스·아론슨, 2005).

사전 설득의 요소 사전 설득에는 상황별로 아주 다양한 수단들을 동원할 수 있다. 여기서는 ① 이슈의 규정, ② 맥락의 활용 2가지에 대해서만 설명해보기로 한다. 이슈의 규정은 단어, 이미지, 질문, 비유 등을 통해 이슈를 자신의 목적에 부합되게 규정함으로써 논의의 여지를 없애거나 좁히는 방법이다. 예를 들어 비난의 대상을 '반사회적 이중인격자'로 이름 짓기(labeling) 하면 대상자로서는 달리 해명할 여지가 없어진다. 이름 짓기 하나로 비인간성에 대한 설득이 끝나는 것이다(프랫카니스·아론슨, 2005). 앞서 설명된 틀 짓기 이론(2장 미디어 이론 참조)도 이슈의 규정에 해당된다.

• 이슈의 규정 일탈적 사건의 보도 틀을 사건 중심적으로 제시하면 개인의 책임이 강조된다. 반면 주제 중심, 즉 보도의 논점을 사회체제나 사회상황으로 이끌면 비난의 대상이 사회나 정부 등으로 전이된다. 유도질문이나 암시질문도 이슈를 규정하는 틀로 작용한다. 유도질문은 "평소 왕따였으니 사회성이 부족했겠죠"처럼 미리 특정 답변을 염두에 둔 질문이다(박성희, 2013). 암시질문은 "자전거여행이 가장 환경친화적이라 생각지 않으세요"처럼 특정한 답변이 다른 답변들보다 가치가 높게 평가되도록 표현된다. 여론조사에서는 이슈의 규정이 윤리적 쟁점으로 떠오른다. 설문의 내용과 순서를 어떻게 하느냐에 따라서 여론조사의 응답은 극과 극으로 바뀔 수 있기 때문이다.

• 맥락의 활용 맥락의 활용은 판단은 절대적이 아니라 늘 상대적이라는 사실을 일깨워준다. 맥락에 따라 대상이나 대안은 더 좋아 보이거나 나빠 보일 수 있고, 사람들은 그래서 평소 같으면 하지 않을 결정을 하게 된다. 맥락의 차이를 만드는 데는 틀이나 미끼가 사용된다. 고대나 현대를 막론

하고 권력자들은 자신과 무관한 인물이나 상황을 자신에 유리하게 결부시켜 목적을 이룬 예가 많다. 히틀러는 자신을 비스마르크와 대비시키는 방법으로 대중을 선동했다. 북한의 김정은은 할아버지인 김일성과 외모가 닮았다는 점을 권력승계 작업에 활용했다. 수사학 이론, 비유의 규칙에서는 비유되는 두 사물의 유사점이 내재하는 중요한 속성이어야 한다고 강조한다. 김정은과 김일성의 유사점인 외모는 중요한 속성일 수 없다. 미끼의 사용은 맥락의 대조 효과를 노리는 기법이다. 피아노 판매원은 이윤을 키우기 위해 고객에게 고급제품부터 보여준다. 상품 선택의 흐름, 즉 맥락을 조정해 저가품을 구입하기 어렵게 만드는 것이다(프랫카니스·아론슨, 2005).

2) 정보원

설득에서의 정보원 조건은 ① 순응, ② 매력, ③ 공신력 등이 중요한 연구 주제가 된다. 순응은 태도나 신념 등 수용자의 내적 변화보다 겉으로 드러난 행동의 변화를 최종 목표로 한다. 주로 대인 커뮤니케이션에서의 상호작용에 치중하는 경향이 있다. 수용자보다는 정보원이 어떤 전략을 이용하는가에 연구의 초점이 두어진다. 순응 요인은 지배력, 친밀감, 저항감, 이익 요인 등으로 구분할 수 있다. 이들 요인들은 보상 약속, 처벌 협박, 자아개념 자극, 윤리적 소구, 정서적 소구, 요구, 타협, 강압 등 다양한 전술들을 포함한다. 순차적 설득은 순차적으로 순응을 얻어내는 설득전략이다. 문전 걸치기, 문전박대 당하기, 미끼 이용하기, 덤 얹어주기 등의 기법들이 사용된다(김영석, 2005).

순응　정보원이 가지는 커뮤니케이션에서의 일반적 영향력(지배력)은 5, 6가지 힘으로 설명된다. 대인 커뮤니케이션에서의 힘은 상대방의 행위를 통제하고 영향력을 발휘할 수 있는 능력을 말한다. 힘은 권력 기반 또는 커뮤니케이션 자산이란 개념으로도 표현된다. 힘의 역학은 양자 관계나 다수인 관계, 대중매체와 개인의 관계 등에 포괄적으로 적용될 수 있다. 프렌치와 레이븐(French and Raven)은 5가지 사회적 영향력 요소를 강제력(처벌능력), 보상력(포상력), 당위력(합법력), 준거력(참조력), 전문력으로 유형화했다. 혹자는 여기에 정보력을 보태기도 한다(맥퀘일, 2008). 강제력은 상대에게 불이익을 줄 수 있는 능력이고, 보상력은 상대에게 이익을 줄 수 있는 능력이다. 당위력은 법이나 규정에 의해 합법적 권위를 부여받는 힘이다. 준거력은 상대방이 자신을 믿거나 좋아하게 함으로써 갖게 되는 관계능력이다. 전문력은 전문성을 인정받아 타인에게 영향을 줄 수 있는 힘을 말한다. 정보력은 정보 자원을 사용하는 잠재력에 기반을 둔 영향력이다. 힘 또는 권력 기반이 여러 가지일수록 영향력이 커진다(나은영, 2009).

매력　설득의 힘은 송신자의 매력과 공신력에 의해 좌우된다. 양자는 힘의 역학과 속성을 공유한다. 송신자의 매력은 심리적·사회적 보상을 주고(매력의 보상이론) 그것은 설득으로 연결된다. 정치 후보자들이 이미지 관리를 통해 매력적 개성을 창조하면 그의 지지행위가 수용자들에게 큰 보상을 줄 수 있다. 커뮤니케이션의 심리나 환경적 동기로 작용하는 매력에는 ① 신체적 매력, ② 유사성, ③ 근접성, ④ 기대심리, ⑤ 차이, ⑥ 개성 등이 있다(오미영·정인숙, 2005). 신체적 매력은 첫인상에 가장 큰 영향을 미치며 광범위한 효과를 갖는다. 10대 청소년기에 특히 중시된다. 어른이 된 후에는 한 사람의 배경으로 작용할 뿐 오랜 관계를 유지하는 조건이 되지 않는다(마이어스, 2008). 유사성은 구성원(소속) 유사성, 태도 유사성, 도덕 유사성, 사회적 배경 유사성, 외모 유사성 등으로 세분할 수 있다(김영석, 2005). 우리는 유사하지 않은 사람을 싫어하는 경향이 있다. 나이가 들수록 좋은 사람과 싫은 사람의 구별이 분명해진다. 친구와 배우자는 비슷한 연령, 교육 수준, 지능, 경제적 지위, 공통되는 태도와 신념, 관심사를 가지고 있을 가능성이 크다. 근접한 거리에서 같은 경험을 나누는 사람들 사이에는 커뮤니케이션 동기가 활성화된다. 이런 이유로 이웃, 동급생, 사무실 동료, 식사 친구는 호감이나 혼인 가능성을 높인다(마이어스, 2008).

공신력 공신력은 획득하기보다 있는 것처럼 가장하는 것이 쉽고, 주도면밀한 상황관리를 통해 만들어질 수 있다. 연출이나 이벤트를 통해 호감, 강력함 등의 공신력 요소들을 창출하는 것이다. 공신력의 구성요소에 대해서는 전문성, 신뢰성, 진실성, 책임성, 당사자성 등 다양한 주장들이 있다. 이 가운데 ① 전문성, ② 신뢰성이 중요한 영향 요인으로 받아들여진다(임태섭, 2003). 이런 본질적 속성과 함께 주변 속성도 설득에 영향을 미친다. 인기 드라마에서 의사 역을 맡았던 탤런트를 건강 제품이나 의료 캠페인의 모델로 등장시키는 것은 주변 속성을 이용하고자 하는 것이다(오미영·정인숙, 2005).

• 전문성 전문성은 한 정보원이 주어진 메시지의 주제 또는 이슈에 대해 올바른 해답이나 정확한 판단을 제시할 수 있다고 수용자들이 지각하는 정도다. 전문성에 대한 인정이 커질수록 설득 성향이 높아진다. 전문가가 이야기할 경우 의견 격차가 큰 부분까지 수용할 가능성이 있다(임태섭, 2003). 전문성은 진실성보다 더 설득적이다.

• 신뢰성 신뢰성은 정보원이 주제나 이슈에 대해 순수한 동기와 객관성으로 자신의 입장, 생각, 의견 등을 제시한다고 수용자들이 지각하는 정도를 말한다. 자신의 이익과 상반되는 주장을 할 때 신뢰도는 증가한다. 높은 신뢰도는 우호적 태도 변화를 증대시키고 낮은 신뢰도는 태도 변화를 감소시킨다. 사람들은 보편적으로 정보원의 직업을 근거로 정보원 신뢰도를 평가한다. 권위적인 인물보다 가까운 사람을 더 신뢰하는 경향이 있다. 사람뿐 아니라 미디어도 신뢰성 평가의 대상 정보원으로 인식된다(뉴섬 외, 2007).

수면자 효과/모델 효과 공신력이 높은 정보원과 낮은 정보원의 설득 메시지는 정보노출 직후 설득 효과에서 큰 차이를 보인다. 그러나 몇 주 정도의 시간이 지나면 수면자 효과(sleeper effect)가 발생해 설득 효과의 차이가 없어진다(이명천·김요한, 2010). 칼 호블랜드(Carl Hovland) 등에 따르면 설득 효과의 소멸은 메시지 내용만 기억하고 정보를 어디서 접했는지를 망각한 결과라는 사실이 밝혀졌다. 수면자 효과는 역으로 나타나기도 한다. 공신력이 낮은 정보원의 메시지가 처음에는 설득력을 갖지 못하다가 일정 시간이 지난 후 뒤늦게 태도 변화를 일으킨다는 것이다. 정치광고에서의 흑색선전과 수면자 효과가 결합되면 부정적 설득 효과가 나타날 수 있다(그리핀, 2010). 미디어의 모델 효과는 미디어 인물의 매력이나 공신력이 수용자에게로 전이되는 것을 말한다. 미디어 인물처럼 행동하게 만드는 요인은 모델과 동일시되거나 모델이 받는 보상을 자신들도 받을 것이라는 믿음 때문이다. 모델이 어떤 행동이 적절한지를 알려주는 단서로서의 기능을 한다. 사회학자 필립스 교수는 유명인 등의 자살이나 범죄사건 방송을 많이 할수록 모방 자살, 모방 범죄가 늘어난다는 사실을 밝혀냈다. 연구결과를 보면 모델이 높은 권위와 권력, 지위, 매력, 유용한 정보 제공, 인생관리 능력이 있을 때 설득 효과가 높았다(프랫카니스·아론슨, 2005).

3) 메시지와 채널

설득의 메시지 요인은 수용자 요인과 중첩되는 개념이다. 수용자를 염두에 두지 않는 메시지란 있을 수 없다. 사람들은 자신의 선유경향(先有傾向), 희망, 태도, 기대와 부합되는 메시지를 더 선호한다. 환경적 요소가 그 메시지를 지지하거나 그 메시지가 수용자에게 친숙한 상황에서 더욱 설득적일 수 있다(최윤희, 2008). 설득에 미치는 중요한 메시지 변수로는 메시지의 질, 반복 정도, 제시 방식 등이 있다. 메시지의 진실성과 질은 정보원의 신뢰도보다 더 큰 영향을 미친다. 수용자의 관여도가 높을 때 메시지의 질은 태도 변화에 더 효과적으로 작용한다(김영석, 2005).

메시지의 반복   설득의 첫째 조건은 반복이다. 반복은 친숙도, 신뢰도, 타당도, 매력을 높여준다. 선거에서 광고비용을 더 많이 지출한 후보자의 득표수가 대체로 많다. 유명 상표의 공통점은 무수히 반복 광고됐다는 점이다. 메시지 반복은 수용 가능성을 높여주지만 반복의 횟수가 지나치면 역효과를 낸다. 일반적으로 3, 4번의 반복이 가장 효과적인 것으로 알려져 있다. 광고에서의 지나친 반복은 마모 효과(wear-out effect)를 일으킨다. 마모 효과는 유머러스한 광고나 정보 제공형 광고에서 잘 나타나며 종종 단기적으로 끝난다. 볼펜 광고 실험에서는 4번 반복했을 때 선호도가 가장 높았고, 8번째 이후는 선호도가 오히려 떨어졌다. 마모 효과를 없애려면 변화를 주면서 반복하는 기법을 활용해야 한다. 인지 정교화 이론의 중심경로 정보처리 사안에서는 변화를 주면서 반복해도 짜증을 상쇄시키지 못했다. 이런 경우는 현실에서 일어나지 않는다(프랫카니스·아론슨, 2005).

제시 방식   메시지 제시 방식에서 생각해볼 수 있는 문제는 ① 언어/비언어 메시지, ② 일면/양면 메시지, ③ 암시적/명시적 결론, ④ 메시지 배열과 제시 순서, ⑤ 메시지의 부정성 등이 있다(김영석, 2005). 언어 메시지냐 비언어 메시지냐 또는 이의 혼용이냐의 선택은 상황과 이용 매체가 무엇이냐에 따라 달라진다. 사람은 생각만 하는 것이 아니라 느끼기도 한다. 언어 메시지보다 비언어 메시지의 정서적 효과가 더 강력할 수 있다. 시간적 순서와 공간적 배치, 배경음악의 분위기와 속도, 시각적 요소들 또한 설득 효과에 차이를 가져온다. 광고가 그렇듯이 화면의 빠른 진행속도는 주목률을 높인다.

• 일면/양면 메시지   연구에 따르면 수용자가 이슈에 대한 지식이 많을

수록 일면 주장의 설득 효과가 떨어지며, 반대 주장을 반박하는 것이 효과적이다. 우호적인 수용자는 일면 메시지보다 양면 메시지에 더 영향을 받는다. 반면 비우호적인 수용자는 양면 메시지를 제시한 다음 반대 의견을 논박하는 것이 유리하다. 메시지 과밀 현상으로 일면 메시지를 사용하는 편이 효과적인 경우가 많다(프랫카니스·아론슨, 2005). 양면 메시지에서는 초두 효과(primary effect)와 최신 효과(recency effect)를 유의해야 한다. 초두 효과는 설득자의 주장이 반대 주장보다 먼저 제시되는 것이 효과적인 경우를 말하고, 최신 효과는 그 반대의 경우를 말한다. 주제가 익숙하거나 흥미롭거나 덜 중요할 때는 초두 효과가, 덜 익숙할 때는 최신 효과가 나타난다는 보고가 있다(김영석, 2005).

• 결론, 메시지 배열, 부정성 암시적/명시적 결론은 정보원, 수용자, 메시지 주제에 따라 효과가 달라진다. 정보원이 공신력을 가지는 경우, 청중이 쉽게 수긍하는 경우, 주제에 대한 수용자의 관여도가 낮을 경우에는 명시적 결론이 효과적이다. 일부 학자는 매개변인과 관계없이 명시적 결론이 바람직하다고 주장한다. 메시지 배열은 두괄식, 미괄식, 중괄식이 있는데 일반적으로 두괄식이 미괄식보다 설득 효과가 약간 높다. 중괄식은 설득 효과가 많이 떨어지는 것으로 나타났다. 수용자가 흥미나 욕구가 없는 경우 두괄식, 익숙한 주제는 미괄식이 유리(일면 메시지)한 것으로 알려져 있다. 또한 청각 메시지는 두괄식, 시각 메시지는 미괄식이 적합하다(김영석, 2005). 긍정 메시지는 특별히 우려할 것이 없지만 너무 부정적이거나 위협적인 메시지는 수용자의 외면을 초래해 부메랑 효과(boomerang effect)를 일으킬 수 있다(정만수·이은택, 2008). 건강커뮤니케이션이나 정치광고의 위협 소구, 흑색선전 등에서 부메랑 효과가 나타난다.

휴리스틱과 생동감 휴리스틱, 즉 문제를 풀기 위한 단순한 단서나 규칙(발견법)은 설득에서 광범하게 활용된다. 휴리스틱은 ① 이슈에 대해 심사숙고할 시간이 없을 때, ② 정보가 너무 많아서 충분히 검토할 수 없을 때, ③ 이슈가 그다지 중요하지 않다고 생각될 때, ④ 결정을 내리는 데 이용할 지식이나 정보가 거의 없을 때, 그리고 ⑤ 문제에 직면해 어떤 휴리스틱이 머리에 바로 떠오를 때 선호되는 의사 결정 방식이다. 많은 상황에서 휴리스틱을 이용한 설득이 유용하다. 상품 포장의 친환경 제품, 자연산 등의 문구는 별생각 없이 해당 제품을 선택하도록 만드는 휴리스틱이다. 쉽게 위조되고 조작될 수 있는 특성이 있다. 생동감 있는 메시지는 특정 조건 아래서 더 설득적이다. 금방 와 닿는 메시지, 흥미롭고 친근하며 구체적인 메시지, 영상 이미지가 떠오르는 메시지가 생동감 있는 메시지다. 주장에 초점을 맞춰 생각할 수 있게 하고 기억이 쉬우며 더 구체적이고 개인적인 것으로 느껴지게 한다. 대부분의 사람들은 통계치보다 아는 사람이 경험했던 명확하고 생생한 하나의 사례의 의해 더 큰 영향을 받는다. 그러나 생동감 있는 메시지가 반드시 긍정적 생각을 이끌어내는 것은 아니며 때로 설득에 실패하기도 한다(프랫카니스·아론슨, 2005).

채널 채널은 메시지가 전달되는 수단, 즉 광파, 음파, 전파 등을 말하나 일반적으로 매체와 동일시된다. 선전, 광고, PR, 마케팅(프로모션) 등의 설득 커뮤니케이션에는 대중매체와 대인매체(구어 매체), 이벤트, 캠페인, 문화·예술·체육 활동이 두루 쓰인다. 협상, 상담, 조정, 로비 등 대인 설득은 주로 대인매체를 통해 이뤄진다. PR 설득의 중심 수단은 대중매체다. 사용되는 감각기관별로 시각매체, 청각매체, 시청각매체로 구분된다. 매체별 속성에 대한 이해가 설득의 효율성에 영향을 미칠 수 있다. TV, 라디오 등 방송매체는 간단한 메시지, 그리고 신문, 잡지 등 인쇄매체는 복잡한 메시지를 전달할 때 효과적이다. 인지적 노력을 싫어하는 사람은 방송매체, 인지적 투자를 당연시하는 사람은 인쇄매체를 선호한다. 전달 과정에서의 정보손실은 라디오가 가장 많고 다음이 TV, 신문 순이다(나은영, 2009). 목표 수용자의 매체 수용 테스트와 신뢰도 테스트를 고려해 매체를 선택하는 것이 바람직하다. 4장 PR 관리와 5장 PR 기획에서 매체에 대한 세부적인 설명이 이뤄진다.

• 매체별 설득력 매체별 상대적 설득력을 비교한 1990년대 연구에 따르면 TV와 대인 커뮤니케이션에서는 정보원이 내용보다 설득에 더 영향을 미친 반면, 인쇄매체와 대중연설은 내용이 정보원보다 중요했다. TV는 개인적 연고를 맺고 있다는 착각, 심지어 친밀감을 조성하기도 한다. TV가 정보원의 표현력과 친밀한 관계적 메시지를 강조한다는 것은 설득에서 정서를 중시한다는 것을 의미한다. 그래서 영상의 표현양식은 대인 커뮤니케이션처럼 따뜻하고 일상적인 스타일로 만들어진다(보턴·해즐턴, 2010).

4) 수용자

설득이 수용자의 태도를 바꾸게 하는 것이라면 최상의 설득은 자아설득이다. 로고송 만들기, 맹인 체험 등 공중들의 참여나 체험을 통한 자아설득은 효과가 강력하고 지속적이다(헨드릭스, 2005). 설득의 내용 측면에서는 이성적 설득보다 감성적 설득이 유리할 때가 많다. 태도의 기본 속성이 좋아하고 싫어하는 감정적 성향을 갖기 때문이다. 이성적 설득은 사람들이 가진 여러 방어기제들로 인해 저항을 받기 쉽다. 설득의 4대 요소에 수용자의 긍정적 감성이 포함된 것도 이런 통찰에서 나온 것이다. 감성을 이용한 설득에는 ① 위협 소구(공포 소구), ② 호혜성, ③ 자아개념, ④ 희소성, ⑤ 동류의식과 같은 접근법들이 있다(프랫카니스·아론슨, 2005). 이 외에도 유머 소구, 성적 소구, 정감 소구, 동정심 소구, 죄의식 소구, 환심 소구(아부, 동조) 등 다양한 전략이 있다.

위협 소구[1] 위협 소구는 강력하다. 사람들이 공포를 느끼면 당면 문제를 주의 깊게 생각하는 것이 아니라 공포에서 벗어날 궁리에만 몰두하기 때문이다. 공포는 사람들의 모든 생각과 에너지를 위협 요인 제거에 쏟게 만든다. 흡연과 암의 상관관계처럼 합리성을 앞세운 위협 소구도 있지만 인종에 대한 편견처럼 감성에 근거한 위협 소구도 있다. 공포 유발 후 안도 감의 원칙은 범죄자 신문에서 흔히 이용되는 위협소구 원리다. 첫 번째 신문자가 물리적, 심리적으로 공포 분위기를 조성한 뒤 두 번째 신문자가 친밀한 태도를 보여주면 범죄자는 공포 상황을 벗어났다는 안도감에서 많은 사실들을 털어놓게 된다는 것이다. 사람들은 위협도가 높은 메시지를 접할수록 더 바람직한 행동을 취한다는 것이 많은 실험의 결과다. 위협과 함께 위협을 극복할 수 있는 구체적이고 실효성 있어 보이는, 그리고 실천 가능한 제안을 할 때 설득 효과가 커진다.

호혜성　호혜성은 인간사회나 동물사회에서 나타나는 공통적인 특성이다. 인지 정교화 이론의 주변 경로를 통해 기계화된 반응을 일으키게 하는 6개의 단서가 호혜성, 일관성, 사회적 증거, 호감, 권위, 희소성 등이다. 사람들은 이런 상황을 거스르면 거의 자동적으로 불안감 또는 불편감을 느낀다. 신세를 진 일을 갚아야 한다는 생각, 저쪽이 양보했으니 나도 조금 양보해야 한다는 생각, 3번씩이나 거절하기는 어렵다는 생각 등은 이성적 판단의 개입을 어렵게 만든다. 공짜 샘플을 받은 소비자, 여러 번 퇴짜 맞은 구애자, 유비의 제갈량에 대한 삼고초려는 호혜성을 촉진하는 상황들이다. 호혜의 원칙은 우리의 일상생활을 광범하게 구속하는 요인이다.

자아개념　인간은 누구나 긍정적 자아개념을 유지하기 위해 노력한다. 가급적이면 약속을 지키고자 하며, 이해와 배려심을 가진 사람으로 인식되기를 희망한다. 이런 심리를 이용하는 것이 자아개념의 위협이다. 위선

---

1) 이하 내용은 프랫카니스·아론슨(2005: 216~272) 참조.

의식, 죄책감이 들도록 해 설득을 수용케 하거나, 심리적 불편감을 주어 약속을 이행하게 만드는 것이다. 죄책감을 가질 때 사람들은 논의의 적절성이나 어떤 행동의 이점에 대해서보다 죄책감을 없애는 데 모든 노력을 쏟는다. 희생자에 대한 미안한 기분, 보상의식, 자아 이미지 회복 욕구 등이 죄책감의 설득력을 가져온다. 역으로 대상자의 희생을 정당한 것으로 합리화해서 자아개념을 보호하려는 경우도 있다.

희소성/동류의식　어린이들은 과자를 조금씩 줄 때가 더 맛있다고 평가한다. 어떤 종류의 검열이든 검열은 금지된 대상에 대한 지각 가치를 증가시킨다. 성인용 영화나 누드 잡지, 21세 이하 판매금지 등은 이용불가 수용자들의 자극을 강화한다. 한정 물량 공급은 지각 가치를 증가시키는 마케팅 수법이다. 같은 맥락에서 환상 대안(phantom choice)을 충족시키지 못하는 상황을 만들어놓고, 속성이 약간 떨어지는 대안을 제시하면 이를 받아들이게 할 수 있다. 환상대안은 의사 결정 시 준거들의 상대적 중요도를 변화시켜 환상대안의 우월한 속성을 가장 중요하게 평가하도록 만든다. 사람들이 대안을 받아들이는 이유는 욕구 미충족에 의해 유발된 감정 때문이다. 한편 사람들의 심리는 자기 집단과 외부 집단 간의 차이를 과장하고, 자신과 동일시하는 대상 또는 집단 사이의 유사성은 강조한다. 동류의식의 조성은 설득과 그대로 연결된다. 정치인, 사이비 종교인이 수용자를 자신의 동일시 집단으로 끌어들이면 그들을 자신의 시각으로 조종할 수 있다.

3. 태도이론

설득이론의 키워드를 2개 든다면 태도와 관여도다. 태도가 관여도의 상위적 개념이지만 둘은 결합관계를 이룰 때가 많다. 태도는 설득의 중심 개념으로 태도를 변화시켜야 설득이 이뤄진다. 태도는 외부의 자극에 반응하려는 선유경향으로 행동을 지시하는 기능을 한다. 긍정과 부정의 평가적 속성과 어떤 지향점을 가진다는 특성이 있다. 태도는 선천적인 것이 아니며 학습에 의해 습득되는 것이다. 신념 위계 이론, 일관성 이론, 귀인이론, 학습이론 등이 주로 태도와 관련된 이론들이다.

1) 신념 위계 이론

설득이란 상대방의 태도뿐 아니라 신념, 가치를 자신이 의도하는 방향과 일치하도록 변화시키거나 재강화시키는 행위를 의미한다. 이는 태도와 신념, 가치에 대한 이해가 설득을 이해하는 선행조건이라는 말이 된다. 밀턴 로키치(Milton Rokeach)의 신념 위계 이론은 이들 3자 관계를 명확히 하는데 도움을 준다. 로키치는 태도 - 신념 - 가치가 함께 짜인 천처럼 강하게 연결된 것으로 파악한다. 가족적·종교적 전통, 개인적 습관 등 사적 부분에 기초하기 때문에 이들을 변화시키기는 쉽지 않다. 이 천에서 가장 많은 부분을 차지하는 것이 신념이며, 다음이 태도, 가치의 순이다. 신념은 사실 여부를, 태도는 좋고 나쁨을 따진다. 가치는 태도나 신념의 원천으로 가장 강력한 영향력을 가지며 중요, 필요, 올바름 같은 문제를 따진다. 태도나 신념이 모두 바뀐 뒤에 가치가 바뀔 수 있다. 따라서 수용자의 가치를 직접 공략하기보다 태도나 신념을 표적으로 하는 것이 설득에 효과적이다(오미영·정인숙, 2005).

태도의 두 관점　겉으로 표현하지는 않았지만 마음속으로 하는 언어적 행위가 태도다. 주어진 대상을 일관적으로 평가하게 만드는 기본 성향이나 경향이다. 대상이나 사람에 대한 마음 상태, 매너, 기질, 입장 등 정향(定向)을 의미한다(뉴섬 외, 2007). 설득은 주의, 이해, 수용, 보유, 행동의 5단계

<표 3-1> 태도의 구성요소에 대한 두 관점

관점	구성요소	내용
다차원적 관점	인지적 요소	어떻다고 믿는 것(신념)
	감정적 요소	어떻다고 평가하는 것
	행동적 요소	대상에 대한 행동 성향
단일 차원적 관점	감정적 요소	어떻다고 평가하는 것

자료: 안광호 외(2004).

를 거치는데 3단계의 수용이 태도의 변화와 관련이 깊다. 태도의 구성요소에 대한 견해는 ① 다차원적 관점, ② 단일 차원적 관점으로 나눠진다.

다차원적 관점은 태도가 인지적 요소, 감정적(정서적) 요소, 행동적 요소의 3가지 하위요소들로 구성된 것으로 본다(<표 3-1> 참조). 예컨대 인지적 요소는 '교육은 필요한 것'처럼 대상에 대해 개인이 가지는 신념이다. 감정적 요소는 '현 교육제도는 문제투성이'처럼 대상에 대한 긍정적·부정적 평가나 느낌을 말한다(안광호 외, 2004). 행동적 요소는 "입시제도를 바꿔야 한다"처럼 사람들이 자신이 믿는 것을 편들게 되는 상황으로 이해할 수 있다. 태도가 행동에 영향을 미친 것이다. 인지적 측면은 긍정적, 감정적 측면은 부정적처럼 태도의 3가지 측면은 서로 일치하지 않는 경우가 많다(뉴섬 외, 2007). 다차원적 관점은 고정관념, 편견, 차별[2]을 구분하는 척도로 쓰인다. 단일 차원적 관점은 태도의 구성이 감정적 요소 중 하나인 것으로 본다. 일반적으로 수용되는 관점으로 어떤 대상을 좋아하고 싫어하는 심리적 경향

---

2) 어떤 범주 또는 집단에 대한 태도의 인지적 측면을 고정관념, 감정적 측면을 편견, 행동적 측면을 차별 행동이라 부른다. 집단에 대한 고정관념과 편견이 개인을 판단할 때도 작용한다(나은영, 2009). 편견은 태도와 마찬가지로 인지(고정관념), 정서(적개심 등), 행동(차별) 성향의 복합체로 보기도 한다. 편견은 한 집단을 향한 정당화되지 않는 부정적 태도를 말하며 차별은 부정적 행동이다(마이어스, 2008).

으로 정의된다. 정서적 측면이 강하다. 태도와 의견은 동일한 개념으로 간주될 때가 많다(안광호 외, 2004).

태도의 이해 태도는 행동을 완벽하게 예언하지 못한다. 태도가 반드시 행동의 원인이 되지 않는다는 것이다. 태도와 행동 간의 중재변인으로는 외적 상황, 자아 관여도, 개인별 개념체계의 분화 수준 등이 있다(김영석, 2005). 사람들은 기존의 태도를 특수한 상황에 맞춰 늘 바꿔나간다. 강력한 사회 압력은 태도-행동 연계를 약화시킬 수 있다. 태도는 또한 특정의 문제나 이슈에 대해서만 적용될 수 있는 특수성을 가진다. 행동이 태도를 만들기도 한다. 자신이 편들었던 것을 믿거나 좋다고 생각하는 경우를 예로 들 수 있다. 태도가 행동에 뒤따른다는 증거들은 자주 발견된다(마이어스, 2008). 연구들을 종합하면 태도를 협의적으로 정의해야 행동과 일치시킬 수 있다는 결론이다. 한편 태도의 측정에서는 여러 가지 대상 속성들 중 방향(긍정과 부정)과 강도(어느 정도)를 중시한다. 측정치를 얻기 위해 리커트 척도, 의미 분별(어의차) 척도, 누가 척도(Guttman 척도) 등이 사용된다.

• PR 적용 태도 연구를 PR에 적용해보면 다음과 같은 시사점을 얻을 수 있다. 먼저 PR의 결과로 이뤄진 태도 형성이나 변화는 지속적인 것으로 기대해서는 안 된다. 다차원적 관점으로 접근하자면 수용자가 가진 태도의 모든 측면을 바꾸려는 것은 지나친 욕심이다. 설득의 목표를 특정 측면으로 국한하는 것이 좋다. 목적을 명확히 하고 목적 성취를 위해 바꾸어야 할 수용자의 태도가 무엇인지를 결정한 후 태도의 어떤 측면들을 공략할 것인지를 결정하는 것이 바람직하다(뉴섬 외, 2007).

신념과 가치 신념은 사람의 가치체계에 깊게 고정된 확신을 말한다. 어떤 대상이나 사건에 대해 어떤 특성을 지닐 것이라고 보는 개인의 주관적 개연성이다. 신념에 대한 확신이 커지면 그 강도가 높아진다. 신념은 진실이냐 아니냐를 따진다. 주로 가치에 의해 결정되며 지식, 견해, 신앙을 설명해준다. 어떤 대상에 대해서가 아니고 주장이나 말에 대해서 형성된다 (최윤희, 2008). 강한 신념에는 스스로 몰두하는 경향이 높고(자아 몰두), 감정 적으로 깊이 개입되어 있으며(감정적 개입), 인지적으로 정교한 지식체계를 가지고 있음(인지적 정교성)이 밝혀졌다. 한편 가치는 광범위한 개념 또는 대상에 대해 그것이 얼마나 바람직하고 중요하냐를 판단하는 비교적 지속 적인 내적 체계를 가리킨다. 단순한 대상이나 주장에 대해서가 아니라 교 육, 국가와 같은 포괄적인 대상을 단위로 한다. 친절처럼 매일의 행동지침 이 되는 도구적 가치와 행복이나 안전 같은 인생 전반의 지침이 되는 일생 가치가 있다. 가치는 태도나 신념보다 훨씬 지속적이다. 태도와 신념은 상 황에 따라 바뀌지만 가치는 좀처럼 바뀌지 않는다. 설득을 통해 가치를 바 꾸기는 어렵다(나은영, 2009).

2) 일관성 이론

일관성 이론은 인간 행동의 상당 부분을 설명할 수 있다. 사람들은 인지 적·감정적 요인들이 일관성을 이룰 때 편안함을 느끼며, 그렇지 않을 때 불 편함과 긴장감을 느낀다. 개인뿐 아니라 집단에서도 구성원들 사이에 의 견의 일치와 일관성이 있을 때 편안해 한다. 일관성을 유지하거나 깨트리 는 데서 태도 변화나 설득이 가능하다고 본다. 세부이론으로 ① 균형이론, ② 대칭이론, ③ 인지 부조화 이론이 있다.

균형이론 균형이론은 1950년대 하이더가 제안한 이론으로 사람들은 인지적 불균형을 균형 상태로 되돌리려 한다는 것이 핵심 내용이다. 여기 서의 균형 상태란 어떤 대상에 대해 좋아하는 사람과 같은 태도를 지니는 것을 말한다. 3자 관계를 기본으로 하지만 나와 상대방 외의 제3자가 반드 시 사람일 필요는 없다. 남편과 아내가 모두 야구를 좋아한다면 남편, 아내,

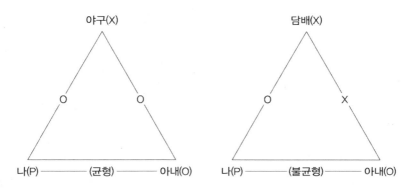

자료: 오미영·정인숙(2005).

야구의 삼각관계는 균형 상태다. 남편은 담배를 원하고 아내는 담배를 혐오하면 남편, 아내, 담배의 관계는 불균형 상태다. 남편이 담배나 아내를 포기해야 균형 상태가 된다. 불균형 상태는 태도나 행동 변화를 일으킬 수 있는 압력으로 작용한다(오미영·정인숙, 2005). 균형이론은 한 사람(P)과 다른 사람(O), 특정한 대상(X)의 관계를 다룬다고 해서 P-O-X이론이라고도 한다.

• 대칭이론   대칭이론은 1950년대 뉴콤이 제안한 이론으로 사람들은 균형이나 일관성을 이루기 위해 서로 영향을 미치며 이 과정에서 커뮤니케이션 행동을 한다는 점이 강조된다(나은영, 2009). 커뮤니케이션 행위이론 또는 A-B-X이론으로도 불린다. 균형이론과 인지 부조화 이론이 일관성 회복을 위해 태도를 바꾼다는 점에 주목하는 반면, 대칭이론은 태도를 바꾸기 위해 커뮤니케이션 행동에 나선다는 데 주안점을 둔다. A와 B라는 사람과 X라는 사회적 상황, 주변 인물, 대상, 이슈의 삼각관계에서 양자의 태도나 의견이 불일치하는 경우 커뮤니케이션 행위가 증가된다는 것이다. 예

를 들면 전쟁이나 자연재해 상황에서 정부와 국민은 매스미디어를 통해 지속적으로 커뮤니케이션하려는 성향 또는 욕구를 증대시킨다(오미영·정인숙, 2005).

인지 부조화 이론   1950년대 페스팅거에 의해 개발된 인지 부조화 이론은 사회심리학의 패러다임을 변화시킨 중요한 연구로 평가된다. 사람들이 어떻게 행동을 합리화하는지를 설명하고 예측하는 이론이다. 이론의 2가지 전제는 인지 부조화가 변화 압력을 만들며, 그로 인해 부조화를 감소시키려 하거나 또 다른 부조화를 만들어내는 상황과 정보를 회피하려 한다는 것이다. 일례로 우리는 과거 행동 때문에 자존심을 위협받으면 과거 행동을 정당화하기 위해 왜곡, 부정은 물론 자아 설득까지 불사한다(프랫카니스·아론슨, 2005). 인지 부조화는 사람들이 자신에게 적합하지 않다고 생각하는 일을 할 때나 자신이 생각하는 의견과 잘 맞지 않는 의견을 가지게 됐을 때 겪는 괴로운 심리상태를 일컫는다. 일치하지 않는 두 개의 인지요소(생각, 신념, 견해 등)를 동시에 갖는 사람에게 인지 부조화가 발생한다. 사안이 중요하거나 행동과 신념 사이의 불일치가 클수록 더 큰 심리적 부조화를 느낀다. 이런 상태에서 사람들은 손쉬운 방법으로 자신의 갈등을 경감시키려 한다. 일관성을 추구하려는 동기가 작용하기 때문이다. 자신의 태도와 반대되는 일이나 말을 한 경우 행동을 바꿀 수 없다면 태도를 행동에 일치시키는 것이 가장 간편하다. 미국의 이라크 침공 때 대량살상무기가 발견되지 않자 미국인들은 침공의 근거에 대한 기억을 억압받는 사람들을 해방시키고 민주주의를 촉진하는 것으로 바꿔버렸다(그리핀, 2010). 이론의 주요 관심은 부조화가 발생한 후의 태도 변화에 있다고 할 수 있다.

인지 부조화의 기전   인지 부조화가 일어나기 위해서는 행동을 스스로 선택했고, 행동의 결과를 돌이킬 수 없으며, 부정적 결과를 미리 예측할 수 있었다는 전제가 충족돼야 한다. 외부 압력에 의해 어쩔 수 없이 행동을 했거나, 행동 취소가 가능하거나, 부정적 결과를 예측할 수 없었다면 인지 부조화는 일어나지 않는다. 인지 부조화의 해소방법에는 5가지가 있다. ① 인지요소(태도, 행동)를 바꾸거나, ② 새로운 요소를 첨가하거나, ③ 부조화 요소를 전보다 적게 보거나(여우와 신 포도), ④ 자신의 행동과 조화를 이룰 수 있는 정보를 찾거나, ⑤ 정보를 왜곡, 오해함으로써(흡연의 위험성 불신) 부조화를 감소시키는 방법이다(오미영·정인숙, 2005).

하나의 가상적 상황으로 인지 부조화를 이용한 자발적 태도 변화 과정을 살펴볼 수 있다. 먼저 보상이나 처벌을 통해 어떤 사람에게 평소 신념이나 태도에 어긋나는 행동을 하게 만든다. 그러면 인지 부조화가 일어나고 그 해소방법을 모색하게 된다. 당사자가 사안의 중요성을 격하시켜 자신을 합리화할 수 있으면 태도 변화는 일어나지 않는다. 많은 돈과 노력을 들이도록 해 일의 중요성을 격하시킬 수 없도록 만들어도 제3의 요소를 끌어들여 합리화할 수 있다면 역시 태도 변화가 일어나지 않는다. 자발적으로 자신의 태도에 어긋나는 심각한 행동을 하도록 유도한 뒤 이를 무시하거나 합리화할 수 없도록 만들면 태도와 행위 둘 중 하나를 바꿔야 한다. 행위는 벌써 일어난 일이므로 태도를 바꿀 수밖에 없다. 페스팅거의 최초 이론이나 이후의 수정 이론은 모두 결함을 가진다. 인지 부조화 이론이 틀렸음을 증명할 길이 없다는 점이 그것이다(임태섭, 2003).

3) 귀인이론/학습이론

귀인이론은 균형이론을 제안한 하이더에 의해 정립된 이론이다. 귀인(歸因)이란 다른 사람의 말과 행동의 원인을 추리하는(귀속시키는) 방식이나 과정을 말한다. 대인이론과 설득이론에서 함께 다뤄진다. 때때로 사람들은 비논리적이고 편견이 있는 상태로 귀인에 이른다. 이웃돕기성금 모금 활동을 좋은 의도로 귀인하면 높은 봉사의식이 되지만, 나쁜 의도로 귀인하면 얼굴 알리기나 출마 의도가 된다. 귀인은 이처럼 사람과 상황에 따라 극과 극이 될 수 있다.

귀인이론 귀인은 단일 요인과 조합 요인으로 설명된다. 단일 요인으로는 상황, 욕망, 감정, 소속감, 의무 등이 있다. 조합 요인으로는 행위자 내부 요인과 외부 요인, 안정 요인과 불안정 요인이 흔히 사용된다. ① 안정-내부는 능력 귀인, ② 불안정-내부는 노력 귀인, ③ 안정-외부는 과제의 난이도 귀인, ④ 불안정-외부는 운(運) 귀인이다. 상대의 부정적 행동을 안정된 요인에 귀인하는 경우 관계가 악화될 가능성이 높다. 반대로 불안정 요인에 귀인하는 경우 관계가 악화될 가능성이 낮다. 행복하게 사는 부부들은 배우자의 긍정적 행동은 안정 요인에, 부정적 행동은 불안정 요인에 귀인한다는 연구결과가 있다. 생긴 일들에 대해 외부 요인은 고려하지 않고 행위자의 내부 요인에서만 원인을 찾는 것을 근본적 귀인오류라 한다. 모든 일의 원인을 사람 탓으로만 돌리는 경우다. 시어머니가 집안일이 잘못되는 모든 이유를 며느리에게서 찾는 경우를 예로 들 수 있다(나은영, 2009).

입방체 귀인이론 가장 잘 알려진 귀인이론은 1970년대 해럴드 켈리(Harold Kelley)에 의해 제시된 입방체 모델이다. 이 이론에서는 사람들이 다른 사람의 행동 원인을 추리할 때 ① 합의성, ② 특이성, ③ 일관성의 3가지 정보를 이용한다고 가정한다. 합의성이란 행위자 외의 다른 사람들도 그런 행동을 하느냐, 하지 않느냐를 살펴보는 것이다. 특이성은 행위자가 다른 대상에게도 그런 행동을 하느냐, 하지 않느냐를 묻는다. 일관성은 행위자가 대상에게 언제 어디서나 그런 행동을 하는가, 아니면 그때 그 장소에서만 그런 행동을 하는가를 염두에 둔다. 합의성, 특이성, 일관성 정보는 각각 고(高)와 저(低)로 구분되며, 저가 될 때 행위자 귀인, 대상 귀인, 상황 귀인이 된다. 사람들은 3가지 정보가 채워지지 않더라도 정보를 유추해 귀인한다. 귀인 편향은 주로 사람들의 자기중심적 판단에서 비롯되는 것으로 2가지 유형이 있다. 행위자-관찰자 귀인 편향은 같은 행동이라도 행위자는 상황 탓으로 돌리고, 관찰자는 행위자 탓으로 돌리는 경향을 말한다. 이는 관점의 차이이거나 행위자와 관찰자가 지닌 정보의 차이에서 비롯된다. 자기본위적 귀인 편향은 똑같은 일이라도 자신이 하면 좋은 것이고, 남이 하면 좋지 않은 것으로 생각하는 경향이다. 내가 하면 로맨스, 남이 하면 스캔들이 되는 것이다(나은영, 2009). 입방체 귀인이론은 조직의 PR 활동에 대한 공중들의 반응을 평가·추론하는 데 활용할 수 있다. 사람들이 위기를 어떻게 인식하며 위기가 조직에 미칠 영향력을 예측하는 데도 도움을 준다.

학습이론 사람들의 많은 행동은 의식하든 않든 학습 원리의 지배를 받는다. 학습은 개인 내적 커뮤니케이션을 통해 이뤄진다. 뚜렷한 태도를 가지지 않던 대상에 대해 호의적 태도를 갖게 되는 과정에는 3가지 학습이론이 적용된다. ① 이반 파블로프(Ivan Pavlov)의 고전적 조건 형성 이론, ② 스키너(B. F. Skinner)의 도구적 조건 형성 이론, ③ 앨버트 반두라(Albert Bandura)의 사회학습 이론이 그것이다(프랫카니스·아론슨, 2005). 고전적 조건 형성은 중성적인 대상 A에 호감을 주는 B를 짝지어 제시함으로써 호감이 A로 전이되도록 하는 원리다. 나중에는 A와 B 간에 연합이 형성되어 B 없이도 A에 대해 호감을 느낀다. 주로 정서적인 측면과 이미지 형성에 작용된다(나은영, 2009). 고전적 조건 형성의 핵심은 연합과 반복이다. 무조건 자극과 중립자극의 연합은 시공간의 근접성을 기반으로 한다. 무조건 자극과 조건 자극 사이에는 논리적 연결이 있을 필요가 없다. 광고 커뮤니케이션에서 고전적 조건 형성 이론이 자주 사용된다. 조건 형성의 과정을 나타낸 것이 <그림 3-2>다. 도구적 조건 형성 이론은 보상과 처벌의 원리를 이용한다. 어떤 행동이 보상을 받으면 그 행동은 이후에 증가할 확률이 높아지고, 처벌을 받으면 감소할 확률이 높아진다. 보상원리 또는 강화원리의 가

〈그림 3-2〉 고전적 조건 형성 이론

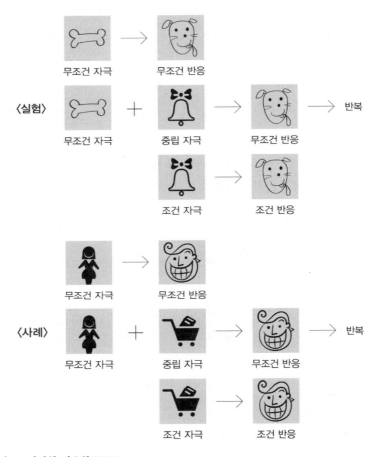

〈실험〉

무조건 자극 → 무조건 반응

무조건 자극 + 중립 자극 → 무조건 반응 → 반복

조건 자극 → 조건 반응

〈사례〉

무조건 자극 → 무조건 반응

무조건 자극 + 중립 자극 → 무조건 반응 → 반복

조건 자극 → 조건 반응

자료: 이명천·김요한(2010).

장 기본적인 형태라 할 수 있다. 사회학습 이론은 도구적 조건 형성의 원리를 따르지만 보상과 처벌을 받는 대상이 제3자다. 언론매체 등에서 다른 사람이 보상을 받는 행동은 긍정적으로 강화되어 자신도 그 행동을 따르게 된다. 반대로 처벌을 받는 행동은 부정적으로 강화되어 자신도 그 행동을 덜 하게 된다(나은영, 2009). 사회학습은 다른 사람의 행동을 관찰하고 모방한 결과 일어난다는 인식을 기초로 한다. 반두라는 사회적 학습의 4가지 기본 과정을 주목, 기억, 생산, 동기로 본다. 여기서의 생산은 배운 것을 실제로 행동에 적용시키는 것을 말한다. 생산으로 인한 보상과 처벌은 특정한 동기를 강화시키거나 약화시킨다. 반두라는 사회학습 이론이 상징적 양식으로 직접 표현되는 행동에 국한해 적용될 수 있다고 보았다(맥퀘일, 2008).

4. 관여도 이론

늦게는 1970년대까지 언론학자들은 정보의 수용자가 메시지를 능동적으로 처리한다고 생각했다. 때문에 수용자의 정보처리 행태보다는 메시지 처리에만 관심을 집중했다. 그러나 1960년대와 1970년대에 발견적 정보처리(heuristic), 낮은 정교화 정보처리 모델이 제시되면서 능동적 가정에 수정이 이뤄졌다. 양자는 사고 작용이 별로 없는 정보처리 과정을 의미한다. 설득에서의 관여도 이론으로는 ① 발견적 체계 모델, ② 인지 정교화 이론, ③ 3수준 태도 변화 이론, ④ 사회적 판단 이론 등이 잘 알려져 있다.

1) 관여도 3이론

크루그먼(H. Krugman)은 정보처리 과정에 저관여 관점을 처음 제시한 학자로 수용자의 관여도가 정보처리 방식을 결정한다고 주장했다. 오늘날 대부분의 학자들은 관여도가 메시지 노출과 능동적 처리 여부를 결정하며, 태도 변화에는 2가지 경로가 있다는 크루그먼의 입장을 받아들인다.

• 발견적 체계 모델 차이켄(Chaiken)의 발견적 체계 모델(Heuristic Systema-
tic Model: HSM)은 설득적 커뮤니케이션의 반응으로 나타나는 의견 변화의
대부분은 극소량의 정보, 즉 휴리스틱을 처리한 결과라고 지적한다. 이에
비해 페티와 캐치오포(Petty and Cacioppo)의 인지 정교화 모델, 즉 ELM
(Elaboration Likelihood Model)은 차이켄의 발견적 체계 모델과 비슷하지만 미
묘한 차이가 있다. 양자는 설득의 두 경로가 있다고 보는 점에서 동일하다.
능동적이고 사고적인 경로를 HSM에서는 체계적, ELM에서는 중심적·경
로라고 명명한다. 수동적이고 사고를 덜 요구하는 경로를 ELM에서는 주
변적, HSM에서는 발견적 경로라 한다. 발견적 경로는 주변적 경로보다 더
범위가 축소되어 개념화됐다. HSM이 학자들에게 매력적인 것은 메시지를
처리하는 양식의 십중팔구에서 발견적 정보처리가 우세하기 때문이다(보
턴·해즐턴, 2010).

인지 정교화 이론 1980년대 페티와 캐치오포가 제안한 인지 정교화 모
델(ELM)은 지난 수십 년간 설득에 관한 이론을 주도해왔다고 해도 과언이
아니다. 의견이나 태도의 의식적, 무의식적 결정을 설명하는 데 적합한 이
론이다. 그러나 일관되지 않은 연구결과들을 내놓고 있어 이론의 적합성
에 대한 논란이 없지 않다. 이 모델은 메시지의 특성이나 수용자의 지식, 관
여도 등에 따라 정보처리를 중심 경로(central route)로 하느냐, 주변 경로
(peripheral route)로 하느냐가 결정되고, 경로에 따라 태도에 미치는 방식도
달라진다고 본다. 사람들이 일관되고 정확한 태도를 견지하려는 동기와
함께 태도 결정을 위한 시간과 능력이 부족함을 전제로 한다. 정교화는 메
시지에 담겨진 주장과 이슈에 대해 깊이 생각하는 정도를 말한다. 대부분
의 메시지 처리는 심사숙고와 무심한 의존이라는 양극단의 사이에 놓인
다. 비판적 사고를 적용하는 정도는 개인의 동기(개인의 관련성, 논쟁의 다양
성, 비판적 성향)와 능력(해당 사안에 대한 지식)에 달려 있다(그리핀, 2010).

중심 경로와 주변 경로　중심 경로에서는 과거 경험이 큰 영향을 미치며 이를 바탕으로 호감을 주는 메시지에 대해 더 정교하게 판단하고 긍정적으로 평가한다. 중심 경로를 통과한 정보는 장기적인 태도 변화에 영향을 미칠 수 있고 행동 예측을 가능하게 한다. 정교화는 대개 객관적 정교화(상향식 사고)를 의미하지만 편향된 정교화(하향식 사고)처럼 사전에 정해진 결론에 따라 그 하위의 자료를 결정하는 것이 편향된 정교화다. 이 경우는 편파된 중심 경로를 거친 것으로 본다. 주변 경로에서는 메시지의 인지적 내용보다는 정보원 신뢰도, 매력, 제시된 양식의 소구력 등 우연적 단서에 더 의존한다. 어떤 메시지를 능동적 사고 과정 없이 재빨리 수용하거나 거부해버린다. 개인적 관련성(관여도)이라는 동기가 없으면 주변 경로를 사용할 개연성이 높다. 정보원의 공신력은 주변 경로에서 영향을 많이 주는 단서다. 그동안의 공신력 연구는 호감도가 높거나 전문성을 가진 화자는 메시지가 무엇이냐에 관계없이 설득력이 높음을 보여준다. 로버트 치알디니(Robert Cialdini)는 주변 경로를 통해 기계화된 반응을 하게 만드는 6개의 단서로 호혜성, 일관성, 사회적 증거, 호감, 권위, 희귀성을 제시했다(2절 설득 커뮤니케이션, 수용자 참조). 설득 수용자의 기분 등 주변적 단서를 일일이 나열한다는 것은 불가능하다. 일상생활의 대부분 메시지는 주변 경로를 통해 처리된다. 인지 정교화 모델에서는 의제 설정 효과를 주변 경로에 의한 효과로 설명한다(그리핀, 2010). 주변 경로를 통해 처리되는 메시지는 일시적인 태도 변화를 의미하기 때문에 행동 예측과 연결시키기 어렵다.

3수준 태도 변화 이론　3수준 태도 변화 이론은 사람들이 쟁점 등에 대해 서로 다른 단계의 관여도를 가지며, 이것이 태도 변화에 영향을 미친다는 이론이다. 관여도를 고, 중, 저 3수준으로 나눴을 때 관여 수준이 너무 낮으면 커뮤니케이션 처리 동기가 부족해 객관적 처리를 기대하기 어렵다. 관여도가 낮은 사람은 메시지 내용보다 출처에 주목하는 경향이 있다. 주의를 기울이거나 생각해보지 않고 신념이나 태도 변화를 일으킬 수 있다. 인지 정교화 모델의 주변 경로 처리에 해당된다. 반면 관여도가 너무 높으면 메시지를 방어적으로 왜곡시키기 때문에 설득이 힘들어진다. 관여도가 높은 사람은 메시지 출처보다 내용에 주목하는 경향이 있다. 중간 정도의 관여 수준에서 메시지의 객관적 처리가 일어나며, 질 높은 메시지는 설득을 일으키고 질 낮은 메시지는 설득을 일으키지 못한다. 3수준 태도 변화 이론은 관여 수준이 아주 높을 경우 질 높은 메시지마저도 태도 변화를 일으키지 못하는 설득 저항을 중시한다. 여기서의 정보처리 과정은 제3의 경로인 편파된 중심 경로를 따른다고 가정한다. 깊이 생각은 하되 편파된 방향으로 하기 때문에 질 높은 메시지까지도 배척하여 태도 변화에 저항하거나 역 태도 변화를 보인다는 것이다. 광고 메시지는 저중관여 모델로 잘 설명되지만 정치적 신념 등의 설득 상황은 중고관여 모델로 더 잘 설명된다. 인지 정교화 모델은 저관여부터 중간 정도 관여까지 잘 설명해준다(나은영, 2009). 사람들은 쟁점에 대해 흥미를 느낄수록 관여도(일관성)가 높아진다.

2) 사회적 판단 이론

사람들은 어떤 메시지를 접하면 자신의 기존 시각, 즉 자신의 사회 개념 (social perception)을 기준으로 비교 가늠해본다. 이 과정을 거쳐 메시지를 머릿속 태도 척도의 어느 부분에 위치시킬 것인지를 판단한다. 무자퍼 셰리프(Muzafer Sherif)에 의하면(1961) 이런 잠재의식적 분류는 어떤 대상을 인지하는 순간에 일어난다. 셰리프의 이 같은 태도 분석을 사회적 판단 및 관여도 접근, 줄여서 사회적 판단 이론(social judgement theory)이라 한다. 여타의 인지이론과 마찬가지로 이 이론은 눈 뒤에서 일어나는 정신적 구조와 과정을 가정한다는 한계점이 있다.

관여도와 태도영역[3]　셰리프는 태도를 수용, 거부, 비개입의 3가지 영역이 혼합된 것으로 간주한다. 사회적 판단이 필요한 질문을 접하면 사람들은 경험에 근거해 개인적으로 동의할 수 있는 것은 수용 영역에, 동의할 수 없는 것은 거부 영역에, 중립적 사안은 비개입 영역에 위치시킨다. 각 영역은 자아 관여라는 이 이론의 핵심 요소에 의해 영향을 받는다. 자아 관여와 지각 사이에는 밀접한 관련성이 있다. 자아 관여가 높으면 비개입 영역이 존재하지 않는다. 이슈에 대해 관여 정도가 낮으면 보통 넓은 비개입 영역을 갖는다. 거부 영역이 넓다는 것은 해당 이슈에 대한 높은 관여도를 의미한다. 어떤 이슈에 대해 극단적으로 한쪽 의견을 가진 사람은 거의 모든 경우 높은 관여도를 가진다. 셰리프는 어떤 사람이 기존 태도와 격차가 있는 새 메시지를 접한 뒤 사용하는 비교의 기준점을 닻(판단의 중심)으로 표현했다. 확고한 태도를 나타내는 거대한 닻은 척도의 양 가장자리, 즉 극단으로 향하는 성질이 있다. 어떤 이슈에 대한 관심이 깊어지면 급진적인 의견이 상식이 된다.

대조 효과와 동화 효과　셰리프는 기존 태도와 반대되는 주제나 주장에 노출됐을 때 대조 효과가 나타날 것이라고 가정한다. 대조는 아이디어의 극화를 이끄는 지각의 왜곡으로, 어떤 메시지가 거부 영역에 들어왔을 때만 일어난다. 사람들은 다른 사람의 주장이 거부 영역에 속할 때 더 큰 괴리감을 느껴 견해 차이를 확대 해석하는 경향이 있다. 거부 영역의 메시지는 설득을 어렵게 만든다. 반(反)태도 메시지에 의해 대조 효과가 일어나는 부분에서 설득 저항이 극대화되기 때문이다. 따라서 설득 대상의 수용 영역에 속하거나, 가까이 접근할 수 있는 주장을 펴서 대상이 동질감을 느끼도

---

3) 이하 내용은 그리핀(2010: 272~286) 참조.

록 유도하는 것이 좋다. 동화 효과는 대조 효과와 정반대되는 지각 또는 판단의 오류다. 어떤 아이디어가 판단의 기준점인 닻을 향해 끌려들어가는 일종의 고무줄 효과다. 이는 다른 사람의 메시지가 수용 영역에 들어왔을 때 일어난다. 수용 영역에서 사람들은 대조 효과 때와 정반대로 입장 차이를 축소해서 해석한다. 셰리프는 비개입 영역대의 메시지를 사람들이 어떻게 판단하는지에 대해서는 명확하게 언급하지 않았다. 대부분의 이론가들은 지각적 편향을 가미시키지 않고 자신의 의도에 맞춰 대강 들으려 할 것이라고 해석한다.

설득 적용 사람들은 새 메시지가 수용 영역에 있다고 판단하면 메시지를 받아들이기 위해 태도를 다소간 조정한다고 한다. 이 경우 설득적 효과는 긍정적이지만 효과의 크기는 크지 않다. 기존 태도와 새 메시지 사이의 격차가 클수록 더 큰 태도 변화가 일어난다. 따라서 설득력이 가장 큰 메시지는 피설득자의 수용 또는 비개입 영역에 있으면서 동시에 기존 태도와 격차가 가장 큰 경우가 된다. 메시지의 영향력을 높이기 위해서는 수용 영역의 가장자리에 위치하는 메시지를 선택하는 전략이 필요하다. 자아 관여도가 높은 사람은 거부 영역대가 넓다는 점에서 설득 메시지는 역효과(부메랑 효과)를 낼 가능성이 크다. 부메랑 효과는 사람의 생각을 변화시키기보다 견고하게 만드는 경향이 있다. 따라서 단번에 너무 큰 태도 변화를 기대하지 않는 것이 좋다. 사회적 판단 이론의 실험에서는 다음의 3가지 사실이 분명해졌다. 첫째, 설득자의 높은 신뢰성은 피설득자의 수용 영역을 넓힐 수 있다. 둘째, 메시지 내용이 모호할 때가 명확한 경우보다 종종 설득적인 효과가 크다. 폭넓은 국민(정치인)이나 관객(연예인)에 어필하기 위해서는 모호한 메시지가 도움이 된다. 셋째, 모든 문제에는 독선적인 사람이 있다. 이들은 만성적으로 넓은 거부 영역을 지닌다.

4장

PR 관리

1. PR과 경영

경영이란 명시된 이념적·사실적 조직목표를 달성하기 위해 인적·물적 자원과 과업을 통합하는 과정이다. 목적 및 기능별 조직 유형을 보면 경제적 조직(기업), 관리 또는 정치적 조직(국가기관, 노조, 정당, 압력단체), 유지적 조직(학교, 교회, 보건복지기관), 적응적 조직(대학, 연구기관, 예술기관)의 4가지가 있다.

1) CEO와 PR 실무자

PR과 최고경영자(CEO)의 마인드는 절대적인 연관관계에 있다. CEO가 PR을 어떻게 생각하느냐에 따라 PR은 조직 경영의 핵심 요소가 될 수도 있고, 있으나 마나 한 존재가 될 수도 있다. CEO의 마인드는 PR 전략의 성공과 실패를 예견하는 바로미터가 된다. 또한 CEO의 마인드는 PR 예산의 규모를 좌우하는 요인이기도 하다. 특히 브랜드 가치와 관련된 장기 PR 투자에서는 CEO의 마인드가 모든 것을 말해준다.

CEO의 리더십 한국 CEO들은 업무시간의 약 25%를 PR 활동에 사용하는 것으로 알려져 있다. 조직이 성공하기 위해서는 그 중앙에 조직홍보의 대가인 CEO를 필요로 한다. 조직홍보를 이해하지 않고서는 기업의 지도자가 될 수 없다. CEO는 광범위한 공중들에게 비전과 전략을 제시할 수 있는 커뮤니케이션 능력과 여론관리 능력을 보여줘야 한다. 조직의 PR 또는 커뮤니케이션 환경은 조직 유형보다 CEO 스타일에 따라 달라지는 경향이 있다(뉴섬 외, 2007). CEO 스타일은 여러 요인에 의해 결정되겠지만 리더십 유형에 큰 영향을 받는다. 이와 관련, 찰스 파카스(Charles Farkas)와 수지 웻로퍼(Suzy Wetlaufer)는 160명의 유명 CEO를 대상으로 5가지 리더십 유형을 분석해냈다. 즉, ① 미래를 중시하는 전략형, ② 인재관리에 중점을 두는 인적 자원형, ③ 지식을 중시하는 전문가형, ④ 통제 시스템을 강조하는 규제형, ⑤ 변화를 추구하는 혁신형이다. 전략형은 환경이 급변하는 정보산업, 인적 자원형은 현장 중심의 서비스 업종, 전문가형은 특수 기술 분야, 규제형은 안전이나 보안을 중시하는 은행, 항공사, 혁신형은 매너리즘에 빠진 기업에 적합하다. 다니엘 골먼(Daniel Goleman)은 CEO의 리더십 유형을 전망 제시형, 코치형, 관계 중시형, 민주형, 선도형, 지시형의 6가지로 나누고 있다(김태욱, 2007).

• 리더십과 PR 스타일 조직의 PR 활동은 CEO의 리더십 유형과 부합하거나 보완적 성격을 가질 때 힘을 얻을 수 있다. 그러나 PR 활동이 고유의 정체성을 잊은 채 CEO의 리더십에 뇌동하는 형태가 돼서는 곤란하다. 때로는 리더십에 역행할 수도 있다는 점을 잊어서는 안 된다. PR은 공적 책임 개념을 조직의 경영관리에 적용하는 힘으로 기능할 수 있어야 하기 때문이다(그루닉·헌트, 2006d).

홍보 마인드　PR 실무자들이 당면하는 첫 도전은 CEO에게 PR을 이해시키고 PR에 필요한 지원을 설득하는 일이다. 이를 통해 PR의 역할을 단순 커뮤니케이션에서 조사연구, PR 기획, 자문, 경영전략으로 확장시킬 수 있어야 한다. 홍보 마인드가 부족한 CEO를 설득하기 위해서는 ① 리더십 분석, ② 설득 메시지 개발, ③ 설득 방법 개발, ④ 관심의 제고, ⑤ 설득의 반복 과정이 요구된다. CEO의 리더십 유형은 복합적이거나 상황에 따라 달라지는 것이어서 유연한 대응이 필요하다. 설득 메시지 개발은 PR의 이해도에 따라 수준을 맞춰야 한다. 이해도가 높으면 중장기적 효과나 기업 이미지의 중요성을, 이해도가 낮으면 단기적 효과를 눈으로 확인시켜주는 것이 좋다. 설득의 방법은 내부 회의 활용, 경쟁사 홍보 등 외부 자료 활용, 외부 교육이나 세미나 활용 등을 생각해볼 수 있다. CEO의 PR에 대한 인식과 태도를 변화시킬 수 있는 적절한 답을 찾아내야 한다. PR에 대한 관심을 높이고 지속화시키기 위해서는 반복적인 접촉이 필요하다. PR 프로그램과 관련된 보고 기회를 자주 만들어 CEO가 PR과 익숙해지도록 하는 것이 최신책이다. 홍보 마인드가 변화되면 PR 관리도 발전적으로 개편돼야 한다(김태욱, 2007).

PR 실무자 자질　국내의 PR 실무자는 조직 내, PR 회사, 광고회사의 하부 부서, 프리랜서 PR 컨설턴트의 4가지 형태로 근무한 가진다. 일본의 경우 PR 부서의 인기가 크게 높아지는 추세다. CEO가 되기 위해서는 PR 부서 경력이 필수조건이 되고 있다(시노자키, 2004). PR 인력은 직책별로 실무자와 관리자, 직능별로 일반 인력(generalist)과 전문 인력(specialist)으로 나눌 수 있다. PR 실무 대응을 위해서는 일반 능력과 분야별 전문 능력을 겸비해야 할 때가 많다. 통합 커뮤니케이션 전문 인력(integrated communication specialist)의 역할도 강조되고 있다. 1990년대 이후 IMC(Integrated Marketing Communication)가 부상되면서 PR, 광고, 마케팅 분야를 아우르는 활동을 요구받고 있다(뉴섬 외, 2007).

• 능력과 자질 PR 실무자나 관리자에게 요구되는 능력과 자질은 여러 차원에 걸쳐 있다. PR의 활동영역이 그만큼 광범하다는 의미로 받아들일 수 있다. 미국PR협회는 PR 실무자가 갖춰야 할 능력으로 작문 능력, 연구조사 능력, 기획 능력, 문제 해결 능력의 4가지를 꼽고 있다(김병철, 2005b). 이 외에도 매스미디어 채널을 통합적으로 관리할 수 있는 능력, 조직과 공중의 중재자로서의 효과적인 의사소통 능력, 과학적인 여론조사 능력을 제시하기도 한다. 개인적 특성으로는 추진력, 인내심, 순발력, 통찰력과 대인관계를 원만히 풀어나가는 인간관계 능력을 필요로 한다. PR 실무자들은 창의력이 풍부한 사람들이기 때문에 일반적인 직원 관리법으로 다뤄져서는 안 된다(뉴섬 외, 2007).

• 기술과 지식 PR 실무자는 1차적으로 커뮤니케이션 기술과 여러 분야의 지식 기반을 갖춰야 한다. 커뮤니케이션 기술은 다양한 형태의 매체를 이해하고 활용하는 능력을 말한다. 온라인 PR에서는 정보처리와 검색능력이 중요한 활동요건이다. 웹, 앱, FTP, 이메일, 유즈넷, 토론방, 게시판, 메신저, 채팅, 쿠키(cookies) 등의 교육과정을 이수해야 한다. PR 실무자들은 또한 HTML(HyperText Markup Language)과 XML(eXtensible Markup Language), NewsML(News Markup Language)과 같은 컴퓨터 언어에 대한 이해를 필수 적이다. NewsML은 뉴스를 정보 콘텐츠로 활용하기 위해 XML을 확장시켜 만든 세계 정보 표준화 언어다.[1] NewsML을 이해해야만 보도자료 작성 등 인터넷 커뮤니케이션 채널을 관리할 수 있다(필립스, 2004). 지식 측면에서

---

[1] NewsML은 1998년 로이터 통신사에 의해 처음 개발됐으며 2000년 국제언론통신협의회, 즉 IPTC(International Press Telecommunications Council)가 NewsML v.1.0을 차세대 국제표준으로 제정했다. NewsML-KR은 NewsML1.2 버전을 기반으로 2007년 제정된 한국어 확장판이다(http://www.kpf.or.kr).

는 경영학, 행정학, 재정학, 심리학, 사회학, 정치학, 커뮤니케이션학, 언론학 등에서 보통 이상의 조예를 요구한다. PR 기술자가 아닌 전문인이 되기 위한 조건이다.

2) PR 부서의 관리

PR 부서의 조직에서 1차적으로 고려해야 할 사항은 자체 조직으로 하느냐, 자체 및 외부 조직의 혼성으로 하느냐를 결정하는 것이다. 자체 조직은 동료들과의 신뢰감과 상호 지원, 조직에 관한 지식, 접촉의 편의성, 경제성 등에서 장점이 있다. 그러나 객관성을 잃어 조직의 견해에 흡수되거나, 공중을 소홀히 할 위험이 있다(최윤희, 2008). 이에 비해 외부 조직, 즉 PR 회사(대행사)는 업무의 전문성, 폭넓은 정보자원 축적, 업무 객관성의 확보, 문제 해결 능력 등이 장점이다. PR 회사는 숙련된 필자, 예술가, 편집자, 재정 분석가, 이벤트 전문가, 대담 프로 전문가 등 다양한 전문가를 확보하고 있어 전문 분야에 대한 문제 해결 능력을 갖추고 있다. 그러나 조직 내부 정보에 어두워 PR 문제에 대한 이해의 지연, 비밀 누설, 경비 부담의 증가, 언론사들의 접촉 기피 등 단점을 가진다. 언론홍보가 PR 업무의 중심인 기업에서는 대행사보다 직접 수행을 선호한다. 언론사들이 PR 회사를 꺼리기 때문이다(한정호 외, 2014).

자체 조직　한국 기업의 PR 부서는 대체로 홍보팀 또는 PR팀이라는 명칭을 사용한다. PR 부서의 편제는 CEO 직할부서, 일반부서, 일반부서의 하위 팀의 3가지 방식이 있다. 일본의 경우 특정 부서 내 일개 기능 단계(하위팀)에서 독립부서 단계, 최고경영자 직할부서 단계로 발전하는 추세에 있다(시노자키, 2004). PR 편제를 보면 PR에 대한 조직의 인식 수준을 짐작할 수 있다. CEO 직할부서 편제는 언제나 CEO에게 접근할 수 있는 데서 오는 일관성과 그 결과로 생기는 신뢰성이 가장 큰 장점이다. CEO에게 직접 보고하고, 직접 협의를 해야 홍보부서의 위상과 신뢰가 축적된다. 직접 보고하는 사람의 말은 다른 사람들도 듣기 때문이다(아르젠티·포먼 2006 재인용). CEO 직할부서 편제에서는 다른 편제보다 홍보부서의 권한과 투자가 커지는 것이 보통이다. 하위 팀의 경우 기획부서 소속이냐, 마케팅부서 소속이냐에 따라 홍보 성격이나 범위가 달라진다. 부서 명칭에 따라서도 업무 역할에 차이를 보인다. 커뮤니케이션, PR, 홍보, 마케팅 커뮤니케이션 등의 명칭이 홍보부서의 역할을 규정한다(김태욱, 2007).

• 중앙집권화와 분권화   PR 부서의 중앙집권화와 단위조직별 분권화는 장단점이 교차된다. 중앙집권화는 일관된 홍보와 활동 통제가, 분권화는 융통성과 현장 대응성이 장점이다. 미국의 경우 지난 20년간 중앙집권체제를 허물어 분권화로 전환하는 추세였으나, 근래 다시 중앙집권 구조로 회귀하고 있다. 이는 조직 전체에 영향을 미칠 수 있는 이슈에 대해 하나의 목소리로 즉각적인 대응을 해야 할 필요성이 커졌기 때문으로 보인다. 중앙집권화와 단위조직별 분권화는 조직의 규모, 제품·서비스의 다양성, 조직 활동의 지리적 범위 등에 따라 판단할 문제다. 대규모 조직에서의 이상적인 구조는 중앙집권을 기본으로 기능적인 분야를 분권화시키는 혼성체제다. 본사 내부에서도 중앙집권화와 분권화의 수준을 PR 환경에 최적화시켜야 한다. 중앙은 전략적인 안목, 단위조직은 전술적인 집행에 강해야 상호보완적인 관계가 된다(아르젠티·포먼, 2006).

• 타 부서와의 협조   실무 차원에서 PR 부서는 조직 내 법무, 인사, 광고 및 마케팅 부서와 갈등을 빚는 경우가 많다. 법무는 평판보다 소송, 인사는 종업원 만족보다 통제, 광고 및 마케팅 부서는 전체 공중보다 소비자 공중을 중시하기 때문이다. 홍보부서에 대한 조직 전체의 신뢰감을 높여야 이런 갈등을 피해갈 수 있다. 그러기 위해서는 위기 타개의 통찰력, 주장 관철

능력, PR 활동 성공의 기록 등이 요구된다.

PR 회사 활용 한국의 PR 회사는 1997년 말 IMF 외환위기 이후 증가하기 시작해 현재는 200개 이상의 업체에 1만 명 이상이 근무하는 것으로 알려져 있다. 2000년대 초반 이후 PR 회사의 서비스가 세분화, 전문화, 체계화되는 추세다(신인섭·이명천·김찬석, 2010). PR 회사별로도 건강·의료·제약, IT, 화장품, 소비재, 여행관광, 공공 분야, 온라인 PR 등 서비스를 특화하고 있다. 외국계 PR 회사들도 패션, 식음료, 건강, 투자자 관계, 스포츠, 여행, 기술 등 독자적인 영역을 구축하고 있다. 보건복지부, 한국관광공사 등 정부부처나 공기업들의 외부 PR 회사 활용도 늘어나고 있다(한정호 외, 2014).

• PR 회사의 업무 미국PR협회가 제시하는 PR 회사의 업무는 장단기 홍보목표의 설정, 경영진 자문 및 지도, 보도자료 배포, 재정 관계 관리, 종업원 관계 관리 및 사내 홍보, 지역사회 관계 관리, 정부 관계 관리, 평가와 측정 등이다(서정우 외, 2002). 일본 PR 회사의 경우 홍보 컨설팅, 홍보전략 입안, 퍼블리시티 기획 및 실행(보도자료 제작, PR 이벤트 등), 미디어 이벤트(기자회견, 인터뷰, 취재 소재 제공), 홍보조사, 홍보연수, 미디어 트레이닝, 정보 수집 및 모니터링, 보도 분석, 사내 홍보(사보, 홍보 매뉴얼 작성) 등을 기본 업무로 한다(시노자키, 2004). 국내에서는 언론홍보를 위해 PR 회사를 이용하는 경우가 많다. 언론홍보에는 보도자료 배포, 매체 분석, 인터뷰와 기자회견 주선, 이벤트 기획 및 집행, PR 컨설팅 등이 포함된다. 이 외에 분야별 홍보(IT, 의료, 패션 등), 쟁점관리, 위기관리, PR 조사, 사보 제작, CI, DM발송 등 서비스가 이뤄진다(김태욱, 2007).

• 수수료 책정 방식 PR 회사의 수수료 책정 방식에는 ① 고정 수수료(retainer fee) 방식, ② 시간제 인건비 방식, ③ 프로젝트 방식의 3가지가 있다. 고정 수수료 방식은 홍보 서비스의 대가로 월정액의 수수료(비용은 별도)를 지급한다. 성과보상체계의 측면에서 시간제 방식보다 선호된다(딕스-

브라운·글루, 2005). 시간제 인건비 방식은 직급별 시간당 인건비 기준에 서비스 시간을 곱해 청구액을 산출하는데 비용은 별도다. 프로젝트 방식은 개별 홍보의뢰 건별로 청구액을 산출하며 비용을 포함하는 개념이다. 국내서는 프로젝트 방식이 선호된다(한정호 외, 2014). 일본에서의 PR 수수료 산정은 대개 월 단위 컨설팅 비용, 일반 활동비, 홍보 활동 실비에15%의 적정 이윤을 보탠 금액으로 한다(시노자키, 2004).

PR 예산 책정 PR 예산은 홍보목표, 전략, 전술과 맞물려 있는 문제다. 책정된 예산의 크기에 따라 홍보목표가 확대되거나 축소된다. 홍보를 장기 프로그램으로 지속시키느냐, 단기로 끝내느냐도 홍보 예산에 달려 있다. 그뿐만 아니라 홍보 예산은 이벤트, 미디어 구매, PR 회사 고용, 퍼블리시티 등 전술 구사의 제약 요인 또는 확장 요인으로 작용한다(김태욱, 2007). PR 예산 책정은 광고에서의 하향식과 상향식 접근을 원용할 수 있다.

• 하향식 하향식 접근은 최고경영자가 예산의 한도를 결정하고 이에 맞추어 활동 예산을 배분하는 방식이다. ① 가용 자금법, ② 임의 할당법, ③ 매출 비율법, ④ 경쟁사 기준법 등이 있다. 가용 자금법은 다른 필수적 경영 활동을 우선적으로 지원한 후 여유자금이 허락하는 범위 내에서 PR 예산을 수립한다. PR 목표가 전혀 고려되지 않는다. 임의 할당법은 경영자의 직관이나 느낌으로 예산을 책정한다. 장기적이고 전략적인 PR 활동이 불가능하다. 매출 비율법은 매출에 비례해서 PR 예산을 책정하는 방식으로 보편성이 높다. 매출에 따라 예산이 증감하므로 자금운용이 쉽고, 실행이 간단하다. 그러나 상황이나 PR 전략 변화에 따라 탄력성 있게 대처하기가 어렵다. 경쟁사 기준법은 각 조직 고유의 상황과 PR 목표를 도외시하는 문제점을 가진다(안광호 외, 2004).

• 상향식 상향식 접근은 PR 목표를 달성하는 데 필요한 비용을 예산으로 책정한다. ① 목표 과업법, ② 현금 흐름 계획법이 있다. 목표 과업법은

PR 목표를 달성하기 위해 수행해야 할 과업을 결정한 후 각 과업을 수행하는 데 필요한 비용을 합산한다. 가장 합리적인 PR 예산 결정방법이다. 현금 흐름 계획법은 2, 3년 동안의 수입과 지출을 추정해 기대수익률을 구한 다음 이를 토대로 PR 예산규모를 결정한다. 목표 과업법을 함께 사용하면 합리적 예산 수립에 도움이 된다(안광호 외, 2004). PR 예산 책정 때는 이론적 근거와 함께 여러 상황적 요인들을 고려해야 한다.

3) PR 부서의 업무

대다수 선진 외국기업들은 어떤 사업을 시행하기 전에 PR과 기획부서의 대내외 타당성 분석 및 평가를 받는다. PR과 기획이 기업 경영계획의 기초를 이루고 있는 것이다. 조직의 PR 책임자는 최고경영자와 열린 관계를 유지하는 것은 물론, 임원회의 참석, 회사 대변인, 홍보전략 입안과 실행, 언론보도 결정권과 같은 권한을 가질 수 있어야 한다.

PR 부서의 업무는 1장 PR의 체계에서 기본 업무 유형을 통해 개략적으로 살펴봤다. 여기서는 실무적 입장에서 좀 더 구체적으로 PR의 4개 부문 업무를 설명해보고자 한다. PR의 시작과 끝이라고 할 수 있는 모니터링, 환경 분석의 결과물인 PR 계획 입안, PR 계획 집행으로서의 PR 커뮤니케이션 및 활동, PR 환경 조성을 위한 PR 교육을 소제목으로 했다. 이 가운데 PR 커뮤니케이션은 다음 절에서 상세하게 설명된다.

모니터링 PR 모니터링은 관찰과 추적으로서의 모니터링뿐 아니라 PR 활동을 위한 정보 정리와 분석을 포괄하는 개념이다. 모니터링의 성격에 따라 ① 조직 모니터링, ② 환경 모니터링, ③ 공중 모니터링으로 나눠진다. 이들 각각에 대해 자체 모니터링, 언론보도 모니터링, 온라인 모니터링을 실시할 수 있다. 상황별로는 평상시의 일상 모니터링, 위기 등 특수 상황

〈표 4-1〉 모니터링의 유형

구분	모니터링 유형
대상별	조직, 환경, 공중 모니터링
상황별	일상, 특별 모니터링
분야별	자체, 언론보도, 온라인 모니터링
자체	회의, 보고, 신고, 접촉 등
언론보도	이슈, 기회, 결과 모니터링(9장 참조)
온라인	조망, 심사, 일반 모니터링(10장 참조)

에서의 특별 모니터링이 있다. 모니터링의 범위는 사회 전반, 조직이 관련된 분야, 조직이 속한 분야, 조직 자체, 경쟁조직으로 구분된다. 모니터링의 주기는 일일, 주간, 월간, 분기, 반기 등의 형태가 있다. 주기가 짧은 것은 현안 문제, 긴 것은 장기 전략에 초점을 맞춘 모니터링이 된다. 조직의 상황에 맞게 모니터링의 범위나 유형을 정하는 것이 바람직하다. 일일 모니터링의 경우 자체/언론보도/온라인 모니터링을 취합하는 형태가 된다. 자체모니터링은 내부 커뮤니케이션 전반이 걸러져야 한다. 모니터링 업체의 서비스를 이용하는 것이 간편하지만 여력이 된다면 자체 시스템을 구축할 수도 있다. 실제로 다수의 기업들과 공공기관은 자체적인 이슈 모니터링 시스템 또는 이슈 트래킹 시스템을 활용하고 있다. 소규모 조직은 포털이나 무료 SNS 모니터링 시스템을 이용하는 것이 현실적이다(한정호 외, 2014). 모니터링은 PR 활동의 시작점이 되는 만큼 명성관리, 관계관리, 위기관리의 모든 PR 프로그램에 사용된다. 이 책에서도 9장 언론보도 모니터링, 10장 온라인 모니터링 등 PR 활동 곳곳에서 모니터링이 형편에 맞게 설명된다.

PR 계획 입안 PR 계획 입안은 기업의 정체성을 기초로 한 중장기 경영 전략에 입각해야 한다. PR 부서에 대한 인식 정도, 예산과 인력 확보 가능성, 조직 내 역할 분담 등에 대한 고려를 빠트려서는 안 된다. 보통 3년, 5

178 PR 이론과 실무

년 정도의 중장기 계획과 연간 계획을 병행해서 만든다. 중장기 계획의 경우 PR 조사를 토대로 기간별 전체 목표와 우선순위, 홍보 대상별 세부목표와 주제를 명확히 해야 한다. 홍보 대상과 목표를 도표로 정리하는 것이 좋다. 중장기 계획이 만들어지면 거기에 맞춰 연간 PR 계획을 입안하는 것이 바른 순서다. 연간 PR 계획에서는 일상적인 업무 외에 몇 개의 장단기 PR 캠페인을 포함시킬 수 있다. 캠페인별 홍보의 전략, 홍보 콘셉트, 홍보 주제, 홍보 전술, 일정을 포함한 실행계획을 만들고 필요 예산과 인력을 산출해내야 한다. PR 계획 입안의 체크리스트에는 사내 홍보와 사외 홍보의 연계, 내부 부서 간의 연계, 홍보창구 일원화, 홍보 원칙, 정보 분석 체계, 모니터링 시스템, 피드백 체계, 홍보자료 준비, 홍보자료 작성 체계, 사내 정보 수집 체계, 기자실과의 관계, PR 평가체계, 홍보교육, 홍보 매뉴얼, 미디어 트레이닝, 위기관리 계획 등이 포함돼야 한다(시노자키, 2004).

커뮤니케이션 및 활동　PR 실행은 커뮤니케이션과 활동의 2가지 범주로 통합 운영된다. 커뮤니케이션의 대종은 퍼블리시티(언론홍보), 온라인 PR, PR 광고다. 이벤트, 캠페인, 로비, 마케팅 PR, 스포츠 PR, 유명인 PR은 커뮤니케이션과 활동에 걸쳐 있는 영역이다. 사회공헌활동, 문화사업 지원 활동, 자선 활동 등은 활동의 영역이지만 커뮤니케이션이 배제되는 것은 아니다. 커뮤니케이션과 활동은 동전의 양면처럼 하나의 통합된 구성요소가 될 때가 많다. 언론홍보의 경우 PR 커뮤니케이션 범주에 넣지만 그 속에는 보도자료 배포나 기자회견과 같은 활동들이 수반된다는 점도 고려돼야 한다. PR 커뮤니케이션과 관련된 또 하나의 업무는 커뮤니케이션 기술 관리다. 새로운 정보통신기술의 발달은 대내외에 전하려는 메시지와 이미지에 직접적으로 영향을 미친다. 커뮤니케이션을 일반화시키기 위해서는 신기술을 이용한 지속적인 혁신이 요구된다. 온라인 정보소통이 하루가 다르게 발전하는 상황에서 조직이 자신의 이미지를 만들지 않으면 다른 사람들이 그 이미지를 대신 만들어버리고 만다. 몇몇 기업들에서는 PR 기능에 커뮤니케이션 기술에 대한 책임까지를 포함하고 있다(아르젠티·포먼, 2006 재인용).

홍보교육　소셜미디어가 보편화되면서 내부 구성원들에 대한 홍보교육은 PR 부서의 기초 업무가 됐다. 신입사원 연수, 직급별 연수에 홍보교육을 필수 교과로 포함시키지 않으면 안 된다. 홍보의 중요성, 미디어 정책(커뮤니케이션 원칙), 언론 대응, 위기 시 대응, 퍼블리시티 사례 분석 등을 커리큘럼으로 할 수 있다. 부서별 언론홍보 체제 구축과 피드백 채널 구축 등의 조직화 작업도 병행해야 한다. 경영진과 PR 실무자에게는 미디어 트레이닝 과정이 필요하다. 미디어 트레이닝은 기자회견, 인터뷰, 정보취재 등의 언론 대응 훈련이다. 교육 대상은 최고경영자, 임원, 대변인, 홍보실 직원 등이다. 트레이닝 기간은 1주, 3일, 하루 등 조직의 형편에 맞추면 된다. 강의 구성은 미디어 개황, 보도 패턴, 기자회견 요령, 인터뷰 요령, 전화취재 대응, 사례 분석, 코멘트 분석 등으로 한다. 후반부에서는 구체적인 사례들을 제시해 몇 차례 인터뷰나 기자회견을 시연해보는 것이 좋다. 실제 기자를 투입해 상황을 진행시키고 처음부터 끝까지 영상으로 기록해 이를 분석하고 평가하는 과정을 거쳐야 한다. 참가자들이 영상을 보면서 토의를 하고 문제점을 지적한 뒤 외부 강사 논평으로 시연을 마무리 짓는다. 미디어 트레이닝이 끝나면 1주 또는 10일 뒤에 평가회를 가지는 것이 바람직하다. 전체 상황을 종합 정리해 교육 및 이해의 자료로 활용할 수 있다(시노자키, 2004).

2. PR 커뮤니케이션

PR 커뮤니케이션은 쌍방향일 때도 있지만 PR의 목적과 목표 달성을 위해 정보원이 언어적·비언어적 메시지를 특정 매체에 실어 수용자들에게 전달하는 행위일 때가 많다. PR 커뮤니케이션은 크게 ① 언론 퍼블리시티, ② 복합 퍼블리시티, ③ PR 광고로 구분할 수 있다. 전통 매체 시대에는 언론 퍼블리시티가 PR의 거의 전부였다. 그러나 매체 환경 변화로 언론/비언론의 구분이 없어지면서 양자가 통합된 복합 퍼블리시티의 영역이 점점 넓어지고 있다. 복합 퍼블리시티는 대중/집단/대인 매체가 하나로 통합되면서 나타나는 현상이다. 조직들이 언론을 통하지 않고 웹사이트나 소셜 미디어 등을 통해 대중들과 직접 소통하게 되면서 복합 퍼블리시티의 중요성이 커지고 있다. 이벤트, 캠페인, 구두 PR과 같은 활동들은 언론 퍼블리시티를 전제로 하거나 자체 퍼블리시티로 연결되는 경우가 많아 퍼블리시티의 범주에 포함시키는 경우가 많다.

1) 퍼블리시티

퍼블리시티(publicity)는 19세기 말과 20세기 초에 발전된 PR의 기법이다. 1914년 리(Ivy Lee)에 의해 퍼블리시티란 용어가 처음 사용됐다. 퍼블리시티의 원래적 의미는 출판물이나 신문, 방송, 온라인 등 각종 뉴스미디어에 사실적이고 흥미 있으며 뉴스 가치가 있는 정보를 제공하는 행위를 말한다. 보통 기자나 PD 등 언론인들의 게이트키핑 과정을 거친 정보로 이해된다. 언론매체의 입장에서는 퍼블리시티가 포괄적인 정보원이 되며, 조직의 입장에서는 공공적 객관성이 부여된 메시지 전파 수단이 된다. 주로 보도자료(news release, press release)나 뉴스 팁(news tip sheets) 형태로 배포된다. 오늘날 커뮤니케이션 환경에서는 전통적인 개념을 적용하기가 어려워지고 있다. 현대 PR에서는 방송 출연 등 비광고적인 방법을 통한 미디어 이용은 모두 퍼블리시티의 개념으로 본다. 뉴스뿐 아니라 교양, 오락 프로그램도 퍼블리시티가 될 수 있다.

복합 퍼블리시티 복합 퍼블리시티는 정보통신기술 발달에 따라 나타난 신생 개념이다. 대중/집단/대인 퍼블리시티가 동시에 이뤄지는 상황을 일컫는다. 조직의 이메일 보도자료나 트위터의 트윗, 블로그 포스팅은 언론뿐 아니라 다양한 집단이나 개인(일반인, 이해관계자)들에게 한꺼번에 전달된다. 이 경우 커뮤니케이션 채널은 언론 매개 채널(조직과 대중)과 직접 소통 채널(조직과 대중, 집단, 개인)의 두 가지가 된다. 복합 퍼블리시티는 조직의 지배적인 통제하에 있는 자체 웹사이트, 인터넷 방송과 부분족 통제 또는 통제권 밖에 있는 블로그, 트위터, 유튜브, 페이스북 등 소셜미디어, 포털 등 다양한 채널을 통해 이뤄진다. 오늘날 커뮤니케이션 환경에서는 언론 퍼블리시티보다 복합 퍼블리시티가 대세로 자리 잡고 있다. 복합 퍼블리시티는 10장 온라인 PR에서 구체적으로 설명된다.

퍼블리시티 유형 퍼블리시티는 내용에 따라 ① 조직, ② 인물, ③ 제품, ④ 사회의 4가지 유형으로 나눌 수 있다. 조직 퍼블리시티는 조직 일반 사항과 재무 관련 사항들을 다룬다. 경영전략, 기구 개편, 인사제도 개편, 신규 사업, 기업 확장, 기업 합병, 투자계획, 새로운 시설 도입, 공장 착공, 생산실적, 판매실적, 기념행사, 주식 배당, 연차보고 등의 소재들이 있다(시노자키, 2004). 인물 퍼블리시티는 개인의 활동이나 일상사에 초점을 맞추는 퍼블리시티다. 기업에서는 최고경영자, 우수 종업원, 연구자, 개발자, 일상적 인물 등을 퍼블리시티 대상으로 내세울 수 있다. 제품 퍼블리시티는 신제품이나 새로운 서비스가 중심이 되지만 가격변동, 새로운 디자인, 연구 데이터, 각종 마케팅 기법, 프로모션(쇼, 전시회, 이벤트) 등도 소재로 삼을 수 있다. 제품 퍼블리시티는 제품의 도입 단계에서는 효과적이지만 성장기나 쇠퇴기에는 효과가 떨어진다. 광고, 프로모션과 함께 사용되면 상승효과를 불러온다. 사회 퍼블리시티는 기업의 사회적 책임이나 사회공헌활동 등을 알리는 유형이다. 조직 퍼블리시티로 볼 수도 있지만 근래 그 중요성이 커지고 있어 하나의 독립된 분야로 다뤄져야 할 필요가 있다. 사회 퍼블리시티로는 지역사회 기여 활동, 자선 활동, 윤리규정 마련, 포지션 페이퍼(position paper) 등의 사례를 들 수 있다. 포지션 페이퍼는 유전자 조작이나 환경문제 등 사회적 쟁점이나 주제에 대한 기업의 입장을 밝히는 활동이다.

언론 퍼블리시티의 특성 언론 퍼블리시티는 ① 다중전달, ② 제3자 보증 효과, ③ 무료, ④ 통제 불가라는 4가지 특성을 가진다. 퍼블리시티, 즉 보도자료를 활용하면 한꺼번에 여러 유형의 언론매체에 다양한 방법으로 메시지를 전달할 수 있다. 언론매체의 사전 검증 과정을 거침으로써 제3자 보증 효과를 발생시켜 수용자들이 느끼는 심리적 저항이 줄어들고 메시지의 설득력이 높아진다. 보증 효과(신뢰)의 크기는 수용자에 따라 달리 평가된다. 해당 언론매체가 가진 신뢰도에도 영향을 받는다. 정보 빅뱅 이후 언론에 대한 신비감이나 환상이 깨지면서 전통 매체 시대와 같은 제3자 보증 효과는 더 이상 기대하기가 어려워졌다. 퍼블리시티의 또 한 가지 특성은 매체비용이 무료라는 점이다. 단순히 취재에 응해주거나 방송에 출연해주면 된다. 그러나 기사화 여부에 대한 통제력이 없을 때가 많고, 메시지 내용 통제도 불가능하다. 반면 기업이 제시하는 뉴스 가치, 뉴스매체의 선정은 통제 가능한 측면이 있다. 퍼블리시티는 브랜드 효과, 재무 효과, 리크루팅 효과 등 다양한 효과를 발생시킨다(이명천·김요한, 2010).

출판물/영상물 일반적으로 대중매체라고 하면 뉴스매체뿐 아니라 비뉴스매체인 출판물, 영상물, 기타 시청각물을 포함한다. 비뉴스매체 커뮤니케이션 출판물, 영상물, 기타 시청각물은 온라인(홈페이지, 블로그, UCC, 커뮤니티 등)과 오프라인, 또는 양자 모두를 통해 이뤄진다. 출판물로는 사내 출판물(사내보, 사외보, 잡지), 소책자, 뉴스레터, DM, 전단지, 팸플릿, 직원 핸드북, (대학 등의) 외부 공중용 핸드북, 업계 회보, 부설 연구소의 연구보고서, 연례보고서 등이 퍼블리시티에 활용된다. 영상물로는 영화, 비디오 등이 있고, 기타 시청각물로는 옥외전시, 교통광고 등이 있다. 사내 출판물(house publications)은 온라인 또는 오프라인으로 발행 가능하며 직원, 일반인 등 목표공중과 제작 목적에 따라 퍼블리시티 방식이 달라진다. 뉴스레터, 뉴스시트, 타블로이드 신문, 잡지 등의 형태로 일간, 주간, 월간, 격월간 등으로 발행된다. 출간 횟수는 임의로 조정할 수 있다. 소책자나 뉴스레터는 다른 간행물보다 단순하고 만들기가 쉬워 융통성 있게 사용할 수 있다. 온라인의 이메일에 대비되는 오프라인의 DM(Direct Mail)은 퍼블리시티와 광고의 혼합 영역에 있는 퍼블리시티 수단이다(뉴섬 외, 2007). 목표공중들에 대한 직접 호소로 판매나 설득을 유도할 수 있다. DM 캠페인에서는 제안과 함께 혜택, 즉 프리미엄을 담아야 한다. 메시지 3회 반복 전달, 2, 3회 추가가 일반적 패턴이며 PR 실무자가 아니라 전문 업체들이 업무를 맡는다(딕스-브라운·글루, 2005). 연례보고서는 책자뿐 아니라 비디오로도 제작된다. 최고경영자 인사말, 회계감사 결과보고, 재정보고, 1년간의 기업 활동, 통계결과 보고 등이 수록된다. 영화, 비디오 등의 영상물[2]로는 조직의 성과나 성공 사례 등을 담아내는 경우가 많다. 외부 공중용은 학교, 지역사회 기관, 방송국, 영화관 등에 배포된다. 대중매체와 달리 사보, 소책자, 영상물 등 조직의 관리하에 있는 매체는 내용과 배포에 대한 통제가 쉽고, 변화에 신속하게 대응할 수 있는 장점이 있다.

---

2) 영화나 비디오 등의 영상물 평가 기준은 다음과 같다. ① 주의 지속 능력(흡인력, 관심, 단순 주목), ② 적절한 길이와 분명한 주제, ③ 목표공중 합치성, ④ 초점, 노출, 색상 등 영상물의 시각적 기술성, ⑤ 시각자료의 최신성, ⑥ 등장인물의 연기, 커뮤니케이션 적합성, ⑦ 자연스러운 이야기 전개, 적당한 속도감, 적절한 화면구도, 효과적인 음향사용 등의 편집 전반, ⑧ 대사의 절제와 간결성(정보 제공은 시각적 자료를 통해), ⑨ 신뢰성(뉴섬 외, 2007).

2) 이벤트, 캠페인

　PR 커뮤니케이션은 복합적으로 이뤄지는 경우가 많다. 하나의 PR 프로젝트에서 퍼블리시티와 구두 PR, 이벤트, 캠페인, PR 광고 등을 동시다발적으로 사용하게 된다. 일례로 미국 샌디에이고 시에서는 항공모함 미드웨이 호를 비영리 목적의 박물관으로 인도받기 위해 언론홍보, 로비, 이벤트를 구사해 PR 캠페인을 성공시켰다(헨드릭스, 2005). 이벤트는 퍼블리시티의 고급 테크닉으로 PR 메시지를 공중과 직접 대면해 전달할 수 있는 창구다. 조직의 문화를 전파할 수 있는 수단이자 고객 접촉, 제품 판촉의 통로로 활용된다.

　이벤트의 유형　이벤트는 현장성, 공감성, 문화성과 같은 특성을 갖는다. 공간적인 제약을 퍼블리시티로 확장, 보완해야 한다. 공공성이 있어야하며, 흥미성과 오락성을 곁들이는 것이 언론 퍼블리시티의 조건이다. 가능한 많은 사람을 참여시키고 재미있게 기획해야 한다(뉴섬 외, 2007). 이벤트는 ① 일반 이벤트, ② 마케팅 이벤트, ③ 스포츠 이벤트, ④ 지역 이벤트 등으로 구분된다. 일반 이벤트는 축제, 공연 등 여타 분야와 배타성을 가지는 보편적 의미의 이벤트를 가리킨다. 마케팅 이벤트는 제품의 인지나 판매를 촉진하기 위한 이벤트다. 신제품(신차 발표회) 및 기성 제품 프로모션에 두루 이용된다(한정호 외, 2014). 스포츠 이벤트는 스포츠의 즐거움을 조직의 이미지나 제품에 전이시키려는 PR 활동이다. 지역 이벤트는 지역을 알리기 위한 특화된 목적을 가진다(이명천·김요한, 2010). 이벤트의 기획과 집행은 육하원칙에 따라 이뤄져야 한다. 이벤트 퍼블리시티는 PR일정표, 미디어 주소록, 이벤트 기획(통일된 주제 선정), 보도자료 작성(조직 소개, 이벤트 내용 및 참여 인물 자료 등), 뉴스룸 준비(신문·방송용 인터뷰 룸 준비, 기사 작성 룸, 사무용품, 간식, 음료수 등) 등의 실무를 필요로 한다(뉴섬 외, 2007).

〈표 4-2〉 이벤트 유형

유형	내용 및 사례
회의	세미나, 강연회, 심포지엄, 포럼(지역, 국내, 국제 단위)
전시	미술, 조형물, 서예, 사진, 도서, 자수, 한복, 패션, 고미술, 골동품, 민속품
의전	기공식, 준공식, 명명식, 창립식, 시상식, 기증식, 기념식, 개관식, 시무식, 종무식
축제	행진, 환영회, 파티, 창설 사은행사, 단풍 축제, 특산물 축제
공연	음악, 연극, 영화 등의 3장르 단일 행사와 종합 행사(축제, 페스티벌)
문화	시사회, 시낭송회, 저자와 만남, 초대 특강, 개인전 유치(사진, 조각, 회화), 작은 음악회, 문화교실(와인, 꽃꽂이, 바둑, 어학 등)
체육	길거리 농구대회, 익스트림 스포츠, 서바이벌 게임, 열기구, 산악 마라톤
경연	비누조각 대회, 인터넷 정보 사냥 대회, 바다 글짓기 대회, 스마일 퀸·퀴즈왕·모델 선발대회, 구화 경연대회, 영어 웅변대회, 사진 콘테스트, 각 지역 특산품 아가씨
공모	문학작품 공모, 현상 논문 공모, 가족신문 공모
기획	농장 체험, 접시 깨트리기, 폐차 부수기
특수	미국의 날, 히로시마의 날, 보석의 날, 빼빼로 데이, 삼겹살 데이

세부 유형 이벤트는 내용별로 컨벤션 및 회의, 전시, 의전, 축제, 공연, 문화, 체육, 경연, 공모, 기획, 특수 등 다양한 장르로 분류할 수 있다(<표 4-2> 참조). 컨벤션은 정치, 경제, 종교, 친목 등 목적으로 열리는 대규모 회의나 집회를 통틀어 일컫는 말이다. 개최의 주목적은 정보의 교류다. 컨벤션에는 관광, 시찰, 리셉션 등의 부대행사가 따른다. 전시는 관련 산업 발달과 함께 자동차, 항공기, 기계류, 섬유류, IT, 여행 등으로 소재가 계속 확대되는 추세다. 엑스포, 박람회, 전(展), 쇼 등의 명칭으로 행사가 기획된다(박진용, 2011). 전 세계 교역량의 20% 정도가 전문 전시회 또는 종합 전시회를 통해 교역되고 있다. 개발된 제품의 판매를 위한 광고, 홍보의 장소로 활용된다. 박람회는 문화적 요소를 기반으로 하는 전시형 이벤트라 할 수 있다(이명천·김요한, 2010).

캠페인 전략 PR에서 자주 등장하는 캠페인은 공공정보 캠페인이다. 개인과 사회의 복지를 도모하는 공익적이고 정보적인 특성을 지닌다. ① 공중 인식 제고, ② 정보 제공, ③ 태도나 행동의 재강화, ④ 태도나 행동의 수정 등 목적을 갖는다(뉴섬 외, 2007 재인용). 대개 라디오, TV, 버스 포스터, 소책자 등을 이용하는 미디어 캠페인으로 진행된다. 어떤 일을 권장하거나 금연, 마약 추방 등 부정적 행동을 억제하는 경우가 많다. 마케팅 전략을 사용하기 때문에 사회적 마케팅이라고 한다. 공공정보 캠페인은 어떤 문제에 대해 해야 할 일이 무엇인지를 생각하도록 만들거나 지식과 이해를 증가시키는 데 도움을 준다. 그러나 행동상의 변화를 기대하기는 어렵다. 행동을 변화시키려면 공동목표를 가진(금연그룹) 주변 사람들의 대인적인 지지나 압력이 수반돼야 한다. 목표공중들이 그들 스스로 필요하다고 느끼는 정보를 얻도록 도와주는 방식이 바람직하다(그루닉·헌트, 2006c).

• 전략요소　성공적인 캠페인의 요소로는 5E, 즉 ① 계몽(Enlightenment), ② 공학(Engineering), ③ 법적 재제(Enforcement), ④ 재강화로서의 수혜(Entitlement), ⑤ 평가(Evaluation)를 들 수 있다. 계몽은 알지 못했던 사실을 알리고 기존의 생각, 방식, 관점을 다르게 보여주는 것을 말한다. 공학은 행동변화를 일으키기 위한 기술적 수단이다. 쓰레기를 못 버리게 하기보다 쓰레기를 버릴 장소에 쓰레기통을 가져다 놓는 게 좋다. 법적 재제는 행동변화의 전기를 마련하기 위해 불이익을 주는 압력수단이다. 안전벨트 미착용자에게 벌금을 매기거나, 예방접종 확인서가 없으면 입학을 허가해주지 않는 등의 사례가 있다. 수혜는 캠페인 메시지가 어떤 혜택과 가치를 보장해주는가를 확신시키는 요소다. 바람직한 행동을 하거나 지속했을 때 사회적 혜택이나 보상을 제공해야 한다. 캠페인의 평가는 성공적 캠페인 관리를 위한 필수적 요소라 할 수 있다(뉴섬 외, 2007). 3장에서 설명된 설득 커뮤니케이션 이론을 캠페인 전략 마련에 적용할 수 있다. 신뢰성 높은 정보원 찾기, 현저한 신념 목표 설정(공중별로 차별화 필요), 자아 효능감 촉진, 예방접종의 활용, 관여도 변화시키기, 인지적 불일치 전략의 구사 등이 그것

이다(김영석, 2005).

캠페인 퍼블리시티 캠페인이 뉴스 가치를 얻기 위해서는 사회적 현안이나 공익성과 연결돼야 한다. 공모나 경연 같은 이벤트를 곁들이면 퍼블리시티 가능성을 높인다. 국내에서는 건강이나 환경에 유해한 제품을 생산하는 기업들이 자사 제품을 적게 쓰도록 하는 역발상 캠페인으로 주목을 받은 바 있다. 그러나 조직의 상업성이 노출되거나 이율배반적인 모습이 드러나면 안 하니만 못한 결과가 된다. 캠페인 실행의 도덕적 바탕에 대한 충분한 고려가 있어야 한다. 국내에서는 세제 적게 쓰기, 차 덜 타기, 차 오래 타기, 서로 칭찬하기, 먼저 인사하기, TV 안 보기, 명절선물 안 받기, 기름 절약, 새마을운동, 금 모으기 운동 등 대·소규모의 다양한 캠페인들이 있었다(박진용, 2012).

3) 구두 PR

구두 PR은 연설, 특강, 회의, 프레젠테이션, 비공식 대화 등의 형태로 이뤄진다. 본질적으로 쌍방향 커뮤니케이션이며, 감정이입이 잘 일어난다. 태도나 행동을 변화시키는 데 효과적이다. 구두 PR(커뮤니케이션)의 목적은 정보제공, 설득, 유흥, 의식의 4가지로 구분된다. 한 가지 이상 중복되는 목적을 가질 수도 있다. 미국에서는 연설이 PR 수단으로 널리 활용되나 한국문화에서는 익숙한 커뮤니케이션 패턴이 아니다. 오히려 특강이 흔한 편이다. 미디어 보도 여부와 상관없이 조직을 알리고 이해시키는 데 도움이 된다.

청중 분석 연설(특강)을 실행하는 사람은 연사지만 그 목적을 달성시켜 주는 것은 청중이다. 연설을 준비할 때는 청중의 태도, 지식수준, 욕구, 감정상태, 청중 구성상 특성, 집회장소의 물리적 특성 등을 두루 고려해야 한다. 청중의 태도는 특히 중요하다. ① 연사, ② 주제, ③ 연설 목적에 대한 정서를 가늠해봐야 한다. 태도에 대한 이해 없이 설득하거나 가르치려 드는 것은 시간낭비다. 연사에 대해 우호성이 높은 청중은 우호적 감정을 고취시키는 방향으로, 우호성이 낮은 청중은 감정적 측면보다 이성적 논의를 중심으로 연설을 이끌어야 한다. 연사 자신과 주제에 대한 태도가 일치할 때는 자신의 관점을 입증하기 위해 많은 증거를 동원할 필요가 없다. 태도가 상반되는 경우 조심스럽게 관점을 피력해야 하며 충분한 증거를 준비해 주장을 입증해내야 한다. 연설 목적에 대한 태도가 호의적일 때는 가능한 빨리, 명확하게 연설 목적을 언급하는 것이 효과적이다. 이때는 직접적(연역적) 접근법이 좋다. 비호의적 집단일 때는 논의를 거친 후 분위기가 무르익었을 때 연설 목적을 언급하는 것이 바람직하다. 적대적 청중일 때는 목적을 직접적으로 언급하지 않는 것이 현명하다. 청중을 비난하거나 그들의 입장에 반대하는 것은 훌륭한 전술이 아니다. 공통점 또는 동의하는 부분을 찾아 거기서부터 출발해야 한다. 이런 경우는 간접적(귀납적) 접근법이 유리하다(임태섭, 2003).

연설문 준비   연설의 준비는 ① 연설문 자료조사, ② 연설문 작성 및 검토, ③ 사전 협의(작성자와 연설자가 다를 경우), ④ 연설 전 리허설이 일반적인 절차다. 자료조사에서는 온·오프라인을 통해 책, 잡지 외에 연설의 신뢰성을 높일 수 있는 학술지, 기관지 등을 점검해보는 것이 도움이 된다(그루닉·헌트, 2006d). 연설문 초안 작성에서는 청중을 끌어들이는 도입 부분이 특히 중요하다. 30초 이내에 청중의 관심을 끌어내야 한다. 도입 부분의 테크닉으로는 ① 일화, ② 유명한 인용구, ③ 청중 관련 사실, ④ 청중의 사고를 유발하는 질문이나 말, ⑤ 연설 주제에 대한 솔직한 언급 등이 사용된다. 본문에서는 3~5개의 요점을 제시하는 정도가 무난하다. 너무 많은 요점은 공중들을 질리게 할 수 있다. 청중과 상황에 맞는 문장으로 요점을 구체적이면서도 정확히 알려야 한다. 애매하고 추상적인 개념을 사용하는 것은 예외적인 경우에 국한된다. 종결부에서 주요 요점들을 정리해주는 것으로 마무리 한다(딕스-브라운·글루, 2005). 작성자와 연설자가 다를 경우 초안에 대한 사전 협의가 필요하다. 연설자가 초안을 읽도록 하고 작성자가 연설자의 스타일에 맞춰 문장의 길이, 리듬, 단어를 다음어줘야 한다. 연설의 길이는 짧은 것이 좋다. 한 시간 연설이라면 반은 연설에, 반은 질문으로 채울 수 있다(그루닉·헌트, 2006d). 리허설에서는 첫 몇 문장을 천천히 말하도록 하는 훈련이 강조돼야 한다. 연설문에 쉼표를 표시해두면 도움이 된다. 동료나 직원들 앞에서 리허설하거나 스튜디오에서 연설 과정을 녹화해보는 방법이 권장된다.

연설의 실행 및 평가 연설의 실행에서는 복장 등 점검목록을 만들어 참고하는 것이 좋다. 주제와 공중, 상황에 맞는 시청각물을 활용하는 것도 생각해봐야 한다. 그래프, 도표, 오디오 클립, 비디오, 슬라이드, 모형, 그림과 같은 도구들이 있다. 이런 도구들은 공중의 흥미를 유발시키며, 딱딱한 주제를 부드럽게 해준다. 요점을 구체화하거나 배경설명을 하는 데도 유용하다(딕스-브라운·글루, 2005). 기자 상대의 연설(인터뷰, 기자회견)이 대중 상대보다 까다로운 편이다. 연설규칙이 인터뷰나 기자회견 도중에 형성되기 때문에 위험부담이 크다. 어떤 내용이 보도될지 모르므로 사전에 리허설을 해 문제의 소지를 없애거나 확인해두는 것이 좋다. 연설이 마무리되면 평가 기회를 가져야 한다. 공간 배치의 적절성, 연사 소개의 적절성, 음성의 강약, 청중과 신뢰관계 형성, 시선 접촉, 연설문 의존 정도, 도입부의 주목 여부, 주제 영역과 요점의 명확성, 종결부의 적합성, 연설 전반의 참여도, 질문기회, 시청각물의 활용 및 청중 반응 등이 점검대상이다. 연설의 커뮤니케이션 효과는 청중 수, 보도기사와 내용, 대화 참여자 등을 기준으로 한다. 메시지의 이해, 인식의 수용, 태도 및 행동의 변화를 측정하기 위해서는 연설 직후 설문조사가 필요하다(그루닉·헌트, 2006d).

연설 퍼블리시티 먼저 온·오프라인을 통해 연사와 연설 주제를 널리 알리는 사전 PR 활동이 있어야 한다. 상황을 봐가며 연설문의 주요 내용 일부를 미리 제공하는 것도 가능하다. 그러나 핵심 내용은 남겨둬야 언론의 관심을 유지할 수 있다. 연설 후에는 보도자료와 연설문을 동시에 배포한다. PR 전략 차원에서 연설은 한 번 미디어 보도로 그쳐서는 안 된다. 브로슈어, 비디오로 제작해 다양한 퍼블리시티 기회에 활용해야 한다. 연설뿐 아니라 각종 회합에 관한 정보도 내·외부 공중에게 퍼블리시티 자료로 제공할 수 있다.

4) 로비

로비는 원래 PR 전문용어로 공공문제를 처리하는 방법 중의 하나다. 주로 입법과 행정 행위에 영향을 미칠 목적으로 관계기관과 우호적 관계를 유지하는 데 주안점을 둔다. 로비스트를 고용해 조직의 입장 설명, 투표행위에 대한 영향력 행사, 상정된 의안을 조직에 유리한 방향으로 이끌기, 규제법 완화를 위한 수정안 추진 등의 활동을 벌인다. 특히 마지막 수정안 추진에 방점이 찍힌다. 표결을 유리하게 이끌기는 어렵지만 문안을 수정해 조직에 미칠 부정적 영향을 지연시키거나 줄이는 일에서 로비의 실효성이 두드러진다. 보통 조직들은 의사 결정의 가장 중요한 순간에 로비를 동원한다(아르젠티·포먼, 2006).

국가별 로비 문화   로비에 대한 세계 각국의 입장은 허용 또는 불용으로 나눠진다. 미국, 캐나다 등의 북미 국가들은 로비를 헌법이 보장한 청원 권리나 의사 표시의 자유에 의한 정당한 행동으로 본다. 로비를 법적으로 허용하면서 등록, 공개, 위법행위의 제재를 단일 법률로 규정한다. 미국 로비회사들은 법률회사와 PR 회사를 고용해 로비 활동을 벌인다. 이와 달리 영국, 독일 등의 유럽 국가들은 로비스트를 인정하나 법률 규정은 두지 않고

〈표 4-3〉 로비의 유형, 방식, 실행, 평가

유형	방식	실행방법	평가
유력형	직접	정보교환, 접대	접촉횟수, 평가 리서치, 모니터링
기술형 연계형 동원형	간접	언론 활용, 공공/대인 커뮤니케이션 활용, 공공캠페인 활용, 로비 네트워크 활용	

의회 규칙이나 로비스트협의회 행동강령 등을 통해 불법 활동을 통제한
다. 한편 한국, 일본, 프랑스 등은 공식적으로 로비를 인정하지 않는 국가
들이다(신인섭·이명천·김찬석, 2010; 박성호, 2008). 그러나 비정규적인 로비
가 없다고 말하기는 어렵다. 공공 로비는 물론이고 국정감사 증인이나 청
문회 출석을 회피하기 위한 비공공 로비도 공공연히 벌어진다. 정부기관, 기
업, 비영리단체, 입법기관, 법률회사들이 로비에 개입할 여지는 충분하다.

로비의 유형   로비의 목적은 정부나 입법기관에 입법 자료나 사실 자료
를 제공해 조직에 바람직한 법률이나 정책이 시행되도록 하는 것이다. 세
계화와 더불어 로비의 필요성이 더욱 커지고 있다(해리스·프레이서, 2007).
기업, 이익단체, 비영리단체, 공공기관 등 PR을 필요로 하는 대규모 조직
들은 모두 로비의 주체가 될 수 있다. 로비의 유형은 ① 유력형, ② 기술형,
③ 연계형, ④ 동원형으로 나눠진다. 유력형은 정치인, 전직 관료, PR 회사
등을 고용해 입법부, 행정부의 유력 인사를 통해 정책 결정에 영향력을 행
사한다. 기술형은 전문지식을 가진 사람들을 동원해 법안이나 정책상의
허점을 기술적으로 파악해 이를 조직에 활용하는 방식이다. 유력형이나
기술형 로비에서는 누구를 목표대상으로 할 것인가를 결정하는 것이 매우
중요하다. 연계형은 이해를 같이 하는 이익단체들이 공동으로 문제 해결
에 나서는 로비를 말하며, 동원형은 주민, 종업원 등을 동원해 입법이나 행
정 활동에 영향을 미치는 로비 방식이다(이명천·김요한, 2012 재인용).

로비스트 로비는 정보와 의견의 제공으로 민주적 절차를 촉진하는 순기능도 있지만 향응, 뇌물 제공 등 부정한 방법으로 공익을 썩게 만들 수 있다. 로비스트의 일은 늘 자기 감시의 대상이 돼야 한다. 로비스트의 주요 업무는 유력형, 기술형, 연계형, 동원형 각각과 무관하지 않다. 조사보고서 작성 및 의제 설정을 공통분모로 유력 인사와의 유대관계 수립 및 유지(유력형), 입법 자료 뒷받침을 위한 전문가, 증인 등의 확보 및 PR 훈련(기술형), 다른 조직과의 제휴(연계형), 쟁점으로 몰아가기(동원형) 등 업무를 실행한다. 조사보고서 작성 및 의제 설정은 정책기록에 대한 상세한 검토부터 시작된다. 다양한 도서관 서베이가 이뤄지고, 조사가 완료되면 로비 대상자에게 자료를 제공해주고 일의 성사를 위해 논점에 불을 댕긴다. 영향력 있는 인사와의 유대관계 수립 및 유지는 로비 대상자들을 움직이기 위한 일상적 활동이다. 정부 관료나 입법기관 관계자들에게 평소 신뢰할 만한 정보를 충분히 제공해주는 방식으로 개인적 신뢰관계를 쌓아야 한다. 입법 자료 뒷받침을 위한 전문가, 증인 등의 확보 및 PR 훈련도 로비스트가 맡아야 할 역할이다. 다른 조직과의 제휴는 입법 청원을 위해 비슷한 목적을 가진 집단들을 규합하는 활동이다. 쟁점으로 몰아가기는 이슈가 공중의 조명을 받을 수 있도록 필요한 조치를 하는 것을 말한다(그루닉·헌트, 2006d).

로비 전략 로비 활동의 황금률은 가능한 빨리 개입하는 것이다. 정부나 입법기관에 효과적으로 접근하기 위해서는 의사 결정의 핵심 인물을 정확히 찾아내야 한다. 로비에 착수했다고 바로 변화를 기대해서는 안 된다. 늘 타협할 준비가 되어 있어야 한다. 한 단계의 작은 진전이 종종 성공으로 이어지는 경우가 많다(해리스·프레이셔, 2007). 다루는 사안의 홍보 효과, 선거에 대한 영향, 입법안의 세금절감 효과 등 혜택이 수반돼야 성공 가능성이 커진다. 로비 방식은 크게 ① 직접 로비, ② 간접 로비로 나눠지고 모두 6가지의 실행방안들이 제시된다. 직접 로비는 정보교환과 접대의 두

가지 방식을 사용한다. 정보교환에서는 언론홍보의 가치, 이해관계자들의 관심이라는 두 측면이 특별히 고려돼야 한다. 조직의 입장을 이해시키거나 설득하기 위해 정보 제공, 자료 제공, 입법안의 초안 제공 등 방법들이 구사된다. 접대행위는 은밀하게 이뤄지는 로비의 한 형태로 이를 도외시할 수 없는 것이 현실이다(헨드릭스, 2005). 간접 로비는 ① 언론과의 협력을 통한 활동, ② 공공 및 대인 커뮤니케이션, ③ 공공 캠페인 조직화, ④ 로비 네트워크 구성 등의 방식으로 이뤄진다. 언론과의 협력을 통한 로비는 공직자들이 조직의 입장에 반대하거나 문제 해결에 나서지 않는 경우에 적합하다. 조직의 입장이 사회나 언론에 유익하다는 점을 부각시켜야 한다. 보도를 유도하기 위해 유료 광고를 집행하는 경우도 있다. 공공커뮤니케이션 차원에서는 집회, 세미나, 토론회 등을 통해 여론지도자, 전문가 그룹을 등장시키는 방법이 있다. 연설, 소집단 회의, 대담 등은 대인 커뮤니케이션을 통해 압력을 가하는 방법이다. 공공 캠페인의 조직화는 조직, 집단, 협회 등의 차원에서 편지, 전화 등으로 공직자들에게 요구 사항이나 목적을 전달하는 형태로 실행된다(헨드릭스, 2005). 일부 조직은 자신들과 공동의 이익을 나누는 종업원, 주주, 지역사회, 노조, 선거구민을 네트워크화하여 사안 발생 때마다 로비를 실행한다. 로비 대상자 대인 마크 방식(담당자를 같은 지역에 거주시킨다)과 인맥 자료를 활용한 접촉 방식이 있다.

의원 로비　로비의 주된 대상은 특정 사안이나 전문 분야에 적극적 유권자 공중을 가진 의원과 보좌진들이다. 이들은 역으로 선거구민들 때문에 특정 전문 분야를 갖게 되기도 한다. 전문 분야 의원들은 해당 사안의 이익을 대변해줄 공중이 되는 만큼 적극적 소통이 필요하다. 때에 따라서는 다른 의원들을 설득해주는 상황도 기대할 수 있다. 소극적인 의원들에 대해서는 특정 사안이 선거구민들의 이해와 관계가 깊다는 사실을 환기시켜주기만 하면 적극적 지원자로 바꿀 수 있다. 여기서 선거구민의 압력은 필수적이며, 의원들이 선거구민의 압력에 따르게 된 것임을 믿도록 해야 한다. 그 결과로 조직의 입장을 의원들의 마음속에 각인시키되 다른 모든 입장을 배제하도록 하는 것은 거의 불가능하다. 메시지의 기억과 수용이 중요한 목표가 된다. 의원로비에서는 정보가 일종의 힘이라는 사실을 늘 유념하고 있어야 한다. 로비 활동의 실행은 시간 계획이 뒷받침돼야 할 때가 많다. 로비의 평가는 목표공중에 대한 접촉 횟수, 메시지의 기억과 수용 등을 기준으로 한다. 목표가 달성됐는지를 측정하기 위해 전화면담, 직접면담, 설문지를 사용할 수 있다. 회기 동안의 발언, 입장의 유지 여부, 제공된 정보의 사용 여부, 필요 정보의 요구 수준을 통해 효과를 측정해볼 수 있다(그루닉·헌트, 2006d).

5) PR 광고

우리나라 최초의 PR 광고[3]는 1910년 1월 1일 ≪대한매일신보≫에 게재된 한양상회 전면광고다. 1950년대에 근대적 의미의 PR 광고가 처음으로 등장했다. 이승만 정부는 당시 국가 전체 수출액의 0.2%나 되는 4만 6500달러를 들여 1957년 8월 11일 자 ≪뉴욕타임스≫ 일요 부록 섹션10의 전체 16쪽을 한국 PR 광고로 채웠다. 이후 1970년대부터 기업의 대형화와 함께 PR 광고가 서서히 모습을 드러냈으나 1980년대 초까지 광고나 PR에 대

---

3) PR 광고는 1900년대 초반 이후 미국 기업홍보전략의 한 부분을 차지했다. 1908년 AT&T의 반독점 규제 정책에 대한 대규모 PR 광고 캠페인이 첫 사례로 꼽힌다. 장기간에 걸쳐 지속된 이 캠페인의 성공은 이후 미국 대기업 대부분이 PR 광고에 관심을 갖도록 만들었다. 오늘날 미국에서는 기업의 절반 이상이 PR 광고 프로그램을 가지고 있다. 회사 규모가 클수록, 담배·정유·보험·전기·공해 산업 등 업계에 문제가 많을수록 활용도가 높다(아르젠티·포먼, 2006).

한 인식은 여전히 부족했다. 이런 상황에서 대우그룹이 1984년 세계경영을 기치로 대대적인 PR 광고 캠페인을 벌여 새바람을 일으켰다(신인섭·이명천·김찬석, 2010). 1990년대부터 대기업들의 PR 광고가 보편화됐으나 IMF 사태, 잇따른 경제위기, 매체 환경 변화로 2000년대 이후는 오히려 침체를 보이고 있다.

개념　PR 광고는 특정 제품이나 서비스 판매가 아니라 조직의 정체성 표출을 통해 포괄적이고 일관된 이미지를 형성하며, 기업의 명성을 구축·발전시키기 위한 전략적 커뮤니케이션 활동이다. 조직의 미래의 꿈을 제시하는 등 가치나 철학을 알리는 데 직접적인 목적이 있다. PR 광고는 기업, 제품, 서비스, 브랜드에 대한 인지도와 몰입도를 높이는 등 다양한 효과를 발생시키는 것으로 보고되고 있다(한정호 외, 2014). 상업시장조사기관인 양켈로비치(Yankelovich)의 연구에 의하면 PR 광고에 많은 예산을 투입한 회사들은 제품광고에 주력한 회사들에 비해 적은 예산으로 거의 동일한 메시지 회상점수(메시지 기억 목표)를 얻는다고 한다. 또 특정 속성에 대한 메시지 수용, 정서적 평가, 잠재적 지지행동을 얻어내는 데도 유리한 것으로 나타났다. 효과의 전 영역에서 PR 광고가 상업광고를 능가한다는 지적도 있다(그루닉·헌트, 2006d). PR 광고를 기능 중심으로 분류하면 기업(조직)광고, 공익광고의 두 가지 유형으로 나뉜다. 공익광고의 등장은 기업의 사회적 책임론 대두와 무관하지 않다. 실리는 매체에 따라서는 자사광고(house ads)와 외부광고로 구분된다.

기업광고　기업광고는 ① 이미지 광고, ② 재무광고, ③ 이슈 광고, ④ 채용광고 등으로 세분된다. 기업광고는 초기에는 일반 대중을 목표 수용자로 했으나 광고 목적이 확장되면서 정부, 투자자, 소비자, 언론 등으로 목표 수용자가 다변화되고 있다(이명천·김요한, 2012). 이미지 광고는 조직 정체성 확립, 기존 이미지 쇄신, 새 이미지의 창출, 부정적 이미지의 불식 등

<표 4-4> PR광고의 유형과 기능

유형	세부유형	기능
기업광고	이미지	① 기업의 철학과 정책에 대한 인지도 확대
	재무	② 기업 이미지 고양 및 사업에 대한 긍정적 인식의 확산
	이슈	③ 우호적 기업평가 및 투자 유치, 협력 업체 관계 강화
	채용	④ 구성원 사기 앙양 및 우수 신입사원 선발
공익광고	공익	⑤ 서비스 및 브랜드 후광효과에 따른 판매촉진 ⑥ 위기 상황 수습 지원

목적을 가진다. 메시지가 분명하지 못하면 정체성 혼란과 같은 역작용이 나타날 수 있다. 새로운 환경이 도래하거나 조직 이미지에 대한 새로운 인식이 부각되면 그에 맞춰 목적이 재조정돼야 한다. 재무광고는 투자분석가나 투자자, 투자 관리자 등의 관심을 끌면서 금융 분야에서 회사의 이미지를 높이기 위해 사용된다. 회사의 인지도, 지지도, 신용등급, 주가를 올리거나 주가의 저평가를 막아주는 역할을 한다. 기업광고와 주가 간에는 평균 2% 정도의 통계적으로 유의미한 긍정적 상관관계가 있다는 연구결과가 있다. 재무광고는 주식시장이 활황일 때 효과가 더 크다. 영업보고서 등에 대한 언급이 이미지 광고와의 차이점이다(아르젠티·포먼, 2006).

• 이슈 광고 이슈 광고는 특정 사회 이슈에 대한 쟁점관리나 회사의 입장을 제시하기 위한 광고다. 주장광고, 의견광고, 옹호광고 등으로 불린다. 기업의 생존에 위협을 주는 정부, 이해집단, 지역사회 구성원 등의 외부세력에 대응해 회사의 입장을 표명할 때나, 경영정책 옹호, 비판 여론 중화, 다른 구성원들과의 연대를 결성할 필요가 있을 때 사용된다. 공중의 무지나 오해에서 파생된 적대감의 전환, 공중 오도가 우려되는 정보 대응, 복합적 비즈니스 이슈 설명, 미디어 왜곡 보도에 대한 대응 등 다양한 목적을 가진다(그루닉·헌트, 2006d). 사회적 쟁점을 환기하거나 언론의제, 공공의제를 만들어낼 수도 있다. 일반적으로 제품이 언급되지 않지만 반드시 제외되

는 것은 아니다. 목적 수행을 위한 수단으로 제품을 포함시킬 수 있다.

공익광고 공익광고(public service advertising, cause-related ads)는 환경, 복지 등 사회적 쟁점이나 문제를 공공복리 차원으로 접근해 대중의 의식변화를 도모하는 커뮤니케이션 활동이다. 기업 활동과 관련된 기업 시민으로서의 역할을 강조해 공중들의 관심과 지지를 이끌어내려는 의도를 가진다. 조직의 이익과 교육, 문화, 보건 등 사회의 공익이 접점을 이루는 분야에서 신뢰구조를 형성해내는 효과가 있다. 비편파성, 비정치성, 비영리성, 공익성, 합리성, 휴머니즘 등을 기본 요소로 한다. 광고에는 목표공중에 도움이 되는 정보와 가져다 줄 혜택을 반드시 담고 있어야 한다. 어디서 어떤 행동을 할 수 있는지, 정보 입수는 어디서 해야 하는지를 알림으로써 행동의 동기를 부여할 수 있다. 증언, 인터뷰, 음악, 미니 드라마 등의 광고포맷이 사용된다. 광고 카피는 이용매체에 적합하게 작성돼야 한다. 매체마다 카피 작성 스타일이 다르기 때문이다. 한국의 공익광고는 집단주의적 가치를 강조하는 내용들이 주류를 이룬다. 공익광고의 주체는 공익광고협의회, 기업, 비영리단체, 정부, 언론사 등이다. 공익광고협의회 광고는 직접적이든 간접적이든 기관이나 단체의 이익을 표출시키지 않는 것이 보통이다. 기업의 공익광고도 광고주 명칭을 제외하는 경우가 많다. 비영리단체들은 전략적 커뮤니케이션의 일환으로 공익광고를 활용한다. 건강, 안전, 환경, 불우이웃, 지역 이벤트, 기금 모금, 자원봉사 등을 주 소재로 한다. 공익광고 캠페인은 지지 행동을 유발하기보다 반대 행동의 빈도를 감소시키려는 경우가 더 많다(최윤희, 2008; 딕스-브라운·글루, 2005).

PR 광고 전략 PR 광고는 조직의 정체성과 PR 전략을 확장하고 지원하는 방향으로 전개돼야 한다. 조직이 추구하는 명확한 가치를 제시하지 못하면 PR 광고로서 성공적이라 할 수 없다. 원천적으로 비난의 표적이 되고 있는 기업들은 PR 광고를 통해 긍정적인 명성을 쌓기가 어렵다. 광고 실행 전에 득실을 충분히 저울질해보아야 한다. 목표 수용자의 지식 수준이 높으면 쟁점이나 문제의 양면성을 제시하는 것이 바람직하다. 광고 실무에서는 대상 공중, 메시지에 담을 내용, 메시지와 커뮤니케이션 도구 사이의 조화가 1차적 고려 사항이다(아르젠티·포먼, 2006). 전면적 캠페인 전에 표본공중을 대상으로 사전 조사를 해보는 것이 좋다.

• 매체별 전략 PR 광고에 부적합하거나 혼란을 일으키는 매체를 사용해서는 안 된다. TV는 생생한 회사의 비전, 신문은 상세한 정보 전달에 적합하다. 방송광고에서는 수용자 주의 사로잡기, 주제의 전개 및 지원, 요약 또는 특정 행동 촉구의 시간 배분이 중요한 점검사항이다. 사람들은 듣는 것의 1/4 정도밖에 귀를 기울이지 않는다는 사실을 염두에 둬야 한다. 원하지 않는 방송시간이나 위치, 부정적 효과의 발생 등 돌발상황이 나타날 수 있다(뉴섬 외, 2007). 인쇄광고의 요소로는 표제, 본문, 시각물, 광고주(이름, 로고, 추가정보 획득 연락처), 여백 등이 있다. 표제나 본문의 문장 구사에서 최상급 단어의 사용은 신뢰성을 떨어트리고 흥미를 반감시킨다. 여백은 광고를 읽기 쉽게 해주고 시선유도 및 메시지 요소를 구분해주는 기능을 한다. 매스미디어뿐 아니라 소규모의 동질적 수용자를 겨냥하는 다양한 형태의 직접광고는 캠페인의 필수요소다(그루닉·헌트, 2006d). 포스터, 전단지, 빌보드, 차량광고, 포장광고, 매장광고, 펜/달력 광고 등을 활용할 수 있다.

• 광고 효과 측정 PR 광고는 추상적, 장기적 활동이어서 광고 효과만을 따로 측정하기가 어렵다. PR 프로그램과 유사한 점이 많다. 제한적이지만 목표공중을 대상으로 한 전화면접이나 개인면접을 통해 효과를 측정해볼 수 있다. 광고의 구독이나 시청 상태, 메시지의 기억과 수용, 태도, 행동이 측정 대상이다. 공중 인지도 구축, 투자자 관리, 종업원 동기부여, 여론 지도층 관리, 조직 관련 법률에의 영향 등도 살펴볼 수 있다.

3. PR 리서치

PR 리서치를 한다고 모든 결정이나 질문에 답을 줄 수는 없지만 효과적인 PR의 기초가 되는 것은 사실이다. 리서치는 직관을 대신하는 과학적 대안이다. PR 의사 결정의 불확실성을 줄여줄 수 있다. PR 영역이 언론 퍼블리시티 중심에서 쟁점관리 및 명성관리로 확장됨에 따라 리서치의 중요성은 점점 커지고 있다. 그러나 PR 실무자들의 지식 부족, 고용주나 PR주들의 인식 부족이 리서치를 보편화시키지 못하고 있다(왓슨·노블, 2006).

1) 리서치

리서치는 조사와 연구를 합친 개념이다. 조사는 정보를 얻기 위한 비공식적이고 제한적인 활동인 데 비해, 연구는 공식적이고 체계적인 활동이며 목적의식이 더 뚜렷하다. 양자는 PR 프로그램의 기초가 되는 사실들을 알려줄 뿐 아니라 존재하지 않는 PR 문제에 시간, 노력, 예산을 허비하는 것을 막아줄 수 있다. 리서치가 반드시 비용이 많이 들고, 고도의 기술적인 공식 조사여야 하는 것은 아니다. 포커스 그룹 인터뷰 같은 간단한 방법을 통해서도 대규모 조사와 유사한 결과를 얻을 수 있다. 기존의 자료를 바탕으로 가치 있는 2차 자료를 생산해내기도 한다(왓슨·노블, 2006).

의미 PR 리서치는 PR 의사 결정의 당위성과 객관성을 담보해주는 수단으로서의 의미가 크다. PR 문제 진단 및 상황 분석, 기획, 실행, 평가에 두루 쓰인다. 정보 수집을 위한 청문(audit), PR 목표 설정, 전략 및 전술 마련, 실행 과정 평가, 결과 평가의 전 과정이 리서치를 바탕으로 한다. PR 캠페인에서는 문제나 잠재적 문제, 조직, 공중의 3가지 핵심 요소를 분석하는데 리서치의 초점을 둔다(헨드릭스, 2005). 공중 또는 메시지 수용자 정보가 특히 중요하다. 공중 또는 수용자는 이해관계와 관심에 따라 여러 집단으로 세분화되므로 이들 각각에 대한 구체적인 이해가 있어야 한다. 이 외에도 리서치는 다양한 용도로 활용될 수 있다. PR 환경, PR 장기전략 등에 대한 리서치가 1년에 한 번 이상 실시되는 것이 바람직하다. 기업의 경우 연례적으로 고객이나 잠재고객, 종업원 등의 인식을 측정해 경쟁사와 비교해보는 것이 좋다. 조사결과는 언론 퍼블리시티로 활용할 수 있다. PR 리서치의 이런 이점에도 불구하고 PR 현장에서의 리서치 중요도 평가나 활용도는 훨씬 떨어진다. 독일PR협회가 회원을 대상으로 한 조사에 따르면 응답자의 63%가 과학적 조사 결과가 PR에서 미미한 역할을 한다고 생각했다. 또 55%가 리서치에 기반한 장기적 PR 기획이 필수적이라고 응답했지만 PR 현장에서는 기획 활동을 생략하는 경우가 대다수였다(왓슨·노블, 2006).

리서치 유형　브룸과 도지어(Broom and Dozier)는 리서치 접근을 ① 직관과 기술적 판단을 기초로 하는 무(無)리서치 방식, ② 과학적 방법론이 결여된 비공식적 방식, ③ 언론홍보 평가 방식, ④ PR의 영향(impact)만을 측정하는 사후평가 방식, ⑤ PR 프로그램 전 단계에 걸친 과학적 관리 방식의 5가지로 분류했다. 직관, 언론홍보 평가, 과학적 영향 평가의 3가지 방식을 내놓는 학자도 있다. 일반적 의미의 리서치 유형은 ① 데스크/필드(현장) 리서치, ② 공식/비공식 리서치, ③ 양적/질적 리서치로 나눠진다.

• 데스크/필드 리서치　데스크 리서치는 내부 기록이나 각종 발표자료 등 기존 정보를 활용해 2차 정보를 생산하는 데 유용하다. 각종 DB, 참고문헌, 기사 검색, 기존 설문조사, 경쟁사 자료 등 도서관 또는 온라인 정보를 잘 이용하면 가치 있는 2차 정보를 만들어낼 수 있다. 리서치의 질은 가용정보, 최신 정보, 정보 취합 허용 시간 등에 따라 크게 달라진다. 데스크 리서치는 신속성과 저비용이 장점이다. 필드 리서치의 후반작업이라는 의미로

<표 4-5> 양적/질적 리서치의 차이점

구분	분석단위	조사목적	조사결과	조사규모	조사범위	조사와 조사자	조사 디자인
양적	숫자	무엇(what)	분석	대규모	한정적	분리	사전 결정
질적	말	왜(why)	묘사	소규모	전체적	개입	상황 대응

자료: 왓슨·노블(2006) 재정리.

도 쓰인다(조용석 외, 2007). 필드 리서치는 인터뷰, 설문조사 등 1차 정보를 얻기 위한 직접적 연구조사 활동이다. 데스크 리서치가 제공해주지 못하는 필요 정보, 맞춤 정보를 생산해낼 수 있다. 데스크 리서치보다 활용 폭이 훨씬 넓다. 공중이나 조직의 문제 진단과 예측에 필요한 자료를 얻기 위해서는 반드시 필드 리서치를 해봐야 한다.

• 공식/비공식 리서치 공식/비공식 리서치는 리서치가 규칙, 절차에 따라 행해진 것이냐 여부를 구분기준으로 한다. 연구와 조사의 차이라 할 수 있다. 비공식 리서치의 경우 체계적 방법론이 없기 때문에 같은 리서치를 반복할 수 없다. 현상이나 결과에 대한 설명만 가능할 뿐 예측이 불가능하다. 어떤 개념의 타당성을 입증 또는 반증하기 위해 시행된다. 경험과 직관에 의존함으로써 해석의 위험성을 감수해야 한다. 조사대상이나 정보원의 타당성에 대해 항상 주의를 기울이고, 2차 자료를 활용할 때는 적어도 3개 이상의 문건을 비교 검토해봐야 한다(뉴섬 외, 2007).

• 양적/질적 리서치 양적/질적 리서치는 연구방법론에 따른 분류다. 양적 리서치는 측정, 즉 숫자와 관련이 있으며 주로 설문을 통해 무엇(what)이 벌어지고 있느냐를 추적한다. 엄격한 절차와 철저한 객관성이 리서치의 핵심조건이다. 질적 리서치는 비수량적, 논리적, 주관적, 선험적으로 정보를 분석해 결론을 도출한다(조계현, 2005). 기술 또는 설명, 즉 말과 관련이 되며 대개 인터뷰를 통해 그 일이 왜(why) 벌어졌는지에 대한 답을 추적한

다. 양적 리서치로는 서베이, 실험, 내용 분석이, 질적 리서치로는 질적 관찰, 사례연구, 심층 인터뷰, 포커스 그룹 인터뷰가 주로 사용된다(그루닉·헌트, 2006c). 최근에는 질적/양적 연구방법을 동시에 활용하는 혼합적 리서치도 활용되고 있다.

2) 양적 리서치

서베이, 실험, 내용 분석 등 3가지 유형 모두가 통계학적 방법론을 사용한다. 서베이(설문조사)가 가장 많이 사용되며, 공중들의 정보 수준, 태도, 행동, 미디어 이용을 이해하는 데 유용하다. 실험은 커뮤니케이션 메시지의 형식을 결정하는 데 많이 쓰인다. PR 메시지의 명확성과 적합성을 검증하기 위해 PR 프로그램 실행 전에 소수 공중을 대상으로 실험을 거친다. 내용 분석은 미디어 대처에 대한 평가나, 조직에 영향을 줄 만한 쟁점을 추적하는 데 강점이 있다(헨드릭스, 2005). 내용 분석은 서베이와 함께 매우 높은 예측력을 가진다. 이에 비해 2차 자료는 신빙성, 정확성이 떨어진다.

서베이　가장 많이 쓰이는 리서치 기법으로 설문지를 기본 도구로 한다. 많은 지역, 많은 수의 응답자를 대상으로 하거나 답변정보가 간단하고 분명해 논란의 여지가 없는 경우에 적합하다. PR 목표 설정, 전략과 전술, PR 평가에 두루 쓰인다. ① 사실조사, ② 의견조사의 2가지 형태가 있다. 생활조사, 인구조사 등은 사실조사, 여론조사, 의식조사 등은 의견조사다. 설문지 제작에는 조사와 관련된 질문을 추출하고 그 질문들을 모아 하나의 설문지로 완성시킨다. 목표공중들의 정보, 태도, 행동과 인구통계적 특성, 매체 이용 습관 등의 속성을 명료하게 알려준다. 설문 제작, 사전 테스트, 설문 확정, 설문 시행의 과정을 밟아야 하기 때문에 시간적 여유가 필요하다. 경비 부담이 있지만 비교적 비용 효율이 높은 편이다. ① 대면, ② 전화, ③ 우편, ④ 온라인(이메일 및 홈페이지 방식), ⑤ 패널의 5가지 설문 방식이 있다(정인태, 2006).

• 대면, 전화 대면 방식은 조사가 정확하고 깊이 있는 언급이나 솔직한 답변을 들을 수 있는 것이 장점이다. 저명 인사 서베이에 알맞다. 그러나 좋은 표집을 하기가 어려운 단점이 있으며 시간과 비용이 많이 들고 조사원의 편견이 개입되어 객관성, 정확성이 훼손될 우려가 있다. 전화 방식은 조사가 간편하고 비용이 적게 들어 PR 리서치에서 가장 많이 이용된다. 무작위 전화번호 돌리기 기법(random digital dialing)을 사용하면 효과적인 표집과 표본의 대표성 확보가 가능하다. 직접 인터뷰나 ARS(자동응답장치)로 서베이가 이뤄진다. 심층정보 획득, 신뢰감 형성에서 단점이 있지만 면접자의 편견이 개입될 여지를 줄인다. 10분 이상 길어서는 안 된다(헨드릭스, 2005). 문항은 20개 이내가 적합하다.

• 우편, 온라인, 패널 우편 방식은 조사자의 편견이 배제된 상태에서 폭넓은 대상으로부터 답변을 얻을 수 있다. 비용이 적게 드나 대면, 전화보다 시간이 걸리며, 누가 응답하는지를 통제할 수 없고 응답률이 낮은 것이 흠이다. 설문지와 설명편지(cover letter)를 함께 보내야 한다. 협회 회원처럼 높은 연관성을 가진 대상에 적합하다. 온라인 방식은 즉각적 응답과 결과 집계가 장점이다. 비용이 적게 드나 인터넷 소외계층은 참여가 어려워 대표성 있는 표본을 얻는 데 한계가 있다. 응답자 통제가 안 되며 조사의 신뢰성이 떨어지는 경우가 있다. 외부 공중 연구에서는 패널 방식이 널리 쓰인다. 일단의 사람들을 선택해 수고비를 지불하고 지속적으로 설문지에 응답하도록 하는 방법이다. 온라인, 오프라인 모두 가능하다(조용석 외, 2007).

실험 실험 리서치는 실험실이나 피조사자들의 생활현장에서 실시된다. 모든 변수를 통제한 실험 상황에서 이뤄져야 바람직하지만 그런 환경을 만들기가 쉽지 않다. 따라서 생활현장에서의 유사 실험 리서치가 되는 경우가 많다. 실험에서는 PR 프로그램이 시작되기 전 효과가 발생하지 않았다는 것을 확인할 수 있어야 한다. 효과 발생의 원인 조건들을 통제할 수 있어야 한다는 의미다. 메시지 등의 실험 리서치는 현장조사를 예측하는 기능을 한다(왓슨·노블, 2006). 사전 테스트와 결과 테스트가 있으며 실험집단과 통제집단의 조사내용을 비교해 효과를 측정한다. 실험 설계방법은 보통 3가지다. ① 하나의 실험집단만 사용한 사전/사후 테스트, ② 사후 테스트만으로 실험/통제집단 비교, ③ 복수의 사전/사후 테스트로 실험/통제집단을 비교하는 방식이다. 무작위 통제집단을 만들 수 없을 때 타 지역 등에서 적당한 통제집단을 찾는 비동등 통제집단이 사용되기도 한다(그루닉·헌트, 2006b).

내용 분석　서베이, 포커스 그룹 인터뷰와 더불어 PR 리서치에서 자주 이용되는 방식이다. 신문, 잡지의 기사 클리핑이나 방송 모니터 기록 등을 질적 측면과 양적 측면에서 과학적으로 분석할 수 있다. 언론 퍼블리시티 분석에서는 언론사의 지명도가 고려돼야 한다. 패널 간의 토론 내용, 심층 인터뷰와 포커스 그룹 인터뷰, 출판물, 스피치 등도 내용 분석의 대상이 된다. 이 외에 글자체, 레이아웃, 카메라 앵글, 방송편집, 방송 숏 분석 등 다양한 용도로 사용할 수 있다. 공중들이 어떤 정보에 노출됐는가를 파악하는 데 적합하다. 객관적 분석을 할 수 있는 모델을 설정하는 것이 어렵고도 중요한 작업이다. 내용 분석은 분석단위와 분석 유목 설정 - 분석자료 표집 - 코더 훈련(신뢰도 지수 측정) - 코딩 시트에 코딩 - 결과 분석 순으로 진행된다. 신뢰도 지수 측정은 복수의 코더 간 분석 일치도를 기준 개념으로 한다(뉴섬 외, 2007). 10% 정도의 샘플 자료를 추출해 상호 일치도를 점검하는 방식으로 검증된다. 신뢰도 지수가 0.8 이상이면 안정적인 것으로 본다. 그 이하인 경우 분석 유목을 수정하거나 코딩 기준을 다시 설명해줘야 한다. 내용 분석은 조직 또는 이슈에 대한 보도의 추세나 상관관계를 파악할 수 있으나 그 이유를 설명해주지는 못한다. 이유, 즉 인과관계를 알아보려면 인터뷰 등의 리서치가 수행돼야 한다(조용석 외, 2007).

3) 질적 리서치

질적 리서치로는 질적 관찰, 심층 인터뷰, 포커스 그룹 인터뷰, 사례연구 등이 있다. 질적 관찰은 침투적 관찰(리서치 대상과 경험 공유)과 비침투적 관찰(경험 비공유)로 구분된다. 관찰 결과가 리서치의 결과가 되는 만큼 조사자의 통찰력, 이해력이 성공적 조사의 관건이다. 2차 정보원과 1차 정보원으로부터 자료를 수집·정리하는 전기나 일기도 질적 리서치의 한 방법이다. 기록문서, 간행물, 웹사이트, 공중들의 피드백, 관련 기관단체와의 대화 등도 질적 조사의 원천이 된다(헨드릭스, 2005).

심층 인터뷰 인터뷰 조사는 다양한 주제와 깊이로 진행할 수 있다. 준비된 질문에 따라 진행되는 구조화된 방식과 질문, 진행 등에서 신축성을 가지는 비구조화된 방식이 있다. 구조화되지 않을수록 숙련된 진행과 결과 해석이 필요하다. 비용과 시간 관계상 많은 수를 대상으로 하기는 어렵다. 의미 있는 정보를 가진 소수의 사람들을 대상으로 복잡하고 상세한 질문을 하는 데 적합하다. 무작위, 대표성, 목적 부합성 등 인터뷰 표본 선정을 정당화할 수 있어야 한다(왓슨·노블, 2006). 심층 인터뷰는 비구조화된 조사로 문제를 면밀히 추적하는 데 강점이 있다. 인터뷰 대상자의 어떤 주제에 대한 생각이나 의견, 태도, 지식, 전문성을 깊이 있게 살펴볼 수 있다. 심층적 질문으로 솔직하고 깊이 있는 응답을 얻을 수 있어 동기연구에 많이 활용된다. ① 비공식적 대화 인터뷰, ② 가이드 인터뷰, ③ 표준화된 인터뷰의 3가지 세부 유형이 있다. 비공식적 대화 인터뷰는 일체의 선입견을 배제한 채 시행되는 인터뷰로 질문, 진행이 가장 자유롭다. 가이드 인터뷰는 사회자가 진행해서 어떤 의도를 갖지만 조직적으로 미리 설계된 질문을 던지지는 않는다. 표준화된 인터뷰는 인터뷰 대상에게 똑같은 개방식 설문지를 사용한다. 심층 인터뷰는 자질 있는 면접 진행자를 구하기 어렵고, 시간과 비용이 많이 드는 단점이 있다. 결과 분석에서는 조사자의 주관적 해석이 개입될 여지가 있다. 정교한 분석 작업이 필요하다(최윤희, 2008; 뉴섬 외, 2007).

• 대면 인터뷰 일반 요령 핵심어 이외에는 받아 적지 말고 응답자의 답변에 집중하는 것이 인터뷰의 조사 효과를 높인다. 비언어적 표현을 간과해서는 안 된다. 유도성 질문이나 예/아니오 답변이 나오게 될 질문은 피해야 한다. 질문을 약간 다른 말로 바꿔서 다시 물음으로써 답변을 교차 확인해볼 필요가 있다. 인터뷰가 끝나면 바로 관찰기록을 남기고, 녹음 내용을 들어보며 인터뷰에서 빠트린 내용을 보완해야 한다. 주의를 기울인 기억도 몇 시간이 지나면 망각·변형된다.

포커스 그룹 인터뷰 자유응답식의 포커스 그룹 인터뷰는 동일 주제에 대해 여러 견해를 수집할 수 있는 리서치 방식이다. 주요 공중들의 태도나 의향을 알아보거나 실행하려는 전략들을 사전 점검하는 데 적합하다. 특히 부정적 이슈에 대한 공중 여론이나 태도를 탐색하는 데 알맞다. 인터뷰 목적에 따라 6~8명, 8~12명 정도의 목표공중 구성원을 4~6개 팀 정도 초청해 미리 준비한 질문으로 질적 조사를 벌인다. 이슈의 자세한 토론이 필요할 때는 구성원 수를 줄이고, 논란이 적은 이슈에는 좀 더 많은 구성원을 투입한다. 인터뷰 그룹은 하나의 동질적 공중이 되는 경우가 많다. 각각 다른 공중의 대표들을 모아 하나의 그룹을 만들 수도 있다. 질문에 대한 상호 간 의견교환 방식으로 진행된다. 진행자는 활발한 대화를 유도하되, 특정인의 토론 주도, 피상적 논의가 되지 않도록 주의를 기울여야 한다. 통상 진행시간은 2시간 정도다. 진행자는 일반적 질문에서 구체적 질문으로 질문을 옮겨가야 한다(왓슨·노블, 2006). 추가 질문을 통해 심층적인 응답을 얻도록 하는 것이 중요하다. 인터뷰 상황을 녹화해 참가자들의 반응과 지적사항을 세심하게 확인·분석하는 후반작업이 필요하다. 포커스 그룹 인터뷰는 조사내용에 비해 비용, 시간이 적게 드는 편이나 조사결과를 일반화할 수 없는 한계가 있다(조용석 외, 2007; 헨드릭스, 2005). 과학적 신뢰성을 가지려면 양적 리서치를 병행해야 한다.

사례연구 PR 사례연구에서의 사례는 특정 대상 공중, 지역사회, 이벤트, 프로세스, 이슈, 캠페인 등이 된다. 조사의 폭을 줄이는 대신 조사의 깊이를 살리는 리서치 방식이다. 단수 사례와 복수 사례 연구가 있다. 사례나 사례들을 깊이 있게 들여다봄으로써 폭넓게 적용할 수 있는 분석 결과들을 추출해낼 수 있다. PR 활동 중 잘된 일과 잘못된 일을 구분하는 데 유용하다. 리서치 기법으로서보다 제품이나 서비스의 효용성을 증명하는 수단으로 사용될 때가 많다. 경영, 법, 광고, 의학 등 다양한 분야에서 활용되고 있다(왓슨·노블, 2006).

4) 온라인 리서치

정보통신기술의 발달은 온라인 자원을 지속적으로 확장시켜 DB의 광범한 이용을 가능하게 했다. 국가통계정보 시스템이나 정부 및 관련 기관들의 DB는 PR 기획이나 리서치에 폭넓게 활용되고 있다. 1차 정보도 온라인 포커스 그룹이나 서베이를 통해 큰 비용 없이 신속하게 수집할 수 있게 됐다.

온라인 서베이 이메일 서베이(설문조사), 웹 서베이, 배너 서베이 등의 방식이 있다. 이메일 서베이의 장점은 설문 수신 여부의 즉각적인 파악이 가능해 표본크기를 조정할 수 있다는 점이다. 비용이 거의 들지 않으며 면접조사에 비해 편향성이 적다. 응답자는 자신의 속도에 맞게 설문을 진행시킬 수 있다. 응답자와 연구자 간 상호작용도 가능하다. 그러나 스팸메일에 대한 거부감 때문에 응답률이 떨어질 수 있다. 웹 서베이는 텍스트 위주의 이메일 서베이와 달리 그래픽, 색, 특별한 포맷을 사용할 수 있다. 장단점은 이메일과 비슷하다. 웹 서베이의 효율성을 높이기 위해서는 설문의 제목이 잘 드러나도록 하는 것이 좋다. 응답자 선별을 위한 몇 개의 여과 (screening) 질문을 만들어두어야 한다. 익명성 보장과 설문에 필요한 시간을 명시해야 답변을 끌어내기가 쉬워진다. 배너 서베이는 인기 검색엔진의 배너광고를 구매해 질문 한 개로 설문하는 방식이다. 설문이 하나이므로 많은 참여자의 응답을 구할 수 있다. 매 시간 다른 설문을 올려 여러 주제에 대한 의견, 태도, 지식 등을 물어보는 방법도 있다(한미정, 2002).

온라인 여론조사 온라인 여론조사는 PR 프로그램 전반에서 다용도로 활용된다. ① 탐색적 조사, ② 기술적(記述的) 조사, ③ 인과적 조사의 3가지 형태가 있다. 탐색적 조사는 문제를 명확히 규정하기 위한 목적으로 시행된다. 전문가 조사, 사례 조사 등이 여기에 속한다. 포커스 그룹, 게시판, 채팅 등을 통해 여론을 수집한다. 기술적 조사는 일반 여론을 알아보기 위한 목적으로 쓰인다. 1회 조사와 지속 조사의 2가지 형태가 있다. 패널조사의 편의성이 높다. 인과적 조사는 문제나 쟁점의 해결책을 찾기 위한 조사다. 조직 목표의 영향 변수와 변수들의 관계를 파악하는 데 조사 목적이 있다. 사용빈도는 낮은 편이다.

• 자료수집 방법 온라인 여론조사의 자료수집 방법으로는 ① 피드백 관찰법, ② 집담회(集談會) 관찰법, ③ 서베이 등이 있다. 피드백 관찰법은 전화, 메일 등 공중들의 피드백 내용을 분석하는 것이다. 공중들의 성향이나 여론 추이를 파악할 수 있다. 집담회 관찰법은 커뮤니티나 패널 집단에서 이뤄지는 의견교환을 관찰하는 방법이며, 자유로운 의견 개진이 필요 조건이다. 서베이는 홈페이지 등에 설문 문항을 배치해 응답을 유도한다.

• 설문 작성　설문은 쉽고 간단하게 작성돼야 하며 쉬운 질문을 앞부분에 배치하는 것이 좋다. 응답방법은 각 문항별로 설명돼야 한다. 설문지에 포함돼야 할 사항들로는 조사기관 정보, 여론조사 취지, 응답 소요시간, 설문 참여의 혜택, 설문 만족도, 조사에 대한 의견란, 감사 인사, 조사결과 제공 약속, 수신거부 기능 제공 등이다. 설문 응답에 필요한 기능 조작은 최소화해야 한다. 조직 웹사이트의 DB를 표본 프레임으로 할 수 있다(정책홍보혁신포럼, 2005).

온라인 인터뷰　이메일, 문자 채팅, 뉴스 그룹 등을 통한 온라인 인터뷰는 동시적, 비동시적으로 시행할 수 있다. 전화 인터뷰에 응하지 않는 사람도 이메일을 통한 질문에는 반응을 보이는 경우가 많다. 응답자들은 시간의 제약이나 방해를 받지 않으므로 진지하게 질문에 응답할 수 있다. 대면 상황이 아니어서 솔직한 답변을 얻는 데 유리하다. 표본 선택에서 구체적인 기준을 적용하고, 연령 등 표본의 편향성을 감안해야 한다. 인터뷰 대상자가 속한 커뮤니티나 집단의 분위기, 규범 등을 사전에 연구해두는 것이 좋다. 인터뷰 대상자에게 보내는 메시지의 길이는 가급적 짧아야 한다. 질문들을 몇 개로 나눠 한 번에 제한된 문항만을 질문하는 방법도 있다. 문항 수가 많으면 응답률이 떨어질 가능성이 커진다. 인터뷰 실행에서는 안내문을 통해 인터뷰 지침을 확실히 이해시켜야 한다. 채팅의 경우 인터뷰 전에 응답자와 공감대를 형성하는 것이 중요하다. 응답자의 질문이나 반응에는 즉시 대응해줘야 인터뷰 진행이 순조로워진다. 응답의 신빙성을 살피기 위해 응답의 간격, 응답의 톤, 일관성 등 비정상적인 응답 단서를 모니터링해야 한다(한미정, 2002).

온라인 포커스 그룹 인터뷰　온라인 포커스 그룹 인터뷰는 새로운 PR 캠페인에 대한 테스트나 평가를 하는 데 적합하다. 합리적이고 분명한 주제일 때 의미 있는 결과를 얻을 수 있다. 감정, 심리를 다루는 주제에는 그다지 생산적이지 못하다. 오프라인에 비해 경비가 적게 들고 신속·간편하며,

분석 작업이 간단한 장점이 있다. 경비 측면에서 전문 진행자, 장소 대여비, 다과비, 녹음·녹화장비, 참가자 사례비가 모두 절약된다. 참가자 모집에 보통 4주 정도가 필요하고 인터뷰 진행은 2, 3일이면 충분하다. 이상적인 참가자 규모는 팀당 6~8명이다. 참가자들이 같은 시간에 같은 포럼에 로그인하기만 하면 된다. 참가자들은 지역적인 제한 없이, 집이나 직장에서 편하게 참여할 수 있다. 녹음·녹화 내용을 글로 옮길 필요 없이 발언내용을 컴퓨터에서 바로 인쇄하거나 내용 분석 프로그램을 이용해 분석할 수 있다. 그만큼 시간적 여유가 생긴다.

• 진행 오랜 인터뷰는 피로감 등으로 진행을 어렵게 하는 만큼 최대 90분 이내로 해야 한다. 대부분의 인터뷰는 모든 대화 내용이 한 개의 창에 뜨도록 되어 있어 참가자들이 이를 동시에 확인하는 방식으로 진행된다. 여러 명의 대화를 한꺼번에 처리할 수 있어 다른 사람이 글을 올릴 때까지 기다릴 필요가 없다. 익명성을 유지할 수 있어 솔직한 답변이 가능하고, 민감한 내용이나 개인적 문제도 다루기가 쉬워진다. 오프라인에서는 한두 사람이 토론을 독점하는 경우가 있지만 온라인에서는 참가자 모두가 진행자의 질문에 동시에 대답하도록 하고 있어 그런 염려가 없다. 메신저 서비스를 통해 진행자가 인터뷰 중에 개인적으로 참가자와 대화를 나누거나 상황을 조정할 수 있다. 그러나 비언어적 단서를 읽어낼 수 없는 단점이 있다. 또한 너무 많은 메시지들이 올라와 참가자들이 대화의 연결을 이해하지 못하거나 대화 내용을 소화하지 못하는 경우도 생긴다. 자신의 생각에 집착해 의견 교환에 나서지 않을 수도 있다(한미정, 2002).

5) 리서치 실행

리서치는 기존 자료를 이용하는 온·오프라인 2차 자료 조사로부터 시작

<표 4-6> 리서치의 절차

구분	단계별 활동
규범적 절차	문제 진술 → 연구를 통해 측정 가능 부분 선택 → 측정에 필요한 조작적 정의(모집단 선정기준 제시) → 관련 문헌 고찰 → 가설 제시 → 리서치 설계 및 모집단, 샘플 추출, 응답자 수 결정 → 데이터 수집 → 데이터 분석 → 데이터 해석 → 연구결과 보고
서베이 절차	조사목적 규정 → 조사대상 확정 → 리서치 방법 선택 → 표본 선정 → 설문지 작성 → 데이터 수집 → 데이터 분석 → 해석 및 보고서 작성

자료: 뉴섬 외(2007), 최윤희(2008).

된다. 내부 자료로는 조직·구성원·조직 활동 정보, 고객·전문가 등과의 개인적 접촉 정보, 우편이나 전화로 걸러지는 피드백 분석, 신문·잡지·방송의 기사와 프로그램, 뉴스레터·연례보고서·광고·영화 등 각종 공식 커뮤니케이션 자료 등이 활용된다. 외부 자료로는 각종 기관의 여론조사, 통계조사, 전문연구, 학술저널 등을 탐색해볼 수 있다. 검색엔진, 메타검색엔진, 각종 DB, 뉴스 그룹, 웹사이트 등이 광범하게 이용된다. 반드시 정보의 신뢰성을 검증해야 한다.

리서치 설계 리서치 설계는 리서치 실행에 앞서서 리서치의 윤곽을 잡는 작업이다. 1차적으로 무엇이 문제인가, 어떤 종류의 정보가 필요한가, 조사결과는 어떻게 이용되나, 조사비용은 얼마인가에 대한 고려가 있어야 한다. 다음으로 조사대상 공중, 조사기법(문헌조사, 비공식적 조사, 질적/양적 리서치), 설문 방식(개방식 또는 폐쇄식), 조사자, 데이터 분석방법 등이 강구돼야 한다(최윤희, 2008). 연구에 대한 욕심이 지나쳐 측정목표를 과다하게 잡아서는 안 된다. 리서치의 규범적 절차는 10단계로 구분할 수 있다. 가장 많이 쓰이는 서베이(설문조사)의 절차는 8단계로 구성된다(<표 4-6> 참조). 조사목적의 규정은 이유 없는 조사로 시간과 금전의 낭비를 막기 위한 것이다. 조사대상 인구의 확정은 비조사대상자를 제거하는 기준으로 삼아야 한다(최윤희, 2008; 뉴섬 외, 2007).

구분	유형	표집방법
확률표집	단순 무작위 표집	표본에 숫자 부여 후 무작위 표집(난수표 방식, 매 n번째 방식)
	체계적 표집	첫 번호만 무작위로 뽑고 다음부터 일정 간격으로 표집
	층화표집	특성별 소집단들을 나눈 후 각 집단별로 무작위 표집
	군집표집	개인이 아닌 군집을 무작위 표집
비확률표집	편의표집	연구자가 손쉽게 얻을 수 있는 표본을 표집
	판단표집	모집단 전문지식이 있는 사람이 효과적이라고 생각하는 표집
	할당표집	모집단을 특성별로 분류하고 계층 크기에 비례해 표집

표본 선정 리서치는 표본조사와 전수조사의 2가지 방식이 있다. 전수조사의 예측성과 설명력이 우수하나 노력, 비용 부담이 커 실용성이 떨어진다. 표본조사는 전수조사를 갈음하는 만큼 기술적 능력을 필요로 한다. 결과에 대한 기대를 적정 수준으로 낮춘다면 작은 규모의 조사로도 성과를 얻을 수 있다. 표본이 작을수록 오차범위가 커진다는 제한점을 염두에 둬야 한다. 양적 리서치의 표본 추출에서는 모집단을 대표할 정도의 범위와 수를 충족시켜야 한다. 대개 조사 정확도와 비용의 절충점에서 표본 규모가 정해진다. 최소 표본 규모는 30단위 이상이며, 표본이 적을수록 분석이 간단해야 한다. 질적 리서치는 소규모 표본이 데이터의 특성에 부합한다(왓슨·노블, 2006). 표본 표집방법에는 ① 무작위 표집과 비무작위 표집, ② 확률표집과 비확률표집의 2가지 형태가 있다. 비무작위 표집에는 우연표집(오늘 영화 관람객 대상), 의도적 표집(체육과 교수, 학생에게만 질문), 할당표집(모집단 구성원과 같게 표본 표집) 등의 방법이 사용된다. 표본오차, 신뢰도가 유지돼야 한다. 리서치에서는 무작위(random) 표집과 비무작위 표집 중 할당(quota)표집이 많이 쓰인다. 확률표집은 모집단의 구성요소 모두가 표본으로 선정될 확률이 동일한 것을 말한다. 조사의 신뢰도를 높이기 위

해서는 확률표집이 바람직하다. 세부 유형으로 ① 단순 무작위 표집, ② 체계적 표집, ③ 층화표집, ④ 군집표집이 있다(<표 4-7> 참조). 층화표집은 모집단의 층별 특성과 비율을 미리 알고 있어야 한다. 군집표집은 모집단의 구성요소들이 특성별로 군집화되어 있는 경우, 특정 초등학교나 동(洞) 같은 군집의 일부 또는 전부를 조사한다. 시간과 비용이 절약되나 표본오차가 커질 가능성이 높다. 비확률표집은 표본 선정 확률을 알 수 없는 표집 방법이다. 어느 정도의 객관성을 갖춘 절차를 거치면 의미 있는 표본을 얻을 수 있다. ① 편의표집, ② 판단표집, ③ 할당표집 등의 방식이 있다(조용석 외, 2007; 조계현, 2005). 편의표집은 표본추출 오차가 커서 모집단의 성격을 개략적으로 알아볼 때 사용된다. 판단표집은 모집단 성격이 이질적이거나 표본의 수가 적을 때 효과적이다. 물가지수 등은 판단표집으로 산정된다. 할당표집[4]은 계층 조건에 부합하면 아무 표본이나 선택할 수 있어 표본오차의 크기가 불분명하다(『행정학사전』, 2009;『매스컴대사전』, 1993).

설문지 디자인   서베이(설문조사), 인터뷰 등 PR 리서치의 핵심적 관심사는 설문 디자인이다. 설문이나 질문 내용은 답변 분석을 전제로 만들어져야 한다. 통상적인 설문조사는 설문 수를 20개 이내로, 길거리 대면 인터뷰는 3분 이내로 하는 것이 적당하다. 응답자 두세 명의 사전 테스트를 거치는 것이 안전하다(왓슨·노블, 2006). 설문조사의 경우 첫 질문이 응답자를 화나게 하거나 당황하게 만들 우려가 없는지 짚어봐야 한다. 이럴 경우 조사가 불발될 수 있다. 주제 정보를 앞세우고 응답자 분류 정보는 말미에 배치하는 것이 좋다. 응답자의 지식, 태도, 행동 등 주제 정보를 먼저 물어야 응답에 거리낌이 없다. 연령, 소득, 학력 등의 분류 정보를 먼저 제시하면 나

---

4) 1948년 미국 대통령 선거에서 갤럽(Gallup)은 대규모 할당표집으로 선거 결과를 예측했다가 소규모 무작위 추출 조사에 참패했다. 이후 무작위 추출 표집이 조사시장의 대세가 됐다.

머지 질문에 대한 응답태도가 달라질 수 있다. 도입부 질문들은 조사목적에 맞으면서도 흥미로워야 설문 지속에 도움이 된다. 전체적인 질문의 흐름은 자연스러워야 한다. 주제가 오락가락하거나 갑작스럽게 논리가 바뀌면 응답자들이 혼란스러워진다. 주제가 바뀔 때는 상황 설명을 한 뒤에 질문을 해야 무리가 없다(정인태, 2006).

설문 내용　설문 내용은 최대한 단순하고 명확하게 하는 것이 요령이다. 가급적 흥미롭게 만들어야 한다. 중립적인 용어를 사용해 짧고 직선적인 질문을 만드는 것이 좋다. 이중적인 의미를 가진 용어나 애매한 용어를 사용해서는 안 된다. 부정 질문을 쓰지 말고, 한 문항에 두 개 이상의 질문을 담는 복합 질문을 피해야 한다. 의도적이든 비의도적이든 객관성을 무너뜨리는 유도질문, 암시질문이 사용돼서는 안 된다. '~보통 그런 것처럼, ~라고 생각하지 않습니까' 등이 여기에 해당된다. 유도질문은 특정 답변을 염두에 둔 질문이고, 암시질문은 특정 답변에 가치를 더 두는 질문이다. 단어를 어떻게 선택하느냐에 따라서도 응답이 달라질 수 있는 만큼 세심하게 설문을 점검해야 한다. 경험이나 행동에 대한 질문과 달리 태도나 신념에 대한 질문에서는 응답자들이 설문 용어나 질문 순서에 민감하게 반응을 보인다. 대답하기 곤란한 질문은 간접적으로 묻는 것이 좋다. 성희롱과 같은 부도덕한 행위나 죄의식을 가질 수 있는 질문은 일반화시키면 응답 부담을 덜어줄 수 있다. 민감한 질문은 설문 끝 부분에 배치하는 것이 설문 요령이다. 응답으로 사용되는 용어는 상호 배타적이어야 한다.

내용별 질문 유형　질문 형태는 개방형 질문과 폐쇄형 질문의 2가지가 있다. 주어진 질문에 자유롭게 답을 기술하는 방식이 개방형 질문이고, 5지선다처럼 미리 정해진 항목들 중에서 응답자가 답을 고르는 것이 폐쇄형 질문이다. 개방형 질문은 정밀조사에 많이 쓰인다. 개방형은 응답내용을 다시 내용 분석해야 하는 번거로움이 있다. 폐쇄형은 설문 응답 방식을 통해 응답의 강도를 측정할 수 있다(뉴섬 외, 2007). 폐쇄형 질문은 ① 사실적 질문, ② 평가적 질문, ③ 정보적 질문, ④ 자아 지각적 질문으로 구분된다. 사실적 질문은 성별, 연령, 소득 등 인구통계학적 질문에 사용된다. 보통 5개의 응답선택을 제공한다. 평가적 질문은 의견, 태도 등 응답자들의 답변을 숫자 척도상의 어떤 점에 위치시키는 방식으로 묻는다. 극단적 입장을 표시하는 진술문에 동의와 반대, 중립의 응답을 제시한다. 정보적 질문은 응답자들이 얼마나 많이 아는지, 무엇을 아는지, 언제 어떻게 알게 됐는지를 선다형으로 접근한다. 예컨대 기사의 내용을 어느 것이 가장 잘 묘사하고 있느냐를 5가지 문항으로 제시할 수 있다. 자아 지각 질문은 사실이나 행동에 관한 사람들의 의견을 묻는다. 공기 오염을 얼마나 자주 생각하나의 질문에 자주, 때때로 등의 응답선택을 제공할 수 있다(그루닉·헌트, 2006b).

형식별 질문 유형　폐쇄형 질문은 질문 형식별로 ① 이분법형, ② 선다형, ③ 척도형으로 나눠진다. 이분법형 질문은 '예/아니오' 척도를 사용한다. 질문이 양면적 선택인지를 반드시 확인해야 한다. 특정 회사를 언론에서 들어본 적이 있느냐는 질문은 '예/아니오'뿐 아니라 '모르겠다(들어본 적이 있는지 없는지 모르겠다)'라는 답변도 가능하다. '제품 A와 B는 어느 쪽이 좋으냐'는 질문에 'A/B가 좋다'뿐 아니라 '둘 다 좋다/둘 다 아니다'란 답변을 내놓을 수 있다. 선다형 질문은 가능한 답변을 모두 열거하는 것이 중요하다. '아주 동의, 동의, 중립, 반대, 아주 반대'처럼 응답 항목들은 상호 배타적이어야 한다. 다른 선택지를 감안해 기타 항목(내용 명시 요청)을 마련해두는 것이 안전하다.

• 척도형 질문　척도형 질문은 측정대상에 부여된 자의적인 숫자들의 체계로 태도와 느낌 등의 강도를 파악한다. ① 명목척도, ② 서열척도, ③ 등간척도, ④ 비율척도, ⑤ 누적척도, ⑥ 의미분별(어의차)척도, ⑦ 평정척도

<표 4-8> 척도형 질문 유형

유형	내용
명목척도	직업, 도시명과 같이 이름만으로 구분되는 척도
서열척도	학업순위, 경주마 순위처럼 우열을 가려주는 척도. 크기나 강도 차이 비교 곤란
등간척도	온도, IQ, 주가지수와 같은 척도. 절대영점이 없어 직접 비교 곤란
비율척도	월소득, 연령, 리터당 주행거리, TV 시청률처럼 직접 비교가 가능한 척도
누적척도	헌혈 필요성 인지 → 헌혈 의사 → 헌혈 행동 → 타인에게 헌혈 권유처럼 강도의 연속적 증가 측정
의미분별척도	척도의 양 끝에 의미가 상반되는 단어(형용사)들을 제시하는 측정
평정척도	수우미양가, ABCDE처럼 일정 기준에 따라 평가·구별하는 척도

등이 다양하게 사용된다(<표 4-8> 참조). 의미분별척도는 좋은-나쁜, 유쾌한-불쾌한, 흥미로운-지루한, 강한-약한, 능동적인-수동적인과 같은 극단어들을 의미의 방향에 따라 배치한다.

리커트 척도　리서치에서 가장 일반적으로 쓰이는 것은 평정척도의 변형인 리커트(Likert) 척도다. 개발자인 심리학자 리커트(Rensis Likert)의 이름을 따왔다. 태도의 강도에 따른 전체 문항 평점을 총화해 척도 값을 산출한다고 해서 총화평정척도라 한다. 문항 간의 상관성을 전제로 하기 때문에 문항 수가 20개 이상인 것이 바람직하다. 최소 6개 이상이어야 척도를 구성할 수 있다. 응답 범주는 5~7개가 보통이며, 범주들 사이의 간격은 동일하다고 가정한다. 리커트 척도의 구성 절차는 먼저 측정대상에 대한 태도를 긍정-부정, 찬성-반대, 호의-비호의로 구분해 5~7개 범주를 만든다. 범주별로 1~5점, 1~7점의 평점을 부여한다. 평점은 낮은 점수에서 높은 점수로 제시하거나 그 반대로 할 수 있다. 응답자 표본을 통한 문항 분석으로 내적 일관성 또는 문항 응답과 총점과의 일관성을 평가해본다. 일관성이 낮은 문항은 버리고 식별능력이 있는 문항만 분석에 사용한다. 응답에 별 편차가 없다는 것은 문항 자체가 좋지 않다는 의미다. 응답자의 응답 총점을 구하면 측정대상에 대한 태도를 읽을 수 있다. 리커트 척도는 객관성, 신뢰성, 낮은 관리비용이 장점이나 응답 범주의 간격을 동일한 것으로 간주하는 한계점을 가진다(조계현, 2005).

타당도와 신뢰도　설문 측정은 일정한 규칙에 따라 조사대상의 특성에 숫자를 부여하는 것이니만큼 자의성이 개입될 수밖에 없다. 이를 보완해 주는 장치가 타당도와 신뢰도다. 타당도는 ① 내용, ② 기준, ③ 구성의 3가지가 있다. 내용 타당도는 측정도구가 측정 사실을 대표성 있게 측정할 수 있는가를 평가한다. 전문가의 주관적 판단에 근거해 평가를 내린다. 기준 타당도는 통계적 유의성, 즉 측정값인 점수들 간의 관계를 비교해 타당성을 파악한다. 채용시험의 성적과 채용 후 근무성적의 상관관계가 높으면 기준 타당도가 높은 것이다. 구성 타당도는 조사의 구성 개념과 측정도구 간의 일치 정도라고 할 수 있다. 적성, 흥미, 성격, 정의감 등 추상적 개념이 측정도구에 의해 제대로 측정됐는가를 살펴본다. 신뢰도는 측정의 일관성, 즉 측정을 반복했을 때 동일한 측정값을 얻을 수 있는 가능성을 말한다. 측정오차가 클수록 신뢰도는 떨어진다. 신뢰도 측정은 재검사법, 복수양식법, 반분법, 내적 일관성 분석에 의한다(조계현, 2005). 실무에서는 설문지 초안이 완성되면 모집단과 유사한 소규모 표본을 대상으로 사전 조사하는 방법이 사용된다. 사전 조사 대상은 설문 계층의 모든 사람들이 골고루 추출돼야 한다. 수차례의 사전 조사와 보완을 거친 후 최종 설문지를 확정한다(정인태, 2006).

4. PR 평가

PR 평가의 필요성 인식 및 실무에의 수용은 PR업계 발전의 토양이 되고 있을 뿐 아니라 PR을 전문적, 전략적 경영 활동으로 격상시키고 있다. PR 평가의 메커니즘을 찾는 작업도 꾸준히 확대되고 있다. 그러나 PR 평가는 아주 복잡한 과정이어서 단순명료하게 해결할 수 있는 방법이 없다. 완전한 해법이 없는 문제라는 사실을 전제로 해야 한다. 조직의 활동에서 PR만의 영향이나 효과를 따로 떼어서 파악하기도 힘들다(왓슨·노블, 2006).

1) 평가의 의미

PR 평가는 ① 경영 평가, ② 부서 운영 평가, ③ PR 프로젝트 평가의 세 부문으로 대별된다. 경영평가는 PR 활동을 전체 경영전략들과의 연계선상에서 PR 활동을 접근한다. 단기성과만을 의식한 PR 프로젝트는 전술적 성공과 전략적 실패로 귀결될 수 있다. 평가 항목으로는 CEO의 경영철학 부합 정도, 경영 비전/목표와의 방향성 및 적합성, 경영목표에 대한 공헌도, 다른 경영 기능과의 조화 및 소통, 조직 미래 사업과의 연관성 등을 들 수 있다. 부서운영 평가는 특정 기간 동안의 부서운영 목표를 실제 활동의 성취 정도와 비교 분석하는 평가다.

프로젝트 평가　PR 프로젝트 평가는 어떤 문제나 상황을 해결하기 위해 또는 공중과의 관계관리를 위해 실시하는 프로그램들을 평가 대상으로 한다. 인력, 예산 등의 자원관리, 일정관리, 커뮤니케이션 관리 등의 적절성과 효율성을 분석한다. PR 평가라고 하면 보통 프로젝트 평가를 가리킨다. PR 프로젝트가 외부적인 문제나 상황, 공중을 대상으로 했더라도 조직 문화나 조직 구성원들에게 미친 효과를 함께 평가해야 한다. PR 프로젝트 평가의 요소는 프로젝트별로 달라진다. 일반적으로 목적 및 목표 적합성 평가, 메시지 및 매체 적합성 평가, 메시지 수용 평가, 영향력 평가, 결과 평가, 관리 평가 등을 포함한다(이종혁, 2006). 목적 및 목표 적합성, 메시지 및 매체 적합성은 프로젝트 기획의 충실도를 재는 기준이 된다. 메시지 수용 평가는 프로젝트 기획 및 실행과 관련되는 평가다. 퍼블리시티, 메시지의 도달 범위, 메시지의 이해 등을 측정 대상으로 한다. 관리 평가는 PR 실행에 영향을 미친 돌발사태 처리, 인력 및 예산 사용, 향후의 필요 조치 등을 평가하는 데 주안점을 둔다(최윤희, 2008).

평가의 유형 PR의 평가는 ① 과정평가와 결과평가, ② 장기평가와 단기평가, ② 내부평가와 외부평가로 구분할 수 있다. 과정평가는 목표를 향해 나아가는 과정을 측정하는 사전적 평가다. 이에 비해 결과평가는 설정한 목표를 달성했는지를 측정하는 사후적 평가다. 대개 PR 기획 단계, 실행 단계는 과정평가, 평가 단계는 결과평가된다 PR 평가는 프로젝트의 크기나 성격에 따라 장기 또는 단기 활동으로 이뤄진다. 장단기 두 가지 형태가 결합된 방식이 사용되는 경우가 많다. 캠페인 또는 프로젝트 기반의 PR 활동은 대개 12개월 이내의 단기 평가다. 인지도 제고를 목표로 하는 PR 캠페인에서의 언론홍보 평가가 그런 경우다. 반면 명성관리, 쟁점관리 등의 활동은 광범위한 전략적 수준에서 장기적으로 이뤄지는 것이 바람직하다. 목표공중의 태도 및 행동 변화가 목적인 캠페인에서는 장기 평가가 일반적이다. 단기든 장기든 PR 평가는 목표 달성, 전략과 전술 점검, 성공과 실패의 이분법적 물음에 답변할 수 있어야 한다(왓슨·노블, 2006). PR 평가는 평가 대상에 따라 내부 평가와 외부 평가로 구분된다. 가급적이면 조직(내부)과 공중(외부)의 양자 관점에서 실시하는 것이 좋다. 평가기법 결정은 PR 프로젝트 기획과 병행돼야 한다. 어떤 형태가 됐든 월별, 분기별, 반기별, 연도별로 과정평가를 지속한다는 자세가 필요하다.

평가의 조건 성공적인 PR 평가는 효과적인 리서치 능력을 기반으로 한다. 조사방법론에 대한 기본 지식이 필수적이다. PR 평가가 PR 업무 개선으로 이어지게 하려면 기획, 리서치, 평가에 PR 예산의 7~10% 정도는 할

당해야 한다. 또한 조직과 PR 문제에 정통한 PR 실무자가 필수조건이다(왓슨·노블, 2006). PR 활동의 결과를 재정적 가치로 따지는 ROI(Return On Investment) 방식, 즉 투자수익률을 기준으로 하는 것은 특정 프로그램에 제한적으로 사용돼야 한다. PR 실적을 광고가치 등가로 비교하는 것도 적절치 않다. 광고와 직접 비교 가능한 도달률, CPM(Cost Per Millenium) 등으로 비교범위를 국한해야 한다. 광고가치 등가 평가는 긍정 보도와 부정 보도의 차이를 무시하는 것이다. 언론의 긍정 평가와 부정 평가의 영향력을 돈으로 환산할 수는 없다.

2) 평가와 목표

효과적인 PR 평가는 효과적인 목표 설정에서 비롯된다. 목표 설정이 간단하지 않기 때문에 PR 평가도 쉽지 않다. PR 프로젝트 목표 설정에 사용된 기준과 평가의 측정기준은 서로 부합돼야 한다. 목표 설정에 사용된 기준을 평가의 기준으로 삼는 것이 최선책이다. 프로젝트 시작 전에 평가방법이 결정돼야 이런 조건을 충족시킬 수 있다. 평가 단계에서 기준을 조정해야 한다면 목표 설정 때의 기준이 명확하지 않았음을 방증하는 것이다. 명확한 목표 설정에 집착한 나머지 의미 있는 기준을 배척하거나 진취성, 창의성을 제약해서는 안 된다. 상황 변화에 따라 유연성을 발휘하는 것도 PR 평가가 추구해야 할 주요 가치다(왓슨·노블, 2006).

산출/효과 목표 통상적인 PR 프로젝트 평가는 산출목표(활동목표)와 효과목표를 기준으로 한다. 산출목표는 다양한 차원에서 실시되는 커뮤니케이션 활동과 관련된 목표다. 보도자료 등 커뮤니케이션 수단들을 얼마나 사용하고 제작 및 배포했는가에 대한 평가가 주를 이룬다(정인태, 2006). 산출목표로는 태도나 행동 변화 등을 알 수 없다. 효과목표는 정보(노출, 기억,

<표 4-9> PR 목표의 유형

유형	측정	측정방법
산출목표	활동	보도자료 배포·홍보물 제작건수, 기자회견·강연·전시회·이벤트 횟수
정보목표	노출	구독률, 시청률, 청취율, 보도횟수, 보도량, 홈페이지 방문 수, 참석인원 수
	기억	메시지의 난이도(기억의 가능성 지표) 조사, 이해내용 서베이
	인지	인지도 서베이, 인터뷰 조사
태도목표	태도	태도 변화 서베이, 인터뷰 조사
행동목표	행동	행동 변화 서베이, 인터뷰 조사

인지)목표, 태도목표, 행동목표로 구분된다. 태도와 행동목표를 묶어 동기목표라고 한다. 목표공중에게 흡연의 해악을 알리는 것이 정보목표라면, 금연에 대한 태도나 행동을 바꾸게 하는 것은 동기목표다. 태도와 행동목표는 새로운 태도-행동의 형성, 기존 태도-행동의 강화, 기존 태도-행동의 변화 등 3가지 분류가 있다. 정보목표는 비논쟁적인 주제에 대해 공중들을 교육하는 데 적합하다. 새로운 태도 형성을 위한 태도목표는 논쟁의 여지가 없고 사전에 공중의 태도가 형성되어 있지 않은 활동에만 적용해야 한다. 태도나 행동목표는 시간이 걸리기 때문에 단기 PR 캠페인을 통해서는 목표를 이루기가 어렵다(헨드릭스, 2005).

정보목표 정보목표는 ① 메시지 노출, ② 기억, ③ 인지(인지도 변화)의 3가지 측정영역이 있다. 메시지 노출 측정의 가장 흔한 방법은 발표문, 배경 설명자료, 사진, 자료 영상 등이 얼마나 사용됐는지를 알아보는 뉴스 클리핑이다. 배포한 메시지가 신문, 방송 등에 보도된 횟수나 총 시간을 측정하는 방법도 있다. 메시지에 노출된 수용자 수(구독률, 시청률, 청취율)나 홈페이지 방문자 수를 산정하기도 한다. 독자 수와 시청자 수, 방문자 수를 합산해서 총 수용자 수(media impression)를 계산한다. 전시회, 이벤트, 세미나, 그랜드 오프닝의 경우 참석인원 수가 수용자 수다. 메시지기억의 측정은 ① 독이성(讀易性) 공식, ② 독서 중지 테크닉, ③ 이해도 질문법의 3가지 방법이 쓰인다. 독이성 공식은 메시지의 난이도를 통해 기억의 가능성 지표를 잰다. 플레쉬 독이성 공식(Flesch reading ease formula), 안개지수(fog index) 등 4가지 도구가 사용된다. 독서 중지 테크닉(Signaled Stopping Technique: SST)은 독자들이 글을 읽다가 글 읽기를 중단하는 이유를 조사해 글의 개선방법을 찾아내는 기술이다. 멈추고 싶은 곳에 혼란스러워서(confused), 다시 읽기 위해(reread), 질문하기 위해(question), 생각하기 위해(think), 동의하기 위해(agree), 부인하기 위해(deny) 등의 이유를 적는다. 이해도 질문법(multiple-choice comprehension questions)은 조직의 입장에 대한 이해내용을 선다식으로 응답하게 하는 방식이다(그루닉·헌트, 2006b). 인지 측정에서는 주로 서베이(설문조사)가 사용된다. 상황 분석 단계에서 인지도를 측정한 후 캠페인 실행 후 같은 공중들을 대상으로(설문대상은 다르게) 인지도 변화를 평가한다(정인태, 2006).

동기목표　앞에 설명했듯이 동기목표는 태도목표와 행동목표로 나눠진다. 태도는 어떤 대상에 대해 일관성 있게 호의적 또는 비호의적으로 반응하려는 학습된 경향이다. 태도목표는 서베이나 인터뷰를 통해 PR 캠페인 시행 전과 후에 정보의 확산과 퍼블리시티 활동이 태도에 얼마의 변화를 주었는지를 측정한다. 리커트식 질문으로 진술문에 동의하는 정도로 동의 여부와 범위를 확인할 수 있다. 상황 분석 단계에서 새로운 태도의 형성, 기존 태도의 강화, 기존 태도의 변화 3가지를 서베이한 뒤 같은 질문으로 결과평가를 해보면 성과를 알 수 있다. 예컨대 구조조정의 당위성 이해는 새로운 태도의 형성, 절약 의식의 고취는 기존 태도의 강화, 지역감정 해소는 기존 태도의 변화가 된다. 행동목표는 새로운 행동의 창출, 기존의 긍정적 행동의 강화, 기존의 부정적 행동의 완화 등 3가지 측정영역이 있다. 태도

목표와 마찬가지로 PR 프로젝트 전과 후에 비교 서베이하거나 실질적인 행동의 결과를 측정한다. 서베이에서는 문제 직면적 행동들을 열거해 응답을 요구하는 방법이 사용된다. 이벤트 참가자 수, 모금액, 판매량 증가, 회원 증가 등을 기준으로 행동목표를 잴 수도 있다(정인태, 2006). 새로운 행동의 창출로는 작은 결혼식, 긍정적 행동의 강화는 교통질서 지키기, 부정적 행동의 완화는 금연과 같은 사례를 들 수 있다. 태도나 행동을 강화하는 것이 보강 PR이다.

아웃풋/아웃컴　산출목표, 효과목표(정보, 태도, 행동목표)를 영어 문화권에서는 아웃풋, 아웃테이크, 아웃컴으로도 구분한다. 아웃풋(output)은 산출목표, 아웃테이크(out-take, 영향목표)는 정보목표, 아웃컴(outcome, 효과목표)은 태도, 행동목표와 상응한다. 아웃테이크와 아웃컴을 묶어 아웃컴(영향 및 효과목표)으로 나타내기도 한다. 아웃풋 측정은 대개 특정 PR 프로그램이나 활동의 단기적·즉각적 결과의 조사다. 이메일 발송 건수, 배포 홍보물 수 등으로 나타낸다. 아웃테이크는 목표공중이 메시지를 받았는지, 주목하고 이해했는지, 기억하고 있는지를 살펴본다. 보통 노출도, 주목도를 조사한다. 이벤트 참가자수, 방문자 수, 전화 문의자 수, 물품 구매자 수, 홍보기사 건수 및 내용, TV 프로그램 시청률 등을 통해 측정된다. 태도와 행동의 아웃컴 측정은 정교한 자료수집과 조사기술이 뒷받침돼야 한다(김태욱, 2007; 조계현, 2005).

3) 평가의 실제

PR 평가의 방식은 조직의 성격에 따라 달라진다. 실적이나 해결을 주목적으로 하는 기업 PR과 공공조직의 정책 PR은 평가 방식이 동일할 수 없다. 정책 PR은 추진 전 과정에서 홍보 활동이 요구되기 때문에 정책 구상,

정책 확정, 정책 발표, 사후조치, 정책 평가 및 사후관리의 단계별 PR 활동 평가가 필요하다(조용석 외, 2007). 기업 PR은 상황 분석, 프로젝트 기획, 실행, 평가의 PR 활동 과정에 초점을 맞춰야 한다. 한 일과 하지 않은 일, 잘된 일과 잘못된 일을 분명히 적시하고 성공적 전술과 수용자, 타이밍, 매체 정보를 축적해 다음 PR 프로젝트의 참고자료로 삼아야 한다(왓슨·노블, 2006).

평가의 실행 PR 평가는 측정하기 쉬운 것을 측정하는 것이 아니라 측정해야 할 사실을 측정하는 것이 중요하다. 특히 공중의 인식 변화를 평가에 반영할 수 있어야 한다. 수량화할 수 없는 것을 수량화하려고 하는 것은 자원의 낭비를 부를 뿐이다. 독창적이면서 비수량화된 측정 방식을 선택할 수도 있다. 평가 단계는 ① 측정 가능한 목표들의 기술, ② 목표들의 측정 또는 관찰, ③ 자료의 수집과 분석, ④ 결과보고, ⑤ 결과 적용의 5단계로 구분된다(그루닉·헌트, 2006b). 평가계획에서는 먼저 언제, 어디서, 무엇을, 어떻게 평가할 것인가를 결정해야 한다. 구체적인 측정기준과 측정방법의 2가지가 평가의 핵심 요소다. 구체적인 측정기준은 "금연자 비율을 6개월 내 30%에서 40%로 높인다"와 같은 PR 프로젝트 목표 그 자체가 된다. 측정방법은 PR 리서치에서 서술된 질적/양적 리서치를 두루 사용할 수 있다. 질적 리서치는 프로그램의 성공 가능성 평가와 형식적 평가에 유용하다. 자주 쓰이는 리서치 기법은 질적 관찰, 심층 인터뷰, 포커스 그룹 인터뷰다. 사람들과 상황을 객관적으로 관찰하는 훈련과 기술을 필요로 한다. 양적 리서치는 추세나 경향을 파악하는 데 적합하다. PR 활동 전과 후의 서베이(양적 비교)를 통해 PR 프로그램을 평가해볼 수 있다. 프로그램이 얼마나 효과를 발휘하는지를 한 번만 평가하는 것으로는 부족하다. 프로젝트 전 과정에 걸쳐 소규모적 평가를 여러 번 하는 것이 좋다. 평가의 결과는 ① 프로그램 계속/중단, ② 프로그램 실행이나 절차의 개선, ③ 프로그램 전략이나 전술의 추가/삭제, ④ 비슷한 프로그램의 다른 곳 활용, ⑤ 경쟁 프로그램들 사이의 자원 할당 등에 적용할 수 있다(그루닉·헌트, 2006b).

평가의 현실　PR 실무자들은 PR이 광고보다 비용 대비 효과가 크다고 주장하지만 이를 입증할 리서치 투자를 못하고 있다. PR을 과학보다 경험 또는 기술이라는 입장으로 접근하고 있기 때문이다. 이들은 오히려 평가 욕구 때문에 최선의 PR 활동을 희생하고 측정 가능한 활동에만 매달리게 만든다고 비판한다. 1990년대와 2000년대 미국PR협회 회원들을 대상으로 한 대규모 서베이는 PR 평가가 ① 경험이나 직관적 측정, ② 단순 효과 측정, ③ 과학적 측정 순으로 이뤄지는 것으로 나타났다. PR 실무자들은 PR 평가를 근심의 원인으로 생각하는 경향이 있다. 언론보도의 효과나 결과가 아닌 아웃풋(산출)이나 아웃테이크(영향)로 PR의 성패를 측정하는 경우가 많다. 고용주나 PR주들이 리서치 비용을 꺼리는 데다 PR 실무자들의 평가에 대한 자신감 결여와 관심 부족이 이런 현상을 지속시키고 있다. 한 조사에서는 PR 평가의 장벽으로 시간 부족, 인력 부족, 예산 부족, 결과에 대한 의구심, 방법론 지식 부족, 과학적 방법론에 대한 반감 등이 꼽혔다. 평가가 이뤄지는 분야는 언론보도 분석으로 국한됐고 평가 방식은 대부분 경험이나 직관이었다. 호주와 영국의 PR 실무자들은 PR 평가의 난해성으로 인해 경영층으로부터 신뢰받지 못하고 있다는 조사 결과가 있었다. 마케팅 중역들은 광고에는 67%, 판촉에는 68%의 만족도를 보였지만 PR 평가에는 28%만 만족한다는 응답을 했다. 이 같은 결과는 역설적으로 PR 평가가 PR의 전문적인 이미지를 강화하고 실무자들의 위상을 공고히 하는 데 도움을 줄 수 있음을 시사한다(왓슨·노블, 2006). 국내의 경우 더 나은 PR과 PR주들의 투자에 대한 검증욕구가 PR 평가를 요구하고 있다. 그러나 PR 회사들도 PR 효과를 과학적으로 측정하기 위한 전문성이 부족한 상황이다. 이 때문에 비공식적 방법, 즉 직관에 의한 평가방법을 선택하는 경우가 많다(최윤희, 2008).

4) PR 평가 모델[5)]

PR 평가 모델은 PR 실무자들에게 쉽게 파급되지 못하고 있다. 실질적 효용가치에 대한 의문, 이용 기반의 취약, 지식 부족 등이 주된 이유다. PR 평가 모델이 정착되지 않음으로써 PR 실무에서는 보도자료 건수, 미팅 수 등 PR 산출(output)을 영향(out-take)이나 효과(outcome) 자료로 내놓는 난센스가 빚어지고 있다. 공중들의 인식, 태도, 행동 변화를 보도 분량이나 횟수로 측정할 수는 없기 때문이다. PR 평가 모델의 적용이나 선택은 상황적으로 접근해야 할 문제다.

PII 모델 커틀립, 센터, 브룸(Cutlip, Center and Broom)은 PR 평가의 방법으로 준비(Preparation), 실행(Implementation), 영향(Impact)의 3단계 모델(PII 모델)을 제시한 바 있다. 준비 평가는 프로그램을 효과적으로 기획하기 위한 목적을 가진다. 적절한 배경 정보가 수집됐는가, 보도자료 등 PR 자료들의 내용이 프로그램 계획과 부합하는가, 자료의 제시방법이 적절한가를 조사하는 평가다. 실행 평가에서는 언론 배포 메시지 수와 기획된 PR 활동 수, 언론 노출 메시지 수와 PR 활동 수, 메시지 및 PR 활동 수용자 수, 기억자 수 등을 측정한다. PR 평가는 대개 이 단계에 집중되는데, 이는 바람직한 현상이라고 할 수는 없다. 영향 평가는 프로그램의 목적과 목표가 어느 정도 달성됐는지를 알아보는 단계다. 벤치마크로 정한 요소들을 PR 전과 후로 비교해보는 방법이 사용된다. 평가요소들로는 메시지 내용을 이해한 수용자 수, 의견·태도를 바꾼 수용자 수, 의도한 행동을 하는 수용자 수, 의도한 행동을 반복하는 수용자 수, 사회적·문화적 변화 등이 있다. 평가 기획의 체크리스트로 활용할 만하다.

---

5) PR 평가의 모델에 대해서는 왓슨·노블(2006) 같은 항목 참조.

〈표 4-10〉 맥나마라의 매크로 평가 모델

단계	활동 또는 대상	평가방법
인풋	배경정보, 자료, 리서치 적절성	벤치마크 리서치, 기존 자료, 피드백
	매체 적절성	사례연구, 사전 테스트
	메시지 내용 적절성	독이성 테스트, 사전 포커스 그룹 인터뷰
	표현 방식의 질 (뉴스 가치, 디자인)	수용자 조사, 전문가 검토, 피드백
아웃풋	배포 메시지	발행부수/배포 통계
	언론 게재 메시지	미디어 모니터링
	목표 부합 메시지	내용 분석(긍정, 중립, 부정)
	메시지 도달률	발행부수, 수용자 분석
	메시지 고려율	독자/시청률 통계, 행사 참가율, 문의율, 반응률
아웃컴	메시지 이해 수용자 수	질적 리서치
	태도 변화 수용자 수	질적 리서치
	목표 행동 수용자 수	판매통계, 가입자 수, 양적 리서치
	목표 달성, 문제 해결	관찰, 양적 리서치

자료: 왓슨·노블(2006) 재정리.

매크로 모델　매크로 모델은 짐 맥나마라(Jim McNamara)가 개발한 3단계 모델로 PR 캠페인을 피라미드 형태로 표현하고 있다. 밑변에 인풋(input), 중간에 아웃풋, 상변에 결과(result) 또는 아웃컴을 위치시킨다. 아웃컴은 결과라는 용어의 최근 사용 패턴이다. 인풋은 PII 모델의 준비평가와 성격이 비슷하다. 배경 정보, 매체 적합성, 메시지의 질, 표현 방식의 질을 포함하고 있다. 아웃풋은 메시지 배포에서 수용자들의 메시지 고려까지를 평가한다. 결과에서는 메시지 이해, 태도 변화, 행동 변화, 목표 달성, 문제 해결 등이 평가대상이다. 독이성(讀易性) 공식인 안개지수(fog index), 내용 분석, 질적 관찰 등 다양한 평가 메뉴가 사용된다. PR 활동 평가나 효과 측정에는 여러 평가기법을 혼합해서 사용해야 한다는 것이 주류적 의견이다. 대체로 언론 관계에 치중한 모델로서 역동성이 떨어진다는 지적을 받는다.

PR 척도 모델   월터 린덴만(Walter Lindenmann)이 개발한 PR척도 모델(Yardstick model)은 아웃풋, 아웃그로스(outgrowth), 아웃컴의 3단계 평가 모델이다. PII 모델이나 매크로 모델의 후반 2단계를 3단계로 확장시켰다. 린덴만은 아웃풋, 아웃그로스(현재는 out-take), 아웃컴 등의 표준 용어를 정립한 PR 컨설턴트다. 1단계 아웃풋에서는 언론보도 내용 분석, 청중 규모, 클릭수, 목표공중 인지도 변화 등이 조사대상이다. 2단계 아웃테이크에서는 포커스 그룹 인터뷰, 대상 공중 서베이 등 양적·질적 방법을 동원해 기억, 이해, 인지도 등 인지 효과(정보 효과)를 평가한다. 3단계 아웃컴에서는 의견, 태도, 행동의 변화 등 행동 효과(동기 효과)를 측정한다. 사전 및 사후 여론조사, 질적 관찰, 생활양식 분석과 같은 기법들이 사용된다. 이 모델에서는 인풋 단계가 빠져 있으나 PR 활동 실행 전 목표 설정 등의 중요성을 간과하고 있는 것은 아니다. 평가기법을 보급하기 위한 교육적 도구로 적합하다. 그러나 인지도는 떨어지는 편이다.

• **통합 모델**   PII, 매크로, PR척도 모델은 다소 복잡하고 피드백이라는 역동적 요소를 빠트리고 있다. 평가가 이뤄지는 동안 PR 활동이 멈춰 있어는 정지상태의 단계별 모델들이다. 이런 문제점을 개선하기 위해 개발된 통합 모델은 인풋(기획 및 준비), 아웃풋(메시지와 목표 수용자), 영향(인지도와 정보), 효과(경향, 태도 및 동기), 결과(행동)의 5단계로 평가를 구분한다. 영향, 효과, 행동을 목표로 하는 3, 4, 5단계는 아웃컴으로 통합될 수 있다.

PRE 프로세스 모델   마이클 페어차일드(Michael Fairchild)는 평가를 지속적이고 역동적인 과정으로 생각한 린덴만의 사고를 발전시켜 PRE 프로세스 모델을 개발했다. PRE는 기획(Planning), 리서치(Research), 평가(Evaluation)의 두문자를 딴 것이다. 청문(audit), 목표 설정, 전략 및 기획, 지속적 측정, 결과 및 평가의 5단계 순환 모델이다. 각 단계는 우리의 현재 위치는 어디인가, 어디로 가야 하는가, 어떻게 갈 것인가, 잘 가고 있는가, 얼마나 갔는가를 의미한다. 1단계에서 리서치를 실시하고 정보를 수집한 뒤 2단계의 목표를 세운다. PR 목표는 조직의 목적 및 목표와 같은 중심축을 가져야 한다. 3단계에서는 리서치를 바탕으로 전략을 수립하고 4단계에서는 사전 평가를 통해 프로그램 분석 및 존폐 여부 결정, 프로그램 조정 필요성을 확인한다. 추적 리서치로 진행 상황을 모니터링하는 단계다. 5단계는 설정한 목표를 어느 정도 달성했는지를 측정한다. 사후적 평가 내용은 향후 다른 활동의 피드백 자료로 쓰인다. 이들 5단계는 인풋, 아웃풋, 아웃테이크, 아웃컴의 4단계 피라미드로도 그려낼 수 있다. IPRA(the International Public Relations Association) 자료에 제시된 순환 모델은 프로세스 모델을 기반으로 한 것이다. 그렇지만 아직 실증적으로 발전시키지 못하고 있다(왓슨·노블, 2006).

5. 언론홍보 평가

언론홍보 평가는 ① 관계 평가, ② 보도 평가의 두 부문으로 나눌 수 있다. 보통의 언론홍보 평가는 보도 평가를 말한다. 언론 관계 평가에서는 기자들의 보도자료 이용률과 비이용률, 비이용의 주요 이유, 기사작성에서 비중을 두는 가치 등이 조사된다. 담당 기자들을 대상으로 조직과 홍보담당 직원들에 대한 연례 인식조사를 실시하는 방법도 있다. 도출된 결과는 언론 관계에 참고하거나 다른 경쟁사와 비교하는 자료로 활용할 수 있다.

1) 보도 평가 모델

언론보도 평가는 간단해 보이지만 실제로는 대단히 어려운 일이다. PR

목표의 실행을 어느 정도 논리적으로 설명할 수는 있겠지만 구체적인 수치로 전모를 나타내는 것은 거의 불가능하다. 언론매체의 유형, 크기, 영향력, 보도의 내용이나 방법 등을 일목요연하게 표현할 방법이 없기 때문이다(시노자키, 2004). 언론사들이 기자 평가의 객관적 잣대를 만들지 못하는 것과도 일맥상통한다. 완벽한 측정보다는 활동의 지표를 얻기 위한 평가 과정으로 이해해야 할 문제다. 지금까지 개발된 언론보도 평가 모델은 단순 언론보도 평가 모델과 4차원 모델 2가지다. 둘 다 아웃풋 측정이라는 한계를 갖지만 PR 실무에서 적용하기가 용이한 장점이 있다(왓슨·노블, 2006).

단순 언론보도 평가[6]   단순 언론보도 평가는 클리핑과 방송보도 사본, 온라인 미디어나 검색엔진을 통한 키워드 또는 주제 검색 내용 등을 원재료로 한다. 평가 시스템은 ① 목표의 규정, ② 판단기준의 결정, ③ 벤치마크의 선택, ④ 측정도구 선택, ⑤ 결과와 목표 비교의 5가지로 구성된다. PR 목표는 프로그램이 존재하는 이유이며 제대로 규정되면 평가가 용이하게 이뤄질 수 있다. 메시지 배포, 메시지 노출, 목표공중 교육, 제품 위상 강화 등의 목표항목이 있다. 판단기준의 결정은 기사 구성, 기사 형태, 영향 또는 논조(influence or tone), 도달 수용자, 현저성, 인용되는 인물 등에 의한다. 현저성과 관련해 신문이나 방송에서 눈에 잘 띄는 기사가 잘 기억되는 것이 아니라는 사실을 유념해야 한다. 오히려 단편기사(filler)나 동정 같은 간결하고 압축된 기사들이 더 잘 읽힌다는 보고가 있다. 벤치마크의 선택은 현재를 기준으로 12개월 분량의 언론보도를 검토하고 3~6개월마다 검토 과정을 반복하면 된다. 측정도구 선택에서는 관찰자 편견이 들어가지 않도록 하는 것이 중요하다. 결과와 목표 비교에서는 분석틀에 따른 객관적인 분석이 이뤄지게 해야 한다. 내·외부 조직원을 동원해 파트타임으

---

6) 이하 내용은 왓슨·노블(2006) 언론홍보 평가 참조.

로 회사와 집에서 분석하게 할 수 있다. 질적 해석의 경우 조직과 무관한 사람들로 3명 이상의 패널을 따로 구성하는 것이 좋다. 비교에서 아웃풋을 영향력으로 해석하는 일이 없도록 해야 한다. 영향력은 따로 리서치를 실시해야 측정될 수 있다. 결과와 목표 비교가 이뤄지면 PR 캠페인을 조정하는 자료로 활용한다.

4차원 모델　4차원 모델은 보도의 양, 질, 초점, 시간 등 4개의 차원 또는 축을 사용해 언론보도를 평가하는 방법이다. 각 차원은 4개씩의 변수들로 구성되며 이론상 256개의 분석이 가능하다. 실제 분석에서는 소수의 의미 있는 분석들을 선택해야 한다. 예를 들어 조직명 언급 기사 수＋유리/중립/불리＋매체 유형을 역사적 비교 또는 PR 목표 비교로 해볼 수 있다(<표 4-11> 참조). 이런 방식으로 4개의 축을 활용해 조직 특성에 맞는 평가 방식을 도출하면 된다. 양적인 축에서 보도들은 통합된 방식으로 정리돼야 한다. 신문의 경우 칼럼 센티미터(한 칼럼 폭의 기사 세로 길이 단위)를 기준으로 하나 국내 신문은 칼럼의 폭이 일정치 않아 전체 면적을 기준으로 하는 것이 합리적이다. 방송보도는 단어 집계에 근거해 신문의 칼럼 센티미터 등가로 전환시킨다. 질적인 축은 양적인 축에 약간의 살을 입히는 작업이다. 메시지 노출, 속성, 보도의 톤, 영향력/메시지 강도의 4가지 변수가 있다. 속성은 관련 기사로 인정해줄 수 있는 범위를 말한다. 실무자 재량 사항이지만 기사 한 꼭지에 조직 이름이 두 번 이상 언급되면 평가 대상 기사로 분류할 수 있다. 영향력은 헤드라인, 사진, 지면 위치, 단독 기사 여부, 길이 등을 기준으로 평가한다. 초점 축은 평가의 초점이 어디에 맞춰져야 하는지를 구분해주는 기준이다. 시간 축은 비교대상과의 분석이나 추이를 파악하는 데 도움을 준다. 4차원 모델은 비교적 정교한 것이긴 해도 주로 언론보도 아웃풋을 평가 대상으로 한다. 이 때문에 PR 프로그램의 진행 상태를 제대로 추론할 수 없는 한계가 있다. 육감과 비공식적인 피드백은 나름의

<표 4-11> 4차원 모델의 변수들

구분	양적인 축	질적인 축	초점 축	시간 축
변수1	클리핑의 수 (건수)	독자 수/ 시청자 수	정보원 (기자/소스)	역사적 비교
변수2	전체 보도량	속성(대상 여부)	매체 유형	경쟁적 비교
변수3	조직명/브랜드명 언급 수	유리/중립/불리	전국/지방/전문	목표 비교
변수4	명시된 핵심 메시지 수	영향력/메시지 강도	전체 매체	벤치마킹

자료: 왓슨·노블(2006) 재정리.

가치를 지니지만 종종 그릇된 판단을 내리게 만든다. 4차원 모델 평가는 이런 전제에서 이뤄져야 한다. 자료 분석에서는 소프트웨어 자동 시스템을 활용하는 것이 무난하다. 또 한 가지 평가에 걸리는 시간과 평가의 효용성은 상쇄관계에 있다는 점을 고려해야 한다. 평가정보의 확장이라는 긍정적 측면과 시간 소모적이라는 부정적 측면 사이에서 균형을 잘 잡는 것이 평가자의 덕목이다.

2) 보도 평가의 실제

지난 2006년 미국 기업 PR 실무자들을 대상으로 PR 효과 측정방법을 조사한 바에 따르면 10개 항목 중 1위가 언론보도내용 분석(응답률 55.7%)이었다. 다음이 뉴스 클리핑(51.6%), 여론/소비자 조사(48.4%), 비즈니스 결과치(47.5%), 미디어 노출(46.1%)순이었다(조용석 외, 2007). PR 효과의 측정이 주로 언론보도 중심으로 이뤄지고 있다는 것을 보여준다. 그것도 과학적 측정이 아니라 단순 보도 평가에 머무르는 수준이다.

평가의 요소 언론홍보 평가는 결과평가로서보다 과정평가의 성격을 띠는 경우가 많다. 조직 내의 다른 영역에 활동의 가이드라인을 지속적으로 제공해줄 수 있기 때문이다. 통상적인 언론보도 평가는 사전 선정된 목표매체들의 보도 결과물인 클리핑과 녹화방송 등 아웃풋을 대상으로 한다(왓슨·노블, 2006). 클리핑 서비스를 통해 주요 기사 중심으로 조직 관련 기사들을 계량화해야 한다. 기초적인 평가의 요소는 ① 보도 건수, ② 보도량(보도 할애 정도)이다. 보도 건수는 기간별로 총 건수와 조직/인물/제품/사회의 분야별 건수를 그래프 등으로 표현한다. 보도량은 전국/지방/전문 매체와 목표/주요/기타 매체의 두 가지 매체 구분을 사용해 기간별 보도면적이나 OTS(Opportunities To See)로 산출한다(아르젠티·포먼, 2006). 지면 위치, 헤드라인, 사진, 사진에 브랜드 노출, 헤드라인에 브랜드명 노출 등을 감안해 보도량에 가중치를 적용한다. 원 보도량, 가중치 보도량, 광고가치 등가를 비교해볼 수 있다(왓슨·노블, 2006). 광고가치 등가 산출은 신문의 경우 기사의 면적을 광고요금의 3으로 곱한다. 광고와 퍼블리시티의 신뢰도(영향력) 차이를 3으로 간주하는 것이다. TV는 방송 분량에 초당 광고요금을 3으로 곱한다. 광고가치 등가 산출은 아주 제한적으로 사용돼야 한다. 퍼블리시티를 금액으로 환산한다는 것은 애초부터 무리한 점이 있다(시노자키, 2004). 보도 건수, 보도량 이외의 평가요소들로는 보도의 톤 또는 속성(우호, 중립, 불리), PR 목표에 부합하는 메시지 수(조직 메시지 언급 여부와 정도), 메시지를 받은 사람의 수(독자 수, 시청자 수) 등이다. 우호 보도의 매체 및 기자, 언론보도의 출처, 경쟁 조직과의 보도 비교, 보도의 추세(호전, 악화), 조직에 영향을 주는 이슈의 부각 등을 분석내용으로 추가할 수 있다.

코딩 항목　단순 언론보도 평가의 코딩은 조직의 규모나 성격, 평가 상황별로 다르게 생각해야 한다. 평가목적에 맞게 코딩항목을 설정하면 된다. 보도면적의 광고 등가 전환 여부, 전체 기사에서 조직 관련 내용이라고 볼 수 있는 기준의 설정 등이 필요하다. 쟁점의 경우 핵심 메시지를 한 문장

〈표 4-12〉 단순 언론보도 평가의 코딩 요소

주제	세부 사항
날짜 및 매체	• 기사 게재일/방송일 및 시간 • 매체명, 발행부수/매체 보급대수, 구독률/시청률/청취율
분야와 장르	• 매체 분야(전국/지방/전문, 목표/주요/기타, 보기 목록에서 선택) • 장르(뉴스/교양/오락, 뉴스/리얼리티/다큐, 생활/여행/자동차 등)
보도내용	• 지면/프로그램상의 보도 위치 • 보도의 크기(대중소) • 매체/프로그램 중요도(핵심/주요/일반) • 기자명
보도량	• 보도량을 면적 또는 칼럼 센티미터로 표시(방송은 단어 수/방송시간에 상수 적용해 면적 전환) • 조직/제품 관련이라고 간주할 수 있는 보도량(조직/제품 1언급당 규정 면적 부여, 언급 많아도 전체 면적을 초과할 수 없음)
가중요소	• 인쇄매체는 사진 게재 여부(대중소 및 주제) 및 브랜드 노출 여부 • 헤드라인에 회사명 포함 여부 • 조직명/제품명 언급 횟수 • 우호/중립/비우호의 보도 톤(5점, 7점 척도) • 조직 핵심 메시지 언급 여부 및 메시지 강도(5점, 7점 척도, 조직 메시지 반박의 경우 마이너스 척도 입력)
쟁점	• 구체적으로 명시된 핵심 쟁점 • 구체적으로 명시된 쟁점의 보도 빈도(조직, 인물, 제품)
보도기여 분석	• 홍보부서의 사전 노력에 의한 보도 여부(보도자료, 전화, 견학, 투어, 이벤트, VNR 등 노력의 종류 표시) • 인용된 조직 측 뉴스 소스 이름

자료: 왓슨·노블(2006) 재정리.

으로 정리해 쟁점별 목록으로 만들어보는 것이 좋다. 발행부수/매체 보급대수, 구독률/시청률/청취율 등 기초항목은 주기적으로 업데이트해 평가시 자동입력 되게 해야 한다. 유용한 정보를 모두 코딩하면 좋겠지만 분석과정이 장황해지는 것은 바람직하지 않다. 노력에 비해 실익이 적기 때문이다. 일반적인 코딩 요소들을 열거하면 <표 4-12>와 같다(왓슨·노블, 2006).

분석 작업　중요한 것은 양적인 보도 건수보다 메시지가 기대한 목표공

〈표 4-13〉 어프레이즈 언론홍보 평가

구분	항목
기본정보	날짜, 헤드라인, 매체유형, 매체명
목표공중	목표 수용자 그룹(소비자, 재정공중, 정책공중 등)
텍스트 정보	지면/프로그램명, 주요 메시지, 핵심 메시지 언급 횟수, 메시지별 보도 톤(+5~-5), 기타 메시지, 필자/기자
시각 정보	기사 배치(지면 및 위치), 시각효과(사진, 도표, 동영상 크기 및 위치)
PR의 기여	보도를 유발한 PR 활동, 언론보도의 출처
평가	분석자 코멘트

자료: 왓슨·노블(2006) 재정리.

중에게 기대한 내용으로 전달됐느냐이다. 스팸메일이나 정크메일 취급을 받는 보도는 아무런 의미가 없다. 양적·질적 분석을 통해 효과적인 퍼블리시티가 되도록 해야 한다(아르젠티·포먼, 2006). 분석 작업에서는 월별로 여러 종류의 그래프를 생산할 수 있다. 특정 기간(3, 6, 12개월) 동안의 매체 분야별 상대적 보도량 백분율 분석은 해당 PR 활동에 대한 효율성을 측정하는데 도움이 된다. 목표매체를 대상으로 가중치가 부여된 핵심 메시지를 측정하면 PR 활동의 성공 여부를 가늠해볼 수 있다. 우호/중립/불리 등 보도의 톤 분석은 기자나 매체에 대한 PR 활동 우선순위를 제시해준다. 보도 분량이 많지 않으면 수작업, 많으면 컴오딧(COMAudit)이나 어프레이즈(apPRaise) 같은 소프트웨어 패키지를 이용하는 것이 편리하다. 엑셀을 이용해 독자적인 방식을 개발할 수도 있다. 지면/프로그램은 중요도에 따라, 시각적인 영향력은 기사 크기(주목도)에 따라 별도 코드를 부여한다(왓슨·노블, 2006).

5장

PR 기획

1. 상황 분석

PR 프로젝트는 단기, 중기, 장기와 연결되는 전략적 의미가 강하고, PR 캠페인은 한정된 기간 동안 특별한 목표를 달성하기 위해 실행되는 집중적 활동이라는 의미가 강하다. 이에 비해 PR 프로그램은 일반 활동 또는 개개의 PR 프로그램이라는 의미로 사용된다. 프로젝트, 캠페인, 프로그램은 상호 교환적으로 사용되거나 혼용될 여지가 많다. 이 절에서는 PR 프로젝트(캠페인)의 실행 모델을 살펴보고 이어 프로젝트의 첫 단계인 상황 분석에 대해 설명해보기로 한다.

1) 실행 모델

PR 문제가 있다고 반드시 PR 기획이 필요한 것은 아니다. 모니터링, 여론 파악 등 추이를 살피거나 상황을 지켜보기만 해야 할 때도 있다. 문제 해결을 위해 적극적으로 나서야 할 때 PR 기획이 필요하다. PR 프로젝트(캠페인)의 기획은 조직이 PR 문제를 분석해 대안을 세우고 의사 결정을 한 후 그 결정을 실행에 옮기는 과정이다. 단기, 중기, 장기 개념을 적용할 수 있다. 보통 하나의 PR 문제에는 상황 분석에 따라 제1공중, 제2공중 등 대상별로 여러 개의 PR 프로그램들이 동원된다. 각 PR 프로그램은 대중매체, 대인매체, 이벤트 등 다양한 방법으로 실행된다. PR 프로젝트 기획은 정형화된 틀이나 형식이 있는 것이 아니다. 독창적인 아이디어로 조직의 문제점을 성공적으로 해결할 수 있는 실질적인 방법을 찾아내야 한다(김병철, 2005b). PR 실행 모델은 과정 모델, 관리 모델, 문제 해결 과정, 처리 과정 등으로 지칭된다. 여러 형태로 제시되고 있으나 기본 요소나 개념은 크게 다르지 않다. 모델 적용은 상황에 따르면 될 일이다. 여기서는 RACE, ROPE, ROSIE, 다단계 모델을 소개하고 실무에서 적용하기가 간편한 4단계 모델로 종합해보고자 한다.

주요 모델   PR 문제 처리 과정은 조직들이 투입을 분석하고 대안을 세우며 의사 결정을 해 그 결정을 실행에 옮기는 과정이다. 1952년 커틀립(Cutlip)과 센터(Allen Center)는 『효과적 PR』에서 PR 문제의 해결 과정을 사실정보 수집 - 정책 수립 또는 프로그램 기획 - 커뮤니케이션 - 피드백을 통한 미래계획의 수정으로 제시했다. 문제의 규명, 기획과 프로그래밍, 실행, 평가의 단계로 볼 수 있다. 이 같은 PR 문제 해결 과정은 1963년 존 마스턴(John Marston)의 RACE 모델로 구체화됐다. 1998년에는 제리 헨드릭스(Jerry Hendrix)가 ROPE 모델을 제시했고, 최근에는 ROSIE 모델이 등장했다. 그루닉과 헌트는 체계이론에 근거해 PR의 6단계 처리 과정을 제시했다. PR 기획의 요소들을 기준으로 하는 8단계 모델도 있다. 한편 1990년 글렌 브룸(Glen Broom)과 도지어(David Dozier)는 10단계 해결 과정을 제시한 바 있다(뉴섬 외, 2007; 그루닉·헌트, 2006b).

<표 5-1> PR 실행 모델

모델	실행 단계
RACE	리서치(research)-활동계획(action)-커뮤니케이션(communication)-평가(evaluation)
ROPE	리서치(research)-목표(objectives)-프로그램 실행(program)-평가(evaluation)
ROSIE	리서치(research)-목표(objectives)-전략(strategies)-실행(implementation)-평가(evaluation)
6단계	발견-구성-규정-선택-확인-행동-(다시 발견)
8단계	발견-상황 분석-문제점 규정-목적과 목표-목표공중-전략과 전술-일정표 및 예산-평가
10단계	문제 진단-상황 분석-목적-공중파악-목표-공중별 활동계획-공중별 메시지 전략과 매체 전략-프로그램 실행-평가-피드백
실무형	상황 분석-기획-실행(관리)-평가

실무형 모델　상황 분석 - 기획 - 실행(관리) - 평가의 순환 과정을 거치는 4단계 모델은 PR 실무에 적용하기가 용이하다. 상황 분석에 따라 PR 기획이 이뤄지고 이를 바탕으로 실행, 평가가 이어진다. 각 단계는 무엇이 문제인가, 무엇을 왜 해야 하는가, 어떻게 할 것인가, 어떻게 했는가의 단계라 할 수 있다(그루닉·헌트, 2006b). 실행 단계는 커뮤니케이션 단계로 지칭되기도 하지만 실행 내용에 활동도 포함되기 때문에 실행으로 구분하는 것이 적합해 보인다. 평가는 결과평가뿐 아니라 준비평가, 기획평가, 실행평가가 이어지는 개념으로 이해돼야 한다. 이들 과정평가의 결과에 따라 개별 PR 프로그램의 지속, 중단, 수정이 결정된다(조계현, 2005 재인용). 결과평가는 단위 프로그램별로 시행하거나 프로젝트 종합 평가로 할 수 있다. 4단계 모델의 각 단계는 통합적 개념으로 이해해야 한다. 상황 분석은 다른 3단계와 지속적인 연계관계를 가지며, 기획은 상황 분석을 토대로 실행과 평가에 통합된다. 실행은 기획과 동전의 앞뒤 관계라 할 수 있고, 평가는 기획, 실행의 필요충분조건이다(그루닉·헌트, 2006b). 단계의 구분은 서술의

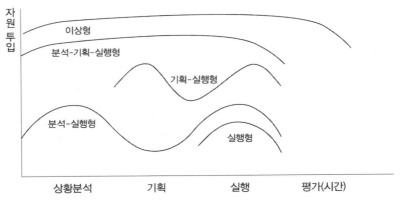

〈그림 5-1〉 PR 프로젝트 실행 유형

자료: 이종혁(2006) 재구성.

편의와 각 단계의 중심업무를 제시하는 기준으로 생각하면 될 것이다. 이
장에서 4단계 모델을 기준으로 PR 프로젝트를 설명하되 상황 분석, 기획,
실행까지만 짚어보기로 한다. 평가는 4장 PR 관리에서 설명된 바 있다.

 실행 유형 PR 프로젝트는 단기, 중기, 장기의 기간 조건에 관계없이 하
나의 사이클을 그리며 진행된다. 일반적으로 자원의 투입은 상황 분석, 기
획, 실행, 평가에 비슷하게 유지되는 수평형을 이상적으로 생각한다. 그러
나 실제 프로젝트에서는 분석-기획-실행형, 분석-실행형, 기획-실행형, 실
행형 등의 형태가 나타난다. 전반적으로 평가 부분이 생략되거나 경시되
는 경우가 많다. 이 같은 관행은 PR 실행의 결과 또는 효과를 누적적으로
활용하지 못하는 원인이 되고 있다. 기획을 생략하거나 경시하는 경우 상
황 분석과 실행의 연결고리가 끊어져 투입 자원의 낭비를 부르기 쉽다. 이
는 프로젝트를 단기 이벤트로 만들어버리기 십상이다. 기획과 실행만 강
조하면 불필요한 활동에 자원을 투입하는 결과가 될 수 있다. 상황 분석 없
이 주관적 판단에 따라 PR 프로젝트를 진행함으로써 프로젝트의 중장기

적 연계성을 기대하기 어렵다. 실행에만 초점을 맞춘 PR 프로젝트는 1회
성 또는 일과성 활동으로 그치게 된다. PR 활동의 이유나 목적, 향후 활동
과의 연계성 등을 기대할 수 없다(이종혁, 2006).

2) 상황 분석

PR 기획의 첫 단계는 상황 분석이다. PR 문제를 추적해 이의 실재 여부
를 확인하고, 문제를 폭넓게 살펴보는 단계다. 문제 상황과 관련된 사실들,
상황에 작용을 끼치는 요인들, 상황에 관련되거나 영향을 받는 사람들에
관한 정보를 찾는 데 주력한다. PR 리서치를 통해 PR 문제에 대한 정확한
이해, 원인 분석, 문제와 관련된 공중 등을 파악하는 것이 중요하다(정인태,
2006). 상황 분석은 문제 해결을 위한 효과적인 전략과 전술을 마련하기 위
해 필수불가결하다. 상황 분석의 방법론은 여러 가지가 있을 수 있다.

PR 문제　문제는 이루고 싶어 하는 기대 수준에 못 미치는 것 또는 현
상태와 바라는 상태와의 틈으로 정의된다. 부정적 상황을 없애는 것뿐만 아
니라 긍정적 상황을 유지·발전·개선시키는 것도 문제라고 할 수 있다. 문제
의 유형은 ① 우량 구조적 문제, ② 중간 구조적 문제, ③ 불량 구조적 문제
로 나뉜다. 여기서 구조란 문제 해결방법에 대해 가지고 있는 정보의 양을
말한다. 우량 구조적 문제는 현 상태와 바라는 상태에 대해 잘 알고 있는 경
우로 상투적인 방법으로 문제 해결이 가능하다. 중간 구조적 문제는 현 상
태는 알지만 바라는 상태는 잘 모르는 문제다. 불량 구조적 문제는 현 상태
와 바라는 상태 모두를 잘 알지 못한다. PR 문제 발견을 위해서는 관찰 또
는 환경 모니터링이 필요하다. 환경 모니터링은 불편·불만사항 검토, 현장
실무자와 대화, 심층면접, 목표공중들과의 접촉, 언론매체 모니터링, 여론
조사, 지도층 면담 등을 통해 이뤄진다. 관찰에서 문제 소지가 있으면 공식

<표 5-2> 상황 분석 리서치 유형

유형	세부 유형	리서치 목적 및 구성
조직 분석	개황 분석	경영 목적, 조직의 구조, 정책, 업무절차, 재무, 중장기 전략
	이미지 분석	조직의 실체(정체성)와 이미지와의 관계 규명
	PR 활동 분석	PR 활동의 정체성과 특성 조사
	SWOT 분석	조직의 강약점과 외부로부터의 기회나 위협 요인 파악
공중 분석	선유 요인 분석	인구통계적 특성, 심리묘사적 특성, 매체 이용 특성 등
	정보처리-수용 조사	정보(메시지 노출, 인지, 기억), 태도, 과거 행동, 행동 의향
실무 분석	자가진단	CEO 마인드, 홍보예산, 홍보목표, 기업 이미지 및 인지도

적이고 체계적인 조사 활동에 들어가야 한다. PR 문제의 규정은 어떤 일이 잘못됐거나 조만간 잘못될 것 같다는 판단과 함께 시작된다(정인태, 2006).

상황 분석 리서치 상황 분석 리서치는 PR 문제의 정확한 실체를 규명하는 데 목적이 있다. 문제의 분석은 PR 프로그램의 실행 이유를 명확히 하기 위한 것이다. 근본원인, 문제의 발생 장소, 발생 시기, 관여했거나 영향을 받은 인물, 관여와 영향의 형태, 조직이나 공중에게 관심사가 된 이유 등을 조사해야 한다(최윤희, 2008). 문제의 규정을 바탕으로 ① 조직 분석, ② 공중(이해관계자) 분석 등의 PR 리서치를 시행하되 2차 자료를 우선적으로 검토해보는 것이 좋다. 공중 분석의 경우 자료의 정밀성은 떨어지지만 온라인 DB를 통해 저비용으로 간편하게 정보를 얻을 수 있다. 국내외 온라인 DB로는 KSDC(한국사회과학데이터센터), ICPSR(미국 최대 사회과학데이터센터), 소스(Source) OECD(OECD 데이터), KGSS(한국종합사회조사), 여가백서(문광부), 언론수용자 의식조사(한국언론진흥재단) 등이 있다(한정호 외, 2014). 직접 리서치의 경우 성별, 연령, 교육 등 인구통계학적 변인, 라이프스타일 등 사회심리학적 변인, 거주지역 등 지리학적 변인에 근거해 모집단과 표본을 추출해야 한다. 리서치는 무엇(what)에 관한 양적 방법과 왜(why)에 관한 질적 방법을 병행하는 것이 좋다. 기획 단계의 PR 전략과 전술은 리서치 자료를 기반으로 수립된다(조용석 외, 2007).

조직 분석 조직 분석의 기본 목표는 조직 이해를 바탕으로 PR 활동과 연계된 조직 특성을 찾아내는 것이다. PR 문제의 원인을 탐지하는 데 도움이 된다. 분석에서는 조직의 사명, 경영 목적, 경영 우선순위, 조직의 구조, 정책, 업무절차, 재무, 이미지(긍정적 또는 부정적 명성), 제품과 서비스, 주요 구성원의 인식이나 행동, 그동안의 PR 활동, PR 문제 전례 등을 두루 점검해보고, PR의 강점과 약점, 기회와 위협 요인 등을 밝혀내야 한다(헨드릭스, 2005). 조직 분석의 영역은 조직이 속한 분야의 ① 개황 분석, ② 조직의 기본 구조, ③ 조직의 중장기 전략, ④ 이미지, ⑤ PR 활동, ⑥ SWOT(Strength, Weakness, Opportunity, Threat) 분석으로 나눌 수 있다.

• 이미지 분석 조직 이미지 분석에서는 조직의 실체(정체성)와 이미지와의 관계를 명확히 규명해야 한다. 미미한 실체와 과도한 이미지, 미미한 실체와 미미한 이미지, 충실한 실체와 미미한 이미지, 충실한 실체와 충실한 이미지의 4가지 조합이 있다. 상황에 맞는 처방이 필요하다.

• PR 활동 분석 PR 활동 분석은 대내·대외·공통 영역, PR 부서 영역과 비PR 부서 영역으로 구분하는 것이 바람직하다. 비PR 부서 영역에는 광고와 마케팅 부서의 PR 활동이 포함된다. 분석내용은 크게 PR 활동의 정체성과 특성의 2가지다. 정체성 분석에서는 PR 목표의 적합성, 목표공중의 타당성, 활용 매체의 도달성, 메시지의 적합성을 살펴보게 된다. 특성 분석에서는 목적성(조직 또는 정책/사업/제품 중심), 주도성(사전 활동/사후 반응 중심), 이해관계(조직/공중 중심), 메시지(이미지/실체 중심), 창의성(경쟁조직과의 차별성) 등이 조사 대상이다. PR 활동 분석은 PR의 전략과 전술에서 현실적인 처방을 내리는 데 도움이 된다(이종혁, 2006).

〈표 5-3〉 SWOT 분석 전략 유형

구분	기회(Opportunity)	위협(Threat)
강점(Strength)	SO전략 (강점-기회 최대화)	ST전략(강점 최대화, 위협 최소화)
약점(Weakness)	WO전략(약점 최소화, 기회 최대화)	WT전략 (약점-위협 최소화)

• SWOT 분석 SWOT 분석은 PR 전략을 마련하는 데 주된 목적이 있다. 조직의 강점과 약점, 외부로부터의 기회 요인이나 위협 요인을 파악해 최대·최대 SO전략, 최대·최소 ST전략, 최소·최대 WO전략, 최소·최소 WT 전략을 마련할 수 있다(<표 5-3> 참조). PR 문제가 기회 요인이라면 전향적 프로그램, 위협 요인이라면 예방적 프로그램이 필요하다(헨드릭스, 2005). 대부분 3가지 유형의 상황이 나타난다. 부정적 영향을 미치는 문제나 쟁점을 개선해야 하는 상황, 1회성 프로젝트가 필요한 상황, 명성과 공중의 지지를 유지하기 위해 지속적인 노력을 강화해야 하는 상황이다. 대부분 불량 구조적 문제들이다(정인태, 2006).

공중 분석 공중(이해관계자) 분석은 PR 문제와 누가 연관되고, 어떤 영향을 받으며, 지식, 의견, 태도, 행동이 어떤지를 알아보기 위해 실시된다. PR 프로그램의 대상, 즉 목표공중을 찾아내는 데 1차적인 목적이 있다. 목표공중 선정은 공중의 지식, 의견, 태도 등의 파악을 통해 이뤄진다(정인태, 2006). 공중 분석의 한 방법론으로 이해관계 규명, 적극성 분석, 성향 분석, 영향력 분석, 중요도 분석의 단계를 밟아나갈 수 있다. 이해관계자 (stakeholder) 그룹을 분석해 목표공중을 찾아낸 뒤 적극성, 성향, 영향력 등을 기준으로 공중별 프로그램 우선순위를 결정한다. 중요도의 평가는 영향력, 세력, 힘이나 욕구의 정도, 조직에 대한 개입 정도를 기준으로 한다 (헨드릭스, 2005). 공중 분석을 위한 기초도구로 선유 요인 조사와 정보 처리 -

수용 조사의 두 가지가 사용된다.

• 선유 요인 조사　선유 요인 조사에는 인구통계적 특성, 심리 묘사적 특성, 매체 이용 특성 등의 조사영역이 있다. 이 중 매체 이용 조사는 목표공중의 대중매체 이용을 분석해 PR 활동을 기획하고 PR 프로그램의 채널을 결정하기 위한 목적을 가진다. 분석에서는 직접 또는 상업적 리서치 회사를 통해 미디어 정보와 미디어 수용자 정보를 확보한다. 신문은 열독률 서베이, 온라인은 방문자 수, 방송사는 시청률 조사를 활용한다(뉴섬 외, 2007). 한 가지 유념할 것은 PR 프로그램의 공중은 아주 좁은 개념이므로 대중매체 사용이 항상 최선의 선택이 될 수 없다는 사실이다. 매체 선택은 창의적 작업의 하나가 돼야 한다.

• 정보 처리 – 수용 조사　정보 처리 - 수용 조사는 목표공중들의 정보(메시지 노출, 인지, 기억), 태도, 의견, 과거 행동, 행동 의향들을 알아보기 위해 시행된다. 리커트식 설문 사용이 일반적이다. 정보 측정에서 메시지 노출 정도나 인지도가 낮다면 PR 캠페인 목표는 노출도나 인지도를 높이는 것이 돼야 한다. PR조직에 대한 수용자 태도가 전혀 형성되어 있지 않거나 부정적이라면 어떤 태도목표를 세울 것인가를 판단해야 한다. 행동 측면에서는 의향이 약하거나 부정적일 때 적합한 행동 목적을 개발하는 것이 조사의 과제가 된다(최윤희, 2008).

실무형 상황 분석　조직의 환경은 국제 상황, 국내 정치 상황, 경제 상황, 조직 내부 상황 등과 맞물려 있어 아주 복잡한 양상을 띤다. PR의 이슈나 문제들을 모두 조사하고 분석한다는 것은 결코 간단한 일이 아니다. 실무 차원에서는 간이적인 자가진단서를 활용하는 방법이 있다. ① CEO 마인드, ② 홍보예산, ③ 홍보목표, ④ 기업 이미지 및 인지도, ⑤ 홍보 활동, ⑥ 여론 등이 자가진단의 주요 변수들이다. CEO 마인드, 홍보예산과 같은 내부 여건이 나쁘면 전략홍보나 공격적 홍보를 하기가 어렵다. 예산이 적을 경우 구전홍보, 휴먼홍보, 사내 홍보를 활용하는 것이 좋다. 홍보목표는 다른 변수들을 감안해 적절하고 현실적인 수준에서 결정해야 한다. 기업 이미지 및 인지도는 홍보의 방향을 제시해준다. 이미지 및 인지도가 낮으면 초기 비용이나 시간이 많이 소요될 수밖에 없다(김태욱, 2007). 이미지 조사는 고객이나 일반시민들을 대상으로 하며 설문조사 방식이 된다. 전문 조사기관의 자료를 활용해 자사와 경쟁사의 이미지를 비교 분석해 보는 것도 나름의 의미를 가진다. 이 외에 홍보 활동 조사, 여론조사 등을 실시해 문제점과 과제의 도출, 종합 분석, 홍보전략 마련의 자료로 활용할 수 있다. 홍보 활동 조사는 특정 기간 DB, 포털 검색 등을 통해 조직과 경쟁 조직의 보도 결과와 내용을 비교 분석하는 방식으로 이뤄진다. 언론과 여론지도층을 대상으로 하는 여론조사는 조직 이미지나 홍보의 전략, 개선점, 향후 사회변동 등에 대한 의견수렴 창구가 된다. 포커스 그룹 인터뷰 방식이 좋다. 이런 조사들을 주기적으로 실시해 지난 결과와 차이를 비교해보면 PR 활동의 시사점을 얻을 수 있다(시노자키, 2004).

2. PR 목적과 목표

PR 기획서는 기획 활동의 마지막 단계에 산출되는 문서다. 그러나 PR 기획을 이해하기 위해서는 밑그림으로서의 기획서 이해가 선행되어야 한다. PR 기획서의 목차는 대개 다음 요소들을 포함한다. 물론 절대적 규칙이라고 할 수는 없다. ① PR 환경 분석 및 상황 분석, ② PR의 목적과 목표, ③ 목표공중, ④ 기본 전략, 메시지 및 매체 전략, ⑤ 세부 실행계획(전술), ⑥ 일정표, ⑦ 예산안, ⑧ PR팀/AE(Account Executive)팀 구성의 8가지다. PR 대행사의 AE는 PR 프로젝트가 적을 경우 한 사람, 대규모일 경우 여러 명이 분야를 나눠서 맡는다.

1) 개념과 유형

상황 분석을 통해 PR 문제에 대한 구체적 이해가 이뤄지면 문제 해결을 위한 PR 기획에 들어간다. PR 기획은 해야 할 일과 일을 처리하는 방법에 대한 청사진을 마련하는 작업이다. PR 기획의 첫 단계 활동은 PR의 목적과 목표 설정이다(조삼섭 외, 2007). 목적이 어느 방향으로 가야 하나를 의미한 다면 목표는 가고자 하는 지표를 설정하는 일이다. PR 문제가 목적 및 목표 설정의 기준점이 된다. 1차적으로 PR 문제의 원인이 된 이해관계의 요소, 이와 연관된 공중, 문제에 대한 현재 관리 여부, 보완이 필요한지 여부 등을 검토해봐야 한다. 문제 요소들의 특성, 이해관계나 인과관계의 복잡성, PR 활동을 통한 해결 가능성 등도 점검의 대상이다(이종혁, 2006).

목적과 목표 PR 목적은 목표보다 광의적이고 일반적인 개념이다. 목표를 이해하고 적용하는 바탕이 된다. 보통 쌍방 커뮤니케이션, 상호 이해 등과 같은 포괄적이고 추상적인 용어를 사용해 한두 문장으로 서술된다. 문제에 대한 해결의 진술문에 가깝다. PR 목적은 명성관리, 관계관리, 사안관리의 3가지 중 하나 또는 그 이상이 된다. 사안 관리는 특정 이슈를 창출하거나 사회적 변화를 이끄는 경우를 포함한다(이종혁, 2006). PR 목표는 PR 프로그램을 통해 PR 실행자가 기대하는 결과다. 여러 개의 목표가 하나의 목적을 구성하는 것이 일반적이다. PR 목표는 어떤 문제에 어떻게 대처해 어떻게 해결했느냐를 평가하는 기준으로서의 의미가 크다.[1] 목표 설정

---

1) PR 회사를 활용하는 경우 PR 목표를 정리한 홍보 브리프가 PR 활동의 지침서가 된다. 홍보 브리프는 활동을 마친 후에 PR 목표를 달성했는지 여부를 판단하는 자료로 쓰인다(함성원, 2010).

에서 구체성이 빠지면 지향을 나타내는 목적과 비슷해진다. 목표는 '6개월 내 구독자의 30%가 인지'처럼 시간의 틀로 계량화할 수 있어야 한다(그루닉·헌트, 2006b).

• PR 목표의 기능   PR 목표는 PR 캠페인의 유형과 활동방법, 활동평가에 지대한 영향을 미친다. 목표의 주요 기능은 다음의 4가지로 정리할 수 있다. ① 조직원들에게 활동 방향과 행동의 주안점을 제공해준다. ② 활동과 관련된 결정들이 일관성을 갖도록 만든다. ③ 활동의 시작과 종료 시점을 알려준다. ④ 활동의 성공 여부를 평가하는 수단이 된다(왓슨·노블, 2006 재인용). 목표는 또 목표공중 선별에 영향을 미칠 뿐 아니라 하위 개념인 전략과 전술을 결정하는 요인이다. 목표는 PR 캠페인의 장단기 여부를 결정하는 기준으로도 작용한다. 이미지 관련 홍보는 대개 수년간의 중장기에 걸쳐 대규모적으로 실행된다. 실적을 요구하는 단기 PR 프로그램은 30일 정도에 그치는 경우도 있다(김태욱, 2007).

목표의 유형   목표는 앞 장 PR 평가에서 이미 소상히 설명된 바 있다. 재론하자면 PR 목표는 양적인 산출의 의미하는 산출목표(output), 정보의 노출과 인지 등을 요소로 하는 정보목표 또는 영향목표(out-take), 태도 및 행동에서의 의도된 효과를 의미하는 효과목표(outcome)로 구분된다. 산출목표는 미디어에 제공된 보도자료의 건수, 이벤트의 횟수, 제작물의 생산이나 배포 건수 등의 형태로 표시된다. 측정이 쉬우나 PR의 실질적 효과나 영향력을 평가할 수 없다. 효과(영향)목표는 ① 정보목표, ② 태도목표, ③ 행동목표 또는 정보목표, 동기(태도, 행동)목표로 구분된다. 정보목표는 메시지 노출이나 인지도의 증가와 같은 구체적 수치를 기준으로 한다. 노출 증가와 인지도 제고는 그 의미가 구분돼야 한다(정인태, 2006). 정보목표에 이슈목표를 추가하는 학자도 있다. 공중들의 관심을 끌어 사회적 논의가 이뤄지도록 하는 것이 이슈목표다. 태도목표는 조직이나 제품, 서비스에 대해 없었던 태도를 형성시키고, 기존 태도를 보강하거나, 기존 태도를 변화시키는 것으로 구성된다. 태도와 의견은 상호 교환적으로 사용된다. 행동 목표는 새로운 행위의 창출, 기존의 긍정적 행위의 강화, 기존의 부정적 행위의 완화로 세분해 접근한다. 한편 PR 실무에서는 목표를 ① 이미지 관련 목표, ② 실적 관련 목표로 구분한다. 이미지 관련 목표는 주로 인지 및 태도와 관련되고, 실적 관련 목표는 행동과 관련된다(김태욱, 2007).

효과발생의 기전 전통적 의미의 효과위계 모델(the hierarchy of effects model)은 고관여 상황에서의 커뮤니케이션 효과를 주의 → 이해(관심) → 확신(욕구) → 행동의 4단계로 설명한다. 메시지가 연쇄를 일으켜 후속 효과를 내는 것으로 생각했다. 이 모델은 커뮤니케이션 효과를 메시지 → 지식 → 태도 → 행동으로 본 도미노 이론과 유사하다. 두 이론의 도미노나 계단은 인지적 → 감정적 → 행동적 효과 단계로 상정할 수 있다. 그러나 레이(Michael Ray)는 효과들이 서로 연결이 안 될 수도 있으며, 위계 모델이 가정하는 순서대로 효과가 발생하는 것이 아니라는 결론을 내렸다. 커뮤니케이션 효과에 대한 후속 연구들도 모든 종류의 커뮤니케이션 전략에서 도미노 패들은 좀처럼 서로를 쓰러뜨리지 않는다는 사실을 확인했다(그루닉·헌트, 2006b).

태도와 행동 태도는 사람들이 특정한 문제나 이슈에 대해 내리는 평가나 결론으로서 감정적 요인이 그 본질이다. 태도와 행동은 모두 상황적이어서 서로 일치하지 않는 경우가 많다. 상황 속의 억제 요인들 때문에 태도와 일치하지 않는 행동을 보일 수 있다는 것이다. 1964년 페스팅거의 문헌연구에서는 태도와 행동 사이의 연결에 대한 증거는 찾기 어렵다는 결론을 내렸다. 1977년 문헌연구에서는 16건의 연구 중 1건만이 관계가 강력한 것으로 확인됐다. 최근의 태도-행동 연구는 대중 설득이 장기적·일반적 차원에서 좀처럼 발생하지 않는다는 결론을 내리고 있다. 그럼에도 불구하고 PR 실무자들은 매스미디어가 태도와 행동을 강하게 변화시킨다는 전제 위에서 PR 목표를 설정하는 경향을 보인다. 반면 커뮤니케이션 학자들은 미디어의 효과는 여러 경우에 제한적이며, 주로 사람들이 믿고 있는 신념을 강화하는 역할을 한다고 주장한다(그루닉·헌트, 2006b).

2) PR 목표의 설정

PR 목표의 설정에서는 ① 득실과 효과, ② 인적 자원 및 예산, ③ 시간을 우선적으로 고려해야 한다. PR 프로그램은 예상했거나 예상치 못했던 득실을 함께 발생시킨다. 목표 수립 전 효과의 파장과 부작용을 주의 깊게 생각해봐야 한다. 인적 자원은 PR을 실행할 구성원들의 집행능력을 말한다. 예산은 PR 목표와 직접적인 관계가 있다. 인적 자원과 예산이 부족할 경우 PR 목표를 축소시키는 것이 바람직하다. 시간적 여유가 있느냐 없느냐 여부도 PR의 목표에 질적인 변화를 일으킨다(김태욱, 2007). PR 캠페인에 필요한 시간의 양은 캠페인 목적과 성격에 좌우된다.

목표 설정의 전제 PR 평가가 어려운 이유는 PR 목표 설정이 만만치 않기 때문이다. PR 프로그램이나 활동을 효과적으로 평가하려면 적절한 목표 설정이 선행돼야 한다. PR 목표는 ① 목표공중, ② 효과의 방향, ③ 효과의 특성이라는 3가지 차원으로 접근해볼 수 있다. 목표공중은 외부 공중과 내부 공중으로 구분되고 여러 갈래의 세부 공중으로 나눠진다. PR 목표는 이들 각각의 공중 유형에 맞춰져야 한다. 효과의 방향은 균형적 목표, 불균형적 목표의 2가지로 상호 이해(균형)나 설득(불균형)의 형태가 된다. 효과의 특성은 커뮤니케이션, 메시지 기억, 인지, 태도, 행동 등으로 나눠진다. 커뮤니케이션에서 인지, 태도, 행동으로 옮겨감에 따라 각각의 효과는 발생할 가능성이 점점 줄어든다. 인지의 방향은 긍정과 부정의 두 가지로 접근해야 할 문제다. 태도나 행동 변화를 목표로 한다면 현실적인 선에서 이뤄져야 한다. 기존 태도나 행동을 변화시키는 데는 많은 시간을 필요로 하기 때문에 단기적인 PR 캠페인 목표로서는 부적합하다. 일반적으로 목표집단의 성원 가운데 어떤 종류의 행동에 관여(긍정과 부정 포함)하는 비율은 20%를 넘지 못한다. 모금, 판촉처럼 목적이 구체적인 경우 태도와 행동 확률을 확대 해석해서는 안 된다(그루닉·헌트, 2006b). 1992년 미국 PR 연구자 도지어와 얼링(Dozier and Ehling)은 PR 캠페인이 행동 변화를 일으킬 확률은 0.04%라고 지적했다. 이러한 연구결과는 행동적 성과에 대해 낙관적 가정을 하는 것은 위험하다는 것을 알려준다(왓슨·노블, 2006).

목표와 과정목표 PR 목표는 도전적 요소를 통해 조직과 공중에게 동기를 부여할 수 있도록 설계돼야 한다. 또한 정보목표, 태도목표, 행동목표를 구체화해 어떤 목표량을 언제까지 달성할 것인가를 측정 가능한 형태(인지, 지식, 여론, 태도, 믿음, 행동, 가치)와 측정 가능한 표현으로 서술해야 한다. 인지도 향상이나 태도 변화는 무엇/누구에 대한 인지도이며 태도 변화인지를 명시해야 목표공중을 명확히 할 수 있다(정인태, 2006). 이와 관련해 PR 목표 설정의 SMART 원칙을 참고할 만하다. 이 원칙은 구체적이고(Specific), 측정 가능하며(Measurable), 달성 가능한(Achievable), 현실적이면서도 업무와 관련된(Realistic and Relevant), 하나 이상의 목표공중과 목표 달성기간을 가지는(Targeted and Timed) 것으로 요약된다. PR 활동의 자원은 늘 한정되어 있으므로 목표 설정이 이들 요소에 부합해야 효율적 관리가 가능하다. PR 목표의 설정에서는 <표 5-4>의 예시들을 참고할 수 있다(왓슨·노블, 2006).

• 과정목표 PR 활동의 복잡성으로 인해 SMART식 목표 설정도 비현실적인 방향으로 흐르게 될 개연성이 없지 않다. 이럴 때면 과정목표를 도입해 현실성을 높여야 한다. 과정목표는 PR 활동의 이정표 역할을 하며, 활동이 목표 달성의 방향으로 가고 있는지를 알려준다. 말하자면 서울에서 부

<표 5-4> PR 목표 설정 예시

PR 캠페인	PR 목표
조직 인지도	PR 캠페인 실시 12주 내 수도권 지역 25~45세 정규직 사무원 여성의 인지도를 20%에서 40%로 향상시킨다.
마케팅 PR	PR 캠페인 실시 12개월 이내 정규직 사무원 계층의 20%가 와인 구매 품목에 한국산을 포함시키도록 유도한다.

자료: 왓슨·노블(2006).

산의 도정에서는 대전, 대구가 과정목표가 된다. 한 가지 유의해야 할 점은 과정에 대한 지나친 강조가 PR 활동이나 PR 평가를 형식화할 수 있다는 점이다. 이런 위험성을 염두에 둔다면 과정목표는 PR 활동이나 평가의 의미 있는 도구로 활용할 수 있다. 과정평가의 결과는 해당 시점에서의 PR 활동 수정, 향후의 필요자원 투여 결정에 도움을 준다(왓슨·노블, 2006).

목표기반 관리　목표기반 관리(Management by Objectives: MBO)는 1965년 드러커(Peter Drucker)가 저서『경영의 실제』에서 처음으로 소개한 개념이다. 조직 구성원들의 경영전략에 대한 이해와 공감, 협의를 통한 계획과 목표의 설정, 계획과 목표의 지속적 점검 및 자기주도적 성과 관리를 핵심 개념으로 한다. PR에서는 구체적 계획과 목표, 이의 지속적인 점검이 특히 강조된다. 마케팅학자인 필립 코틀러(Philip Kotler)는 목표기반 관리가 가능하기 위해서는 목표가 다음 4가지 기준을 충족시켜야 한다고 말한다. ① 목표는 가장 중요한 것에서부터 중요성이 낮은 순으로 체계적으로 배열돼야 한다. 목표를 체계화해야 무차별적인 목표 추구를 억제할 수 있다. ② 목표는 수량화해서 진술돼야 한다. ③ 목표는 낙관이 아니라 SWOT 분석으로부터 도출되는 현실적인 것이어야 한다. ④ 목표들 간에는 일관성이 있어야 한다. 매출과 수익을 동시에 극대화하는 것은 거의 불가능하다(왓슨·노블, 2006). 목표기반 관리 개념을 PR의 목표 설정에 적용하면 몇 가지 이점을 기대할 수 있다. 먼저 구체적 목표를 제시함으로써 문제의 증상보다 문제의 원인을 밝혀내는 데 도움을 준다. 구체적 목표는 PR의 방향을 알려줄 뿐 아니라 문제 해결의 우선순위를 지시하는 기능이 있다. 이와 더불어 조직원들에게 동기를 부여하고, 활동 결과의 측정을 쉽게 한다(그루닉·헌트, 2006b).

목표공중 선정　목표공중 선정과 PR 목표 설정은 서로 묶여 있는 개념으로 선후를 따지기가 어렵다. 목표에 따라 공중을 선정하거나 역으로 공중을 찾아내 목표를 설정할 수 있다. PR 캠페인이나 프로젝트 목표가 정해지면 PR 조사를 토대로 목표공중들을 구체화해야 한다. 목표공중을 선정하는 것은 마케팅의 목표 소비자를 세분화하는 원리와 비슷하다. 앞 절 공중 분석에서 설명한 바와 같다. 먼저 이해관계자 그룹들을 유형화해 전략적으로 중요한 공중을 찾아내야 한다. 세분화에서는 기초적으로 인구통계적 특성, 심리 묘사적 특성, 매체 이용 특성 등 선유 요인이 바탕이 된다. 실제 PR 프로그램에서는 지역, 성별, 연령, 직업, 속성, 라이프스타일 등 아주 구체화된 기준을 사용한다. 목표공중 선별작업에서는 먼저 당면 PR 캠페인의 실행 대상이 될 수 있다고 여겨지는 모든 이해관계자들의 리스트를 만들어야 한다. 다음으로 조직의 활동이나 정책에 가장 많은 영향을 받을 순서나 많은 영향을 줄 수 있는 순서를 정한다. 조직의 활동이나 정책에 누가 영향을 받을 것인가의 관점은 조직의 장점이나 기회를 홍보하는 프로그램의 공중들로 연결된다. 어떤 쟁점의 관심자들이 가진 의견이나 행동이 조직에 어떤 영향을 줄 것인가의 관점은 조직의 부정적 PR 문제를 해결하기 위한 공중들과 연결된다. 이 2가지 관점을 참고해 제1공중, 제2공중, 제3공중 등 중요도에 따라 순위를 정하는 것이 일반적이다. 제1공중은 가장 중요한 공중, 제2공중은 캠페인의 성공을 위해 주의를 기울여야 할 공중, 제3공중은 간과할 수 없는 공중을 말한다. 핵심 공중, 관심 대상 공중, 기타 공중으로 구분할 수도 있다. 모든 목표공중들에게 노력을 기울일 수 없는 경우 우선순위가 높은 순서대로 PR 활동을 실행하는 것이 좋다(정인태, 2006; 조삼섭 외, 2007; 김태욱, 2007).

3. PR 전략과 전술

PR 목표와 목표공중이 선정되면 여기에 맞춰 전략, 전술이 개발돼야 한다. 전략은 목표 달성을 위한 전반적인 접근방법을, 전술은 전략 실행에 필요한 개개의 활동들을 말한다. 전술은 쉽게 바꿀 수 있지만 전략은 그렇지 않다. PR 활동의 큰 줄거리인 PR 전략에서는 PR 프로젝트의 기간, 규모, 예산, 투입자원 외에 ① PR 기획의 방향성을 나타내는 기본 전략, ② 무엇을 말할 것인가의 메시지 전략, ③ 메시지를 어떻게 효과적으로 전달할 것인가의 매체 전략이 강구돼야 한다. 메시지 전략은 전체 PR 프로젝트의 콘셉트와 유사한 성격이 된다. 매체 전략에서는 메시지를 가장 효율적으로 전달하는 도구를 찾아내야 한다. 대중매체와 대인매체, 퍼블리시티와 광고, 이벤트와 캠페인 등이 두루 고려된다.

1) 기본 전략[2]

PR 전략은 PR 전술을 목표지향적인 방향으로 그룹화 시켜주는 기능을 한다. 그러나 구체적인 전략 로드맵을 만들지 못하면 추상적 논의에 머물거나 전략 자체가 경시될 위험성이 있다. PR 전략 도출에서는 PR 문제를

---

2) 이하 내용은 이종혁(2006: 89~96) 참조.

해결하기 위해 ① 예방전략, ② 일반전략, ③ 반응전략의 3가지 중 하나 이상을 선택해야 한다. 예방전략은 PR 주체를 드러내지 않고 여론을 환기하거나 전환시키는 사전적인 문제 해결 전략이다. 우호적인 환경을 조성하기 위해 간접적인 설득 활동을 전개하는 경우가 대부분이다. 일반전략은 PR 전략의 보편적인 형태로 명성관리나 관계관리에 통용되는 전략들이다. 반응전략은 쟁점관리나 위기관리 상황에서 활용되는 전략으로 특정 문제에 대한 사후 반응적 성격을 띤다.

예방전략 예방전략에는 ① 이슈 창출전략, ② 이슈 전환전략이 있다. 여론관리, 쟁점관리 등의 예방적 PR과 맥락이 맞닿아 있다. 이슈 창출전략에는 ① 제3자 뉴스원 활용, ② 리서치 활용, ③ 신 트렌드 활용, ④ 퍼블리시티 스턴트 활용 등의 접근이 있다. 제3자 뉴스원 활용은 조직이 제시하고자 하는 이슈를 전문가나 유명인을 통해 부각시키는 방법이다. 연설, 칼럼, 기고, 인터뷰 등을 이용한다. 리서치 활용은 이슈 등에 대한 여론조사나 내용 분석, 실험 등의 결과를 사회적 의제로 연결시키는 접근이다. 공인된 연구기관의 각종 자료를 활용할 수도 있다. 신 트렌드 활용은 웰빙족, 딩크족처럼 라이프스타일이나 유행을 사회적인 트렌드로 연결 짓는 기법이다. 마케팅 전략의 성격이 강하지만 PR에도 사용될 여지가 크다. 퍼블리시티 스턴트 활용은 이벤트나 캠페인 등으로 언론의 호기심을 자극해 관심을 유도하고 사회적 이슈를 만들어나가는 방식이다. 이슈 전환전략은 현재 진행 중인 이슈에 대해 문제를 제기하거나, 새로운 관점 및 대안 제시로 논의와 토론을 유도해 이슈의 성격에 영향을 미치는 전략이다.

일반전략 일반전략은 PR 활동의 기본이 되는 전략이다. ① 이해, ② 설득, ③ 관리, ④ 회복의 전략군(群)으로 나눠진다. 이해전략과 설득전략은 정보, 태도, 행동이라는 PR 목표의 3가지 대상과 관련되며 조직과 공중 간의 쌍방성은 이해, 일방성은 설득이라고 볼 수 있다. 다양한 하위 전술 수단

〈표 5-5〉PR 기본 전략

전략 범주	세부전략	전략 범주	세부전략
예방전략	이슈창출전략	반응전략	공격전략
	이슈전환전략		반박전략
일반전략	이해전략		방어전략
	설득전략		침묵전략
	관리전략		수용전략
	회복전략		개선전략

이 있다. 관리전략은 명성관리와 연결되는 전략으로 4가지 하위 전략 유영이 있다. 상황 분석(조직 분석)에서 살펴본 대로 조직의 실체와 이미지 간에는 미미한 실체와 과도한 이미지, 미미한 실체와 미미한 이미지, 충실한 실체와 미미한 이미지, 충실한 실체와 충실한 이미지의 4가지 조합 방식이 있다. 각 조합에 따라 실체 강화 전략, 이미지 현실화 전략, 이미지 강화 전략, 실체-이미지 유지 전략이 구사돼야 한다. 회복전략은 신뢰 회복, 명성 회복, 관계 회복 등의 부정적 PR 문제에 사용되는 전략이다. 신뢰 회복은 쟁점 상황이나 위기 상황을 넘긴 뒤 조직의 신뢰도를 사태 이전으로 되돌리기 위한 노력의 일환이다. 명성 회복은 불황, 경영실적 부진, CEO 스캔들 등 사태로 실추된 조직의 명성을 회복 대상으로 한다. 관계 회복은 노사 관계, 지역사회 관계 등 원활하지 못한 공중들과의 관계를 복구시켜 조직의 외곽을 든든히 하는 전략이다.

반응전략 반응전략은 문제가 발생된 뒤에 이에 반응적으로 대응하는 사후적 전략이다. ① 공격, ② 반박, ③ 방어, ④ 침묵, ⑤ 수용, ⑥ 개선 등의 전략 유형을 들 수 있다. 공격은 법적 대응이나 물리적 대응을 불사하는 강경 전략이다. 반박은 조직이 해당 쟁점에 대해 명확한 근거를 토대로 반론을 제기하는 대응을 보인다. 방어는 쟁점이나 위기의 확산을 방지하기 위해 사안을 전면 또는 일부 부정하거나 회피, 축소하는 경우 등을 말한다. 침묵은 긍정도 부정도 않는 무대응 전략이다. 침묵이 오히려 득이 될 때도 있다. 수용이나 개선 전략은 조직의 잘못을 인정하는 전략이다. 8장 위기관리에서 대응전략이 따로 설명된다.

전략의 도출 과정 문제 해결에 초점을 맞춰 전략안이 선택되면 먼저 적합성 검토를 해봐야 한다. 환경 요인과 실행 가능성 등이 집중적 검토 대상이다. 이어 실행의 시기적 선후관계를 따져 전략안을 재정리한다. 개별 전략뿐 아니라 전 과정에서 공통적으로 추진돼야 할 전략과 중장기적 차원의 전략들을 전략안에 통합시키는 것이 바람직하다. 전략안이 마무리되면 단계별 전략으로 구분 짓는 작업이 필요하다. 전략 간 연계방안을 빠트려서는 안 된다. 마지막으로 전략 흐름도를 작성해 PR 기획의 설계도가 되도록 해야 한다. 전략 설계는 상황 분석과 실행을 이어주는 가교역할을 한다.

2) 메시지 전략

PR 메시지는 홍보 주체의 의도, 생각, 판단, 감정, 의견 등을 효과적으로 전달하기 위해 언어, 문자, 그림, 아이콘, 사인(sign), 상징, 이미지, 신호, 색깔, 몸짓 등을 사용하는 행위다. 언어 형태가 일반적이지만 비언어적인 것도 많다(김태욱, 2007). PR 캠페인에서는 조직의 현 상황과 문제점, 공중의 가치와 관심을 반영하는 한두 개의 핵심 메시지가 있어야 한다. 조직의 이미지와 실적의 두 마리 토끼를 잡으려는 메시지는 바람직하지 않다. 핵심 메시지는 프로그램의 슬로건이나 주제와 유사한 내용이 되며, 프로그램 내내 반복적으로 일관되게 제시돼야 한다(조삼섭 외, 2007). 어떤 경우에는 한 프로그램에 여러 개의 메시지가 사용되는데 각각의 메시지는 저마다의 목표공중을 지향한다. 메시지 전략에서는 설득 커뮤니케이션 영역의 이론적 도움을 받을 수 있다.

PR 메시지 PR 메시지 전략은 수용자의 무관심과 메시지 과잉 현상을 기본 전제로 해야 한다. 상황과 목적에 따라 단순한 사실의 나열부터 문제의 진술, 슬로건까지 다양한 형태로 개발된다. 일반적으로 조직의 비전 제시, 인지도 제고를 위한 설명, 캠페인 주제 제시, 왜곡 사실의 정정, 쟁점 등에 대한 입장 제시 등으로 나타난다(이종혁, 2006). 메시지를 제작할 때는 유머, 가치 등 문화적 요인들이 고려돼야 한다. 수용자에게 강력하고 바람직한 영향을 주는 메시지 언어가 무엇인지를 찾아내는 것이 중요하다. 선유요인 특성에 맞게 시각적, 청각적으로 와 닿는 단어들로 전환돼야 한다(정인태, 2006). 목표공중이 원하거나 필요로 하는 부분을 자극하면 시선을 집중시킬 수 있다. 감성적 효과를 등한시해서는 안 된다.

• 소구방법 메시지 소구방법은 ① 이성적(logos)/감성적(pathos), ② 위협적/타협적 소구로 구분할 수 있다. 근거나 논리 등에 의존하는 것이 이성적 소구이며, 욕구, 분노, 기쁨, 증오, 연민 등에 의존하는 것이 감성적 소구다. 감성적 소구의 설득 효과가 더 강한 것으로 알려져 있다. 위협적 소구는 범칙금 물리기, 침묵의 살인자(고혈압 예방)처럼 불이익이나 공포감을 주는 접근법을 말한다. 타협적 소구는 '침을 뱉지 맙시다', '짠 음식을 추방합시다'와 같은 권고, 권유 형식의 접근이 된다. 수용 가능한 범위에서 높은 위협 소구 메시지가 낮은 위협 소구 메시지보다 효과적이다. 위협의 강도가 높아지면서 효과가 올라가다가 일정 한계를 넘으면 효과가 줄어들거나 역효과를 낸다(박성호, 2008).

메시지와 수용자 PR은 인식이 곧 현실이라는 생각에 기초한다. 인식은 주관적인 것이다. 정보가 불충분해도 수용자들은 가능한 정보만을 이용하거나 즉각적 요구와 목적을 충족시키기 위해 필요한 것만 인식하는 경향이 있다. 기존 의견과 반대되더라도 자신에게 도움이 된다고 생각하면 메시지를 즉각 거부하지 않는다. 대부분의 PR 메시지는 특정 공중을 염두에 두고 제작되는데 간혹 생각지도 못했던 공중들이 예상치 못했던 방법으로 정보를 활용하는 경우가 있다. 메시지는 의도하지 않았던 공중들에게 전달될 수 있으며 오해가 일어나기도 한다. 한편 메시지의 구성과 전달에서는 수용자에 따라 접근법이 달라져야 한다. 수용자의 욕구나 관여도, 선유경향 등은 메시지 내용보다 훨씬 더 중요한 커뮤니케이션 결정 요인이다. 물론 메시지의 본질 조건을 경시해도 된다는 의미는 아니다. 반복 전달은 모든 PR 커뮤니케이션의 기본 지침이다. 인지도 증가, 설득, 명성 등은 모두 반복 전달을 효과의 메커니즘으로 한다(뉴섬 외, 2007). 메시지 성격에 따라 적합한 미디어를 선택하는 것도 PR 커뮤니케이션의 중요한 고려 사항이다. 메시지의 수용 과정[3])에 대한 이해가 요구된다.

수용자 욕구 메시지 수용자들의 지배적 욕구에 대해서는 매슬로의 욕구위계 이론을 참고해볼 수 있다. 생리적 욕구 - 안전 욕구 - 사회적 인정 욕구 - 존중 욕구 - 자아실현 욕구의 위계 단계에 맞는 메시지를 제시하는 것이 중요하다. 욕구는 ① 항상성 원칙, ② 결핍의 원칙, ③ 포식의 원칙, ④ 목적 평가의 원칙, ⑤ 장애의 원칙에 영향을 받는다. 항상성 원칙이란 사람들이 현상을 유지하고 싶어 하는 성향을 말한다. 결핍의 원칙은 생리적 욕구나 사회적 욕구가 결핍되면 이를 충족하기 위해 지속적인 노력을 기울인다는 원칙이다. 포식의 원칙은 결핍의 원칙과 반대되는 정향이다. 즉, 생

---

3) 로저스(Everett Rogers)는 공중들이 새로운 메시지를 받아들이는 과정을 지식, 설득, 결정, 실행, 확인의 5단계로 구분한다. 지식 단계에서는 메시지를 이해하고 배우며, 설득 단계에서는 메시지에 대한 관심과 정보를 확대하고 장점을 살펴본다. 결정 단계에서는 메시지 수용과 거부를 결정하며, 실행 단계에서는 작은 규모로 메시지를 실행해보고 적용 기술과 조건을 따져본다. 마지막 확인 단계에서는 새 메시지에 대한 평가를 기반으로 태도를 강화한다. 메시지 수용 과정은 메시지 구성과 적용에 대한 일반적 가이드라인으로 활용할 수 있다(조용석 외, 2007).

리적 욕구나 사회적 욕구가 일정 수준 성취되면 목적달성을 위한 노력을 중단하게 된다. 그러나 포식을 모르는 욕구도 있다. 목적 평가의 원칙은 목적을 달성할 수 없을 때 사람들이 다른 원칙(대안)을 수립하려는 것을 말한다. 장애의 원칙은 목적 달성의 적절한 장애물이 사람들에게 오히려 동기를 부여하게 된다는 원칙이다. 그러나 장애가 너무 크면 목적을 변경해버린다(뉴섬 외, 2007).

관여도, 선유경향　관여도, 선유경향 등은 커뮤니케이션 상황을 결정짓는 요인들이다. 뉴스를 예로 들면 흥미나 스타일보다 자신과의 연관성(관여도)이 더 중시된다. 관여도는 수용자의 정보행동을 결정하는 요인 중 하나다. 정보행동이 수동적이냐 능동적이냐에 따라 주의를 끌기 위한 커뮤니케이션 전략이 달라져야 한다. 저관여의 수동적(정보처리) 수용자에게는 독특한 구성이나 창의성 있는 메시지가 필요하다. 사진, 일러스트, 슬로건, 과대 선전, 미녀 모델, 즐거움을 주는 이벤트 등의 도입이 효과적이다. PR 커뮤니케이션은 주로 수동적 수용자들에게 메시지를 도달하게 하려는 노력이다. 고관여의 능동적(정보추구) 수용자들은 정교하고 심도 있는 정보들을 찾는다. 따라서 심층 보도, 브로슈어, 프레젠테이션, 심포지엄, 회의, 연설, 전시 등의 수단을 이용하는 것이 바람직하다(그루닉·헌트, 2006b). 선유경향은 메시지 수용의 주요 변수가 된다. 사람들은 자신의 선유경향과 부합되는 메시지를 선호한다. 이 외에 물리적·심리적 환경도 메시지의 수용에 영향을 미친다. 시간, 공간 등 특정 물리적 환경이나 메시지를 친숙하게 느끼는 심리적 환경에서 메시지는 지지되고 더욱 설득적이 된다.

반복 전달　메시지는 선택된 매체를 통해 지속적으로 반복돼야 한다. 대중매체는 물론 사내방송, 사보, 연설, 회의 등 다양한 채널을 활용하면 노출 기회를 늘릴 수 있다. 반복 전달의 이유는 여러 가지다. 먼저 목표공중들 모두가 항상 똑같은 시간에 메시지를 보거나 듣지 않기 때문에 어느정도 반복은 필수적이다. 반복 전달은 목표공중들을 상기시켜 메시지 기억을 돕거나 메시지를 완전히 잊어버리게 할 확률을 낮춘다. 메시지를 둘러싼 잡음의 영향을 줄이기 위해서도 반복이나 어느 정도의 과잉정보는 불가피하다. 반복 전달은 수용자의 무관심이나 저항을 없앨 가능성을 높이고, 메시지의 공신력이 높으면 수용자의 의견 변화까지 막을 수 있다(정인태, 2006).

메시지의 요소 커틀립(S. M. Cutlip) 등은 PR 메시지의 3가지 특성으로 ① 뉴스 가치, ② 이해의 용이성, ③ 즉각적 실행 가능성을 들고 있다. 뉴스 가치가 있고 이해가 쉬워야 하며 즉각 행동으로 옮길 수 있는 내용이어야 한다는 것이다. PR 부서의 업무에서 가장 큰 비중을 차지하는 것이 보도자료의 작성이라는 것은 PR 메시지의 상당 부분이 대중매체를 통해 전달된다는 것을 의미한다. 따라서 PR 메시지가 대중매체에 어울리도록 뉴스 작성의 기본 원칙과 뉴스 가치 기준에 충실할 필요가 있다(조용석 외, 2007).

• 뉴스 가치 뉴스 가치의 핵심은 정보(중요성)와 재미(흥미성)이며, 시의성에 의해 뉴스의 생명력을 얻는다. 중요성과 흥미성의 연장선상에 있는 요소들이 영향성, 근접성, 현저성, 진기성, 이상성 등이다. 시의성은 뉴스의 가치요소이면서 동시에 뉴스를 담는 그릇으로 사용된다. 시의성 있는 뉴스란 오늘 일어난 일이거나 오늘의 사건과 관련된 일, 오늘까지 알려지지 않았던 일, 오늘의 정보로서 다른 시각을 가지는 일들이다. 이런 요소들을 많이 가진 메시지일수록 공중의 관심을 끄는 데 유리하다(9장 언론홍보 뉴스와 기사 참조).

• 이해의 용이성, 실행 가능성 이해의 용이성은 메시지 내용이 쉽고 명료해야 한다는 점을 강조한다. 메시지의 1차적 목적은 수용자에게 도달시키는 것이다. 목표공중의 특성이나 이해력을 파악해 메시지 내용이나 수준을 맞춰야 한다. 메시지의 난이도 수준, 즉 독이성(讀易性)은 컴퓨터 소프

트웨어를 통해 검증해볼 수 있다(조삼섭 외, 2007). 메시지는 가급적 하나의 주요 내용만을 담고 있어야 하며 직접적이고 간단하게 표현하는 것이 좋다. 목표공중을 대상으로 사전 조사를 해보는 것이 바람직하다. 세 번째 특성인 즉각적 실행 가능성은 메시지의 정보, 제안, 권고, 교육 등을 현장에서 바로 활용하거나 쉽게 행동으로 옮길 수 있어야 한다는 의미다(조용석 외, 2007).

메시지 구성 메시지 구성의 핵심은 공중별 설득요소들을 찾아내고 그 요소들을 조합해 주요 개념(이미지)을 형상화하는 일이다. 메시지를 행위로 연결 짓고 기억을 활성화시키는 장치가 필요하다. 메시지가 스토리로 전달되면 쉽고 오래 기억된다는 주장이 있다. 메시지 구성 과정은 보통 무엇을 말할 것인가를 찾아내고 중요도에 따라 배열한 뒤 문안을 정리하는 순서를 밟는다. 이를 좀 더 구체화하면 3단계로 설명할 수 있다. 먼저 기존 PR 메시지의 문제점을 도출해 개선 방향을 잡는다. 이성적/감성적, 공중 중심/조직 중심을 평가의 기준점으로 삼을 수 있다. 메시지 각각에 대한 현 상황과의 적합성을 따져보고 문제점이 걸러지면 키워드를 설정하는 단계로 넘어간다. 여러 개의 키워드를 만들어 이를 추리고 종합하는 과정을 거친다. 최종 단계에서 몇 개의 키워드를 조합해 핵심 메시지 후보 안들을 작성한다. 핵심 메시지가 만들어지면 여기에 따라 대상 공중별로 메시지를 세분화하고 세분화된 메시지의 배경설명, 즉 기본 정보를 정리한다(이종혁, 2006). 기본 정보 정리는 뉴스기사 쓰기 요령을 적용하면 된다. 분량은 A4 용지 1장 분량이 적합하고, 길어야 2장 정도다. 짧고 단순한 문장, 적극적 표현, 간결한 단어, 수식어 사용의 자제 등과 같은 기사 쓰기 원칙이 지켜져야 한다.

3) 매체 전략

PR 매체는 PR 프로젝트 과정에 활용되는 대중매체, 대인매체, 이벤트, 캠페인, 집회 등을 통칭하는 개념이다. 대중 및 대인 매체의 이용 동기는 유사하다. 관계 유지, 정보 교환, 오락과 휴식이 양자에게 공통되는 부분이다 (마이어스, 2008). 매체 전략에서는 매체 활용 폭을 넓히기 위한 창의적인 발상이 필요하다. 정보화시대가 되면서 매체의 제약이 거의 사라진 만큼 발상에 따라 전략의 범위나 효과에서 큰 차이를 보인다. 조직과 마찬가지로 공중들의 이용매체도 다변화되고 있어 적절한 PR 매체를 찾는 일은 중요한 과제가 되고 있다. 집단별, 계층별, 개인별 이용 특성을 파악해 신축성 있게 대응해야 한다. PR 활동의 사안이나, 공중, 정보성/흥미성 등 메시지 내용에 따라서도 매체 전략은 달라져야 한다.

커뮤니케이션 특성 채피가 정리한 공중의 커뮤니케이션 이용 특성은 매체 전략의 기본 지표로 사용할 수 있다. 첫째, 공중은 가장 접근하기 쉬운 출처로부터 정보를 구한다. 즉, 정보 전달은 공중들이 가장 쉽게 접할 수 있는 채널을 통해야 한다는 의미가 된다. 둘째, 공중은 의견을 추구하기보다 의견을 전하는 데 더 많은 관심을 가진다. 이는 자기 태도를 바꾸기보다 타인의 태도를 변화시키고자 하는 경향이 강하다는 것을 말해준다. 셋째, 공중은 의견보다 정보를 더 추구한다. 즉, 자신의 태도를 강화하기 위한 자료를 더 많이 찾는다는 의미다. 이 특성은 공중의 태도 변화를 목적으로 하는 PR 활동도 가장 쉬운 단계로부터 출발해야 함을 시사한다. 넷째, 대인 간 사회접촉은 동질적인 사람들끼리 이뤄진다. 태도나 행동의 변화는 이런 대인 커뮤니케이션을 통해 이뤄질 가능성이 높다. 다섯째, 전문성, 신뢰성은 설득성을 높일 수 있다. 공중들은 메시지 전달자가 자기와 유사하며 전문성, 신뢰성을 가질수록 메시지를 잘 받아들인다(조용석 외, 2007).

대중/대인 매체　PR 메시지 채널은 크게 대중매체와 대인매체로 구분할 수 있다. 대중매체에는 신문, 잡지, TV, 라디오, 인터넷 매체, 소셜미디어, 전단지, 팸플릿, 옥외전시, 교통광고, 영화, DM 등이 포함된다. 뉴스매체는 전국종합일간지, 지역종합일간지, 전문지, 스포츠지, 무료신문, 업계지, 지상파 방송, 케이블방송, 포털, 소셜미디어, 인터넷 신문 등으로 나눌 수 있다. 대인매체로는 개인 대화, 세미나, 포커스 그룹, 회의, 강연, 강의, 상담, 브리핑 등이 있다.

• **대중매체**　대중매체의 장점은 대량성, 신속성이고, 단점은 낮은 설득성, 피드백의 지연성(전통 매체)이다. 단시간 내에 인지도를 높이는 데는 TV가, 여론 지도층에는 신문이 적합하다. 대중매체를 통한 메시지 전달이 점점 어려워지고 있다는 사실을 염두에 둬야 한다. 미국의 경우 1980년대에는 유력지와 유력 TV 몇 개만으로 메시지 전달이 가능했지만 지금은 몇 배 또는 몇 십 배의 정성과 관심을 기울이지 않으면 같은 효과를 얻을 수 없게 됐다(아르젠티·포먼, 2006). 대중매체는 상황에 따라 적극 전략과 소극 전략을 구사해야 한다. 신상품 출시, 이벤트, 기금 모금, 선거 캠페인 등에는 적극 전략이 필요하다. 반면 외부에서 제기된 부정적 이슈에 대한 설명, 대안 제시를 해도 합리적 수용이 어려운 사안, 지루한 공방이 예상되는 경우 등은 소극 전략이 적합하다(조용석 외, 2007 재인용).

• **대인매체**　대인매체와 대중매체의 장단점은 서로 교차된다. 두 매체는 서로 보완적인 관계이므로 복합적인 활용이 바람직하다. 매체의 장단점은 수용자 규모, 목표 수용자 도달 효율성, 수용 정보량, 상호작용성, 메시지 개별화 가능성, CPM, 게재 준비기간, 메시지 통제성(메시지 내용, 전달상황, 크기, 형태, 색상, 메시지 지속성 등) 등 요인을 기준으로 평가할 수 있다. 설득이나 신뢰의 측면에서는 구전, 이벤트와 같은 대인 커뮤니케이션을 이용하는 것이 효과적이다.

통제/비통제 매체 통제매체는 조직이 메시지 등 커뮤니케이션에 대한 통제권을 행사할 수 있는 매체인 반면, 비통제매체는 통제가 거의 안 되는 매체를 말한다. 통제매체로는 사내방송, 사보, 뉴스레터, 회의, 연설, 포스터 등을, 비통제매체로는 신문, 잡지, TV, 라디오, 인터넷신문 등을 들 수 있다. 통제매체는 메시지 내용과 사용 시기를 임의로 조정할 수 있고, 사전 테스트를 해볼 수 있는 것이 장점이다. 반면 메시지 신뢰도가 떨어지고, 배포범위가 좁아 도달률에 비해 시간과 경비가 많이 든다(조삼섭 외, 2007 재인용). 온라인 통제매체는 공중과의 직접 커뮤니케이션을 가능하게 하지만 기회와 한계를 동시에 가지는 양면성이 있다. 연구에 따르면 수용자들은 여전히 신뢰도 있는 정보원, 즉 비통제매체를 통해 뉴스 정보를 받아들이는 것으로 나타났다. 통제매체의 경우 프로모션이 부족할 경우 홍보매체로서의 의미가 제한적이다(조용석 외, 2007). 비통제매체는 메시지 배포가 용이하고 객관성을 확보할 수 있으며, 도달률에 비해 시간과 비용이 적게 든다. 언론의 취재에 응해주거나 자료를 배포하는 것만으로 소기의 목적을 달성할 수 있다. 그러나 보도될지 여부를 알 수 없고 메시지 계획과 사용 시기의 선택에 아무런 재량권이 없다. 메시지의 시각을 뒤틀거나 내용을 왜곡하는 등의 위험성도 감수해야 한다.

매체 계획 PR 매체 계획은 통제성이 떨어져 광고 매체 계획과 달리 한계점이 있다. PR 목표, 목표공중, 메시지, 시간과 예산에 따라 매체 선택이 달라져야 한다. 1차적으로 다음 6가지 질문들을 짚어 수 있다. ① 목표공중과 개별 매체 수용성, ② 메시지 도달 시점과 목표공중 반응 시점, ③ 집행 가능한 예산규모(이상 1단계), ④ 최저 비용으로 최대 공중 도달 매체, ⑤ 필요 시간 내 메시지 전달 가능 매체, ⑥ 미디어 믹스 여부(이상 2단계)다(뉴섬 외, 2007). ① 도달성, ② 선별성, ③ 경제성, ④ 융통성, ⑤ 시의성, ⑥ 효과성과 같은 속성별로도 접근할 수 있다. 도달성(coverage)은 소집단, 군중, 공중,

대중 등 전달 범위를, 선별성(selectivity)은 목표공중에 대한 선별능력을 말한다. 경제성(cost)은 메시지 제작비와 매체 사용료, 융통성(flexibility)은 메시지의 가변성, 시의성(timeliness)은 전달의 적기 확보, 효과성(effectiveness)은 PR의 효과를 의미한다(박성호, 2008). 수용자와 메시지에 가장 적합한 채널이 무엇인지를 밝혀내는 것이 중요한 관심사다.

실무 전략 매체 전략의 실무에서는 CPM(cost per millenium), CPRP(cost per rating point), CPC(cost per click), CPA(cost per admission)와 같은 비용 효율성 지수를 활용해 최저 비용으로 최대 목표공중에 도달할 수 있는 매체를 분석해내야 한다. 가장 저렴한 매체, 가장 신뢰성 있는 매체 등도 분류기준에 포함시킨다. 필요한 시간 내에 메시지를 전달할 수 있는가도 점검해야 한다(조삼섭 외, 2007). 이런 자료를 바탕으로 1단계 매체 선택 대안을 만들어 본다. 이어 1개 매체를 사용할 것인가, 여러 매체를 사용할 것인가, 여러 매체라면 주 매체와 보조 매체의 미디어 믹스를 어떻게 할 것인가를 결정한다. 매체 간 연계 가능성, 일정 기간의 지속성 및 반복 가능성 등을 고려에서 빠트려서는 안 된다(이종혁, 2006). 최종적으로 선택 대안의 PR 횟수와 양, 시기 및 소요예산과 집행 가능한 예산 규모를 대입시켜 계획을 확정한다. 효과와 비용을 감안해 매체를 제1미디어, 제2미디어, 제3미디어나 미디어군(群)으로 구분하는 것이 좋다. 매체 계획에서는 매체 유형, 비클(vehicle), 매체 단위라는 용어가 사용된다. 유형은 신문, 방송 등을, 비클은 개별 매체나 프로그램을, 매체 단위는 게재된 크기나 발행부수 등을 의미한다.

매체 믹스 오늘날 정보 환경에서는 매체나 콘텐츠의 구분이 점점 어려워지고 있다. 신문, 방송, 온라인, 통신의 융합으로 매체나 콘텐츠가 다원적 성격을 가지게 된 것이다. 더구나 정보통신기술의 발달로 대중/집단/대인/개인 미디어가 하나의 채널로 통합되고 있다. 매체의 콘텐츠는 뉴스, 오락, 광고, 홍보가 뒤섞이면서 배타적 구획이 흐려지고 있다. 이 때문에 PR

실무자들은 정교한 매체 믹스를 입안해야 할 이유가 커졌다. PR 매체 믹스와 관련해 할라한(K. Hallahan) 교수가 제시한 5가지 PR 채널은 유용한 기준이 될 수 있다. 즉, ① 대중매체, ② 상호작용 매체, ③ 통제 매체, ④ 집단 커뮤니케이션, ⑤ 대면 커뮤니케이션이다. PR 실무자는 이들 5가지 채널을 PR 목표에 맞게 복합적으로 사용할 수 있어야 하겠다.

• 매체 믹스 전략   대중매체는 인지도나 지식을 높이는 PR 캠페인에 적합하다. 그러나 혼잡한 메시지 환경에서 수용자의 주목을 끄는 일이 쉽지 않다는 점을 감안해야 한다. 상호작용 매체는 조직과 수용자 간의 인간적 교류를 촉진하는 장점이 있다. 홍보 영상, 브로슈어 같은 통제매체는 세분화된 수용자에게 구체적 정보를 전달하는 데 적합하다. 전시회, 회의, 연설 등을 통한 집단 커뮤니케이션은 조직과 공중이 함께 만나는 공간으로 우호적인 분위기를 끌어내는 데 도움이 된다. 면담, 상담, 편지, 전화 등 일대일 커뮤니케이션은 다른 커뮤니케이션을 보완, 강화하면서 보다 밀착된 인간관계를 형성해줄 수 있다. PR 캠페인에서는 시기별로 중심 매체를 조정해가는 전략이 바람직하다. 예컨대 초기에는 대중매체의 이점을 활용하고, 그 이후에는 상호작용/통제 매체, 집단/대면 커뮤니케이션을 적절히 활용하는 방법이 있다(최윤희, 2008).

4) PR 전술

전술이란 전략을 달성하는 데 필요한 단기적이고 구체적인 도구의 사용 방법을 찾아내는 작업이다. 각각의 전술 프로그램은 ① 주제, ② 메시지, ③ 미디어의 3가지를 필수 구성요소로 한다. 전략이 목표 달성에 적합해야 하는 것처럼 전술은 전략에 맞게 개발돼야 한다. 전술 개발 과정은 몇 단계로 구분된다. 먼저 PR 전략을 단계 또는 성격에 따라 범주화시켜 어떤 영역의 전술이 필요한지를 검토해본다. 다음으로 활용 가능한 전술 매체들을 군별로 목록화한다. 이어서 핵심 메시지와 연계된 PR 아이템들을 매체와 조합시켜 구체적인 프로그램을 확정한다. PR 전술은 복합적인 프로그램으로 운용하는 것이 효과적이다. 사회 상황에 맞는 전술의 소재를 찾아내기 위해서는 창의적인 사고가 요구된다(이종혁, 2006). 전술의 운용에서는 기대 효과에 대한 전망을 앞세워야 한다.

전술의 영역과 유형　전술의 영역은 공중/조직 중심, 높은/낮은 통제성을 조합해 4가지로 구분할 수 있다. 공중 중심 높은 통제성 영역에는 행사, 교육홍보, 조사, 사회공헌전술이 있다. 조직 중심 높은 통제성 영역에서는 광고 및 후원, 통제매체전술을 구사할 수 있다. 조직 중심 낮은 통제성 영역에는 언론홍보 전술이 배치된다. 낮은 통제성 전술은 실현 가능성이 떨어진다는 점을 감안해야 한다. PI, 구두 PR 등 대인전술은 공중 - 조직 중심, 중간 통제성 영역에 위치한다(이종혁, 2006).

• 전술의 18유형　한편 전술의 유형은 온·오프라인 대분류에서만 18종에 이르며 세부 단계로 넘어가면 일일이 열거하기 어려울 정도다. 온·오프라인을 넘나드는 다양한 전술 수단들의 믹스와 상황에 맞는 창조적인 발상이 요구된다. 큰 범주의 전술들로는 언론홍보, 홍보물 홍보, 구두홍보, 장소매체 홍보, 이동매체 홍보(래핑 버스 등), 교육홍보(교육자료 만들기, 토론회 개최), 리쿠르트 홍보, 조사홍보(의견조사와 사실조사)), 이벤트 홍보, 캠페인 홍보, 사회공헌 홍보, 공시정보 홍보, PI, CI(슬로건, 심벌 제작), 마케팅 PR, 스포츠 PR, 유명인 PR, PR 광고 등의 유형들이 있다(김태욱, 2007).

언론홍보 전술　언론홍보 분야에서는 ① 보도전술, ② 이벤트 전술, ③ 이슈 전술의 구사가 가능하다. 보도전술은 인쇄, 영상, 온라인 등 매체 유형에 따라 전술이 달라진다. 인쇄매체 경우 보도자료, 프레스 키트(press kits, 묶음 자료), 팩트 시트(fact sheets, 기초자료), 브로슈어(brochure, 접지자료),

<표 5-6> 홍보물 홍보의 전술 수단

종류	용도	종류	용도
사보	조직 활동 소개	브로슈어	조직 소개
뉴스레터	조직 활동 소개	카탈로그	제품, 서비스 소개
리플릿	낱장 제품, 서비스 소개	핸드빌	전단지
DM	조직 정보, 제품 판촉	팩트 시트	조직 기초자료
홍보 비디오	조직, 제품, 행사 소개	팩트 북	조직 기초자료
연례보고서	언론, 투자자, 분석가용	지속 가능성 보고서	언론, 투자자, 분석가용

자료: 김태욱(2007) 재정리.

뉴스레터, 사보, 게시판, 연례보고서(annual report), 언론매체 기고 등의 전술이 사용된다. 영상매체는 영상보도자료(Video News Release: VNR), 녹음보도자료(Audio News Release: ANR), 방송 출연, 홍보 동영상 등의 수단을 활용할 수 있다. 온라인 분야에서는 인터넷신문, 포털, 홈페이지, 메일링 리스트, 이메일, 블로그, 트위터, 모바일 등 매체의 활용이 가능하다. 언론 이벤트 전술로는 기자회견, 인터뷰, 기자 간담회, 미디어 투어, 취재여행(familiarization tour, 팸 투어), 기획취재 지원 등 전술을 구사할 수 있다(정인태, 2006). 이슈 전술은 언론 모니터링, 산업 모니터링, 정책 모니터링을 바탕으로 하는 전략에 가까운 전술이다. 이슈 생산의 방법은 찾기와 만들기의 2가지가 있다. 찾기의 경우 몇 단계의 전술 개발 과정을 거쳐야 한다. 먼저 사회 각 분야에서 노출된 정책, 산업, 소비자, 환경 등 이슈와 잠재된 이슈들을 정리해본다. 다음으로 정리된 이슈를 조직(기업) 유관 이슈와 해당 분야(산업) 이슈로 재분류한다. 여기에 언론의 관심도, 시의성, 홍보에의 기여를 감안해 최종 홍보 이슈를 선택한다. 모종의 이슈 가공작업이 필요하다. 이슈 만들기는 잠재된 이슈를 의사사건(擬似事件, pseudo-event)과 연결시키는 전술이다. 이벤트, 설문조사, 유명인 동원, 서명운동 등 의사사건을 만들어낼 수 있다. TV토론 등 언론의 토론 주제로 제시해 홍보 효과를 거둘 수도 있다(김태욱, 2007). 언론홍보는 9장에서 따로 설명된다.

홍보물 홍보 전술　홍보물은 구전홍보, 이벤트, 캠페인, 마케팅 PR, 스포츠 PR 등에 두루 사용되는 홍보의 기본 수단이다. 홍보물의 종류로는 사보, 뉴스레터, 브로슈어, 카탈로그, 리플릿(leaflet), 핸드빌(hand-bill), DM(Direct Mail), 홍보 비디오 등 다양한 유형들이 있다(김태욱, 2007). 홍보비디오는 오프라인용, 온라인용, 모바일용 등 사용 환경에 적합하게 제작돼야 한다. 팩트 시트, 팩트 북(fact book), 연례보고서, 지속 가능성 보고서(sustainability report) 등은 언론 및 비언론에 공용으로 쓸 수 있다.

이벤트/기타 홍보 전술　정부기관이나 국내 몇몇 대기업을 제외하면 일상적인 홍보거리는 그리 많지 않다. 마땅한 홍보자료가 없을 때 가장 많이 사용되는 전술이 언론 상대의 이벤트다. 직접 공중을 상대할 수도 있다. 중앙언론사 기자 1명에게 홍보자료로 전달되는 이벤트는 하루 보통 5~8건, 많은 날은 20건이 될 때도 있다. 밋밋한 이벤트로는 관심을 끌 수 없다. 정보와 재미를 주면서 시의성, 시대 추세, 공익성을 반영한 것이어야 한다. 구두홍보 전술의 하나인 구전홍보는 소비자, 여론 지도층 등 목표공중을 분명히 해야 성과를 거둘 수 있다. 오프라인과 온라인 홍보를 병행하는 것이 좋다. 광고 분야에서는 애드버토리얼(advertorial)은 신문, 인포머셜(infor-macial)은 방송, PPL(Product PLacement)은 영화나 드라마용이다. 공익활동전술의 하나인 캠페인은 사내/사외 캠페인, 오프라인/온라인 캠페인으로 구분된다.

전술 개발법　전술 개발을 위한 아이디어 발상법에는 말로 하는 브레인스토밍(brainstorming)과 글로 하는 브레인라이팅(brain-writing)의 두 가지가 있다. 참여자들의 지적 역량을 최대화하기 위해 아서 밴건디(Arthur Van-Gundy)의 3가지 아이디어 창출 회의 수칙을 참고해볼 만하다. ① 그룹 구성

<표 5-7> 이벤트/기타 홍보 전술 수단

범주	전술수단
이벤트	조직 이벤트(견학, 기념식, 리셉션, 오픈 하우스 등), 체험 이벤트, 공모 이벤트, 판촉 이벤트, 공연 및 전시 이벤트, 컨벤션 이벤트, 설문 이벤트, 사진 이벤트 등
구두홍보	공공 커뮤니케이션, 미팅, 구전홍보
교육/리쿠르트	제품 체험, 공모, 견학, 세미나, 취업설명회, 인턴십 제도
마케팅	공동 마케팅, 스포츠 마케팅, 그랜드오프닝, 로드쇼, 샘플 제공, 시연, 시용
광고	PR광고, 애드버토리얼, 인포머셜, PPL
공익 활동	사회공헌활동, 문화·예술 활동 후원, 팬클럽/동호회 지원, 공익캠페인

원의 수는 가능한 5명으로 한다. 5명이 가장 적절하다는 것은 연구를 통해 계속 입증되고 있다. ② 그룹 구성원 전원이 판단 유보 원칙을 잘 이해하고, 이를 철저히 지켜야 한다. 아이디어 상호 교류 때는 평가를 보류하고 창출에 집중한다는 원칙이다. ③ 재미있는 분위기를 조성해야 한다. 웃음과 유머가 가득한 그룹은 그렇지 않은 그룹에 비해 훨씬 많은 아이디어를 창출한다는 연구결과가 있다(정인태, 2006).

• 브레인스토밍 1930년대 알렉스 오스본(Alex Osborn)이 개발한 아이디어 찾기 기법의 하나다. 짧은 시간에 많은 아이디어를 모으거나 개별적 의견이나 태도를 자세히 알아보고자 할 때 효과적이다. 오스본의 4원칙을 충실히 지켜야 성과를 얻을 수 있다(임태섭, 2003). ① 판단을 미뤄라. 회의 참가자들은 의견종합이 끝날 때까지 자신의 아이디어만 제시하고 다른 사람의 아이디어에 대한 평가나 비판을 못하게 한다. 아이디어 창출과 평가 과정을 분리시키는 것이다. 이 원칙을 따르지 않으면 회의가 비생산적이 된다는 연구결과가 있다. ② 양이 질을 낳는다. 개별 아이디어의 창출-평가 반복보다 아이디어 취합 후 평가를 하는 것이 아이디어 생산에 유리하다. 결합, 추가, 보완 등의 이익이 있다. ③ 거칠수록 좋다. 고정관념을 깨는 비

정상적인 아이디어들을 발굴해야 한다. 아이디어 단계에서는 실용성에 대해 생각할 필요가 없다. ④ 아이디어를 결합하고 개선하라. 기존 아이디어를 개선하거나 또 다른 아이디어를 결합해 새 아이디어를 만들 수 있다. 아이디어 실행 방법을 바꾸거나, 반대로 하거나, 크게 하거나 작게 해보는 등의 융통성을 부려야 한다.

• 브레인라이팅   브레인라이팅으로는 ① 6-3-5기법, ② 갤러리 기법이 많이 쓰인다. 6-3-5기법은 6명이 테이블 주위에 둘러앉아 문제를 토의한 뒤 각자 3가지 아이디어를 5분 안에 적는 방식으로 시작한다. 이어 자기의 아이디어 쪽지를 오른쪽 사람에게 돌린다. 쪽지를 받은 사람은 아이디어를 검토해 이를 다듬거나 새 아이디어를 만든다. 자신의 쪽지가 자기에게 돌아올 때까지 같은 과정을 반복한다. 갤러리 기법은 방안의 벽에 여러 장의 차트를 붙인 뒤 그룹 구성원들이 각자 한 장의 차트에 자신의 아이디어를 적어 내려가는 것으로 시작한다. 아이디어 적기가 끝나면 구성원들은 다른 사람의 아이디어 차트를 15분 정도 살펴본다. 다른 사람의 아이디어를 개선하거나 새 아이디어를 찾아내 자신의 차트에 적는다. 두 번째 차트 관람을 한 뒤 모든 아이디어들을 평가한다(정인태, 2006).

4. 기획 마무리 및 실행

예산 책정과 PR 프로그램 의사 결정은 서로 맞물려 있는 문제다. 필요한 프로그램을 먼저 결정하고 거기에 요구되는 예산을 결정하는 상향식과 예산을 먼저 책정한 뒤 예산 범위 내에서 PR 프로그램을 결정하는 하향식이 있다(4장 PR 예산 참조). 여기서는 상·하향식에 대한 고려 없이 프로그램 의사 결정, 예산, 일정표 작성 순으로 PR 기획의 마무리 절차를 살펴보고자 한다. 이어서 PR 프로젝트의 총괄적인 관리와 PR 실행상의 유의점을 함께 검토해보기로 한다.

1) 프로그램 및 예산안

PR 전략과 전술이 정해지면 예산과 연계시켜 개별 프로그램에 대한 의사 결정을 내려야 한다. 이 단계에서는 어떤 공중이 가장 중요하고, 공중에 도달하기 위한 최선의 대안은 무엇이며, PR 프로그램의 우선순위를 어떻게 정해야 하는지가 문제가 된다. PR 관리자는 보통 비용이 적게 들면서 제한된 시간 내에 가장 쉽게 수행할 수 있는 방안을 선호한다. 여기서는 비용과 편익 분석(cost-benefit analysis) 개념을 원용한 기댓값 분석과 프로그래밍 단순화의 복합적 기법을 소개해보고자 한다(그루닉·헌트, 2006b).

기댓값 분석　기댓값(expected value)은 PR 프로그램의 우선순위를 결정하기 위해 PR 기획 참여자들이 평정한 척도 값이다. 개별 PR 프로그램의 10점 척도 평정 수익값(payoff value)을 수익값 발생 확률로 곱해 산출한다. 조직에 많은 영향을 미치는 권능적 공중, 확산적 공중, 기능적 공중(2장 상황 이론 참조)들에게는 높은 수익값 척도를 부여한다. 수익값이 높아도 대상과의 소통 가능성이 낮으면 기댓값도 떨어져야 마땅하다. 따라서 수익값을 커뮤니케이션 발생 확률로 곱하여 기댓값을 계산한다. 커뮤니케이션 행동이 많을수록 효과(특히 행동)가 더 자주 발생하기 때문이다. 커뮤니케이션 발생 확률에서 적극적인 정보추구와 소극적인 정보처리는 2:1의 관계로 간주한다. 따라서 기댓값은 정보추구 확률 × 수익값이 되거나, 1/2 × 정보처리 확률 × 수익값이 된다. 커뮤니케이션 발생 확률이 아닌 효과 확률로는 분석의 정확성을 기대하기 어렵다(그루닉·헌트, 2006b).

프로그래밍 단순화　자원의 한계 내에서 기댓값이 높은 프로그램을 실

〈표 5-8〉 프로그래밍 단순화 1, 2, 3단계

자원	이용 가능 총량	HIPF의원	LIRB의원	HIPF언론인	LIFB언론인
예산	5000만 원	3000만 원	3000만 원	1000만 원	1000만 원
작업일	300일	150일	150일	50일	50일
기댓값	-	7.4	5.2	3.5	2.6

자원	이용 가능 총량	HIPF의원	LIRB의원	HIPF언론인	LIFB언론인
예산	2000만 원	선택	3000만 원	1000만 원	1000만 원
작업일	150일	선택	150일	50일	50일
기댓값	-	선택	5.2	3.5	2.6

자원	이용 가능 총량	HIPF의원	LIRB의원	HIPF언론인	LIFB언론인
예산	1000만 원	선택	3000만 원	선택	1000만 원
작업일	100일	선택	200일	선택	50일
기댓값		선택	5.2	선택	2.6

자료: 그루닉·헌트(2006b) 재정리.

행하는 것이 PR 관리의 실무적 과제다. 선형 프로그래밍(linear program-ming) 기법은 이런 작업을 선별해주는 방법론의 하나다. 대부분의 선형 프로그래밍은 컴퓨터의 도움을 필요로 하지만 프로그래밍 단순화는 수작업으로도 가능하다. 간단한 절차로 비용이 많이 드는 프로그램과 적게 드는 프로그램을 선별할 수 있다. 기댓값 극대화의 목표, 목표 달성의 대안, 대안 간 구성단위의 교환이 프로그래밍 단순화의 실행조건이다(그루닉·헌트, 2006b). <표 5-8> 참고사례의 경우 상황이론을 적용해 공중 유형을 밝혀낸 뒤(2장 상황이론 참조) 4가지의 프로그램 대안 중 3가지를 차례로 선택했다. 진하게 표시된 부분이 각 단계별로 채택된 프로그램이다. 마지막으로 남은 자원은 작업일 50일이다.

예산안 산정　PR 예산은 프로그램 예산과 행정예산으로 구분된다. 통상 프로그램 예산의 일정 비율을 행정예산으로 편성한다. 프로그램 예산은 개별 프로그램 예산을 합산해 전체 예산을 책정하는 상향식이 바람직하다. 그러나 위의 사례처럼 예산을 미리 정해놓고 프로그램을 결정하는 하향식도 많이 쓰인다. 타성적 PR 활동을 통제하기 위해서는 몇 년에 한 번씩 제로베이스 예산 편성(zero based budgeting)을 하는 것이 좋다. 기존의 PR 프로그램들을 무시하고 PR 활동을 처음부터 새로 기획해야 하는 수고가 필요하다. 제로베이스 예산 편성은 제거해야 할 프로그램을 확인하는 데 도움이 된다(그루닉·헌트, 2006b). 예산안 세부항목은 ① 직원 등의 인건비, 외부 인력의 자문료, 계약료 등, ② 커뮤니케이션 수단으로 사용되는 모든 제작물의 제작비, ③ 기자재 구입비, ④ 대중매체 광고비, ⑤ 유지비, ⑥ 소모품비, ⑦ 출장비, ⑧ 통신비, ⑨ 사무실비, 장소 대여비, ⑩ 접대비, ⑪ 예비비(전체 경비의 5~15%) 등으로 구성된다(정인태, 2006).

2) 일정표 작성

일정표는 각각의 PR 프로그램들이 언제 어떻게 실행돼야 효과가 극대화될 수 있는지를 염두에 두고 작성돼야 한다. 단순한 날짜의 배열이 아니라 PR 프로그램에 대한 조직적인 시간 설계 및 체계적인 시간 관리가 뒷받침돼야 한다(김병철, 2005b). 일정표 실무에서는 전략별 세부 전술활동 목록 작성, 세부 전술활동별 선후관계 규정이 선행돼야 한다. 프로그램 진행 순서에 따라 효과는 아주 달라질 수 있다(이종혁, 2006). 목록과 진행 순서가 결정되면 여기에 따라 활동기간별 단계 구분 및 소요 기간을 산출하고 일정표 본작업에 들어간다.

간트 차트　전체 PR 프로그램은 연속적으로 완성되는 상호 연관된 사건들의 네트워크로 이런 네트워크를 분석 또는 설계하는 방법으로 ① 간트 차트, ② PERT, ③ CPM의 3가지 방식이 사용된다(그루닉·헌트, 2006b). 어

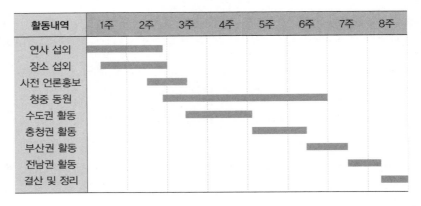

〈그림 5-2〉 교육홍보 간트 차트 예시

활동내역	1주	2주	3주	4주	5주	6주	7주	8주
연사 섭외								
장소 섭외								
사전 언론홍보								
청중 동원								
수도권 활동								
충청권 활동								
부산권 활동								
전남권 활동								
결산 및 정리								

느 방식에서든 PR 시작 시기, 전술의 실행 순서, 전체 일정표가 일목요연하게 드러난다. PERT나 CPM은 각 활동의 선후관계를 뚜렷이 보여준다.

간트 차트(Gantt Charts)는 1900년대 초 병기창 관리 기사이자 경영이론가인 헨리 간트(Henry Gantt)가 생산관리를 위해 고안한 가장 단순한 네트워크 분석방법으로 횡선공정표라고 한다. PR 프로젝트에서 가장 보편적으로 사용되는 시간 설계 방법이다. 차트 왼편에 전술 활동들을 실행 순서대로 나열한 뒤 차트의 위나 아래에 일, 주, 월 등의 시간표시 간격을 설정한다. 활동별 시작 시기와 종료 시기는 가로 막대로 표시된다. 간트 차트는 프로젝트의 전체 일정을 관리하고 개별 프로그램의 스케줄을 조정하기가 쉽다. 그러나 프로그램 일정 변화, 일정상의 문제 파악, 프로그램 간 인과관계를 살펴보는 데는 다른 두 방법에 비해 효용성이 떨어진다.

PERT PERT(Program Evaluation and Review Technique)는 미국 해군이 1958년 폴라리스 핵잠수함을 건조하면서 최초로 개발한 네트워크 분석 기술이다. 엑스포나 컨벤션처럼 여러 행사가 복합적으로 진행될 때 유용하다. 퍼트를 간략히 표현하면 $* \xrightarrow{5} (1) \xrightarrow{3} (2) \xrightarrow{5} (3) \xrightarrow{7} (4)Ⓐ$와 같이 된다.

〈그림 5-3〉 기자회견 PERT 예시

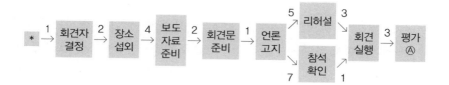

시작기호는 *로, 보도자료 배포 등 순차적 활동목표를 (1), (2), (3), (4)로 표시한다. 활동목표 (3)에 예상 소요기간이 5일이라면 $\xrightarrow{5}$ (3)으로 표시된다. 각 활동경로에 하나의 소요기간을 표시할 수도 있으나 낙관적(O), 비관적(P), 가장 가능한(M) 시간 산정의 3가지를 사용하기도 한다. 이 경우 각 활동에 필요한 예상기간은 (O+4M+P)/6으로 산출된다. 기간을 표시하는 숫자는 줄(-) 위에 나타내는데 시간, 일, 주, 월 단위를 쓴다. 하나의 퍼트에서 혼합 사용해서는 안 된다. 종료 기호는 Ⓐ로 표시한다. PERT에서는 여러 개의 활동경로가 나타났다가 최종 활동으로 마무리된다. 가장 긴 시간이 걸리는 활동경로를 크리티컬 패스(critical path)라 하며, 굵은 선 또는 이중화살로 표시한다(그루닉·헌트, 2006b). 크리티컬 패스는 전체 프로젝트의 효율성에 영향을 미치기 때문에 특별한 관리가 필요하다. 크리티컬 패스를 단축하는 경우 다른 경로가 더 길어져 크리티컬 패스가 되지 않도록 조심해야 한다. PERT 도표를 역시간 순으로 만드는 것이 효과적일 때가 많다. PR 프로젝트에서 PERT의 활용은 미미한 편이다. 일반 제조공정이나 개발 프로젝트와 달리 진행 변수가 많고, 활동 소요기간 운영과 판단이 쉽지 않기 때문이다(이종혁, 2006).

CPM   CPM(Critical Path Method)은 PERT와 기능이 흡사하나 운영 방식이 조금 다르다. 최저비용으로 프로젝트 완성시간을 최소화하는 목적으로 사용된다. 크리티컬 패스가 아닌 패스들의 잉여시간(slack time)을 잘 활용하고, 정상적 운영절차에 따른 정상시간(normal time)과 자원부족 때의 비정상시간(crash time)을 적절히 혼용해 비용과 시간을 줄인다. 먼저 비정상시간을 산정해 PERT 도표를 만든 뒤 거기서 크리티컬 패스를 결정한다. 이어 정상시간 도표를 만들어 크리티컬 패스를 대조해본다. 비정상시간 비용이 가장 낮은 활동 한 가지를 골라 정상시간 도표를 바꿔준다. 이런 과정을 반복해 비정상시간 비용이 가장 낮은 각각의 활동들을 순차적으로 치환하는 과정을 거친다(그루닉·헌트, 2006b).

3) 관리 및 실행

PR 프로젝트 관리는 상황 분석, 기획, 실행, 평가의 PR 과정이 균형성, 연속성, 일관성을 갖도록 환경, 자원, 일정 등을 체계적으로 통제·조정하는 활동이다. PR 프로젝트 전 과정에 적용되는 실행적인 성격이 강하다. 프로젝트의 단위 영역별 활동을 후속 과정에 제대로 반영 또는 연결시키려는 목적을 가진다. 과정 중 발생하는 각종 변수들을 통제하고, 상황에 적응하기 위해 제반 활동들을 수정해야 하는 경우가 많다. 관리의 대상은 ① 일정, ② 자원, ③ 내부 커뮤니케이션, ④ 실행 수준, ⑤ 상황, ⑥ 결과의 6가지다. 각 영역은 상호 연계성을 가져 한 영역이 잘못될 경우 다른 영역에도 악영향을 미친다. 각 영역 관리는 PR 기획 때의 계획이 얼마나 순조롭게 진행되는지를 점검해 실행계획을 조정하는 기능을 한다.

일정/자원 관리 일정관리는 상황 분석, 기획, 실행, 평가를 아우르는 개념이다. 전체 프로젝트의 일정을 상황에 맞게 조정하는 일이다. 협의로는 실행에만 초점을 맞춰 프로그램 준비 및 진행기간 관리로 범위를 축소할 수 있다. 프로젝트에 규정된 개별 전술들을 전체 일정에 맞춰 상호 유기적으로 관리해나가야 한다. 자원관리는 PR 프로젝트의 기본이 되는 ① 예산자원, ② 인적 자원, ③ 정보자원의 관리를 말한다. 예산은 프로젝트의 일정 등 기타 관리 요소에 많은 영향을 미친다. 효과적인 예산 배정을 기초로 실행 예산이 적기에 제대로 조달될 수 있도록 해야 한다. 프로그램 진행에서 당초 예산 계획과 예산 집행 내역을 비교 분석하고 문제점을 정리하는 작업이 필요하다. 인적 자원 관리는 PR의 성패와 직결된다. PR 프로젝트는 인적 자원 의존성이 크다. 인력의 전문성, 인적 네트워크의 크기와 깊이가 활동의 수준과 결과에 지대한 영향을 미친다. 조직이 확보하고 있는 정보 자원, 즉 DB의 규모와 범위도 PR 활동의 변수가 된다.

커뮤니케이션/수준 관리 내부 커뮤니케이션 관리는 홍보의 내부적 환경 요소를 통제하는 일이다. 조직으로부터의 원만한 협조를 얻고 결과를 공유하는 등의 절차를 말한다. 프로그램 실행 과정에서 내부적으로 공유해야 할 정보와 공유 수단을 결정해둬야 한다. 내부 커뮤니케이션 계획이 잘 이뤄져야 과정 관리가 순조로워진다. 기획 단계에서부터 조직 내 관계 부서의 협조가 필수적이다. 실행 수준 관리는 프로젝트의 효율성 제고를 위한 필터링 장치다. 사전에 계획된 활동들이 제대로 전개되고 있는지를 지속적으로 검토하고 보완해나가야 한다.

상황/결과 관리 상황 관리는 PR 프로젝트에서 예외 없이 나타나는 돌출 변수나 돌발 상황을 통제하는 데 주목적이 있다. 프로젝트와 관련된 쟁점이나 위기가 감지되면 확인, 분석, 대응 활동을 펼쳐야 한다. 기회와 위협 요인을 파악해 프로젝트를 유연성 있게 끌고 나가는 데 주안점을 둔다. 결과 관리는 PR 기획 때의 예상되는 아웃풋, 아웃컴 목표를 달성하기 위한 일련의 활동이다. 단계별로 결과를 판단할 필요가 있다. 실행 과정에서 투입되는 자원에 비해 아웃풋, 아웃컴이 낮을 것으로 예상되면 실행 계획을 수정하거나 취소해야 한다. 아웃풋, 아웃컴을 분석해 PR 프로그램의 잘잘못을 검토하고 추후 프로그램 기획과 실행의 참고자료로 삼는다(김태욱, 2007; 이종혁, 2006).

PR의 타이밍　PR의 실행에서 특히 중시돼야 할 문제는 PR의 타이밍이
다. 타이밍이 중요한 이유는 PR 환경이 계속 변화하기 때문이다. 어제와 오
늘, 아침과 저녁의 상황이 달라지는 것이 PR 현장이다. 메시지는 노출 시점
에 따라 효과의 크기와 방향에 변화가 일어난다. 시점을 잘못 잡으면 이해
관계자들로부터 불필요한 오해를 사거나 조직을 위험에 빠트리게 된다.
최적 타이밍의 선택은 PR 프로그램의 부가가치를 높이는 전략적 판단 행
위라 할 수 있다. 일반적으로 절대적 타이밍과 상대적 타이밍이 고려돼야
한다. 전자는 메시지 배포가 일률적으로 진행되어도 공중들 간에 갈등을
일으킬 염려가 없는 경우를 말한다. 신상품 출시, 정책 발표, 지역사회 지
원 등은 메시지가 동시에 배포되어도 말썽이 일어날 소지가 없다. 그러나
사전 협의가 법적 의무로 되어 있거나 관계 차원에서 메시지 배포의 선후
를 따져야 할 경우는 상대적 타이밍을 적용해야 한다. 종업원, 정부, 언론,
노조, 고객 등에게 시차를 두고 메시지를 배포해야 불필요한 갈등, 마찰을
피할 수 있다(조용석 외, 2007).

• 기타 변수들　그 외에도 PR의 타이밍에는 여러 변수들이 작용한다. 중
요 발표에 앞선 주요 공중과의 사전 메시지 협의, 목표공중의 정서 상태, 메
시지 발표 형식(보도자료 배포, 기자회견 등), 언론매체의 보도 가능성, 발표
요일과 시간 및 계절적 요인, 사회 주요 이슈와 발표 간의 상관성, 인터뷰
등 후속 취재 대응, 내부 공중에 대한 메시지 전달, 메시지의 보안, 발표에
따른 관계 공중들의 긍정적·부정적 반응에 대한 대책 등이 변수가 된다(조
삼섭 외, 2007).

목표공중 대응　실행단계에서의 목표공중 대응은 상호 교류적 관점을
앞세워야 한다. 지금과 같은 정보환경에서는 쌍방향성은 생산적인 양자관
계의 대전제가 된다. 공중 반응에 대한 대응은 신속하고 시의적절해야 한
다. 의사 결정이나 이행이 늦어지면 메시지가 퇴색되거나 불신을 부르게

된다. 특히 온라인 PR 활동은 공중의 요구와 문의에 빠르게 대응하지 못하면 PR 실행 전반에 타격을 줄 수 있다. 상황 분석에서 공중에 대한 분석이 끝났기 때문에 PR 실행에서는 공중에 대해 신경 쓸 필요가 없다는 생각은 금물이다. 공중에 대한 과학적 조사가 있었더라도 내면의 감정과 정서, 직관, 본능 등이 어떻게 표출될지는 쉽게 예측하기 어렵다. 또 공중의 생각은 고정되어 있는 것이 아니기 때문에 접촉 과정에서 의견 및 감정의 변화를 감지하고 이에 부합하는 PR 실행 방안을 강구해야 한다. 공중들의 생활 기저에 깔린 감성적, 본능적 요소를 확인하고 이해하는 방향으로 PR을 실행하는 것이 무엇보다 중요하다.

• 고정관념/부정 언어 고정관념은 PR의 실행력을 저하시키고 예상치 못한 부정적 결과를 가져올 수 있다. 고정관념은 상황의 독특성과 세부 내용을 이해하고 배우려는 노력을 차단하는 기재로 작용한다. PR 실무자들은 성역할 등 고정관념을 강화하거나 촉발시키는 단어의 사용을 지양하고, 고정관념의 함정에 빠지지 않도록 훈련 받을 필요가 있다. 부정적 언어의 사용도 조심해야 한다. 부정적 언어는 파괴적이고 정확하지 못하며, 커뮤니케이션을 통제할 수 없게 만들거나 심각한 해석을 불러 관계를 회복 불능에 빠트릴 수 있다(조삼섭 외, 2007; 조용석 외, 2007).

6장

명 성 관 리

1. 조직과 사회

PR의 선구자인 페이지와 버네이즈는 민주사회의 기업은 공중의 동의 없이는 존재할 수 없다고 강조했다. 오늘날 기업은 경제단위로서의 역할 뿐 아니라 사회적 욕구를 충족시켜주는 사회적 기관으로 인식되고 있다. 이익의 창출이라는 역할을 넘어 기업 자원의 일부를 사용해 사회문제의 해결에 도움을 줄 책임, 사회를 더 살기 좋게 만들어야 할 책임을 안게 된 것이다.

1) 사회적 책임

기업의 사회적 책임(Corporate Social Responsibility: CSR)은 1953년 하워드 보웬(Howard Bowen)의『기업의 사회적 책임』이라는 책을 통해 처음 논의되기 시작했다. 보웬은 "기업인은 우리 사회의 목표나 가치적 관점에서 바람직한 정책과 의사 결정을 추구하며 그러한 행동을 좇아야 하는 사회적 의무를 가진다"고 말했다. 기업의 사회적 책임은 세월을 거치면서 경제적·법률적 책임에서 윤리적·공익적 책임까지를 포함하는 차원으로 확대되고 있다. 사회적 규범이나 가치 그리고 사회적 기대와 조화를 이룰 수 있는 기업 활동을 요구하고 있는 것이다(조계현, 2005 재인용). 기업의 사회적 책임론에 대해서는 일부 비판적 시각도 없지 않다. 사회적 책임은 개념 규정이 어렵고, 자유기업 체제를 위협하는 요소가 된다는 것이다. 사회에 대한 기업의 통제력이나 권력이 너무 커진다는 우려도 제기된다(최윤희, 2008). 한국 기업들은 대체로 경제발전 기여, 산업재해 예방, 공해 방지, 종업원 교육, 종업원 복리후생, 진실한 광고, 품질 개선, 소비자 보호, 교육사업 지원, 문화활동 지원, 소외계층 지원 등을 기업의 사회적 책임으로 간주하고 있다(조계현, 2005 재인용).

사회적 책임의 범주   존스턴(W. Johnston)은 기업들이 측정할 수 있는 13가지 사회적 책임의 범주와 92개의 구체적 측정치를 제시했다. 고용의 기회균등, 직업만족도, 직업상의 안전과 건강, 지역사회 기여, 정부 관계 등의 13가지 책임의 범주는 크게 3가지로 분류된다. 즉, ① 기본책임, ② 공공책임, ③ 사회책임이다. 기본책임은 기업의 기본 임무로 서비스나 제품의 질과 이익의 창출에 대한 책임이다. 공공책임은 기업 활동의 결과가 외부 집단에 미치는 영향에 대한 기업의 관심과 관련된다. 공해, 자원낭비, 독점, 직업상의 인간관계 등과 같은 문제다. 공공책임의 영역은 PR 문제가 제기되는 범주와 부합한다. 사회책임은 기업과 직접 연관되지 않은 일반 사회문제를 해결하는 데 대한 관여다. 예를 들면 도시 발전, 교육 지원, 일자리 창출 등의 기여를 말한다. 기업의 책임은 제1관여의 기본책임에서 제2관여의 공공책임, 제3관여의 사회책임으로 확대되어왔다. 기업의 책임은 모든 조직에 원용할 수 있다. 비영리기관에서는 사회책임이 제1의 관여를 의미한다(그루닉·헌트, 2006a). 한편 아치 캐롤(Archie Carroll)은 기업의 사회적 책임을 기업에 대한 사회의 ① 경제적, ② 법적, ③ 윤리적, ④ 자선적 기대를 아우르는 것으로 규정한다. 이익 창출, 일자리 제공과 같은 경제적 책임, 불법적 행동을 하지 말아야 할 법적 책임, 윤리적 기대에 부응해야 할 책임, 자발적인 자선행위에 나서야 할 책임이 주어진다는 것이다. 사회적 책임의 범주에 대한 학계의 논의는 경제적, 법적, 윤리적 책임까지는 이론의 여지가 없는 것으로 받아들이고 있다. 그러나 자선적 책임에 대해서는 적극설과 소극설 간의 대립이 있다. 사회적 책임의 구성요소인 경제적, 법적, 윤리적 책임은 부분적으로 중첩되는 개념으로 이해되고 있다(한정호 외, 2014).

사회적 책임의 의미　근년 들어 사회적 책임 활동이 증가하는 것은 기업의 의무감 측면도 있지만 기업 이미지 고양, 기업 만족도 제고, 판매촉진 등에 도움을 주기 때문이기도 하다. 기업의 이미지 또는 평판을 측정하는 데 사회적 책임 활동은 가장 중요한 요소로 꼽힌다. 사회적 책임 활동은 정부, 국회, 법원 등 다양한 외부 공중들에게 좋은 인상을 심어주고, 내부 공중들에게는 근무 의욕, 애사심을 이끄는 요인이 된다. 이 외에도 기업이나 브랜드의 차별화, 우수 인재 채용, 로비 활동, 위기관리, 광고비 절감 등의 부수적 효과를 발생시킨다. ISO26000 같은 지역사회에 대한 사회적 책임 준수는 국제시장에서 유리한 사업 환경을 조성할 수 있다. 위기관리에서는 조직의 도덕적, 법적 과실에 대한 대중의 비판을 완충하는 작용을 한다. 그럼에도 불구하고 사회 구성원들의 기업에 대한 비판적 태도가 누그러지지 않고 있는 것은 기업의 활동영역이 넓어진 만큼의 사회적 책임을 수행하지 못하고 있기 때문이다. 다른 한편으로 다원주의적 가치관 성립으로 사회 구성원들의 기대가 계속 상승하고 있는 것도 한 원인으로 풀이된다. 초기산업사회에서 후기산업사회, 정보화 사회로 넘어올수록 양자 간의 사회적 반응의 격차가 확대되고 있다.

사회적 책임 관리　1990년대 미국에서는 지역사회, 환경, 교육, 공익사업, 어린이 등이 사회적 책임의 주요 이슈였다. 그 중 가장 많은 비중을 차지한 것은 지역사회에 대한 관심으로 조직의 60% 정도가 이 이슈를 웹사이트에서 다루고 있었다. 이와 비슷한 중요성을 지닌 것이 환경, 교육, 공익사업, 어린이 문제였다(한미정, 2002). 국내 기업들의 경우 사회복지, 문화예술, 학술 및 교육, 환경보전 등에 관심을 보이고 있다. 대기업에서는 우호적인 공중 형성을 목표로 기업의 사회공헌활동 형태로 사회적 책임 PR 캠페인을 벌이기도 한다(조계현, 2005 재인용). 사회적 책임 관련 커뮤니케이션은 보도자료 배포, 연례보고서 게시, 홈페이지 섹션 마련, 정보 기사 제시 등의 형태로 나타난다. 국내에서 사회적 책임(CSR)의 평가 방식은 2013년 현재 90여 개나 사용되는 것으로 조사됐다. 이에 비해 해외에서는 국제표준화기구(International Organization for Standardization: ISO)가 만든 사회적 책임 국제표준 ISO26000이 광범한 지지를 얻고 있다. ISO 26000 가이드라인은 기업이 지속 가능한 경영을 위해 사회공헌활동은 물론 인권, 노동관행, 환경, 공정한 조직 운영, 소비자 이슈, 지역사회 참여와 발전 등 전방위적 관심을 가질 것을 권장한다(한정호 외, 2014).

PR의 임무　사회적 책임과 관련한 PR 관리자의 임무는 기업 내부와 외부의 양면에 걸쳐 있다. PR 관리자는 내부 차원에서 사회적 책임에 대한 문제성을 확인하면 조직의 구조와 정책에 근본적인 변화를 가져오도록 노력해야 한다. 일반대중이나 공중이 조직의 무책임한 행태라고 믿는 점들을 조직의 체계와 최고경영자에게 조기 경고하는 임무도 주어진다. 공중들이 정부나 법원, 규제기관에 건의하고 탄원하기 전에 경영진이 쟁점에 대해 관심을 갖도록 만들어야 한다. 많은 대기업들은 사회적 책임을 내부보고 형태로, 그리고 쟁점관리 과정으로 체계화하고 있다. 외부 차원에서는 사회적 책임 활동에 대한 사회보고 또는 사회감사 형태로 조직을 알리고 있다. 사회감사는 사회보고와 달리 수량화를 전제로 한다(그루닉·헌트, 2006a).

2) 조직문화 관리

조직의 PR 부서는 조직문화의 전승과 발전에서 중심 역할을 해야 할 규범적 의무를 가진다. PR 부서는 새로운 조직문화의 형성뿐 아니라 그것을 내·외부 공중에게 알리고 확산시키는 책임기구가 돼야 한다. 조직문화를 내면화시켜 구성원들을 하나의 동질적 집단으로 만드는 것도 PR 부서의 기능이다. 내부적 활동은 물론 PR 광고 등을 조직문화 창조나 유지·발전의 도구로 사용하는 전략적 자세가 요구된다(최윤희, 2008). 조직문화는 외부 공중과의 긍정적인 관계를 형성하는 조건으로서, 그리고 조직 활동의 포괄적 추진력으로서의 의미가 커지고 있다.

조직문화의 의미　조직의 성과에 영향을 미치는 것은 조직구조, 기술, 관리 등 합리적 요소에 국한되는 것이 아니다. 공유된 이해, 가치, 규범 등의 문화적 요소들 또한 중요한 변수가 된다. 조직의 대형화와 시대 변화가 조직문화의 필요성을 강조하고 있다. 조직문화, 구체적으로는 기업문화에 대한 정의는 다양하다. 일부 학자는 기업 구성원과 전체 기업 행동에 영향을 주는 가치관과 신념, 규범과 관습, 행동 패턴 등의 거시적 총체로 규정한다. 특정 기업에서 역사적으로 형성된 구성원들의 가치의식과 행동 방식, 상징 특성과 관리 관행, 사원정신과 경영이념으로 정의하기도 한다(조계현, 2005 재인용). 정리하자면 경영이념을 바탕으로 하는 조직의 가치관과 행동 양식 그리고 관행문화가 조직문화의 근간이 된다. 조직문화는 가치관이 다른 구성원들을 한 방향으로 결집시켜주고 조직의 능률 향상과 활력 유지, 경쟁력 향상에도 기여한다. 구성원들의 사기를 높이고 이미지 제고 및 신뢰성 확보에 영향을 미칠 수 있다. 종종 조직의 위기 대응 논리나 경영가치로도 나타난다. 조직문화는 종업원 관계나 종업원 커뮤니케이션과 밀접한 관계를 가진다. 종업원 관계는 조직문화를 이해하는 바탕 위에서 이뤄져야 한다(박성호, 2008).

조직문화 형성 요인　조직 특히 기업문화 형성에 영향을 미치는 3가지 주요 요인은 ① 기업이 속한 사회의 문화, ② 비즈니스 유형과 기업 환경, ③ 창업자의 성공신화다. 창업신화는 사회화 과정을 통해 조직의 문화로 흡수되고 기업의 정신적 뼈대가 된다. 3가지 주요 요인들이 겹쳐지는 부분이 기업문화의 근원이자 핵심이다. 이들 요인들에 변화가 생기면 기업문화도 변화 과정을 거친다. 기업문화의 지향점을 파악하는 1차적인 기준은 사시(社是)다. 이를 통해 사람, 이념, 기술, 관리 등에 대한 기업의 입장이 표출된다. 대체로 인간 중심이냐 관리 중심이냐, 인화 중심이냐 성과 중심이냐를 주요 가치기준으로 한다. 이 외에 수직문화와 수평문화, 연공서열과 능력, 중앙집권과 분권 등의 가치들이 나타난다(최윤희, 2008). 최근의 경영 상황 변화는 전래의 중앙집권, 인화 중심, 연공서열 중심에서 분권, 성과 중심, 능력 중심으로 기업문화를 바꿔놓고 있다. 한편 그루닉은 조직문화의 유형을 개방성과 팀워크를 강조하는 참여적 문화와 폐쇄성과 의사 결정의 상부 집중을 특성으로 하는 권위적 문화로 구분한다. 일부 학자들은 외부/내부 지향, 유연성과 변화/안정성과 통제의 2가지 차원을 기준으로 집단문화와 위계문화(내부 지향), 발전문화와 합리문화(외부 지향)로 구분하기도 한다. 참여적·개방적 커뮤니케이션은 조직의 문화를 변화·개혁하는 촉매제가 될 수 있다(한정호 외, 2014).

조직문화의 유지　기업문화는 기업의 성장 환경에 따라 전혀 다른 모습으로 발전한다. 거기에는 좋고 나쁨이나 맞고 틀림이라는 기준을 적용하기가 어렵다. 시대 환경에 따라서도 성격 변화가 일어난다. 기업문화를 유지하는 장치는 선행적 사회화(anticipatory socialization)와 사회화다. 선행적 사회화란 신입사원 채용에서 기업이 그 문화를 수용하고 있거나 수용할 가능성이 높은 사람들을 선별하는 행위를 말한다. 사전 선별은 신입자들이 조직의 일부가 된 후 적응하는 데 도움을 준다. 두 번째 장치인 사회화는 구성원이 된 뒤 조직에 동화되는 과정을 일컫는다. 조직의 새 구성원이 되는 전환상태에서 사람들은 불안감을 느끼게 되고 이를 줄이기 위해 기성 준거집단의 가치, 신념, 행동 등을 배우거나 추종하게 된다. 기업들은 연수교육이나 일상적 커뮤니케이션 채널을 통해 사회화 과정을 지속적으로 반복한다. 기업문화의 발전은 문제와 기회에 당면한 조직 구성원들의 집단학습을 통해서도 이뤄진다. 학습에는 이해와 공유를 필요로 하며 그것이 기업문화를 변화시키게 된다(최윤희, 2008).

한국의 조직문화 홉스테드의 5가지 문화적 차원(1장 국제 PR의 영향 요인 참조)에 따르면 1980, 1990년대 한국의 국가 문화는 권력 거리가 높고 집단주의가 강하며 남성성, 불확실성 회피의 성향을 가진 것으로 조사됐다. 즉, 권력의 불평등한 분배를 자연스럽게 수용하며, 그룹의 규범에 따라 행동하는 성향이 강했다. 또 관계나 삶의 질과 같은 여성적 가치보다 경쟁, 야망 등 남성적 가치를 중시하며, 모호함에 대한 내성이 약해 규제나 규율을 많이 만들어내는 특성을 보였다. 그러나 2000년대의 후속 연구들에서는 개인주의 가치가 동등하게 존중되고, 남성성과 여성성이 균등해진 것으로 나타났다. 이와 동시에 연공서열, 학연과 같은 유교문화적 특질을 유지하고 있는 것으로 조사됐다. 조직의 내부 커뮤니케이션에서는 모든 의사 결정이 조직의 장(長)에게 집중되는 현상이 두드러졌다. 이러한 연구 결과는 한국의 조직문화가 중앙집중적이고 형식화·계층화되어 있으며 일방 커뮤니케이션으로 흐를 가능성이 있음을 시사한다. 그러나 가족중심적 가치관, 운명공동체 의식, 예의·인화 중시 등의 유교적 가치관은 균형적 커뮤니케이션의 바탕이 될 수 있다는 상반된 해석도 있다(한정호 외, 2014 재인용).

2. 명성관리

조직의 정체성·이미지 관리와 그 결과로서 얻게 되는 명성(평판)은 조직의 비전이 얼마나 잘 만들어지고 유지되며 대중에게 어떻게 전달되느냐에 따라 달라진다. 명성의 주된 요소는 ① 조직의 정체성, ② 대중들이 느끼는 이미지의 일관성, ③ 조직의 정체성과 구성원들의 조직 이미지 일치성의 3가지다. 명성관리는 지속 가능한 경영에 중요한 요소로 부각되고 있다. 조직들은 자신들이 원하는 방향으로 나아가기 위해 수시로 현 위치를 재평가하고 장기전략과 단기목표를 재검토할 필요가 있다(아르젠티·포먼, 2006).

1) 명성

명성은 대중이나 이해관계자들이 조직에 대해 가지는 이미지와 정체성을 비롯한 요소 인식들의 집합적인 총합이라 할 수 있다. 찰스 폼브룬(Charles Fombrun)과 반 리엘(Van Riel)은 명성의 형성 요인으로 ① 사회적 책임성, ② 친숙함, ③ 비전과 리더십, ④ 재무성과, ⑤ 근무 환경, ⑥ 제품과 서비스의 질 등 6가지를 제시한다. 국내에서는 PR 회사인 코콤포터노벨리가 한국 기업의 명성지수를 개발해 발표하고 있다. 평가항목은 기업 정체성(조직 철학, 사회공헌, CEO 리더십), 경영전략(경영성과, 인적 자산, 마케팅), 커뮤니케이션(고객 커뮤니케이션, 조직 이미지, 대외 홍보)을 중심으로 하고 있다(한정호 외, 2014). 폼브룬은 조직의 명성은 사람들이 어떤 제품을 사고, 어떤 회사에서 일해야 하며, 어떤 주식에 투자해야 하는가를 판단하는 바로미터가 된다고 말한다.

명성은 경쟁력의 원천이며, 쉽게 사람들의 관심을 끌 수 있고, 회사 관리자들에게는 가격책정 등 여러 상황에서 선택의 폭을 넓혀주는 전략적 효과를 가져다준다(아르젠티·포먼, 2006 재인용). 고객 만족과 같은 명성 요인은 언론홍보가 조직의 이미지에 영향을 미치는 것보다 훨씬 강력한 변수가 될 수 있다. 중장기적이고 지속 가능한 경영을 위해서는 명성관리가 필수적이다.

명성관리　기업과 고객, 조직과 이해관계자 간의 연결 관계는 아주 불확실하다. 마치 유명 연예인과 팬의 관계에 가깝다. 정서적으로 아주 밀접하지만 언제라도 돌아설 수 있는 가벼운 관계다. 명성이 있는 조직일수록 알려진 인식이 실상과 다를 때, 그리고 과오나 잘못이 있을 때 고객이나 이해관계자들이 느끼는 배신감과 반감이 커진다. 브랜드가 사회의 문화적 정체성과 결부되어 있다면 그 브랜드의 잘못은 심각한 결과를 초래한다. 좋은 브랜드를 만드는 데는 100년이 걸리지만 브랜드가 무너지는 데는 1개월이면 족하다. 2000년 파이어스톤은 자사 타이어로 인한 비극(203명 사망)에 대해 무감각, 무책임, 무사태평으로 대응하다 한순간에 100년 명성을 날려버렸다. 명성관리의 장기적 성공은 대내외 구성원들과 정서적인 연계를 어떻게 유지하느냐에 달려 있다. 정서적인 연계는 리바이스, 나이키, 스타벅스 등에서 잘 나타난다. 리바이스는 자사 제품을 입으면 자신이 멋져 보인다는 생각을 갖게 만들었고, 나이키는 스포츠와 신체에 대한 정서적 연계를 십분 활용했다. 스타벅스는 커피와 일상생활의 깊은 관여를 독특한 정서로 엮어냈다. 스타벅스는 브랜드 경험에 커다란 목적의식을 부여해주고 있다. 정서적 연계는 소비자들의 생활패턴을 새로 만들 정도로 강력한 힘을 가진다(아르젠티·포먼, 2006).

명성관리 전략　명성을 쌓으려면 먼저 조직이 건전하고 진실한 실체를 가져야 한다. 조직의 실체는 조직의 구성, 조직의 관리 유형, 커뮤니케이션 정책과 시행, 경쟁력의 방향과 같은 요인들의 집합으로 결정된다. 조직의 실체는 훌륭한데 이미지가 잘못되어 있으면 커뮤니케이션이 잘못됐기 때문이다. 이미지가 조직의 나쁜 실체를 그대로 반영한다면 이미지 관리가 필요한 상태다. 조직에 대한 외부 인식이 개선된 조직 현실을 반영하지 못할 때는 조직의 실체 또는 이미지를 재점검해봐야 한다. 경쟁조직, 경쟁서비스의 등장 등 외적 요인들이 조직 실체의 수정작업을 요구할 때도 마찬가지다. 그레이(J. Grey)는 조직의 실체와 공중의 지각과의 차이를 넓히는 요인으로 복합제품 생산, 기업합병, 기업의 정체성 혼란, 커뮤니케이션 문제 등을 꼽았다(최윤희, 2008). 명성관리 모델을 개발하기 위해서는 정체성의 평가와 명확한 목표, 더욱 명확한 비전이 필요하다. 정체성의 평가는 조직마다 특성을 가지는 만큼 조사와 진단을 통해 명성에 영향을 미치는 요인이 무엇인지를 파악해야 한다. 정체성 재평가 작업이 끝나면 요소별 강점은 유지하고 약점은 보완하는 목표 설정이 이뤄진다. 이어지는 작업 디자인에서는 전문가 의견과 경영진의 직관 사이에 균형이 유지되도록 하는 것이 중요하다. 정체성 개발 과정에 많은 사람을 참여시킬수록 지지를 얻기가 용이해진다. 변화를 일으키고 변화가 가져올 이미지의 실상을 그대로 받아들이려면 조직 전체에 분명한 동기가 부여돼야 하기 때문이다(아르젠티·포먼, 2006).

2) 정체성과 이미지

조직의 정체성은 조직이 기대하는 이미지이고, 조직 이미지는 공중들이 조직에 대해 갖고 있는 이미지다. 정체성과 이미지의 갭을 줄이는 것이 PR의 역할이다. 정체성의 구성 요인은 가장 먼저 연상되는 특성, 개성, 관계, 문화(가치관), 사용자 이미지, 자아 이미지 등이다(김태욱, 2007). 정체성은 모든 커뮤니케이션 수단을 통해 전달된다. 조직의 비전, 최고경영자, 구성원, 이름, 로고, 브랜드, 서비스, 건물, 심벌, 유니폼, 각종 사무용품 양식, 기타 표상, 기부나 후원 등이 정체성을 전파한다. 정체성 구축은 명성관리의 여러 활동 중 직접적인 통제가 가능한 유일한 분야다(아르젠티·포먼, 2006). 이미지는 공중의 마음속에 투영된 조직이나 사람에 대한 집합적 인식이다. 공중들에게 인식은 하나의 현실로 작용한다. 그러나 이미지는 실체의 구체적이고 정확한 재현이라고 볼 수는 없다. 어떤 대상의 몇 개 안 되는 요소들에 대한 모호한 관념들일 뿐이다(뉴섬 외, 2007). 이미지는 실재와 부합하지 않는 경우가 많기 때문에 어느 정도 허구성을 함축한다. 베비스(J. Bevis)는 기업 이미지를 사람들이 기업에 대해 지니고 있는 경험, 인상, 신념, 느낌 등 모든 것들이 상호작용을 일으킨 결과물이라고 말한다.

비전과 최고경영자　기업의 정체성 가운데 1차적 관리 대상은 조직의 핵심가치, 철학, 표준, 목표 등을 아우르는 비전이다. 오늘날 기업들에게는 비전을 깔끔하고 명쾌한 이야기 형태로 바꾸어 널리 알리는 일이 아주 중요해졌다. 실제 이야기에 바탕을 둔 회사의 비전이나 정체성 선언은 강한 지향점이 될 수 있다. 비전은 내외 구성원들의 애사심을 강화시키고, 회사 목표를 향해 공동 노력하게 만드는 동기부여의 원천이다. 회사의 비전은 계속 조정돼야 하며, 경쟁적 환경에서 기회와 위협에 적절히 대응할 수 있는 유연성을 가져야 한다. 비전과 마찬가지로 조직 구성원, 특히 최고경영자는 조직의 정체성과 이미지에 중대한 영향을 미친다. 기업 이미지의 절반 이상이 최고경영자의 대중 이미지에 따라 좌우된다는 조사결과를 음미해볼 만하다. 최고경영자 등 고위 관리자들의 일상 행동은 제품이나 서비스처럼 조직 이미지나 신뢰도의 바로미터가 된다(아르젠티·포먼, 2006).

로고와 브랜드　최고경영자에 더하여 조직의 이미지를 결정하는 주된 요소가 이름과 로고, 브랜드다. 이름과 로고를 알리는 데는 많은 시간과 노력이 소요되어 세심한 관리 전략이 필요하다. 브랜드는 회사의 인지도를 높이고 고객의 마음과 정서를 모양 짓게 하는 실제적 요소다. 제품, 서비스뿐 아니라 사람도 브랜드가 될 수 있다. 브랜드는 세계적으로 인정된 기준과 상징에 따른 판단의 인식표가 됐으며, 기업 평가의 측정도구가 되기도 한다. 기업들은 소비자들에게 해당 브랜드를 통해서만 누릴 수 있는 특별한 경험을 약속함으로써 소비자들을 기업 곁에 묶어둔다. 대중이 브랜드에 빠져들게 하는 요인은 경쟁, 일관성, 공감의 3가지다. 브랜드는 제품 차별화(경쟁)의 1차적 요인이며, 일관적인 만족(일관성)을 제공해주고, 사람들을 거기에 연결시켜(공감) 응집력을 강화한다. 미국의 역사학자 부어스틴은 오늘날 서구 사회에서 상품과 브랜드는 개인으로서의 인간이 어떤 존재인가를 정의 내릴 뿐 아니라 한때 종교가 했던 기능을 대신하고 있다고 말한다(아르젠티·포먼, 2006).

제품과 사회공헌활동 소비자들은 이제 제품 그 자체보다 제품이 주는 관념을 기준으로 제품의 특별성을 평가한다. 제품의 본래적 특성이 균질화 됨에 따라 정체성과 이미지에 의존하는 규범이 일상화된 것이다. 아니타 로딕(Anita Roddick)이 설립한 영국의 자연주의 화장품 회사 보디숍(The Body Shop)은 사회적·환경적 배려를 강조해 화장품의 포장과 디자인을 최소화하고, 제품의 기적적 효과를 약속하지 않는다. 이런 제품의 특별성 추구는 사회공헌활동에도 적용된다. 사회공헌활동은 기업의 자기표현 메시지의 하나다. 그 과정에서 회사가 추구하는 바를 보여준다. 사회공헌활동의 특별성은 종업원 관계나 지역사회 관계, 정부 관계와도 연결된다. 지역 또는 종업원의 삶의 질을 높여주면 그 혜택이 다시 기업에게로 돌아온다. 사회공헌활동은 '지역사회 투자' 개념으로 확장될 수 있다. 일례로 기술학교를 지어 졸업생을 채용하는 것은 사회공헌활동이면서 동시에 우수인력 유치를 위한 투자가 된다(아르젠티·포먼, 2006).

이미지의 형성 요소 기업의 명성관리에서는 대내외 공중들의 마음속에 있는 상상, 즉 이미지가 회사의 실상보다 더 중요할 수 있다. 기업 이미지 형성의 3가지 요소는 ① 평가적 이미지, ② 차별적 이미지, ③ 상징적 이미지다. 평가적 이미지는 기업의 전통성, 안전성, 친근성, 신뢰성 등을 요소로 하고, 차별적 이미지는 다른 대상과의 비교를 요소로 한다. 상징적 이미지는 특정한 의미나 이념을 가지는 언어적·시각적·청각적 이미지를 말한다(박성호, 2008). 일부에서는 제품 차원, 사회적 차원, 기업 활동적 차원, 기업문화적 차원이나 기업의 실적, 기업의 활동, 기업 구성원, 기업에 대한 평판을 기업의 이미지 형성 요소로 본다(시노자키, 2004). 좋은 조직 이미지는 외부적 영향을 완충시켜주는 순기능을 한다. 그러나 공중이 조직에 대해 갖는 이미지에 비해 실제 경험이 불만족스럽거나 미흡할 경우 조직에 대한 불신이나 비난이 배증될 우려가 있다.

이미지 관리 조직 구성원의 태도는 흔히 조직 그 자체의 이미지를 정확하게 반영한다. 따라서 구성원의 태도를 이끌어주는 조직의 비전은 명확히 규정되고 이해돼야 한다. 문제는 비전을 어떻게 만들 것인가가 아니라 비전에 부합하는 행동을 어떻게 보여주느냐는 것이다. 실행이 뒷받침되지 않는 비전은 아무런 의미가 없다. 기업의 정체성을 대외 이미지와 일치시키려면 종업원들부터 그렇게 만들어야 한다. 종업원들이 회사에 대해 가지는 이미지의 중요성을 간과해서는 안 된다. 스타벅스의 경우 브랜드를 종업원들과 함께 만들어 일반에 전파시켰다. 스톡옵션도 그런 종업원 만족 전략의 일환이다. 소비자들의 회사에 대한 충성심을 변하게 만드는 1차적 요인도 종업원이다. 소비자와는 친밀하면서도 종업원과 친밀하지 못한 회사는 너무 위험한 모순에 빠져 있는 것이다. 조직 구성원이 가장 중요한 PR자산이라는 생각으로 조직 이미지를 관리해야 한다. 구성원들의 참여의식이 프로그램의 성패요소다. 조직의 이미지는 조직이 행동하고 있는 것, 조직이 말하고 있는 것, 사람들이 조직에 대해 어떻다고 믿고 있는 것을 통해 측정할 수 있다(최윤희, 2008; 아르젠티·포먼, 2006).

3) CI와 PI

CI와 PI는 명성관리의 분야이면서 구체적인 프로그램이다. 앞에서 소개한 조직문화 관리와도 불가분의 관계에 있다. CI와 PI, 즉 조직 정체성과 최고경영자의 정체성은 BI와 더불어 조직문화와 명성을 만드는 3가지 핵심 요소다. CI, PI, BI는 조직 자체의 이미지이기도 하고, 공중들의 이미지이기도 하다. 일각에서는 CI에 PI, BI를 포함시키고 있어 이들이 같은 뿌리와 맥락을 가졌음을 시사한다.

CI의 발전 CI는 말 그대로 조직의 정체성을 의미하나 PR에서는 조직 이미지 통합관리 또는 조직 이미지 일체화 작업 등의 의미로 사용된다. CI는 과밀경쟁시장에서 기업의 브랜드를 알리기 위한 수단으로 출발해 정체성 정립 차원의 PR 프로그램으로 발전해왔다. PR 프로그램으로서의 CI는 기업의 이념이나 존재가치를 기업 내외에 알리려는 경영전략에서 비롯됐다. 초기산업사회에서는 성실, 근면 등 내향적 가치, 즉 조직 구성원들의 행동규범을 제시하는 수준이었다. 후기산업사회가 되면서 CI는 고객제일주의 등 외향적 가치를 표방하는 방식으로 발전했다. 오늘날 정보화 시대에는 기업의 존속, 성장과 관련된 그 기업만의 독자적 가치와 개성으로 의미가 진화되고 있다. CI는 이미지 제고뿐 아니라 활동영역 조정, 자기변혁, 조직 활성화의 수단으로도 활용된다(현대경영연구소, 2008).

CI의 구성요소 CI를 구성하는 3가지 요소는 ① MI(Mind Identity), ② BI(Behavior Identity), ③ VI(Visual Identity)다. 이들 이념적 정체성, 행동양식 정체성, 시각적 정체성 각각이 CI의 하위 프로그램 요소가 된다. 일부에서는 조직 입장에 맞춰 BI를 브랜드 정체성(Brand Identity)으로 대체시킬 때도 있

〈그림 6-1〉 CI의 구성요소

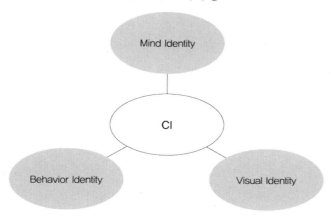

자료: 현대경영연구소(2008).

다. MI는 CI의 본질적 요소이며 BI, VI의 상위적 개념이다. CI 추진은 MI, 즉 기업의 이념체계와 존재가치를 종합적으로 재정비하는 작업에서부터 시작된다(현대경영연구소, 2008). 어떤 사업영역에서 어떤 경영 철학으로 기업의 사명(mission)을 구현할지를 드러낼 수 있어야 한다. BI는 기업 이념을 자기변혁 또는 체질 개선으로 이어지게 하는 프로그램이다. 기업문화를 바탕으로 사업전략이나 행동 목표의 지향성을 도출해내야 한다. 기업을 내적으로 공고히 하며 변화의 촉매작용을 이끌게 된다. 종업원의 행동양식 재정립을 최종 목표로 하며 전사적인 범위로 이뤄지지 않으면 안 된다. VI는 기업 이념을 시각적으로 구현한 것으로 CI 하면 가장 먼저 떠올리게 되는 작업이다. 시각적 이미지의 재정비와 통합작업이라고 할 수 있다. 조직을 외형적으로 알리는 회사명의 변경, 심벌마크 제정 등의 모습으로 나타난다. VI는 기본 시스템과 응용 시스템의 2가지로 구분된다. 기본 시스템에는 심벌마크(symbol mark), 워드마크(word mark), 로고타입(logotype),[1] 고유 색상, 전용 서체, 마스코트 등이 있고, 응용 시스템에는 서식류, 간판류,

운송수단, 포장, 유니폼 등이 있다(한정호 외, 2014). 외부 공중들은 조직을 VI(로고), BI(점원의 태도), MI(기업 이념) 순으로 인지하게 된다. MI, BI, VI 외에 SI(Sound Identity), 즉 청각적 메시지를 제정해 기업 정체성을 표현하기도 한다. CI는 장기간의 지속성을 가지는 만큼 구성요소 간에 일관성과 통일성을 갖도록 하는 것이 무엇보다 중요하다.

CI의 기능　CI의 주된 기능 또는 내·외적 기대 효과는 ① 조직 이미지의 제고, ② 활동영역의 재인식, ③ 조직의 의식 및 체질 개선, ④ 조직 활성화, ⑤ 마케팅 지원 등으로 나눌 수 있다. 먼저 CI는 조직의 대내외 신뢰도를 증진시키기 위한 이미지 제고 효과를 가진다. 이미지의 제고는 이미지의 확립, 재정립, 통일, 향상 등을 포괄한다. CI는 기업 이미지 PR을 쉽게 할 뿐 아니라 공중들이 쉽고 명확하게 기업 이미지를 기억하게 만들 수 있다. 또한 전략적 도구로서 기업을 시장에서 차별화시킨다. 둘째, CI는 활동영역을 재인식시키기 위한 수단으로 활용된다. 국내기업에서 국제기업으로, 단일제품 기업에서 복합제품 기업으로 변신할 때 CI 작업이 일어난다. 셋째, 대내적으로는 의식 및 체질 개선, 즉 BI가 내면화되도록 하는 기능을 한다. 조직의 의식 및 체질 개선을 위해서는 CI가 공개적, 대대적, 지속적으로 이뤄져야 하며 종업원들의 자발적 참여가 전제조건이다. CI 작업의 결과 못지않게 과정이 중시되는 이유가 여기에 있다. 넷째, 활동 재조정, 의식 및 체질 개선은 조직에 새로운 가치를 주입하는 등의 방식으로 조직 활성화를 불러온다. 다섯째, CI는 제품판매에도 영향을 미칠 수 있다. 소비자

---

1) 워드마크(word mark)는 조직명을 나타내는 글자로 만들어진 마크다. 로고마크(logo mark), 레터마크(letter mark)라고도 한다. 심벌마크와 결합되거나 독립적으로 쓰인다 (『한글글꼴용어사전』, 2000). 로고타입(logotype)은 회사나 제품의 이름이 독특하게 드러나도록 만들어 상표처럼 사용되는 글자체로, 간단히 로고(logo)라고 한다(『자동차 용어사전』, 2012).

행동이 제품 속성 위주가 아니라 제품에 대한 개인적 느낌과 정서를 중시하는 오늘날에는 특히 그러하다. 따라서 CI는 브랜드 전략과 연계되지 않으면 안 된다(현대경영연구소, 2008).

CI **전략** CI 작업을 도입하는 동기는 아주 다양하다. 대략적으로 꼽아보자면 사업의 확대나 다각화, 기업합병, 회사명 변경, 경영 방침 재설정, 세계시장 진출, 경영자 교체, 대대적 기구 개편, 창사 기념사업, 광고나 판촉 강화, 직원 사기 앙양, 생산성 제고, 혁신제품 개발, 주식 상장, 경쟁기업의 CI와 같은 경우가 있다. CI 도입 시기는 도입 동기가 생성되는 시점과 일치한다. 그러나 시점에만 집착하는 일은 바람직하지 않다. CI는 일반적으로 ① 준비, ② 상황 분석, ③ 조직 이념과 사업영역 재조정, ④ 조직구조 재정비, ⑤ 행동적/시각적 표현의 통합 순으로 이뤄진다. 5단계까지 짧게는 1년, 길면 2년 정도가 걸린다.

• 단계별 전략 준비 단계에서는 CI에 대한 조사연구와 계획, 컨설팅, CI 작업 범위 등을 결정한다. 상황 분석은 조직 내외의 환경을 분석해 조직의 위상을 어떻게 재설정할 것인지를 정리하는 단계다. 상황 분석을 바탕으로 조직 이념과 사업영역을 재조정해 조직 활동의 축을 재구성한다. 여기에 맞춰 조직구조를 재정비하고, 새로운 조직 체질의 형성을 추진하게 된다. 마지막으로 조직의 행동적 표현과 시각적 표현을 통합해 조직의 매너와 상징을 정리하는 절차를 밟는다. 조직 이념이나 사업영역이 확고하면 CI 계획은 VI를 중심으로 이뤄진다. VI가 바람직한 상태로 정리되어 있으면 MI만 손댈 수도 있다. MI, BI, VI의 축이 잘 만들어졌더라도 조직 전체가 활성화 되지 못했다면 CI 운동에 초점을 두는 것이 바람직하다. CI의 실행 기구는 CI 위원회, 분과위원회, 사무국 등을 들 수 있는데 조직의 상황에 따라 신축적으로 운영할 수 있다. 외부 CI 전문 회사를 활용하는 방법도 있지만 전적으로 일임하는 것은 CI의 목적이나 전략에 부합하지 않는다(현대경

영연구소, 2008).

PI   최고경영자는 해당 조직의 이미지를 상징하는 인물이다. 한국 대기업 총수의 성격이나 신념은 각 기업의 이미지와 불가분의 관계가 있다. 지방자치단체도 단체장의 개성이 단체의 성격을 좌우하는 경우가 많다. PI는 조직의 이미지와 최고경영자의 이미지를 통합시키는 작업 및 그 과정이다. 최고경영자를 통해 조직의 이미지를 긍정적으로 부각시키기 위한 프로그램이라고 할 수 있다. 조직 이미지에 맞도록 최고경영자의 이미지를 새롭게 관리한다는 것이 PI의 기본 전제다. PI는 극심한 사회변화로 경영의 실질적 의미로 격상되고 있다(시노자키, 2004). 최고경영자에 대한 조직의 의존이 커지면서 PI가 상장기업의 주가에까지 영향을 미치고 있다. 이런 내·외적 이유로 PI는 기업 PR의 1순위 영역이 됐다. PI 전문 컨설팅 회사가 늘어나는 것도 이와 무관치 않다. 요즘에는 PI를 최고경영자를 통한 PR이란 적극적 의미로 해석하고 있다. 최고경영자들이 언론 관계, 종업원 관계, 투자자 관계, 소비자 관계, 지역사회 관계의 홍보원으로 두루 활용되는 현실을 반영한다(김태욱, 2007). PI 전술로는 경영 방침, 인사 방침, 경영활동, 사회공헌활동, 기념사, 각종 연설, 어록, 철학 등 PR 소재를 뉴스보도와 인터뷰, 간담회 등으로 연결시키는 방법이 많이 쓰인다(함성원, 2010).

4) BI

BI는 기업 브랜드의 정체성을 일컫는 용어지만 브랜드 전략이나 브랜드 프로그램이라는 의미로도 사용된다. 앞서 설명했듯이 기업의 브랜드는 기업의 지명도와 함께 기업 명성의 일부를 구성한다. 유명 브랜드일수록 언론홍보의 효과가 증폭되는데 이는 브랜드가 곧 사회적 명성이라는 것을 방증한다. 브랜드 가치는 단순한 이미지가 아니라 실재하는 기업의 자산이다. 브랜드는 기업에 의해 만들어지지만 브랜드 자산이 커져 역으로 브랜드가 기업의 명성을 선도할 수도 있다. 제록스, 호치키스처럼 브랜드가 보통명사로 발전하는 경우도 적지 않다(안광호 외, 2004).

브랜드 자산 브랜드 자산은 1980년대 업계와 학계에서 가장 주목 받은 마케팅 콘셉트의 하나로 등장했다. 특정 브랜드를 소유함으로써 얻게 되는 높은 시장점유율과 고객충성도 등 바람직한 마케팅 효과로 정의된다. 브랜드 자산은 소비자의 기억 속에 브랜드 지식이 저장됐을 때 발생된다. 브랜드 지식은 브랜드 인지도와 브랜드 이미지로 구성되며 브랜드 인지도는 다시 브랜드 재인, 브랜드 회상으로 구분된다. 브랜드를 단서로 제시했을 때 과거 그 브랜드에 노출된 적이 있는지를 확인하는 능력이 브랜드 재인이고, 소비자에게 특정 제품범주나 구매 상황을 제시했을 때 특정 브랜드를 기억해낼 수 있는 능력이 브랜드 회상이다. 브랜드 이미지는 브랜드에 대한 지각 또는 전반적 인상으로 정의되며 기억 속에 저장되어 있는 속성, 편익, 기업과 같은 관련 연상들의 결합으로 이해된다. 소비자의 브랜드 선택에 실제로 중요하게 작용하는 것은 품질이 아니라 품질에 대한 지각이다.

• 브랜드 개성 브랜드는 사람들에게 자신이 무엇인가에 속해 있다는 것을 알려주는 문화적 수단이다. 브랜드 이용자가 어떤 사람이라는 것을 규정하는 데까지 도움을 준다. 브랜드 개성은 특정의 브랜드와 결부되어 연상되는 인간적 특성이라고 할 수 있다. 인간의 개성과 마찬가지로 한번 형성되면 오래 지속되는 성질을 가진다. 브랜드 개성은 시장점유율, 고가격 정책을 가능하게 하는 힘이다. 보통 광고 모델의 개성이 브랜드 개성으로 연결된다(안광호 외, 2004).

브랜드 PR 전략 브랜드 자산의 가치를 높이기 위한 PR 전략에서는 제품은 물론 비제품 속성을 소비자에게 우호적이며 독특하게 전달해야 한다. 비제품 속성이 제품 속성을 능가하는 경우가 많다. 타사와 유사한 브랜드 전략을 사용하는 것은 바람직하지 않다. 언론 친화력이 큰 회사의 부수적 존재나 모방 전략으로 인식될 가능성이 높다(함성원, 2010). 브랜드 전략의 중심이 되는 것은 인지도 전략인데 기업의 이미지를 함께 고려해야 한다. 이미지가 좋고 인지도가 높은 경우, 이미지가 좋고 인지도가 낮은 경우, 이미지가 나쁘고 인지도가 높은 경우, 이미지가 나쁘고 인지도가 낮은 경우 등 상황에 맞는 홍보전략이 필요하다(김태욱, 2007).

• 전략 수단　브랜드 PR의 전략 수단으로는 ① 퍼블리시티, ② 이벤트, ③ 후원 활동, ④ 온라인 PR 등이 사용된다. 효과적인 제품 퍼블리시티는 직접적인 판촉은 물론 생활정보 뉴스로서 공중의 주목과 신뢰를 얻게 해준다. 신규 브랜드의 경우 광고보다 퍼블리시티가 시장 진입에 효과적이다. 공신력 있는 언론매체를 통해 제3자 보증을 얻으면 소비자들이 느끼는 브랜드 선택의 위험부담을 줄여줄 수 있다. 퍼블리시티 활동으로는 최고경영자의 인터뷰·기자 간담회·미디어 투어(순회방문), 반복 광고, 슬로건, 로고송 제작 등 기법이 자주 사용된다. 각종 이벤트도 이벤트 자체나 퍼블리시티를 통해 브랜드를 알리는 데 도움을 준다. 후원 활동은 다양한 방법으로 브랜드 구축에 기여할 수 있다. 연상 이미지 개발, 브랜드 경험 제공, 고객과의 유대관계 형성 등을 목표로 한다. 온라인 PR에서는 브랜드 전용 웹사이트 섹션, 조직 내부의 인트라넷, 고객용 엑스트라넷, 이메일, 소셜미디어 및 모바일 미디어, 기타 웹 및 앱 홍보를 생각할 수 있다(조계현, 2005).

3. 사회공헌활동

사회공헌활동은 근년 들어 기업 PR의 주요 수단으로 등장하고 있다. 기업에 대한 비판여론 증가와 사회적 책임 강조의 분위기가 사회공헌활동에 대한 인식을 끌어올리고 있다. 학자에 따라 용어나 범주를 다르게 사용하고 있으나 이 책에서는 포괄적 의미의 사회공헌활동을 ① 협의의 사회공헌활동, ② 메세나 활동, ③ 자선 활동의 3개 범주(용어)로 구분했다. 스포츠 PR에서도 사회공헌활동 부분이 일부 포함되지만 여기서는 다루지 않았다.

1) 사회공헌활동

한국 기업의 사회공헌활동은 1980년대에 처음 모습을 드러내 지금은 전략적 경영의 한 축으로 자리 잡고 있다. 기업의 제품이나 서비스의 차별성이 줄어드는 상황에서 공공성에 충실한지 여부는 기업 평가나 제품 선택의 기준이 될 수 있다. 그런 점에서 사회공헌활동 자체가 기업을 차별화하는 경영전략으로 이해되고 있다(아르젠티·포먼, 2006). 이 같은 환경 변화에 따라 사회공헌활동 관련 의사 결정을 경영능력으로 판단하기도 한다. 한때는 사회공헌활동을 꼭 해야 하느냐에 대해 의문을 가졌지만 지금은 어떻게 해야 하느냐란 명제가 남아 있을 뿐이다. 2012년 국내 200여 개 주요 기업들의 사회공헌활동 투자금액은 세전이익 대비 2%대인 3조 원을 넘어섰다고 한다(한정호 외, 2014). 이 같은 추세는 사회공헌활동이 기업의 미래 가치를 높이기 위한 투자로 인식되고 있음을 보여주는 것이다. 예산과 전문 조직을 만들고 있는 것도 그 연장선상이다. 특히 한국적 정서에서는 PR 목적이 아니라 사회공헌 자체에 의미를 두는 등 세심한 접근과 관리가 뒤따라야 할 분야다.

공익 활동과 봉사 활동 협의의 사회공헌활동은 공익 활동과 자원봉사 활동으로 구분된다. 공익 활동에는 ① 사회 활동, ② 재단 활동, ③ 기부 활동, ④ 공익 캠페인, ⑤ 공익 연계 마케팅 등의 세부 유형이 있다. 공익사회 활동은 사회적 대의가 있는 현안에 뛰어들어 문제의 해결에 노력하는 것을 말한다. 올림픽 유치, 월드컵 유치, 국제기구 유치, 외교협상 등의 실례들이 있다. 공익재단 활동에서는 복지재단, 문화재단, 교육재단, 연구재단, 의료재단 등을 통해 재단 목적에 부합하는 공익사업을 도모한다. 공익기부 활동은 특정 사회문제나 사업에 현금, 현물, 기술, 노하우를 제공하는 형태가 된다. 조직뿐 아니라 유명인 개인 차원에서도 실시할 수 있는 보편적 방식이다. 공익기금의 조성이나 출연, 전 재산의 사회 환원과 같은 실례들이 있다. 공익 캠페인은 조직이 직접 또는 외부조직과 연계해 특정 사회문제에 대한 대중의 인식과 관심을 높이기 위해 캠페인을 조직화하고 기금, 물품, 기타 자산과 노력을 제공하는 활동이다(이명천·김요한, 2012). 공익연계 마케팅은 특정 사회문제 개선을 위해 제품 판매율에 비례해서 기금을 내놓거나 매출액 중 일정 비율을 개선 자금으로 제공하는 복합적인 활동이다. 사회봉사보다 수익을 목표로 한 영업 활동이라는 부정적 인상을 심어줄 우려가 있기 때문에 주의가 필요하다.

• 자원봉사 활동 자원봉사 활동은 주로 몸으로 하는 사회공헌 노력이다. 독자적으로 또는 외부기관과 공동으로 장·단기간 특정한 봉사 활동을 벌일 수 있다. 무료급식, 장애우 목욕시켜주기, 연탄 날라주기, 김장 담가주기 등 많은 세부 시행방법들이 있다. 불우아동 교육, 노인돌보기, 집 지어주기 등 자원봉사 활동에는 종업원들의 참여가 필수적이다. 종업원뿐 아니라 협력업체, 제휴점 등이 자발적으로 참여하는 분위기를 만들어야 한다.

공익 캠페인의 설계 공익 캠페인은 공중의 바람직한 인식이나 태도, 행위를 이끌어내기 위해 기업, 정부, 비영리단체 주도로 행해지는 사회적 마케팅의 일종이다. 소비자들의 구매행위를 유도하는 마케팅의 개념, 지식, 기술 등 기본 원리를 사회적 목적으로 사용한다고 해서 사회적 마케팅이라 한다. 국가 유적이나 문화재의 복원·복구와 같은 문화적 캠페인, 결식아동 돕기, 농촌 살리기 운동, 물 아껴 쓰기 운동과 같은 공익 캠페인이 시행된 바 있다(박진용, 2012). 금연, 아이 더 낳기, 헌혈, 학교폭력예방, 장기기증, 건강증진 등 사회적 이슈를 해결하기 위한 목적을 가진 경우도 있다. 주로 대중매체를 활용하며 대인 커뮤니케이션이 보완적으로 사용된다. 공익 캠페인의 발전에 가장 큰 영향을 준 매체는 TV다. 지금도 TV는 공익 캠페인의 핵심 매체가 될 정도로 공익 캠페인과 불가분의 관계에 있다. 커뮤니케이션은 공공정보 모델이나 쌍방 불균형 모델에 입각해 시행된다(한정호 외, 2014).

• 설계의 7가지 원리 공익 캠페인의 설계는 노어(Seth Noar)의 7가지 원리를 참고할 만하다. 즉, ① 조사, ② 이론의 적용, ③ 공중 세분화, ④ 메시지 디자인, ⑤ 커뮤니케이션 채널 선택, ⑥ 캠페인 실행 및 과정 평가, ⑦ 결과 평가의 7가지다. 이들 요인들은 앞선 장들에서 몇 차례 언급된 내용들이다. 여기서는 메시지 디자인에 대해서만 좀 더 살펴보기로 한다. 공익 캠페인에서의 메시지 디자인은 특히 중요하다. 정확하고 신뢰할 만한 정보를 이해하기 쉽게 제시해야 한다. 앳킨(C. Atkin)은 캠페인 메시지를 기대하는 결과에 따라 ① 인지, ② 교육, ③ 설득의 3가지로 구분하고 있다. 인지는 흥미와 관심을 끌어내 정보추구를 유도하는 메시지이고, 교육은 지식, 기술, 행동을 습득하게 하는 메시지이며, 설득은 특정 행위를 하거나 하지 말아야 함을 요청하는 메시지다. 긍정적 소구보다 부정적 소구가 행동 변화에 더 효과적이라는 주장이 있다. 사랑의 열매, 핑크리본과 같은 메시지 브랜딩도 공익 캠페인 성공 요소의 하나다(한정호 외, 2014).

사회공헌활동 전략 이곳저곳 돈과 인력을 무차별적으로 지원하는 방식의 사회공헌활동은 효율성을 기대하기 어렵다. 다다익선보다 선택과 집중이 우수한 효과를 낳는다. 조직의 사업영역과 관련 있는 분야를 선택해 그 안에서 다양한 방식으로 전개하는 것이 바람직한 전략이다. 삼성그룹의 경우 '나눔경영'이란 기치 아래 문화재단, 복지재단, 장학재단, 언론재단,

공익재단을 설립해 고유 목적사업을 벌이고 있다. 자원봉사는 근무시간 인정, 활동경비 보조 등 계열사 차원의 지원 아래 특정 사업 중심으로 펼치고 있다. 현대차 그룹은 체계적 활동을 위해 사회공헌활동 가이드라인을 마련하고, 협의회 중심으로 분야별 활동을 추진하고 있다. LG그룹은 문화, 복지, 교육, 환경, 언론 등 5개 전문 분야별 공익재단을 통해 체계적이고 장기적인 사회공헌활동을 벌이고 있다. SK는 그룹 차원의 대규모 자원봉사단을 출범시켜 다른 재벌과 차별화된 활동에 집중하고 있다. 포스코는 지역사회 공동체의 일원으로 공존공영한다는 지역 중심 사회공헌활동 전략을 마련했으며, 교육사업, 스포츠 지원, 봉사단을 사회공헌활동의 주축으로 하고 있다(조계현, 2005 재인용).

2) 메세나/자선 활동

기업의 문화예술, 특히 순수문화예술 활동 지원을 메세나(Mecenat) 활동이라고 한다. 1967년 미국에서 기업예술후원회가 발족되면서 이 용어가 처음 사용됐다. 메세나란 명칭은 고대 로마 아우구스투스 황제시대에 문화예술 활동을 적극 지원했던 정치인 마에케나스(Gaius Clinius Maecenas)의 이름에서 유래된 것이다. 마에케나스는 당시 예술가들에 대한 물질적 지원과 인적 네트워크 지원으로 창작 활동을 후원했다.

메세나 활동　한국 기업들의 문화예술 지원이 본격화된 것은 1980년대 후반부터다. 1994년 한국기업메세나협의회가 발족되어 2010년 현재 203개 기업이 회원사로 가입해 있다. 메세나 활동은 미술, 음악, 연극, 영화 등 다양한 예술 분야에 걸쳐 이뤄진다. 문화재단 설립, 아트센터 건립, 미술관 운영, 전시 및 공연 개최와 지원, 문화예술 교육, 악기 무상 임대, 문화예술 유망주 지원 등의 형태로 실행되고 있다(이명천·김요한, 2012 재인용). 기업과 문화예술단체 일대일 결연을 통해 장기적 지원 사업을 펴는 경우도 있다. 문화예술 지원은 마케팅이나 기업홍보와 연계시키지 않는 선진국 모델을 지향한다. 문인, 음악인, 미술인 또는 그 단체들에 대한 연례적 지원 활동은 홍보보다 조직의 이미지를 높이려는 목적이 크다(박진용, 2012). 메세나 활동은 기업 이미지 제고뿐 아니라 브랜드 인지도 증가 등의 부대 효과를 가져다준다. 종업원 관계, 지역사회 관계, 정부 관계 등에도 도움이 된다. 한국메세나협의회 자료(2004)에 따르면 기업들이 기대하는 효과는 기업 이미지 제고가 32%로 가장 높았고, 사회공헌 25%, 문화발전에 기여 18%, 브랜드 이미지 제고 13%, 고객 만족 9%, 마케팅 지원 3%로 나타났다 (이명천·김요한, 2012 재인용).

자선 활동　미국에서 19세기 후반과 20세기 초는 악덕 자본가들의 황금기로 대중들의 이익이나 요구를 전혀 고려하지 않았다. 기업들은 '잘못된 일을 하지 말라', 즉 정당하게 일만 하면 됐고, 부의 사회 환원 같은 문제에는 신경 쓸 필요가 없었다. 그러나 오늘날 대중은 선량한 기업시민, 즉 '무엇인가 좋은 일을 할 것'을 요구하고 있다. 기업들이 사회를 개선해야 할 엄격한 도덕적 책임을 부여받게 된 것이다. 미국 기업들은 초기 자선 활동에서 기준이나 전략 없이 산탄적인 접근을 했었다. 그러나 2000년대 들면서 자선 개념을 회사의 사명 및 전략과 연계된 사회적 투자로 발전시켰다. 예컨대 디즈니는 어린이, 존슨앤존슨은 여성과 아동, 가족의 복지를 위해 자선 활동을 한다. 항공과 고급 전산 분야 회사인 TRW는 컴퓨터 센터 지원, 우주탐사 전시관 건립 기금 기부, 불우아동 우주캠프 방문 지원 등 활동과 연결시킨다. 자선 활동에서 외부 지원을 할 경우 요청 단체나 기관의 회계 투명성, 프로젝트 관리 능력, 자금의 필요성, 자금의 전략적 활용 방안 등을 세심하게 점검해봐야 한다. 지원 절차와 기준을 마련하는 한편 프로젝트의 과정과 결과를 모니터링하는 사후 관리책도 있어야 한다(아르젠티·

포먼, 2006).

4. MPR, SPR, CPR

근년 들어 마케팅 PR, 스포츠 PR, 유명인 PR(홍보대사)은 조직 명성관리의 주요 수단이 됐다. 보도와 PR, 광고의 배타적 구획이 무너진 것과 같은 맥락에서 마케팅, 스포츠, 유명인이 조직의 이미지를 선도하는 경우가 없지 않다. PR을 마케팅에 연결시킴으로써 기업의 경영에도 적잖은 도움을 받고 있다. PR과 마케팅의 역할에 대해서는 독립과 통합의 상반된 주장이 있으나 정보 환경 변화가 통합 쪽으로 무게중심을 옮기고 있다.

1) 마케팅 PR(MPR)

마케팅 PR이란 용어는 1980년대 토머스 해리스(Thomas Harris) 교수에 의해 처음 사용됐다. 마케팅에서의 PR 테크닉을 PR의 일반 기능과 구분하기 위한 필요에서였다. 해리스는 PR의 연장선상에서 공익성을 마케팅 PR의 기본적인 속성으로 꼽았다. 마케팅 PR이 기업전략이나 목적 달성의 도구적 수단으로만 흐를 경우 오히려 조직의 평판을 훼손시킬 우려가 있다는 설명이다. 대의명분이나 공익과 연계돼야 한다는 것이다.

MPR의 성장　1990년대에 마케팅 PR이 폭발적으로 성장하게 된 것은 정보기술의 발전과 그에 따른 대중시장의 분화(소비자 세분화), 마케팅 경쟁의 심화, TV광고의 영향력 감소, 광고 효과에 대한 회의 등 때문이다. 광고에 비해 PR(퍼블리시티)은 통제 가능성을 제외한다면 신뢰도(제3자 보증 효과), 비용효율성, 적시성 등의 측면에서 유리한 점이 많다. 제품 수준이 균등화되면서 소비자들이 제품 자체보다 제품과 기업을 둘러싼 긍정적 인식을 중요하게 여기게 된 것도 MPR 성장의 계기가 됐다. 이후 마케팅과 PR은 전략적 결합을 계속해왔으며 오늘날 중요한 마케팅 믹스의 하나로 자리 잡았다. 일부에서는 통합 마케팅 커뮤니케이션(Integrated Marketing Communication: IMC)[2] 전략이 보편화되면서 마케팅과 PR의 이분법적 구분은 지양돼야 한다는 의견까지 내놓고 있다(이명천·김요한, 2012). IMC는 기업의 PR 활동을 광고나 DM, 프로모션 등과 통합시키려는 시도를 말한다. IMC는 마케팅의 개념을 판매에서 관계로, 마케팅의 목적을 제품판매에서 브랜드 가치 높이기로 바꿔놓았다. 이 같은 일련의 변화들은 마케팅의 4P, 즉 생산, 가격, 유통, 판촉을 4C, 즉 소비자, 비용, 편의성, 커뮤니케이션으로 바꿔놓은 것과 무관하지 않다.[3]

개념 마케팅이 제품, 서비스를 판매한다면 PR은 기업 전체를 파는 것이다. 이런 정의를 따르자면 마케팅 PR은 제품, 서비스는 물론 기업을 파는 활동이 된다. MPR은 기업의 인지도 제고, 신뢰 구축, 동기부여 등 마케팅 목표를 지원하기 위해 설계된 PR 활동이라 할 수 있다(이명천·김요한, 2010). 기업의 이미지와 인지도를 높이기 위한 PR 전략과 제품판매전략을 통합한 것이다. 순수 기업 PR, 즉 CPR(Corporate PR)과 밀접한 관련을 가지며 양자는 협력적 관계로 운영된다. 소셜미디어가 등장하면서 양자의 혼합전략

---

2) IMC는 1990년대 이후 나타난 마케팅의 흐름 중 하나로 마케팅 커뮤니케이션의 통합적 관리체제를 말한다. 광고, 판촉, 이벤트, 후원 활동, DM, 인터넷 등 마케팅 커뮤니케이션 도구의 역할 조정이 중요하다. 조정이 잘못되면 노력이 중복되거나 서로 상반되는 메시지를 전달할 수 있다(안광호 외, 2004).

3) 마케팅의 4P는 production, price, place, promotion을 말한다. 마케팅학자인 코틀러(P. Kotler)는 PR을 마케팅의 다섯 번째 P로 추가해야 한다고 주장한다. 1990년대부터 IMC가 마케팅의 관심사로 부상하면서 슐츠(D. Schultz) 등의 학자들은 마케팅의 4P를 4C(consumer, cost, convenience, communication)로 바꿔 강조하기 시작했다.

이 보편화되고 있다(한정호 외, 2014). 퍼블리시티, 이벤트 등 PR이 마케팅에서 수행하는 역할은 앞으로 점점 확대될 것으로 보인다. 광고 포화 시장 상황에서 제품의 초기 인지도를 상승시키는 데 큰 몫을 할 것으로 기대된다. 명성이 높은 기업이 MPR을 이용하면 브랜드의 호감도를 크게 키울 수 있다. MPR은 관계관리의 소비자 관계로 다루기도 한다.

MPR **전략** MPR 전략은 소비자의 개인적 욕구에 소구하는 마케팅 전략과 달리 제품이나 서비스의 구매 상황을 조성하는 데 초점을 맞춘다. 아치슨(Karry Archeson)은 언론의 뉴스 가치와 소비자의 흥미를 두 축으로 MPR 4전략을 마련했다. 뉴스 가치와 흥미가 모두 높은 유형은 가시성을 확대하는 전략이 좋고, 뉴스 가치는 높고 흥미는 낮은 유형은 흥미를 끌어올리기 위해 뉴스거리를 만들어내는 전략이 필요하다. 뉴스 가치는 낮고 흥미는 높은 유형에서는 유명인이나 이벤트를 동원해 뉴스 가치를 높이는 전략이 요구된다. 뉴스 가치와 흥미가 모두 낮은 유형은 앞의 두 유형의 전략을 복합적으로 사용해야 한다(김병철, 2005b).

• 실무 전략 실무에서는 ① 퍼스낼리티 전략, ② 관계마케팅 전략, ③ 사회공헌 전략, ④ DB 전략, ⑤ 상품전략, ⑥ 소비자 친화 전략, ⑦ 프로모션 전략, ⑧ 이벤트 전략 등이 사용된다. 퍼스낼리티 전략은 실존 인물이나 가상 캐릭터 등을 내세워 브랜드에 마케팅의 힘을 실어주는 접근이다. 관계마케팅 전략은 고객과의 상호작용을 기반으로 하며 IMC의 대표 전략으로 자리매김하고 있다. 정보와 공공서비스의 제공 또는 후원, 사회문제 해결 등의 프로그램이 있다. 사회공헌 전략은 사회문제와 공익 활동, 자선 활동을 연결 짓는 전략으로 이미 앞 절에서 설명한 바 있다. DB 전략은 라이프스타일 DB를 활용해 소비자와의 유대관계를 형성하는 장기적인 접근이다. 브랜드 가치 형성, 정보 제공, 이해도 증진, 신뢰 형성, 구매동기 부여를 목적으로 한다. 상품전략은 새 상품 전략과 구 상품 재생전략으로 나눠

진다. 새 상품 전략에서는 PR이 광고에 우선된다. 구 상품 재생전략은 효능, 시장, 이미지를 새롭게 퍼블리시티하는 것이다. 소비자 친화 전략으로는 견학, 제품 시연, 소비자 교육, 상담 전화, 소비자 동호회 결성 및 지원 등의 프로그램들이 있다. 프로모션 전략은 샘플 제공, 제품 시연 등 각종 판촉 활동을 통해, 이벤트 전략은 공연, 기념식 등을 통해 브랜드 인지와 충성도를 높이는 방법이다(조계현, 2005).

MPR의 실행 MPR의 실행은 공중들에게 직접 다가가는 것이 아니라 대중매체의 관심을 끌어 소비자 관심을 유도하는 우회 전략이 될 때가 많다. MPR 실행의 도구로는 ① 퍼블리시티, ② 이벤트, ③ 특수 마케팅, ④ 그랜드 오프닝, ⑤ PPL, ⑥ 협찬, ⑦ PR 광고, ⑧ 온라인 활용 등이 사용된다. MPR 퍼블리시티에는 보도자료, 기자회견, 인터뷰 등의 실행방법이 있다. 제품이나 브랜드에 대한 긍정적 기사의 게재를 유도하고 부정적 기사의 게재를 예방하거나 그 영향을 축소하는 데 목적이 있다. 비교적 단기 목표를 가지며 초기 브랜드를 구축하는 데 도움이 된다. 새 제품에 대한 PR기사가 광고보다 늦어서는 안 된다. 광고를 통해 이미 알려진 제품은 뉴스거리가 되지 못한다. 마케팅 용어로서의 이벤트는 판촉을 위한 특별 행사라는 개념으로 사용되어왔다. 특정 기간, 특정 장소에서 특정 집단을 대상으로 메시지를 직접 전달하기 위해 실시된다. 신차 발표회, 패션쇼, 세미나, 강연 등의 형태가 있다. 즉각적인 판매촉진이나 PR 효과를 기대할 수 있다(이명천·김요한, 2010). 좋은 마케팅 이벤트에는 미디어가 저절로 따라온다. 이왕이면 뉴스 가치가 있는 이벤트를 만들어내야 한다. 버네이즈의 미국식 아침 식사는 이 부문의 고전으로 통한다. 특수 마케팅으로는 삼겹살 데이(Day) 같은 데이 마케팅, 공동마케팅, 게릴라 마케팅 전략이 자주 사용되는데 입소문 효과가 크다. 그랜드 오프닝은 놀이공원, 공장, 매장, 호텔, 레스토랑 등을 개업할 때 널리 알리기 위한 프로그램이다. 영화나 TV의 PPL(제품삽입광고)은 브랜드 친숙도를 높이는 데 효과적이다. 협찬에는 이벤트 후원, 장소 제공, 해외여행경비 제공, 의상 협찬, 상품 협찬 등 다양한 방법이 있다(안광호 외, 2004). PR 광고는 4장 PR 커뮤니케이션에서 상세하게 설명된 바 있다. 온라인 활용에서는 기업의 웹사이트, 포털, 이메일, 소셜미디어 등이 이용된다. 웹사이트는 정보 제공뿐 아니라 쇼핑 기능을 함께 운영할 수 있다. 유명 웹사이트를 후원해 접속 네티즌들에게 브랜드를 노출시키는 후원 마케팅도 가능하다. 포털에서는 정보검색과 사용 후기 등이 MPR의 주요 수단이 된다(박성호, 2008).

2) 스포츠 PR(SPR)

스포츠 PR과 스포츠 마케팅을 엄밀하게 구분하기는 어렵다. 대개 조직의 이미지나 브랜드 이미지, 사회공헌을 알리는 비금전적 활동이 스포츠 PR이라면, 판매촉진, 스포츠를 통한 직접 수익의 기대 등 금전적 활동을 스포츠 마케팅이라 할 수 있다. 양자는 동전의 앞뒷면과 같은 관계다. 스포츠 PR은 스포츠 마케팅을 기대하고, 스포츠 마케팅은 스포츠 PR을 의식한다. 이런 이유로 양자를 묶어서 스포츠 PR 또는 스포츠 마케팅이라 지칭할 때가 많다. 그러나 PR과 마케팅을 구분하듯이 스포츠 PR과 스포츠 마케팅의 개념을 구분하는 것이 바람직할 것으로 보인다.

스포츠 PR의 등장   미국의 경우 1970년대 이후 담배와 주류에 대한 주요 매체 광고가 금지됨에 따라 광고비가 스포츠 PR(후원)로 대체되는 계기가 됐다. 국내서는 1980년대 이후 여가 활동과 스포츠에 대한 일반인들의 관심이 커지면서 기업들이 이미지 제고 및 마케팅 차원에서 스포츠 PR을 늘려나가고 있다. 스포츠 PR이 각광받는 것은 방송매체, 특히 TV의 관심이 크기 때문이다. 스포츠 중계는 일반적으로 높은 시청률을 기록하고 있다. 케이블 TV 등 뉴미디어의 등장도 활동 증가에 상당한 기여를 했다. 지상파 TV는 종합편성이라는 구조적 특성으로 인해 스포츠 중계가 제한적일 수밖에 없다. 이에 비해 케이블 TV 등은 편성이 자유로워 스포츠 중계를 강점 분야로 활용하고 있다. 정보통신기술의 발달로 올림픽, 월드컵 등 대형 스포츠 이벤트가 전 세계를 시청권으로 하게 된 것도 스포츠 PR 활성화의 요인이 됐다. 2009년의 국내 스포츠 후원금액은 2조 4200억 원이나 됐다고 한다(이명천·김요한, 2012 재인용).

• 스포츠 마케팅 스포츠 마케팅의 시초는 1928년 암스테르담 올림픽의 코카콜라를 꼽는다. 공식 스폰서 제도가 도입된 것은 1976년 21회 몬트리올 올림픽 때부터다. 국내의 경우 1980년대 프로야구와 프로축구의 출범을 계기로 스포츠 마케팅이 본격화됐다. 원래 스포츠 마케팅은 스포츠 이벤트의 스폰서, 공급업자, 라이선스, 상품화권 등의 권리를 기획 판매하는 활동으로 출발했다. 옥외광고, 네온 등의 판매도 그 일환으로 간주된다. 대중들의 관심이 커지면서 선수 후원, 스포츠팀 운영, 경기단체 후원, 스포츠 대회 후원, 스포츠 용품 후원, 경품 후원 등도 스포츠 마케팅의 범주에 들어왔다(최윤희, 2008 재인용). 최근에는 스포츠를 통해 조직이나 제품을 광고, PR, 프로모션하는 것으로 개념이 확대되는 추세다. 스포츠 마케팅은 기업의 이미지 증진과 마케팅 활성화라는 2가지 효과를 동시에 가져다준다.

스포츠 PR의 유형 스포츠 PR은 스포츠 후원과 최고경영자(CEO)의 스포츠 경기단체 임원 활동으로 나눌 수 있다. 통상적 의미의 스포츠 PR은 대부분 후원을 말한다. 후원 유형은 ① 선수 개인 후원, ② 스포츠팀 후원 및 운영, ③ 스포츠단체 후원, ④ 스포츠 이벤트 후원의 4가지다. 선수 개인 후원은 선수 육성, 광고 출연, 홍보대사 활용과 같은 방식으로 이뤄진다. 스포츠팀 후원은 현금 또는 물품, 서비스 후원을 해주고 의복이나 용품에 기업 로고를 부착해 광고홍보 효과를 발생시키고 있다. 스포츠팀 운영은 광고홍보뿐 아니라 직접적인 수익을 내는 스포츠 마케팅 단계로 발전한 상태다. 스포츠단체 후원은 협회나 연맹 등에 보조금, 운영경비, 물품 등을 지원하는 대신 상응하는 광고 권리를 가지는 방식으로 이뤄진다. 스포츠 이벤트 후원은 타이틀 스폰서(title sponsor)가 되거나 이벤트의 공동 후원자가 되는 2가지 방식이 있다. 타이틀 스폰서는 대회 창설 또는 대회 운영비용의 많은 부분을 지원하는 대가로 대회 명칭에 기업이나 브랜드명을 사용한다. 방송 광고와 홍보, 광고판 설치 등 권리를 갖는 것이 보통이다. 공동 후원은 다수의 기업들이 동등한 자격으로 대회를 후원하고 차별화된 권리를 행사한다. 광고판 설치, 공식 휘장 사용, 기업 로고 노출 등의 권리를 갖는다(이명천·김요한, 2012 재인용).

스포츠 PR의 기대효과 스포츠의 광고 및 PR 효과는 스포츠의 즐거움 자체에서 발생된다. 적은 비용으로 인종, 언어, 문화 장벽을 허물고 많은 공중이나 소비자에게 접근할 수 있다. 일부 학자들은 스포츠 PR을 기업 PR 목표나 마케팅 목표를 지원할 목적으로 명분(cause)이나 이벤트에 투자하는 행위로 정의한다. 명분은 이미지 향상과 같은 공익적 PR 효과를, 투자는 마케팅 효과를 기대한다. 같은 행동에서도 다른 목적을 가질 수 있다(이명천·김요한, 2012). 스포츠에 대한 대중의 관심이 커지면서 스포츠 PR은 기업 PR의 소재를 넓히는 한편, 전략적이고 장기적인 홍보 활동을 가능하게 해주고 있다. 스포츠 PR의 목적은 기업이나 브랜드에 대한 이미지의 구축 및 개선, 친숙도 제고 및 유지, 사회적 책임 활동을 통한 대중의 신뢰와 이해의 획득이라고 할 수 있다(안광호 외, 2004).

3) 유명인 PR(CPR)

유명인 PR(Celebrity PR)은 주로 홍보대사(친선대사)의 형태로 이뤄지고 있다. 홍보대사는 특정 조직을 대신해 유·무상의 홍보 활동을 벌이는 정보원으로 규정할 수 있다. 홍보대사는 기업에서부터 비영리조직에 이르기까지 두루 활용되고 있다. 비영리조직들은 제품이 아닌 조직의 활동, 즉 무형의 사실을 알려야 하는 어려움으로 인해 공중이나 언론이 관심을 가질 만한 유명인을 동원하고 있다. 국내에서는 지난 2009년 이후 효과적인 정책 홍보를 위해 정부기관의 홍보대사 활용이 눈에 띄게 늘었다. 2010년 설문조사에 따르면 정부부처의 80%가 홍보대사를 기용한 적이 있는 것으로 나타났다. 홍보대사 피선임자는 유명인이 90% 이상의 절대 다수를 차지했으며, 다음이 전문가, 일반인 순이었다(이명천·김요한, 2012). 홍보대사는 무상 활동이 원래 취지에 부합하지만 유상 활동인 경우도 적지 않다.

유명인 PR의 효과   홍보대사는 광고 모델과 유사한 기능을 한다. 유명인 홍보대사의 설득 효과는 ① 정보원 공신력, ② 매력이라는 설득의 기본 요소와 관련된다(3장 설득의 기본 요소 참조). 정보원 공신력의 주된 요소는 신뢰도와 전문성이다. 유명인들은 전문성 측면에서 높은 평가를 받기가 어렵지만 대중들과 친숙해 신뢰도 측면에서는 강점이 있다. 전문가들은 신뢰도는 떨어지지만 특정 주제에서의 설득력이 높다. 설득요소로서의 매력은 신체적 매력과 심리적 매력으로 구분할 수 있다. 유명인들은 대체로 이 두 가지 중 하나 이상을 가지고 있다(이명천·김요한, 2012 재인용). 유명인 PR의 효과는 ① 준사회적 상호작용이나 ② 미디어 모델 효과로도 설명된다(3장 설득의 기본 요소 참조).

• 준사회적 상호작용   준사회적 상호작용(parasocial interaction)[4]은 매스미

---

[4] 미국의 정신분석학자인 호턴과 월(Horton and Wohl) 등은 정신병 환자를 통해 미디어 등장인물과 수용자 사이에 대리 경험적 인간관계가 형성된다는 사실을 발견했다. 준사회적 상호작용은 실제의 대인관계처럼 오랜 기간에 걸쳐 진행되며, 미디어를 통해 사회 활동 욕구를 충족시키려 할 때 잘 나타난다. 보도나 교양 프로그램의 앵커나 기자

디어에 등장하는 인물들과 가족이나 친구와 같은 대리적 관계를 형성하는 것을 말한다. 미디어 수용자들은 언론에 나타나는 인물들을 매일 만나서 대화하는 상대, 언제든지 대화가 가능한 대인관계로 인식하는 성향이 있으며 이를 통해 사회 환경을 대리적으로 경험하게 된다는 것이다(김춘옥, 2006). 관련 연구들은 준사회적 상호작용이 매스커뮤니케이션 전 과정에서 발생하는 보편적 현상으로 받아들이고 있다. 미디어 이용 전 상황, 이용 상황, 이용 후 상황에서 모두 발생될 수 있다. 등장인물의 시청을 기다리고, 집중적으로 주목하고, 특성을 닮으려 하거나 행동을 따라 하려는 형태로 나타난다. 부차적이지만 유명인의 후광 효과도 기대할 수 있다. 후광 효과는 사람의 특별한 장점이나 단점이 다른 특성들에까지 유사하게 평가되는 경향을 말한다.

• 미디어 모델 효과 미디어 모델 효과는 사람들이 미디어의 인물처럼 행동하게 만드는 성향을 일컫는다. 미디어 모델이 어떤 행동이 적절한지를 알려주는 단서 기능을 한다. 유명인 PR에서는 활동의 성격에 맞는 유명인을 찾아내는 일이 중요하다. 유명인들은 조직의 활동이나 프로모션에 관심이 적어 예상치 못한 해프닝들을 초래할 수 있다. 유명인이 몇 개의 홍보대사를 겹치기로 맡거나 부정적 사건에 연루될 경우 역효과를 일으키기도 한다.

보다 오락 프로그램의 연예인들과의 관계에서 더 높게 표출된다(김춘옥, 2006).

7장

관 계 관 리

1. 종업원 관계

일본의 경우 회사와 종업원의 관계는 종신고용을 바탕으로 한 운명공동체 관계에서 상호 신뢰를 기반으로 한 계약관계로 바뀌었다. 회사가 종업원을 고용하는 것이 아니라 종업원이 회사에 시간과 능력을 파는 관계가 된 것이다. 이런 관계 변화는 종업원을 회사에 종속된 존재가 아니라 일반 사회를 구성하는 시민의 한 명으로 받아들여야 함을 의미한다. 종업원들로부터 신뢰받는 회사, 존경받는 회사가 될 수 있어야 한다는 것이다. 회사들로서는 종업원들의 정서에 대한 이해가 있어야 조직의 에너지를 한곳에 모으기가 용이해진다. 기술이나 품질보다 조직의 이미지 자산을 중시하는 시대 추세가 그 당위성을 키우고 있다(시노자키, 2004).

1) 의미

미국의 종업원 관계는 1940년대 위안의 시기(언론홍보 대행 모델), 1950
년대 정보제공 시기(공공정보 모델), 1960년대 설득의 시기(쌍방 불균형 모
델), 1970년대 개방 커뮤니케이션의 시기(쌍방 균형 모델)로 발전해왔다(그
루닉·헌트, 2006c). 위안의 시기에는 일방향 매체를 통한 과장된 메시지로 일
터를 치장하는 데 종업원 관계의 주된 목적이 있었다. 정보제공 시기는 사
실적 정보 전달에 중점을 뒀고, 설득의 시기는 피드백과 의견조사를 토대
로 종업원들을 기업의 정책방향으로 이끌려 했다. 개방 커뮤니케이션 시
기는 종업원들의 이해와 협조를 구하는 데 관심을 기울였다.

종업원 관계의 인식   미국의 기업홍보 분야에서 일어난 최근의 큰 변화
는 종업원들이 기업 성공의 중요한 요인이며, 명성관리의 중심에 있다는
사실을 이해하게 된 것이다. 종업원은 여러 대내외 구성원들에게 영향을
미치는 요소일 뿐 아니라 시장 관리의 견인차로 자리매김하고 있다. 종업
원들을 자산으로 인식해 고객들과 마찬가지의 대우를 해줘야 하는 이유
다. 마스턴(J. Marston)은 PR에서 종업원을 비롯한 내부 공중이 외부 공중보
다 중시돼야 하는 이유를 다음과 같이 설명한다. 내부 공중은 기업 성패에
즉각적인 영향을 미치는 집단으로, 기업 운영에서 이들의 협조는 절대적
조건이다. 조직에 대한 좋은 평판은 조직정보의 매개자인 내부 공중의 호
의적 평판에서 비롯된다. 외부 공중들은 대중매체 이상으로 종업원 등 대
인 채널을 믿을 만한 정보원으로 간주한다. 미국 유수의 기업들이 종업원
커뮤니케이션을 기업 PR 부서의 책임하에 두고 있다는 사실은 여러 가지
로 시사하는 바가 크다. 이는 내부 공중과 외부 공중의 차이가 크지 않다는
인식을 반영한다(아르젠티·포먼, 2006; 김병철, 2005b 재인용). 종업원 관계는
구성원 관계, 사원 관계, 직원 관계, 내부 공중 관계 등으로 지칭된다.

• 종업원과 회원 기업 등의 종업원 관계는 비영리단체 등의 회원 관계로 변형시켜 이해할 수 있다. 재향군인회, 교원공제회, 공익재단, 직종별 협회, 협동조합, 시민사회단체, 종교기관 등의 구성원들은 기업의 종업원과 비슷한 위치와 역할을 가진다. 회원 관계는 조직의 임원과 회원 사이의 상호 우호적인 관계의 설정을 목표로 한다(헨드릭스, 2005).

종업원 관계의 기능 종업원 관계는 ① 기업의 목적과 목표 공유, ② 효율적 커뮤니케이션, ③ 외부 공중에 대한 조직 이미지 전달, ④ 조직성과 증진, ⑤ 조직문화 발전 등 측면에서 중요성이 있다(조계현, 2005 재인용). 조직은 협동과 분업 형태로 운영되는 복잡한 체계를 가지고 있어 공동의 목적과 목표를 분명히 하지 않으면 안 된다. 종업원 관계는 내부 공중과의 공감대 형성을 통해 이런 조건을 충족시켜준다. 그 과정에서 효율적 커뮤니케이션은 필수적인 요소다. 커뮤니케이션이 원활하지 않으면 구성원 간의 불만, 불신을 키우고 업무 비협조, 마찰을 일으켜 조직의 목표 달성을 어렵게 하거나 지연시킨다. 반면 효율적 커뮤니케이션은 조직 목표에 대한 인식과 이해를 높이고 구성원들의 정보 욕구를 채워주며 애사심, 생산성을 증가시킬 수 있다. 종업원은 외부 공중의 직접 접촉 창구라는 점에서도 그 의미를 과소평가할 수 없다(이명천·김요한, 2012). 많은 조사연구에서 조직 내부의 사람들은 외부 공중에 대해 1차적 정보원이 된다. 외부 공중은 종업원들의 반응과 행동으로부터 조직에 대한 인식을 형성한다. 외부 공중과의 관계나 소통은 종업원 관계를 바탕으로 하지 않으면 안 되는 이야기다. 내부적 목적의 달성에 실패하는 것은 외부적 목적의 달성을 어렵게 만든다(그루닉·헌트, 2006c).

학자들은 실증적인 연구를 통해 조직 - 종업원 - 고객 - 조직성과 간의 연결고리를 증명하고 있다.

2) 프로그램

종업원 관계 프로그램의 절차는 5장 PR 기획에서 설명한 내용을 준용하면 된다. PR 조사에서는 종업원의 규모와 특성, 조직의 종업원 관계 평판, 종업원 만족도, 커뮤니케이션 방법과 효율성, 기존 프로그램과 효과, 조직의 강점과 약점, 기회와 위협 요인 등을 짚어봐야 한다. 회원 관계라면 재정, 평판, 과거 및 현재의 홍보 상황 등이 점검 대상이다. 이 과정에서 PR 프로그램 실행을 위한 문제점을 도출하고, 목표공중과 PR 목적을 정확하게 정의해내야 한다. 상·하급자, 학력, 가치관, 직종에 따라 다양한 세부 목표공중을 설정할 수 있다. 종업원들은 업무내용, 제약 정도, 관여도 등에 따라서도 서로 다른 집단의 공중이 된다(2장 상황이론 참조). 종업원 관계 프로그램은 기업 통합, 구조조정 등에서 특별한 의미를 가진다. 프로그램의 목적은 새로운 조직 사명의 도입, 경영목표의 조정, 직장의 안정성 제고, 미래에 대한 불안감 제거, 변화의 수용 등이 된다(헨드릭스, 2005).

커뮤니케이션 전략 종업원 관계의 커뮤니케이션 전략은 조직의 구조화 정도에 따라 달라진다. 정적이고 계층적으로 구조화된 조직에서는 조직의 통제, 역동성과 개방성을 보여주는 비구조화된 조직에서는 내부협조 도출에 주안점을 둬야 한다. 쌍방 균형 커뮤니케이션을 요구하는 협회 등은 전형적인 비구조화된 조직이다(그루닉·헌트, 2006c). 종업원 관계의 커뮤니케이션 원칙은 <표 7-1>의 7가지 사항을 기초로 한다.

• 커뮤니케이션 유형 종업원 관계의 커뮤니케이션은 4가지 유형으로 나뉜다. 즉, ① 하향 커뮤니케이션(상급자 → 하급자), ② 상향 커뮤니케이션(하급자 → 상급자), ③ 수평 커뮤니케이션(상급자 ↔ 하급자), ④ 교차 커뮤니케이션(다른 부서 상급자나 하급자 ↔ 다른 부서 하급자나 상급자)의 형태로 이뤄진다(그루닉·헌트, 2006c). 수평 커뮤니케이션을 통한 공동의 의사 결정은 조

<표 7-1> 종업원 관계 커뮤니케이션의 원칙

① 조직 변화의 가장 중요한 요소는 커뮤니케이션이며, 종업원에 대한 존중과 배려가 전제조건이다.
② 종업원의 이익을 기업 비전의 중심에 둬야 하며, 커뮤니케이션은 상호 교류적인 것이어야 한다.
③ 경영진의 일방적 의사전달이 아닌 종업원들이 알고 싶어 하거나 중요하게 생각하는 정보를 전달해야 한다.
④ 긍정적 정보와 부정적 정보를 가리지 않고 제공해야 상호 신뢰 분위기가 형성된다.
⑤ 조직의 정보는 종업원에게 먼저 알려야 한다. 외부정보를 통해 조직 사정을 알게 되면 오해나 동요 등의 부작용을 부를 수 있다.
⑥ 커뮤니케이션 시기를 놓쳐서는 안 된다. 신속하고 정확한 정보 공급이 신뢰관계의 밑바탕이다.
⑦ 정기적으로 종업원 태도조사를 실시해 쟁점을 관리하고 위기를 예방하는 활동이 필요하다.

자료: 아르젠티·포먼(2006), 조계현(2005) 재정리.

직의 개방도를 높이는 요인이다. 국내의 조직들은 상향이나 수평보다 하향 커뮤니케이션이 많은 것으로 알려져 있다.

커뮤니케이션 매체   종업원 관계 프로그램에서는 대인 채널과 대중 채널을 복합적으로 사용하는 것이 효과적이다. 대인 채널로는 ① 소집단 커뮤니케이션, ② 교육 및 이벤트가 활용된다. 5~12명이 참여하는 소집단 커뮤니케이션에는 직원·임원 식사 모임, 커피토크, 런치 커뮤니케이션 등의 형태가 있다. 조직운영에 대한 의견 수렴, 현장 애로사항 청취, 조직 분위기 고양에 도움이 된다. 교육 및 이벤트로는 선후배 간 멘토링 제도, 휴게실 대화, 연극 관람, 호프미팅 등 다양한 기획이 가능하다. 대인 채널은 종업원들을 설득하고 동의를 이끌어내는 데 강점이 있다. 한편 대중 채널은 통제매체와 비통제매체로 나눠지는데 전자의 활용이 대부분이다. 통제매체(조직 내 매체)로는 사보, 소책자, 뉴스레터, 잡지, 게시판, 포스터, 사내방송, 화상회의, 온라인 매체 등이 자주 사용된다. 사내방송은 CCTV나 인터넷을 통해 이뤄진다. 인터넷 방송은 내·외부 공중 모두에게 유용한 PR도구가 되고 있다. 경영혁신, 기업문화, 공익 활동, 마케팅, 화제의 인물, 생활경제 등 다양한 장르를 프로그램으로 활용할 수 있다. 최고경영진 중심의 제작은 피해야 한다. 비통제 매체(조직 외 매체)로는 신문, 잡지, 라디오, TV, 온라인 매체 등이 있으며 보도, 특집, 출연 등을 활용한다(이명천·김요한, 2012).

사보/사외보　사보는 대내적으로 경영자와 구성원 관계를 강화하고, 대외적으로 주주, 협력업체, 고객 등에게 조직 활동을 알리기 위해 발간하는 인쇄 또는 전자적 출판물이다. 조직문화 형성, 커뮤니케이션, PR, 마케팅의 복합적 기능을 가진다(조계현, 2005). 조직의 운영목표에 관한 정보 제공과 이해의 확산, 구성원 상호 이해, 교양과 오락, 대외홍보, 마케팅 지원, 조직 분위기 활성화 등에 도움을 준다. 기업뿐 아니라 협회, 이익집단, 기관단체의 기관지도 사보의 범주에 포함시킬 수 있다(박성호, 2008).

• 사보의 발전　국내 기업들이 사보[1]를 발간한 것은 1960년대 초반부터다. 1970년대 중반 이후 기업 조직의 대형화로 기업 내 커뮤니케이션 매체와 대외 PR 활동을 위한 매체를 구분할 필요가 생기면서 사내보와 사외보로 분화됐다(최윤희, 2001). 사외보는 직접 홍보보다 조직의 이미지 고양을 위한 목적으로 사용되는 경우가 많다. 1980년대 후반에는 사내 케이블 TV, 기업의 영상물이 등장하기 시작했다. 조직의 직접 관계 공중이나 구성원 가족을 대상으로 하는 준사외보 또는 가족보를 발행하는 기업도 생겨났다. 준사외보의 배포 대상은 판매점, 대리점, 조합원, 주주 등이 된다(박성

---

1) 우리나라 최초의 사보는 1920년대의 ≪삼성당약보(三星堂藥報)≫다. 타블로이드 4쪽 체제로 현재의 전단이라 할 만큼 제품 관련 설명이 많았다.

호, 2008). 외국의 경우에는 판매원 등 분야별 구성원들을 위한 별도의 사외보들을 발간하기도 한다. 사보와 회보는 온라인으로 옮겨가는 추세다. 온라인을 통한 전자사보(웹진)는 경비 절감, 제작의 유연성, 배포의 편의성이 장점으로 꼽힌다. 쌍방향 정보 전달, 소통의 즉각성, DB 기능의 활용도 가능하다.

• 사보 제작 사보 제작의 기본적 고려사항은 목표, 발행주기, 편집인, 예산, 콘텐츠 개발 등이다. 온라인과 오프라인 모두 발행할 필요가 있는지 검토해봐야 한다. 양자를 혼합해서 발행할 수도 있다. 사보 제작은 기획 - 제작 - 배포 - 결과 수렴 - 기획 반영의 순환 과정으로 이뤄진다. 사보의 배포 대상으로는 지역관계자, 사업관계자, 규제기관, 정부기관, 압력단체, 퇴직 직원, 후원자 등이 있다. 온라인 구성원 명단이 따로 작성돼야 한다(필립스, 2004). 한국의 PR 회사들은 사보 및 회보의 편집, 제작, 인쇄, 포장, 배부까지 업무를 대행해준다.

PR 평가 종업원 관계 프로그램의 평가 도구는 다양한 방식으로 개발되어왔다. 직업만족도, 조직만족도, 근속기간이나 메시지 내용과 커뮤니케이션 방식(정보의 방향성, 상호작용성 등)을 기준으로 하는 경우가 많았다(한정호 외, 2014). 세부적·기술적 차원에서는 ① 정보 이용 평가, ② 네트워크 분석법, ③ 상호 지향성 평가, ④ 인간관계 진단 평가 등이 사용된다. 커뮤니케이션, 메시지 기억과 수용 등의 정보 이용 평가는 구조화된 조직의 프로그램에 적당하다. 간행물 배포 확인(커뮤니케이션), 기사 열독자 기억 측정, 독이성 측정(메시지 기억), 사안의 이해 가능성 설문(메시지의 수용 정도) 등의 측정법이 있다. 다음의 네트워크 분석법은 커뮤니케이션 목적이 달성됐나를 알아보기 위해 조직 내에서 메시지가 어떻게 흐르는지를 도표로 만들어 측정하는 방법이다. 비구조화된 조직의 커뮤니케이션 평가에 적합하다. 분석방법으로는 응답자들이 자신의 커뮤니케이션 행동을 의무적으로 기록하게 하는 방법(의무연구), 훈련된 관찰자들이 관찰 및 기록을 분석하는 방법(관찰법), 응답자들에게 질문하는 방법(횡단면접), 특정 인물을 지목하여 만든 메시지를 조직 안에 흘리고 전파 경로를 추적하는 방법(작은 세계 기법), 자연발생적인 메시지가 흐르는 과정을 추적하는 방법(메시지 추적법) 등이 있다(그루닉·헌트, 2006c). 세 번째의 상호 지향성 평가는 상·하급자들이 서로를 어떻게 인식하고 이해하며 생각이 일치하는지를 측정하는 방식이다. 마지막으로 인간관계 진단 평가는 종업원들의 업무, 상사, 조직에 대한 태도 등을 통해 PR의 영향을 확인하는 평가 방식이다(김병철, 2005b 재인용). 이는 구조화된 조직의 표현적 커뮤니케이션 평가에 유용하다.

2. 투자자 관계

투자자 관계(Investor Relations: IR) 또는 재무관계는 PR과 기업경영의 혼합 영역에 있다. 기업이 다양한 경영정보를 제공해 신뢰와 이해를 기반으로 투자유도 및 경영을 안정화시키는 활동이다. 문제는 기업의 가치를 제대로 알리는 것이 결코 간단하지 않다는 점이다. 기업의 메시지는 10%밖에 소통되지 않는다는 사실이 투자자 관계의 어려움을 시사한다. 투자자 관계 프로그램을 운영하려면 IR 부서의 설치와 조직설계가 필수적이다. 보통 최고경영자 직속으로 두는데, IR이 기업경영에 그만큼 중요하다는 방증일 것이다. 과거에는 재무 담당자들이 투자자 관계를 맡았으나 지금은 재무와 PR의 공통영역으로 인식되고 있다(아르젠티·포먼, 2006).

1) 의미

투자자 관계는 1930년대 미국에서 주주 보호 차원의 활동으로 시작됐다. 독립적 기능으로 분리된 것은 1960년대 무렵이다. 초기에는 자금조달이 목적이었으나 1970년대에는 투자자 신뢰 확보를 위한 정보제공으로 활동의 중심이 바뀌었다. 1980년대 기업합병이 활발해지자 주가 수준의 유지와 안정주주 만들기가 주요 이슈가 됐다. 1990년대 이후에는 인터넷 보급으로 기업에 대한 투자자 관심이 확대되면서 그 중요성과 위상이 빠르게 격상됐다. 한국의 경우 1992년 주식시장 개방으로 IR에 대한 관심을 갖게 됐고, 1994년 LG전자가 국내 최초로 IR팀을 구성했다. 1997년 외환위기 이후 IR은 기업경영의 중요한 분야로 부각됐다. 내·외부 관계 공중들을 대상으로 조직의 실상을 알리고 이해를 구하는 IR이 조직 존립과 직결되게 된 것이다. 재벌기업의 상호 출자 규제, 대주주의 기업지배권 제한 등의 조치와 집단소송제도와 같은 주주행동주의가 IR의 필요성을 강화시키고 있다. 적대적 기업합병, 외국인 지분의 증가 등도 중요한 변수가 되고 있다 (이명천·김요한, 2012; 아르젠티·포먼, 2006).

개념과 기능　한국IR협의회는 IR이 기업의 내용과 경영 방침 등에 대한 정보를 현재 또는 잠재적 투자자에게 제공함으로써 기업에 대한 이해를 증진시키고 신뢰관계를 구축하는 데 목적이 있다고 규정한다(이명천·김요한, 2012). 금융과 자본시장의 현재 투자자와 잠재적 투자자들에게 회사의 추구목표, 경영성과와 전망 등을 정확하고 명확하게 전달하기 위한 기업경영의 전략적 기능이란 해석도 있다. IR 활동은 ① 신뢰도 및 이미지 제고, ② 자금조달 원활화, ③ 주가 관리 및 안정주주의 확대, ④ 경영지배권 보호 차원에서 이뤄지고 있다. 신뢰도 및 이미지 제고는 기업의 지명도를 높여 기업 활동을 원활하게 하는 밑바탕이 된다. 기업의 사회적 책임, 윤리성, 비전 등 비재무적 사항들도 IR 전달 내용에 포함시켜야 한다. 원활한 자금조달은 기업의 건전한 자본구조를 가능케 해주는 요소다. 자본비용을 낮추는 효과를 기대할 수 있다. 또한 주가관리가 잘되면 주식의 안정성과 유통성이 높아지고 안정주주의 확보가 그만큼 쉬워진다(아르젠티·포먼, 2006). 이런 일련의 IR 활동은 경영지배권을 강화하는 데 도움을 줄 수 있다.

IR **공중** IR 공중은 기업의 재무에 영향을 미치는 다양한 집단들로 구성된다. ① 현재의 주주, ② 장래의 가망주주, ③ 재정 커뮤니티, ④ 규제 및 조성기관, ⑤ 언론매체 및 시민단체, ⑥ 내부 구성원으로 나눌 수 있다(그루닉·헌트, 2006c). 현재의 주주 중 대주주는 IR의 1차 관심 대상이다. 소액 개인투자자들도 발언권이 강화되고 있어 이들과의 커뮤니케이션을 빠트릴 수 없게 됐다. 그러나 개인투자자는 숫자가 많고 단기매매차익에 목적을 두는 경우가 많아 커뮤니케이션이 힘든 특성이 있다. 재정 커뮤니티에는 증권거래소, 증권사 중개인, 증권분석가(analyst), 펀드매니저, 투자은행, 일반은행 신용부서, 보험회사, 연기금 운용회사, 투자신탁회사, 투자자문가, 기관 피신탁자, 채권은행 등이 포함된다. 직간접의 시장 영향력을 가진 기관투자자는 자체 분석력을 갖추고 장기 대규모 투자를 하는 경향이 있어 자금조달원으로서 집중적인 관심을 받아야 할 대상이다. 증권분석가, 펀드매니저, 주식 중개인들은 전문가 집단으로 주가 영향력이 매우 커서 IR의 핵심 공중이 된다. 3명 이상 분석가들의 관심을 끌어 보고서가 발표된 주식은 그렇지 않은 경우보다 발표 이후 6개월 동안 주가가 30% 이상 높게 유지된다는 연구결과가 있다. 주식을 프로모터 해줄 영향력 있는 분석가들을 확보하는 것이 IR의 긴요한 과제다(아르젠티·포먼, 2006). 규제 및 조성기관으로는 정부, 금융감독위원회, 금융통계 조직, 신용평가기관, 경영연구소 등이다. 그 영향력이 확대되는 추세여서 기업 규모가 커질수록 민감성을 갖고 대응할 필요가 있다. 언론매체, 시민단체, 내부 구성원들도 늘 주목해야 할 투자 공중이다. 언론은 기업 실상을 다른 공중들에게 전달하고 쟁점을 만들어내는 통로가 된다. 평시에 기자들과 접촉하고, 업계 전반이나 추세에 대해 유용한 정보를 제공해 일상적 취재원이 되도록 하는 것이 좋다. 기업 내부 실상을 잘 알고 있는 조직 구성원은 기업정보의 1차적 파급원이 되는 경우가 많다(최윤희, 2008; 조계현, 2005).

IR 실무자 IR은 다양한 지식을 요구하는 전문화된 영역이다. IR 실무자는 심도 있는 재무 및 관련 법률 전문가여야 한다. 금융 및 자본시장에 대한 통찰, 기업경영 전략, 업계 동향 및 전망, 경제 및 자금흐름, 회계에 대한 전문지식 등 전략가적 자질이 필요하다. 기업의 제품이나 서비스에 관한 기술적 지식은 물론 총무, 세무, PR에 대해서도 폭넓은 조예와 경험이 있어야 한다. 분석가, 투자자들의 관심을 이해하고 정보통신기술을 자유자재로 구사하는 능력도 요구된다. 웹과 앱은 투자자들에게 가장 영향력 있는 정보원이 되고 있다. 언론과의 긍정적 관계 유지를 위한 미디어 관계 능력도 IR 실무자의 조건이다(이명천·김요한, 2012; 아르젠티·포먼, 2006).

2) 프로그램

IR은 프로그램은 설계에서 다른 PR 활동보다 선택의 자유가 적다. 투자자 공중은 늘 높은 관련성과 문제인식, 낮은 제약인식을 가진다. 적극적으로 정보를 추구하는 활동적 공중이어서 영향을 미치기가 쉽지 않다. IR 프로그램으로는 ① 최고경영자 자문, ② 주주 관계, ③ 전문 분석가 관계, ④ 언론매체 관계 등이 있다(그루닉·헌트, 2006c). 회사의 업종, 형태, 규모 등이 모두 다르기 때문에 어느 회사에나 적용할 수 있는 일반적 프로그램은 있을 수 없다. 프로그램은 상황 분석, 장단기 목표 설정, IR 대상 공중 선정과 특성 파악, 프로그램 수립, 프로그램 실행, 목표 달성 및 효과 분석으로 구성된다. 상황 분석에서는 주주 구성, 자본 구성, 투자 그룹별 주식 보유비율, 기업에 대한 시장 평가, 최고경영자 의향 등이 검토돼야 한다. 장단기 목표는 구분하는 것이 바람직하다. 2, 3년 지속돼야 프로그램의 효과를 기대할 수 있다(조계현, 2005 재인용). 효과가 있는 부분과 그렇지 않은 부분을 정리하는 작업이 뒤따라야 한다.

IR 전략의 지향점   투자자들이 궁극적으로 원하는 것은 기업이 잘 관리되고 제대로 운영되는 것이다. 투자자들에게 기업의 안정성과 예측 가능성을 제시해 이들이 확신을 갖도록 하는 것이 중요하다. 투자자 공중에게 미래의 불확실성을 줄여주는 전략 목표는 장기적인 것이어야 한다. 투자자들을 이끄는 것은 회사의 경영실적만이 아니라 그 회사의 비전이라는 점을 간과해서는 안 된다. 투자자는 소비자나 종업원과 많은 부분에서 공통점을 지녀 기업의 비전과 사명을 명확히 설명해주는 것이 좋다. 종업원들이 회사 비전에 충실하면 이들을 외부세계 대변인으로 활용할 수 있다. 기업의 가용자원을 최대한 동원한다는 생각이 필요하다. 역설적이게도 사회적 책임을 고려하는 기업들은 단기적 이익만을 좇는 기업들보다 오히려 매출실적이 좋다고 한다. 투자자들은 경영진의 변화를 위험신호로 받아들이는 경우가 많아 선제적 대응이 요구된다. 위기관리에서는 회사의 잠재력과 신뢰성을 보여줄 수 있어야 한다. 위기, 루머 등의 포착을 위한 강력한 모니터링 시스템 구축에 자원 투입을 아껴서는 안 된다(아르젠티·포먼, 2006).

IR 커뮤니케이션   IR 활동은 ① IR관리, ② 회의 및 프레젠테이션, ③ 인쇄출판물 배포, ④ 이벤트, ⑤ 언론매체 활용, ⑥ 온라인 IR로 나눌 수 있다. IR 관리에서는 모니터링 및 정보수집, 전문 인력 양성, 사내 IR 교육, 투자자 관리 등의 내부 프로그램이 있어야 한다. 회의 및 프레젠테이션의 하나인 기업설명회는 가장 많이 사용되는 IR 활동이다. 기업설명회는 기관투자자, 증권분석가, 펀드매니저, 금융 담당 언론인 등을 초청해 결산실적,

<표 7-2> IR 커뮤니케이션 실행수단

활동 유형	실행수단
회의 및 프레젠테이션	주주총회, 컨퍼런스 콜, 기업설명회, 투자설명회, 신제품 발표회, 소집단 미팅, 일대일 미팅
인쇄출판물	기업설명서, 연차보고서, 영업보고서, 사업보고서, 브로슈어, 팸플릿, 뉴스레터, 주주통신문
이벤트	해외 로드쇼, 사업장·연구소 견학, 박람회·전시회 참가
언론매체	언론 퍼블리시티, IR 광고
온라인 IR	홈페이지 IR 코너 마련, 이메일 활용

자료: 이명천·김요한(2012), 조계현(2005) 재정리.

재무상태, 경영정책 등 기업 내용을 보고하는 대규모 행사다. 목적에 따라 경영전략 설명회, 결산실적 설명회, 기술개발 설명회 등의 명칭을 사용한다. 경영진과 핵심 공중 간의 밀도 있는 대화가 이뤄진다. 10명 내외로 이뤄지는 소집단 미팅은 주로 증권분석가와 펀드매니저를 대상으로 하며, 일대일 미팅은 영향력이 큰 기관투자자를 대상으로 한다(이명천·김요한, 2012).

• 인쇄출판물 외 인쇄출판물 가운데 기업설명서는 법정 공시내용 외에 기업정보를 체계적으로 정리해 기업 이해를 돕게 해주는 자료다. 주주통신문은 기업경영을 정기적으로 알려주는 정보지 역할을 하며 주주들과 친밀감을 쌓는 데 적합하다. 이벤트의 한 유형인 투자박람회는 기업과 투자공중이 투자 상담, 제품 시연, 미팅, 시황정보 등을 주고받을 수 있는 기회가 된다. 언론매체 프로그램으로는 보도자료, 인터뷰, 기자회견을 포함하는 언론 퍼블리시티와 IR 광고가 있다. IR 광고는 재무정보와 함께 기업의 미래 판단 자료를 포함시키는 것이 좋다. 온라인 IR에서는 외부 침입에 의해 재무정보가 조작되지 않도록 보안장치를 마련하고 수시로 점검을 해야한다(이명천·김요한, 2012; 조계현, 2005).

IR 평가 IR 평가는 주가 분석, 이미지 분석, 주주성향 분석, 증권시장 분석, 종합 분석 등으로 이뤄진다. 외부의 각종 지표나 통계, 종업원 이직률, 고객 만족도, 업무 개선 정도를 측정해 IR 효과를 확인하기도 한다. 주가 분석, 배당률 분석, 재정판정서 등의 방법은 PR 평가보다 경영평가에 가깝다. 다수의 기업들은 IR 평가를 위해 커뮤니케이션 목적, 메시지 기억, 메시지 수용을 측정하는 방법을 사용한다. 주주 및 분석가 서베이(이메일, 전화, 면접), 분석가로부터의 피드백(비공식적 관찰법과 인터뷰)을 통해 측정치를 얻는다. 주주 서베이는 커뮤니케이션, 기억, 수용을 질문할 수 있으나 태도조사가 되기 쉽다(그루닉·헌트, 2006c). 국내 실무에서는 평가 대상 기업에 대한 미국 기관투자자의 투자 정도, 주식 거래의 유동성, 증권분석가의 추천 의견, 동종업계의 상대 주가 등을 평가요소로 하고 있다. 미국 기관투자자의 투자는 장기투자 여부를 판단하는 척도가 된다. 증권분석가의 추천 의견은 매도보다 매수 의견이 많을 때 바람직하다(이명천·김요한, 2012 재인용).

3. 지역사회 관계

기업 PR, 비영리단체 PR, 행정 PR에서는 관리 대상으로서의 지역을 지역사회 관계(community relations)라는 입장으로 접근한다. 지역사회 관계는 여러 PR 분야와 영역이 겹쳐지는 교차로 같은 성격을 가진다. 예를 들어 노숙자 줄이기 캠페인은 기업이나 비영리단체 PR에서는 공익 활동, 행정 PR에서는 사회정책 분야로 간주된다(헨드릭스, 2005). 영역 측면에서 보면 지역사회 관계는 공공문제 관계의 하위 활동 중 하나다. 지역사회 관계가 지역 구성원들에게 초점을 맞춘다면, 공공문제 관계에서는 정책 공중에 무게를 둔다는 점이 다를 뿐이다. 이 같은 상호 중첩이나 상하관계는 PR의 여러 분야에서 나타나는 일반적 현상이다.

1) 의미

지역사회는 일정 지정학적 위치와 그 안에 포함된 모든 것들로 보는 전통적 관점과 상호작용적 조직체들의 집합으로 보는 조직체적 관점으로 접근할 수 있다. 전통적 관점은 지리적 테두리로 묶어 지역을 단일화시키는 한계점이 있다. 조직체적 관점은 실용성을 중시한 접근이라 할 수 있다. 양자를 통합해 지역사회를 일정 지정학적 범위 내에서 구성원들의 기대와 욕구를 충족시키기 위해 활동하는 상호작용적 조직체들의 집합으로 규정하기도 한다. 통합적 관점은 지리적 범위만이 아닌 사회적 단위로서의 의미를 중시하고 있다.

지역사회 관계의 성장　지역사회 관계는 조직이 기반하고 있는 지역사회와 상호 호혜적인 관계를 형성하기 위한 PR 활동이다. 미국에서의 기원은 기업의 도덕성을 전혀 고려하지 않았던 20세기 초로 거슬러 올라간다. 노동자 및 사회복지에 무관심했던 기업들이 심각한 비난 여론에 부딪히자 기부 활동으로 시작해 자원봉사, 이벤트, 도서관 신축, 공익재단 설립 등 지역사회를 지원하는 프로그램들을 내놓았다. 일부에서는 사회적 마케팅 개념으로 접근하기도 했다. 이런 활동들로 기업 이익과 지역사회 복지 간에 균형이 잡히면서 다수의 조직들이 수혜적 의미를 깨닫고 관계 활동에 지속적인 참여를 하게 됐다. 오늘날 지역사회 관계는 조직의 사업이익을 지원해준다는 차원으로 이해되고 있다. 기업의 사회적 책임 활동의 일부로서 행해지는 전략적 의미도 크다(김영욱, 2003). 한국에서는 1990년대 지방자치제 도입과 함께 지역사회 관계의 중요성이 인식되기 시작했다. 지역사회 구성원들이 중앙정부를 대신해 지역사회 쟁점들에 대한 감시집단 또는 압력집단 역할을 하게 되면서 관계의 필요성을 느끼게 된 것이다. 지방자치가 활성화될수록 기업 등 조직들은 지역공동체 발전에 더 많은 책임감을 수용해야 할 상황이다. 그러나 조직과 지역사회 관계는 어렵고도 복잡한 양상을 띠는 경우가 있다는 것을 염두에 둬야 한다(김병철, 2005b).

지역사회 관계의 지향　지역사회는 상호 보완적인 목표, 기능, 의도를 가진 조직과 집단들로 구성된다. 지역사회 안의 한 조직이나 집단은 다른 조직이나 집단들과 고립된 상태로 존재할 수 없다. 따라서 지역사회 관계에서는 지역사회 모든 부문과 상호 신뢰를 구축하는 일이 무엇보다 중요하다(김병철, 2005b). 조직과 관계되는 지역사회의 욕구와 기대에 부응하는 것이 지역사회 PR의 지향이라고 할 수 있다. 조직들은 지역사회를 돕는 것이 조직을 튼튼하게 만드는 데 도움이 된다는 것을 경험적으로 이해하고 있다. 좋은 지역사회 관계는 종업원 사기 고취, 우수 인재 유치, 조직 업무의 원활화에 도움을 준다(이명천·김요한, 2012). 지역사회 관계의 목표는 일정한 방향성을 가져야 한다. 방향성을 상실하면 프로그램이 산만해지거나 효과가 떨어지고 심한 경우 프로그램이 유명무실화 될 수도 있다(김영욱, 2003). 지역사회 관계의 일반적 목표는 조직에 대한 정보 제공, 오해와 비판의 시정, 조직 운영에 대한 법률적 지원 얻기, 자치단체와의 우호적 관계 유지 등이다. 태도나 행동의 변화를 기대하기보다 커뮤니케이션 과정 자체를 중시하는 것이 바람직하다.

다원성과 세력구조　지역사회 관계의 기초 정보로는 ① 지역사회의 다원성 또는 집중성 정도, ② 지역사회 지도자, ③ 주요 사안과 쟁점들, ④ 해당 조직이 다른 조직·공중들과 갖는 연결망 등이다. 다원성 또는 집중성은 지역사회의 성격을 결정짓는 요인 중 하나다. 다원적 지역사회에서는 여론이 복잡성을 띠고 많은 갈등이 나타난다. 다양한 공중이 존재함으로써 모든 공중을 만족시키기가 어렵다. 집중적 지역사회에서는 안정, 현재 상태의 보강, 갈등의 무시와 같은 특성을 보인다. 언론매체나 정치인들도 지역사회의 다원성 정도에 따라 역할에 차이를 드러낸다. 다원화된 지역의 언론은 변화나 갈등 보도에 가치를 부여한다. 정치인의 경우 다원적 사회에서는 갈등의 중재, 집중적 사회에서는 현 상태의 지속에 비중을 둔다. 지역사회 지도자를 밝히기 위한 지역사회의 세력구조 정보는 목표공중 선별에 도움이 된다. 세력구조 접근방법은 ① 신분적 접근, ② 명성적 접근, ③ 의사 결정 접근이 있다.[2] 연구에 의하면 지역사회의 세력구조는 다원적인 경우가 많아 모든 결정내용에 영향력을 행사하는 세력구조는 잘 나타나지 않는다고 한다. 지역의 주요 사안에서는 여러 개의 권력 피라미드가 나타나는데 기업의 대표들이 피라미드의 주요 요소들을 형성한다는 연구가 있다(그루닉·헌트, 2006c).

2) 프로그램

지역사회 관계 프로그램을 효과적으로 진행하기 위해서는 ① 지역사회에 대한 이해와 지식, ② 명확한 목표 설정, ③ 전략 검토 및 선별, ④ 효과 예측, ⑤ 비용 및 가용 자원에 대한 고려가 필요하다. 지역사회에 대한 이해가 부족하면 프로그램의 방향착오나 시행착오가 일어날 가능성이 높다. 전략 검토 및 선별에서는 대안들에 대한 세부적인 접근이 이뤄져야 한다. 본사업과 함께 부대사업, 주변 사업을 필요로 하는 경우가 많다. 효과 예측에서는 사업의 후속 효과까지도 고려해야 한다. 취업교육은 교육으로 끝나는 것이 아니라 취업이라는 결과로 이어져야 프로그램이 완성된다. 비용 및 가용 자원의 예측이 잘못되어 프로그램이 중도에 무산되는 일이 있어서는 곤란하다(김주환, 2010 재인용).

---

[2] 신분적 접근은 공식적 신분을 가진 사람을, 명성적 접근은 비공식적 엘리트까지를 지역사회의 지도자로 간주한다. 의사 결정 접근은 누가 실제로 지역사회의 의사 결정에 영향을 미치고 있는가를 기준으로 지도자를 분별한다.

프로그램 구성　지역사회 관계 프로그램은 지역사회 지도자, 기관단체, 구성원들을 계도하고자 하는 경우가 많다. 공중의 참여를 촉진시키는 것이 프로그램 성공에 적지 않은 영향을 미친다(헨드릭스, 2005). PR 조사에서는 지역사회의 구조와 강·약점, 지역사회 내 조직의 역할과 평판, 신뢰도, 지역사회와의 마찰 사례, 지금까지의 홍보 활동, 조직의 강점과 약점 등이 분석돼야 한다. 지역사회의 문제점, 조직에 대한 오해, 잘못된 기업 이미지 등을 알아보려면 설문조사가 필요하다. PR 조사를 토대로 PR 프로그램의 이유, 즉 문제 및 잠재적 문제가 도출돼야 한다. 여기에 따라 합당한 PR 목적과 목표를 수립하고, 목표공중을 찾아내야 한다. 지역사회 관계 PR 프로그램에서는 여론 주도자, 선출직 공직자, 지역사회 지도자, 지역 언론매체 등을 목표공중에 포함시켜야 할 때가 많다. 이들 목표공중의 지도력은 지역사회의 구조와 실체를 결정짓는 요인으로 PR 프로그램 성공의 중요한 배경이 된다. 이 외에 종업원과 가족, 시민단체, 일반인에 대해서도 적절한 관심을 가지는 것이 좋다. 지역사회 관계는 전략적 기여, 사회투자라는 개념으로 접근하는 것이 바람직하다.

커뮤니케이션 전략　지역사회 관계 프로그램은 ① 표현적 활동과 ② 수단적 활동으로 구성된다. 표현적 활동은 공장 개방, 아마추어 야구팀 후원, 실습장비 기증처럼 활동 그 자체에 의미를 둔다. 이에 비해 수단적 활동은 어떤 목적을 상정하거나 의도성을 가진다. 회사 중역의 지도자 모임 연설이나 병원의 시민건강교실 개최와 같은 것이다. 관련 연구들은 표현적 참여보다 수단적 참여의 필요성을 강조하고 있다. 그러나 다원성 정도가 높지 않은 지역에서는 퍼레이드나 기념행사와 같은 공유된 가치를 표현하는 것이 효과적인 것으로 나타났다. 한편 지역사회 커뮤니케이션 연구는 쌍방 균형적 지역사회 관계의 중요성을 보여주고 있다. 지역사회 지도자들과의 쌍방적 만남은 부정적인 행동 횟수를 감소시키고, 조직에 대한 거부·

반대·갈등을 직접적으로 표현하는 경향을 드러냈다. 연구는 또 지역사회 관계 프로그램이 태도나 행동 목적보다 커뮤니케이션 목적에 더 적합하다는 결론을 내리고 있다. 지역사회 관계는 조직을 지지하는 태도의 변화나 행동을 유발시키지는 못하는 것으로 나타났기 때문이다. 면담이나 대화가 아닌 다른 지역사회 관계 활동은 지도자들에게 거의 영향을 미치지 못하는 것으로 조사됐다(그루닉·헌트, 2006c).

프로그램 수단 지역사회 관계의 프로그램 수단으로는 ① 사회공헌활동, ② 문화예술 지원 활동, ③ 스포츠 PR, ④ 산학협력, ⑤ 사회교육(공공교육), ⑥ 사회단체 참여, ⑦ 오픈 하우스, ⑧ 지역행사 참여 등이 있다. 사회공헌활동은 공익 활동과 자원봉사 활동으로 구분되며, 환경보호 캠페인, 무료검진, 불우시설 봉사 및 후원, 결식학생 식비 지원 등의 사례가 있다. 문화예술 지원 활동으로는 음악당 건립, 음악회·전시회 개최 또는 후원 등을 생각해볼 수 있다. 스포츠 팀을 운영하거나 후원하는 것도 지역사회 관계를 좋게 하는 수단이 된다. 산학협력 분야에서는 대학들과의 인적·물적 교류, 직업훈련 시행, 장학금 지급 등의 프로그램이 일반적인 형태다. 명사 초청 강연이나 사회교육 강좌, 노인생활 프로그램 운영 등 사회교육 차원의 접근도 바람직한 대안이 될 수 있다. 사회단체 참여는 상공회의소, 여론지도층 모임, 전문가 집단, 사회봉사클럽, 친목집단 가입을 통해 지역사회 일원으로서의 역할을 주고받는 것이다. 오픈 하우스는 지역 내 다양한 공중들을 대상으로 조직 방문 기회를 제공하는 프로그램이다. 조직의 이념, 역사, 정책, 지역사회 참여 정보를 제공하고 근무환경, 시설 등을 공개해 조직에 대한 이해를 돕는다. 마지막 지역행사 참여는 지역에서 열리는 박람회, 축제, 체육행사의 프로그램의 일부를 담당하거나 전시장을 마련해 관계를 강화하는 활동이다. 봉사 활동을 병행하기도 한다(이명천·김요한, 2012).

공공문제 관계   지역사회 관계는 공공문제 관계의 한 영역이기도 하다. 기업 활동에서 공장 건설, 신규 사업 진입 등 대부분의 현안들은 지역, 즉 현지 차원에서 이뤄진다. 이런 업무와 관련한 공공문제 프로그램으로는 ① 사회문제 해결 지원, ② 인맥관리, ③ 지역 참여 등이 있다. 사회문제 해결 지원은 정부나 자치단체가 직면한 사회문제들을 해결해줌으로써 호의적 관계를 형성하는 프로그램이다. 인맥관리는 특별 채용된 전직 고위관료나 조직 내 임직원들의 인맥을 통해 입법부·행정부 인사들과 인적 네트워크를 구축하는 활동이다(이명천·김요한, 2012 재인용). 지역 참여로는 지역 미디어 광고 게재, 학교재단이사 참여, 상공회의소 참여 등의 활동과 지역사회 자문단 설립 등을 들 수 있다. 자문단을 통해 환경오염, 일자리, 세수 등 다양한 문제들에 대한 모니터링이 가능하다. 공공문제 관계의 정책 공중이나 유권자들에게 조직의 입장을 전달하는 데는 교육된 지역사회 종업원들을 활용하는 것이 효과적이다(아르젠티·포먼, 2006).

4. 활동적 공중 관계

시민사회단체와 행동주의자들은 종종 동의어로 쓰인다. 변화를 위해 압력을 가하는 집단은 모두 행동주의 집단으로 볼 수 있다. 점점 더 다원화되는 사회에서 행동주의는 유형과 규모에 관계없이 모든 조직에 위협이 되고 있다. 대부분 행동주의자들은 환경보호, 동물보호, 인권, 노동자 권리 등 한 가지 쟁점에 특별한 관심을 두는 단일 쟁점 집단이다. 행동주의자들은 부정적 퍼블리시티, 정부와 입법기관의 개입 촉구, 보이콧 같은 공격적 전략을 구사하기 때문에 조직의 명성, 매출, 종업원 만족도, 주가에 부정적 영향을 끼칠 수 있다(디건, 2006).

1) 행동주의자

시민사회단체는 비정부·비영리기구로서 권력이나 이윤을 추구하지 않고, 시민의 자발적인 참여와 연대에 의하여 활동하는 조직을 말한다. 인간의 가치를 옹호하며 시민사회의 공공선을 지향한다. 흔히 NGO(Non Governmental Organization) 또는 NPO(Non-Profit Organization)라고 불린다. NGO라는 용어는 유엔에서 처음 사용됐다. 국제사회에서 민간단체들이 활발한 활동을 펼치면서 유엔기구들은 민간단체들과도 파트너십을 형성하게 됐는데, 이때 사용된 용어가 NGO다. 광의적으로는 기업과 시민사회단체 모두를 포괄하지만, 협의로는 비정부·비영리민간단체를 지칭한다. NGO와 유사한 개념을 가진 조직으로는 시민단체, 관변단체, 비영리단체, 제3섹터 등이 있다. 이들 단체의 공통점은 개별적 정체성을 가진 자발적 회원 조직이라는 점이다. 개개의 조직은 수평적으로 분화되어 있으며, 느슨한 비공식적 조직을 유지함으로써 다양한 가치를 수용한다. 시민사회단체 네트워크를 통해 사회문제에 공동 대응함으로써 시너지 효과를 얻고 있다.

행동공중의 의미 미국의 기업들이 1970년대에 공공문제 프로그램을 개발하게 된 것은 활동적 이익집단 때문이었다. 이들 행동주의자 공중들은 PR 기술 구사로 기업, 정부, 대규모 기관의 강력한 대항자가 될 수 있었다. 일반적으로 행동주의 공중은 조직의 행위나 정책이 자신들에게 나쁜 영향을 미친다고 인식할 때 나타난다. 일부 공중은 이념적으로 동기가 부여되거나 조직의 활동에 대한 거부반응으로 행동주의 공중이 된다.

• 환경/소비자 공중 사람들이 환경오염을 문제라고 생각하는 것은 행동주의자들이 반복적으로 환경 이슈들을 미디어 의제와 공공의제로 만들고 있기 때문이다. 폐쇄적 질문(선다형) 여론조사에서 사람들은 90% 이상이 환경오염을 국가적 문제로 응답하지만 개방적 질문에서는 10% 정도만이

국가과제로 꼽는다. 대부분의 사람들은 환경에 대해 정보처리 행동만 하는 소극적 공중이다. 상황이론을 적용한 연구에서는 거의 모든 사람들에게 관련이 있는 사항에서만 자각적이거나 활동적인 공중을 형성했다. 미디어 공중의 환경 이슈에 관한 보도는 점증하는 공중의 관심과 상조적인 관계에 있다. 공중들이 환경에 관심을 갖는 이유는 미디어가 환경에 점점 더 주의를 기울이기 때문이다. 그러나 환경보호그룹이나 정부가 보고서를 발행하거나 회견을 하지 않는다면 환경뉴스는 보도에 잘 보도되지 않는다. 기자들은 뉴스를 찾으려 하기보다 뉴스 발생을 기다리는 편이다. 소비자 공중은 여타 분야와 마찬가지로 소비자보호운동 공중, 관련 이슈만의 공중, 단일 이슈 공중, 무관심 공중으로 나뉜다. 미디어 공중의 소비자 문제 접근은 환경 이슈와 비슷한 패턴을 보인다(그루닉·헌트, 2006c).

행동 대상과 전술　행동주의자들의 행동목표 대상 선정은 일정한 편이다. 정부와 정부기관들은 1차적 감시 대상이다. 환경파괴 잠재력을 가진 화학 및 제약업계, 유전자조작식품이나 담배 등 인체에 해로운 제품 생산업체, 저임금이나 어린이 고용 등 종업원 학대의 의혹을 사고 있는 업체들이 행동목표 그룹이다(디건, 2006). 이들의 행동전술은 미디어 전술과 일반 전술의 두 가지로 구분해 살펴볼 수 있다(<표 7-3> 참조).

• 미디어 전술　미디어 전술에서는 다음과 같은 기법들이 사용된다. 먼저 쟁점에 불을 댕기기 위해 뉴스 가치가 있는 단기 갈등을 만들어내 주목을 끈다. 과학적 연구를 동원하며, 공중들이 모른다고 생각하는 정보를 흘린다. 또 과학적으로 입증된 것처럼 보이는 감성적 주장을 이용하거나 사진 등의 비주얼을 제시해 정서적 반응을 극대화시킨다. 유명 인사를 활용하거나 행동의 날을 정해 보도 노출을 꾀하기도 한다. PR뿐 아니라 광고 캠페인을 실행할 때도 있다.

• 일반 전술　일반 전술로는 대결 기법을 사용해 조직에 직접적 압력을

<표 7-3> 행동공중의 전술 수단

유형	전술 수단
미디어	갈등 만들기, 유명인 활용, 의사사건 만들기 등
압력 행사	캠페인, 탄원운동, 대규모 시위, 보이콧 등
커뮤니케이션	로비, 청원, 포럼 개최, 공공교육, 이벤트 등
여론 형성	인터넷, 세미나, 소책자, 뉴스레터, 소셜미디어 등

가하거나 정부 규정을 바꾸도록 만든다. 자주 쓰이는 전술은 <표 7-3>과
같다. 행동주의자들은 이런 수단을 사용해 직접적 압력을 행사하거나 여
론 형성에 영향을 미친다. 이들은 일반적으로 다루는 이슈의 진위에 대한
전술적 애매성을 유지하고자 한다. 자신들의 주장에서 사실과 허위를 명
백히 가려야 한다고 생각지 않는다. 때늦은 해명은 피해 조직에 아무런 도
움을 주지 못한다. 이와 함께 메시지를 전 세계에 배포해 이야기를 주고받
으면서 쟁점을 부풀리거나 웹사이트, 잡지 등 대변 미디어를 통해 사안을
지속시키고 확대한다(디건, 2006).

2) 프로그램

행동주의 공중의 쟁점 처리 과정은 긴장, 동원, 대립, 협상, 종결의 형태
로 나타난다. 조직은 행동주의 공중에 대해 굴복, 협상, 회피와 숨기, 개선
책 제안, 조작 등의 대응을 보인다. 조직의 행동주의자 대응은 5장 PR 기초
전략 중 반응전략과 주로 관련된다. 2장에서 소개된 PR의 대전략을 원용
할 수도 있다. 문제의 내용과 상황에 따라 비타협적 대전략, 저항적 대전략,
협조적 대전략, 통합적 대전략 중 하나를 선택할 수 있다. 대전략이 선택되
면 거기에 맞는 프로그램들이 마련돼야 한다.

대응 모델 대전략과 유사한 개념인 PR의 4모델로 대응 방식을 결정할

수 있다. 언론대행 모델은 행동주의자 공중을 적대시하는 기조를 가져 공중들을 더 활동적으로 만드는 경향이 있다. 이 모델의 대응에서는 기업운영 방식을 바꾸는 것이 아니라 광고 방식만 바꾸는 형태가 된다. 공공정보 모델도 대개는 PR 문제에 부합하지 않는다. 긍정적인 정보만 제공할 경우 조직의 근시안성을 드러내기 쉽다. 쌍방 불균형 모델은 설득을 위해 완전치 못한 정보들을 생산한다는 의미로 해석할 수 있다. 행동주의자 공중 역시 쌍방 불균형 모델을 주로 선택하기 때문에 정보 간의 충돌이 일어난다. 일반인들이 지니고 있는 행동주의자들에 대한 부정적 가치관으로 대응하는 방식이 된다. 쌍방 불균형 모델은 행동주의자보다 수동적인 공중조직에 더 효과적이다. 행동주의자들을 다루는 데는 쌍방 균형 모델이 가장 실효성이 높은 선택이다. 쌍방 균형 모델은 본질적으로 협상을 의미하며, PR은 교섭 과정이다. 따라서 해결은 하나의 타협이 된다(그루닉·헌트, 2006c).

커뮤니케이션 전략　행동주의자 공중과의 커뮤니케이션 전략은 크게 4가지로 정리할 수 있다. 첫째, 커뮤니케이션은 쌍방적이고 직접적이어야 한다. 앞에서도 지적했듯이 개방적인 커뮤니케이션이 PR 문제 개선이나 해결에 유리하다. 둘째, 행동주의자 공중과 공유할 수 있는 커뮤니케이션 네트워크를 유지하고 이를 통해 상대에 대한 정확한 인식을 갖도록 해야 한다. 갈등이 일어나는 많은 원인이 상대에 대한 무지나 이해 부족, 오해에 있다는 점을 상기할 필요가 있다. 셋째, 장기적인 관점에서 문제 해결 방안을 만든다는 태도가 요구된다. 조직들은 행동주의자의 대응에서 단기적이고 가시적인 이익이 없으면 활동이 실패한 것으로 평가하는 경향이 있다. 그러나 행동주의자의 입장을 이해하고 이를 수용하는 것도 하나의 성과가 될 수 있다. 때로 전술적 패배가 전략적 성공을 의미한다. 장기적 관점으로 접근하면 사태를 보다 객관적으로 평가하는 여유를 얻게 된다. 상호 이익이 되는 큰 그림을 그린다는 생각이 있어야 한다. 넷째, 언론을 활용할 수 있는 인프라를 구축하는 것이 중요하다. 행동주의자에 의해 이슈가 제기됐을 때 조직의 입장을 솔직하고 공개적으로 설명·설득할 수 있는 창구를 가져야 대처가 그만큼 용이해진다.

PR 프로그램 행동주의자 대상의 PR 프로그램은 명분과 현실의 다방면에서 검토돼야 한다. 환경 공중 프로그램의 경우 PR이 반동적이 된다는 본질적 한계와 부닥치는 경우가 있다. 내부 경영진을 다루는 것이 외부 공중보다 더 어렵다고 한다. 소비자 공중 프로그램에는 보통 불평과 문의 처리, 구매와 서비스 정보 제공, 소비자 서비스 개발, 소비자 옴부즈맨 선임, 소비자 자문위원회나 종업원 소비자위원회 구성 등이 포함된다(그루닉·헌트, 2006c). 외부의 활동적인 소비자 집단과 연계해 홍보를 하는 방법도 검토해볼 만하다. 최근 제품의 안전문제가 조직의 위협 요인이 되고 있어 제품 리콜에 대한 비상계획을 마련해두는 것이 좋다(헨드릭스, 2005).

5. 공공문제 관계

미국에서는 1970년대 들어 정부, 의회 등을 상대로 한 공공문제 관계 활동이 부쩍 조명을 받았다. 오늘날 공공문제(Public Aaffairs: PA) 프로그램의 60% 정도는 1970년대에 생긴 것이다. 이때부터 미국에서는 공공문제 관계가 PR과 거의 같은 의미로 사용되기 시작했다. 양자의 차이점은 공공문제가 정부 관계 지향적인 데 비해 PR은 커뮤니케이션 지향적이란 사실에 있다(그루닉·헌트, 2006c). PA 관계는 1990년대 후반 들어서 빠른 성장세를 보였고, 다양한 사례들이 실질적 성과를 입증했다. 지금은 전략적 경영 활동의 전문 실무 분야로 자리매김하고 있다.

1) 의미

PA는 국가별로 개념에 상당한 차이를 보인다. 1913년부터 정부 PR을 엄격히 규제해온 미국에서는 PA를 PR의 대체 개념 또는 다른 이름으로 사용해왔다. 유럽에서도 이와 유사한 기류가 있다. 반면 한국에서는 PA를 PR의 하위 영역으로 간주한다. PR 발전의 문화적 차이가 PA에 대한 접근 방식을 달리하도록 만든 것이다. PA의 실무 범위에 대해서는 아직 이론적 합의를 보지 못하고 있다. PA는 입법부, 행정부 등 정책 공중을 1차적 관리 대상으로 하지만 지역사회 관계, 활동적 공중 관계, 언론 관계와도 긴밀히 연결된다. PA와 관련 있는 학문 분야는 경영학, 경제학, 커뮤니케이션학, 조직사회학, 정치학 등이다(해리스·프레이셔, 2007).

PA의 중요성   미국의 경우 역대 정부들이 업계에 대한 규제의 종류와 양을 급격히 변화시켜왔다. 이런 과정에서 정부와 업계는 치열한 줄다리기를 벌였고, 기업들은 규제조치에 맞서기도 했다. PA의 중요성은 규제자 또는 지원자로서의 정부의 역할이 커지는 것과 비례한다. PA 대상으로서의 정부의 개입 또는 역할은 규제자 또는 규제의 틀 마련, 행동선도, 의사결정과 같은 형태로 나타난다(해리스·프레이셔, 2007). 정부는 긍정적이든 부정적이든 시장의 구조나 규모에 가장 큰 영향을 미치는 존재다. 독과점 규제, 중소기업 고유 업종 지정, 대형마트 일요일 휴무, 자동차 연비 규정 강화 등 영향을 미치지 않는 곳이 거의 없다. 경제계획 입안, 정부물자 조달 등을 통해서도 조직의 활동을 지원하거나 제약할 수 있다(신인섭·이명천·김찬석, 2010). 세계화로 인해 개별 국가를 뛰어넘는 다양한 정부 간 규제의 등장은 조직들로 하여금 정부 관계에 더 많은 주의를 기울이게 만들고 있다. PA는 정교하고, 전문화되어가는 NGO와 압력단체에 대한 대응 수단으로서의 의미도 크다. 미디어의 기술적 진보와 함께 무소부재의 감시망을 갖게 된 NGO와 압력단체의 성장은 PA 활동을 더욱 자극하고 있다(한정호 외, 2014).

PA의 범위　미국 보스턴 대학교의 401개 기업체 연구사례는 공공문제 관계의 범위를 지역사회 관계(84.9%의 수긍 응답률), 정부 관계(84.2%), 사회공헌활동(71.5%), 언론 관계(70.0%) 등으로 밝히고 있다. 공공문제 부서의 전형적인 업무는 3단계 정책기관(연방, 주, 지역) 관계, 정치적 활동, 지역사회 관계, 국제관계 등이었다. 업무내용별로는 공공 쟁점의 확인(92.8%)과 우선순위 결정(78.5%), 부서 관련 공공 쟁점의 확인(74.2%)과 우선순위 결정(74.1%), 사회정치적 경향의 예측보고(74.1%)와 부서계획 검토(55.0%) 등으로 나타났다(그루닉·헌트, 2006c). 여기서 보듯 공공문제 PR은 쟁점관리와 흡사한 모양새를 띤다.[3] 공공문제에 이용되는 빈도별 PR 활동은 쟁점 수집, 로비 활동, 쟁점 발견조사, 정부기관에 조직 입장 전달, 종업원에 조직 입장 전달 등이었다. 이 같은 조사내용은 PR과 PA를 동일시하는 미국적 환경의 산물인 만큼 한국에서는 보다 협의적으로 해석할 필요가 있다.

국내의 공공문제　한국에서는 공공문제 관계를 공공관계, 공공문제 관리, 공공정책, 공공업무, 정부 관계 등 다양한 용어로 번역해왔다. 이들 명칭이 말해주듯이 PA는 공중과의 관계관리적 측면과 문제관리적 측면을 동시에 가지고 있다. 때문에 PR의 대상 공중으로 접근할 수도 있고, 쟁점관리 측면으로 접근할 수도 있다. 한국에서는 공공문제 PR을 조직의 정치사회적인 환경을 관리하는 활동으로 정의하는 전문가들이 많다. 공공정책이나 규제를 관리하는 입법부, 행정부 관계를 다루는 개념이지만 지방자치단체, 시민사회단체를 포함시키기도 한다. 일부에서는 지역사회 관계, 기

---

3) 공공문제 PR에서의 쟁점관리는 목표를 달성하기 위한 방법 또는 과정으로 이해되어야 한다.

업의 사회적 책임(Corporate Social Responsibility: CSR)까지도 공공문제로 본다 (신인섭·이명천·김찬석, 2010). 이 같은 학계의 입장을 반영하듯 최근 기업들도 공공문제를 사회적 책임 활동과 연계시키는 추세를 보이고 있다. 공공문제 PR의 변화상 중 하나는 사후적 활동에서 사전적 활동으로 바뀐 점이다. 과거의 공공문제 관계 프로그램은 정부 조치에 적응하거나 조치를 제어하는 방식이었으나 오늘날에는 특정 조치가 있기 전에 정책에 영향을 주기 위한 활동으로 인식되고 있다. 특히 대기업의 경우가 그렇다(이명천·김요한, 2012). 이 같은 실무적 응용과 달리 이론 분야에서는 개념적 애매성 등으로 인해 연구 실적이 거의 전무한 실정이다. 이는 미국과 PR체계가 상이한 데서 오는 현상으로 보인다.

2) 프로그램

미국 대기업들은 일반적으로 정부가 모종의 조치를 취하기 전에 정부 정책에 영향을 주기 위해 공공문제 프로그램을 시행한다. 전국총기협회, 전국교육협회 등도 광범한 프로그램을 운영하고 있다. 공공문제 관리 프로그램으로는 연대 구축, 최고경영자의 쟁점 활동, 로비, 정치 활동 후원회 등이 있다(아르젠티·포먼, 2006). 퍼블리시티, PR 광고, 캠페인 등 PR의 일반적 수단들도 빠지지 않는다. 한국에서는 사회문제 해결 지원, 인맥관리, 비공식적 로비 등의 프로그램이 사용되고 있다(이명천·김요한, 2012). 공공문제 관계는 역동적인 환경에서 진행되기 때문에 상호 이해를 바탕으로 하는 협상전략이 바람직하다. PR 프로그램 기획은 여타 경우와 마찬가지로 문제 발견과 상황 분석, 목적과 목표 설정, 전략 수립, 실행방안 마련, 평가 등으로 구성된다. 실무적으로는 ① 문제 발견, ② 관계자 접촉, ③ 상황보고 및 필요조치 분석, ④ 분석정보 역전달, ⑤ 조치 및 행동 등의 활동을 한다(그루닉·헌트, 2006c).

상황 분석 5장에서 설명했듯이 상황 분석은 조직 분석과 공중 분석으로 대별된다. 공공문제 관계에서의 조직 분석은 다른 관계 관리 유형에서 조사되는 내용과 유사하다. 쟁점관리가 이뤄지고 있다면 조직의 기회 요인 또는 문제점을 쉽게 평가할 수 있게 해준다. 쟁점관리는 조직의 관심사에 대해 우선순위를 부여한 후 그런 문제를 다루기 위한 전략과 대안을 결정하는 일이다(8장 쟁점관리 참조). 공중 분석은 ① 공직자 공중, ② 행동주의자 공중, ③ 쟁점 관심 유권자 공중, ④ 지역사회 공중, ⑤ 배경 공중 등의 부류를 대상으로 한다. 프로그램의 성격에 맞게 선택할 필요가 있다. 공직자 공중은 정부, 광역단체, 기초단체의 3단계로 구분할 수 있다. 광역단체 및 기초단체 공직자 공중은 지역사회 공중으로도 분류된다. 배경 공중에는 언론매체, 조직의 협력자 등이 있다. 행정부나 입법부의 공직자 공중에 대한 PR 조사는 거의 불가능하다. 이들을 이해하기 위해서는 공직자와의 대화, 과거 행동, 조직 관심사에 대한 발표 내용, 조직 관심사에 대한 투표 기록, 일반적인 태도, 조직에 대한 과거나 현재의 반응, 선거구 관련 사항(선출직), 일반적 관심사, 전문 분야, 학연, 혈연, 지연 등을 조사해봐야 한다(헨드릭스, 2005).

커뮤니케이션 전략 커뮤니케이션 전략에서는 핵심 공중인 공직자 공중들이 무엇을, 왜 커뮤니케이션 하느냐를 이해하는 일이 중요하다. 프로그램에서는 목표공중을 긍정 - 긍정적 - 중립 - 부정적 - 부정과 같은 척도로 평가해 활동의 기준점으로 삼을 수 있다. 먼저 긍정 집단을 대상으로 설득 노력을 시작하는 것이 좋다. 이어서 긍정적 집단, 중립 집단을 접촉하고, 마지막으로 부정적 집단을 목표로 한다. 부정 집단은 태도가 확고하기 때문에 목표공중으로 삼지 않는 것이 현명하다. 강력 반대하는 집단과 커뮤니케이션을 하는 경우 역효과를 내는 경우가 많다. 접촉 시도는 태도를 더

단호하게 만들어 적극적으로 반대 입장을 표명하게 만들 수 있다(헨드릭스, 2005). 공직자 공중은 쟁점의 한계를 깨닫게 하거나 재선이 어렵다는 것을 주지시키는 전략이 효과적이다. 공직자들이 제약인식을 갖게 되면 외부세력에 의해 행동이 결정될 가능성이 높아진다. 선출직 공직자에게 가장 관여도가 높은 쟁점은 출신지역 문제여서 유권자들의 로비가 잘 먹힌다. 공직자들의 문제인식은 늘 과부하 상태여서 보좌관이나 전문위원, 정부 실무자들의 조언에 의존한다는 점을 염두에 둬야 한다. 능동적 공중을 통해 수동적 공중들에게 정보를 전파하는 방법도 있다(그루닉·헌트, 2006c).

연대 구축 및 정치후원 행정부, 입법부, 전문가 단체, 특수 이익집단 등 어느 곳에나 반기업적 인사들은 포진해 있기 마련이다. 이들은 기업 활동 규제의 논쟁에서 영속적인 반대 세력으로 존재한다. 이런 현실을 감안하면 공공문제 대응은 개별 회사 차원보다 연대를 구축하는 것이 유리할 때가 많다. 이해를 공유하는 업계의 경우 협회를 중심으로 강한 목소리를 낼 수 있다. 1970년대 비즈니스 라운드 테이블(BRT)[4]이 그런 사례의 하나다. 라운드 테이블은 200여 개의 기업 최고경영자들이 참여해 막강하고 실체가 있는 단체로 성장했다. 1980년대에 미국 상공회의소는 상원의원이나 하원의원과 개인적 친분이 있는 기업 임원들로 2700개의 의회 활동 후원회를 조직해 사안에 따른 접촉을 시도한 바 있다. 각 회사들도 종업원들의 정치 참여를 장려하고, 특정 후보자 지지, 정치 활동 후원회 기여 등의 방식으로 정치인들과의 접근통로를 만들고 있다(아르젠티·포먼, 2006). 정치 활동 후원의 방식으로는 기부금 제공, 무료 미디어 대응 훈련 제공, 자원봉사

---

4) 1972년 설립된 비즈니스 라운드 테이블(BRT)은 공공정책 대안 마련을 위한 미국 유수 기업들의 최고경영자 협회다. 2014년 현재 200여 회원 기업의 연간 매출은 7조 4000억 달러 규모이고, 미국 주식시장 시가총액의 1/3 이상을 차지한다. 규제정책 등 9개 위원회를 두고 있다(http://businessroundtable.org/about).

자 제공, 행사 조직화 서비스 제공, 유명인 동원 등의 형태가 있다.

PR 평가 공공문제 프로그램의 실무자들은 PR의 목표 설정에서 산출목표와 정보목표에 비중을 두는 경향이 있다. 측정의 실효성 때문에 산출목표와 커뮤니케이션 접촉(메시지 노출, 기억, 인지)이 업무 평가의 기준이 돼야 한다는 입장이다. 태도 및 행동 목표는 측정이 어렵고 복잡한 변수들을 통제하기가 쉽지 않다는 뜻으로 풀이된다. 그러나 PR 활동의 궁극적 평가는 목표공중의 투표행위 등으로 판단돼야 할 성질의 것이다(헨드릭스, 2005). 공공문제 PR의 효과목표 측정 방식은 여타 PR 활동과 차이가 있다. 설문조사 등 계량적 방법으로 목표공중에게 접근하기가 어려워 활동을 관찰하는 데 초점을 맞춰야 한다. 공직자와의 대화, 조직 관심사에 대한 발표 내용, 투표 기록 또는 결과, PR 실무자가 활용한 자료 등 비계량적인 방법이 적합하다. 수용자 반응, 로비 활동 결과, 경영상의 득실(비용감소, 이익 증가, 특혜 등)를 기준으로 PR 활동을 평가한 전례가 있다(그루닉·헌트, 2006c).

8장
쟁 점 및 위 기 관 리

1. 쟁점관리

여론관리, 이해관계자 관리, 쟁점관리는 활동의 의미에서 차이를 보일 뿐 동질적인 속성을 가질 때가 많다. 3자 관리를 같은 속성을 가진 하나의 동심원으로 표현할 때 여론, 이해관계자, 쟁점으로 향할수록 활동의 범위가 좁아지고 구체화된다. 쟁점관리가 3자 관리의 중심에 있다. 3자 관리는 명성관리, 관계관리, 위기관리의 공통분모가 된다. 특히 공공문제 관계, 지역사회 관계와 긴밀한 연관성을 갖는다. 3자 관리가 잘못되면 명성의 위기, 관계의 위기를 초래하거나 위기 프로그램을 작동시켜야 할 상황으로 발전하게 된다.

1) 여론관리

여론은 PR 활동의 원인이자 결과다. PR에 대한 이해는 여론에 대한 이해로부터 시작된다고 해도 과언이 아니다. PR 실무자가 PR 프로그램을 실행할 때 우선적 관심을 갖는 것도 여론이다. 많은 PR 프로그램은 주로 언론을 이용해 여론에 영향을 미치는 것을 목표로 한다. 그러나 여론이 형성되는 과정에 많은 요인들이 관여되기 때문에 어느 요인이 어떤 방식으로 여론을 형성시킨다고 말하기가 어렵다.

여론　여론은 사실, 사건, 사람, 조직, 제품에 대한 인식이나 평가에 기초한 공중의 집합적 의견이다. 개인의 의견(마음속 태도를 언어화해서 외부로 표현한 것)과 공중의 의견이 서로 연관을 맺어 여론을 형성하게 된다. 버나드 헤네시(Bernard Hennesy)에 따르면 여론의 4가지 기본 요소는 ① 문제, ② 문제에 대한 상당수 사람의 의견 발표, ③ 발표된 몇몇 의견들 간의 상호 일치, ④ 일치된 의견의 직간접적인 영향력 행사다. 여론은 측정하거나 추론할 수 있으며 공중의 수에 따라 효과가 달라진다. 그러나 의견들의 산술적 합계라기보다는 사회 안에서 동적인 상호작용을 통해 수렴된 종합 의견으로 봐야 한다. 여론은 또 다른 문제에 대한 여론으로 인해 밀려날 수도 있다. 일반적인 여론 형성 요소로는 ① 의견지도자와 ② 사회환경이 꼽힌다. 의견지도자는 여론 형성의 촉매작용을 하는 사람들이다. 공직자, 대기업 대표 등과 같은 공식적 의견지도자와 특정 주제에 대해 잘 알거나 능숙한 비공식적 의견지도자의 두 부류가 있다. 여론 형성 요소로서의 사회환경은 그 범위와 크기, 강도, 일반성과 구체성, 안정성과 불안정성 등 변수가 너무 많아 이를 법칙화해 설명하기가 거의 불가능하다. PR 실무자들은 여론을 이해하고 변화시키기 위해 소통 대상으로서의 공식적, 비공식적 여론지도자들을 분별해낼 수 있어야 한다(최윤희, 2008; 조계현, 2005).

여론의 기능　여론의 기능은 개인적, 사회적, 정치적, 문화적으로 접근해 볼 수 있다. 첫째, 개인적 차원에서는 ① 인지적 기능, ② 동질화 기능, ③ 내적 긴장해소 기능을 가진다. 외부의 상황을 인지하고 자신의 의견을 새로이 구성하는 것이 인지적 기능이다. 자신이 속한 집단의 동질성을 저해하거나 부조화를 일으키는 신념이나 의견을 피하려는 것이 동질화 기능이다. 개인에게 소속감을 확인시켜줌으로써 소속집단으로부터 고립되지 않으려는 개인의 내적 긴장을 해소시켜주는 기능도 한다. 둘째, 사회적 기능은 주로 매스미디어에 의해 수행된다. 매스미디어가 만든 의사이미지는 고립을 피하려는 사람들을 추종하게 만드는 경향이 있다. 매스미디어는 분화된 의견들을 통합하는 순기능도 하지만 여론 조작으로 건전한 여론 형성을 방해하기도 한다. 셋째, 여론의 정치적 기능은 정치적 결정에 대한 영향력을 말한다. 현상 유지나 현상 타파의 2가지 방향 중 한 방향을 지지하게 만드는 경향이 있다. 넷째, 여론은 관습이나 풍속 등 문화적 측면에서 간접적이고 잠재적인 영향을 미친다. 문화적 기능이라고 할 수 있다(조계현, 2005 재인용).

여론관리　뉴섬(Doug Newsom)은 공중의 여론을 조절하고 관점을 수용시키는 지침으로 ① 일치, ② 행동, ③ 친밀성과 믿음, ④ 명확성 등 4가지 원칙을 제시하고 있다. 일치는 공포, 희망 등 공중들의 관심사에 부합되는 소구요소로 설득을 해야 한다는 원칙이다. 행동은 개인의 이해관계에 설득 아이디어를 행동으로 적용할 수 있어야 함을 말한다. 친밀성과 믿음은 설득 커뮤니케이션의 정보원 매력과 공신력에 연결된다. 명확성은 제시되는 아이디어의 명확성을 말한다. 4가지 여론관리 지침은 설득의 4요소 중 정보원, 메시지, 수용자와 맥락이 맞닿는다(2장 설득의 요소 참조). 스피처(C. Spitzer)는 많은 조직들이 여론관리에서 정당성보다는 일시적 인기나 특정 집단의 비위 맞추기에 급급하다며 장기적 신뢰를 우선해야 한다고 지적한다(김병철, 2005b).

• 여론 모니터링　여론 모니터링의 방법으로는 개인 접촉, 미디어 클리핑, 사회조사 자료의 이용, 현지 보고서, 전화와 편지, 자문위원회, 직원회의, 여론조사[1] 등이 사용된다. 각종 자료의 내용 분석, 심층 인터뷰, 포커스

그룹 인터뷰 등을 보완적 수단으로 할 수 있다. PR 실무자들은 특히 매스미디어 정보가 여론 형성에 미치는 영향을 읽을 줄 알아야 한다.

• 여론과 쟁점 헤네시에 따르면 여론관리는 쟁점에 초점을 맞추는 것이 일반적이다. 모든 쟁점이 여론 법정의 판결 대상이 되기 때문이다. PR 실무자로서는 어느 쟁점이 강한 파장을 일으킬지를 예측하는 일이 매우 중요하다. 여론 형성 과정에서 공중은 모든 쟁점에 동일한 중요성을 부여하지 않는다. 쟁점별로 위상이 다르다는 것이다. 의견의 안정성 여부도 여론관리의 중요한 변수가 된다. 안정성이 높은 의견은 대개 관여도가 높기 때문에 쉽게 변하지 않는다. 반면 불안정한 의견은 해당 공중들에게 중요한 것이 아니어서 쉽게 변화될 수 있다(최윤희, 2008).

2) 이해관계자 관리

이해관계자는 조직과 이해관계를 가지는 사람과 집단을 말한다. 초기산업화 시대처럼 사회적 환경이나 경쟁이 단순했을 때는 이해관계자 관리의 중요성이 크지 않았다. 그러나 오늘날과 같은 복잡한 조직 환경에서는 이해관계자 관리가 조직의 기본적 PR 활동으로 간주되고 있다. 대중매체뿐 아니라 연설이나 프레젠테이션과 같은 대인 커뮤니케이션을 통해 이해관계자들을 다양하게 접촉할 필요가 있다. 이해관계자 관리는 주로 기업 입

---

1) 문헌상 우리나라 여론조사의 최초 기록은 세종12년(1430년)이다. 세종은 새로운 토지 세법(貢法)을 제정하기 위해 조정 관리와 지방 백성 17만 2806명을 대상으로 5개월여 동안 찬반 여론조사를 실시했다. 영조 27년(1751)에도 균역법을 시행하기 전에 문신, 유생, 향리, 백성들의 여론을 수렴해 정책에 반영했다는 기록이 있다. 대한민국 최초의 국민 여론조사는 1960년 11월 3000명을 대상으로 실시된 국정 설문조사(52개 항목)였다(신인섭·이명천·김찬석, 2010).

<표 8-1> 이해관계자 관계 관리 항목 및 내용

관리 항목	관리 내용
이해관계자	일반/특수 이해관계자 분별
이해관계 구분	사업/투자/도덕적 이해, 일시적/장기적 이해, 현재적/잠재적 이해
위협 요인	조직보다 강력, 필수적 수단 통제 능력, 연합 가능성, 공격적 조치 가능성
조직의 책임	경제적 책임, 법률적 책임, 윤리적 책임, 온정적 책임
전략	직접/간접, 공격/방어, 수용/협상/조종/거부, 단일/결합 전략
조치	위협/협력의 고저를 기준으로 참여/모니터링/방어/협력 전략

자료: 해리스·프레이서(2007).

장에서 서술되나 정부, 비영리단체, 교육단체 등에게도 공통적으로 적용될 부분이 많다.

이해관계자　이해관계자는 조직과 직접 또는 간접으로 이해관계에 연관되는 사람이나 집단을 통칭하는 용어다. 이해관계는 사업에 대한 이해, 투자 또는 소유에 대한 이해, 도덕적 이해를 포함하는 개념이다. 도덕적 이해란 종업원이 해고당하지 않을 권리, 소비자가 안전한 제품을 가질 권리, 기업 외부 집단들이 자신들의 추구하는 가치를 요구할 권리 등을 말한다. 이해관계는 그 점에서 조직의 문화나 윤리와도 연결된다. 이해관계자는 이런 이해관계들을 하나 또는 그 이상 가진 사람이나 집단을 말한다. 달리 표현하면 조직의 조치나 결정, 정책, 관례, 목표에 영향을 주거나 받을 수 있는 실체라고 할 수 있다. 조직의 의사 결정으로 영향을 받는 집단이거나 그 집단의 의사 결정이 조직에 영향을 미치는 실체로도 표현된다. 내부 이해관계자로는 종업원, 관리자, 투자자 등의 집단이 있고, 외부 이해관계자로는 소비자, 지역사회, 이익단체, 협력업체, 경쟁사, 정부, 언론 등의 집단이 있다. 이들 이해관계자는 조직 생존에 필수적인 핵심적 이해관계자, 조직관리에 중대한 역할을 하는 전략적 이해관계자, 조직의 일반적 환경을 형성하는 환경적 이해관계자로 구분된다(해리스·프레이서, 2007). 이해관계 자들이 어떤 문제를 인지하고 능동적으로 변하면 공중 단계로 넘어간다. 공중의 동기가 더욱 강화되면 행동주의자 공중이 된다.

이해관계자 관리의 기능   이해관계자 관리는 쟁점관리에 선행하는 미래 대비적 개념이다. 이해관계자 단계의 커뮤니케이션은 장기적인 관계를 유 지하는 데 주안점을 두므로 조직의 안정적 관리에 도움이 된다. 갈등이나 위기 상황 해결에도 일정 부분 기여를 할 수 있다(그루닉·헌트, 2006c). 미국 과 영국의 사례연구를 보면 모든 이해관계자들을 포용하는 기업이 주주 우선 기업보다 좋은 성과를 내는 것으로 나타났다. 경영의 초점을 핵심 이 해관계자인 종업원과 소비자의 기대에 맞추는 것이 주주의 최고이익에 부 합한다는 결론이다. 좋은 일자리, 좋은 제품을 만드는 것이 결과적으로 주 주들의 이익을 지키는 최선의 길이라는 것이다. 이해관계자 관리는 교차 관계에 있는 쟁점관리를 하는 데도 효과성을 높여준다. 이해관계자들의 반응을 통해 쟁점의 확인 및 구분, 쟁점관리의 우선순위 결정, 쟁점관리 과 정 계획 및 수행에 도움을 받을 수 있다. 이해관계자 관리는 기업 평판 형성 에 좋은 환경을 제공할 뿐 아니라 조직의 특성을 파악하는 수단으로도 활 용된다(해리스·프레이서, 2007).

이해관계자의 분별   이해관계자를 분별하는 3가지 요소는 ① 적법성, ② 힘, ③ 긴박성이다. 적법성은 이해관계를 지키기 위해 가지는 권리로 어 떤 행동이 사회적 규준과 가치체계 내에서 바람직하고 적절하다는 인식과 가정을 전제로 한다. 힘은 조직에 미칠 수 있는 영향력을 의미하며 강제성, 실용성, 규범성과 같은 하부 속성을 가진다. 긴박성은 즉각적인 주의를 요 구하는 정도를 말한다. 이해관계의 긴박성이 클수록 관계의 중요성이 커 지며 조직이 위험한 상태에 놓일 수 있음을 의미한다. 긴박성은 위기관리

의사 결정의 결정적 요소다. 이해관계자의 유형은 이들 3요소를 기준으로 단일 요소만 가진 그룹, 적법성과 힘, 적법성과 긴박성처럼 2가지 요소를 가진 그룹, 3가지 특성 모두를 가진 그룹으로 분류할 수 있다. 요소를 많이 가질수록 요주의 관리 대상이다(해리스·프레이서, 2007).

이해관계자 관리 이해관계자 관리는 이해관계자를 파악하고, 행동양상을 예측하며 거기에 대처하는 활동이다. 이를 위해 다음 5가지의 질문이 사용된다. ① 이해관계자가 누구이며, ② 이해관계는 무엇이고, ③ 조직에 어떤 기회와 위협을 주며, ④ 조직은 어떤 책임을 가지고, ⑤ 기회와 위협을 어떤 전략과 조치로 다루느냐다. 첫째, 이해관계자가 누구인가와 관련해서는 일반 이해관계자와 특수 이해관계자를 밝혀내야 한다. 일반 이해관계자란 종업원, 투자자, 시민사회단체 등 일반적 의미의 집단들을 말한다. 특수 이해관계자는 이들 집단 내에서 특별히 관리돼야 할 특정의 이해를 가진 집단이다. 특수 이해관계자를 분별하는 데는 상당한 창의력이 요구된다. 둘째, 이해관계가 무엇인가의 질문에서는 사업/투자/도덕 관련 이해, 일시적/장기적 이해, 현재적/잠재적 이해 등으로 구분할 수 있다. 주의 깊은 분석이 필요하다. 셋째, 기회와 위협 요인에서는 몇 가지 일반론을 제시할 수 있다. 이해관계자가 조직보다 강력하거나 필수적 수단을 통제할 능력을 지니는 경우 위협 요인으로 분류해야 한다. 연합할 가능성이 높거나 공격적인 조치를 취할 가능성이 있을 때도 마찬가지다. 그 반대의 경우는 협력 요인으로 가정할 수 있다. 넷째, 조직의 책임과 관련해서는 ① 경제적 책임, ② 법률적 책임, ③ 윤리적 책임, ④ 온정적 책임의 4가지 책임에 대한 기대 수준을 평가해봐야 한다. 가령 조직의 사회적 책임을 분석하는 것이라면 기업시민으로서의 윤리적, 온정적 책임을 특별히 고려해야 할 것이다. 다섯째, 전략과 조치에 있어서는 이해관계자의 공감 및 신뢰 수준을 근거로 관리 모델을 개발해야 한다. 직접/간접, 공격/방어, 수용/협상/조종/거부, 단일/결합 등의 전략 조합을 선택할 수 있다. 위협의 고저와 협력 가능성의 고저를 기준으로 전략을 마련하는 방법도 있다. 위협이 낮고 협력이 높은 지원적 이해관계자에 대해서는 참여전략, 위협과 협력 모두 낮은 주변적 이해관계자는 모니터링 전략, 위협이 높고 협력이 낮은 비우호적 이해관계자는 방어전략, 위협과 협력이 모두 높은 양면적 이해관계자는 협력전략이 적합하다(해리스·프레이셔, 2007).

3) 쟁점관리

쟁점관리(issue management)라는 용어는 1976년 PR 실무자인 하워드 체이스(Howard Chase)에 의해 처음 소개된 이후 공공문제 PR 실무와 학계에서 널리 사용되고 있다. 쟁점은 조직 경영에 심각하게 영향을 미칠 안팎의 사안, 상태, 사실이나 논쟁의 여지가 있는 가치 또는 정책 등과 관련된 사적, 공적 문제들을 말한다. 주로 환경, 남녀차별, 안전 등과 같은 공공 쟁점이 많다. 현재 논의되고 있는 사안이거나 쟁점화되지 않은 잠재적 사안일 수도 있다.

쟁점과 쟁점관리　쟁점은 하나 이상의 이해관계자 집단이 어떤 상황이나 문제에 중요한 의미를 부여할 때 형성된다. 쟁점에 영향을 미치는 3가지 요인은 공중들의 문제인식, 제약인식, 관여도다. 어떤 문제에서 비롯되지만 문제 그 자체라고는 할 수 없다. 조직에 도움이 될 수도, 그렇지 않을 수도 있다(필립스, 2004). 쟁점관리는 조직과 공중 간의 관계에 영향을 미치는 쟁점을 밝혀내고, 이를 분석해 우선순위를 정하고, 프로그램을 실행해 그 효과를 평가하는 사전 대응적 PR 활동이다. 위기관리가 사후적이라는 점과 대조를 이룬다. 구체적으로는 조직에 영향을 미치는 법적, 정치적, 사회적 쟁점들의 실체를 밝히고, 쟁점들의 발전 방향에 영향을 주기 위해 조직의 자원을 동원하고 조정하는 관리 활동이라 할 수 있다(이명천·김요한,

2010 재인용). 쟁점관리의 목적은 조직에 따라 다양하지만 조직의 이익에 부합하는 공공정책을 성립시키는 것일 때가 많다. 쟁점을 사전에 예측해 쟁점의 발전을 억제하거나 해결하는 것으로 보기도 한다. 기업의 경우 경영에 대한 비판적 여론에 대응하려는 성격을 띤다. 외부 집단이 쟁점에 영향을 미치기 전에 사전 대응한다는 의미가 강하다(정책홍보혁신포럼, 2005). 쟁점의 유형은 아주 다양하므로 조직의 특성에 맞게 쟁점 선별, 우선순위 결정, 관리방법 선택이 이뤄져야 한다.

쟁점관리의 의미   PR에서 쟁점관리가 부상하게 된 것은 ① 정보통신기술과 미디어의 발달, ② 기업 활동의 정치화, ③ 기업의 사회적 책임 확대, ④ 명성관리의 필요성, ⑤ 기업에 대한 언론의 관심 증가, ⑥ 시민사회단체의 전문화 등 선행요소들이 있었기 때문이다. 먼저 정보통신기술과 미디어의 발달과 관련해 조직 경영자들은 이제 심각한 수준의 정보과잉 상태에 직면해 말 그대로 정보폭격을 당하고 있다. 쟁점관리 시스템 구축은 이에 대처하기 위한 시대적 요구사항이다. 기업 활동의 정치화나 사회적 책임 확대는 기업의 영향력이 그만큼 커졌다는 뜻으로 그에 합당한 대응체제 구축이 불가피해졌음을 의미한다. 명성관리 측면에서의 쟁점관리는 전략경영의 대상으로 부상하고 있다. 기업 활동에 대한 언론의 관심과 보도의 증가도 쟁점관리의 중요한 배경이다. 쟁점관리를 소홀히 할 경우 혹독한 추궁의 대상이 될 수 있다는 것을 잊어서는 안 된다. 마지막으로 시민사회단체의 영향력 증가도 쟁점관리의 필요성을 촉진하고 있다. 시민사회단체의 가치와 신념을 정책 결정에 반영해야 할 이유가 커지고 있는 것이다 (해리스·프레이서, 2007).

쟁점의 발전 과정   쟁점은 예측 가능한 양태로 진화한다. 하나의 아이디어로 시작해서 타 조직이나 공중 간에 인지도를 높이거나 반응을 불러일으키는 행동을 낳고, 이에 대한 조정과 갈등 끝에 해결책이 마련된다. 즉,

〈표 8-2〉 쟁점관리 모델

모델	단계
4단계	쟁점 확인 → 쟁점 분석 → 쟁점 전략 → 실행
5단계 순환	쟁점 진단 → 쟁점 분석 → 정책 선택 → 프로그램 디자인 → 결과 → (쟁점 진단)
6단계	쟁점 확인 → 우선순위의 결정 → 분석 → 전략 → 실행 → 평가
8단계	쟁점 확인 → 우선순위 결정 → 분석 → 입장 선택 → 전략 개발 → 전략 선택 → 실행 → 평가
실무형	쟁점 확인 → 쟁점 스캐닝 → 쟁점 모니터링 → 쟁점 분석 → 우선순위 결정

① 쟁점의 생성, ② 조정과 증폭, ③ 갈등, ④ 해결의 4단계 사이클을 보인다. 쟁점의 생성은 어떤 문제에 중요한 의미를 부여할 때 이뤄진다. 지속적인 모니터링이 필요한 시기다. 조정과 증폭은 언론이 쟁점의 의미에 주목해 보도를 하고, 이것이 공공 쟁점으로 발전하는 단계다. 조직이 쟁점에 가장 큰 영향을 미칠 수 있는 시기다. 쟁점이 고착된 여론으로 발전하면 이를 변화시키기가 힘들다. 갈등 단계에 이르면 조직화된 공중이 조직과 갈등을 일으키고 정부기관이 해결책을 마련해야 한다는 압박을 느낀다. 해결 단계에서는 법 제정이나 규제가 구체화된다. 정책 과정에 진입하면 엄청난 노력과 시간, 비용이 소요된다(최윤희, 2008). 해결이 안 되면 위기 상황으로 넘어갈 수 있다.

쟁점관리 모델   쟁점관리의 모델은 4단계, 5단계, 6단계, 8단계 등 여러 형태로 제시된다. 체이스의 쟁점관리 4단계 모델은 쟁점 확인, 쟁점 분석, 쟁점 전략, 실행으로 구성된다. 모니터링, 분석, 전략 개발, 실행의 단계로 설명할 수 있다. 5단계 순환 과정에서는 쟁점 진단 서베이와 쟁점 분석 판단 및 우선순위 결정을 강조한다. 8단계 모델은 쟁점의 발견(나열)과 공중의 기대감 확인, 쟁점의 영향력 평가와 우선순위 결정, 연구와 분석, 입장의 선택, 전략 개발, 전략의 선택, 실행(책략, 제휴, 커뮤니케이션), 평가(결과 분석)로 연결된다. 로버트 히스(Robert Heath)는 실무적 입장을 반영해 ① 쟁점 확인, ② 쟁점 스캐닝, ③ 쟁점 모니터링, ④ 쟁점 분석, ⑤ 우선순위 결정의 5단계로 나눈다. 쟁점 스캐닝은 확인된 쟁점들 중 현저한 양상으로 변모하는 쟁점들을 분별해내는 데 목적이 있다. 쟁점 모니터링은 현저한 쟁점에 대해 지속적인 관찰과 예측을 해보는 감시 단계의 활동이다. 쟁점의 세력 변화, 보도와 토론 수준, 공중의 양적 변화, 여론 지도층 변화, 정책 입안 움직임 등을 살펴봐야 한다. 쟁점 분석에서는 쟁점의 핵심 프레임 규명, SWOT 분석, 분석보고서 작성 등 활동이 필요하다. 마지막으로 쟁점의 우선순위를 정해 인적·물적 자원의 배분을 고려하게 된다.

쟁점관리 실제　쟁점관리에서 가장 중요한 일은 조직 환경, 여론 또는 쟁점, 주요 공중을 끊임없이 모니터링하는 것이다. 쟁점의 확인은 개인 접촉, 언론보도, 현지 보고서, 전화와 이메일, 자문위원회, 직원회의, 여론조사 등을 토대로 한다. 그러나 기업 주변의 쟁점이 너무 많아 특정 쟁점을 가려내는 일이 말처럼 쉽지 않다. 대기업들은 정부의 주요 부처, 국회 등을 출입하는 고참 기자들을 통해 쟁점을 점검하기도 한다(안광호 외, 2004). 쟁점이 확인되면 처리의 시급성, 영향 등을 감안해 우선순위를 결정한다. 실례로 미국의 한 대기업에서는 상의, 국회감시단 등과의 인터뷰를 통해 공공 의제를 결정하고 149개의 쟁점목록을 만들어냈다. 이어 쟁점의 중요성을 순서대로 정리해 15개의 중요 이슈를 추출했다. 분석 과정에서는 쟁점의 성격, 기업에 미칠 위험과 기회, 영향의 양적 분석, 기업의 기존 반응 분석, 쟁점의 추적과 정리, 쟁점의 재분석 등 활동이 이뤄진다. 쟁점이 대두되면 어떤 사람들이 쟁점에 영향 받을 것인가를 주의 깊게 예측해야 한다(그루닉·헌트, 2006c).

• **쟁점관리 전략**　정부나 매체, 압력단체들이 쟁점을 위기로 몰고 가기

전에 대응전략이 마련돼야 한다. 조직의 전략은 크게 3가지다. ① 쟁점이 공공의제로 발전되는 것을 막는 것, ② 쟁점의 성격에 영향을 미치는 것, ③ 공공의제를 법 제정 전에 시행하는 것이다. 쟁점 전략은 기업경영계획과 의사 결정, PR 활동과 통합돼야 한다(그루닉·헌트, 2006c). 쟁점관리의 평가에서는 프로그램이 목표공중에게 전달됐는가, 계획한 의도대로 전달됐는가 등을 측정한다.

지역사회 쟁점관리   지역사회 관계의 쟁점은 두 가지로 나눠볼 수 있다. 하나는 조직이 직접 또는 간접적으로 관련된 문제가 지역사회에 영향을 미치는 쟁점이다. 존스턴(W. Johnston)이 말하는 공공책임과 관련된 쟁점이라 할 수 있다. 다른 하나는 조직과 직간접적인 연관이 없는 사회책임과 관련된 쟁점이다. 전자는 지역사회에 미치는 영향, 조직의 책임 등을 감안해 관리에 나서야 하고 후자는 다른 조직들과 협조해 방안 또는 정책을 수립하는 것이 좋다. 지역사회 쟁점관리의 평가는 지역사회 공중 구성원들과의 접촉 횟수, 지역 현안에 대한 토의 횟수, 지역 현안에서 조직을 이해하는 지도자 수, 지역사회 지도자들의 지역문제 제보 횟수, 지역사회 지도자들의 부정적 행동 횟수, PR 담당자로부터 지역 문제 정보를 입수한 조직 직원 수, 그 결과로 정책이나 행동에 변화를 가져온 직원 수 등을 통해 측정할 수 있다(그루닉·헌트, 2006c).

4) 온라인 쟁점관리

쟁점 및 쟁점관리의 온·오프라인 구분은 점차 희미해지고 있다. PR 실무자의 목표는 쟁점의 존재를 제거하는 것이 아니라 온라인 구성원과 조직 모두에게 상호 이익이 될 수 있도록 쟁점들을 변화시키는 것이다. 몇 가지 드문 경우에는 쟁점이 사라지도록 하는 것을 의미하기도 한다. 조직의 위협에 대비한 온라인 쟁점관리 체계가 따로 마련돼야 한다. 온라인에서의 쟁점은 언론사 사이트, 경쟁사 사이트, 주주 및 협력업체 사이트, 정부 사이트, 시민단체나 소비자 사이트 등을 통해 파악할 수 있다. 온라인 루머는 쟁점관리의 주요 대상이 됐다. 수시로 의미론적 분석 등 쟁점관리를 위한 리서치가 이뤄져야 한다. 온라인 구성원들과의 상호작용은 쟁점관리의 기본 조건이 되는 만큼 구성원들과의 타협 전략을 미리 고려해보는 것이 좋다. 조직 사이트 등 정보 네트워크의 보안감사는 매주 단위로 실시돼야 한다. 온라인 정보 파트너에 대한 관리도 필수적이다(필립스, 2004).

안티/로그사이트 온라인 쟁점관리의 한 가지 난관은 조직의 명성에 해를 가할 목적으로 만들어진 안티사이트(anti-site) 또는 로그사이트(rogue site)다. 대부분의 세계적 브랜드와 다국적기업들은 그들의 활동을 감시하고 논평하는 안티/로그사이트를 가지고 있다. 이들은 반쪽짜리 진실이나 호언장담으로 네티즌들을 현혹시킨다(왓슨·노블, 2006). 안티/로그사이트는 조직이나 개인의 명예훼손이라는 단일의 목적을 가지는 경우가 많다. 최악의 경우 조직을 망하게 하는 것을 목적으로 한다. 사이트의 운영 형태는 ① 1인 체제, ② 자생적 조직 체제, ③ 동호회 체제, ④ 전담조직 체제의 4가지가 있다. 자생적 조직은 1인 체제로 시작해 자발적 운영진을 갖게 된 경우, 동호회 체제는 동호회가 만들어져 사이트를 운영하는 경우를 말한다. 기존 단체의 전담조직이 사이트를 맡는 체제도 있다. 사이트의 활동은 토론 또는 정보공유를 위한 게시판이 가장 큰 비중을 차지한다. 이 외에 온라인 서명운동, 항의 메일 보내기, 항의 글 게시하기, 항의 배너 만들어 달기 등 활동이 있다. 이따금 집회, 시위, 항의방문, 소송, 고소고발 등 오프라인 활동으로 연결시킨다(정책홍보혁신포럼, 2005). 안티/로그사이트에 글을 쓰는 사람들은 자신의 콘텐츠나 기고자 콘텐츠에 대해 특별한 책임감을 느끼지 않는다. 대중들을 유혹하거나 즐겁게 해주고, 불완전한 사실을 사실인 듯, 호언장담을 합법적 사건인 듯 믿게 만든다(필립스, 2004).

안티/로그사이트 관리 안티/로그사이트 관리의 대원칙은 이들을 인정하고 관리 범위의 안으로 끌어들이는 것이다. 비난 논평에 증거가 되는 기록을 제시해 사실을 회복시키는 것이 대응 전략의 핵심이 돼야 한다. 그러나 이것으로 부당한 사태를 막을 수는 있으나 활동을 막을 수는 없다. 어떤 이유로 조직이 안티/로그사이트의 관심의 대상이 되는가에 대해 주의를 기울여야 한다. 안티/로그사이트가 발견됐을 때 가장 먼저 해야 할 일은 조용히 감시에 들어가는 일이다. 다음으로 사이트의 조사 및 평가를 통해 사이트의 대중 지지도, 전략적 우위의 선점 관계, 전술 구상을 짚어볼 필요가 있다(필립스, 2004). 초기 대응에서는 건전한 비판과 합리적 문제 제기에 대해 논리적 답변을 신속하게 해주는 것이 좋다. 게시판과 이메일을 분석해 상호 이해에 기초한 대응 메시지를 전달해야 한다. 본질의 왜곡을 막는 것이 중요하다. 필요하다면 온·오프라인 토론장을 만들어 상호 이해의 장으로 활용할 수 있다(정책홍보혁신포럼, 2005). 직접 대면과 토론, 협상이 불가능해 대응 자체가 불가능한 경우에는 접촉선을 찾는 데 힘을 모아야 한다. 조직 웹사이트에 안티/로그사이트의 하이퍼링크를 연결시켜 조직의 투명성을 높이는 방안도 검토해봄 직하다. 법정대결은 조직과 개인의 모양새 없는 다툼으로 번지거나 조직의 명성에 손상을 입힐 우려가 있다. 전투(소송)에서 승리하고 전쟁(여론이나 이미지)에서 패배하는 결과가 돼서는 안 된다. 법적 행동에 앞서 관계관리를 선행시켜야 한다. 비방의 해결은 중재를 통해 더 잘 처리된다. ISP(internet service provider)에 압력을 가하는 것은 실효성 있는 대책이 아니다. 단순히 사이트를 폐쇄시키기만 한다면 상황이 재연될 뿐이다(필립스, 2004).

2. 위기와 위기관리

위기란 조직이나 조직의 활동 및 평판에 부정적인 영향을 미치거나 잠재적 영향을 미칠 수 있는 비통상적인 사건 혹은 상황을 말한다. 보통 명성과 실적의 훼손 등을 가져오나 심하면 조직의 생존을 위협받을 수도 있다. 사회가 복잡해질수록 위기의 규모는 커지고 빈도도 늘어난다. 위기의 발생 가능성은 복잡성의 제곱으로 표현된다. 하지만 위기를 지혜롭게 관리하면 오히려 새로운 기회가 될 수도 있다. 무엇보다 예방 활동이 중요하다.

1) 위기

기업의 위기 상황은 점점 일상화·다양화되고 있다. ≪포천(Fortune)≫[2]의 세계 500대 기업 최고경영자 중 89%가 기업의 위기는 거의 불가피하다고 지적했다. 대한상의의 위기관리 커뮤니케이션 매뉴얼에도 국내 기업의 45%가 기업 존폐가 달린 위기를 경험했다는 내용이 실려 있다(태윤정, 2007). 위기는 작은 실수들이 큰 손실을 불러일으킬 수 있는 일들에서 잘 발생한다. 그러나 위기관리를 제대로 하고 있는 경우는 드물다. 1996년 미국 위기관리협회가 5만여 개의 뉴스를 분석해본 결과 위기의 14%만이 갑작스러운 것이었고, 나머지 86%는 예측 가능했던 것으로 조사됐다(보턴·해즐턴, 2010).

위기의 특성　위기의 형태는 다양하지만 항상 성질이 새로운 것은 아니다. 같은 종류의 위기가 반복해 일어나거나 낡은 이슈를 둘러싸고 어떤 새

---

2) 미국 경제전문지인 ≪포천≫은 매년 매출액 기준 미국 최대 기업 500개, 즉 포천 500 (Fortune500)과 세계 최대기업 500개, 즉 포천 글로벌 500도 발표한다(http://fortune. com/).

로운 사건이 보태지면서 다시 위기가 되기도 한다. 1980년 영국의 광우병 소동은 2001년 다시 재발됐다. 위기의 2가지 기본요소는 대부분 사람이 개입되고, 일탈적 행동이나 심각한 부주의가 동반된다는 사실이다(뉴섬 외, 2007). 위기 상황은 다음의 4가지 특성을 가진다. 첫째, 대개의 위기는 갑자기 닥치고 순식간에 확산된다. 이 때문에 통제할 수 없다는 인식을 팽배하게 만든다. 이것이 위기관리를 어렵게 만드는 요인이다. 둘째, 고도의 압력과 긴장 속에서 조직은 공황상태에 빠져들게 된다. 위기 상황에 몰두하다 보면 전략적 사고가 어려워져 장기적인 영향이나 방향을 고려치 않고 즉흥적 결정을 내리게 될 가능성이 높다. 방어적 조치에 급급해 비이성적이고 무모한 행동을 보여주는 경우도 있다. 사태에 대한 충분한 정보가 없을 때 더욱 그렇다. 회사의 즉흥적인 조치는 커뮤니케이션의 문제점을 확대시켜 공황 수준이 진정되어도 조직 내부 위기를 지속시키게 된다. 셋째, 위기 커뮤니케이션 계획이 있다 하더라도 막상 위기가 닥치면 내부 커뮤니케이션에 혼란이 일어나기 십상이다. 계획이 없을 경우 더 큰 혼란이 빚어진다. 넷째, 언론의 주시는 조직이 완전히 포위되어 벼랑 끝에 몰려 있다는 생각을 갖게 만든다. 언론의 재촉은 임기응변식 대응을 유도하는 1차적 요인이다(아르젠티·포먼, 2006).

위기의 유형　위기는 자연재해와 인적 재해로 구분된다. 후자일 때 조직은 더 혹독한 대가를 치러야 한다. 조직이 재난을 일으킨 원인제공자인지 아니면 피해자인지가 조직에 대한 대중의 인상을 결정하는 요인이다. 위기는 발생형태별로 물리력에 의한 위기와 비물리력에 의한 위기, 발생원인별로 자연재해, 의도적 위기, 비의도적 위기로 구분된다(<표 8-3> 참조). 커티스 링크(Curtis Links)는 예측 가능성이나 위급성의 정도에 따라 돌발적 위기와 일상적 위기로 나누고, 전자를 ① 폭발적 위기와 ② 즉각적 위기로, 후자를 ③ 잠재적 위기(building crisis)와 ④ 만성적 위기(continuing crisis)로 구

〈표 8-3〉 위기의 유형

위기원인	물리력	비물리력
자연재해	지진, 산불, 태풍, 홍수	가뭄, 전염병, 광우병, 조류 인플루엔자
의도적	테러, 제품손상, 납치, 파업, 이물질 혼입	협박, 시위, 루머, 언론폭로, 내부자거래, 서버 해킹, 불매운동, 산업스파이, 소송, 불법행위, 기밀/기술유출, 탈세 등 기업 범죄
비의도적	폭발, 화재, 기름유출, 독성물질 누출	제품결함(리콜), 정부제재, 주식시장 붕괴, 사업실패, 기밀/개인정보유출, 정치변혁, 언론오보, 공중과의 갈등, 식중독 사고, 스캔들, 임직원의 모럴 해저드, 노사분규(파업)

자료: 뉴섬 외(2007) 재정리.

분한다. 쟁점관리가 안 되어 발생하는 위기는 보통 일상적 위기다. 폭발적 위기는 문제를 파악하고 세부 대응방안을 수립할 시간적 여유가 없다는 것이 특징이다. 핵이나 독가스 누출, 항공기 추락, 테러, 화재 등의 경우가 있다. 위기관리 프로그램이 가장 심각하게 요구되는 상황이다. 즉각적 위기는 폭발적 위기와 비슷한 성격을 가지나 약간의 대처할 시간적 여유가 있다는 차이를 보인다. 환경사고, 고발사건, 폭로성 언론보도 등의 경우가 있다. 잠재적 위기는 사전 조사와 대처할 시간적 여유가 있지만 언제 어떻게 사태가 확대될지 예측하기 어려운 위기다. 문제가 심각해지기 전에는 위기관리를 위해 인적·물적 자원을 어떻게 투입해야 할지 답을 찾기가 어렵다. 노동쟁의, 파업, 소송 등의 경우가 여기에 해당된다. 만성적 위기는 표면에 나타나기까지 오랜 시간이 걸리는 위기로 발생 메커니즘이 복잡하고 쉽게 사라지지 않는 특성이 있다. CEO 스캔들이나 부도설 등의 악성루머를 예로 들 수 있다. 유형별로 위기관리 방식이 달라져야 한다. 어떤 위기 상황은 몇 년 동안 지속되기 때문에 장단기 위기관리 전략이 필요하다(뉴섬 외, 2007).

PR 부서의 과제 위기에서는 어느 누구도 문제가 무엇인지 제대로 알지 못하며, 그 문제를 어떻게 해결해야 할지 모르는 경우가 많다. 위기에 적절히 대응하지 못하는 이유는 주로 경영진들이 위기에 대한 사전 경고에 잘못 반응하기 때문이다. 특정 공중이 별로 중요하지 않다고 생각하거나 배경공중을 무시함으로써 문제가 발생되는 것도 경영진의 오판에서 비롯된다. 경영진의 실수는 쟁점에 영향을 받는 모든 공중으로부터 객관적인 정보를 얻지 못하기 때문이다. 위기 시 PR 부서가 해야 할 중요한 과제의 하나는 경영진에게 적대적 상대방이나 비판자들의 관점을 이해시키는 일이다. 경영진은 공격자들의 입장이나 관점을 전혀 고려하지 않으려는 경향이 있다. 이는 위기관리에서 가장 위험한 요소다. PR 부서는 경영자가 이해할 수 있고 거부감을 느끼지 않는 용어와 관점으로 설득해야 한다. 뉴스미디어에 의존하기보다 조직의 평판, 목표, 비즈니스 전략 등을 들어 설득하는 것이 효과적이다. 경쟁회사의 사례를 참고하고, 위기를 기회로 활용할 수 있음을 알려줘야 한다(뉴섬 외, 2007).

2) 위기관리

위기관리는 조직에 바람직하지 않은 결과를 초래하는 위기를 감지하고 대비책을 마련해 위기를 억제하고 이를 극복해 원상태로 복구하는 활동이다. 쟁점관리를 위기관리에 포함시키거나 별도의 과정으로 간주하는 2가지 입장이 있다. 위기관리의 목표는 다음의 5가지로 요약된다. ① 위기로 발전할 수 있는 상황에 대한 인식을 높인다. ② 위기를 촉발하는 사건을 사전에 찾아낸다. ③ 최고경영진의 위기에 대한 반응을 예상하고 대응전략을 수립한다. ④ 위기가 발생했을 때는 모든 공중들의 요구를 예상하고 분석한다. ⑤ 조직이 위기를 극복할 수 있는 전략을 수립하고 정책을 실행한다(뉴섬 외, 2007).

위기관리 환경 변화　위기관리의 골격은 같지만 온라인 미디어 이전과 이후의 위기관리 내용은 큰 변화를 겪고 있다. 위기 경험 간격, 위기 커뮤니케이션 대상, 위기 대응 타이밍, 위기 대응 방식이 달라졌기 때문이다. 대표적인 위기관리 환경 변화는 ① 위기의 일상화, ② 순간적인 위기 진행, ③ 공중의 성격 변화, ④ 조직의 미디어화다. SNS 등 모바일 미디어가 보편화되면서 위기는 일상화되고 있다. 조직의 거의 모든 이슈들과 활동, 메시지들이 쉽게 위기로 연결될 수 있는 환경으로 바뀌었다. 순간적인 위기 진행으로 조직에게 허용되던 기존의 위기 대응 시간 개념은 무의미해졌다. 위기 발생 후 대응할 시간 여유가 거의 사라진 것이다. 온라인 환경에서의 공중은 조직 주변에 머무르던 이해관계자들보다 훨씬 까다롭고 강력한 세력으로 부상하고 있다. 그만큼 위기 통제가 어려워지고 있다. 반면 조직들은 자신만의 위기관리 미디어를 활용할 수 있게 됐다. 이를 통해 평시에는 조직철학, 브랜드, 서비스를 전달하고 위기 때는 조직 메시지를 내보내는 것이 용이해졌다(이종혁, 2012 재인용).

위기관리의 단계　위기관리에는 일정한 법칙이나 해법이 없다. 조직 구성원들이 평소 위기관리 의식을 갖고 예방적 측면에서 위기를 최소화해 조직 이미지를 긍정적으로 유지하는 것이 중요하다. 윌리엄 페텍(William Petek)은 위기관리를 ① 예방, ② 준비, ③ 위기 대응, ④ 회복의 단계와 관련된 정책을 개발·집행하는 과정으로 정의하고 있다. 위기관리의 정의를 통해 위기관리 4단계를 제시한 셈이다. 예방 단계에서는 위기 촉발 요인을 미리 제거하거나 위기 요인이 가급적 표출되지 않도록 억제 또는 예방하는 데 활동의 중심을 둔다. 준비 단계에서는 위기의 가능성이 높은 사안에 대해 비상시 운용계획을 마련하고 대응 노력을 유지하는 데 활동의 초점을 맞춘다. 대응 단계에서는 전 조직원이 위기 진압 활동에 나서는 동원체제가 구축돼야 한다. 회복 단계에서는 조직이 위기 이전 상태로 되돌아갈

<表 8-4> 위기관리의 단계

구분	단계 구성
3단계	예방과 준비, 위기 대응, 종결
4단계	예방, 준비, 위기 대응, 회복
4단계	예방, 준비, 실행, 학습(피드백)
4단계	사전 대응, 전략, 반응, 회복
5단계	위기 감지, 대비 및 예방, 피해 억제, 회복, 학습(피드백)

자료: 한정호 외(2014), 조계현(2005) 재정리.

수 있도록 복구계획을 세우고 집행하는 데 역량을 모은다(조계현, 2005 재인용). 위기로 인해 손상된 이미지를 회복하기 위해서는 명성 또는 평판관리 프로그램이 실행돼야 한다. 사회공헌활동, 비전 선포식, CI, PI를 새롭게 구축하는 경우도 있다. 학자에 따라서는 위기관리의 단계를 <표 8-4>처럼 여러 형태로 제시하고 있다.

위기의 예방   위기관리는 위기의 예방으로부터 시작돼야 한다. 이는 쟁점관리의 연장선상일 수도 있고 독자적인 위기관리 패턴일 수도 있다. 동일한 위기, 동일한 위기관리의 문제점이 반복된다면 조직이 심각한 안일에 빠져 있는 것이다. 경영진 및 간부진은 위기 대응책을 검토하는 정기적인 회의를 가져 자연재해, 인적 위기 등 모든 위기 상황에 어떻게 대처할지를 검토해봐야 한다. 솔직한 토의가 중요하다. 위기관리팀 구성은 팀에는 최고경영자, 재무 담당, 인력 동원 담당, 홍보 담당(자문역), 법률자문역, 기술자문역 등이 포함돼야 한다. 위기관리팀은 조직의 취약점 및 위기 요소 예측, 분석, 이해관계자 파악, 위기 상황별 핵심 공중 파악, 위기관리 매뉴얼 작성 또는 보완 등 업무를 맡는다. 외부 컨설턴트는 위기관리의 시각을 넓히는 데 도움이 된다. 위기 시 커뮤니케이션의 기반이 되는 것은 조직과 공중 간의 관계다. PR 활동의 아웃풋이나 아웃컴 측정만큼이나 조직의 관계 측정이 중요하다. 위기의 예방을 위해서는 조직의 평판을 보호하기 위한 각종 회사정책을 마련해 종업원들에게 주지시켜야 한다.

위기의 예측 위기 예측의 일반적 방법은 조직 환경, 쟁점, 주요 공중을 지속적으로 모니터링하는 것이다. 잠재적 위기를 미리 찾아내기 위해 경영진을 포함한 많은 구성원들이 브레인스토밍(5장 PR 전술 참조)에 참여해야 한다. 자금, 사람, 제품, 서비스, 경영 과정 등이 주요 점검대상이다. 자금관리는 항상 투명해야 한다. 사람의 경우는 불만이나 갈등을 주의 깊게 관찰하는 것이 중요하다. 제품이나 서비스는 편의성, 안전, 환경에의 영향 등 관점에서 접근해본다(뉴섬 외, 2007). 회의 결과에 따라 잠재성이 큰 위기를 ① 개연성과 ② 충격치를 기준으로 4분면 도표로 정리해보면 위기 예측에 도움이 된다. 개연성과 충격치는 과거 경험과 주관적 판단에 따라 등급을 부여한다. 개연성과 충격치가 모두 높은 사안을 중점관리 대상으로 선정해 집중적인 대비책을 마련해야 한다(조계현, 2005 재인용). 이때 전향적 조치, 반응적 조치, 무대응의 각 방안별 비용을 산출해보는 것도 위기관리에 참고가 된다.

3) 위기 계획과 매뉴얼

1993년 뉴욕 세계무역센터 지하 층 폭발사건 발생 후 모건 스탠리(Morgan Stanley)는 위기 계획을 작성해두었는데 이를 통해 2001년 9·11테러 공격 때 수많은 종업원을 구할 수 있었다고 한다(아르젠티·포먼, 2006). 2006년 미국PR협회(PRSA)에 소속된 PR 실무자들을 대상으로 한 조사에 따르면 고객 조직 3/4이 위기관리 매뉴얼을 가진 것으로 나타났다. 매뉴얼 준비에 가장 큰 영향을 미치는 요인은 최고경영자의 인식이었다. 또 다른 연구에서는 매뉴얼보다는 PR 친화적인 조직문화, PR 부서의 자율성과 신속한 커뮤니케이션 활동이 위기관리 성공의 요인인 것으로 조사됐다(한정호 외, 2014

재인용).

위기 계획 위기 계획은 너무 자세하지 않게 가이드라인으로 활용하는 것이 바람직하다. 기억하기 쉽고 융통성이 있어야 하며 일상적 업무로 관리돼야 한다. 위기 계획은 문제 및 목표에 대한 조직의 안내자 역할을 하는 데 중점을 둔다. 그러나 종합 위기 계획서 작성에서는 어느 정도 구체성 있는 내용들이 담겨야 한다. 정보 공개의 범위를 어떻게 하느냐에 따라 위기 계획서 포함 내용이 달라질 수 있다. 위기 계획에는 ① 대상 위기, ② 위기 공중 및 커뮤니케이션 계획, ③ 미디어 관리방안, ④ 종업원 관리방안, ⑤ 위기관리 본부 설치와 같은 항목들이 다뤄진다(아르젠티·포먼, 2006). 대상 위기는 잠재위기를 큰 범주로 분류해 발생 가능성(개연성)과 피해의 심각성(충격치)을 기준으로 중요도가 떨어지는 것부터 차례로 제외시켜 5~10가지 정도로 압축한다. 위험도가 높은 순서대로 위기관리 계획을 입안하는 것이 합리적이다(박재훈, 2011). 위기 공중이 누가 될 것인지를 상정해보는 것도 위기 계획에서 빠트릴 수 없다. 긴박한 상황에서 어떤 공중을 우선할 것인가를 결정하는 것은 매우 어려운 일이다. 미리 작업해두면 실제 상황에서 도움이 된다. 위기 공중은 ① 조직과 직접 관련되는 핵심 공중, ② 주요 공중이 될 수 있는 관심 공중, ③ 특별한 이해관계가 없는 배경공중의 3가지 범주가 있다. 위기관리 계획 과정에서 몇몇 공중을 고려하지 않는 경우가 발생하는 수가 있어 주의가 요구된다. 커뮤니케이션 기술 발달과 함께 배경공중(nimbus public)의 중요성이 커지고 있다는 점을 염두에 둬야 한다. 위기로 인해 배경공중이 생겨나거나 처음으로 발견되기도 한다. 공중별 우선순위가 결정되면 이들과의 커뮤니케이션 방법과 목표를 정리해 둔다. 목표 달성 여부는 대면, 소집단, 대중 커뮤니케이션 등의 선택과 밀접한 관련이 있다. 관계자들의 요구와 감정을 잘 읽어야 한다. 위기 시에는 무슨 일을 하느냐보다 누구에게 무엇을 말하느냐가 더 중요한 문제가 된

〈표 8-5〉 위기관리 매뉴얼 포함사항

구분	매뉴얼 구성
기본정보	상황별 위기 대응 시나리오, 위기 유형별 대변인과 위기관리팀 구성
구성원	구성원의 책임과 행동지침, 조직의 위기 대응 교육
초동단계	점검사항, 접촉대상자 명단, 현장 긴급조치 행동계획, 피해복구, 언론관리
진행단계	보상, 사후 대책, 대국민 홍보, 여론 조성 계획, 언론관리
사후단계	위기관리 계획의 집행 과정 평가

다. 미디어 관계는 조직의 신뢰도를 훼손하지 않는 범위에서 가능한 이른 시간에, 가능한 만큼만 말하는 것이 대응요령이다. 종업원 관리의 경우 정보 전달방법과 역할 등을 정리해 위기 계획에 포함시켜야 한다. 위기 시 종업원은 커다란 힘이 된다. 위기관리 본부의 경우는 설치할 장소를 미리 정해 기자재와 인력의 즉각적인 동원이 이뤄지도록 준비해둬야 한다. 모든 정보는 본부로 집중시키고 본부를 통해 다른 곳으로 파급시키는 것이 대원칙이다(아르젠티·포먼, 2006).

위기관리 매뉴얼 위기관리 매뉴얼은 위기 계획을 실행에 옮기기 위한 구체적인 내용들을 담은 자료집이다. 양자는 상호 보완적인 관계에 있다. 매뉴얼은 위기 종류별, 국면별로 작성하는 것이 바람직하다. 주기적으로 매뉴얼을 정비·보완하고 최신 정보로 업데이트 해줘야 한다. 매뉴얼을 기반으로 위기 대응 훈련을 실행해보는 것이 좋다. 상황별 시나리오에 따른 인터뷰, 기자회견 등을 연습하고 비디오로 녹화해 피드백을 주고받는 방식이 일반적이다. 보도자료 샘플을 준비해두면 연습과 실제 상황에 두루 활용할 수 있다(조계현, 2005).

• 기초 정보 관리, 다크사이트 위기가 발생하면 내·외부 공중은 엄청난 양의 기초 정보를 요구한다. 이에 대한 대비가 필요하다. 항상 업데이트되어야 할 필수 정보 목록과 내용을 지정해 늘 최신 상태를 유지하게 해야 한

다. 이와 함께 제품, 서비스, 처리 과정, 현장, 인물들, 조직 관련 정책, 구성원 명단, 근무자 명단, 특정 시간의 고객이나 소비자 정보 등을 일상적 처리가 가능한 수준에서 준비해두는 것이 좋다. 조직 내 인트라넷에는 다크사이트(darksite)를 만들어 비상시 직원들에게 즉각적으로 정보를 제공하는 창구로 활용한다. 외부 공중용 다크사이트도 따로 만들 수 있다. 다크사이트는 평소에 공개되지 않고 비상시에만 사용되는 채널이다(아르젠티·포먼, 2006).

3. 위기관리 전략과 원칙

급변하는 사회 환경에서 위기 발생은 조직의 라이프사이클에서 아주 자연스러운 현상이다. 예측 가능하거나 불가능한 위기를 맞아 모든 조직과 상황에 적용할 수 있는 처방은 없다. 대개 위기 상황이 지나간 뒤에 그 처방을 알게 된다. 그러나 상황을 효과적으로 관리할 수 있는 가이드라인의 제시는 가능하다. 위기관리의 요체를 이해하고 위기관리 전략과 위기 커뮤니케이션의 두 가지 핵심 축을 제대로 운영하는 것이 관건이다. 위기 상황별로 어떤 전략을 구사하고 어떻게 커뮤니케이션을 하느냐에 따라 위기관리의 성패가 갈린다(스튜어트, 2008).

1) 위기관리 전략

동일한 위기이더라도 공중은 동일한 책임을 추궁하지 않는다. 위기책임성 판단이 다르기 때문이다. 책임성에 영향을 미치는 요소로는 위기 이력, 통제 가능성, 원인 소재가 있다. 과거에 같은 위기를 일으킨 적이 있으며,

<표 8-6> 위기대응전략 유형

대전략	세분전략
부정전략(반동전략)	공격, 부인, 책임회피(전면적)
축소전략(변명전략)	정당화(합리화), 무대응, 상쇄, 책임회피
수용전략(인정전략)	읍소, 수용(시인, 시정, 사과)

통제가 가능했던 일이고, 위기의 원인이 조직 내부에 있었다면 책임이 커진다(이명천·김요한, 2012). 쿰스(W. Coombs)의 상황적 위기 커뮤니케이션 이론(Situational Crisis Communication Theory: SCCT)은 위기책임과 위기의 조치를 연계시켜야 한다고 주장한다. 이해관계자들이 책임을 추궁하는 정도가 강하냐(악행, 인적 오류), 중간 정도냐(기술 결함 등), 경미하냐(소문, 자연재해, 외부 테러, 제품 변조 등)에 따라 조치를 달리해야 한다는 것이다(보턴·해즐턴, 2010). 개방 또는 폐쇄의 경영진 커뮤니케이션 스타일에 따라서도 위기 대응법이 달라진다. 위기의 본질이 무엇이든 피해자들의 심각한 감정적 고통을 무시하면 엄청난 대가를 치러야 한다는 점을 명심해야 한다.

대응전략[3] 위기 대응전략을 큰 범주로 구분해보면 ① 부정전략, ② 축소전략, ③ 수용전략의 3가지 유형으로 나눌 수 있다. 방어의 강도에 따라서는 공격전략, 부인전략, 책임회피전략, 정당화전략, 무대응전략, 상쇄전략, 수용전략, 읍소전략으로 세분한다. 공격, 부인, 책임회피(전면적) 전략은 반동전략이며 정당화, 상쇄, 책임회피(부분적) 전략은 변명전략, 읍소, 수용전략은 책임인정전략에 해당한다. 책임회피전략은 전면적 부정과 책임 축소의 두 가지 경우를 생각해볼 수 있다(<표 8-6> 참조). 한편 상황적 위기 커뮤니케이션 이론의 쿰스(W. Coombs)는 위기관리 대전략으로 ① 조직

---

3) 이하 내용은 박성호(2008) 위기관리 전략 참조.

옹호 전략, ② 인상관리 전략, ③ 이미지 회복 전략을 제시하고(보턴·해즐턴, 2010) 세부적으로는 공격, 부인, 변명, 합리화, 환심 사기, 시정, 사과전략으로 구분한다. 조직 내부 책임일 때와 외부 책임일 때, 조직의 평판이 좋을 때와 나쁠 때를 구분해 이성적/감성적 전략 선택을 해야 한다. 대한민국 국방부의 위기사례 87건을 조사한 결과 부인전략이 가장 많았고, 정당화(거리두기) 전략, 수용전략, 무대응전략이 다음 순이었다고 한다.

부정전략　부정전략은 위기 발생을 부인하거나 책임이 없다고 주장하는 전략이다. 미디어의 질문을 회피하고, 관계기관의 개입을 저지한다. 세분 전략의 공격, 부인, 책임회피전략이 여기에 속한다. 공격전략은 위기를 일으킨 언론, 시민단체 등을 비난하고 법적 책임을 묻겠다고 나서는 등의 대응을 말한다. 부인전략에서는 위기 사실을 부인하고 성명을 발표하거나 해명 기자회견을 여는 등의 대응을 한다. 책임회피전략은 위기가 제3자 등 다른 원인에 의해 발생됐다고 주장하는 전략이다.

축소전략　축소전략은 조직과 위기와의 관련성을 축소시키는 데 주안점이 있다. 조직에 아주 불리한 사실은 숨긴 채 부분적이고 부정확한 정보를 제공한다. 세분전략의 정당화, 무대응, 상쇄, 책임회피전략이 이 유형에 가깝다. 정당화전략은 위기 사실을 인정하지만 조직과의 인과관계에 일정한 거리를 두어 책임을 약화시킨다. 피해나 위기가 불가피한 것이었다거나 당사자들의 주장만큼 피해가 크지 않다는 입장을 내세운다. 무대응전략은 위기에 대해 아무런 반응을 보이지 않거나 의도적으로 무시하는 전략이다. 위기에 반응하여 여론이 더 들끓을 우려가 있을 때 사용된다. 상쇄전략은 과거의 긍정적인 이미지를 활용해 부정적 영향을 상쇄시키고자 하는 의도를 가진다. 과거의 업적을 상기시키거나 현재의 위기를 필요악으로 인식시키고자 노력한다. 책임회피전략은 고의적으로 저질러지지 않았다거나, 실행 능력상의 한계, 사고의 결과, 또는 좋은 의도에서 빚어진 결과라고 주장하는 등의 대응을 보인다.

수용전략　수용전략은 모든 책임을 수용하고 위기의 손실을 배상하려는 의지를 드러낸다. 미디어에 사건에 관한 사실 및 배경 정보를 제공하면서 사건을 널리 알릴 수 있게 협조한다. 당장은 기업과 공중에 충격을 주겠지만 유언비어와 의구심을 줄이는 데 도움이 된다. 세분전략의 수용전략과 읍소전략이 이에 해당한다. 읍소전략은 잘못은 인정하지만 모든 책임을 지는 데 대해 억울함을 호소하는 동정전략이다. 수용전략은 책임 시인, 사과, 시정조치, 피해보상 또는 배상 등을 순순히 받아들이는 태도를 취한다. 이때 사과는 피해자들이 받아들일 수 있을 정도의 수준이어야 의미가 있다.

2) 위기 커뮤니케이션

위기 커뮤니케이션은 위기 이슈 전후의 주로 언론을 통한 조직과 공중 사이의 상호작용을 말하며, 조직에 대한 물질적·심리적 손실을 최소화하는 데 주된 목적이 있다. 위기 커뮤니케이션 계획에는 위기 이슈에 대한 조직의 정책과 위기관리 전략이 반영돼야 한다. 위기 커뮤니케이션에 있어 언론보도에만 초점을 맞추고 주요 공중과의 소통을 소홀히 하는 것은 위기관리의 위험성을 높인다. 많은 경우 공중의 태도와 의견에 관한 자료는 언론에 해야 할 이야기를 찾는 데 도움을 준다(최윤희, 2008). 여기서는 위기 커뮤니케이션 정책, 커뮤니케이션 원칙, 규약과 지침 등의 영역으로 나눠 설명해보고자 한다. 다양한 주장들로 인해 상호 중첩되는 내용이 있으나 이들 전체로서 위기 커뮤니케이션을 이해할 필요가 있다.

커뮤니케이션 정책　위기 커뮤니케이션의 대전제라고 할 수 있는 커뮤니케이션 정책에서는 ① 신속한 대응, ② 일관성 유지, ③ 개방성이라는 3가지 요소가 중시돼야 한다. 많은 문헌들에서 이런 교훈들이 일관되게 언급되고 있다. 신속한 대응은 위기에 대한 정보를 언론에 신속히 알려 이해관계자들의 정보 공백을 메워주는 데 목적이 있다. 위기 상황에 대한 통제력을 갖고 있다는 인식을 심어주는 데 도움이 된다. 일관성 유지는 내보낸 메시지들 간에 모순이 없어야 함을 말한다. 위기관리팀에 여러 대변인을 두더라도 일관된 메시지를 전달할 수 있어야 한다. 개방성은 논란의 여지가 있지만 개방적 정책이 위기관리에 유리한 점이 많다는 의미로 해석할 수 있다. 상황에 따라 유연하게 접근해야 할 문제다(보틴·해즐턴, 2010). 커뮤니케이션 정책이 결정되면 커뮤니케이션 목표공중의 우선순위를 정해야 한다. 1순위는 사건의 피해자나 관련자, 2순위는 조직의 직원, 3순위는 간접적으로 영향을 받는 사람들, 4순위는 뉴스미디어와 외부 커뮤니케이션 채널이 된다(한미정, 2002).

커뮤니케이션 원칙　　그루닉은 위기 커뮤니케이션의 4가지 원칙으로 ① 관계의 원칙, ② 책임의 원칙, ③ 공개의 원칙, ④ 균형의 원칙을 제안한 바 있다. 관계의 원칙은 핵심 이해관계자들과의 원만한 관계가 위기를 버티게 해주는 힘이 된다는 믿음을 근거로 한다. 책임의 원칙은 조직의 잘못으로 빚어진 위기가 아니더라도 위기에 대한 책임을 받아들이는 것이 좋다는 점을 강조한다. 공개의 원칙은 위기 문제와 관련된 정보들을 솔직하게 공개하는 것이 최선의 전략이 될 때가 많다는 의미다. 균형의 원칙은 공중의 이해와 조직의 이해를 균형 있게 하라는 원칙이다. 이들 4가지 원칙이 효과를 발휘하기 위해서는 내·외부 공중들을 대상으로 지속적인 모니터링을 해야 한다. 핵심 메시지의 소통과 관련된 아웃풋 측정, 메시지의 효과와 여론에 대한 아웃컴 측정이 병행될 필요가 있다. 사례연구를 보면 균형의 원칙을 제외한 3개 원칙은 비교적 쉽게 적용할 수 있는 것으로 나타났다. 아웃풋 측정과 아웃컴 측정은 위기의 진행 과정 예측과 전략을 수립하는 데 도움을 준다(왓슨·노블, 2006).

① 위기에 대한 합당한 책임을 지는 태도를 보여야 한다.
② 융통성 있는 대응이 필요하다.
③ 공중에 대한 동정심과 관심을 보이는 일은 위기 상황을 완충시켜주는 효과가 있다.
④ 위기 발생 최초 24시간을 신중하게 다뤄야 한다. 위기의 틀과 모습, 조직의 명성이 결정된다.
⑤ 부정적 언론보도와 실제 위기의 차이를 인식해야 한다. 실제 위기가 과장돼서는 안 된다.
⑥ 공중의 상황인식을 알아보기 위해 온라인 모니터링을 활성화시켜야 한다.
⑦ 위기 상황일수록 상황대응을 위한 리서치가 긴박하고 철저하게 이뤄져야 한다.
⑧ 조직 입장을 대변해줄 수 있는 객관적이고 신뢰받는 제3자를 동원하면 도움이 된다.
⑨ 뉴스미디어를 공중에게 정보를 전달하는 통로로 대우하고 활용해야 한다.
⑩ 위기 커뮤니케이션에서는 법적인 분쟁 상황을 항상 염두에 두어야 한다.

자료: 뉴섬 외(2007) 재정리.

커뮤니케이션 규약과 지침　다양한 대상들에게 동시적으로 소통하기 위해서는 체계화된 규약이 필요하다. 일반적으로 개방성, 지속적인 우려의 표명, 존중과 협력, 책임감, 공중의 감정에 바탕을 둔 반응 등이 기본 규약으로 제시된다. 신뢰 회복 차원에서는 정직성, 설명, 유감 표명, 자문, 헌신, 보상 등이 강조된다. 피해야 할 사항으로는 모른 척하는 것, 시간을 끄는 행위, 반대 입장을 회피하거나 무시하는 것, 신경질적인 태도 등이다. 규약을 반영하는 커뮤니케이션 지침은 다음처럼 정리할 수 있다. ① 직접적인 영향을 받는 대상과 먼저 커뮤니케이션한다. ② 현장 중심의 커뮤니케이션이 중요하다. ③ 메시지의 일관성이 유지돼야 한다. ④ 위기에 대한 신속한 정보 전달이 필요하다. 윤리적 위기라면 특별히 신속한 행동을 해야 한다. ⑤ 미디어와 협조관계를 유지하되 추측, 가정이 아닌 사실 보도를 하도록 정보를 제공한다. ⑥ 문제 해결 전략을 이용해 상황을 풀어나간다. 문제 해결 전략은 상황의 기술, 상황의 분석, 대안 제시, 구체적인 제안, 의도하지 않은 부정적 결과의 예견 등으로 구성된다(한미정, 2002). 지침과 병행해서 위기 커뮤니케이션의 10가지 가이드라인도 소통의 지향점을 잘 설명해준다 (<표 8-7> 참조).

단계별 지침 위기 상황에 일반화할 수 있는 공통적 요소들을 바탕으로 단계적 접근을 정리해보는 것도 위기 커뮤니케이션 이해에 도움이 된다. 위기 상황은 ① 위기 초기, ② 위기 진행, ③ 위기 종료의 3단계로 구분할 수 있다. 초기 단계에서는 PR 부서가 모든 정보를 교환하는 장소가 되도록 하는 것이 바람직하다. 문제의 파악이 이뤄지면 1차적으로 커뮤니케이션 목표를 설정해야 한다. 다양한 소스로부터 정보를 확보하고 누군가가 정확성과 유용성을 판단하는 역할을 맡아야 한다. 정보 입수가 늦어지면 언론 등에 이해를 구하되, 일부러 정보를 막고 있다는 인상을 주면 문제가 복잡해진다. 진행 단계에서는 커뮤니케이션의 중앙집중화가 필요하다. 항상 협의가 가능한 공간으로 커뮤니케이션을 모아주고, 여기서 정보를 내보내야 조직의 입장을 일관성 있게 보여줄 수 있다. 생명이나 재산에 위험이 있는 경우 조속하고 잦은 커뮤니케이션이 필요하다. 말해줄 수 있는 것은 모두 털어놓는 것이 좋다. 미디어의 이해와 활용은 위기 커뮤니케이션의 성패를 가른다. 동시에 주요 공중들과의 소통이 이뤄져야 한다. 위기 시 내·외부의 우선 공중을 정해두고 직접적인 커뮤니케이션을 시도하는 것이 바람직하다. 종업원, 고객, 주주, 지역인사, 협력업체, 행정관리, 해당 분야 전문가 등이 포함돼야 한다. 세일즈 직원, 현장 경비 요원, 전화교환원, 안내원, 청소원 등 외곽 종업원들과의 커뮤니케이션도 소홀히 해서는 안 된다. 위기 진행 단계에서 통상 업무를 정상적으로 지속시키는 것은 커뮤니케이션 관리의 긍정적 요소로 작용한다. 조직 관련 지표들과 동향을 주시하고 분석해볼 필요가 있다. 위기 종료 단계에서는 위기 극복의 생생한 경험을 기존 계획 수정 또는 보완의 자료로 삼아야 한다. 철저한 준비만이 미래의 위기를 성공적으로 관리할 수 있다(아르젠티·포먼, 2006).

4. 위기관리의 실제

위기관리의 유일한 법칙이라면 일정한 법칙이 없다는 사실이다. 사안별로 대응이 달라야 한다. 조직이 위기를 성공적으로 통제하고 있다는 인상은 두 요소에 의해 결정된다. 즉, ① 조직이 위기문제를 잘 처리할 수 있다는 조직의 현실적 능력과 ② 사람들에게 조직이 얼마나 위기를 잘 처리하고 있는가를 보여주는 것이다(뉴섬 외, 2007).

1) 위기관리의 흐름

위기 진행 국면에서는 사건 발생 1, 2시간이 가장 중요하다. 위기관리팀 가동 및 언론 대응체제 구축, 상황 파악 및 의사 결정, 조직의 입장(포지션 페이퍼) 정리 및 대응전략 마련, 언론홍보 활동, 유언비어 관리, 상황 관련 여론조사 및 언론보도 분석 등의 활동들이 동시다발적으로 이뤄져야 한다. 평시 조직화된 위기관리 대응의식과 훈련 없이는 위기 상황을 정리해 나가기가 쉽지 않다.

단계별 관리요소 위기 첫 몇 시간 동안 중점을 두고 해야 할 일은 상황 파악이다. 위기의 원인을 최우선적으로 규명해야 한다. 이때는 확인된 사실만을 언론에 발표하고 잘못된 정보, 불확실한 정보, 애매모호한 정보를 내보내서는 안 된다. 거짓말은 위기를 확대시킬 뿐이다. 상황 파악과 거의 동시에 위기 상황과 관련된 긴급조치를 해야 한다. 제품 수거, 대피 지시, 응급대책 마련 등의 조치가 요구된다. 늦은 대응은 문제를 확대시킨다. 각

<표 8-8> 위기발생 단계별 주요 활동

단계	활동
초동 단계	상황 파악, 긴급조치 → 위기 평가, 공중영향 분석, 긴급 조사 활동
진행 단계	내·외부 공중 소통, 공식입장 발표 → 상세상황 공개, 피해 복구대책, 재발방지책 제시
종결 단계	후속조치, 손실 분석, 명성 회복 대책 → 위기 계획 평가

양각색의 원인 분석과 유언비어가 사실로 보도될 수 있다. 어느 정도 상황 파악이 이뤄지면 위기의 평가를 정확하게 하고, 위기가 공중들에게 미칠 영향을 분석해봐야 한다. 최소 12시간 이내에 완료돼야 할 작업이다. 기대가 섞인 낙관은 금물이며 최악의 사태를 가정하는 것이 올바른 태도다(시노자키, 2004). 사실조사, 유언비어 조사 등 긴급한 조사 활동이 있어야 한다. 내부 구성원들과의 소통도 빠트릴 수 없다. 사태에 영향을 미칠 수 있는 외부 공중과도 긴밀한 관계 유지가 필요하다. 이때쯤 조직의 공식적인 입장을 발표하고 상황 정리계획을 내놓는다. 마음에서 우러나는 유감을 표명하는 등 인간적인 견지에서 조직의 입장을 밝혀야 한다. 이후 시간의 경과와 함께 사실의 상세한 공개, 책임의 표명이 이뤄진다. 이어서 피해 복구대책, 재발방지책, 취약 부분에 대한 조치, 위기의 결과로 손상된 이미지나 잘못된 인식에 대한 시정 방법이 나와야 한다. 문제 해결을 위한 기업의 대책과 재발방지책이 긍정적인 조치라는 점을 이해시키는 것이 중요하다. 객관적 시각을 앞세워야 하며 아전인수의 해석은 문제를 키우기 십상이다. 종결 단계에서는 후속조치, 법적·재정적 손실 분석, 위기관리 계획의 평가 등이 이뤄져야 한다. 장기적 효과 분석, 커뮤니케이션 체계의 평가, 수정, 보완 등이 필요하다.

위기기구의 구성 위기가 발생하면 정보능력이 우수한 사람들로 위기기구나 관리팀을 구성하는 것이 급선무다. 위기기구는 위기관리의 전권을 가져야 원활한 일처리가 가능하다. 종사원들은 일상 업무를 중단하고 위기관리만 전담하도록 해야 한다. 위기기구는 ① 대변인 선정, ② 정보정책 결정, ③ 언론관리, ④ 소문관리, ⑤ 공중관리, ⑥ 제3자 뉴스원 관리 등 위기관리의 전반적인 업무를 통제·관리하게 된다. 팀원 가운데 일부는 위기가 공중들에게 미치는 영향력을 평가하고 조직의 메시지가 다양한 공중에게 어떻게 이해되고 영향을 미치는지를 분석하는 역할을 맡아야 한다. 모든 계획 과정에서 법률 자문가를 포함시키는 것이 안전하다. PR자문가와 의견이 상반되는 경우가 있기 때문에 조정작업이 필요하다. 가령 변호사들은 손해에 대한 배상을 해야 하는 상황이라면 사과를 해서는 안 된다고 충고한다. 위로나 유감의 표현이 조직 변호에 어려움을 줄 수 있기 때문이다. 온라인상의 비방과 공격을 시의적절하게 대응하기 위한 전담자가 있어야 한다(뉴섬 외, 2007).

2) 언론관리

언론관리는 위기관리의 핵심 요소 중 하나다. 언론대응과 관련한 위기관리 실패의 3가지 일반적 원인은 ① 은폐 혹은 진실성의 결여, ② 최악의 사태에 대비한 시나리오의 부족, ③ 위기 상황에 대한 비인간적인 접근이다. 위기관리팀은 언론 응대, 대 언론 발표 및 브리핑 등을 신속히 조정·처리해나가야 한다. 보도 활동의 특성상 빠르고 일관성 있는 대응이 무엇보다 중요하다. 후속기사만 양산되지 않으면 위기관리는 일단 성공적인 것으로 볼 수 있다.

대변인 선정　대변인의 선정은 위기 상황 초기에 해야 할 가장 긴급한 결정사항의 하나다. 대변인 선정을 위기관리의 가장 중요한 부분으로 생각하는 전문가들이 많다. 물론 위기 유형에 따라 대변인 유형도 달라져야 한다. 대변인에 따라 위기관리 스타일은 전혀 다른 모양새로 비쳐진다. 대변인은 내·외부적으로 신임을 받는 사람이어야 한다. 그러나 조직 외부 인물을 대변인으로 해서는 안 된다. PR 대행사와 같은 준 내부인사도 조직 외부 사람으로 간주된다. 대변인은 위기기구의 일원이 되어 위기의 모든 측면을 파악해야 하며, 처음부터 끝까지 정보통제의 전권을 행사할 수 있어야 한다. 최고경영자로부터 위임받은 권한을 가져야 조직을 대표하는 책임과 권위를 실을 수 있다(뉴섬 외, 2007). 대변인은 브리핑에서 무슨 일이 일어났나, 왜, 그 문제는 어떻게 처리할 것인가의 3가지 기본적인 질문에 대한 준비가 되어 있어야 한다. 질문에 대한 대답의 주저는 혼동, 속임수, 무관심, 능력 부족으로 읽힐 우려가 있다(최윤희, 2008). 내부 공중용 대변인과 외부 뉴스미디어용 대변인을 따로 지명할 경우 두 명의 대변인이 정확하게 동일한 정보를 보유하도록 해야 한다. 위기관리 홍보에서 가장 중요한 것은 한목소리 원칙이다. 상치되거나 모순된 정보를 발표하는 것은 조직을 큰 위험에 빠뜨린다(뉴섬 외, 2007).

정보공개 전략　언론에 대한 정보공개 전략에서 어떤 전략이 항상 제일 좋다는 것은 없다. 다양한 전략들이 상이한 상황과 상이한 문제에 적용돼야 한다. 최선의 전략 마련을 위한 상황 분석이 필요하다. ① 완전 공개, ② 부분 폐쇄, ③ 부분 공개, ④ 완전 폐쇄의 4가지 선택지가 있다. 명확한 실행 아이디어를 갖는 것이 중요하다. 완전 폐쇄는 위기를 부정하고 언론의 질문을 회피하는 전략이다. 부분 폐쇄는 일부 민감한 정보를 제외하고는 모든 정보를 개방한다. 부분 공개는 불리한 정보는 숨기고 유리한 정보만 내보낸다. 완전 개방은 유불리를 가리지 않고 정보를 공개하는 전략이다. 소비자와의 관계를 중시하는 은행이라면 공개적, 소비자보다는 여타 기관이나 정부를 상대하는 조직이라면 폐쇄적 전략이 적합할 수 있다. 폐쇄적이라도 언론과의 협조적 관계를 깨서는 곤란하다. 침묵이 화를 불러올 상황이라면 커뮤니케이션을 하는 것이 바람직하고, 언론이 이미 사건에 관한 한쪽의 이야기를 갖고 있을 때라면 공개전략이 유리하다. 반면 조직이 정보를 독점할 수 있고 정보의 유포를 통제할 수 있다면 부분 공개 전략을 선택해도 무방하다(최윤희, 2008).

프레스센터 관리 위기 상황 초기 언론과의 협조는 매우 중요하다. 경험적 원칙에 의하면 조직의 통제 범위 안에서 긴급 상황이 발생하면 한 시간 이내에 보도자료의 배포가 준비돼야 한다. 위기 상황이 언론에 먼저 노출된 경우 다음 보도까지의 여유시간은 전통 매체를 기준으로 할 때 2시간 내지 6시간이다. 조직의 정보로 기사를 쓰게 하느냐, 기자들이 취재한 정보로 기사를 쓰느냐가 이 시간대에 결정된다. 여유시간 내에 긴급 상황과 관련한 간략한 성명서 정도는 준비할 수 있어야 한다. 취재의 편의 제공 및 외부 문의를 한곳으로 모으기 위해서 프레스센터는 최대한 신속히 설치해야 한다. 프레스센터는 위기기구 또는 비상대책본부와 거리가 떨어진 곳에 마련하는 것이 좋다. 기구나 본부 요원들이 기자들의 방해를 받지 않고 업무를 볼 수 있을 정도의 이격이 필요하다(헨드릭스, 2005). 프레스센터에 기초자료를 준비해두면 기자들이 현장에 뛰어들어야 할 이유를 줄여준다. 대변인은 매체 쪽에서 접촉해오길 기다리기보다 능동적으로 접촉한다는 자세를 가져야 한다. 영향력 없는 매체라고 차별대우하는 것은 아주 위험하다. 군소 매체의 기사가 주력 매체의 기사로 옮겨올 수 있다.

• 관리 유의사항 현장의 안전 등 상황에 부합하는 범위 안에서 협조를 하되, 현장 접근을 거절할 경우 명확한 이유를 제시해야 한다. 기자들은 속보용 기삿거리를 다급하게 요구하므로 추가정보 수집에 나서 보도의 공백이 생기지 않도록 한다. 미리 추가정보가 준비되는 대로 정보를 제공하겠다는 언질을 해둔다. 그러나 사고원인에 대한 추측, 책임의 전가, 해당 가족에게 통보되기 전 부상 또는 사망에 관한 사실자료의 배포가 있어서는

안 된다. 상세정보의 제공 여부는 사태의 진행을 봐가며 결정한다. 포함되는 정보는 위기를 초래한 원인 행위나 물질에 관한 설명, 손해범위의 금전적 추정, 위기 상황 제거에 취해진 노력 등이다. 국제적인 파문이 있는 사안이라면 외신기자들을 별로로 관리해야 한다(최윤희, 2008).

보도관리 지침 완벽한 보도자료를 작성하기 위해 마감시간을 놓쳐서는 안 된다. 그렇다고 사실 확인을 소홀히 하라는 의미는 아니다. 보도자료가 다루는 정보나 내용이 일부 빠지더라도 보도의 타이밍을 지키는 것이 더 중요하다는 뜻이다. 부족한 정보나 내용은 다시 보도자료로 내면 된다. 특종의 차단에 대한 관심을 늦춰서는 안 된다. 자칫 문제가 복잡해지거나 언론관리가 어려워질 수 있다. 조직의 인간화를 통한 기사 개발에 특별한 주의를 기울여야 한다. 보도기사나 인터뷰의 직접 인용은 아주 조심스러운 부분이다. 직접 인용이 잘못 나가면 위기관리는 복구하기 어려운 상태로 빠져들 수 있다. 기사화를 원치 않는 내용은 아예 언급하지 않는 것이 상책이다. 사적인 견해라는 단서를 달아도 위험하기는 마찬가지다. 기사 점검을 해 이상한 기사들이 발견되면 즉시 정정 및 반론 절차에 들어간다. 정정 요구나 반박문 발표 등은 사실기사에 국한되며 충분한 근거가 있는 경우에 한한다. 오보에 대응하기 위해 모든 기록을 보관·정리해두는 것이 좋다(김병철, 2005b).

3) 소문 및 공중 관리

위기 때의 커뮤니케이션은 몇 가지 특성을 갖는다. 사람들은 주로 인적 네트워크를 통해 위기 소식을 접하고, 개인적인 위험의 주관적 관점에서 위기를 해석하는 경향이 있다. 따라서 일반인들과 전문인의 위기에 대한 위험인식은 다르게 형성된다. 매스미디어에서 위기를 얼마나 보도하는가

〈표 8-9〉 소문의 발생 기전

① 정보가 불완전하거나 믿을 만한 정보가 부족하다.
② 신체적 또는 정서적 건강에 대한 불안감과 두려움으로 가득 차 있다.
③ 그릇된 정보 때문에 의심이 팽배해 있다.
④ 중요한 문제에 대해 의사 결정이 매우 느리거나 결정 내용이 대단치 않은 것으로 알려진다.
⑤ 내부 구성원들이 조직이 상황을 통제하고 있지 못하다고 느낀다.
⑥ 조직 내의 갈등이나 반목이 크고 조직에 대한 개인들의 적개심이 강하다.

자료: 최윤희(2008), 뉴섬 외(2007).

를 위기의 심각성 판단 기준으로 할 때가 많다. 개방적 커뮤니케이션은 헛소문을 줄이고 정확한 판단을 할 수 있도록 도와준다.

소문관리 소문관리를 위해서는 소문의 발생 기전에 대한 이해가 선행돼야 한다. 소문 또는 악성 유언비어는 일정한 환경에서 발생되는데 <표 8-9>의 6가지가 자주 거론된다. 부정적 소문에 대한 대처는 모니터링으로부터 시작된다. 소문 전파의 핵심적 미디어가 된 소셜미디어, 온라인상의 커뮤니티, 대화방, 뉴스 그룹 등 모니터링 대상을 철저히 점검해야 한다(한미정, 2002). 소문관리는 소문의 원인 상황을 제거하는 것이 최선책이다. 그러나 조직의 구조적 문제나 통제능력의 부족은 단시간에 상황을 제거하기가 어렵다. 이때는 임기응변하는 융통성이 필요하다. 조직이 오랫동안 위기와 연계되어 있었다면 소문을 통제하고 관리하는 기구를 따로 만들어야 한다.

소문관리 요령 소문관리 매뉴얼의 8가지 대응 요령은 다음과 같다. 첫째, 소문관리 계획이나 행동에 앞서 소문의 진상과 파급력, 심각성을 분석해 전체적인 그림을 그려본다. 지속적인 모니터링과 함께 여론에 미칠 파급 효과를 예상하기 위해 트래픽을 추적해야 한다. 둘째, 소문의 원인, 동기, 출처, 퍼트린 사람이 누구인지 구체적인 분석에 들어간다. 조직은 소문

〈표 8-10〉 소문관리 매뉴얼

① 소문의 진상과 심각성 분석 → 모니터링 지속
② 출처, 원인, 유포자 분석
③ 유포자 신용 떨어뜨리기, 소문 피해자와 공조
④ 권위 있는 정보로 소문 진화
⑤ 역소문 퍼트리기
⑥ 의견지도자 대상 상황 설명 및 협조 요청
⑦ 내부 조직원 개인 모임 활용 및 협조 요청
⑧ 온라인 토론마당에서 소문 바로잡기

분석을 통해 위기 상황을 통제하고 관리할 방향을 정하는 데 도움을 받을 수 있다. 셋째, 널리 알려진 소문이라면 공개적으로 진상을 밝히고 소문을 퍼트린 사람의 신용을 떨어뜨리는 것을 고려해봐야 한다. 소문에 의해 영향을 받거나 피해를 받는 사람들과 협조하는 것도 좋은 대처방법이다. 넷째, 문제에 대해 완전하고 권위 있는 정보를 즉시 제공하는 것이 소문 진화에 도움이 된다. 진실을 알릴 때 소문에 대해 언급하는 것은 피하는 것이 좋다. 다섯째, 신뢰할 수 있는 인물이나 권위자가 소문과 반대되는 내용의 소문을 퍼트리게 하는 방법이 있다. 역 소문 또는 대항 소문을 퍼트리는 것이다. 여섯째, 각계의 의견지도자 등 영향력 있는 사람들과의 논의를 통해 상황을 분명하게 설명하고 협조를 요청한다. 일곱째, 소문을 없애기 위해 직원 등의 개인적 모임을 활용하는 방법이 있다. 여덟째, 온라인상의 토론 방향을 이끌기 위한 노력이 병행돼야 한다.

공중관리　위기 공중관리의 1차적 대상은 내부 구성원이다. 특히 종업원은 위기 상황 극복의 중요한 열쇠가 될 뿐 아니라 조직의 생존과 위기복구의 중추가 된다. 그러나 대부분의 조직들은 종업원들의 역할을 간과하는 경향이 있다. 내부 구성원은 매우 신뢰도가 높은 정보원이어서 외부 공중들에게 미치는 영향이 크다. 구성원들의 태도에 따라 위기 상황의 심각성과 처리의 적절성 등이 평가된다. 조직은 내부 공중용 커뮤니케이션 계획을 따로 수립해두는 것이 좋다. 커뮤니케이션 매체, 참여자 등도 명시해둬야 한다. 지정된 대변인만이 언론과의 정보 소통창구가 될 수 있다는 점을 주지시켜야 한다. 조직은 언론에 제공되는 정보를 동일하게 제공하고, 예상 질문과 답변을 만들어 배포하면 구성원들의 참여의식을 자극할 수 있다. 내부 구성원뿐 아니라 외부 공중에게도 밀착된 관심을 기울여야 한다. 지역사회 관공서와 지도자들에게는 무슨 일이 일어났으며, 어떤 조치가 취해지고 있다는 것을 우선적으로 알려줄 필요가 있다. 사고지역 이웃의 주민들에게도 경과를 설명하고 위기 상황이 통제되고 있다는 인식을 심어줘야 한다(최윤희, 2008; 뉴섬 외, 2007).

• 내부 고발자 관리 내부 고발자의 경우 고발자의 확인과 고발내용의 타당성을 평가하는 것이 가장 시급한 문제다. 고발자들은 조직과 연계 보도되기 때문에 조직의 평판을 검토해 대응전략을 마련해야 한다. 고발내용에 대해 공격적인 대응을 하기로 했다면 고발자 개인에 대해서는 공격하지 않는 것이 좋다. 고발자의 고발내용을 조사해 가능한 빨리 해명하지 못하면 조직의 신뢰도에 상처를 입을 수 있다.

• 제3자 뉴스원 관리 위기 관련 전문가, 공직자의 발언은 여론 향배에 중대한 영향을 미친다. 이들 제3자 뉴스원은 위기를 진정 또는 확대시키는 역할을 할 수 있기 때문에 관리를 소홀히 할 수 없다. 중요 정보를 미리 제공해주면 위기관리에 직간접적인 도움을 받을 수 있다. 전문가의 조언이나 자문은 언론 대응의 길을 열어주기도 한다. 인근 주민, 정부나 자치단체 주요 인사들에게도 상황과 조치를 알리는 것이 바람직하다.

4) 온라인 위기관리

오프라인과 온라인 위기관리 시스템은 통합적으로 운영돼야 한다. 조직들로서는 오프라인 시스템을 정확하게 구축하는 것이 1차적 과제다. 온라인 시스템은 잘 짜인 오프라인 시스템을 더욱 완전하게 만드는 차원에서 이뤄져야 한다. 오프라인 시스템을 기반으로 온라인, 소셜미디어 시스템을 통합해나가는 방안이 바람직하다. 상황정보, 의사 결정, 실행 전략과 전술, 실행 주체, 실행 메시지, 메시지 스타일, 위기 대응의 결과에 대한 통합도 이뤄져야 한다. 문제는 소셜미디어들의 창구 일원화가 어렵고, 메시지 전략도 일괄적 적용이 곤란해 위기관리가 복잡해질 수밖에 없다는 사실이다. 소셜미디어 플랫폼들이 하나로 통합 관리되지 못하면 여러 가지 혼선을 초래할 개연성이 높다.

위기관리의 취약점　영국PR협회는「사실 왜곡의 종말(The Death of Spin)」이라는 영국PR산업인터넷위원회 연구보고서에서 모든 PR정보는 정보에 굶주린 인터넷으로 들어가 조직의 명성에 시한폭탄이 된다고 지적했다(필립스, 2004). 디지털 환경에서 조직은 위기관리에 취약할 수밖에 없다. ① 모니터링의 한계, ② 늦은 대응 속도, ③ 가이드라인 불비, ④ 디지털 환경에 대한 이해 부족 등의 문제점을 드러낸다. 디지털 공중들은 하루 24시간 내내 조직에 대한 이야기를 나눈다. 모니터링 기능을 강화한다 해도 청취 능력의 한계가 위기관리를 어렵게 만든다. 또 한 가지 난점은 위기 대응 속도다. 공중과 조직 간 속도경쟁에서 조직이 항상 패자가 될 수밖에 없다. 디지털 환경에서는 일상적으로 부정적 대화가 오가고 이것이 위기로 번질 개연성을 안고 있다. 그러나 디지털 환경에서의 위기관리 경험부족으로 가이드라인을 정립하지 못하는 경우가 많다. 디지털 환경에 대한 조직의 이해 부족 역시 위기관리를 힘들게 하는 요인이다. 의사 결정을 해야 하는 최

〈표 8-11〉 온라인 위기관리 지침

① 정보제공 및 개방이 최선의 전략이다.
② 침묵과 접근금지 조치는 위험하다.
③ 조직 매체를 전초기지로 활용한다.
④ 부정적 공중을 조직 내로 끌어들인다.
⑤ 모니터링을 늘리고 문제에 바로 대응한다.
⑥ 산발적이 아니라 통합적 위기대응이라야 한다.
⑦ 관계 공중들과 개방채널을 유지한다.
⑧ 댓글, 의견조작 등 트릭을 써서는 안 된다.

고경영진의 대부분이 오프라인 인식에 머물러 있어 위기관리에 취약성을 드러내기 십상이다(이종혁, 2012 재인용).

위기관리 지침　온라인에서의 위기관리 실패 사례들은 앞서 지적한 취약점들과 연결된다. 온라인 모니터링 시스템의 부재, 위기 대응 타이밍의 실기가 대표적이다. 위기에 대한 경험된 가이드라인이 없기 때문에 빚어지는 혼선도 크다. 온라인에서의 위기관리 지침을 정리해보면 다음과 같다(<표 8-11> 참조). 첫째, 정보가 정체돼서는 안 된다. 시의적절하고 정확한 최신정보를 공개하는 것이 유리할 때가 많다. 대중매체나 다른 조직 관련 공중들도 위기 관련 정보에 쉽게 접근할 수 있도록 해야 한다. 웹사이트를 항상 최신의 상태로 유지하면 기자들의 정보취득이 쉬워진다. 문의전화를 줄이는 효과도 있다. 소셜미디어에서는 이른바 투명성의 역설(paradox of transparency)[4]이 위기관리의 핵심이 되고 있다. 둘째, 온라인에서는 침묵과 접근금지는 좋은 대책이 아니다. 온라인상에서 쇄도하는 문의에 침

---

4) 기업이나 조직은 위기 상황에서 치부를 솔직히 드러내면 상황을 악화시킬 것이라는 고정관념을 가지고 있다. 그러나 결단을 통해 상황을 투명하게 공개하는 것이 오히려 위기극복에 도움이 될 수 있다는 실증적 교훈이다.

묵을 지키는 것은 아주 위험하다. 네티즌들은 진공상태를 매우 싫어한다. 누구나 쉽게 정보를 발신하고 전파할 수 있는 소셜미디어에서는 조직이 침묵하거나 대응을 늦출 경우 의문, 실망 등 부정적인 방향으로 문제가 증폭되기 쉽다. 소셜미디어에서 발생한 논란이나 이슈에 대해 접근금지 등의 블록처리를 하는 것은 현명한 대처 방식이 아니다. 셋째, 조직 웹사이트나 소셜미디어를 위기 커뮤니케이션의 전초기지로 활용해야 한다. 소셜미디어 시대가 되면서 조직이 운영하는 온라인 뉴스룸의 중요성은 더욱 커지고 있다. 웹사이트 내 뉴스룸은 소셜미디어 친화적으로 업그레이드돼야 한다. 언론을 넘어 대중들과 직접 소통하는 수단으로 소셜미디어를 활용하는 전략이 필요하다. 넷째, 위기를 축소시키려면 부정적인 소셜 활동가들을 조직이 관리하는 온라인 뉴스룸이나 온라인 해우소로 끌어들여야 한다. 온라인 해우소란 조직의 위기를 관리하기 위해 만든 커뮤니케이션 장터다. 블로그나 페이스북, 웹사이트 등 조직 미디어 내부에 별도 창구를 마련해 해우소로 지정하면 된다. 부정적 이슈나 논란, 사건들에 대한 설명, 대화, 공감, 사과, 해명이 오가는 공간으로 활용할 수 있다. 다섯째, 온라인 매체를 통해 확산된 정보를 수집하고 모니터링해 잘못된 정보를 제때 바로잡고, 치명적 소문이나 공격에 대해서는 바로 대응해야 한다. 위기 상황에서는 소셜미디어와 온라인 매체들이 여론을 선도하고 반응을 폭발시킨다. 정보파급 속도가 빠른 만큼 대응도 빨라져야 한다. 평소의 몇 배로 온라인 모니터링을 강화하지 않으면 안 된다. 안티/로그사이트의 소문이나 공격에 대해서도 주의를 늦춰서는 안 된다. 여섯째, 통합되지 않은 입장과 메시지로 위기에 산발적으로 대응하는 것은 위기관리 실패의 주된 원인이다. 오프라인과 온라인의 위기 대응 메시지는 늘 동일해야 한다. 일곱째, 관계 공중들의 지지를 유지하기 위해 개방 채널을 유지하는 것이 바람직하다. 오프라인에서와 마찬가지로 전문성을 가진 디지털 공중, 영향력을 가진 인사들을 주요 관리 대상으로 삼아야 한다. 위기를 모면하고자 알바나 대행사를 써서 트릭을 사용하는 것은 역효과를 일으킬 가능성이 더 크다. 트릭의 사용은 소셜미디어의 가치에 역행하는 일이다(소셜미디어 연구포럼, 2012; 이종혁, 2012 재인용; 홀츠, 2002).

소셜미디어 관리 지침 폭발적으로 늘어나는 조직의 소셜미디어 플랫폼에 비해 각각의 운영지침이 부족하다는 것은 위기관리의 큰 장애가 되고 있다. 적어도 소셜미디어를 통해 나서야 할 때와 나서지 않아야 할 때를 미리 분별해놓아야 한다. 개입수준, 위기 대응자, 위기 시 의사 결정자에 대한 규정도 미리 마련해두는 게 좋다. 소셜미디어 커뮤니케이션에 대한 평상시 가이드라인 설정이 위기관리에 도움을 줄 수 있다. 해야 할 일과 하지 말아야 할 일을 명확하게 제시해야 한다. 소셜미디어 가이드라인이 개발되면 이를 토대로 훈련을 실시해봐야 현장성을 높여준다. 위기관리의 핵심 요소는 가이드라인이 아니라 여기에 익숙한 인적 자원, 곧 사람이다.

• 모니터링, 초기 대응 위기관리 실패의 요인 가운데 하나는 조직이 모니터링을 등한시하는 것이다. 관심과 투자가 없거나 모니터링 결과에 대해 무신경한 경우를 포함한다. 온라인이나 소셜미디어 모니터링은 하루 또는 반일 단위로 이뤄지는 오프라인 미디어와 달리 실시간 체제가 필수적이다. 24시간 잠들지 않는 전용 모니터링 센터가 필요하다. 24시간 대응 체제와 함께 특이 동향을 이른 시간에 공유하는 내부 시스템도 갖춰야 한다. 초기 대응에서는 부정확한 사실과 루머의 진압이 급선무다. 위기 시 소셜미디어 플랫폼들은 무책임, 무분별, 무개념 공중들과 속도경쟁을 벌이지 않을 수 없다. 소셜미디어 운용자들이 조직 의사 결정 주체들과 긴밀 관계를 유지하고 있어야 한다.

• 감정적 대응, 사적 개입 통제 미디어의 특성상 온라인, 특히 소셜미디어에서는 사람이나 조직이 더욱 감정적이 되는 경향이 있다. 동일 시간, 동

일 공간, 대화 참여의 압박감과 같은 특성 때문이다. 조직은 커뮤니케이션 참여자들이 여유를 갖도록 주지시켜야 한다. 감정적 대응은 위기관리를 어렵고 복잡하게 만든다. 최고경영자나 직원들이 관리되지 않은 커뮤니케이션을 하는 것도 위험성을 높인다. 비전략적 사적 개입은 위기관리를 혼란에 빠트릴 수 있다(이종혁, 2012 재인용).

9장

언 론 홍 보

1. 언론 관계

언론의 개념은 커뮤니케이션, 매스커뮤니케이션, 저널리즘의 3가지 차원을 가진다. 커뮤니케이션은 대인·소집단·공공·대중 커뮤니케이션 등 일상생활의 모든 의사소통 행위를 망라하는 개념이다. 매스커뮤니케이션은 그 가운데 대중매체를 통한 커뮤니케이션으로 범위가 한정된다. 여기에는 언론보도뿐만 아니라 광고, 드라마, 스포츠 중계 등이 포함된다. 저널리즘은 매스커뮤니케이션의 한 영역으로 보도, 즉 뉴스 전달과 여론 형성을 주된 기능으로 한다. 보통 말하는 언론 또는 언론 관계는 협의적인 저널리즘을 대상으로 하나, 매스커뮤니케이션 영역까지 확대되기도 한다. 양자를 명확히 구분하기는 어렵다. PR은 언론의 3가지 차원 전반에 걸쳐 활동이 이뤄진다.

1) 언론매체

뉴스미디어가 조직화된 공식 정보원, 즉 PR 주체와 공존하게 되는 이유는 둘 사이의 기능적 의존관계 때문이다. PR은 정보 생산, 미디어는 정보 전달 기능을 분담한다. 양자의 의존관계는 뉴스 생산의 시간구조 때문에도 강화된다. 주어진 시간 안에 주어진 인력으로 뉴스자료를 수집하고 처리해야 하는 미디어 조직에게 공식 정보원이 제공하는 보도자료나 사전에 고지된 사건은 시간적 압력을 완화시켜주는 장치가 된다. 또한 객관 보도라는 명제가 사회적 권위를 인정받는 정보원으로부터의 취재를 선호하게끔 만든다. 결과적으로 PR 주체는 사회현실을 구성하는 사건과 사안의 1차 규정자가 되고, 미디어는 2차 규정자가 되는 것이다(윤희중·신호창, 2000). 그러나 양자는 협조적이면서 동시에 대립적이고 갈등적인 관계를 형성한다. 조직의 이익을 우선하는 PR과 공공의 이익을 우선하는 언론의 피할 수 없는 마찰이다. 뉴스 가치 판단, 보도자료 처리, 기사 왜곡 등 문제로 늘 다툼이 벌어진다. 대체로 언론은 공중들에게 조직의 취약점이나 잘못을 노출시키는 기능이 더 크다.

언론계 구성　<표 9-1>이 보여주듯 국내에서 보도를 중심 기능으로 하는 매체는 3300개에 조금 못 미친다. 이 가운데 실효적 언론사는 2000개 이상이고, 이 중 사회적 지명도가 있는 언론을 추리면 대략 290개 정도다. 일간신문 140개, 통신 3개, 방송 47개, 언론사닷컴 및 인터넷신문 38개가 먼저 이름을 올린다. 여기에 KBS의 지역총국(방송국)들을 하나의 언론으로 간주하고(18개), 유선방송 종합편성채널(4개)과 보도전문채널(2개), 경제채널(10개), 공영채널(3개), 언론 기능을 하는 5대 포털, 시사잡지(17개) 등을 보태면 290개 정도로 정리된다. 한국의 언론계는 이들이 중심 세력을 형성하고 있다. 신문(잡지 포함)과 방송이 244개 매체, 온라인이 43개 매체다.

<표 9-1> 국내 언론 종사자의 구성

(단위: 개, 명)

구분	매체	기자	구분	매체	기자
전국종합일간	24	3195	공영방송	21	1460
지역종합일간	108	3998	민영방송	13	554
경제일간	9	1471	특수방송	10	242
스포츠일간	6	209	종편/보도채널	6	840
외국어일간	8	82	지상파DMB	3	–
기타전문일간	25	475	소계	53	3096
전국무료일간	7	121	인터넷종합신문	441	1842
소계	187	9550	인터넷지역신문	533	1711
전국종합주간	28	253	인터넷전문신문	832	3864
지역종합주간	496	1806	소계	1806	7417
전문주간	707	3431	뉴스통신	14	–
소계	1231	5491	총계	3287	25554

자료: 한국언론진흥재단(2013a).

수용자 인식　국내 언론 수용자들이 생각하는 4대 매체 여론 영향력 점유율은 TV(48.1%), 인터넷(30.6%), 신문(13.9%), 라디오(7.3%) 순이다. 인터넷 점유율은 이동형(19.9%), 고정형(18.9%), 소셜미디어(4.6%)의 중복응답을 제외한 비율이다. 연령대별로 보면 19~29세 응답자는 인터넷 점유율이 49.2%로 TV 41.3%보다 상당히 높았다. 60세 이상에서는 신문 점유율이 17.5%로 인터넷 점유율 8.8%의 2배 수준이었다. 미디어별 기사/뉴스 및 시사 보도에 대한 신뢰도를 5점 척도로 조사한 결과, 지상파 TV방송이 4.13점으로 가장 높았고, 다음이 보도전문채널(3.84점), 종합편성채널(3.72점), 전국종합신문(3.65점), 뉴스통신(3.61점), 포털 뉴스(3.58점) 등의 순으로 나타났다. 2013년 조사에 처음으로 추가된 뉴스통신과 포털 뉴스는 신뢰도 상위 6개 매체에 포함됐다(한국언론진흥재단, 2013c).

신문과 방송　신문과 방송은 매체 특성에서 몇 가지 차이점을 보인다.

<표 9-2> 한국 언론계 중심매체

매체 유형	매체 수
일간지(종합, 경제, 스포츠, 무료)	140
언론사닷컴 및 인터넷신문	38
뉴스통신	3
TV 방송 + 라디오 방송	47+18
케이블 TV	19
포털	5
시사잡지	17
계	287

자료: 박진용(2012) 재정리.

주로 시각적인 채널에 의존하는 TV는 이미지와 인상을 강조하는 표현적
매체인 데 비해, 신문은 추상적 메시지에 기반을 두는 의사소통적 매체다.
TV는 메시지 정보원이, 신문은 메시지 내용이 중시된다. TV의 정보원 영
향력은 메시지 처리 과정의 차이에 의해 더욱 확대된다. 신문은 논증적인
성격으로 주장과 사실을 제시하는 데 적합하다. 보도실무 차원에서 신문
은 대체로 기사의 절대가치를 따진다. 사회적 의미나 중요도를 기준으로
뉴스 채택 여부를 결정한다. 그러나 방송은 꼭 그렇지 않다. 신문이 보도를
않거나 그냥 버리는 기사라도 그림만 좋으면 뉴스로 사용한다. 단순하고
평범한 사실도 그림 그 자체로서 보도 기회를 얻는 경우가 많다. 하루 한 차
례 발행되는 신문은 산 뉴스와 죽은 뉴스를 철저하게 구분한다. 판갈이를
하면서 계속 새로운 뉴스들을 앞세운다. 반면 방송은 새로운 뉴스보다 중
요한 뉴스를 집중적으로 내보내는 데 관심을 둔다. 뉴스의 반복에서 매체
의 힘을 과시한다. 신문이 먼저 썼더라도 별로 구애받지 않는다. 보도 시간
대(신문은 아침, TV는 밤)의 차이가 신문 내용에 개의치 않게 만든다. 이런 차
이점을 종합해보면 그림이 좋고 가벼운 주제는 방송으로, 쟁점이나 사회

<표 9-3> 신문과 방송의 특성

매체	표현수단	영향력 요인	뉴스 적합성	뉴스 가치 기준	뉴스 배포 특성
방송	이미지	정보원 중심	정서/감성	시청각성	중요 뉴스 반복
신문	텍스트	메시지 중심	주장/사실	중요도	새 뉴스 중심

적 현안 같이 무거운 주제는 신문으로 가져가는 것이 유리하다. 정서적·감성적 내용이라면 방송이, 논리적·설득적 내용이라면 신문 쪽이 적합하다 (박진용, 2011 재인용).

온라인 매체 온라인 매체에는 신문·방송의 인터넷 뉴스사이트, 언론사 닷컴을 포함한 인터넷신문, 포털, 보털, IP-TV, DMB 등이 있다. 블로그, 카카오톡, 페이스북 등 소셜미디어도 제한적이지만 언론매체 역할을 한다. 보털(vortal)은 버티컬(vertical)과 포털(portal)의 합성어로 특정 분야에 한정된 정보를 깊이 있게 제공해주는 전문 포털을 말한다. 인터넷 사이트의 폭증으로 포털 정보 검색이 한계를 드러냄에 따라 그 대안매체로 등장했다. IP-TV는 TV와 인터넷을 동시에 이용할 수 있는 매체다. 방송화면, 생활정보, 광고, 실시간 정보 등을 한꺼번에 내보낸다. 이론상 전송 가능한 채널 수는 995개다. IP-TV를 PR에 활용할 경우 채널별 주 시청자를 파악한 후 최적 채널을 선택해야 한다. 지상파 및 위성 DMB는 채널이 세분화되어 있어 PR 활용 시 주 시청자 분석이 필요하다. 메시지 제작에서는 화면 크기가 작고 접속 시 평균 시청시간이 짧다는 점을 감안해야 한다. 집중을 요하는 내용보다 쉽게 이해할 수 있는 내용이 적합하며 화면 구성은 클로즈업 중심이 좋다. 화면으로 메시지 전달이 어려울 경우 오디오를 강화하면 커뮤니케이션 성공률을 높일 수 있다. DMB 뉴스 채널의 프로그램들은 케이블 TV를 재전송하는 방식이 주류를 이루고 있다(정책홍보혁신포럼, 2005).

2) 뉴스와 기사

　사람들에게 새로우며 중요하고 흥미 있는 사실이 뉴스다. 뉴스 가치의 첫째 조건은 새로움이다. 뉴스는 상하기 쉬운 음식과 같아서 조금만 시간이 흐르면 먹을 수가 없다. 중요성과 흥미성에 있어서의 뉴스 가치는 여러 가지 의미에서 상대적이다. 무엇이 중요하며 무엇이 재미있는가 하는 점은 시대별, 매체별, 제작 상황별로 다르게 평가한다. 자유민주주의 국가에서는 뉴스의 상업적 가치에 많은 영향을 받는다. 뉴스 유통의 환경, 수용자의 상황, 뉴스를 받아들이는 입장에 따라서도 가치가 달라진다. 생선, 채소와 같이 그날의 뉴스 수요와 공급도 가치 변화를 일으키는 요인이다.

　뉴스 가치　실패한 PR 캠페인의 공통적 원인 중 하나는 미디어의 뉴스 결정 요인이나 상업주의 미디어의 일반적 생리에 대한 이해 부족이었다. 갈등과 대립의 드라마나 색칠된 흥밋거리들은 쉽게 뉴스의 조명을 받는다. 미디어가 흥미 위주의 피상적 보도에 더 관심이 크다는 것을 잊어서는 안 된다. 뉴스 가치의 일반적 요소를 꼽자면 시의성, 저명성, 근접성, 영향성, 이상성(異常性), 갈등성, 희소성, 인간적 흥미를 들 수 있다. 이들을 범주화시켜주는 요소가 중요성, 흥미성이다. 저명성, 근접성, 영향성은 중요성, 이상성, 갈등성, 희소성, 인간적 흥미는 흥미성에 가까운 속성이다. 양자는 반드시 배타적 구분이 될 수 없다. 여러 뉴스 가치 요소들을 동시에 가질수록 뉴스 소재로 환영받는다. 시의성은 중요성과 흥미성을 담아주는 그릇이 되거나, 상황 부합성을 높여 양자의 가치에 상승작용을 일으킨다. 그 자체로서 기사가치 요건을 만들 수도 있다.

　• 뉴스 가치의 기준점　뉴스 가치의 기준점 역할을 하는 것은 ① 사람, ② 장소, ③ 시간, ④ 비용, ⑤ 수용자 호소력 등이다. 뉴스는 사건에 대한 보도라기보다 사람들이 사건에 대해 무엇이라고 말하는지에 대한 보도다.

권력이 집중된 장소와의 가까운 정도, 시의성의 강도, 낮은 뉴스 생산비용, 높은 호소력은 뉴스 가치와 정비례한다(맥퀘일, 2008). 2000년 38개국 뉴스 연구에 따르면 이들 요소 외에 ⑥ 정보입수 가능성, ⑦ 경제적 이익이 뉴스 선정에 영향을 주고 있었다(하킵, 2012).

뉴스의 개념 뉴스의 전통적인 개념은 '대중 수용자를 위해 전달되는 시의적 현상들에 대한 공익적 정보'라 할 수 있다. 객관성 또는 중립성을 뉴스의 중요한 지표로 삼는다. 그러나 공익적 정보는 유명인의 사생활, 선정주의, 뉴스로 보기 어려운 뉴스로 대치되고 있다. 객관성 또는 중립성도 미디어 환경이 다원화되면서 크게 침식되고 있다. 언론규범을 부정하는 매체까지 등장한다. 이런 이유로 오늘날의 뉴스 개념은 점점 더 정의하기가 어려워지고 있다. 보츠코스키(Pablo Boczkowski)가 '뉴스란 뉴스 세상에 나오는 모든 것'이라고 말하는 것도 무리가 아니다(이종혁, 2012 재인용). 지금의 저널리즘은 한 명의 기자와 노트북 한 대만 있으면 가능한 시대다. 언론사 기관이 아닌 개인 저널리즘이 보편화되고 있을 뿐만 아니라 비언론인도 저널리즘의 주체가 될 수 있다. 이같이 뉴스 생태계의 경계들이 흐려지면서 셔드슨(Michael Schudson)은 뉴스 생산자와 소비자, 직업기자와 아마추어 기자, 영리 매체와 비영리 매체, 언론사 내 보도편제와 영업편제, 전통 미디어와 뉴미디어의 구분이 사라졌다고 말한다(박진용, 2012 재인용). 2000년 이후 경영 중심의 저널리즘이 확대되면서 언론사의 이익과 저널리즘의 경계선도 모호해졌다. 신문과 방송에서 뉴스와 광고·홍보 간의 격차는 크게 좁혀졌다. 이런 불안정하고 모호한 현상들이 오늘날의 저널리즘 생태계를 구성하고 있다(앤더슨·워드, 2008).

뉴스와 오락 2000년대 초반 영국의 여론조사에서는 성인들의 1/5이 오락을 위해 일간지를 읽는다고 응답했다. 영국 전국지들 또한 중대 정보가 아니라 오락적 가치 때문에 뉴스 기사를 싣는다는 연구가 있었다. 뉴스의 본질이 변형되자 사실과 의견을 구분하는 일도 쉽지 않게 됐다. 반어, 과장 등의 표현이 많아지면서 정확성에 대한 요구까지 사라지고 있다. 혹자는 2000년 대 들면서 언론인들이 수용자에게 정보나 지식을 제공하기보다 즐거움을 자극해주는 오락인이 돼야 한다는 압력을 받고 있다고 주장한다. 부르디외 (Pierre Bourdieu)의 말을 빌리자면 언론인들은 지루하게 보일까 봐 토론보다 대립, 논증보다 논쟁, 정책의 본질보다 술책, 사건의 역사성보다 파편성을 촉진하고 있다는 것이다(하컵, 2012). 이런 경향은 일반인들의 투자 행위까지 일종의 오락으로 만들고 있다. CNBC의 비즈니스 뉴스가 그런 경우다. PR 측면에서 기업 경영자들은 리얼리티 쇼나 대중문화의 하나로 변질된 뉴스 산업에 적응해야 할 필요성이 커졌다. 연예인에 준하는 자질을 갖추고 스포트라이트를 받을 마음의 준비가 돼 있어야 한다.

긍정/부정 뉴스 언론보도의 많은 부분은 부정적 뉴스들로 구성된다. 부정적 뉴스가 많아지는 이유는 다음의 4가지다. 첫째, 긍정적 뉴스에 비해 뉴스미디어의 뉴스 생산주기, 즉 시간구조를 쉽게 만족시킨다. 항공기 추락, 교량 붕괴, 핵 누출, 성희롱 같은 부정적 뉴스는 아주 짧은 시간에 사건이 완성되나 선행, 실적 개선 등 긍정적 뉴스는 오랜 시간을 필요로 한다. 둘째, 부정적 뉴스는 명확성의 조건을 만족시킨다. 부정적 사건은 어떤 사람에게나 부정적으로 보이지만 긍정적 사건은 어떤 사람에게는 부정적으로 보일 수도 있다. 셋째, 부정적 뉴스는 사람들이 세상에 대해 갖는 고정관념과 일치되는 경향이 있다. 위선, 부패, 안전 불감증, 집단이기주의 등은 사람들이 흔히 경험하는 고정관념이다. 넷째, 부정적 뉴스는 긍정적 뉴스에 비해 희귀하고 예측하기 어려운 사건인 경우가 많다. 하지만 긍정적인 사건들은 당연하고 그래야만 될 것들이기 때문에 부정적 사건들에 비해 새로울 것이 없다(윤희중·신호창, 2000).

기사의 유형 기사의 유형은 성격별로 경성과 연성 기사, 내용별로 사실과 의견 기사라는 2가지 기본적 조합으로 접근해볼 수 있다. 경성과 연성은 중요도와 흥미도 중에서 어느 것을 중시하느냐에 따른 구분이다. 현실 문제를 객관적·이성적·논쟁적 문제로 다루는 것이 경성기사이고, 인간적 관심사를 정서와 감성을 만족시키는 형태로 다루는 것이 연성기사다. 기사 처리 방식에 따라 경성, 연성은 가변적일 수 있다. 사실과 의견 기사는 기사 내용에 따른 구분이다. 사실기사는 사회적 사안들에 대해 있는 그대로의 객관적 사실을 적는 기사이고, 의견기사는 주관적 의견을 기술하는 기사다. 전자는 보도, 후자는 논평이다. 그렇지만 사실기사에도 의견적인 내용이 포함되고, 의견기사에도 사실적인 내용이 포함될 수 있다. 양자는 스펙트럼식의 분포를 보여 기사의 전체 맥락으로 구분해야 할 때가 많다. 이 외에도 기사의 유형은 뉴스(news) 기사와 피처(feature) 기사로 나뉜다. 기사 작성양식이 사실 중심이냐, 인간적 흥미 중심이냐를 구분기준으로 한다. 뉴스 기사는 보도기사, 스트레이트(straight) 기사라고도 한다(박진용, 2012 재인용).

신문기사　신문기사는 스트레이트, 해설, 화제물, 인터뷰, 특집기획, 사설, 칼럼, 대담, 평론, 단신, 다이어리, 실용, 연문, 가십, 스케치, 기고, 투고, 인물 동정, 블로그 등 방송기사에 비해 아주 다양한 장르가 있다. 스트레이트, 해설, 화제물, 인터뷰, 특집기획, 사설, 칼럼이 중심기사. 스트레이트는 모든 보도기사의 기본형으로 있는 사실만을 객관적·압축적으로 전달하며 여러 다른 형태의 기사들을 선도한다. 해설은 스트레이트에서 소개되지 못한 정보나 사실, 배경, 여파, 부작용, 전망 등을 폭넓게 보여주는 기사다. 화제물과 인터뷰는 단독 또는 다른 기사와 병행해서 사용된다. 특집기획은 통상적인 취재보다 장기적·심층적이거나 광범하거나 대규모적인 성격을 가진다. 스트레이트, 해설, 화제물, 인터뷰, 특집기획은 일반적으로 사실기사로 분류된다. 반면 사설, 칼럼은 의견기사다. 사설은 주제가 공공

<표 9-4> 기사의 유형

구분	성격	내용	작성양식
이성적, 문제 중심	경성	사실(보도), 의견(논평)	뉴스
감성적, 흥미 중심	연성	사실(보도), 의견(논평)	피처

사(公共事)로 제한되고 분량이 적은 편이며 글 쓰는 방식이 딱딱하다. 이에 비해 칼럼은 주제나 글 쓰는 방식에서 제한이 없다.

방송기사 방송기사는 보통 스트레이트(단신), 리포트, 출연용, 크로스 토킹용, 매거진, 특집기획, 다큐멘터리, 논평 등으로 유형을 나눈다. 방송기사의 기본형은 스트레이트와 리포트의 2가지다. 스트레이트는 주로 토막소식을 알려주는 데 사용되며 신문의 스트레이트와 작성 방식이 유사하다. 리포트는 주요 뉴스, 핵심 뉴스를 처리하는 방식이자 기사 유형이다. 현장화면, 인터뷰, 내레이션, 스탠드업, 그래픽, 자막 등이 패키지(reporter's package)로 사용되는 종합구성물이다. 출연용과 크로스 토킹용은 앵커와 직접 대면 또는 외부에서 대화를 나누는 기사 유형이다. 매거진은 12~13분, 특집기획, 다큐멘터리는 30분 또는 1시간 단위의 종합구성 보도 프로그램이다. 논평은 신문의 사설과 같은 성격을 가지며 길이는 2분 정도다(박진용, 2012). 온라인 매체에서는 신문과 방송의 기사 모두를 소화할 수 있으나 인터페이스 특성을 고려해야 한다.

3) 언론 관계 프로그램

PR은 그 시초부터 언론홍보, 즉 퍼블리시티로 출발해 오랫동안 PR이 퍼블리시티로 간주되어왔다. 지금도 PR은 언론 관계라고 할 만큼 PR 실제의 중심이 된다. 언론 관계의 중요성은 언론이 하나의 공중이면서 동시에 조직과 종업원, 투자자, 협력업체, 소비자, 활동적 공중, 정책 공중을 이어주는 중개적 역할을 하기 때문이다. 언론은 다른 구성원들이 조직에 대한 이미지를 만들어가는 통로 기능도 한다. 세상에 대한 사람들의 인식은 언론이 무엇을 보여주고 어떻게 해석하느냐에 따라 달라진다(이명천·김요한, 2012). 그러나 그 의미를 확대 해석하는 것은 바람직하지 않다. PR 실무자들은 미디어의 보도가 많고 호의적일수록 공중의 태도가 좋을 것으로 생각하나 태도와 매체는 별 상관이 없는 것으로 나타났다. 미디어의 의제 설정 효과는 PR의 효과 중 첫 두 단계인 커뮤니케이션과 메시지의 기억과 주로 관련된다(그루닉·헌트, 2006c).

미디어 리스트 작성   미디어 리스트는 조직과 관련된 보도를 하는 언론 매체에 대한 정보를 모은 DB자료다. 조직은 물론이고 조직에 영향을 미치는 단체, 인물, 주제에 대한 보도를 포함한다. 보통 인쇄매체, 방송매체, 온라인매체, 소셜미디어 단위로 리스트를 관리한다. 각 단위는 일간지, 주간지, 지상파 TV, 케이블 TV 등 하위범주로 구분되며 개별 언론사별로도 정리될 필요가 있다. 미디어 리스트는 PR 메시지에 가장 먼저 관심을 보여줄 기자와 매체 정보를 담고 있어야 한다. 주목적이 조직 목표와 부합하는 매체와 기자 등의 정보를 구축하는 것이다. 언론인들은 상대적으로 보직 이동이 잦기 때문에 리스트를 수시로 업데이트해야 한다. 부실한 리스트는 시간을 낭비하게 만들고 PR 작업을 무위로 돌린다(딕스-브라운·글루, 2005).

• 기록사항   미디어 리스트 기록사항은 기자, PD, 아나운서, 부서장, 국장, 최고경영자 등의 기본 정보와 개별 접촉의 후기 등이다. 입력 항목들은 인맥 정보, 공공정보, 유료정보 채널을 통해 입수되며 대외비의 성격을 가진다(딕스-브라운·글루, 2005). 기자에 대한 정보는 상세해야 한다. 이름, 주소, 전화번호, 이메일, 메신저 주소, 선호하는 커뮤니케이션 방법 등은 기본 정보로 관리된다. 이와 함께 출입처와 담당 분야, 기자의 관심 주제, 근

무시간, 글을 올리는 온·오프라인 미디어의 범위, 뉴스 갱신 주기, 원하는 자료 유형(텍스트, 하이퍼링크, 사진, 동영상 등), 주 단위 작업량 등을 알아두는 것이 좋다(필립스, 2004).

언론 모니터링 언론홍보는 득만큼이나 실이 발생할 위험성을 안고 있다. 취재 협력 과정에서 외부로 공개돼서는 안 될 정보를 내보내거나 언론의 오보나 실수로 예기치 못한 문제가 발생할 수도 있다. 정보를 철저하게 관리할 수 있는 체제와 유능한 인적 자원을 확보해야 한다. 이런 리스크 관리의 시작과 끝이 언론 모니터링이다(시노자키, 2004). 언론 모니터링은 조직 및 관련 분야 동향 추적, 조직 홍보 메시지의 노출 확인, 필요 정보 수집, 정보 재생산 등 다용도로 활용된다. 모니터링 내용을 조직 경영에 반영할 것인지 여부도 검토해봐야 한다.

• 모니터링 유형 언론 모니터링에는 ① 이슈 모니터링, ② 기회 모니터링, ③ 결과 모니터링의 3가지가 있다. 보통 3가지 모니터링이 동시에 수행된다. 이슈 모니터링은 조직의 활동과 관련된 사항들을 관련 부서에 전해주거나 의사 및 정책 결정에 활용하기 위한 목적으로 시행된다. 언론보도의 흐름이나 태도를 파악하는 데 주안점이 두어진다. 효율적인 보도자료 작성과도 연관된다. 기회 모니터링은 조직에 유리한 보도기회를 찾아내는 것이 목적이다. 보도의 추세를 파악해 다양한 보도자료를 만들고 적절한 유통창구와 방법을 찾아내야 한다. 결과 모니터링은 PR 효과의 양적 측정과 관련되는 활동으로 보도자료, 인터뷰, 기자회견 등의 보도 결과를 확인·평가하는 작업이다. 메시지 의도와 보도 간의 부합도를 검토하고 문제점을 수정·보완하는 데 사용된다(국정홍보처, 2005; 조계현, 2005).

• 부정 보도 모니터링 부정 보도 모니터링은 이슈 모니터링의 한 분야다. 조직에 대한 나쁜 보도가 포착되면 먼저 보도의 예상 피해가 어느 정도일지를 예측해본다. 제보자나 제보집단, 제보의 배경, 제보 사실의 정확성, 현재

까지의 확산 정도(신문의 발행부수, 방송의 청취율 등), 제보의 확산 가능성, 악의적 관련 사이트 등에 대한 분석이 필요하다. 문제가 보통 이상이면 상설 위기관리 부서에서 조치사항을 논의하도록 해야 한다(아르젠티·포먼, 2006).

모니터링 요령 모니터링의 큰 범주는 ① 조직 관련 기사, ② 동종 분야 기사, ③ 타 조직 기사로 구분할 수 있다. 조직 관련 기사에는 조직이 제공한 기사, 조직의 구성원 기사, 조직 임직원 인터뷰 등이 포함된다. 조직에 직접적으로 영향을 미칠 정책기사를 따로 구분해 모니터링을 해야 한다. 여러 매체에 보도될 경우 영향력이 크거나 가장 자세한 내용을 클리핑/녹취/다운로드한다. 반복되는 기사는 클리핑/녹취/다운로드할 필요가 없다. 타 조직 기사는 동종 분야 경쟁조직 기사가 모니터링 대상이다. 조직에 영향을 미칠 기사는 반드시 클리핑/녹취/다운로드에 포함시킨다. 벤치마킹의 대상이 될 만한 타 조직 기사도 따로 항목을 설정한다. 조직이 속한 분야에 영향을 미칠 타 조직 기사는 동종 분야 기사로 분류한다. 단순 동향기사는 주목할 필요가 없다(조계현, 2005).

• 신문/방송 모니터링 신문 모니터링에서는 보도 흐름, 보도 이유, 기사 구성(제목, 단수, 사진, 만화, 도표) 등을 기본 점검사항으로 한다. 작은 기사라고 무시해서는 안 된다. 여러 신문을 비교해서 읽어야 추세 파악이 용이해진다. 방송 모니터링에서는 뉴스보도 순위, 전체 꼭지 수, 보도량 등 기본적인 사항과 어깨걸이, 앵커 멘트, 내레이션, 자막, 관계자 인터뷰 등 세부사항으로 구분해 살펴본다. 화면과 그림 구성, 카메라 앵글 등도 분석의 대상이 된다. 텍스트는 사실과 의견이 혼재되는 경향이 있으므로 분리시켜 정리하는 것이 좋다(국정홍보처, 2005). 4장 언론홍보 평가에 보다 상세한 접근법이 기술되어 있다.

• 모니터링의 한계 모니터링 내용은 언론이 받아들인 것일 뿐 목표공중이 얼마나 그 기사를 읽고 이해하고 태도나 행동 변화를 일으켰는지는 알

수 없다. 조직 관련 기사를 어디까지로 설정해야 하는지도 분명치 않다. 조직에 대한 독자적 분량, 다른 조직과 함께 다룬 경우, 조직 핵심 메시지가 누락된 경우 등에 대한 처리가 애매하다. 부정적, 중립적, 긍정적 기사를 어떻게 취급해야 할지도 기준이 불명확하다. 질적인 부분을 계량화하는 데는 많은 어려움이 따른다. 미디어의 영향력이 제대로 반영되지 않는 점도 감안해야 한다. 또한 조직마다 매체별 가중치가 다를 수 있으며 기사와 사진의 영향력 판별도 계량화하기가 쉽지 않다(조계현, 2005).

프로그램 기획 언론 관계 프로그램은 일상적이고 장기적인 활동과 특정 문제 발생에 따른 비일상적이고 한시적인 활동으로 구분된다. 프로그램의 이유가 되는 문제에는 언론 관계가 원만치 못하다거나 신사업 추진, 공장 신설, 이미지 악화 등 여러 가지 요인들이 개재된다. 언론 관계 프로그램은 이런 문제에 따라 상황진단, 목표 설정, 전략 입안, 세부 프로그램 실행, 평가의 방식으로 진행된다. 상황진단은 전략수립의 바탕을 짚어보는 과정이다. 조직의 설립 목적, 활동, 인력 및 예산 구조, 경영철학, 외부 이미지, 현안 사업, 위기 상황 등이 종합적으로 고려돼야 한다. 서베이와 내용 분석, 통계와 정보 등이 두루 활용된다. 언론에 비치는 모습과 조직의 장점과 약점 등을 포괄하는 객관적인 상황진단이 필요하다. 여기에 따라 언론 관계의 목표와 목표공중을 설정하고 핵심 메시지, 매체 전략 등을 결정한 뒤 예산을 배정한다. 이어 세부 프로그램들이 상황별로 실행된다. 프로그램 실행 수단으로는 보도자료, 인터뷰, 간담회, 취재여행(fam- tour), 견학, 시찰, 미디어 투어와 기타 창의적인 방법들이 사용될 수 있다.

• 프로그램 실례 출판 및 유통기업 폴스타의 회사 이미지 제고를 위한 언론 PR 사례(2001)는 언론홍보의 프로그램을 이해하는 데 도움을 준다. 폴스타는 먼저 회사에 대한 언론보도의 이미지 분석에 들어갔다. 평가 방식은 가로축에 메시지 판단요소들을, 세로축에 긍정과 부정의 메시지 건수

〈그림 9-1〉 언론보도 이미지 분석 실례

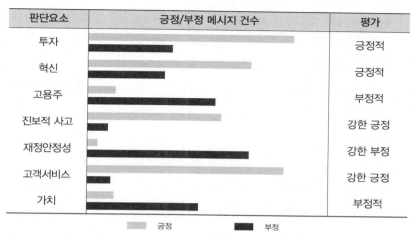

판단요소	긍정/부정 메시지 건수	평가
투자		긍정적
혁신		긍정적
고용주		부정적
진보적 사고		강한 긍정
재정안정성		강한 부정
고객서비스		강한 긍정
가치		부정적

긍정　　　부정

자료: 왓슨·노블(2006) 재구성.

를 측정하는 비교적 간단한 것이었다. 메시지 판단 요소는 투자, 혁신, 고
용주, 진보적 사고, 재정 안정성, 고객 서비스, 가치로 설정했다. 긍정(+)과
부정(−)으로 점수화한 결과 혁신, 진보적 사고, 고객 서비스에서는 긍정적
평가, 투자에는 긍정과 부정 평가, 고용주, 재정 안정성, 가치에서는 부정
적 평가만 나왔다. 20개월 동안 언론 관계를 강화함에 따라 2003년 초에는
보도 내용이 긍정 또는 중립으로 바뀌었다. 기업 실적 개선, 개방화된 친 언
론 경영, 긍정적 뉴스거리 발굴 등이 여론 호전의 원인으로 분석됐다(왓슨·
노블, 2006).

2. 퍼블리시티

퍼블리시티의 주된 목적은 미디어 의제화를 전제로 하는 공중과의 커뮤

니케이션 및 메시지 기억이다. 퍼블리시티 기사는 광고에 비해 비용이 들지 않고, 신뢰성과 객관성을 확보할 수 있다. 평균적인 신문기사는 평균적인 신문광고보다 6배 정도 더 읽힌다고 한다. 광고에 눈길을 주는 독자는 20명에 1명 정도다. 그러나 메시지에 대한 시기 및 내용 통제가 안 되고, 정보가 압축되는 과정에서 내용이 왜곡되거나 불완전해지는 단점이 있다.

1) 의미

퍼블리시티의 유형은 ① 내용별, ② 형태별, ③ 성격별, ④ 매체별로 접근해볼 수 있다. 내용별로는 조직, 인물, 제품, 사회의 4가지로 나눠진다(4장 퍼블리시티 참조). 형태별로는 보도자료, 인터뷰, 기자회견, 기자간담회, 유료 퍼블리시티, 미디어 이벤트, 이메일, 뉴스레터, 언론사 기고, 인터넷방송 등 아주 다양한 장르가 있다.

형태별 유형　퍼블리시티의 대종을 이루는 보도자료, 인터뷰, 기자회견, 기자간담회는 뒤에 따로 설명되므로 여기서는 여타 유형들에 대해서만 간단히 살펴본다. 유료 퍼블리시티[1]로는 신문의 기사형 광고(애드버토리얼), 방송의 정보형 광고(인포머셜), PPL이 전형적이다. 기사형 광고는 자체 제작, 외주 제작, 신문사 제작의 3가지 방법이 있다. 정보형 광고는 외주 제작사와, PPL은 방송사와 협의해야 한다. 미디어 이벤트로는 언론인들을 대상으로 한 강연회, 시승회, 시식회, 시연회, 전시회, 쇼, 발표회, 견학회, 간담회 등이 있다. 직접적으로 보도와 연결되게 하거나 보도 참고 또는 기획기사의 대상이 되도록 할 수 있다. 적절한 장소 선택이 중요하다. 식사를 겸

---

1) 유료 퍼블리시티는 엄밀한 의미에서 퍼블리시티라고 할 수 없다. 광고로 분류돼야 하지만 PR 수단으로서의 중요성 때문에 퍼블리시티의 범주에 포함시켜 설명한다.

구분	세부 유형
내용별	조직, 인물, 제품, 사회
성격별	일반, 기획, 프로모션
매체별	신문, 잡지, TV, 라디오, 온라인, 소셜미디어
형태별	보도자료, 인터뷰, 기자회견, 기자간담회, 유료 퍼블리시티, 미디어 이벤트, 이메일, 뉴스레터, 언론사 기고, 인터넷 방송 등

한 이벤트도 가능하다. 보도자료를 겸한 안내장을 보내 행사 고지 보도와 본 행사 취재를 유도한다. 전체적으로 기자회견이나 브리핑과 비슷하게 진행하면 된다(시노자키, 2004).

성격별 유형 퍼블리시티는 성격별로 ① 일반, ② 기획, ③ 프로모션의 3가지로 분류할 수 있다. 일반 퍼블리시티는 통상적인 범위의 주로 반응적 퍼블리시티 활동을 말한다. 기획 퍼블리시티는 보도 기획안을 실행해 과정 또는 결과를 보도되게 하는 창조적 활동이다. 유형으로는 공모전 또는 콘테스트, 설문조사, 세미나 및 심포지엄, 이벤트, 사회공헌활동 등이 있다. 조직의 성격이나 정체성, 생산제품 등과 어울리는 소재를 선택해야 한다. 화제성, 계절성, 사회성 같은 뉴스 가치가 퍼블리시티 성공의 관건이다. TV용으로 사용하기 위해서는 재미있는 영상이 필요하다. 프로모션 퍼블리시티는 특정 주제의 정보와 특정 언론사를 목표로 하는 맞춤형 퍼블리시티다. PR 조직으로서는 퍼블리시티 주제가 있어야 하고, 언론사에는 해당 난이나 프로그램이 있어야 한다. 프로모션 퍼블리시티의 수단에는 취재, 인터뷰, 대담, 동행 취재, 기획기사 등이 있다(시노자키, 2004).

매체별 유형 퍼블리시티의 매체별 유형으로는 신문, 잡지, TV, 라디오, 온라인, 소셜미디어 등이 있다. TV, 라디오의 방송 퍼블리시티는 일반적으로 지상파 TV나 라디오를 대상으로 한다. 그러나 온·오프라인 매체의 구분이 불명확한 오늘날에는 사정이 달라졌다. 모바일을 포함한 온라인의 모든 매체와 케이블 TV, IP-TV, DMB 등이 방송 퍼블리시티의 대상이 된다. 조직의 자체 방송, 화상회의, 비디오 연례보고서, 종업원 훈련용 비디오물 등도 방송 퍼블리시티로 간주돼야 한다.

• TV 퍼블리시티 TV는 대부분의 사람들에게 신문, 라디오와 마찬가지로 관여도가 낮은 정보를 다루는 경향이 있다. PR 프로그램의 효과가 크지 않다는 말로 환언할 수 있다. TV뉴스 연구를 보면 이해나 기억의 차원에서 평균적 학습 수준은 매우 낮고 학습한 내용 자체가 매우 파편적이라는 사실을 보여준다. 사람들이 일상적 상황에서 기억할 수 있는 뉴스는 5%에도 미치지 못하는 것으로 평가됐다(맥퀘일, 2008). PR 실무자들은 TV가 메시지 인식이나 태도, 행동에 영향을 미친다고 믿지만 되풀이 시청하지 않는다면 보고 듣는 것을 별로 기억하지 못한다는 증거들이 많다. 또 TV뉴스의 공공의제 설정은 뉴스시간이 짧아 생각만큼 위력적이지 않은 것으로 밝혀졌다. 따라서 인식, 태도, 행동 차원의 PR 목표들은 좀처럼 달성되기 어렵다. 이 같은 논의들은 PR 프로그램의 목표공중들이 TV 시청자 가운데 있지 않거나 혹은 작은 부분에 지나지 않을 수도 있다는 것을 암시한다. TV 퍼블리시티는 다른 PR 활동보다 돈과 시간이 많이 든다는 약점도 있다. 그러나 다른 방법으로 도달하기 어려운 저관여 공중들과 광범하게 소통할 수 있는 장점이 있다. TV 퍼블리시티의 평가는 시청률 조사보다 목표공중 서베이가 바람직하다. TV 퍼블리시티에서는 보도자료, 인터뷰, 광고가 많이 사용된다(그루닉·헌트, 2006d).

• 라디오 퍼블리시티 라디오 퍼블리시티는 뉴스 방송, 토크쇼, DJ 프로그램, 전문토론, 커뮤니티 게시판, 유료광고, 공익광고(Public Service Announcement: PSA) 등 다양한 프로그램을 활용할 수 있다. 관련도가 높은 공중은 특정 시간에 특정 방송을 정해 듣는 경향이 있다. 방송시간대별로 목표

공중의 청취 가능성을 검토해봐야 한다. 모든 PR 프로그램에 사용할 수 있지만 지역사회 관계에 효과가 좋다. 광고 메시지는 비용이 적게 들어 메시지의 효력이 없어질 때까지 반복할 수 있다. 라디오용 스폿광고는 10, 15, 20, 30, 60초 길이로 제작된다. 길이가 짧을수록 간결해야 한다. 광고 문안이 인쇄매체와 유사하거나 동일해서는 안 된다. 문장 구사가 더 경제적이어야 하며 회화체로 써야 한다. 시간제한 때문에 판에 박힌 소리나 문구에 호소하는 경우가 많아 주의가 필요하다. 메시지 청취를 확인하기 위해 인쇄매체용 광고와 다른 주소나 전화번호, 다른 메시지 문구를 사용해야 한다. 방송 후 전화 서베이는 효과 여부 확인에 도움을 준다(그루닉·헌트, 2006d; 딕스-브라운·글루, 2005).

• 온라인 퍼블리시티 과거 기자들은 보도 활동을 위해 홍보실을 방문했지만 오늘날은 웹사이트나 포털, 소셜미디어로 이를 대신하고 있다. 기자들은 취재, 기사 아이디어의 개발, 온라인 루머의 보도, 수용자들과의 의견 교환을 위해 온라인 미디어를 이용한다. 기사 콘텐츠의 25%가 전적으로 인터넷에서 얻어진 것이라는 조사가 있다. 루머는 보도나 기사 발굴의 양념 차원으로 활용되는 경향이 있다(필립스, 2004). 온라인 퍼블리시티의 장점으로는 웹사이트, 이메일, 메신저 등 커뮤니케이션 도구와 매체 및 정보원의 다양성을 들 수 있다. 반면에 PR 자료들의 스팸화 촉진, 인간관계의 형식화 및 커뮤니케이션 단절, 위기 상황의 즉각화 등 약점을 가진다. 온라인에서는 24시간 뉴스를 전달하므로 엠바고2)의 개념을 달리 해석해야 한다. 뉴스사이트의 기사와 함께 독자 의견도 모니터링해 여론과 쟁점관리의 자료로 활용할 수 있다(정책홍보혁신포럼, 2005). 온라인 퍼블리시티는 10

---

2) 엠바고는 일정 시간까지 보도를 유예시키는 것을 말한다. 신문과 방송의 기사 배분, 추가 및 영상 취재 시간 제공, 범죄 피해자 보호, 보안 유지 등의 목적으로 사용된다. 한 언론사라도 이를 지키지 않으면 그 순간부터 엠바고는 깨진다.

장 온라인 PR에서 좀 더 설명된다.

2) 전략과 기획

기자들의 정보행동은 능동적 정보추구와 수동적 정보처리의 양자에 걸쳐 있다. 기자들의 업무내용, 즉 보도자료의 기사화, 행사 등의 습관적 취재, 뉴스원 대응 등의 점으로 보면 소극적 정보처리에 가깝다. 연구에 따르면 ≪워싱턴 포스트≫나 ≪뉴욕 타임스≫ 기사의 3/4은 정보처리인 것으로 나타났다. 58%는 공식적 절차, 보도자료, 회견이었고 16%는 브리핑, 정보누설, 비공식적 정보원에 의한 것이었다. 26%만이 적극적인 정보추구에서 비롯된 기사였다. 또 다른 연구에 의하면 기자들은 뉴스의 80%를 24시간 내에 발생한 이벤트로부터 얻고 있었다. 연구들을 종합하면 PR 주체가 기자 행동에 영향을 미칠 수 있는 여지가 많다는 것으로 요약된다(그루닉·헌트, 2006c 재인용).

의제 설정 전략   의제 설정은 소극적 정보처리가 많은 기자 집단에 영향을 미칠 수 있는 효과적 전략의 하나다. PR 관리자는 조직의 메시지를 미디어 의제로 설정하게끔 만들고 그 의제가 충분히 지속되도록 노력해야 한다. 이 같은 목표가 달성된 후 공중이 미디어 정보(의제)를 어떻게 활용할 것인지에 대해서는 PR 관리자들이 어떤 작용도 할 수 없다. 이용과 충족이론을 통해 그 영향을 살펴볼 수 있을 것이다. 의제 설정 이론은 기자 대응에서 특정 부문에 개인적 흥미를 가진 기자를 상대하는 것이 유리하다는 것을 시사한다. 한편 의제 설정의 경향이나 평가는 보도의 내용 분석을 통해 알아볼 수 있다. 원하는 주제가 매체에 얼마나 자주 나타났는가, 부정적 기사에서 반박할 기회가 얼마나 주어졌는가의 점검사항이 있다. 매체 주도, PR 담당자 주도의 기사 건수를 비교해보는 방법도 있다(2장 의제 설정 이론 참조).

정보 보조 전략　PR 실무자는 내·외부 공중에게 소통시킬 정보를 통조림으로 만들듯 미리 패키지로 묶는다. 오스카 갠디(Oscar Gandy)는 패키지한 정보를 정보 보조(information subsidy), 즉 정보 소비를 늘리기 위해 특정 정보의 가격을 깎는 노력이라고 말한다. 전통 매체 상황에서 기자는 직접적 정보 보조를 받고 정부는 신문·방송 뉴스를 통해 간접적 정보 보조를 받는다. 전문가, 로비, 통신사를 통한 간접적 정보 보조도 가능하다. 정보보조는 주로 보도자료의 생산과 배포를 통해 이뤄진다. 보도자료의 길이와 기사 보도와는 긍정적 상관관계가 있고, 통신사를 통한 보도자료의 배포는 기사화 가능성을 높인다. 개인이나 사회에 충격이 클수록 정보 보조는 중요성이 높게 평가된다. 정보가 희귀하면 정보원은 의제에 직접 영향을 미칠 수 있다(보턴·해즐턴, 2010).

퍼블리시티 기획　퍼블리시티의 기획은 기존의 PR 활동에 대한 분석을 토대로 이뤄져야 한다. 조직과 언론공중의 2가지 측면에서 접근이 필요하다. 조직 분석은 과거의 퍼블리시티 활동, 부정적/긍정적 보도사례, 부정 보도의 잠재성, 제품이나 인물 등 보도 소재 유무, 언론홍보 활동 평가 등을 기초로 한다. 언론공중 분석은 대중매체와 특수 매체로 구분해 종합적인 분석목록을 만들어 활용하면 된다. 보도의 유형, 마감시간, 담당 기자 성명, 직책 등을 목록에 반드시 포함시켜야 한다(헨드릭스, 2005). 언론보도 평가를 통해 어떤 기자, 매체, 통신사가 관련 이슈를 많이 다루는지를 확인하면 불필요한 PR 노력을 줄일 수 있다. 일반적으로 퍼블리시티는 기자실 출입기자 단위, 비출입기자(일반매체) 단위, 전문매체 단위로 구분하는 것이 좋다.

퍼블리시티 실행　퍼블리시티 주제가 결정되면 뉴스 소재 발굴, 평가, 기획 과정을 거쳐 보도자료, 데이터, 정보, 설문조사 결과와 같은 퍼블리시티 자료를 만든다. 설문조사는 뉴스 소재로 적합하면서 해당 조직의 이미지와 어울리는 주제로 해야 한다. 자료는 기자회견, 기자 간담회, 브리핑, 대인 접촉 등을 통해 배포된다. 설문조사 결과는 보도자료뿐 아니라 IR, 연구자료, 사보, 참고자료로 쓸 수 있다. 인터뷰, 칼럼과 같은 퍼블리시티 프로모션 활동을 벌이거나, 이벤트, 심포지엄, 세미나, 강연회 같은 기획 퍼블리시티를 실행할 수 있다(시노자키, 2004).

• 퍼블리시티 프로모션 프로모션의 일반적인 순서는 다음과 같다. 먼저 신문의 난이나 방송의 프로그램에 대한 대상 리스트를 만들어 발표 주제나 인물의 보도 가능성을 검토한다. 이어 담당부서와 담당 기자를 조사해 직접 찾아가서 설명하거나 기초자료를 보낸다. 적당한 시간에 전화로 재확인한 뒤 취재나 인터뷰, 대담 약속이 잡히면 취재 대상 인물을 골라 진행 일시와 장소를 협의한다. 취재, 인터뷰, 대담이 마무리되고 보도가 이뤄지면 관계 유지 차원에서 적절한 인사를 하는 것이 좋다. 프로모션에 반응이 없는 경우 추후를 기약한다.

• 평가 및 활용 퍼블리시티가 완료되면 모니터링을 통해 보도결과를 분석·평가해 향후의 홍보 활동에 참고한다. 퍼블리시티 활동의 성과는 사보나 홈페이지를 통해 확대 재생산되도록 할 필요가 있다. 다양한 보도 결과를 종합해 사내 및 관계사에 전파하는 후속작업이 있어야 한다. 언론과 조직의 인식 차이 부분은 주를 달아 오해의 소지를 없앤다. 언론홍보 조력자들에 대한 피드백은 홍보의 당위성과 적극적인 참여 분위기를 만드는 데 도움이 된다. 홍보 성과물은 출입기자 참고자료, 사내 홍보교육, 리쿠르트 PR에도 유용하게 쓰일 수 있다(시노자키, 2004).

3. 보도자료

퍼블리시티에서 가장 많이 사용되는 수단이 보도자료다. 미국의 PR 전문가 중 90%가 보도자료 작성이 PR의 기초과목보다 중요하다고 답할 정도로 쓰임새가 많다. 기자들의 보도자료 의존율은 작성 기사 건수 기준으로 70~80%에 이른다. 대다수의 기사들이 보도자료를 대본으로 보충 취재한 것이라고 보면 크게 어긋나지 않는다. 기자들의 업무 환경이 열악해질수록 보도자료 의존율은 높아지게 된다. 쓰이는 방식은 여러 가지다. 단신, 동정, 마케팅 자료는 거의 그대로 사용하는 예가 많다. 온라인에서는 아예 그대로 올려지기도 한다. 통상적인 자료들은 문안만 정리해서 쓸 때가 많지만 초점을 완전히 바꾸거나, 특정 부분을 확대 취재하는 경우도 있다. 더러는 다른 기획기사의 참고자료 또는 배경자료로 쓰기도 한다.

1) 보도자료

보도자료를 보낸다고 해서 기사화가 보장되는 것은 아니다. 다른 수단들과 복합적으로 사용하는 것이 바람직하다. 뉴스레터나 이메일, 소셜미디어 등을 통해 공중에게 직접 다가가는 방안도 생각해볼 수 있다. 조직의 보도자료는 하나의 완성된 기사로 연결될 때가 많지만 그렇지 않은 경우도 있다. 기자의 뉴스 작업에는 경쟁사, 협회, 연구소, 대학, 전문가, 공직자 등 다양한 정보원들이 직간접으로 영향을 미친다. 보도자료가 하나의 기사로 처리된다고 하더라도 보낸 그대로 기사화된다고 말하기 어렵다. 보도자료는 언론에 기사의 소재를 제공한 것일 뿐, 그것의 처리는 대부분 기자의 몫이다. 방송의 경우 기자는 자료를 두세 개의 압축된 문장으로 줄이는 과정에서 조직의 생각과 정반대되는 보도를 내보낼 수 있다. 공중이 접하게 되는 기사는 조직이 중요하다고 여기는 것이 아니라 기자들이 중시하는 시각이나 쟁점이다. 자료를 제공하고 철저한 후속 관리로 오보나 왜곡 없이 정확하게 공표되도록 하는 것은 홍보의 몫이다.

보도자료의 구성 보도자료는 프레스 릴리스(press release) 또는 뉴스 릴리스(news release)로 통칭되며 매체에 따라 매거진 릴리스, TV 릴리스 등으로 불린다. 보도자료의 구성요소는 매체별로 약간의 차이가 있다. 공통적으로 사용되는 것은 텍스트와 참고자료, 데이터, 사진, 그래픽, 도표 등이다. 방송, 온라인의 경우 VNR(Video News Release)과 ANR(Audio News Release)이 추가된다. VNR은 비디오 클립(clip)이라고도 하며 방송용 영상 보도자료를 말한다. ANR은 VNR의 음성 버전이다.

• 신문 보도자료 신문 퍼블리시티에서는 텍스트를 기본으로 사진, 삽화, 그래픽, 도표를 첨부 또는 독자적으로 사용할 수 있다. 사진이나 삽화가 첨부된 보도자료는 기사화 가능성을 높인다. 텍스트의 뉴스 가치가 낮더라도 사진이 좋으면 기사화되는 수가 있다. 사진에 설명을 붙인 캡션(caption) 뉴스 단독으로도 사용된다. 대체로 기사보다 주목도가 높다. 한 장의 사진에 핵심적 메시지를 담아야 하며 사진의 구도를 복잡하게 해서는 안 된다. 진부한 장면을 피하고, 명암대조를 조금 강하게 하는 것이 좋다. 인물 사진은 4명 이하로 하되 인물들을 가깝게 배치하고, 배경을 자연스럽게 하는 것이 촬영요령이다. 편집의 편의를 위해 가로, 세로 사진을 함께 제공한다(조계현, 2005). 기사 내용을 정리한 그래픽이나, 추세를 나타낸 그래프, 도표를 준비하면 기사의 의미가 더 명확하게 전달된다.

• 방송 보도자료 방송 퍼블리시티의 구성요소는 텍스트, VNR과 ANR, 전자 프레스킷, 기타 동영상, 그래픽, 도표 등이다. 그림이 좋으면 보도가 될 가능성이 높다. VNR은 방송국의 경비 절감 차원에서 이용이 늘어나고 있다. 미국의 경우 방송국에 제공된 보도자료 뉴스 필름 가운데 약 45%가 사용된다고 한다. 그 중 스포츠 관련 필름이 가장 인기가 높고, 여성, 에너지, 신기술 등도 호응을 받는다. 의외로 다수의 방송사들이 무성 영상 테이프보다 이야기와 음악이 녹음된 테이프를 선호한다. 방송의 엔터테인먼트

〈표 9-6〉 VNR, ANR의 성격, 분량, 구성

구분	성격	분량	구성
VNR A-롤	완성품	90~180초	배경정보 슬레이트, 인터뷰 대상자 ID 슬레이트, 사운드바이트, 내레이션, 대본
VNR B-롤	보조자료	2~5분	편집되지 않은 다양한 카메라 앵글과 자연음으로 구성된 자료화면
ANR	완성품	60~90초	기사 배경 정보, 실황녹음 사운드바이트 2~4개

쇼나 특정 프로그램을 목표로 제작되는 전자 프레스킷은 15분 정도 분량이다. 제작 방식은 VNR과 같다. VNR과 ANR은 목표공중, 공감을 줄 메시지, 어떤 프로그램인지에 대한 조사를 마친 후 제작에 들어가야 한다.

• 온라인 보도자료 온라인 퍼블리시티의 경우는 신문과 방송자료를 통합적으로 사용할 수 있다. 온라인 VNR은 언론뿐 아니라 일반인에게도 정보를 전달하는 수단으로 정착됐다. VNR 제작에서는 쉬운 용어와 생활밀착형 자료화면을 적극적으로 활용할 필요가 있다(정책홍보혁신포럼, 2005).

비디오 뉴스 릴리스 VNR(Video News Release)은 인쇄매체용 보도자료의 영상버전으로 방송국이 자체적인 뉴스 스토리를 구성할 수 있도록 만든 자료화면이다. 사이버 기자실 등을 통해 다양한 포맷으로 제공할 수 있다. 구성을 마친 완제품 보도자료인 A-롤과 원자료 영상 등 보조자료를 모은 B-롤로 구분한다(정책홍보혁신포럼, 2005). A-롤은 뉴스 가치와 독특한 뉴스 앵글을 가져야 한다. 90~180초 분량이며, 보통 배경정보를 담은 슬레이트(slate, 사운드가 없는 정보 슬라이드), 인터뷰 대상자 ID슬레이트, 사운드바이트(sound-bite, 소리 한 입이라는 의미로 뉴스 인용 인터뷰를 말한다), PR 담당자 연락처 슬레이트가 담긴다. 내레이션을 첨가할 때도 있다. 방송에 적합한 품질이어야 하며 전문적인 편집을 필요로 한다. VNR 제작 전에 대본(스크립트)을 작성하면 VNR을 조직화하는 데 도움이 된다. 사운드바이트는 7초 길이가 이상적이며 15초를 초과해서는 안 된다. 인터뷰 대상자 ID슬레이트를 먼저 제시해줘야 한다. 방송국 편집의 편의를 위해 각각의 사운드바이트 사이에 3초간의 여유(dead space)를 두는 것이 편집요령이다. 사운드바이트의 주체는 카메라를 정면으로 응시하지 않도록 주의시켜야 한다. VNR의 대본을 첨부하는 것은 PR 측의 재량사항이다. B-롤은 편집되지 않은 다양한 카메라 앵글과 자연음으로 구성된 자료화면으로 2~5분 길이다. 방송사가 직접 얻을 수 없는 정보나 전문가 의견, 인터뷰를 담은 배경정보를 제공해줄 수 있다. 방송국에서 구하기 힘든 화면이면 보도에 잘 활용된다(딕스-브라운·글루, 2005). 방송용 VNR은 자체 제작 또는 외주제작을 하는데, 제작 및 배포 대행사를 활용할 수도 있다.

오디오 뉴스 릴리스　대부분의 ANR(Audio News Release)은 실제 상황에 바탕을 두며 조직의 임원이나 저명인사, 전문가와 같은 뉴스메이커의 인터뷰나 연설내용으로 구성된다. ① 실황녹음, ② 대본 작업, ③ 내레이션 녹음, ④ 편집의 제작 과정을 거친다. 제작물에 대한 평가는 필수적이다. 대개 60~90초의 길이로 라디오 방송국의 정보 포맷에 맞게 만들어진다. ANR의 내레이터나 아나운서가 제공하는 기사 배경 정보를 토대로 방송국에서 원고를 작성한다. 보통 7~12초 길이의 실황녹음 사운드바이트 2~4개가 포함된다. 보도자료나 VNR에 비해 형식적이지 않고 친근한 어조를 가진다. 구성이 단순해야 방송에 유리하다. ANR 대본 작성에서는 내레이션 부분은 세 줄 간격으로 넓게 적고, 사운드바이트는 한 줄 간격으로 적는다. 방송국 내레이션 녹음 원고 작업의 편의를 위해서다(딕스-브라운·글루, 2005).

• **음성정보 시스템**　라디오 방송 상대가 잦으면 음성정보 제공 시스템을 갖추는 것이 좋다. 이렇게 하면 방송국들은 몇 분간만 노력하면 온라인을 통해 생방송 인터뷰 자료를 얻을 수 있다. 다수의 방송매체들이 보도자료를 요청해오는 스포츠팀의 경우에 효과가 크다. 음성정보와 함께 매일 한두 개의 짧은 기사를 제공할 준비가 되어 있어야 한다(그루닉·헌트, 2006d).

2) 텍스트 작성

 퍼블리시티 텍스트는 글의 성격별로 ① 뉴스(스트레이트), ② 해설, ③ 피처, ④ 캡션(caption)의 4가지로 구분된다. 뉴스는 정보 전달 또는 보고 형식을 띠는 사실 중심의 텍스트다. 해설은 주로 원인, 배경, 분석, 전망, 문제점 등을 짚어준다. 사실이나 주장에 관한 풍부한 증거를 보여주는 것이 중요하다. 전문가 증언, 조사지표 제시, 일반인 반응 등을 인용하는 방법이 있다. 배경 자료와 해설로 구분하기도 한다. 피처는 인간적 흥미를 위주로 하는 소설적 구성의 텍스트다. 주로 사건 이면의 읽을거리를 다루며 소재의 독특성, 상식 밖의 상황, 박진감 넘치는 전개, 갈등구조, 감동적 에피소드 등을 흥미요소로 한다. 미담, 사례, 가십 등의 형태가 된다(조계현, 2005). 화보와 동영상도 뉴스와 피처로 구분할 수 있다. 캡션은 사진설명 보도자료를 특화해서 부르는 말이다.

 일반 요령 언론 관계에서 가장 중요한 자산은 신뢰성이다. 기자는 늘 상대가 제공하는 정보가 진실한 내용인지를 의심해야 하는 직업인이다. 자료의 진실성은 신뢰관계의 첫째 조건이다. 뉴스 가치가 없는 자료를 아무 데나 투망처럼 던지는 일은 신뢰관계를 손상시킬 뿐이다. 텍스트 작성은 대중과 언론에게 메시지를 전달해야 하는 이유, 즉 뚜렷한 목적의식을 전제로 한다. 사안의 의미나 특징 등이 잘 부각되도록 하는 것이 중요하다. 핵심 내용이 무엇인지를 분명히 드러내야 한다. 할 얘기가 많아도 한두 가지 사실로 초점을 좁히는 전략적 사고가 필요하다. 근거 또는 통계 수치 등을 제시해 설득력을 뒷받침해야 한다. 보도자료 내의 내용 상치는 아주 위험하다. 기자들이 가장 민감하게 반응하는 부분이다. 편파적인 내용이 없는지도 재삼 검토해봐야 한다. PR의 시각은 가급적 배제하는 것이 좋다. 홍보에 몰두한 나머지 대중과 언론이 원하는 정보가 무엇인지를 놓쳐서는 안 된다. 구체적인 근거 없이 '최초의', '최고의' 같은 극단어를 남발하면 광고로 받아들여지기 쉽다. PR의 주체는 보도자료 내용에 전적인 책임을 진다는 자세를 가져야 한다. 따라서 제시 사실을 철저히 확인하고, 제시 내용에 법적인 문제가 없는지 세심하게 살펴야 한다.

제공 방식과 분량   보도자료 정보를 넉넉하게 제공하는 방법과 개요만 전달하고 관심 있는 기자들의 연락을 유도하는 방법이 있다. 어느 방법이 꼭 좋다고 할 수 없다. 작업 관행이나 기자 및 기사 성격에 따라 융통성 있게 대처해야 한다. 종합지, 전문지, 잡지, TV, 라디오, 온라인 매체 등 대상에 따라 작성 방식을 달리하는 것이 바람직하다. 자료의 깊이, 강조점, 자료의 구성 등에서 차이를 둘 수 있다. 담당 기자가 해박한 지식을 가지지 않았다는 전제 아래 자료를 만들어야 실수가 적다(김병철, 2005b). 보도자료의 분량은 A4 용지 한 장이 기본이고 길어야 두 장이다. 방송은 말할 것도 없고 신문기사가 A4 용지 두 장을 넘어가는 예는 거의 없다. 다만 전문지나 잡지의 경우는 긴 기사를 쓰는 경우가 있다(함성원, 2010).

문장 구성과 단락 설정   뉴스 자료의 문장 구성은 5W 1H(who, when, where, what, why, how), 즉 육하원칙에 따른 역피라미드 방식(<그림 9-2> 참조)이 일반적이다. 역피라미드는 가장 중요한 정보를 앞부분에 쓰고 뒤로 갈수록 덜 중요한 내용을 나열하는 방식을 말한다. 일반적으로 핵심/요약 정보가 들어가는 전문(前文), 구체정보가 기술되는 본문(本文), 배경/주변정보를 담아주는 보문(補文), 조직을 소개하는 말미(末尾)로 구성된다. 잘 알려진 조직이라면 말미가 필요 없다. 해설이나 피처는 무게중심을 앞뒤에 비슷하게 두는 사다리꼴이나 역사다리꼴이 무난하다. 전체적으로 통일성과 응집성이 있어야 한다. 단락은 일정한 소주제를 나타낸다. 언론 문장은 기사가 쉬워 보이도록 하려는 배려에서 단락을 아주 짧게 설정한다. 한 문장에서 길어야 다섯 문장 정도다. 앞 문장과 맥락, 관련성을 벗어나면 별개 단

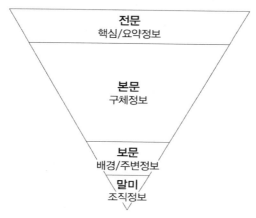

피라미드의 면적은 자료의 중요성뿐 아니라
자료 작성의 시간, 노력의 강도와 비례한다.

락을 설정해야 한다. 중요한 뉴스 요소들은 첫째 또는 둘째 단락을 넘어가지 않도록 하는 것이 기본이다.

제목과 전문 보도자료는 제목(headline), 전문(lead), 본문(body)으로 구성된다. 제목은 무슨 얘기인지 금세 와 닿아야 하며, 기자의 관심을 끌 수 있도록 두드러져야 한다. 제목에 너무 많은 것을 담으려 해서는 안 된다. 신문, 방송, 온라인을 막론하고 기사의 제목은 최대 15~20글자이므로 글자 수를 여기에 맞춰야 한다. 제목은 언제나 현재형으로 쓴다. 딱딱한 문어체 제목보다 직설적인 구어체 제목의 호소력이 높다. 호기심만 불러일으키는 낚시용 제목은 기자들의 불신을 초래하게 되므로 피하는 것이 좋다. 보도자료의 전문은 제목과 함께 기자들의 주목 여부를 결정하는 요인이다. 역피라미드 방식의 뉴스자료에서는 전문에 각별한 주의를 기울여야 한다. 보통 한 문장 또는 두 문장이다. 전체의 내용이 한눈에 들어오도록 하되 구체성을 잃어서는 안 된다. 기자는 전문을 통해 전체 내용에 대한 감을 잡고 다음 문장을 읽을지 여부를 결정한다.

본문 보도자료의 문장은 간결하면서도 구체적인 단문 구성이 일반적이다. 문장의 길이는 독해에 영향을 미치므로 가급적 짧아야 한다. 글자로는 70자, 음절로는 50음절 이내가 좋다. 신문기사의 경우 한 문장의 평균 글자가 60자 정도다. 글이 길어질 때는 한 문장에 한 개의 아이디어만 담아서 문장을 단순화시켜야 한다. 복잡한 구조의 복문이나 중문은 전달력을 떨어트린다. 말을 하듯 글을 쓰는 방식이 효과적이다. 한자어를 남발하면 내용이 어려워지고 뉴스가 생생하게 전달되지 않는다. 난해한 전문용어는 최대한 억제하되 불가피한 경우 용어풀이를 붙여주도록 한다. 인용(코멘트)은 보도자료에 방점을 찍는 작업이며, 뉴스의 신뢰성을 높이는 장치다. 자료 내용에 개인적인 시각을 부여하고 전문(lead)의 특정 요소들을 부각시킬 수 있다. 인용은 전문가, 업무 담당자나 책임자 등의 말이나 글에서 따올 수 있다. 하나의 주제에 대한 다양한 시각을 보여줄 수 있어야 한다(딕스-브라운·글루, 2005). 인용할 때는 전문가적인 시각과 식견이 중시되므로 관계자 같은 익명성 호칭이 아니라 실명이 나가야 한다. 기자는 인용 인물을 직접 만나거나 취재하지 않고도 만난 것처럼 기사를 쓸 수 있다.

기타 요소 및 문장 점검 보도자료 본문의 마지막 부분은 조직 소개의 상용문구(boilerplate)로 마무리한다. 필요한 경우 본문 뒤에 별도로 해설이나 참고자료, 용어설명을 덧붙여주는 것이 좋다. '즉각 보도용' 등의 아전인수식 강조를 넣는 행위는 아무런 도움이 안 된다. 포털에 배포되는 보도자료는 알기 쉬운 키워드를 넣어서 작성해야 한다. 보도자료 문장의 점검은 독이성 공식, 독서 중지 테크닉 등을 활용할 수 있다. 독이성 공식은 메시지 기억의 가능성 지표를 제공한다. 독서 중지 테크닉(Signaled Stopping Technique: SST)은 독자들이 글을 읽다가 글의 읽기를 중단하는 이유를 연구하여 글의 개선방법을 찾아내는 기술이다(4장 PR의 평가 참조).

〈표 9-7〉 보도자료 레터헤드 포함 사항

구분	내용
조직 관련	로고, 주소, 전화번호, 팩스번호, 이메일 주소
부서 관련	담당부서, 담당자 이름, 담당자 유·무선 전화번호, 이메일 주소
자료 관련	제목, 발신일, 보도시한, 엠바고, 보도자료 일련번호
특기 사항	자료의 매수, 첨부자료나 관련 자료

용지 형식　보도자료 용지는 레터헤드(letterhead)가 인쇄된 것을 사용하는 것이 조직의 신뢰도를 높인다. 레터헤드에 포함되는 사항은 <표 9-7>과 같다. 뉴스원의 주소와 유·무선 전화번호 등 연락처는 의문사항이나 추가 취재에 대비하기 위한 용도다. 보도자료 제공날짜를 정확하게 기재하지 않으면 보도 노출을 위한 속임수로 의심받을 수 있다. 자료가 이어질 경우 다음 페이지 계속 등의 표기를 빠트려서는 안 된다. 사진, 영상물, 도표 등의 첨부자료는 레터헤드의 고정란으로 만들어두는 것이 좋다(조계현, 2005). 방송 보도자료에는 전화 인터뷰 가능자의 연락처까지 표기해줄 수 있다. 레터헤드는 용지 전체의 1/5 정도 크기가 적당하나 표시항목이 많으면 좀 더 커도 무방하다(그루닉·헌트, 2006d; 시노자키, 2004). 레터헤드에 기본 항목들을 모두 담지 못할 경우 제외 항목들을 따로 명기하도록 한다. 용지의 디자인, 스타일과 포맷은 수수하게 해야 시각적으로 편안한 느낌을 줄 수 있다. 추가 취재에 대비해 자료에 메모할 여백을 남겨둬야 한다.

3) 보도자료 관리

보도자료 배포 횟수는 정해진 원칙이 없다. 잘 알려진 홍보주체라면 1주일에 한두 번 정도 의미 있는 자료를 내는 것으로 충분하다. 단신이나 인물 동정과 같은 일상적 기사는 여기서 제외된다. 시의성과 관련이 없는 몇몇 기사 자료(방석용 기사)들을 따로 준비해두면 보도관리에 도움이 된다. 언론사들은 기사가 있든 없든 당일의 지면과 시간을 메워야 한다. 특이 동향이 없어 기삿거리가 바닥났을 때를 대비해 약간의 뉴스 가치를 가진 '방석기사'를 예비로 마련해두면 환영받을 수 있다(박진용, 2011).

일반 요령 및 관리요소　기획이나 프로모션 퍼블리시티가 아니라면 보도자료는 일시에 모든 언론사에 제공하는 것이 원칙이다. 특정 언론사에만 보도자료를 제공하는 등의 편애는 다른 언론사와의 관계를 악화시킬수 있다. 어떤 유형의 퍼블리시티든 일부 특수 상황을 제외하고는 서면자료로 제공해야 안전하다. 보도자료는 정보로 쓰이기 때문에 완벽한 문장보다는 제때 배포하는 것을 우선해야 한다. 시기를 놓치면 아무런 의미가없다. 계절적 자료 등은 항상 앞당겨 준비해야 한다. 보도자료 관리에는 늘예상치 못한 변수들이 생긴다. 예컨대 발표 전에 감독기관 등 관공서에서사실을 공표하거나, 광고로 미리 나가버리거나, 외신을 통해 먼저 발표되거나 하는 등의 일들이 발생한다. 항상 돌발 사태에 대비하는 마음가짐이필요하다. 최고경영자의 교체, 합병, 도산, 증권정보, 해외정보 등 긴급을요하는 사안은 일반적 절차를 무시하고 보도자료를 배포해야 한다(시노자키, 2004).

　한편 관심기사 또는 중요기사와 관련된 보도자료 관리의 성패는 ① 자료 제공의 결정, ② 보도 시기의 결정, ③ 대상 매체의 선택, ④ 보도자료의준비, ⑤ 배포 방식 선택, ⑥ 후속관리에 달려 있다. 이들 조건은 서로 연계된 것들이기 때문에 종합적으로 검토돼야 한다. 사회 조류나 현안 발생에따라 융통성 있게 변화시켜야 할 조건들이기도 하다. 어느 것 하나라도 문제가 생기면 홍보가 뒤틀릴 수 있다.

자료제공의 결정　보도자료 관리의 1차적 고려 사항은 보도자료를 제공할 것인가 말 것인가이다. PR 조사나 전례를 참고할 수 있겠지만 이 문제에는 동물적 감각이 필요할 때가 많다. 전체적으로 좋은 기사라 하더라도 시비나 비판의 소지가 있다면 긁어 부스럼을 만들지 않도록 조심해야 한다. 기자들은 그런 꼬투리에 예민한 반응을 보인다. 본질을 버려두고 지엽적 문제만 부각시킬 수 있다. 보도 이후 이해관계자들의 심각한 반발이 예상되는 경우도 마찬가지다. 덜 익은 사안을 터뜨려 오해를 불러일으키거나 현재 진행 중인 사태를 악화시킬 수 있는 자료도 신중한 대처가 필요하다. 언론보도로 인한 여론의 향배나 반응을 정밀하게 예측해봐야 한다(박진용, 2011).

보도 시기의 결정　보도 시기의 결정은 PR 실무의 핵심적 기술이다. 사람과 마찬가지로 PR 활동에도 연, 월, 일, 시의 사주(四柱)가 있다. 예를 들어 ○○몇 주년, 밀레니엄, 한국 관광의 해, 한일 우정의 해 등은 해와 관련된 장기 PR 이벤트가 된다. 보훈의 달, 문화의 달 등은 월 또는 중기적 고려 사항이다. 세월호 침몰 같은 대형 재난이나 국가적 현안도 중기적 사안이 될 때가 많다. 이럴 때는 일반 보도사안들이 거의 묻혀버리는 경향이 있다. 일과 시는 보도 관리에서 특히 중요하다. 생활패턴에 따른 요일마다의 보도 특성과 기사 산출량을 감안해야 한다. 월은 도입, 화·수·목·금은 활성, 토·일은 정체의 성격이 있다. 국경일, 기념일 등도 일과 관련한 고려 사항이다. 어떤 발표가 예정됐다면 당일의 다른 주요 기관 발표와 충돌이 일어나지 않는지를 면밀히 살펴봐야 한다. 홍보의 실행시기와 보도 시기를 조정하는 것도 어려운 문제의 하나다. 빨라서도 안 되고 늦어서도 안 된다. 시의 선택은 매체의 보도 크기와 강약을 조절하는 요인이다. 보도를 강조하고 싶을 때와 피해가고 싶을 때의 선택이 달라진다. 조간, 석간, 아침방송, 저녁방송의 특성을 두루 살펴두어야 한다. 예외적인 경우를 제외하고 마감 시간에 임박해 보도자료를 내는 것은 바람직하지 않다. 기자들을 조급하게 만들뿐 아니라 사안에 대한 소화불량으로 오보를 낳게 될 가능성이 크다(박진용, 2011).

매체 선택　관심 기사의 기사화를 유도(pitch)하기 위해서는 효과적 채널을 선택해 적극적으로 공략해야 한다. 목표공중을 특화하려면 창의적인 분류전략이 필요하다. 1차적으로 매체, 2차적으로 부서, 3차적으로 지면이나 프로그램을 특화시켜야 한다. 대상 매체의 선택은 PR 목표와 내용물에 영향을 받는다. 투자자, 유력 인사 등 전달 대상에 따라서도 채널 선택이 달라진다. 매체의 대분류로는 신문, 방송, 통신, 인터넷신문, 잡지 등을 들 수 있다. 신문은 다시 종합일간지, 경제지, 스포츠지, 무료신문, 특수지, 종합주간지, 특수주간지로 나뉘고, 방송은 공중파 TV방송, 유선방송, 위성방송, 특수방송, 라디오 방송으로 나뉜다. 이들 매체를 복합과 단일, 전부와 일부 등으로 범주화시킬 수 있다. 경제, 문화, 사회, 체육, 오락 등 특정 기사 영역을 잘 받아들이는 매체별 특성도 따져봐야 한다. 주부, 어린이, 청소년, 청년층, 장년층, 노년층 등 남녀 성별과 연령층에 따른 매체 선호도도 고려된다. 시민활동가 등 특수 이해공중에 도달하기 위해서는 대안미디어가 적합할 수 있다. 매체가 선택되면 경제부, 사회부, 문화부, 생활부 등 부서를 특정하고, 이용 가능한 지면이나 방송 프로그램이 무엇인지를 대입해봐야 한다. 신문에서는 뉴스 지면 외에 경제, 스포츠, 레저, 출판, 생활안내 등의 섹션을 이용할 수 있다. 방송에서는 뉴스 방송 외에 다큐멘터리, 토크쇼 등 교양, 오락 프로그램으로 눈을 돌려봐야 한다.

• 기자 선택　보도자료는 해당 부문에 개인적 흥미를 가진 기자를 상대하는 것이 유리하다. 담당 기자에 대한 조사(1절 언론 관계, 미디어 리스트 참조)를 개개인의 성향과 시각을 파악해둬야 한다. DB를 활용하면 특정 기자가 일정 기간 작성한 기사들을 전부 훑어볼 수 있다. 기자들은 일종의 자기만의 공식을 찾아 거기에 집착하는 경우가 많다. PD들의 인터뷰나 이야기 전개 방식, 편집 방식도 마찬가지다. 기삿거리가 있을 때 어떤 기자나 PD에게 보내야 할지를 알아볼 수 있는 자료가 된다. 조직의 기사를 균형적으

로 써줄 수 있는 기자 관계를 유지하는 것이 중요하다(아르젠티·포먼, 2006).

보도자료 준비   정보가 기사로 채택되려면 보도자료가 가급적 각 매체별 기술적 특성에 맞는 스타일로 작성돼야 한다. 매체의 수용자에 대한 이해도 필수적이다. PR 실무자는 기자와 마찬가지의 방식으로 자료를 수집하고 기본 정보를 비축해야 한다. 개별 취재에서는 2차 정보원을 살펴 1차 정보원으로 접근하는 것이 순서다. 최대한 완벽한 정보를 수집해 기자들의 질문에 제대로 응답할 수 있어야 한다. 인물, 사건 등 자료의 어떤 측면을 강조하느냐에 따라 신문, 방송, 잡지, 전문지, 업계 출판물, 내부 출판물 등으로의 활용 방향이 정해진다(뉴섬 외, 2007). 기사 형식은 홍보주체가 영향력을 행사할 수 있는 문제가 아니다. 그러나 언론 노출을 강화시키거나 약화시키기 위해 특정의 양식을 제시할 수는 있다. 보도의 편의를 위해 신문의 스트레이트용·기획용·인터뷰용, 또는 방송의 리포트용·스트레이트용·매거진용·인터뷰용·대담용 등으로 준비해볼 수 있다(박진용, 2011).

배포 방식 선택   보도자료의 배포는 사안별로 예고자료, 본 자료, 추가자료(또는 추가 취재 대응)의 수순을 밟는다. 하지만 예고 자료나 추가 자료가 없는 경우가 더 많다. 보도자료 배포의 대상 매체, 대상 지면 또는 프로그램이 결정되고, 기사(뉴스, 해설, 특집, 인터뷰, 단신), 사진 등 자료가 준비되면 먼저 담당 기자의 목록을 작성한다. 언론사는 인사이동이 잦은 만큼 메일링 리스트는 3개월에 한 번 정도 업데이트해야 한다(시노자키, 2004). 주요 기사나 관심기사라면 전화, 이메일, 팩스 등을 통한 사전 통지가 필요하다. 보도 전날 쯤 담당부장에게 사전 통지를 해두는 것도 나쁘지 않다. 친숙한 정도에 따라 통지의 방법이나 내용, 접촉 방식이 달라진다. 전화를 한다면 기자가 바쁜 시간을 피해야 한다. 조간신문의 경우 오후 3시부터 5시까지가 기사작성과 송고에 바쁜 시간이다(김병철, 2005b). 본자료 배포는 중요도에 따라 CEO, PR 부서 책임자, PR 실무자 등이 실행하는데, 전달자를 격상시킬수록 자료에 무게가 실린다. 자료 전달은 전송, 개별 전달, 단체 전달, 간담회, 브리핑 등을 통할 수 있다. 사안의 중요성과 인간관계성을 기준으로 선택을 달리해야 한다. 통상적 사안은 전송으로 충분하지만 특별한 의미가 있을 때는 직접 전달하는 방식이 각성 효과를 높여준다. 중요 보도자료는 직접 전화를 걸어 담당 기자에게 수취 여부를 확인해보는 것이 안전하다. 확인 과정에서 사안의 중요성을 한 번 더 강조할 수 있다(박진용, 2011).

후속 관리 기자에게 전달된 보도자료는 빠르게 취재된다. 보도자료 제공으로 끝나는 사안도 있지만 세부 문의나 기자의 추가 취재가 필요한 경우도 적지 않다. 마감시간을 감안해 항상 답변할 태세를 갖추고 있어야 한다. 답변 내용에 대한 사전적 검토와 임기응변이 필요하다. 전문 분야인 경우 관계자들을 사전 교육해 답변의 내용과 범위를 한정해줘야 한다. 엉뚱하거나 범위를 벗어나는 질문에 끌려 다닐 경우 예상외의 사태로 흘러갈 우려가 있다. 부정적 기사나 해명성 기사가 특히 그렇다. 보도가 완료되면 조직 내부적으로 사후 모니터링 보고서를 작성해야 한다. 뉴스를 확인한 뒤 적당한 시간에 다시 전화 접촉을 하거나 기자를 만나 의견을 교환하고 고마움을 표시하는 정도는 호의적으로 받아들인다. 보도의 진행과 보도내용에 대한 평가 등을 함께 기록해두면 다음의 홍보에 참고할 수 있다(박진용, 2011).

4. 인터뷰와 기자회견

인터뷰는 여론에 공개할 목적으로 관심의 대상이 되는 인물이나 시사적인 문제를 가진 PR 주체가 기자와 질문, 답변을 주고받는 PR 이벤트다. 기

<표 9-8> 인터뷰의 유형 종합

구분	유형
수단별	대면, 전화, 이메일 인터뷰
주제별	뉴스, 인물, 뉴스와 인물 인터뷰
신문	뉴스(인물, 사건, 해설), 대담(정식), 심층(인물) 인터뷰
방송	뉴스 인용, 대담(정식), 심층 인물, 인포테인먼트 인터뷰
기타/특수	데스크브리핑, 데스크 회의, 매복, 기습, 스튜디오, 길거리 인터뷰

자 입장에서는 정보 획득을 목적으로 한 질문조사 행위가 된다.[3] 저널리즘 현장에서는 3가지 질문과 3가지 답변을 인터뷰의 조건으로 이해한다(할러, 2008). 인터뷰 축약 과정에서 내용의 선택이 불가피해 항상 왜곡의 위험성이 있다.

1) 인터뷰의 유형

언론 관계에서 자주 사용되는 PR 수단이 인터뷰다. 인터뷰의 일반적 유형으로는 대면 인터뷰, 전화 인터뷰, 이메일 인터뷰, 데스크 브리핑, 데스크 회의, 매복 인터뷰, 스튜디오 인터뷰 등이 있다(스튜어트, 2008). 이 중 가장 많이 쓰이는 것이 ① 대면, ② 전화, ③ 이메일 인터뷰다. 대면 인터뷰는 상호작용이 많은 만큼 소통력이 높다. 언어적, 비언어적 메시지가 함께 사용된다. 전화 인터뷰는 상호작용이 제한적이지만 인터뷰가 간편한 장점이 있다. 보통 짧은 분량 인터뷰는 전화로 이뤄진다. 서서 통화를 하면 신뢰감을 줄 수 있고, 표정을 짓거나 제스처를 취하면 적절한 톤으로 목소리를 조

---

[3] 기자들의 인터뷰 목적은 ① 사실 취재, ② 인용구 따기, ③ 사례 수집, ④ 상황 이해, ⑤ 아는 사실의 확인, ⑥ 현장 취재 사실 노출, ⑦ 사람 이해의 7가지로 정리된다(박성희, 2013).

절하는 데 도움이 된다. 이메일 인터뷰는 대면이나 전화 인터뷰보다 딱딱하고 사무적이며 상호작용이 어렵다. 그러나 시간과 장소에 구애를 받지 않는 편리성이 있다. 글로 답변하기 때문에 잘못 인용될 위험성이 줄어든다(하컵, 2012).

주제별 유형 인터뷰는 주제별로 ① 뉴스 인터뷰, ② 인물 인터뷰, ③ 뉴스와 인물 인터뷰로 구분된다. 사건의 해명이나 논평은 뉴스, 인물의 사고와 행동 방식은 인물, 양자의 복합은 뉴스와 인물 인터뷰다(할러, 2008). 뉴스 인터뷰는 인터뷰를 지식과 의미의 전달통로로 인식한다. 대상자가 관련된 문제나 일이 중심이 되며 정보 인터뷰와 의견 인터뷰로 나뉜다. 실무자, 대변인, 전문가 등이 인터뷰 대상이다. 방송에서는 사운드 바이트 즉, 짧은 뉴스 인터뷰가 가장 광범하게 쓰인다. 인물 인터뷰는 인터뷰 대상과의 상호작용을 통해 생성되는 내러티브에 의미를 둔다. 해석적 인터뷰 시각을 가진다(박성희, 2013). 체험, 경험, 고유 특성의 자기표현, 자기노출, 자기폭로가 인터뷰의 핵심이다. 사태나 사건은 대화의 소재이거나 연결요소일 뿐이다. 뉴스와 인물 인터뷰에서는 인물과 주제 사이의 관계에 초점을 맞추며 견해, 의견, 평가가 중요하다. 기자의 모든 질문은 인물과 사건의 연관성을 분명히 나타내도록 제시된다(할러, 2008).

매체별 유형 인터뷰 매체별로는 ① 신문 인터뷰, ② 방송 인터뷰, ③ 온라인 인터뷰가 있다. 신문 인터뷰는 방송과 달리 대상자의 말솜씨, 청각장애가 큰 문제가 되지 않는다. 인터뷰 대상 선정에서 방송매체보다 훨씬 자유롭다. 녹음과 같은 기술적 보조수단 없이도 인터뷰가 가능하다(할러, 2008). 기자는 정확하고 적절한 어휘로 인터뷰 상대의 말과 생각, 분위기를 전달하는 데 노력을 집중한다. 이와 달리 방송 인터뷰는 정보와 인상을 통합하는 데 주안점을 둔다. TV인터뷰는 영상과 소리, 배경 등 다양한 전달수단이 동원되어 정보의 현장성과 입체성을 높인다. 인터뷰를 통해 대화

상황을 그대로 보여줄 수 있다. 무엇을 말하는가와 더불어 외모와 의상, 이야기 방식, 제스처 등 어떻게 말하는가가 비중 있는 요소가 된다. 강한 시간 제약을 받기 때문에 인터뷰 대상자는 짧은 시간에 길고 복잡한 내용을 간결하게 전달해야 한다(박성희, 2013). 온라인 인터뷰는 신문이나 방송과 달리 기사 길이에 제한이 없다. 신문과 방송의 특성을 모두 가진 복합매체이지만 인터뷰에서는 방송과 같다고 생각하는 것이 안전하다. 의상, 화장, 매너, 유머와 웃음, 제스처 등의 훈련이 필요하다(정책홍보혁신포럼, 2005). 온라인에서는 기사와 함께 인터뷰 대상자의 음성이나 영상을 그대로 웹에 올리는 경우가 많다.

신문 인터뷰 신문 인터뷰는 ① 뉴스 인터뷰, ② 대담 인터뷰, ③ 심층 인터뷰로 나눌 수 있다. 주제 중심의 뉴스 인터뷰에는 인물 인터뷰, 사건 인터뷰, 해설 인터뷰 등의 세부 유형이 있다. 인물 중심의 대담 인터뷰는 일대일이 기본이지만 인터뷰 대상자가 여러 명이 될 수도 있다. 인터뷰 인원수에서 융통성이 크다. 심층 인터뷰는 주로 인물 인터뷰다. 신문 인터뷰는 방송 인터뷰보다 3가지 점에서 부담감이 적다. 첫째, 답변의 수정과 보충이 자유롭다. 대답이 잘못됐거나 불충분하다고 생각되면 언제든지 고치거나 보충 설명을 할 수 있다. 둘째, 인터뷰에 대한 강박감이 크지 않다. 방송은 인터뷰에 응하지 않는 행동 자체가 잘못된 것으로 비춰질 가능성이 높다. 그러나 신문에서는 인터뷰 대상자가 모습을 드러내지 않아도 문제가 되지 않는다. 인터뷰를 거부했다는 사실만 짧게 보도될 뿐이다. 셋째, 인터뷰 방식이 자유롭다. 대화의 기법이 나쁘거나 언어능력이 떨어져도 인터뷰를 소화하는 데 큰 무리가 없다. 서면자료로 발언을 대신해달라는 요구를 할 수도 있다. 그러나 인터뷰가 쉽다고 해서 인용 잘못이나 오보의 위험성이 사라지는 것은 아니다. 기사 작성에서는 현장 메모가 주가 되는데 긴 대화 내용을 그대로 받아 적기도 어렵거니와 부정확하게 들을 가능성도 없지 않다. 중요한 언급을 빠트리는 때도 있다. 대화가 너무 많아 발언을 요약하는 과정에서도 문제가 생긴다. 많은 대화 중 언론의 입맛에 맞는 내용만 잘라 쓸 경우 맥락 이탈이 필연적이다. 기자가 특정의 기사 초점을 설정하고 거기에 맞는 언급만 인용하면 왜곡과 변형을 낳게 된다(박진용, 2011).

방송 인터뷰 배경지식을 얻기 위한 것이 아니라 직접 보도되는 방송 인터뷰로는 ① 뉴스 인용 인터뷰, ② 대담(정식) 인터뷰, ③ 심층 인물 인터뷰, ④ 인포테인먼트 인터뷰 등이 있다. 10초 안팎의 뉴스 인용 인터뷰는 사운드 바이트라고 한다. 상대와 몇 분간 질문과 답변을 녹화한 후 두세 가지 답변을 뉴스에 삽입한다(박성희, 2013). 인상을 결정하는 예리한 문장만을 내보내는 것이 보통이다. 뉴스 인용 인터뷰는 인터뷰 일부를 잘라 쓰기 때문에 왜곡의 가능성이 상존한다. 디지털 편집시스템은 음절뿐 아니라 음소 하나까지도 편집이 가능해 기자의 의도대로 짜깁기할 수 있다. 전제 생략, 중간 문장 생략, 질문과 답변 순서의 변경으로 발언 내용을 짜 맞추기도 한다. 취재 내용에 맞게 줄이거나 거두절미하면서 실제 내용과 다르게 방송되는 경우가 많다. 대담(정식) 인터뷰는 20~30분 정도 길이로 편성한다. 실제 인터뷰 시간은 1, 2시간으로 길어지는 것이 보통이다(류희림, 2012). 진행자와 인터뷰 상대자의 대화 참여비율은 3 대 7 정도가 적당하다. 심층 인물 인터뷰는 인물 자체가 주제가 되는 인터뷰로 대화의 흐름을 중시하며 식견, 사람됨, 가치관 등을 부각시키는 데 중점을 둔다. 인포테인먼트 인터뷰는 정보와 오락이 합쳐진 인터뷰로 비판적 사고를 크게 요하지 않는 사안이나 인기인 인터뷰에 적합한 방식이다(박성희, 2013).

2) 인터뷰의 요령

PR 부서는 인터뷰 요청이 들어오면 인터뷰의 준비부터 실행, 후속처리까지 전 과정에 참여해 조정·보조 역할을 해줘야 한다. 인터뷰 대상자에게 미디어 훈련을 시키는 것도 PR 부서의 몫이다. PR 실무자는 인터뷰 현장에 동석해 전문용어 설명, 배경정보 제공, 질문 상기, 인터뷰 시간 조정, 자료 제공 등의 역할을 맡게 된다. 인터뷰 대상자에게 다양한 유형의 공중이 다양한 반응을 보일 수 있음을 주지시켜야 한다(뉴섬 외, 2007).

교섭 및 사전 준비 교섭 과정에서는 먼저 기자나 PD의 스타일을 간단하게나마 분석해봐야 한다. 약간의 조사가 큰 지렛대가 될 수 있다. 문제나 주제, 인터뷰의 방향도 명확하게 알아야 한다. 기사가 초래할 긍정적 또는 부정적 결과를 예상해보고 득보다 실이 많을 경우 인터뷰를 거절할 수 있다. 인터뷰를 받아들이기로 했다면 예상 질문의 목록을 만들고 답변을 준비한다. 질문 목록은 기자와의 접촉, 기자의 이전 보도 분석, 인터뷰 주제와 관련된 주요 이슈에서 찾아낼 수 있다. 한 번쯤 예상 인터뷰를 해보는 것이 좋다. TV 인터뷰는 반드시 리허설을 해봐야 한다. 준비를 철저히 하면 실제 인터뷰에서 자연스럽고 여유 있는 모습을 보일 수 있다. 무엇을 말할 것인가에 대해서뿐 아니라 통계나 일화 등을 이용해 어떻게 말할 것인가를 정리해두면 도움이 된다. 엉터리 보도를 한 전례가 있다든지 인터뷰 답변 준비가 안 된 경우는 서면 답변이나 성명서로 인터뷰를 대신하는 방법이 있다(아르젠티·포먼, 2006).

일반 요령 인터뷰 대화의 실체적 대상은 기자가 아니라 기사를 읽거나 시청할 사람들이다. 수용자에게 커뮤니케이션의 초점을 맞춰야 한다. 인터뷰에서는 하고 싶은 이야기가 있으면 질문을 기다리지 말고 적극적으로 개진하는 것이 좋다(스튜어트, 2008). 가장 중요하다고 생각되는 점을 인터뷰 앞부분에서 분명하게 전달하고, 적당한 기회에 다른 표현으로 반복하는 것이 답변의 요령이다. 여러 번 언급되면 인용될 가능성이 높다. 답변은 간단명료하게, 복잡한 생각을 쉽게 이해할 수 있도록 전달해야 한다. 길게

〈표 9-9〉 인터뷰 답변 요령

① 질문을 끝까지 듣고 답변하되 결론부터 먼저 말한다.
② 즉흥적인 대답은 위험하다. 어떤 상황에서든 여유를 가져야 한다.
③ 민감한 문제, 모르는 문제, 미확인 정보는 시간을 얻어 답변을 따로 준비한다.
④ 가정이나 추측에 기초한 질문은 응답을 피해야 한다.
⑤ 개인적 의견, 추측, 예측은 절대 삼가야 할 일이다. 조직의 입장으로 받아들여진다.
⑥ 애매모호한 답변을 해서는 안 된다.
⑦ 전문영역 얘기는 너무 깊어지지 않도록 해야 한다.
⑧ 조직에 이익이 되는 정보는 당당하게 주장할 필요가 있다.
⑨ 기자의 비판이나 기습적 질문에 당황하지 말고 평정심을 유지해야 한다.
⑩ 잘못된 진술은 즉시 수정하는 것이 최선이다.

답변하면 무엇이 보도될지, 무엇이 잘려나갈지 알 수 없다. 질문이 반복되면 같은 답변을 다른 표현으로 대응한다(아르젠티·포먼, 2006). 임시방편으로 감추거나 거짓말을 해서는 안 된다. 언젠가 들통이 나고 결과적으로 더 큰 피해를 입을 수 있다. 그렇다고 모든 것을 털어놓을 수는 없다. 노코멘트보다는 우회적으로라도 답변을 해주는 것이 좋고, 답변하기 곤란한 때는 법규나 사규 등 명확한 이유를 제시해야 한다. 때로는 답변 내용보다 답변 태도가 더 중요한 판단 근거가 될 수 있다. 답변 자료 메모는 주제어 정도로 하고 문장으로 작성해서는 안 된다. 복잡한 내용이거나 확인이 필요한 경우는 예외다. 이런 경우 차트, 도표, 자료나 메모를 가지고 설명해야 한다 (시노자키, 2004). 민감한 인터뷰는 답변 자료를 만들어 사용한 뒤 기자에게 넘겨주면 왜곡 가능성을 줄인다. 오보나 분쟁 등의 사태에 대비해 대응 녹화나 녹음을 해두는 것이 기자의 경각심을 높인다. 그 외 조심해야 할 인터뷰 답변 요령들을 정리하면 <표 9-9>와 같다.

신문 인터뷰 요령 일반적으로 신문기자는 방송기자보다 지식 전문성이 높다. 보도의 양식이나 담당 업무의 세분화에서 비롯되는 차이점이다.

〈표 9-10〉 방송인터뷰의 요령

① 답변 내용은 단순해야 한다. 적은 정보를 확실, 명료하게 전달한다.
② 정보 전달에서는 3박자 리듬을 활용한다. 집중, 회상이 쉬워진다.
③ 부정적 이슈에 대한 긍정적 답변 방법을 반복적으로 집중 연습한다.
④ 인터뷰 응답은 본론부터 앞세운다. 약간의 침묵은 호의적으로 인식된다.

자료: 박성희(2013) 재정리.

사고가 논리적이고 체계적이며 핵심 정리능력이 발달되어 있다. 보도의 상세성과 시간에 대한 상대적 자유로움이 집요한 접근을 하도록 만든다. 인터뷰에서는 대응 녹음, 핵심 주제의 반복 설명, 간단명료한 답변, 결론 먼저 설명 같은 원칙들의 준수가 필요하다. 한 가지 더 보태자면 인용의 재확인을 주저하지 말라는 점이다. 신문 인터뷰에서는 잘못된 답변이나 기자의 오류를 수정할 수 있는 기회가 많다. 특히 기자가 미숙하거나, 경험이 없거나, 인터뷰 주제에 충분한 지식을 갖지 못한 경우 핵심 내용을 거듭 설명해주는 것이 오보나 인용 잘못을 줄여준다. 인터뷰가 끝나면 추가 문의를 당부하는 것을 빠트려서는 안 된다. 신문은 기사 작성의 마지막 순간까지 수정과 보완이 가능하므로 추가 문의에 신속히 답변해주는 것이 좋다 (박진용, 2011).

방송 인터뷰 요령 방송인터뷰에서는 다음의 4가지에 특별한 주의가 필요하다. 첫째, 답변 내용은 단순해야 한다. 시청자들은 머리에 입력되어 있는 정보가 늘 과잉상태기 때문에 적은 정보를 확실, 명료하게 전달하는 것이 유리하다. 연구에 따르면 방송 메시지 중 수용자에게 전달되는 것은 7% 뿐이고, 30분 후에는 그 중 40%, 반나절 후에는 60%, 한 주 후에는 90%를 잊어버린다고 한다. 둘째, 정보 전달에서는 3박자 리듬을 활용한다. 건강, 명예, 재산처럼 사람들에게 친숙한 방법으로 정보를 제공하면 쉽게 집중하고 회상해낸다. 셋째, 부정적 이슈에 대한 긍정적 답변 연습을 해야 한다.

공격적 질문을 리허설해보고 반복 훈련을 하는 것이 도움이 된다. 질문자의 단어, 목소리에 개의치 말고 스스로의 태도와 답변에 집중하는 것이 현명한 대처방법이다. 자신만의 속도를 유지하고 편안한 마음가짐으로 인터뷰에 임해야 한다. 넷째, 인터뷰 응답은 본론부터 앞세운다. 역피라미드형 기사쓰기와 같은 형태가 된다. TV에서의 평균 응답시간은 45초 이하, 라디오는 25초 이하다. 대답을 이 시간 길이에 맞춰야 한다. 약간의 침묵은 좋은 답변을 위한 생각 정리 시간으로 받아들여질 수 있다. 자신의 정보와 식견을 효과적으로 전달하기 위해서는 미디어 훈련을 받는 것이 좋다(박성희, 2013).

스튜디오 출연 요령 스튜디오 TV 인터뷰 중에는 똑바로 앉은 자세를 유지하고, 구부리거나 자주 움직이지 말아야 한다. 다양한 포즈를 잡는 것은 카메라가 할 일이다. 눈동자를 자주 움직이거나 카메라를 곁눈질하는 것은 금물이다. 땀이 난다고 얼굴이나 눈썹을 문지르면 분장이 지워질 수 있다. 적절한 때 웃어 보여 긴장감을 줄이도록 한다. 생방송인 경우 인터뷰 종료 후 10초 정도는 말을 해서는 안 된다. 마이크가 켜져 있다. 라디오 인터뷰에서는 다소 낮은 목소리를 유지하되 억양, 속도에 변화를 줘야 생동감이 유지된다. 사전 녹화나 녹음 인터뷰가 마음에 들지 않으면 재녹화나 재녹음을 요청하는 것이 좋다(박성희, 2013 재인용; 할러, 2008).

• 용모 관리 남성은 사흘 전쯤 이발을 하고, 여성은 안 하던 헤어스타일을 피해야 한다. 의상은 동색 계열의 색채 조합이 시청자들에게 편안한 느낌을 준다. 번들거리는 소재는 빛을 반사해서 안 좋고, 좁은 줄무늬, 작은 체크무늬는 무아레(Moire, 간섭무늬) 효과를 일으켜 시각 혼란을 준다. 카메라는 큰 세로줄 무늬 옷에도 적응하지 못한다. 너무 낡은 옷, 새 옷, 흰색 옷은 피하고 파스텔 톤의 평소 즐겨 입던 옷이 무난하다. 와이셔츠는 회색, 옅은 청색, 파스텔 톤, 양말은 발목이 긴 짙은 색이 좋다. 스튜디오는 조명 온도가 높아 겨울이라도 가볍게 입어야 한다. 금속 테 안경, 선글라스는 쓰지

말고, 넥타이, 스카프, 숄 등은 너무 튀지 않는 것으로 고른다. 출연 전 모니터로 용모를 점검해보는 것이 좋다. 흰머리나 비듬은 어두운 양복과 상극이다. 출연 전 너무 뜨겁거나 차가운 음료수를 마시면 성대 팽창이나 수축을 가져와 발성에 해롭다. 우유나 치즈는 가래를 일으킬 수 있다(박성희, 2013; 할러, 2008; 시노자키, 2004).

3) 기자회견

기자회견과 간담회는 형식과 규칙의 유무, 주제의 제한성과 포괄성이 차이점이다. 기자회견은 기자들을 불러 모아야 할 만큼 중대한 사실이 있을 때만 가능하다. 약간의 준비기간이 필요하다. 회견의 형식과 규칙에 따라 진행되며 주제가 분명하다. 기자 간담회는 형식과 규칙이 없고 주제도 포괄적이다. 언론에 중대 사실을 밝히거나 홍보가 필요한 때, 보도자료만으로는 설명이 어려울 때, 경영진과 언론의 관계 형성이 필요할 때 등 다양한 이유로 개최된다. 언론홍보 실무에서 더 자주 활용된다(김태욱, 2007).

기자실 활용 기자실은 한국과 일본에만 있는 독특한 언론문화로 정보를 전달해야 하는 입장에서는 아주 편리한 창구다. 정치, 경제, 사회 관련 기사는 출입처 기자실로 접근하면 손쉽게 자료를 배포할 수 있다. 기자회견, 간담회, 브리핑, 단순 보도자료 배포 등의 방식이 있다. 기자회견, 간담회는 식사를 겸하기도 한다. 경제와 문화, 정치와 사회 등 업무부서가 겹치면 복수의 기자실에서 동시에 자료를 배포하면 된다. 어느 한쪽은 참고용으로만 쓴다. 마감시간을 고려해 오전 11시에서 오후 3시 사이에 회견, 간담, 브리핑, 접촉이 완료돼야 한다(시노자키, 2004). 한국 중앙부처 기자실은 매체 크기와 종류, 기자실 참여 정도에 따라 상주회원, 준회원, 등록회원 등의 구분을 두고 있다. 중앙부처의 기자실 간사단은 대표간사 1인, 신문

부간사 1인, 방송 부간사 1인으로 구성된다(최철, 2011). 간사단이 뉴스의 배포 시기와 방법을 조정 또는 재조정한다. 발표 자료가 있으면 미리 날짜를 협의해야 혼선이 빚어지지 않는다.

기자회견의 준비　기자회견은 기획, 준비, 실행의 3단계로 관리된다. 기획 단계에서는 필요성 여부를 정밀하게 검토해봐야 한다(박진용, 2011). 언론홍보는 양날의 칼이라는 점을 잊어서는 안 된다. 요란한 이벤트로서의 기자회견은 가급적 열지 않는 것이 좋다. 기자들이 관심을 가질 것이라는 확신이 있어야 개최가 가능하다(뉴섬 외, 2007). 기자회견의 준비에는 1~4주 정도의 시간과 상당한 비용이 든다. 장소 예약, 기자 초청, 미디어 킷 제작, 장비 대여, 자료 배포 등 많은 일들이 진행돼야 한다. 초청 대상 언론은 회견의 성격이나 중요성에 따라 달라진다. 종합지(방송 포함)와 전문지, 주요 매체와 군소 매체를 어떻게 구분하느냐가 주요 관심사다. 자료 준비는 완벽해야 하며 기존 자료나 제공 자료들 간의 모순이나 불일치가 없어야 한다. 회견자는 4명 이내가 좋고, 회견 시간은 간단한 발표문 낭독(5~10분)과 질의응답을 포함해 1시간 이내가 적당하다. 회견자는 철저하고 강도 높게 훈련시켜야 한다. 통계자료, 비주얼 도구를 활용하면 진행에 도움이 된다(딕스-브라운·글루, 2005).

기자회견의 진행　기자회견의 개략적인 진행 절차는 다음과 같다. 일시와 장소는 평일 오후 호텔이 일반적이다. 언론사 리스트를 만들어 안내장을 준비하고 보도자료, 참고자료, 시청각자료, 기타 자료 작성에 들어간다. 시간 여유를 두고 안내장을 보낸 뒤 참석 여부를 확인한다. 안내장은 회견 개최의 사전 보도자료가 될 수 있다. 회견자는 진행 시나리오, 예상 질의답변서를 숙지하고 예행연습을 해보는 것이 좋다. 좌석 배치(원탁형 또는 교실형), 프레젠테이션 도구(영상, 차트, 그래픽), 방송시설 등을 점검하고 기념품을 준비한다. 회견 당일에는 진행요원들이 업무를 분담해 기자들을 영접한 뒤 진행 시나리오에 따라 회견을 실행에 옮긴다. 불참자에게는 준비된 보도자료와 당일 상황을 정리한 주요 메시지를 송부해줘야 한다. 회견에 따른 후속 취재 대응이 필요하다. 보도가 확인되면 사내외로 피드백하는 과정이 있어야 한다. 보도 협조에 대한 감사 인사를 빠트려서는 안 된다(박진용, 2011; 시노자키, 2004).

간담회/브리핑 기자회견 정도의 기삿거리가 아니면 간담회나 브리핑을 실시할 수 있다. 모이기 편한 장소에서 개최하면 된다. 간담회나 브리핑의 용도는 정보제공, 설명, 해명, 설득, 제안, 행동 유발 등에 있다(국정홍보처, 2005). 브리핑 유형으로는 공개 브리핑, 배경 설명 브리핑, 심층 브리핑, 디브리핑이 있다. PR에서는 공개 브리핑(on the record briefing)이 일반적이다. 브리핑 인물과 브리핑 내용을 그대로 인용할 수 있는 브리핑이다. 배경 설명 브리핑(background briefing)이나 심층 브리핑(deep background briefing)은 보통 취재원 비공개를 조건으로 한다. 디브리핑(debriefing)은 지나간 임무나 행동의 결과를 보고하는 브리핑이다. 해외사업출장이나 국제회의 참가 후 그 내용을 밝히는 경우가 전형적인 디브리핑이다(최철, 2011). 브리핑은 특정 기자실 전체 또는 희망 언론사를 대상으로 실시된다. 전체라면 기자실 간사와 협의하고, 일부 특정 언론사라면 전화와 이메일로 시간과 장소를 통지한다. 기자회견 절차를 원용하면 된다. 일부 언론을 대상으로 할 경우 오전 10시에서 11시 사이에 브리핑을 하는 것이 무난하다. 불참자에게는 관련 자료를 송부해줘야 한다(시노자키, 2004).

5. 언론 대응 요령

언론이 얼마나 정확하고 공정한가는 언론홍보의 주요 변수 가운데 하나

〈표 9-11〉 언론 관계의 요령

① 기자에 따라 대응이 달라야 한다.
② 장기적, 인간적 관계를 유지한다.
③ 언론 관계 DB가 있으면 도움이 된다.
④ 군소 매체를 차별하는 것은 위험하다.
⑤ 시민기자 등에게도 관심을 보여야 한다.
⑥ 좋은 정보, 기삿거리 제공이 최선의 대응이다.
⑦ 정보 요구에 즉답하는 체제를 갖춰야 한다.
⑧ 약간의 보도 실수는 묻어주는 것이 현명하다.
⑨ 불리한 기사도 내보낼 줄 알아야 한다.
⑩ 기사 압력이나 애걸은 실익이 없다.

다. 특정 사회의 언론문화 또는 언론관행과 밀접한 관련한 관련을 가진다. 언론사 경영 여건, 매체별 전통, 기자들의 개인 윤리, 업무 부담, 다루는 이슈, 기사 형식 등에 따라 상당한 진폭이 있을 수 있다. 언론 환경이 열악할수록 두 규범이 취약해진다. 2013년 조사에 따르면 한국 기자들은 언론의 영향력, 언론 활동의 자유도, 보도의 공정성 등 6개 항목 가운데 공정성을 가장 낮게 평가했다. 언론보도가 공정하다(12.0%)는 응답률보다 공정하지 않다(54.2%)는 응답률이 훨씬 높았다(한국언론진흥재단, 2013b).

1) 언론 관계

국내의 경우 대략 5만 명 정도가 일반적 의미의 언론공중이다. 그 가운데 기자, 앵커, 논설위원 및 해설위원 등 기자직 2만 2000여 명과 PD, 아나운서들이 언론공중 등에 대한 이해가 선행돼야 한다. PR 활동에서는 언론공중, 특히 기자직의 직업생리, 보도생리, 언론윤리 등 특성에 대한 이해가 필요하다. 기자들은 일반적으로 공익 마인드가 강하고, 민주제도의 대변

자라는 인식과 자부심을 가지고 있다. 권력 감시자로서의 긍지가 커 권력에 대항하거나 무시하는 특성을 보인다. 최근 언론 환경이 나빠지면서 기자인식이 많이 쇠퇴됐다는 지적이 있다.

기자직의 특성 생활인으로서의 기자들은 마감시간 강박, 특종 강박, 오보 강박을 달고 산다. 마감시간에 맞추지 못할까, 특종을 당하지나 않을까, 오보는 없을까를 늘 걱정한다. 시간제한적인 직업의 특성상 모든 사안의 판단에서 즉결재판이 체질화되어 있다. 정보 전달의 어려움을 극복하기 위해 복잡한 현실을 단순화시켜버린다. 즉결재판과 단순화는 오보의 개연성을 높인다(박진용, 2011). 기자의 업무형태는 매체별, 소속사별, 부서별, 개인별로 차이가 크다. 팀워크로도 움직이지만 독립 단위일 때가 많다. 그래서 활동 방식을 획일화하기 어렵다. PR 실무자들이 가장 신경 써야 할 부분은 앞서 지적한 마감, 특종, 오보다. 기자들의 업무 스트레스는 마감 한두 시간 전부터 마감시간까지 피크 상태가 된다. 이 시간대에는 가급적 업무에 끼어들지 않는 것이 좋다. 마감시간은 매체별로 차이가 있으나 조간신문은 오후 5시, 석간신문은 오전 11시쯤이며, 방송은 오후 6, 7시다. 기자들은 다른 매체에 특종을 빼앗기면 공격 성향이 폭발한다. 특종을 제어하는 장치가 필요하다. 오보는 기자 업무에서 피할 수 없는 현실이다. 오보를 줄이기 위해 모든 노력을 기울여야 한다.

기본 요령 언론 관계의 가장 중요한 요소는 조직 및 인적 네트워크를 개발해 이를 유지·발전시키는 것이다. 홍보 대행사나 컨설턴트와 더불어 내부 직원을 활용하고, 언론 분석과 조사에 적합한 DB를 개발하는 등 걸맞은 역량을 축적해야 한다(아르젠티·포먼, 2006). 언론 관계를 하나의 투자행위로, 관계 증진의 대상공중으로 접근하는 것이 바람직하다. 언론 관계의 기본 요령은 사람과 국면에 따라 융통성 있게 적용하지 않으면 안 된다. 기자들을 대하는 요령은 말 그대로 가이드라인일 뿐이다. 어느 기자에게나

딱 들어맞는 방법이란 없다. 기자들을 획일적인 틀로 이해하려는 것 자체가 난센스다. 언론 관계는 인간적이며 장기적인 접근이어야 한다. 진실하지 못한 조직이나 PR 담당자는 오래 가지 못한다. 언론인들과의 관계 유지를 위해 PR 실무자나 책임자, 최고경영진이 정기적인 접촉을 가지는 것이 좋다(김병철, 2005b). 가끔은 목적 없는 만남도 이뤄져야 한다. 평소 긴밀한 관계 유지는 장기적인 보상으로 돌아온다.

매체관계　특정 언론사를 우대하는 것은 득보다 실이 많다. 영향력에 따라 다르게 대응할 수 있지만 외부적으로 드러나게 해서는 안 된다. 지금은 매체 간 포털 노출에 별 차이가 없어져 군소매체도 조직에 위협이 될 수 있다. 언론사들 간의 취재경쟁에서는 중립을 지켜야 한다. 다른 언론사 내부의 취재동향을 알리는 것도 금물이다. 우대 사실이 알려지면 두고두고 문제가 될 수 있다(시노자키, 2004). 시민기자, 프리랜서 기자와도 우호적인 관계를 유지하는 것이 좋다. 이들과 친숙해지려면 검색엔진으로 활동을 찾아보거나 웹사이트를 방문해보면 된다. 온라인 시대에는 아주 다양한 방법으로 보도가 이뤄지기 때문에 모든 기자와 협조관계를 형성해야 한다. 접촉 기회가 있을 때 간단한 선물이나 기념품, 식사 대접 정도는 무방하다. 1990년대 이후 국내 대부분의 언론사들은 자체 윤리강령을 제정해 3만~5만 원 이상의 금품은 받지 않겠다고 선언했다.[4]

업무 관계　업무 관계에서는 좋은 정보나 기사자료를 제공하는 것이 최선의 대응이다. 정보나 기사자료가 없다면 기자들은 자연히 발길을 끊게

---

4) 기자들이 자주 또는 매우 자주 받는다고 생각하는 촌지는 무료티켓과 선물(각 54.6%), 향응이나 접대(53.1%)였다. 취재 관련 무료여행의 응답률도 44.6%로 높은 편이었다. 반면 금전(18.4%)과 취재와 관련 없는 외유성 취재여행(21.7%)의 비율은 상대적으로 낮았다. 촌지 수수가 기사의 선택이나 내용에 영향을 주는지에 대해서는 응답자의 40.3%가 영향을 미친다고 답했다(한국언론진흥재단, 2013b).

된다. 항상 유리한 정보만을 내보낸다고 생각해서는 안 된다. 가끔 불리한 정보도 흘려줘야 양자 관계가 건강해질 수 있다. 때로는 경쟁사를 칭찬하는 등 객관적 태도를 보여줄 필요가 있다(시노자키, 2004). 조직(병원)을 홍보하기보다 기자가 조직과 관련된 양질의 기사(건강기사)를 쓸 수 있도록 도와주는 것이 장기적인 관계 유지에 도움이 된다. 실무 지원 차원에서는 정보를 구할 때 바로 전화로 응답해주는 체제를 갖춰야 한다. 미디어로부터의 모든 요청은 전담직원들에게 연결되도록 하는 것이 중요하다(아르젠티·포먼, 2006). PR 실무자는 문의가 오면 즉시 답변을 할 수 있도록 조직 문제에 대한 전문성과 순발력을 키워야 한다. 조직 내부 구성원들과의 정보 공유를 위한 인적 네트워크와 공식, 비공식적 모임을 통한 정보수집 활동이 필요하다.

금기사항　언론과 홍보는 상호 신뢰, 상호 이익에 바탕을 둔 비즈니스 관계다. 그러나 언론과 홍보의 관계는 절대로 평등하지 않다. 보도에 관한 한 언론이 우월적 입장이 되는 경우가 많다. 예외적인 경우가 아니면 다음의 금기사항들을 조심해야 한다. 취재기자가 속한 언론사의 상급자, 지인을 거론하는 것은 기자에 대한 압력으로 받아들여질 수 있다. 기사와 관련해 광고 철회를 위협하거나, 광고 게재를 약속하는 것은 관계를 불건전하게 만든다. 전문가답지 못한 행동은 악감정만 불러일으킬 뿐이다(이명천·김요한, 2012 재인용). 기자들은 기사가 게재되기 전에 보여 달라고 하는 소리를 가장 싫어한다. 그러나 직접인용 부분은 예외로 할 수 있다. 기사를 빼달라고 압력을 가하거나 기사를 애걸하는 것은 둘 다 실효성이 없다. 겸손하면서도 당당한 자세가 필요하다. 기사 불만족, 부정적인 기사를 이유로 기자에게 불평하거나 개인감정을 드러내는 것은 관계만 나쁘게 할 뿐이다(시노자키, 2004). 보도 실수가 있더라도 어느 정도 인내하는 것이 도움이 될 때가 많다. 성급하게 움직이다 누워 침을 뱉는 꼴이 되는 수가 있다.

2) 취재 대응

언론과 홍보는 정보를 주고받는 관계다. 기자 쪽에서 정보를 요청하는 경우가 있고, 홍보 쪽에서 정보를 전하고자 하는 경우가 있다. 어떤 행태가 됐든 기자들의 취재행동에 대한 약간의 이해가 수반돼야 한다.[5] 기자 관계에서는 가능하면 직접 만나서 이야기하는 것이 원칙이다. 긴급한 경우가 아니라면 사전 약속이 필수적이다. 전화를 걸어야 할 때는 바쁜 시간을 피해준다. 조간신문이나 TV방송이라면 오후 3, 4시 이후, 석간은 오전 9, 10시 이후 약 3시간이 업무 부하가 많은 마감시간대다. 통화가 이뤄지면 요점만 간단하게 말하는 것이 좋다. 기자들은 보고(報告)듣기 방식에 익숙해 결론만 말해주기를 원한다. 이메일, 팩스 보내기는 고정적 정보 채널로 사전 조율이 되어 있는 경우가 아니라면 사전 양해가 필요하다(시노자키, 2004).

대면 취재 대응 언론에서 취재를 요청해오면 조직은 먼저 기자의 신원을 확인해봐야 한다. 기자를 사칭하는 경우도 있으므로 약간의 틈을 얻어 해당 언론사나 관련 기관에 조회해보면 된다. 신원이 알려지면 취재 주제와 해당 언론의 특성을 파악한다. 신문의 난, 방송의 프로그램, 잡지의 기획 등 보도형태와 보도 분량을 살펴볼 수 있다. 조직 이외의 취재 대상이 누구인가도 확인해야 할 사항의 하나다. 경쟁기업, 감독기관 등이 포함될 수 있다. 이런 요소들을 고려해 취재 요청을 받아들일지 여부를 결정한다. 취재에 응할 필요를 못 느끼면 합리적인 이유를 제시해줘야 불편한 관계를

---

5) 기자들이 꼭 정상적인 방법으로 취재를 하는 것은 아니다. 2013년 언론인 의식조사에 따르면 기사 작성을 위해 취재원을 귀찮게 구는 행위를 수긍하는 기자 비율이 68.0%나 됐다. 언론윤리강령과는 거리감이 있다. 기업이나 정부의 비밀문서를 허가 없이 사용하는 행위(51.9%), 자신의 신분을 속이는 행위(47.0%), 위장 취업하는 행위(40.4%)에 대해서도 긍정 답변이 많았다(한국언론진흥재단, 2013b).

피할 수 있다. 취재 요청에 대한 회신은 이른 시간에 해주는 것이 좋다. 취재 약속이 잡히면 기자가 인용할 수 있는 캡션, 즉 반드시 전달해야 할 메시지를 챙겨둔다. 전문성이 높은 주제의 취재에는 전문 담당자를 입회시킨다. 취재가 완료될 때까지 긴장을 늦춰서는 안 된다. 취재 인터뷰가 끝난 단계에서 기자가 애매한 질문을 던지는 경우가 있다(시노자키, 2004). 보도가 이뤄지면 적절한 관심을 표시하는 것이 관계 유지에 도움이 된다. 기타 대면 취재와 관련해서는 이 절 언론 관계와 앞 절 인터뷰 요령을 참고하면 되겠다.

전화 취재 대응 기자들은 주로 전화로 취재한다. 신문기자들은 하루 수십 통씩 전화를 걸어 기사를 쓰는 것이 보통이다. 기자로부터 전화 연락을 받으면 홍보부서로 대응 창구를 일원화해야 한다. 창구가 정비되지 않아 전화를 이리저리 돌리는 등의 혼선이 빚어지면 조직 신뢰도가 한꺼번에 무너진다. 전화를 넘겨받은 홍보부서에서는 기자가 속한 매체, 부서, 담당 업무와 연락처를 확인한다. 경쟁기업의 직원이거나 가짜 기자일 수도 있으므로 의심이 가면 곧 전화 연락을 하겠다고 말하고 신원을 조회해본다. 신원이 확인되면 취재의 목적을 구체적으로 물어봐야 한다. 취재 의도가 분명치 않으면 상황을 정리한 뒤 후속 절차를 진행하는 것이 바람직하다. 간단한 질문은 즉답 처리가 가능하다. 그러나 민감한 질문은 시간 여유를 얻어 홍보책임자나 관련 업무 담당자와 상의해 답변해주는 것이 안전하다. 담당자를 직접 연결해주는 경우 답변 범위를 한정해줘야 한다. 답변 요령은 앞 절 인터뷰 요령을 참고하면 된다. 만일의 사태에 대비해 녹음을 남겨두는 것이 좋다. 위험성이 느껴지는 취재는 직접 만나서 서면으로 답하는 것이 원칙이다. 전화 대응 과정에서 기자를 회피하거나 기다리게 하는 것은 좋은 매너가 아니다(시노자키, 2004).

영상 취재 대응 기자의 취재 요청 때 정보취재인지, 영상취재가 동반되는지를 먼저 확인해야 한다. 정보취재라면 앞서의 대응 방법을 따르면 된다. 영상취재가 동반된다면 시설의 설치나 촬영 때문에 취재시간이 늘어난다는 점을 감안해야 한다. 대응의 체크리스트는 다음과 같다. 장소는 기자와 협의하되 가급적 자신에게 편안한 곳으로 한다. 앉아서 진행하는 경우 회전의자나 소파보다 테이블이나 책상을 앞에 두는 세팅이 좋다. 책장을 배경으로 하는 것이 무난하다. 푹 파묻히듯 앉는 자세가 되지 않도록 한다. 영상촬영에서의 기본은 등을 쫙 펴 자세를 반듯이 하는 것이다. 팔짱을 끼는 것은 좋은 이미지를 주지 않는다. 안경 고쳐 쓰기, 땀 닦기 등 불필요한 동작을 줄여야 한다. 말할 때는 마이크에 입을 갖다 댈 필요가 없다. 시선은 항상 기자나 진행자를 향해 있어야 하며 두리번거려서는 안 된다. 말씨는 평소보다 약간 활발하고 빠른 속도가 권장된다. 갑작스러운 질문에 당황하거나 혼란스러운 표정을 짓지 않도록 마음의 준비를 하고 있어야 한다. 용모, 복장, 발성관리는 이 장 4절 스튜디오 출연 요령에 설명돼 있다.

3) 오보 대응

어떤 사람이나 조직도 실수는 하기 마련이다. 정도의 차이가 있을 뿐이다. 언론보도에서는 잘못된 사실, 맥락을 이탈한 인용, 발언 의도의 왜곡 등 문제가 다반사로 일어난다. 커뮤니케이션의 불완전성과 선입견, 접근 시각의 차이, 부적절한 업무처리, 낮은 윤리의식 등이 문제의 주된 원인이다. 오보에 대한 경각심을 가지고 오보가 발생했을 때의 대응책에 대한 준비가 필요하다. 오보는 사실기사에 국한되고 개인의 의견이나 주장을 펴는 의견기사는 대상에서 제외되나 잘못된 사실이 들어 있다면 예외다.

오보의 원인 오보의 원인은 아주 다양하다. 뉴스의 두 주체인 언론과 홍보 양쪽의 실수나 착각, 설명 부족, 인식 차이, 불완전 소통 등이 복합작

〈표 9-12〉 오보의 유형

서술적 기준	일반 기준	일반기준 구성
사실 오류	행위자	PR 실무자, 정보 제공자, 기자/편집기자/데스크
자의적 정보 선택	성격	오보/허보(虛報)
과잉 일반화	작위성	비작위/작위(언론플레이, 비난, 공격, 음해)
특정 관점/해석 강조	가치/사실	전문성(보도 윤리)/기술성(보도 기술) 기준
의도적 왜곡	편집요소	제목, 본문, 영상, 사진, 그래픽, 자막, 캡션

용을 일으켜 오보를 만들어낸다. 오보의 주된 원인으로는 기자의 전문지식 부족, 마감시간 강박, 보도경쟁 강박, 보도의 단순화, 보도의 연성화 경향, 갈등구조 부각, 고정관념, 윤리의식의 저하 등이 꼽힌다.[6] 갈등구조는 사건을 파편화·극화시키며, 배경 요인을 무시하는 결과로 이어져 정보의 의미를 오도하게 된다. 각 언론사의 편집방침은 하나의 고정관념으로 작용해 보도 왜곡을 일으키기도 한다(조계현, 2005). 24시간 뉴스 시스템이 자리 잡으면서 오보에 대한 기자의 자책감이 줄어든 것도 오보를 늘리는 원인이다. 신속 취재는 중시되지만 정확 취재는 큰 문제가 되지 않는 흐름이다. 잘못된 보도는 업데이트라는 명목으로 정정할 기회가 주어지기 때문이다(아르젠티·포먼, 2006).

오보의 유형　오보는 오탈자 등 객관적 사실의 오류, 자의적 취재 정보 선택, 일부만을 가지고 전체인 양 보도하는 과잉 일반화, 기자의 시각만 강조하는 관점 및 해석의 부각, 의도적인 왜곡 등으로 나눌 수 있다. 오보를

---

6) 2013년 언론인 의식조사에 따르면 최근 1년 동안 정정기사를 쓴 경험이 있다는 기자는 12.8%였다. 뉴스통신사(32.4%), 인터넷 언론사(15.1%), 신문사(12.6%), 방송사(4.3%) 순으로 경험률이 높았다. 뉴스통신사는 속보성 보도가 많은 특성이 영향을 미친 것으로 보인다. 오보의 원인은 사실의 미확인 또는 불충분한 취재가 60.0%의 응답률을 기록했다. 이어서 기자의 부주의(18.5%), 언론사 간의 경쟁(7.7%), 마감시간 압박감(4.6%) 등이 꼽혔다(한국언론진흥재단, 2013b).

① 행위자, ② 성격, ③ 작위성, ④ 가치와 사실, ⑤ 편집요소 기준으로 분류하는 방법도 있다. 오보의 원인 행위자로는 홍보 쪽의 PR 실무자, 1차 정보제공자, PR 관리자, 언론 쪽의 기자, 편집기자, 데스크, 제작요원 등이 모두 포함된다. 성격별로는 오보와 허보(虛報)[7]로 대별해 허위 보도, 추측 보도, 왜곡 보도, 불공정 보도, 과장 보도, 축소 보도 등으로 세분할 수 있다. 일부는 중첩되는 개념이다. 대부분의 오보는 비작위적으로 이뤄지나 언론플레이, 여론 떠보기, 비난, 공격, 음해의 경우는 작위성이 개입될 여지가 있다. 가치와 사실 오보는 보도의 전문적 측면과 기술적 측면의 두 가지 요소를 따진다. 가치 오보는 보도의 정당성, 적절성, 진실성, 완전성과 관련된다. 보도의 취급이 적절했느냐의 전문성과 연결되는 문제다. 사실오보는 사실여부와의 부합성을 말하는 것으로 기술적인 측면과 관련된다. 작게는 표기와 문장에서, 크게는 단락과 전체 기사에서 두루 나타날 수 있다. 통상적인 오보는 사실오보를 말한다. 편집요소별로는 제목, 본문, 영상, 사진, 그래픽, 자막, 캡션 등 어디에서나 발생할 수 있다. 오보 상황이 아주 복잡한만큼 그때그때 융통성 있게 대응하는 것이 최선이다(박진용, 2011).

실무 대응   보도 사실에 문제가 있으면 먼저 취재 과정에서 잘못된 발언이나 보도자료 제공이 없었는지를 확인해야 한다. 신속성이 생명이다. 대응을 늦추면 문제는 일파만파로 번진다. 발언이나 보도자료에 문제가 있었다면 정정자료를 보낸다. 만약 언론사의 실수로 빚어진 오보라면 바로 연락을 취해 필요한 조치가 이뤄지도록 한다. 틀린 내용, 틀린 글자 등 명백한 사실 오류인 경우 구체적 사실을 제시하고, 해석의 문제일 때는 다른 측면에서 바라볼 수도 있음을 상기시켜야 한다. 담당 기자에게 연락해 상황

---

7) 허보(虛報)는 구체적 발표나 제보에 바탕을 뒀지만 사실이 불완전하거나 허황된 경우를 말한다. 정보원이 사실을 과장, 왜곡한 것을 짐작하면서도 가감 없이 보도했다면 허보라 할 수 있다(박진용, 2012).

을 설명하고 1차 시정을 요구한 뒤 시정 가능성이 없다고 판단되면 담당부장, 국장, 임원, 사장 순으로 절차를 밟는다(시노자키, 2004). 신문의 경우 후속판에, 방송은 다음 뉴스에 정정되도록 하는 것이 최선이다. 시정이 어려울 경우 조직의 입장, 즉 반론이 함께 게재되도록 해야 한다. 중대한 오보로 위기 상황이 발생했을 때는 오보가 확산되지 않도록 여타 언론사에 오보 사실에 대한 해명자료를 보내고, 항의 및 정정 보도 요구, 법적 대응 사실을 알려야 한다(조계현, 2005). 신용불안설 파급 등의 긴급 상황에서는 기자회견이나 브리핑을 통해 사태를 바로 잡는 비상대응이 필요하다. 정정할 정도의 사안이 아니라면 언론사 정보저장 기록만이라도 고치도록 요구한다. 요즘은 1차 보도기사를 가공해 2차 기사를 만드는 사례가 많아 기록 개정이 요식적인 행위 이상의 의미를 갖는다.

법적 대응　실무 대응으로 문제 해결이 어렵거나 중대 오보인 경우 반론 보도 청구, 정정 보도 청구, 추후 보도 청구 등의 언론중재법상의 구제절차를 밟을 수 있다. 보도를 알고 난 후 1개월 이내에, 보도된 날로부터 6개월 이내에 언론중재위원회에 신청하면 된다. 법원을 통할 수도 있다. 해당 사실에 대한 입증 책임은 정정 보도의 경우 청구권자에게, 반론 보도는 언론사에게 있다. 언론중재신청이나 소송은 사실적 주장에 국한된다. 의견에 대해서는 법적 책임을 물을 수 없다. 언론중재신청 처리 결과를 보면 취하가 40% 이상으로 가장 많고 합의 30%선, 중재 불성립이 20%선이다. 매체별 중재신청 건수는 일간신문, 방송, 주간신문 순이며, 피해 유형은 명예훼손 및 사생활 침해가 90%에 가깝다. 중재신청자는 개인이 50%대로 가장 많고, 회사, 일반단체, 국가기관 및 공공단체가 각 10%대의 비중을 차지한다. 언론중재 및 피해구제 절차는 언론중재위원회 홈페이지(http://www.pac.or.kr)를 참조하면 된다. 반론, 정정, 추후 보도 외의 법적 수단으로는 민사상 손해배상 소송과 형사고소가 있다. 이 외에도 광고 취소, 구독 취소, 항의 집회 등의 압력 수단이 있지만 소송과 마찬가지로 양자 관계가 경색되는 등 부작용이 커 신중한 접근이 요구된다.

10장

온 라 인 PR

1. 정보 환경 변화

인터넷은 커뮤니케이션의 혁명을 불러왔다. 인터넷을 통해 개인과 조직
들은 전통 미디어 시대에는 상상할 수 없었던 미디어 능력을 보유하게 됐
다. 아주 짧은 시간에 수많은 사람들에게 자신의 의견과 주장을 펼칠 수 있
는 간편한 수단을 갖게 된 것이다. 오늘날 인터넷은 여론의 형성에서부터
정보의 획득, 물품이나 서비스의 구매에 이르기까지 영향을 미치지 않는
곳이 없다. 인터넷의 강력한 힘은 PR 능력을 확대시켜주는 한편으로 PR의
심각한 도전 과제가 되고 있다(IPR.org.uk).

1) 인터넷

인터넷은 소유자나 운영자가 따로 없는 세계 단위의 개방적 네트워크
다. 정보를 한 계층이 독점하거나 통제하는 일은 거의 불가능해졌다. 매체

로서의 인터넷은 컴퓨터 언어인 HTML(Hypertext Markup Language) 형식으로 작성된 파일을 하이퍼텍스트 전송규약 HTTP(Hypertext Transfer Protocol) 방식으로 보내주는 웹서버와 그것을 다운로드하고 정리해서 보여주는 웹브라우저(world wide web)를 의미한다(박진용, 2012 재인용). 버너스 리(Team Berners Lee)의 하이퍼텍스트 개념과 이에 바탕을 둔 월드와이드웹의 개발은 구텐베르크의 업적과 비견할 만하다. 그는 엘리트만 사용할 수 있었던 강력한 커뮤니케이션 시스템을 세계인들의 매체로 바꿔놓았다(필립스, 2004).

인터넷 네트워크 인터넷 네트워크는 세계 공통의 주소체계들로 연결된다. ① IP(Internet Protocol) 주소, ② 도메인 주소, ③ URL(Uniform Resource Locator) 주소의 3가지다. IP 주소는 인터넷에 연결된 모든 통신망과 그 통신망에 연결된 컴퓨터에 부여되는 고유의 식별 번호다. 125.137.209.35처럼 4개의 10진수를 점(.)으로 구분하여 표시한다. 도메인명은 사람들이 알기 쉽게 IP 주소를 알파벳으로 표기한 것이다. 장소, 기관, 국가 도메인 순으로 적는다. 예를 들어 yu.ac.kr의 장소 도메인은 영남대, 기관은 교육기관, 국가는 한국이다. 기관 도메인은 edu, com, gov, net, mil, org(국가 도메인 미사용 시) 또는 ac, co, go, nm, re, or(국가 도메인 사용 시)이 사용된다. 국가 도메인은 한국 kr, 독일 de, 일본 jp와 같은 방식으로 부여된다. 도메인 주소를 주소창에 입력하면 컴퓨터는 도메인명과 연결된 IP 주소를 찾아준다. URL 주소는 도메인(사이트) 주소에 데이터의 전송 순서명을 붙인 상세주소다. 하이퍼텍스트 전송규약(HTTP), 서버와 웹브라우저(www), 도메인(사이트) 주소, 디렉토리명, 파일명 순으로 적힌다. http://www.yu.ac.kr/about/index.php?c의 경우 디렉토리명이 about이고 파일명이 index다.

인터넷의 확장 1990년대 인터넷이 대중화된 이후 기술적 진화는 숨 가쁠 정도였다. 2010년대 들면서 본격화된 모바일 환경의 확대는 인터넷의 경계를 시공간 제약이 없는 일상 안으로 넓혀놓았다. 또 웹과 플랫폼 중심의 온라인 이용을 앱(application, 컴퓨터 응용 프로그램)과 네트워크 중심으로 바꿔놓았다. 웹은 한때 모든 정보를 통합하는 단일 애플리케이션이 될 것으로 여겨졌으나 스마트폰과 앱의 등장으로 이런 예상은 빗나갔다. 웹은 2000년 전체 인터넷 트래픽의 절반 이상을 차지했으나 2010년 23%선으로 떨어졌고, 하락세는 계속되고 있다. 반면 신문 리더(reader), 이메일, 트위터, 페이스북 등 각각의 앱들을 통한 트래픽은 계속 확대되는 추세다. 2011년 대대적 보급이 이뤄진 국내의 모바일(스마트) 미디어는 정보 접근 통로를 기존의 PC 버전 웹페이지에서 모바일 버전 웹페이지, 전용 앱, 통합 앱 등으로 다양화시켰다. 스마트폰, 태블릿, 패블릿(phablet, 휴대폰과 태블릿의 합성어) 등 모바일 미디어 보급은 정보 이용자들이 언제 어디서나 특정 플랫폼을 거치지 않고 앱을 통해 간편하게 필요 정보를 이용할 수 있게 만들었다(박진용, 2012 재인용).

모바일 이용 2013년 5월 말 현재 국내 스마트폰 가입자는 전년 대비 27.7% 늘어난 3519만 명으로 집계됐다. 스마트폰 이용이 늘어나면서 데스크톱/노트북을 통한 인터넷 이용시간, 책/잡지/신문 등 인쇄매체를 읽는 시간, TV 시청시간이 모두 줄어든 것으로 나타났다(한국언론진흥재단, 2013a). 스마트폰 이용 용도는 PC 등 다른 매체 인터넷 이용 용도와 다르지 않다. 1순위 이용 서비스는 모바일 메신저(40.6%), 뉴스 검색(17.6%), 온라인게임(8.3%), 학업/업무용 검색(7.1%) 등의 순이었다(한국정보진흥원, 2014). 카카오톡으로 대표되는 모바일 메신저는 세대를 막론하고 정보 획득과 커뮤니케이션의 핵심 미디어로 자리 잡았다(한국언론진흥재단, 2013a). 스마트폰이나 태블릿PC로 신문기사를 이용했다는 비율은 최근 3년간 지속적으로 증가(2011년 19.5% → 2012년 47.4% → 2013년 55.3%)하는 추세를 보였다(한국언론진흥재단, 2013c).

새 정보 및 행동 모델 인터넷과 스마트폰 등장 이후 사람들의 정보 및

모델	단계 구성	대중매체 역할 범위
AIDMA 모델 (기존 모델)	주의(Attention) → 관심(Interest) → 욕구(Desire) → 기억(Memory) → 행동(Action)	5단계
AISAS 모델 (변화 모델)	주의(Attention) → 흥미(Interest) → 검색(Search) → 행동(Action) → 정보공유(Share)	2단계

자료: 이종혁(2012) 재인용.

행동 모델은 중대한 변화를 보이고 있다. 일본의 광고회사 덴츠(Dentsu)와 아키야마(秋山隆平)에 따르면 과거의 정보 및 행동 과정은 주의(Attention), 관심(Interest), 욕구(Desire), 기억(Memory), 행동(Action)의 AIDMA 모델로 설명됐다. 이 모델에서 매스미디어의 역할은 5단계로 계속 이어지는 선형 개념이었다. 그러나 지금의 정보 및 행동 모델은 주의(Attention), 흥미(Interest), 검색(Search), 행동(Action), 정보공유(Share)의 AISAS 방식으로 변화되고 있다. 처음 두 단계에서 매스미디어의 역할이 끝나고, 나머지 SAS의 세 단계에서 순환이 일어나는 환형 모델이다. 새 모델에 등장한 검색과 정보공유의 과정은 기업 등 조직의 통제가 미치지 못하는 영역이다. 실제로 소비자의 67%가 웹 검색이나 입소문을 통해 브랜드 결정과 구매 정보를 얻고 있다는 조사 결과가 있다. 기업이 제공하는 제품·서비스 정보에만 의존하던 시절이 지나가면서 광고 효과가 사라지고 있는 이유다(이종혁, 2012 재인용).

2) 인터넷과 PR

인터넷은 이제 24시간 내내 살아 움직이는 모든 정보와 활동의 중심 무대가 됐다. 인터넷 등장 이후 조직들은 언론이나 PR 대행사가 중개하던 메시지나 정보에 직접적인 접근이 가능해졌다. 외부 공중과 집단에게 조직의 정보를 전달할 수 있는 수단도 갖게 됐다. 이런 변화는 송신자 중심의 커뮤니케이션을 수신자 중심으로 바꿔놓았다. 정보의 유통자인 기자들도 취재를 위해 포털이나 소셜미디어를 먼저 살펴봐야 하는 환경이 조성되고 있다. 정보통신기술 발전은 그 평가가 낙관적이든 비관적이든 PR의 효율성에 중대한 영향을 미치고 있다.

정보기술 인터넷을 기반으로 하는 온라인 미디어는 ① 디지털성, ② 상호작용성, ③ 네트워크성을 주요 특성으로 한다. 디지털성은 멀티미디어, 하이퍼텍스트, DB라는 3가지 세부 특성의 상위적 개념이다. 이런 특성들로 인해 온라인 미디어는 시공간 제약 없이 언제 어디서나 정보를 무제한 제공할 수 있고, 커뮤니케이션 형태도 텍스트, 음성, 영상, 그래픽, 애니메이션을 망라한다. 온라인 미디어는 정보 수집 및 축적, 정보 가공 및 유통에서도 현저한 기술적 혜택을 제공하고 있다. 예컨대 PR 실무자들은 정보 수집 및 축적에서 내·외부 DB를 통해 미디어 정보, 기자 정보, 미디어 보도의 빈도, 이벤트의 종류, 경쟁기업 동향 등 다양한 정보를 한눈에 파악할 수 있게 됐다. 정보 가공(packaging) 측면에서는 전자출판이 대중화되어 큰 비용을 들이지 않고 다양한 정보물 생산이 가능해졌다. 맞춤형 서류나 보도자료의 작성·배포도 손쉽게 이뤄진다. 정보 유통 측면에서는 정보전달, 정보 업데이트는 물론 링크를 통해 무한대의 정보 소스를 활용할 수 있게 됐다 (한미정, 2002).

PR의 장단점 PR 도구로서의 인터넷은 기존 매체에 비해 상호작용이 용이해 PR 공중의 반응에 즉각적인 대처가 가능하다. 상호작용성은 정보적 도구뿐 아니라 제품이나 서비스의 판매와 같은 상업적 도구로도 쓰인다. 교육, 문화, 대화방 설치 등 고객의 정보욕구를 충족시켜주면서 상업적 상호작용 장치를 마련할 수 있다. 사이트 방문자 DB를 구축하면 이용자 또는 PR 공중 분석, 목표공중 선별, 맞춤형 정보제공, PR 효과 측정이 용이해진다. 뉴스 보도나 보도자료 이용 조사는 조직의 쟁점 모니터링 창구로 활

<〈그림 10-1〉 연쇄형 커뮤니케이션 개념도>

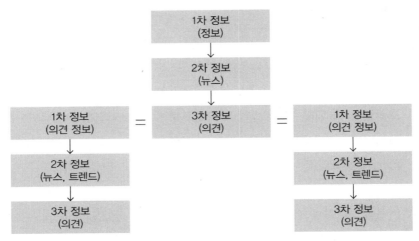

자료: 이종혁(2012) 재정리.

용할 수 있다. 이메일 설문, 웹사이트 설문 등의 분석작업도 간편해졌다(한미정, 2002). 그러나 초스피드, 초연결의 온라인 네트워크는 조직의 대응을 힘들게 하는 요인이기도 하다. 이메일은 상상할 수 없을 정도의 빠른 속도로 소문을 전 세계에 퍼트리며 기회와 동시에 재난을 초래한다. 더욱이 소셜미디어에서는 정보 주고받기가 즉각적으로 이뤄져 신문·방송은 물론 온라인 미디어조차도 이를 따라잡는 것이 불가능할 정도다. 이 같은 소통 방식 변화는 PR의 대응속도를 더욱 압박하는 한편 공중과의 상호작용을 일상적 과제로 만들고 있다.

PR **전략의 수정** 온라인 정보 환경에서의 PR은 종전의 일방적, 한 가지 패턴의 정보 전달체계를 더 이상 용인하지 않는다. 이제는 이슈를 생산해 이를 웹 소문으로 확산시키는 불규칙적, 다단계적 연쇄 커뮤니케이션이 필수화됐다. 정보의 연쇄는 1차 정보 → 2차 정보(뉴스) → 3차 정보(느낌, 의견 달기) → 2차 정보(3차 정보를 1차 정보로 한 2차 정보, 트렌드) → 3차 정보(느낌, 의견 달기)의 순환 과정으로 확산된다. 연쇄형 커뮤니케이션은 ① 통찰(1 to 1), ② 설득(n to 1), ③ 확성(1 to n), ④ 연쇄(n to n)의 과정으로 발전한다. 통찰은 예상 공중과 일대일 심층대화를 통해 다양한 정보를 수집하는 과정이다. 설득에서는 통찰을 바탕으로 여러 관련된 인물과 기관, 자료들을 끌어들여 설득 장치의 틀을 짠다. 전략의 핵심이 되는 스토리나 콘텐츠를 완성시키는 것을 목표로 한다. 확성은 매스 프로모션의 단계로 매스 PR이 동원된다. 여기서부터 정보의 연쇄장치가 작동한다. 연쇄에서는 PR 메시지가 미디어 → 미디어, 미디어 → 공중, 공중 → 공중으로 너울이 되도록 해야 한다. 웹 프로모션을 통해 확성과 연쇄, 매스미디어와 입소문의 시너지가 일어나도록 하는 것이다. 우연이 아니라 의도된 전략으로서의 연쇄형 커뮤니케이션은 PR 전략의 수정과 보완을 요구한다(이종혁, 2012 재인용).

2. 온라인 PR

온라인 PR은 온라인에서 일어나는 모든 활동을 PR에 활용한다는 개념이다. 오프라인 조직은 온라인 미디어를 PR미디어로 사용하는 것이지만 온라인에 설립된 조직은 조직 그 자체가 PR의 주 무대가 된다. 모든 온라인 PR 활동은 조직 자체 매체와 외부 매체의 두 가지 채널로 이뤄진다. PR 실무자들은 온라인 공중 성향 파악, 오프라인과 연계된 PR 계획 수립, 구전 PR 활용을 위한 네트워크 구축 등 온라인과 오프라인의 중층적인 PR 활동을 고려하지 않으면 안 된다(정책홍보혁신포럼, 2005).

1) 온라인 모니터링

정보 빅뱅과 광속의 커뮤니케이션 흐름은 모니터링의 중요성을 최고조로 끌어올리고 있다. 모니터링은 조직 간 정보의 경주 활동이다. 대내외 구성원 관계의 출발점이자 종착점이 모니터링이다. 다수의 조직들이 거액의 온라인 모니터링 비용을 마다하지 않는 것은 몇 번의 마우스 클릭으로 조직의 명성이 침몰될 수 있다는 것을 잘 알고 있기 때문이다(아르젠티·포먼, 2006). 하지만 온라인 모니터링은 블랙홀과 같아서 완벽한 통제가 불가능하다. 대상을 적절히 설정하고 상황에 따라 임시변통하는 것이 중요하다.

온라인 정보   사이버 공간에서 유용한 정보의 창조와 사용은 한계를 초월한다. 유일한 제약이 있다면 상상력이 있을 뿐이다. PR 실무자가 웹 또는 앱의 힘과 인터넷 프로토콜의 폭을 모두 활용할 수 있다면 커뮤니케이션에서 엄청난 역량을 발휘할 수 있다. 이는 실무자들이 수준급의 인터넷 서퍼(surfer)가 돼야 한다는 것을 의미한다. 인터넷의 구석진 곳까지 접근하기 위해서는 전문가 수준의 수단과 경험을 갖춰야 한다. 인터넷 사용자들이 이용할 수 있는 검색엔진은 수백 개나 되고 엔진들의 장단점도 모두 다르다. 전통적인 검색엔진은 웹상에 존재하는 정보나 채널의 1%에 대해서만 접근할 수 있을 뿐이다. 보이지 않는 웹(invisible) 또는 심층 웹(deep web)은 검색엔진으로 검색되는 표층 웹(surface web)보다 500배가량 큰 것으로 추정된다. 방화벽에 가려져 있거나 인트라넷에 속하는 웹페이지들은 심층 웹 전문 검색으로도 발견되지 않는다. 검색엔진 사용법에는 인덱스 검색, 디렉토리(주제별) 검색, 양자를 혼합한 하이브리드 검색의 3가지가 있다(필립스, 2004).

모니터링 유형   온라인 모니터링에는 ① 조망(landscaping), ② 심사(auditing), ③ 모니터링(monitering)의 3가지 형태가 있다. 조망은 조직과 관련된

〈표 10-2〉 온라인 모니터링 유형

유형	활동 목적
조망	정보를 제공하는 웹사이트, 토의 리스트, 여타 인터넷 공급원 찾기
심사	조직/경쟁사의 온라인 차별성 및 활용 방식, 조직 관련 온라인 참고자료와 토의내용 평가, 조직의 온라인 활동 통합전략, 관계 형성 수단으로서의 웹사이트 분석, 네트워크 보안 평가, 온라인 활동 실적 측정과 평가기준, 웹사이트 운영 규정, 구성원들의 인터넷 자산 이용 규정
일반	여론 정보, 경쟁 정보, 제품과 기술, 금융 뉴스, 정부 규제, 관련 소송 등 점검

자료: 필립스(2004).

정보를 제공하는 웹사이트, 토의 리스트, 여타 인터넷 공급원을 찾는 작업이다. 여기서 생산되는 쟁점이나 정보는 쟁점관리, 지역사회 관계, 종업원 관계 등 PR 실무에 영향을 미칠 수 있다. 심사는 제도와 전략 등에 대한 비교, 평가, 분석에 초점을 맞춘 모니터링으로 광범한 분야가 있다. 온라인과 오프라인 활동 사이의 상충되는 정보 등 온·오프라인 통합심사도 병행돼야 한다. 모니터링은 일반적 의미의 모니터링을 말한다. 변화가 일어날 때마다 추적해봐야 한다. 실시간 뉴스 서비스를 모니터링하거나 다양한 뉴스 소스의 색인을 제공해주는 서비스를 활용하는 방법도 있다. 수집된 정보들은 각 부서의 업무 적응성을 높여주는 자료로 쓰인다(필립스, 2004). 여론 모니터링은 여론 분석, 쟁점관리 등과 연계된다.

모니터링 서비스　인터넷에서는 커뮤니케이션 채널들이 순식간에 형성되고 사라지고 재형성된다. 이런 채널들의 영향력이나 신뢰도는 전통 매체처럼 쉽게 평가할 수가 없다. 또한 인터넷 정보의 용량이 너무 방대해 강력한 모니터링 도구 없이는 지속적인 모니터링도 어렵다. 그런 어려움에도 불구하고 검색엔진, 메타검색엔진, 일부 닷컴(http://www.moreover.com/)의 서비스는 주목할 만하다. 모니터링 서비스는 조직 입장에서 봤을 때 양날의 칼이 되기도 한다. 보통 모니터링 작업은 특정한 키워드를 자동화된 필터를 통해 걸러내는 방식으로 이뤄진다. 과거보다 자원에 대한 접근이 용이해졌지만 작업량이 방대해 PR 회사나 웹 모니터링 서비스를 전문으로 하는 회사를 이용하는 경우가 많다(왓슨·노블, 2006). 국내의 온라인 모니터링 서비스는 ① 종합 모니터링 서비스, ② 전문 모니터링 서비스, ③ 언론 모니터링 서비스의 세 갈래가 있다. 종합 모니터링 서비스는 국내외 언론, 네티즌, 정책기관, SNS 등을 서비스 대상으로 한다. 전문 모니터링 서비스는 네거티브 여론 감시, 해외 언론 모니터링 등을 특화한 경우다. 언론 모니터링 서비스는 방송, 신문, PDF판 등을 대상으로 하며 정부기관, 지방 자치단체, 공공기관, 기업체 등에 서비스한다. 모니터링 업체로는 한국모니터링, 골드오션커뮤니케이션즈, 스크랩마스터, 비플라이소프트, 아이서퍼 등이 있다(함성원, 2010).

2) PR 관리

전통적인 공중이 쟁점 중심 집단이라면 온라인 공중은 경험 중심 집단이다. 오프라인에서 공유된 경험을 중심으로 이슈를 형성한다. 행동 역시 공유 경험의 강도와 방향에 영향을 받는다. 온라인 공중은 오프라인에서 보다 가변성과 다중성이 강하다. 네트워크의 속성으로 인해 공중 구성원 한 사람의 힘이 순식간에 PR 조직에게 이미지 손상과 경제적 손실을 가져오는 집단적 힘으로 전환되기도 한다. 온라인에서는 일반인들을 지식이 많고 특정 이슈에 이해 정도가 높은 공중으로 바꿔놓고 있다(한미정, 2002).

커뮤니티 관리 인터넷을 기반으로 한 온라인 PR은 언론홍보 중심의 PR 활동을 커뮤니티 또는 공중 중심의 PR로 패러다임을 변화시켰다. 공중별 메시지 차별화, 매체별 메시지 차별화가 가능해진 데 따른 변화로 풀이할 수 있다. 궁극적으로 온라인상의 PR 활동은 커뮤니티를 중심으로 이뤄질 가능성이 높다. 온라인 커뮤니티는 다양한 영역에서 집단의견을 표출하며 이슈를 선도하고 있어 관리의 필요성이 커지고 있다(정책홍보혁신포럼, 2005). PR의 주체들은 온라인 커뮤니티와의 소통 없이 바람직한 조직 이미지를 형성하고 유지한다는 것이 어려워졌다는 사실을 실감하고 있다. 커뮤니티 관리에서는 관계된 집단과 잠재적 수용자가 훨씬 많고 범위가 넓다는 점을 염두에 두지 않으면 안 된다. 네트워크가 복잡다양하기 때문에 여러 관계집단에 주의를 기울이지 않으면 조직이 위험에 노출될 가능성이 크다(필립스, 2004). 온라인 커뮤니티는 ① 관심 주제별 커뮤니티, ② 관계형 커뮤니티, ③ 환상 체험 커뮤니티, ④ 상거래 커뮤니티로 구분된다. 이 가운데 PR의 주목을 받는 것은 앞의 2가지 유형이다(정책홍보혁신포럼, 2005).

• 관리전략   PR 실무자들은 스스로 온라인 커뮤니티를 조성하거나 관리해 우호적 공중들을 형성하도록 노력해야 한다. 온라인 커뮤니티가 이해집단으로 성장해 조직의 활동에 영향력을 행사할 개연성이 높아졌기 때문이다. 조직의 PR 관리는 비합리적 우호공중과 합리적 적대공중을 합리적 우호공중으로 유도하는 것을 1차 목표로 한다. 비합리적 우호공중은 사실과 논리의 제공, 합리적 적대공중은 토론 활성화를 통해 우호공중으로 이끌 수 있다. 설득이 어려운 비합리적 적대공중은 정확한 사실과 정보를 반복적으로 내보내는 전략이 바람직하다(정책홍보혁신포럼, 2005).

언론 관리   조직의 웹사이트에서는 모든 공중을 대상으로 하는 온라인 홍보실과 언론매체용 온라인 기자실을 이원적으로 운영하는 것이 좋다. 온라인 기자실은 프레스룸 섹션이나 페이지로 만들면 된다. 기자실은 기자들이 방문하고 싶어 할 만큼 충분한 보상을 주는 정보를 담고 있어야 한다. 일례로 광범한 배경정보를 제공하는 브리핑 사이트를 운영할 수 있다. 기자가 조직으로부터 정보를 얻는 것을 선택하도록 하는 방법도 있다. 친구로 등록하게 해 기자실 방문을 개인적 관계로 격상시켜주는 것이다. 자동으로 업데이트되는 기사자료 목록 서비스를 해주는 것도 주의 환기에 도움이 된다. 제공자료는 인포펍(infopub)[1] 개념으로 접근하는 것이 온라인 환경에 부합한다. 보도자료를 포함한 인포펍은 언론뿐 아니라 일반인들에게 직접 홍보하기 위한 용도로도 쓰인다. 편집자 등 제3자에게 자료를 전달하기 위한 채널은 따로 마련해두도록 한다. 기자실 모니터링 활동도 필요하다. 이메일 보도자료에 대한 기자들의 반응을 물어보고 이를 향후 활동에 반영해야 한다. 보도자료의 기사화 정도는 활동의 적절성을 평가하는 기준이 된다. 보도자료가 방문자 수를 증가시키는가, 정보 요구는 있는가, 보도자료 수신 목록에 등재되거나 삭제되기를 바라는가 등을 관찰해 보는 방법도 있다. 잘 정비된 온라인 기자실 내비게이션은 필수적이다. 페이지 구동 및 다운로드 시간은 최대한 짧아야 한다. 기자실에서 내부 웹페이지로 이동하는 데 10초가 걸린다면 기자는 그 사이트를 이내 떠나버릴 것이다(필립스, 2004).

언론정보 프로모션 웹사이트, 기자실, 개별 정보의 3가지 측면에서 프로모션 활동이 필요하다. 기사를 찾기 위해 웹을 무작위로 검색하는 기자는 거의 없다. 관리 대상 매체를 확인해 조직의 웹사이트가 평판이 좋고 믿을 만한 정보원임을 인식시키는 것이 중요하다. 웹사이트에 최신 시사뉴스를 띄우고 근간의 조직 활동을 알리는 한편 흥미로운 기삿거리를 제공하는 등의 활동이 뒷받침돼야 한다. 기자들이 요청하는 정보의 종류와 특성을 살펴 맞춤정보 서비스를 제공하는 것도 평판을 높이는 방법이 된다(홀츠, 2002). 웹사이트나 기자실, 개별 정보는 포털이나 검색엔진과 잘 연계되도록 해야 한다. 검색엔진에 노출되게 하려면 모든 보도자료를 조직의

---

1) 인포펍은 Information과 Publicity를 합성한 용어로 정보 제공형 홍보로 번역할 수 있다. 웹사이트에 올린 정보자료 성격의 조직 보도자료나 VOD 영상, 사내 방송 영상, 자체 생산 웹 뉴스 동영상 등을 일컫는다.

웹사이트에 먼저 등재시켜야 한다. 또 보도자료에 키워드를 기술적으로 설정하고, 링크를 명확히 해주는 것도 도움이 된다. 키워드는 누구나 쉽게 떠올릴 수 있는 연관성과 직접성을 부여하는 것이 중요하다. 본문에서 키워드를 대명사로 대체하는 것은 노출기회를 그만큼 감소시킨다. 링크에서는 사이트 주소를 약식이 아닌 있는 그대로 써줘야 한다(조계현, 2005).

3) 온라인 보도자료

온라인에서는 주의를 끌 수 있는 기회가 제한된다. 화면에 나타나는 부분이 흥미롭지 않거나, 주목할 가치가 없거나, 핵심 내용이 포함되지 않을 경우 기자들의 관심에서 멀어질 수 있다. 온라인과 오프라인 보도자료는 다음의 몇 가지 차이점을 가진다. 먼저 온라인 자료는 비선형적(非線形的)으로 이용된다. 인쇄물은 차례차례 읽어나가지만 온라인 자료는 관심 대목을 건너뛰며 읽는다. 연구에 의하면 웹사이트를 방문하는 사람들 중 79%가 글을 읽는 대신 훑어보기만 하는 것으로 나타났다. 사람들은 또 컴퓨터 스크린에서 25% 정도 천천히 읽는다고 한다. 눈의 피로감이 심해 종이에 인쇄된 것보다 더 적은 메시지를 제시하는 것이 바람직하다. 컴퓨터 스크린을 최신식의 잡지나 TV화면처럼 치장하는 것은 메시지에 대한 집중력을 떨어뜨린다. 자극적이지 않고 단순한 화면을 만들어야 한다. 개별 자료는 편집이나 구성에 따라 홍보 효과가 달라진다. 오프라인 인쇄물은 글과 그림만 나타내지만 온라인에서는 오디오, 비디오, 애니메이션 등을 선택해서 사용할 수 있다. 온라인에서는 즉각적으로 상호작용이 이뤄지기 때문에 보도자료에 대한 대응 속도가 빨라지지 않으면 안 된다(홀츠, 2002).

텍스트 작성 요령 보도자료의 상단에 작은 목차표를 만들어 나오는 요소들을 순서대로 실어주면 주목도를 높일 수 있다. 전체 길이는 가급적 짧은 것이 좋다. 2개 이상의 페이지 다운을 사용하지 말아야 한다. 문장 구성과 단락 설정, 제목과 전문, 본문 작성은 오프라인의 경우를 준용할 수 있다. 오프라인에서보다 여백과 소제목을 잘 활용해야 한다. 문단의 앞부분에는 가급적 번호나 기호를 삽입하지 않는 것이 좋다. 언론사의 작업을 번거롭게 만들 뿐이다(정책홍보혁신포럼, 2005). 온라인 문장 스타일은 구어체나 회화체가 적합하다. 너무 많은 하이퍼링크는 문서의 흐름을 방해할 수 있다. 자료의 유통기한을 늘리려고 날짜 표기를 생략하는 것은 역효과를 일으키기 쉽다. 날짜가 없는 보도자료는 기자들이 취급하지 않을 가능성이 높다. 온라인 기자실에서 제공되는 모든 자료와 페이지에는 담당자 연락처가 있어야 한다. 취재에 필요한 정보들이 분산되어 있다면 업무 담당자들의 리스트(이름, 전화번호, 이메일, 책임 분야)를 올려두는 것이 좋다(홀츠, 2002).

웹사이트 글쓰기 과거 PR 실무자들이 기자들을 염두에 두고 글을 썼다면, 온라인 환경에서는 방문자, 이해관계자를 포함하는 다수의 이용자들을 대상으로 글을 쓰게 된다. 웹 이용자를 크게 구분하면 오락적 이용자, 정보적 이용자, 정독자, 경청자 그룹이 있다. 대상이 누구든 텍스트 작성에서는 간단명료한 문장, 짤막한 문단 나누기가 권장된다. ① 요약(cutting), ② 주목(hooking), ③ 조직화(organizing)를 글쓰기 지침으로 할 수 있다. 요약은 긴 내용의 정보를 보기 좋고 이해하기 쉽게 정리하는 것이다. 주목 끌기에서는 제목이 주로 이용된다. 질문법, 특이한 문장, 갈등이나 대치 상황, 뉴스거리 활용, 개인화 등의 방식이 있다. 조직화는 텍스트 정보를 논리적 연결성, 시간적 순서, 적합한 범주 등으로 나눠 재구성하는 작업이다. 어떤 키워드를 이용해 검색할 수 있는가를 먼저 고려해야 한다. 긴 논점은 리스트로 처리하는 것이 보기에 깔끔하고 읽는 데도 편하다. 되도록 의미 있는 주제를 앞부분에 내세우는 것이 좋다. 글의 묶음 내에서도 부제를 달아주거나 여백을 주어 눈의 피로를 덜어줘야 한다(한미정, 2002).

4) 보도자료 관리

전통 매체 시대에는 언론에서만 보도자료를 이용할 수 있었다. 그러나 이제는 웹사이트에 게재되면 언론뿐 아니라 종업원, 경쟁조직 등 모든 온라인 구성원들에게 공개된다. 누구를 목표로 해 메시지를 내보내기가 곤란해졌다. PR 실무자의 메시지나 목표공중에 대한 통제력은 현저히 줄어들었다고 할 수 있다.

일반 요령 조직의 실적, 신상품이나 서비스, 사회공헌활동 등 조직 관련 뉴스는 대개 보도자료 형식으로 제공된다. 이메일 보도자료는 기자가 흥미를 결정할 정도의 정보만 제공하는 것으로 충분하다. 보도자료를 배포할 때 기자들이 더 많은 정보를 구하도록 전략을 짜야 한다. 기사자료를 지나치게 많이 보내지 말라는 것이다. 전달 정보가 많으면 웹사이트에 올리고 자료에 URL만 적어두면 된다. 상세정보는 이메일보다 웹사이트에서 처리하는 것이 효율적이다. 웹사이트 보도자료는 리스트나 게시판 형식으로 제시해주는 것이 좋다. 일자별, 범주별 등 기자들이 쉽게 찾을 수 있도록 정리해야 한다. 조직 관련 기사뿐 아니라 산업 전반의 최신 경향이나 뉴스거리 등을 업데이트해주고 관련 자료, 배경문서, 동영상, 음성, 애니메이션 등은 링크로 처리해준다. 사진과 그래픽 같은 보조 자료도 마찬가지다. 사진 페이지는 작은 사진을 인덱스 형식으로 훑어보게 해주는 방식이 무난하다. 사진 파일은 설명문, 촬영 날짜, 저작권 허가내용 등을 포함시키고 JPG, TIFF, GIF 형태로 다운로드할 수 있게 해야 한다. 보도자료와 관련된 내·외부 사이트를 연결시켜주면 자료의 판단에 도움이 된다. 외부 사이트로는 경쟁조직, 분석가, 온라인 미디어 등을 들 수 있다. 자료가 기자들의 관심을 끌어 추가정보를 요청하면 신속히 대응해야 한다. 기자의 머릿속에서 기사가 쓰이고 있을 것이기 때문이다. 특별 이벤트나 활동을 할 경우 별도 섹션을 만들어 프레스 키트와 내·외부 링크를 해두는 것이 관리요령이다. 언론보도 유무와 관계없이 보도자료로 만들어진 것은 홍보자료로 활용한다는 생각이 필요하다(조계현, 2005; 필립스, 2004; 한미정, 2002).

배포 요령　이메일 보도자료를 보내는 것은 간단하다. 한 건을 보내나 수천 건을 보내나 비용이 더 들지 않는다. 그러나 스팸메일과 잼(jam, 목표대상과 주제를 벗어난 보도자료)은 해당 PR 실무자에게 불량 정보원이란 인상을 심어줄 수 있다. PR 실무자는 기자 리스트와 여타 배포처를 선별해 상시적으로 이를 점검해야 한다. 여타 배포처로는 동종 분야, 행정·학술 기관과 전문가 웹사이트 등이 있다. 배포 대상은 생각보다 훨씬 많다. 기자 리스트의 모든 수신자 목록이 보이도록 하는 것은 의도적인 경우가 아니라면 피해야 한다. 기자들의 흥미도를 떨어트릴 수 있다. 이메일 보도자료 수취 확인을 위해 전화를 해서는 안 된다. 전화 확인을 하겠다는 표현을 포함시켰거나 중요한 이유가 있을 때만 가능하다. 기자가 자료에 흥미를 느낀다면 PR 담당자에게 전화를 걸어오거나 이메일을 보낼 것이다. 기자들과 전화를 할 때도 주요 사실을 서두에 담아줘야 한다. 요점을 신속히 전달하기 어렵다면 전화를 끊고 이메일로 보내는 것이 낫다. 음성메일은 권장되지 않는다. 엠바고는 의미가 없으며 차라리 중요한 기사자료가 특정 날짜에 배포될 것이라는 통지를 보내는 것이 바람직하다(필립스, 2004).

• 보도자료 전송 서비스　보도자료 전송 서비스는 PR 대행 업무의 하나다. 전송시설과 전문지식을 갖춘 사업자가 언론사나 포털, 관련 기관 등에 텍스트, VNR 등을 배포해준다. 사업자의 서버를 활용하기 때문에 대용량 파일의 처리가 용이하다. 포털에도 보도자료가 제공되므로 반드시 검색용 키워드를 붙여야 한다. 보도용과 광고용 키워드를 동시에 사용할 경우 동

일한 키워드를 쓰는 것이 좋다(정책홍보혁신포럼, 2005).

3. PR 커뮤니케이션

인터넷은 지난 20세기에 인간이 발명한 모든 채널들을 합한 것보다 더 많은 커뮤니케이션 채널을 만들어냈다. 이 채널들은 날마다 성장하고 있다. 포털, 보털(vortal),[2] 웹사이트, 이메일, 뉴스 그룹, 메신저, 채팅, 토론방, 게시판에 이어 무선인터넷 단문 메시지 서비스인 SMS(Short Message Service), 소셜미디어 등이 잇따라 등장했다. 어느 누구나 이를 이용할 수 있지만 전략적으로 유능한 PR 실무자만이 커뮤니케이션 작업을 의미 있게 만들 수 있다.

1) 웹사이트

웹사이트는 기업, 행정기관, 홈쇼핑, 포털 등 주로 큰 규모의 공개적 인터넷 거소를 말한다. 이에 비해 홈페이지는 최초 페이지 또는 되돌아갈 수 있는 처음 페이지란 뜻으로 웹사이트의 초기 표현이었다. 지금은 주로 개인적이고 소규모인 웹사이트를 일컫는다. 웹사이트 관리는 일반적으로 웹 관리자가 웹에 담긴 내용을, 웹마스터가 기술적 측면을 담당한다. 소규모의 조직에서는 한 사람이 양자를 관리한다.

기능과 역기능 웹사이트의 세련된 이미지와 영상, 조직 정보, 민원 서비스, 이벤트, 프로모션 등은 조직의 이미지와 신뢰도를 높이는 기능을 한다. 웹사이트의 전자 사보나 인터넷 방송, 자유게시판, 이메일 등은 조직문

---

2) vertical portal의 줄임말로 전문영역의 특화된 포털을 말한다.

화 관리뿐 아니라 종업원 관계 커뮤니케이션의 도구로 쓸 수 있다. 경영 방침, 사업계획서, 결산보고서 등은 투자자 관계에 사용되고, 불만사항 접수, 설문조사 등은 고객관계 관리의 방향을 제시해준다. 웹사이트는 제품 정보의 제공이나 텔레마케팅의 창구로도 활용된다. 관련 기관이나 단체, 기업, 언론 등의 사이트와 연결망을 유지해두면 일상적인 환경 모니터링이 가능하다. 모니터링 결과는 여론 및 쟁점관리 대상 선별과 전략 수립의 자료로 쓸 수 있다. 웹사이트는 비상시 위기관리의 대응 창구로도 활용된다. 조직의 웹사이트는 보도자료 제공, 문의 처리 등 언론홍보의 1차적 관문이기도 하다(박성호, 2008). 그러나 콘텐츠 개발과 다양한 정보 서비스, 디자인 개발에 비용이 들고, PR 공중에게 알려지지 못하면 유명무실해질 수 있다. 그뿐만 아니라 해킹, 프라이버시 침해, 저작권 침해 등의 사회적 문제를 일으키기도 한다. 외부인의 성적(性的), 정치적 문제 글이 웹사이트에 게재되어 조직의 PR 활동이나 이미지에 부정적 영향을 미치는 경우도 없지 않다. 정보의 과부하(overload), 정보의 부정확성도 간과할 수 없는 문제다.

웹사이트 유형　웹사이트 유형은 목적이나 발전 정도에 따라 ① 존재 확인용, ② 정보 제공용, ③ 관계 형성용으로 나눌 수 있다(한미정, 2002). 존재 확인용은 PR이나 마케팅 목표가 없으며 형식적 존재로 웹상에 떠 있는 경우다. 대략 10페이지 미만의 웹페이지 규모를 가지며, 인터넷 서비스 제공업체의 서버를 사용한다. 정보 제공용은 PR 공중에게 조직의 제품이나 서비스에 대한 정보 제공을 주된 목적으로 한다. 카탈로그나 브로슈어 정도의 역할을 갖는다. 비용이 많이 드는 대중매체에 의존해왔던 조직들에게는 경제적이고 효과성이 좋은 정보 전달의 창구가 될 수 있다. 디자인과 정보의 흥미성에 관심을 두며 자주 또는 정기적으로 업데이트되는 게 보통이다. 사이트 내에서의 이동을 도와주는 사이트 맵과 업데이트 정보창, 가상 전시장 등을 서비스 하는 예가 많다. 그러나 이용자들의 참여나 피드백을 장려하지 않는 경향이 있다. 의도적으로 피드백 장치를 설치하지 않는 경우도 있다. 관계 형성용은 상호작용성을 강조하는 PR 전략에 적합하다. 피드백에 대한 즉각적인 처리 시스템을 구축하고 이를 통해 사이트의 효과성에 대한 평가를 내리기도 한다. 맞춤형 정보제공 등 관계 형성적 커뮤니케이션은 점점 보편화되고 있는 추세다.

웹사이트의 확장　정보기술과 그에 따른 PR의 변화는 조직으로 하여금 내·외부 구성원들과의 네트워크 형성을 요구하고 있다. 온라인에서의 네트워크는 다른 채널도 있겠지만 ① 웹사이트, ② 인트라넷, ③ 엑스트라넷을 통해 주로 형성된다(필립스, 2004). 웹사이트는 누구에게나 열려 있는 조직과 공중의 1차적 접촉점이다. 명성관리, 관계관리, 위기관리에서 조직의 대변 역할을 한다. 인트라넷은 내부 구성원들을 대상으로 하는 채널이다. 종업원 관계의 개선과 밀착된 정보 제공의 창구로 사용된다. 콘텐츠는 완전하고 풍부해야 하며 조직의 모든 곳에 도달할 수 있어야 한다. 구성원들의 필요와 관심에 상응하는 반응을 보여야 인트라넷이 활성화될 수 있다. 재미도 콘텐츠 구성의 중요한 요건 가운데 하나다. 모든 조직 구성원들이 인트라넷에 개인 페이지를 구축하도록 동기가 부여돼야 한다. 인트라넷 네트워크는 정보의 민감성으로 인해 보안이 필수적이며, 외부 공중에 노출돼서는 안 된다(딕스-브라운·글루, 2005). 엑스트라넷은 외부 관계자나 제휴 관계인을 위한 것으로 제한된 분야의 정보만 제공된다. 정보 보안의 문제가 있지만 웹사이트, 인트라넷, 엑스트라넷을 유기적으로 통합해 상호적 커뮤니케이션 채널로 발전시키는 방안도 고려해봐야 한다. 정보관리를 구시대적 계급구조 차원으로 접근해서는 안 된다. 커뮤니케이션 통합 때는 내비게이션을 간단명료하게 만드는 데 신경을 써야 한다.

기업 사이트 전략　대부분의 중소기업은 자체적인 웹사이트 개발, 시장조사 도구 활용과 같은 전문적 이용에는 힘이 미치지 못한다. 포털이나 검색엔진에 사이트나 검색어를 등록하는 데도 어려움을 겪는다. 소비자 등 외부인들로부터 거의 이용되지 않으며 트래픽 규모도 아주 적다. 이렇다 보니 웹사이트를 통한 마케팅이나 PR 활동이 투자에 비해 비효율적인 경우가 많다. 그러나 잠재고객과 세분화된 시장에 도달하기 위해, 또는 광고 및 PR 차원에서 웹사이트의 가치를 경시할 수 없다. PR 실무자는 웹사이트, 개별 자료 프로모션 활동을 따로 기획해야 한다. 투자자나 고객을 끌어들이는 목적이라면 전통 매체를 이용해 인지도를 높이는 작업이 선행돼야 한다. 기업 규모에 맞지 않는 대규모 언론홍보를 하는 것은 바람직하지 않다(한미정, 2002).

2) 이메일

이메일은 인터넷에서 가장 널리 사용되는 커뮤니케이션 수단의 하나다. 지금은 모바일 메신저가 광범하게 쓰이지만 일반 문서 전달에서는 이메일의 효용가치가 여전하다. 이메일 메시지는 인터넷 텍스트 파일용 전송규약의 하나인 ASCII(American Standard Code for Information Interchange) 방식에 따라 암호화된다. ASCII는 문자, 숫자, 구두점, 특수문자에 수치를 부여해 정보를 교환하는 미국 표준 방식이다. 보낼 때는 SMPT(Simple Mail Transfer Protocol), 내려 받을 때는 POP3(Post Office Protocol 3)가 주로 사용된다.

유형과 장단점   이메일은 보도자료, 뉴스레터, 카탈로그, 매거진, 이벤트 등 다양한 형태로 사용된다. 용도별로는 정보 전달 메일과 회상 메일(입회 환영, 생일 축하 등)로 구분할 수 있으며, 전달하는 정보 개수에 따라 단수메일과 복수메일로 구분한다(정책홍보혁신포럼, 2005). 이메일의 가장 큰 장점은 시공간 제약이 없고 신속, 정확, 간편하게 동일 메시지를 수많은 사람에게 보낼 수 있다는 점이다. 멀티미디어 기능도 활용할 수 있고, 비용이 거의 들지 않으며 보관, 답장 등 관리가 용이하다. 개인적 커뮤니케이션 방식으로 즉각적인 반응을 주고받을 수 있는 이점도 있다. 회원이나 고객 DB가 구축된 경우 목표공중을 세분화해서 맞춤형 메시지를 내보낼 수 있다. 그러나 스팸메일이나 잼메일에 대한 반발이나 부정적 감정을 조심해야 한다. 스팸/잼메일은 수신자와의 관계를 무너뜨리고, 메일 관리에 시간과 노력을 허비하게 만든다(필립스, 2004). 상대방이 이메일을 통해 의사소통을 하겠다는 언급이 없으면 이메일을 보내서는 안 된다.

이메일 관리 이메일은 포털 검색과 함께 우리나라 기자들이 취재활동에서 가장 많이 사용하는 온라인 서비스다. 2013년의 이용률은 94.0%로 나타났다(한국언론진흥재단, 2013b). 기자들은 이메일을 통해 기사의 깊이와 폭을 넓히고, 외부 관계자들과 정보를 교류한다. 이메일 퍼블리시티 소재로는 조직 관련 일반정보 외에 인터뷰, 세미나, 사례 연구, 외부 콘텐츠 등이 있다. 뉴스레터형 이메일은 유형, 발송주기, 배포 대상, 쌍방향 소통, 구독방법 안내 등에 대한 고려가 있어야 한다. 특히 배포 대상 선택에 신중할 필요가 있다. 이메일 디자인은 단순하게 하고 필요한 경우 링크로 연결해준다. 사이트 주소와 메일을 링크시켜 사이트 접속이 쉽도록 해줘야 한다. 수신 거부 등 아이콘이 눈에 잘 보이게 해 스팸메일로 인식되지 않도록 하는 장치가 필요하다(조계현, 2005).

• 메시지의 작성 이메일의 형식, 내용은 조직의 이미지나 브랜드에 의미 있는 영향을 줄 수 있다. 무엇보다 수신자 입장을 고려해 메시지를 작성해야 한다. 제목의 설정은 욕구 자극, 정보 요약, 개인화시키기, 내용 암시 등의 방식이 있는데 서술적 제목이 좋다. 텍스트는 요약과 본문 두 부문으로 나눠 작성하는 것이 권장된다. 첫 화면에서 요약본이 보이도록 하고 본문은 스크롤해서 읽도록 해준다. 메시지 분량은 최소화해야 한다. 적합성 있는 내용으로 짧고 주제를 분명하게 하는 것이 작성요령이다. 약자의 사

용은 피하고 메시지에 성명, 조직, 이메일 주소, 기타 연락처를 명기해야
한다. 의견 보내기 등 피드백 창구를 마련하는 것도 잊어서는 안 된다.

• 이메일 보안   이메일이 목적지까지 가는 경로에는 많은 라우터(router,
한 네트워크에서 다른 네트워크로 데이터를 전환시켜주는 기기)들이 있다. 이 라
우터에 접근할 수 있는 사람은 누구라도 이메일을 읽을 수 있다. 암호화하
지 않은 이메일은 안전하지 않으며 암호화에는 여러 가지 제약이 따른다.
많은 나라에서 이메일은 정부, 첩보기관, 경찰의 감시에 노출되어 있다. 웹
사이트와 인트라넷 등 서로 다른 활동에는 다른 이메일을 사용하는 것이
바람직하다. 패스워드는 숫자와 대소문자를 결합해서 사용하는 것이 안전
하다(필립스, 2004).

3) 뉴스 그룹

온라인 PR은 조직의 웹사이트를 통한 퍼블리시티뿐 아니라 뉴스 그룹
이나 메일링 리스트 활용, 소셜미디어 및 모바일 미디어 활용 등 다차원의
활동을 포함한다. 뉴스 그룹은 많은 사람들이 분야별, 주제별로 다양한 글
을 올리고 이와 관련한 정보와 의견을 교환하며 토론하는 전 세계적 공동
체이자 공간이다. 이름과 달리 뉴스 그룹에 뉴스는 거의 없다. 게시판 시스
템(Bulletin Board System: BBS)과 유사하다. 전형적인 형태는 유즈넷(Usenet)에
서 발견된다.

뉴스 그룹 유즈넷   유즈넷은 편집자가 없는 사이버 공간의 독자투고란
과 같은 것으로 전 세계에 걸쳐 있는 온라인 토론 그룹 네트워크다. 공공적
성격을 띤 포럼 역할을 한다. 인터넷과 흡사해 하나의 기관이 관장하지 않
는다. 뉴스 그룹에 올린 인터넷 자산들은 유즈넷 뉴스 전송 프로토콜인
NNTP(Network News Transfer Protocol)를 사용하는 컴퓨터 네트워크를 통해

전 세계에 배포된다. 이용자들은 뉴스 그룹에 글을 올리거나 올린 글에 답변을 하는 방식으로 공통의 관심을 가진 세계인들과 소통한다(필립스, 2004). 유즈넷에는 일반인의 지식을 뛰어넘는 수많은 의견과 설명들이 있어서 의견 형성의 강력한 도구가 된다. 조직을 둘러싼 이슈나 소문들을 모니터링할 수 있고, 경쟁사에 대한 정보도 수집할 수 있다.

뉴스 그룹 운영과 활용　뉴스 그룹들은 다루는 범위가 아주 광범하며 주제와 운영 스타일도 제각각이다. 뉴스 그룹에 따라 광고를 허용하거나 엄격히 규제한다. 드물게 어떤 뉴스 그룹에서는 그룹을 조절하는 조절인이 있다. 뉴스 그룹 이름은 점(dot)으로 분리된 몇 개의 부문으로 구성된다. 각 부문들은 그 뉴스 그룹이 다루는 주제를 나타내며, 대주제에서 소주제로의 트리 구조로 되어 있다. 최상위의 주요 주제 범주로는 news(뉴스), rec(레크리에이션), soc(사회), sci(과학), comp(컴퓨터) 등이 있다. 얼터너티브 그룹의 이름은 'alt'로 시작한다. 예를 들어 comp.sys.samsung는 컴퓨터(대주제), 시스템스(하위 주제), samsung(특정 시스템 소주제)을 주제로 토론하는 뉴스 그룹이다. 개인이 뉴스 그룹을 만들기 위해서는 관련 사이트(faqs.org)를 활용하면 된다. 어떤 이들은 수십 개의 뉴스 그룹에 1000건이 넘는 게시물을 남기기도 하지만 보통은 보기만 하는 사람들이 많다. 요청에 응답하는 것은 괜찮지만 강요된 정보를 보내서는 안 된다. PR 실무자가 조직 메시지를 배포하기 위한 수단으로 뉴스 그룹을 사용하기는 쉽지 않다. 뉴스 그룹은 본질적으로 광고나 PR을 위한 장소가 아니기 때문이다. PR로 인해 대화나 교류를 방해하면 분노만 사게 될 뿐이다. 토론에 참여하기 위해서는 전문가를 동원하는 것이 최선의 방법이다(필립스, 2004). 뉴스 그룹의 인기는 지금도 여전하지만 블로그와 게시판이 많은 뉴스 그룹을 대체했다. 약 10%의 기자들이 기사 아이디어의 중요 정보원으로 유즈넷 뉴스 그룹을 상용한다.

메일링 리스트　메일링 리스트는 온라인 토론 그룹의 하나로 특정 주제에 대한 정보를 얻기 위해 정기 메일링 서비스를 받고 있는 사람들의 명단이자 공간이다. 수신자 목록을 가진 고정 사이트에 보내져서 자동적으로 수신자에게 배포되는 서비스다. 메일링 리스트 가입 후 가입자가 이메일을 보내면 모든 가입자에게 발송되고 답장 역시 모두에게 배포된다. 수많은 전문가와 경험자 집단에 연결될 수 있다. 유즈넷과 달리 하루 수백 통의 편지가 오는 경우도 있어 관심 분야 이외에는 가입을 않는 것이 좋다. 전 세계적으로 메일링 리스트 숫자는 10만 종 이상으로 추정된다(박진용, 2012 재인용). 인기 있는 PR 메일링 리스트는 아주 활발하게 이용되고 있다. 선택 리스트 (opt-in lists)를 이용해 퍼블리시티, DM용 이메일 메시지를 보낼 수도 있다.

4) 기타 채널

이제 PR 실무자만이 통제 가능한 커뮤니케이션의 독점적 영역은 거의 없어졌다. 기자들의 입장에서 봤을 때 조직의 PR 창구는 정보를 얻을 수 있는 하나의 선택에 불과하다. 브로슈어와 브리핑도 더 이상 배타적인 것이 아니다. 조직 정보는 다른 웹사이트를 통해서도 다양하게 확보할 수 있기 때문이다. 여기서 분명해지는 것은 PR의 기술이 조직 이해관계자 전체를 대상으로 구사될 필요가 있다는 것이다. 이 과정에서 자동화된 인터넷 시스템 구축은 필수적 요구사항이다. 현재 자동화된 시스템, 즉 알고리즘은 인터넷 작업의 90%를 처리하고 있으며 판단, 이해, 정보 포장 같은 10%만을 인간의 수행 영역으로 남겨두고 있다(닥터, 2010).

자체 포털/모바일　조직이 운영하는 포털은 검색의 범위를 확장할 수 있고 이용자 중심의 정보 제공이 가능하다. 독자적으로 또는 상업 포털과의 연계를 통해 이벤트를 기획할 수도 있다. 온라인 이벤트는 기획, 이벤트 페이지 제작, 프로모션, 실행, 평가, 이벤트 자료의 DB화 등의 단계를 거친다.

포털의 콘텐츠를 모바일용으로 개발하면 휴대폰을 통한 PR 활동도 가능해진다. 모바일 서비스를 통해 현안 문제에 대한 여론조사, 실시간 뉴스 제공 등 다양한 PR 기획을 할 수 있다. 휴대폰 전용의 모바일 홈페이지 PR은 휴대폰 단말기 크기에 최적화시켜야 한다. 짧은 몇 줄의 문장으로 모든 메시지를 전달하고 동영상의 용량도 최소화하는 것이 좋다. 모바일 홈페이지 접속률을 높이기 위한 무료접속 서비스, 벨소리 다운로드, 이벤트, SMS 활용 등의 프로모션이 필요하다. 모바일 홈페이지 제공 메시지와 동영상을 미니홈피나 블로그로 전송하는 시스템도 도움이 된다. SMS는 단문 형태의 텍스트 지원에서 동영상으로까지 확대되면서 메시지의 양적·질적 발전을 이루고 있다. SMS의 기계적 특징, 관련 법규 등을 숙지한 후 PR을 실행해야 한다. SMS DB를 세분화해 목표공중의 특성을 반영하는 차별화된 메시지를 보낼 수 있다. 메시지 작성의 3가지 지침은 재미, 단순 구성, 쉬운 단어 사용이다. SMS 메시지에는 조직명, 연락처, 수신 거부 기능이 포함돼야 한다(정책홍보혁신포럼, 2005).

웹캐스팅/웹진 기업의 IR에 많이 사용되는 웹캐스팅은 동영상 보도자료와 텍스트 보도자료의 장점을 살린 커뮤니케이션 방식이다. 웹캐스팅을 적용할 수 있는 분야는 온라인 언론 간담회, 제품 설명회, 강연회, 연간보고, 제품 런칭, 쟁점관리 등이다. 웹사이트에 로그인하면 웹캐스팅 측과 상호작용을 할 수 있다. 가급적 TV 방송의 설비와 상호 호환적인 설비를 갖추는 것이 좋다. 수신방법은 2가지 이상이 되도록 해야 한다. 시청 환경에 소음이 심할 것으로 예상되면 비디오 위주로 편집하는 것이 바람직하다. 웹사이트에서 웹캐스팅 파일을 제공할 경우 파일을 읽을 수 있는 전용 프로그램도 함께 제공해야 한다. 웹캐스팅의 단점은 무미건조하고 지루해지기 쉽다는 점이다. 소리와 영상이 조화를 이루지 않거나 송출지연이 생길 수도 있다. 수신자 단말기에 어떻게 나타나는지를 꼭 확인해야 한다. 웹진은 종이잡지에서 제공하지 못하는 동영상, 오디오 등의 정보를 다각적으로 전달할 수 있다. 정보 전달이나 설득보다 감성적인 내용을 공유한다는 접근이 바람직하다. 심층적인 내용을 다뤄 뉴스매체와 차별화해야 한다. 독자 참여 코너를 확대하는 것도 웹진의 성격에 부합한다(정책홍보혁신포럼, 2005).

상업 포털 온라인 PR에서는 내부 채널과 외부 채널이나 서비스를 병용하는 것이 상식이다. 목표공중이 젊은 층인 경우 포털, 블로그, 미니홈피, 댓글 등을 통한 다양한 홍보 활동이 가능하다(김태욱, 2007). 상업 포털의 키워드 검색은 빠트릴 수 없는 PR 수단이다. 키워드 광고(스폰서 링크)와 콘텐츠 검색 2가지를 생각해볼 수 있다. 콘텐츠 검색에는 관련 이미지, 동영상, 관련 콘텐츠 링크가 순조롭게 연결되도록 해야 한다. 키워드는 일반인들의 생활용어를 사용해 대주제와 세부주제 키워드를 모두 설정하는 것이 노출에 유리하다. 상업 포털의 지식검색도 PR의 훌륭한 도구가 된다. 오픈사전, FAQ 코너의 질문에 대해 조속히 답변해주는 관리방안이 필요하다. 답변의 수정, 첨가 등도 소홀히 해서는 안 된다. 지식검색을 보도자료 전달의 통로로 사용하는 것은 금물이다. 비우호적 질문이나 답변에 대해서는 정보와 논리를 바탕으로 대응하는 것이 바람직하다(정책홍보혁신포럼, 2005).

게시판/메신저/채팅 게시판, 메신저, 채팅은 사용빈도가 높은 PR 커뮤니케이션 채널이다. 기자나 전문가 등 PR 관련자들과 소통하는 창구로 사용할 수 있다. 게시판은 네트워크로 연결된 컴퓨터를 통해 정보를 게시하거나 정보에 접근할 수 있도록 하는 공간이다. 게시판을 통해 주제별 토론과 대화를 나누게 된다. 비공개 게시판, 무료 게시판, 유료 게시판이 있다. 인터넷과 별개로 만들어진 경우가 많지만 웹을 통해 접속 가능한 게시판도 있다. 메신저는 인터넷에 접속한 사람들과 실시간으로 대화할 수 있게 해주는 소프트웨어다. 이메일과 달리 메시지를 서버로부터 다운로드 받을 필요가 없다. 채팅과 비슷하지만 채팅은 웹 브라우저 플러그 인 내에서 운영되는 데 비해 메신저는 다운로드 받은 독립형 프로그램을 통해 대화를 주고받는다. 2014년 현재 모바일 메신저 이용자는 전 세계 10억 명에 이른다고 한다. PR 실무에서는 기자들의 문의 처리나 대화 창구로 활용할 수 있다. 채팅은 동시에 인터넷을 이용하고 있는 사람들과 대화를 나누는 실시간 커뮤니케이션 방식이다. 채팅사이트와 채팅에 참여하는 사용자 그룹을 필요로 한다. 텍스트나 화상 방식의 채팅이 가능하다. 채팅은 특정 관심사에 초점이 맞춰지며 익명인 경우가 많고 전문가, 유명인을 포함할 때도 있다. PR 실무에서는 채팅을 통해 사람들의 반응, 결과, 태도 변화를 파악할 수 있다(필립스, 2004).

4. 웹사이트 개발

웹사이트는 조직 PR 커뮤니케이션의 중추 기능을 한다. 성공적 PR 활동과 조직의 경쟁력 차원에서 반드시 유지돼야 할 커뮤니케이션 채널이다. 웹사이트를 통해 재무, 제품 및 서비스, 프로모션, 교육, 이벤트 등 다양한 정보를 한곳에서 공중들에게 전달해줄 수 있다. 리서치나 쟁점관리의 도구로도 사용된다. 그러나 지나치게 많은 정보로 공중을 질리게 만들기도 해 전문적인 개발 과정을 거쳐야 한다(딕스-브라운·글루, 2005).

1) 웹사이트 기획

웹사이트 기획은 새로운 홍보전략을 수립한다는 개념으로 접근할 필요가 있다. 웹사이트 구축의 목적과 장단기 PR 목표를 분명히 한 뒤 환경 분석과 이용자 분석을 토대로 구성전략을 정리해나가는 방식이 바람직하다. 웹사이트 구축의 목적은 어떤 현상이 일어나기를 바라는지에 대한 기술을 통해 구체화할 수 있다. 조직의 이미지와 브랜드 정체성 제고, 이해관계자 및 공중들과의 커뮤니케이션, 제품이나 서비스에 대한 마케팅 비용 경감 등의 목적 수립이 가능하다(한미정, 2002). 모든 목적을 두루 만족시키려 하기보다 몇 가지의 중심 주제를 선정하는 것이 좋다. 선택과 집중을 통해 정보에 대한 이용자들의 신뢰를 높이는 것이 중요하다. 여러 브랜드를 제조하는 회사라면 브랜드나 제품 종류별로 웹사이트를 만들 수 있다. 제품, 이벤트, 활동만을 위해 각기 다른 사이트를 운영하기도 한다. 분리 운영 때는 사이트들 간의 연계성을 확인시켜줘야 신뢰성에 대한 의구심을 해소할 수 있다. 조직 웹사이트와 별도로 PR 웹페이지를 개발하는 것도 고려해볼 만하다(필립스, 2004).

환경 분석   웹사이트 구축을 위한 환경 분석에서는 ① 조직의 문화, ② 웹사이트 개발 역량, ③ 동종 웹사이트를 주요 분석 대상으로 한다. 조직의 문화와 관련해서는 온라인 활동에 대한 조직의 기본 개념과 기대, 활동의 범위, 사이트 운영 의지의 강도 등이 고려돼야 한다. 자체적인 웹사이트 개발 역량이 부족하다면 PR 대행사나 전문업체에 아웃소싱을 주는 방법도 있다. 동종 웹사이트 분석은 경쟁사나 비슷한 업종의 조직 웹사이트에 대한 장단점을 비교 검토해보는 과정이다. 차별적이고 특화된 이미지를 가질 수 있도록 사이트를 기획해야 한다. 여건이 좋지 않을 경우 동종 기업이나 유사기관 등의 웹사이트를 벤치마킹하는 것이 좋은 전략이 될 때도 있다. 벤치마킹 대상 사이트들은 웹사이트를 재구축할 때도 참고가 된다. 웹사이트 기획에서는 사이트 관리비용과 교육예산 책정을 빠트려서는 안 된다(한미정, 2002).

이용자 분석   조직 웹사이트의 이용자는 목표공중 또는 잠재적 목표공중과 동일하다. 목표공중은 종업원, 회원, 고객, 소비자, 이해관계자, 주주, 지역사회, 언론, 정부기관 등이 된다. 사이트는 방문자들의 욕구를 충족시키거나 흥미를 일으켜 이용을 독려하는 데 주된 목적이 있다(딕스-브라운·글루, 2005). 이용자 분석에서는 추구 욕구나 효용을 알아보고 적절한 대응책을 찾아내야 한다. 이용과 충족 이론(uses and gratification theory) 연구에 따르면 전형적인 이용자 욕구는 정보, 오락, 교제, 기분전환, 현실도피의 5가지로 집약된다(맥퀘일, 2008). 정보 욕구는 현실에서 일어나고 있는 사건과 이슈에 대한 모니터링, 의사 결정 및 과업 달성을 위한 정보 탐색 등의 형태로 나타난다. 이용자 욕구와 함께 이용자 특성을 감안해야 정보 이용이나 커뮤니케이션 참여를 늘릴 수 있다. 이용자들의 인터넷 사용능력도 고려해야 한다. 이용자 분석은 실무 차원에서 커뮤니케이션 목표, 배너 노출 목표, 마케팅 목표 등으로 구분하기도 한다. 목표 설정은 언론홍보, 고객 쉼터, 게시판, 팝업창 등을 만드는 데 참고할 수 있다.

구성전략 구성전략은 목표공중들과의 관계 형성전략이기도 하다. 여기에는 ① 소통성, ② 유용성, ③ 편의성, ④ 유도성, ⑤ 사이트 운용규칙 등의 전략적 고려가 필요하다. 구성전략에서는 조직과 공중 간 대화의 장을 마련하는 것이 1차적 관심사가 돼야 한다. 소통장치는 조직으로 하여금 문의, 우려, 문제 제기, 비판 등에 대응할 수 있는 기회를 제공해준다. 공중들의 조직에 대한 태도, 감정, 반응 등 정보들을 확보할 수도 있다. 정보의 유용성은 사이트의 위계적 구성과 구조에 의해 좌우된다. 좋은 웹사이트들은 정보를 검색할 수 있는 인덱스의 구조가 일목요연하다. 자체적인 검색엔진은 정보의 유용성을 높여준다. 이용의 편의성은 목차나 전체 메뉴를 두어 한눈에 알아보게 해야 한다는 의미다. 내용 구성과 웹사이트 내에서의 이동 및 연결이 논리적으로 자연스러워야 한다. 텍스트를 기본으로 하고 그래픽은 절제하는 것이 바람직하다. 과도한 비주얼 도구는 방문자들의 주의를 산만하게 만든다. 최적의 서비스를 위한 버전을 다운로드 받을 수 있도록 장치를 제공하거나 링크해줘야 한다. 재방문 유도성을 갖기 위해서는 매력적인 도구가 필요하다. 최신 정보 업데이트, 관심사의 변화를 반영하는 주제, 특별 포럼, 온라인 토론, 전문가 초빙 등을 예로 들 수 있다. 신규 캠페인, 특별 제안, 온라인 세일 등 한시성을 가지는 부속 사이트를 활용하거나 부속 사이트를 독립시켜 역으로 홈페이지에 링크시키는 방법도 있다. 사이트 운용규칙에서 관심을 가져야 할 부분은 링크다. 웹사이트 기획이나 디자인에서 세심하고도 확실한 방침을 가져야 한다. 링크 사이트가 더 우월한 서비스를 할 경우 재방문 유도가 어려워진다. 배너광고 등은 조직의 공익적 서비스를 저해할 수 있다(뉴섬 외, 2007; 아르젠티·포먼, 2006; 한미정, 2002).

2) 웹사이트 개발

웹사이트 개발의 고려 사항은 개발 인력의 조직, 예산 규모 결정, 웹서버 사용, 보안 및 신용카드 처리, 트래픽 처리, 미러 사이트 유지 등이 있다. 콘텐츠의 기간별 업데이트 비용과 혜택, 수동과 자동 업데이트의 결정 등 검토해야 할 요소들이 의외로 많다. 온라인 정보를 검색할 수 있는 DB 구축은 필수적이다(필립스, 2004).

콘텐츠 조직 유형이나 성격에 따라 콘텐츠 설정을 달리해야 한다. 기업이라면 연혁과 이념, 기업문화, 이사회, 재정적 안정성, 소유권, 조직의 구성원, 인력자산, 제품, 서비스와 마케팅 등의 항목 설정이 필요하다. 공중과의 직접 접촉을 가능하게 해주는 연락 정보를 빠트려서는 안 된다. 주소, 이메일 주소, 전화번호는 필수다. 서브페이지의 메뉴들은 조직의 목표에 적합하게 맞춤 형식으로 구성돼야 한다. 대표적인 메뉴로는 조직 뉴스, 행

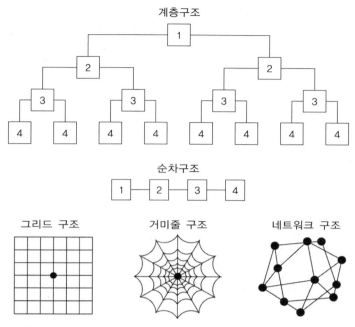

〈그림 10-2〉 구조설계 방식

계층구조

순차구조

그리드 구조   거미줄 구조   네트워크 구조

자료: 이종혁(2012) 재정리.

사 일정, 홍보실, 공지사항, 자료실 등이 있다(딕스-브라운·글루, 2005). 조직 뉴스는 이용자들의 방문을 늘리는 핵심 콘텐츠 가운데 하나다. 보고서나 설문조사, 홍보자료를 정리해 이용자들이 참고하도록 하는 것도 괜찮은 전략이다. 콘텐츠의 질은 사이트 평판 또는 재방문과 밀접하게 연결된다. 방문자들은 15초 이내에 확신이 들지 않으면 다른 사이트로 이동해버린다고 한다.

구조설계   구조설계는 콘텐츠를 조직하는 방법으로 건물의 설계도와 같은 것이다. 목표 수용자의 특성과 성향을 반영해야 한다. 설계에서는 텍스트, 이미지, 사운드, 비디오 등 사이트에 포함될 가능성이 있는 모든 콘텐츠의 목록을 작성하고 각 섹션별로 분류해서 체계화하는 작업이 이뤄져야 한다. 특정 페이지에 들어갈 것과 모든 페이지에 들어갈 것을 나눠주는 작업도 필요하다. 사이트 구조는 콘텐츠 체계화 뒤에 알맞은 것을 선택하거나, 미리 정해놓은 구조에 체계화 작업을 맞출 수 있다. 가계도와 같은 계층구조가 일반적이지만 순차적 구조, 격자 형태의 그리드(grid) 구조, 거미줄 구조, 네트워크 구조 등이 사용된다. 한 사이트 내에 2개의 서로 다른 구조를 병용하는 것도 가능하다. 사용자 인터페이스 차원에서 기능성과 유용성을 점검해봐야 한다(김병철, 2005).

네트워크 구축　온라인 자원 구축의 요령은 쌍방적 연결성을 통해 제3자의 공신력과 명성, 추천 등을 이용(링크)하는 것이다. 내·외부적 링크는 조직의 정보역량을 배가시킬 뿐 아니라 포털로서의 위상을 갖게 해 준다. 외부적으로는 정부, 학계, 산업계, 언론계 등을, 내부적으로는 조직 제휴선, 홍보대사, 팬 카페, 후견 사이트 등을 링크할 수 있다. 링크 사이트에 대한 정보의 최소량 규정이나 정확도 확인 규정이 있어야 한다. 사이트의 소유주, 지속기간, ISP나 호스트, 콘텐츠 분량(페이지)과 미러 사이트 보유 여부, 웹마스터의 유능도, 사이트 기여자, 사이트 구성의 질(내비게이션, 디자인 등), 검색엔진과의 친밀성, 링크 관리 등의 평가항목이 있다. 잘 구축된 온라인 자원은 리서치 및 쟁점관리 네트워크로도 활용할 수 있다. 비용이 들더라도 온라인 자원을 찾기 위한 리서치를 해보는 게 좋다.

• 홍보대사 및 팬 카페　많은 조직들은 아마추어 홍보대사들과 팬 집단(자동차 마니아와 같은)을 가지고 있다. 이들이 운영하는 사이트나 카페는 조직의 웹사이트를 흥미롭게 해주고 뉴스를 만들어낸다. 조직에 대한 관심과 이해를 넓히고, 조직 사이트로의 방문을 유도해주는 효과도 기대할 수 있다. 네트워크를 잘 활용하면 조직의 인터넷 구성원 도달 능력이 크게 신장된다. 그러나 이런 사이트들은 조직의 정보를 잘못 전하거나 다루기 어

려운 쟁점들을 만들어내기도 한다. 세밀한 관계 전략이 요구된다(필립스, 2004).

내비게이션　내비게이션 장치는 웹사이트의 효율성과 밀접한 연관이 있다. 이용자가 각 섹션을 쉽게 찾아갈 수 있도록 매 페이지마다 내비 요소들을 일관성 있게 배치해야 한다. 내비 체계는 메뉴 방식, 검색 방식, 링크 방식의 3가지가 있다. 페이지 내, 섹션 내, 사이트 내에서의 연결, 다른 사이트와의 연결에 대한 고려가 필요하다. 내비 디자인에서는 위치정보 피드백 장치, 사이트 맵, 검색창, 메뉴명, 아이콘 등이 두루 검토돼야 한다. 위치정보 피드백은 지나간 자리에 밑줄 또는 변색 반응토록 하는 것이 일반적이다. 검색창 제공은 사이트 접근성을 높이기 위한 것이다. 메뉴명이나 아이콘은 명확하고 이해하기 쉬운 것이어야 한다(김병철, 2005). 외부 링크는 해당 링크의 운영자로부터 승인을 얻어야 하며 외부 링크가 계속 유지되는지에 대한 모니터링 활동을 빠트려서는 안 된다.

웹사이트 디자인　웹사이트 디자인은 첫인상을 좌우하는 만큼 전문적이고 일관성 있는 외양과 느낌을 줘야 한다. 정보를 포괄적으로 제시하면서도 편안한 레이아웃으로 만드는 것이 핵심 목표다. 특히 초기화면은 세심한 주의를 기울여야 한다. 사이트의 충실성, 사용자 편의성을 알려주는 공중과의 접촉점 기능을 하기 때문이다(딕스-브라운·글루, 2005). 디자인의 필수요소는 웹 주소, 사이트 머리(header), 타이틀과 로고, 메뉴, 게시판, 접촉 정보, 저작권, 업데이트 날짜, 토론장 등이다. 사이트의 목적과 취지를 설명해주는 간략 정보, 사이트가 어떤 관심사를 다루며 어떤 정보로 특화되어 있는지에 대한 고지를 포함해야 한다. 웹페이지 디자인에서는 대칭, 비대칭, 방사 모양의 시각적 균형과 일관성을 확보하는 것이 중요하다. 온라인 미디어는 정보밀도가 높을 뿐 아니라 눈의 피로감이 커서 가급적 시원한 편집이 좋다(박금자, 2001). 디자인 형태는 콘텐츠와 내비게이션의 특성을 감안해 결정한다. L자형, 뒤집힌 L자형, I자형, T자형, ㄷ자형, ㄹ자형, 2단형, 3단형, 부정형 등의 다양한 방식이 사용된다. 가장 중요한 정보, 그래픽, 링크는 웹 페이지 화면 상단에 집중적으로 배치해야 한다. 잘 정리된 여백은 이용자들에게 여유를 주고 편집요소들의 균형, 비율, 조화와 대조를 만족시켜줄 수 있다. 컴퓨터 화면은 크기가 작아 편집요소들을 단순화시켜야 한다. 한 페이지에 너무 많은 것을 담으려 해서는 안 된다. 사진이나 동영상은 배경이 복잡하지 않은 것이 좋다. 색상의 사용은 콘텐츠 전달을 방해하지 않는 것이어야 한다. 화려한 색상, 강한 색상의 사용은 명료해 보이지만 눈이 쉽게 피로해져 그만큼 가독성이 떨어진다.

타이포그래피   타이포그래피(typography), 즉 활자의 서체나 글자 배치는 웹페이지의 안정감과 편안함을 좌우하는 요소다. 머리가 의식하지 못하는 요소들을 눈은 알아차린다. 전체 패키지를 효율적으로 제시하는 데 신경을 써야 한다. 먼저, 콘텐츠 성격 및 화면에 적합한 서체와 글자 크기(font)를 찾아내는 작업이 필요하다. 컴퓨터 화면은 해상도가 떨어져 돋움체, 굴림체 등 고딕 계열이 유리하다. 배경화면이 글을 읽는 데 방해가 되는지도 점검해야 한다. 행 길이는 눈의 가시초점 영역 폭(8cm) 이내로 해주는 것이 좋다. 행 간격은 160% 이상이 권장된다(김병철, 2005).

• 표제 달기   시작 페이지의 경우 표제 또는 표제와 리드만으로 이용자를 안내한다. 잘 정리된 표제는 정보 과잉에서 비롯되는 선택의 어려움과 불확실성을 줄여준다(김경희, 2009). 온라인에서는 책이나 신문과 같은 사

평가 구분	세부 평가 요소
구성원 평가	사이트 연관자, 접속자 활동성, 잠재적 구성원 크기, 유입 구성원 등
내용 평가	개발 목적, 정보의 성격(흥미성, 사실성), 완성도, 정확성, 업데이트 정도, 조직 소개, 하이퍼링크 충실성 등
네트워크 평가	검색엔진 순위, 온라인 매체의 사이트 인식 여부, 연결 링크와 유입 링크, 온라인 커뮤니티의 반응 등
관계 형성 평가	상호작용 용이성, 정보 획득성, 조직 명성 기여 등

자료: 필립스(2004) 재정리.

고 과정의 개입이 제한되기 때문에 직설적인 표제를 사용하는 것이 유리하다. 읽으면 금방 이해되도록 해야 한다. 글자 수는 큰 제목, 중간 제목, 작은 제목으로 나눌 때 각각 12자, 15자, 20자를 상한선으로 본다. 모호한 암시적 제목이나 호기심과 흥미를 자극하는 낚시용 제목, 선정적 제목은 바람직하지 않다.

3) 평가 및 프로모션

웹사이트 시제품이 만들어지면 내·외부 구성원들의 의견을 수렴해 작업을 마무리 짓는다. 웹사이트 간이 평가는 설문조사, 사용자 의견 접수, 방문자 수, 실적 변화, 추가 정보 요청 등을 기준으로 간이 평가하면 된다. 체계적인 평가에는 풍부한 상식과 편집 경험, 기술지식이 필요하다. 그렇지 않다면 이 분야 전문가에게 맡기는 것이 낫다. 평가에서는 정보의 기능성 또는 지적인 측면에 대한 개인차가 있다는 점을 감안해야 한다. 기술적 측면에서는 인터넷 이용 능력에 따라 평가가 달라질 수 있다.

웹사이트 평가 체계적 평가요소는 여러 가지 기준으로 접근할 수 있다. 조직 형편에 맞게 평가요소를 선택하면 된다. 하나의 대안으로 ① 정보성,

② 조직성, ③ 흥미성을 들 수 있다. 정보성은 정보의 가치와 기능성을, 조직성은 이용의 편의성을, 흥미성은 콘텐츠 관심도를 의미한다. ① 구성원 평가, ② 내용 평가, ③ 네트워크 평가, ④ 관계 형성 평가의 접근법도 있다. 내용 평가는 다른 사이트와 비교해 지식 자원이 경쟁력을 가지는가에 초점을 맞춘다. 관계 형성 평가는 사이트가 다양한 공중들에게 어떤 변화를 주고 있느냐를 주안점으로 한다(필립스, 2004). 이 외에 서비스 만족도, 이용의 편의성, 유용성(지식, 오락 등), 다른 사이트와의 비교 등을 평가항목으로 할 수 있다.

프로모션 웹사이트 프로모션에는 다양한 방법이 동원된다. 내부적으로는 문서 서식, 문구류, 브로슈어, 명함, 광고 등 CI를 적용하는 모든 자료에 웹사이트 주소를 포함시켜야 한다. 포털 검색 서비스나 검색엔진 등재는 필수적이다. 포털에 조직의 웹사이트를 대표할 수 있는 검색어를 등록하면 비용을 줄일 수 있다. 사이트 구축 단계부터 검색엔진 전문가들을 활용하는 것이 사이트 재구성, 정보 재입력 등의 비용과 시간을 줄여준다. 블로그, 페이스북, 트위터 등 소셜미디어를 통한 프로모션도 효과적인 방법의 하나다. 온라인 기자실은 잘만 운영되면 프로모션의 유력한 수단이 될 수 있다. 지속적으로 기삿거리를 제공하고 언론에 보도되면 해당 기사에 링크를 달아주는 방법으로 사이트의 인지도를 높여야 한다. 이용자나 목표공중의 이메일 리스트를 확보해 소개 및 방문을 촉진하는 활동도 필요하다. 일정 기간 제품 무료 체험, 할인 쿠폰 발행, 경품 퀴즈, 아이디어 공모, UCC 공모 등 홍보 이벤트를 곁들일 수 있다. 조직 간 링크 교환을 통해 같은 성격의 사이트들에 연결시키는 것도 의미 있는 전략이다. 경쟁사는 유불리를 따져 링크 여부를 결정해야 한다. 흥미유발(hook) 페이지를 제작하는 전략도 사용된다. 정보적인 페이지를 고리로 상업적 웹사이트로 유도하는 경우가 많다. 이용자들이 친구나 동료들에게 사이트를 추천할 수 있는 도구를 만들면 프로모션에 도움이 된다. 팝업 기술을 잘 활용하면 매체 도달 능력을 배가시킬 수 있다.

후속 관리 후속 관리에서는 ① 모니터링, ② 게시판 관리, ③ 콘텐츠 업데이트, ④ 해킹, ⑤ 개인정보 유출, ⑥ 아이디 도용 등 신경 써야 할 일들이 의외로 많다. 모니터링은 모든 관리의 기본이다. 사이트를 수시로 열어보고 에러 페이지, 깨진 링크, 첨부파일 작동, 로딩 속도 등을 점검해봐야 한다. 조직 관련 쟁점이나 불만고객 등을 모니터링하는 것도 빠트려서는 안 된다. 게시판에는 광고성 글이나 욕설 등이 게재되지 않도록 해야 한다. 게시판 관리지침을 만들어 미리 이용자들의 양해를 구하는 것이 좋다. 게시판 방문자에 대한 감정적인 대응은 사이트의 이미지를 크게 훼손할 수 있다. 게시물 삭제도 신중을 기해야 한다. 게시판 문의에 대한 내부 관리 방안을 마련해두면 사고 예방에 도움이 된다. 콘텐츠 업데이트가 늦어지면 사이트에 대한 이미지가 나빠지므로 내부의 관심을 촉구하고 자료 순환이 원활해지도록 통제시스템을 작동시켜야 한다(스튜어트, 2008). 해킹, 개인정보 유출, 아이디 도용 등 내·외부의 웹사이트 공격에 대한 보안과 방어책도 빠트려서는 안 된다. 조직 이름에 부정적 영향을 미칠 수 있는 도메인(ihate-, -sucks, -stinks 등)을 미리 등록해두는 것이 안전하다(아르젠티·포먼, 2006).

5. 소셜미디어 PR

모바일에 의해 촉발된 소셜미디어의 성장은 개인의 일상과 인터넷을 더욱 밀착시켰다. 소셜미디어는 이제 소통과 관계의 새로운 허브로 등장했다. 인터넷 사용자 개인의 정보 허브일 뿐 아니라 인터넷 전체의 허브가 되면서 사람들과 더욱 가까워지고 있다. 소셜미디어에서의 소셜은 개별 사용자가 다른 사용자들과 맺는 관계의 결과가 사용자 영역을 초월해 사회적 관계를 형성함을 가리킨다(소셜미디어 연구포럼, 2012).

1) 소셜미디어

소셜미디어란 용어가 처음 등장한 것은 2004년 6월의 더 블로그온 콘퍼런스(The BlogOn Conference)에서였으며 IT기업을 중심으로 그 개념이 등장하고 성장했다. 2000년대 중후반 인맥관리 사이트인 페이스북과 트위터의 성공이 이 용어를 보편화시키는 계기가 됐다(박진용, 2012 재인용). 네티즌이 생산하는 콘텐츠에 기반을 두고 인터넷상의 네트워크를 형성하는 서비스(Social Network Service: SNS) 또는 사이트(Social Network Sites: SNS)가 미디어 기능을 하게 되면서 소셜미디어로 의미가 격상됐다. 굳이 구분한다면 트위터는 소셜미디어에 가깝고, 페이스북, 미투데이는 소셜 네트워크 서비스에 가깝다(최민재·양승찬, 2009).

개념 소셜미디어의 범주나 의미는 보편적으로 규정되어 있지 않다. 일반적으로 웹2.0 개념[3]을 바탕으로 사회 구성원들이 자유로이 참여해 정보를 제공 또는 교환하면서 인적 교류를 형성하는 등의 사회적 상호작용을 하도록 만들어진 미디어로 정의된다. 문서나 그림, 동영상, 음원 등을 전송하거나 제작할 수 있게 해주는 대화형 미디어를 통해 정보와 지식, 의견을 공유하게 해주는 미디어로도 정의된다. 소셜미디어는 참여, 공개, 대화를 지향하며 커뮤니티와 연결을 강조한다. 미디어 구성원 모두가 서로 복잡

---

3) 웹1.0이 단순한 웹사이트의 집합체로서 정보 전달에 중점을 두었다면 웹2.0은 하나의 플랫폼으로서 이용자들의 참여와 상호 교류, 정보 교환에 중점을 둔다(소셜미디어 연구포럼, 2012). 한 차원 더 발전된 웹3.0은 상호 연결에 더해 구글플러스처럼 소집단 또는 긴밀한 연대를 중심으로 선별된 정보를 유통되도록 한다.

한 네트워크의 영향을 주고받으며 정보의 맥락을 형성하고 의제를 설정한다. 굳이 누군가 주체가 되어 운영하지 않더라도 스스로 네트워크를 확장하고 정보를 축적하는 자체 생명력을 가진다. 인터넷이 기관 또는 조직 중심으로 관료제적 구조로 정보를 유통시킨다면, 소셜미디어는 개별 사용자(정확히는 개별 계정)들이 맺는 관계가 네트워크로 작동하면서 정보를 유통시킨다. 인터넷을 통한 소통 채널은 포털, 카페, 웹사이트 등으로 흩어져 있었으나 소셜미디어에서는 소통의 창구가 일원화된다(소셜미디어 연구포럼, 2012). 소셜미디어의 유형은 기능 중심, 콘텐츠 형태나 내용 중심으로 분류할 수 있다. 분류들을 종합하면 ① 커뮤니케이션 모델, ② 콘텐츠 협력생산 모델, ③ 콘텐츠 공유 모델, ④ 엔터테인먼트 모델의 4가지로 일반화된다(최민재·양승찬, 2009).

소셜미디어의 의미　소셜미디어는 기업조직인 신문, 방송, 온라인 미디어와 달리 웹과 앱 서비스에 기반한 개인들의 집합체 또는 개인미디어다. 국내에서는 2000년부터 블로그, 트위터, 페이스북 등 소셜미디어가 확산되면서 매스커뮤니케이션의 무게중심에 큰 변화가 일어났다. 사람들이 소셜미디어를 통해 의견, 정보를 주고받는 것은 물론 전통 매체가 생산한 뉴스를 추천을 통해 읽거나 전달해주면서 소셜미디어의 매스커뮤니케이션 기능이 갑작스레 부각된 것이다. 특히 트위터는 한때 여론 형성이나 사회적 이슈의 생산, 확대에 큰 영향을 미쳤다. 소셜미디어의 보급으로 과거 조직체가 아니면 불가능했던 보도 활동은 이제 개인 단위로 확장됐다. 개인들은 협력관계를 통해 직접 뉴스를 생산하거나 뉴스의 수집·가공·유통에 참여하고 있다. 정보 파급도 조직체 일방향에서 조직체 및 개인들의 네트워크 방식으로 바뀌었다. 소셜미디어를 통한 직접 소통이 가능해지면서 정부, 기업, 시민과 매스미디어 간의 전통적 긴밀 관계도 해체 또는 약화되고 있다. 거시적으로 볼 때 전통 매체나 포털 등의 역할은 줄어들고, 뉴스

매개체로서의 소셜미디어의 영향력은 커질 것으로 보인다. 2020년 이후에는 소셜 뉴스가 주된 소통형태가 될 것이라는 전망까지 나오고 있다(박진용, 2012 재인용). 소셜미디어의 등장은 PR 커뮤니케이션에서 전통 미디어와 뉴미디어를 혼합하는 전략이 긴요함을 시사한다.

특성과 강·약점 소셜미디어에서는 정부, 기업, 시민이 동일한 공간에서 일상적으로 연결되기 때문에 조직의 단발적이고 형식적인 PR은 더 이상 통용되기 어렵다. 상호 신뢰, 공감대의 형성이 무엇보다 중요해졌다(이종혁, 2012). 소셜미디어 커뮤니케이션에서는 사실 전달 외에 감동, 공감, 재미와 같은 요소들이 정보 확산의 변수가 되고 있다. 소셜미디어의 강점은 기존의 간접소통이나 직접소통보다 획기적으로 낮은 비용, 즉 높은 경제성을 가진다는 사실이다. 정보 전달 및 유통의 신속성[4]과 지속성에서도 강점이 있다. 소통범위가 무제한적이고 소통 대상이 다양하다는 점도 강점 요인이 될 수 있다. 기업의 인격화 등 소통의 관계지향성이 높아 장기적인 우호관계를 형성하는 데 적합하다. 인구통계학적 특성, 라이프 스타일 등에 따라 유사점을 가진 목표집단에 효율적으로 접근할 수 있는 기회도 제공해준다(소셜미디어 연구포럼, 2012). 그러나 소셜미디어의 강점은 양날의 칼이 되어 조직에 치명적인 위협이 될 수도 있다. 비윤리적 목적으로 또는 악의적 의도로 소셜미디어를 사용할 경우 한두 사람의 개인들이 조직 명성을 와해시키거나 사회적 비용을 초래하게 된다. 특히 소셜미디어의 무제한적 소통 범위나 소통 대상은 모니터링이나 대응을 어렵게 해 조직들을 곤경에 빠트리기도 한다.

---

4) 2010년 조사에 따르면 국가 차원에서 트위터 정보의 50%는 8분 이내에 파급되며, 평균 4명을 거치면 대부분의 사람들과 연결된다고 한다. 글로벌 차원에서는 50%가 1시간 이내, 75%가 24시간 이내에 확산되는 것으로 나타났다. 소셜미디어는 소위 폭포소통(cascade communication)을 일반화시키고 있다.

이용실태　정보통신정책연구원의 2012년 조사에 따르면 소셜미디어 이용자는 전체 조사 대상자 1만 319명의 1/4 수준(23.5%)이었다. 1순위로 꼽는 소셜미디어는 모바일 메신저인 카카오톡(77%)이었다. 하루 60억 건의 글이 올라온다고 한다. 뒤를 이어 페이스북(12.2%), 카카오스토리(7%), 미투데이(0.5%) 순이었다. 세계무대에서 대표적 주자였던 트위터는 1순위 이용자가 0.1%에 불과했다(한국언론재단, 2013a). 카카오톡, 페이스북, 카카오스토리는 오프라인에서 서로 아는 사람끼리 관계를 맺는 폐쇄형, 미투데이, 트위터는 개방형으로 분류된다(≪조선일보≫, 2014.6.26: A3). 소셜미디어의 영향력에 대한 인식은 이용자와 비이용자 간에 차이가 있었다. 이용자 쪽의 영향력 인식이 훨씬 높았다. 한편 한국방송광고진흥공사의 2013년 보고서에 따르면 소셜미디어는 정치 참여의 수단보다 다른 사람들과 소통하며 다양한 정보를 획득하는 창구로 활용 및 인식하는 사람들이 많은 것으로 나타났다(한국언론재단, 2013a).

2) 소셜미디어 PR

2010년 이후 스마트폰의 폭발적 보급으로 한국은 모바일 기반 사회로 바뀌었다. 평균 3.6회만 거치면 아는 사람을 만나게 되어 소셜미디어가 위력을 발휘하기 좋은 토양을 갖추고 있다(≪조선일보≫, 2014.7.3: A6). 2010년 홍보 전문매체인 ≪The PR≫이 국내 200개 주요 기업홍보담당 임직원 200명에게 설문조사를 한 결과 51.5%가 가장 영향력이 높은 매체로 소셜미디어를 꼽았다. 인터넷 커뮤니티는 38.0%, 모바일은 35.5%, 포털은 33.5%, 방송은 16.5%, 신문은 8.0%였다(설진아, 2011). 현재 국내에서 PR 도구로 사용되는 소셜미디어로는 미투데이, 카카오스토리, 카카오톡 플러스, 페이스북, 트위터, 블로그, 유튜브, 핀터레스트, 구글 플러스, 인스타그램, 플리커 등이 있다.

PR의 역할　소셜미디어 PR의 3가지 중요한 역할은 ① 커뮤니티 관리, ② 사회자본 관리, ③ 담론 관리다. 커뮤니티 관리에서 PR 실무자는 조직과 커뮤니티 구성원 상호 간의 공동이익 증진, 소통의 상호 조화 추구, 공익적 가치에 대한 관심 공유 등 과제를 가진다. 정보 제공 및 협찬, 후원 등의 활동과 더불어 사회 이슈의 해결을 위한 커뮤니티를 조직하는 역할도 주어진다. 사회자본(social capital) 관리 측면에서는 사회자본의 확대가 PR의 주된 임무이자 역할이다. 산업화 시대의 경제적 자본, 정보화 시대의 지식 및 상징자본과 구분되는 패러다임이다. 기업의 물질적 가치나 추상적 가치를 뛰어넘는 사회적 신뢰 구축으로 소통의 중심축을 옮겨야 한다는 의미다. 담론 관리는 위기관리와 맥락을 같이 한다. 소셜미디어 시대에는 기존 관점에서 보면 아무것도 아닌 사건, 현상들이 재해석 과정을 거치면서 조직의 위기로 발전할 가능성이 높다. 소셜미디어 확산으로 조직들은 전혀 예상치 못한 쟁점에 대응해야 하는 상황을 맞고 있다. 따라서 PR 실무자는 조직의 의견을 설명·해석·주장하고, 논쟁 및 정당성 확보의 과정을 관리하는 기술자로서의 역할을 요구받게 된다(이종혁, 2012).

PR의 지향　다수의 국내 조직들은 PR의 소통 방식이 대중매체 중심에서 소셜미디어 중심으로 바뀌어야 함을 절감하고 있다. PR의 내용 측면에서는 공감을 일으키고 삶의 의미를 부여하는 방식으로 전환돼야 한다는 점을 강조한다. 사회가 더 좋아지도록 공헌하고 그것을 지속시키려는 철학이 필요하다는 것이다. 소셜 커뮤니케이션에서는 조직과 공중이 평등한 위치에서 소통하는 주체가 되도록 해야 한다. 공중은 설득의 대상이 아니라 의미의 공유, 해석의 공유, 방향성을 공유하는 대상이다. 그런 맥락에서 소셜 커뮤니케이션 담당부서는 조직의 성찰적 기구로서의 역할을 자임해야 한다. 소셜 커뮤니케이션을 기존 PR 활동의 하부 개념으로 다루는 것은

구시대적 발상이다(이종혁, 2012). PR의 실행에서는 상황에 따라 감성적, 이
성적 메시지들이 절제 있게 사용되는 인간화 전략이 요구된다. 소셜미디
어에서 펼쳐지는 대중의 심리를 분석하고 이것을 행동으로 이끄는 통합과
소통 능력이 PR 실무자의 중요한 소양이 됐다.

소셜 PR의 실태 인터넷 등장 이후 정부 부처들은 PR의 창구로 웹사이
트를 개설한 데 이어 소셜미디어인 블로그, 트위터, 페이스북으로 창구를
확대하고 있다. 현재 각 부처 소셜 PR의 중심채널은 상용 포털이나 전문 블
로그 등에 구축되어 있는 블로그다. 현안 사항이 생기면 블로그에 상세한
글을 올리고 도달률을 높이기 위해 페이스북과 트위터에 블로그 주소를
안내하는 채널 믹스 방식을 쓰고 있다. 다음의 아고라 같은 소셜미디어에
도 진출해 여론 홍보(콘텐츠 공동생산)를 펴는 등 PR 활동의 지평을 넓히고
있다. 정부 부처들은 대부분 자체적으로 소셜미디어를 운영하지만 일부는
민간 전문업체에 위탁하기도 한다. 국내 상장기업들은 2010년 기준 403개
소 가운데 16.1%가 소셜미디어를 활용하고 있는 것으로 나타났다. 아직
대다수가 실험적 운영에 그치고 있고 일방향적 홍보 채널로 인식하는 경
향이 강하다. 팔로워 수나 방문자 수 같은 양적 지표에 치중함으로써 소비
자들과의 친밀관계를 형성하지 못하고 부정적 이미지만 심어주는 경우가
많다. 고객관계나 브랜드 구축은 장기간의 지속적 관계를 통해 형성돼야
한다는 점을 재인식할 필요가 있다(소셜미디어 연구포럼, 2012).

3) 소셜 PR의 전략

앞서 설명한 소셜 PR의 지향이나 역할은 바람직한 PR의 방향을 제시하
고 있다. 그러나 PR 현실에서는 이런 이상적 그림만이 펼쳐지는 것은 아니
다. 사회의 불안정성, 비합리성, 적대성이 공중과의 교류나 공감을 자제 또

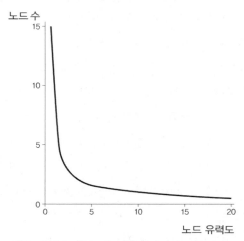

〈그림 10-4〉 소셜미디어 공중 네트워크 멱함수 분포

자료: 한정호 외(2014) 재구성.

는 회피하게 만드는 요인이 된다. 기업들이 소셜 PR이 불가피함을 이해하면서도 적극적으로 나서지 못하는 이유이기도 하다. 소셜 PR이 정착되기 위해서는 조직 자체 및 주변 여건이 좀 더 성숙돼야 할 것으로 보인다.

소셜 공중의 성격 소셜 환경에서도 PR의 소통 대상을 식별하는 공중 세분화 작업은 여전히 중요하다. 다만 그루닉의 상황이론과 같은 대중매체 시대의 공중 세분화 패러다임은 소셜 환경에 적합하지 않을 수 있다는 점을 염두에 둬야 한다. 소셜 공간에서의 공중 행동은 3가지 유형, 즉 90:9:1의 법칙의 적용을 받는다. 이용자의 90%는 관망만 하며, 9%는 재전송이나 댓글로 확산에 기여하고, 나머지 1%만이 콘텐츠 생산에 나선다는 법칙이다. 이로 보면 소셜미디어는 심각한 참여의 불균형을 낳고 있다는 평가가 가능하다. 태만한(slack) 행동주의(activism) 정도로 해석되는 슬랙티비즘(slacktivism)은 소셜 공중을 이해하는 중요한 척도가 된다. 슬랙티비즘은 예를 들어 100만 건의 정보 조회를 기록해도 기금 모금과 같은 실제행동에 나서는 비율은 쥐꼬리 같은 경우에서 잘 드러난다. 활동적 공중 또는 행동주의자 공중은 소수 또는 극소수에 불과하다는 것이다.

소셜 공중 세분화 소셜 공중 세분화는 행동유형과 밀접한 연관을 갖는다. 소셜미디어의 공중 네트워크는 하나의 중심 노드(node)를 중심으로 여러 노드들이 연결되는 멱함수 분포를 보인다. 따라서 유력자 집단을 체계적으로 분류할 수 있다면 프로그램 실행에 큰 도움을 받을 수 있다. 유력자 집단 식별에는 사회연결망 분석이 사용된다. 즉, ① 연결 중앙성(degree centrality), ② 사이 중앙성(betweenness centrality), ③ 인접 중앙성(closeness centrality), ④ 위세 중앙성(eigenvector centrality)의 4가지 척도로 사회연결망 지수를 산출해 이를 식별 수단으로 삼는 것이다. 연결 중앙성은 메시지가 직접 전파되는 정도를 의미하며 연결 링크 수로 측정한다. 사이 중앙성은 이질적 집단을 연결해주는 척도로 핵심 매개자 집단이 높은 지수를 가지게 된다. 인접 중앙성은 사람과 사람을 연결하는 데 필요한 경로거리를 지수화한 것이다. 수치가 높을수록 메시지 전파의 단계를 줄일 수 있다. 위세 중앙성은 연결의 정도에 연결된 상대방의 중요성을 함께 고려한 값이다. 사회연결망 지수는 공중 선별에 도움을 주지만 유력자 공중만을 소통의 대상이라고 생각하는 것은 바람직하지 않다. 침묵하는 다수를 경시하는 것은 문제의 접근에서 심각한 오판을 부를 수 있기 때문이다(한정호 외, 2014).

소셜 PR의 전략 조직이 소셜미디어 채널을 운영하지 않더라도 공중은 비판적인 담론을 형성해 거대한 여론의 파고를 만들어낸다. 어느 조직도 소셜미디어를 피해갈 수는 없다. 때문에 소셜 PR 플랫폼을 만들어 그 속에서 조직에 대한 다양한 이야기들이 소통되도록 하는 것이 현실적이다. 소셜 커뮤니케이션은 모든 조직 구성원들을 커뮤니케이션의 주체로 하기 때문에 조직 외부로 흐르는 메시지를 통제·관리하는 운영전략을 필요로 한다. 언론사들의 경우 모든 상황에 적용되는 소셜미디어 활용 가이드라인을 만들어 기자들이 불필요한 잡음을 일으키지 않도록 하고 있다. 조직들도 이런 가이드라인을 개발해 외부 공중들과의 마찰이나 갈등을 줄여야 한다. 소셜 PR플랫폼 운영은 외부 위탁보다 자체 운영이 바람직하다. 외부 위탁의 경우 가공된 메시지가 쉽게 간파될 뿐 아니라, 시분을 다투는 소셜 상황에 신속히 대응할 수가 없다. 전문성과 열정을 가진 인재를 발굴해 소셜 PR 실무를 맡겨야 한다.

• 구성원 커뮤니케이션 전략   소셜 PR의 구성원 커뮤니케이션 전략은 평시/위기 영역과 개인/공적 영역의 2가지 차원으로 접근해볼 수 있다. 소셜 미디어의 특성상 평시-개인 영역에서는 조직 구성원들의 인간적·감성적 면모를 부각시키는 것이 소통력을 높인다. 그러나 위기-공적 영역에서는 소수 정예 관리자들의 이성적 목소리 전략이 바람직하다. 평시-개인 상황에서 접근 대상이 가장 많아지고, 위기-공적 상황에서 접근 대상이 최소화된다(한정호 외, 2014).

블로그   블로그 PR은 주체와 객체, 즉 조직 블로그와 목표집단 블로그의 두 갈래 활동이 있다. 조직 블로그 게시물에는 언론에 보도된 내용 이외에 펌(퍼옴의 줄인 말로 다른 데서 글, 자료를 그대로 가져온다는 의미)의 가치가 있는 정보를 반드시 포함시켜야 한다. 명예훼손 사례가 급증하고 있으므로 게시물을 올리기 전에 확인 절차를 거치는 것이 좋다. 댓글에는 신속한 반응을 보여주고 방문자의 블로그에 간단한 인사말을 남겨준다. 목표집단 블로그로는 유력 매체 기자, 전문가, 시민단체 활동가, 우수 고객 등이 있다. 조직에 실질적 또는 잠재적 영향력을 가진 목표집단 블로그를 온라인 네트워크의 허브로 활용할 수 있다. 허브 블로그에는 언론과 마찬가지로 보도자료를 보내주는 등의 서비스가 뒤따라야 한다. 포털, 모바일 등 다른 미디어와의 연계대책을 빠트려서는 안 된다(정책홍보혁신포럼, 2005).

미니홈피   싸이월드의 미니홈피를 활용한 PR은 미니홈피 자체, 이벤트,

배너광고, 도토리, 스킨 등의 요소로 구성된다. 운영 주체를 공개하는 것이 바람직하다. 주 이용자층인 젊은 세대의 매체 이용습관을 고려해 미니홈피의 메시지는 텍스트보다 비주얼 위주로 하는 것이 좋다. 신속하고 적극적인 피드백이 있어야 재방문을 유도할 수 있다. 조직의 웹사이트로 이동시키기가 쉽지 않으므로 미니홈피에서 모든 정보를 제공하는 원스톱 서비스가 적절한 전략이다. 핵심 콘텐츠 공개 여부, 답글 달기 허용 여부, 펌 허용 여부를 미리 결정해야 한다(정책홍보혁신포럼, 2005).

UCC 영상   소셜미디어 시대는 유튜브 등 기술보다 내용적 속성을 달리하는 PR 매체의 등장을 가져왔다. UCC(User Created Contents) 제작과 게재, 활용은 최근 각광받는 PR 수단으로 떠오르고 있다. 그 가운데 주목을 끄는 것이 오프라인 활동을 재편집해 내놓는 PR 서머리 영상(summary film)이다. 서머리 영상은 생산주체가 조직 및 공중이 되며 PR의 전 영역, 특히 마케팅 PR에서 자주 쓰인다. 크게 이슈형과 흥미형의 2가지로 나뉘며 유명인보다 일반인 중심으로 제작된다. 공중들은 능동적 또는 수동적으로 참여한다. 대부분 단발성이지만, 연중 캠페인으로 진행될 때도 있다. 나이키 3만 마라톤 러너의 열정(2011년 10월, 1분 33초, 유튜브 등재), 현대자동차 버스 콘서트(2011년 8월, 2분 23초, 유튜브 등재) 등 다양한 실례들이 있다(이종혁, 2012 재인용).

4) 기업 PR 활용

소셜미디어의 성공은 이용자의 자발적 참여에서 비롯되는 네트워크 효과에 바탕을 두고 있다. 많은 기업들은 소셜미디어의 용도를 대외 홍보, 마케팅은 물론 연구개발, 지식경영으로까지 확대하고 있다. 마케팅 측면에서 소셜미디어는 매스미디어에 비해 저렴한 비용으로 광범한 소비자층에 접근할 수 있는 장점이 있다. 소셜미디어의 위력을 목격한 일부 외국 기업들은 이를 부가가치 창출의 새로운 경영수단으로 활용하고 있다(소셜미디어 연구포럼, 2012).

종업원 커뮤니케이션 소셜미디어는 생산성 향상이 경쟁력의 핵심인 기업들에게 유용한 혁신의 도구가 된다. 수직적이고 계층적인 사내 커뮤니케이션 구조를 수평적, 개방적으로 바꿈으로써 종업원 간 정보 공유와 협업을 촉진시킬 수 있다. 2000년대 초반부터 사내 페이스북(SocialBlue), 사내 위키, 소셜 북마킹 사이트, 사내 트위터(블루트윗), 잼(jam) 온라인 컨퍼런스 등을 도입한 IBM은 이 부문에서 가장 성공적인 기업의 하나다. 이런 시도는 크라우드소싱(crowd sourcing)을 기업 내부에 적용한 것이라 할 수 있다. 국내 기업들의 경우도 소셜미디어의 내부 커뮤니케이션 활용은 더욱 늘어날 것으로 보인다. 종업원들의 소셜미디어 참여를 장려하기 위해서는 탈중심적이고 자율적인 소셜 커뮤니케이션 가이드라인을 마련해두는 것이 좋다(소셜미디어 연구포럼, 2012).

• **종업원 활용 커뮤니케이션** 지금은 종업원들이 기업 브랜드를 만들고 키우는 시대다. 블로그, 트위터 등의 소셜미디어가 종업원 개인의 영향력을 크게 증폭시키고 있기 때문이다. 자포스닷컴, 베스트바이(Best Buy), 사우스웨스트항공은 종업원 개인을 전면에 내세우는 것이 기업 브랜드의 신뢰를 높인다고 생각한다(이종혁, 2012 재인용). 실제로 미국의 가전 유통매장인 베스트바이는 자체 트위터 계정을 가진 종업원 3000명을 참여시켜 고객 불만을 20% 감소시키고 매출을 10% 늘리는 성과를 거뒀다. 고객 문의나 불만을 공유하고 최단 시간에 이를 처리한 결과다(한정호 외, 2014).

언론홍보 국내 기자들은 취재를 위해 소셜미디어를 광범위하게 이용하는 것으로 나타났다. 모바일 메신저(71.3%), 페이스북, 싸이월드(64.6%), 온라인 커뮤니티(62.3%), 트위터, 미투데이(56.4%), 블로그(49.3%) 등이 이용 목록에 오른다. 소셜미디어와 온라인 커뮤니티는 기사정보 수집을 위해,

모바일 메신저는 취재원 관리를 위해(37.1%) 이용한다는 응답이 다수였다. 기사 반응 확인은 주로 포털과 소셜미디어를 활용하는 것으로 나타났다(한국언론진흥재단, 2013b). 언론홍보에서 소셜미디어는 이제 빠트릴 수 없는 요소이다. 기자, 공직자, 전문가 등과 잘 짜인 소셜 네트워크를 형성하는 것은 언론홍보의 성공기반을 다지는 일이다. 이를 통해 정보 제공, 여론 선도, 의견 교환, 기사에 대한 피드백 등 다양한 활동을 벌일 수 있다.

마케팅 PR 소셜미디어 개인 이용자들이 정보 소비자에서 생산자 겸 소비자로 바뀌면서 기업과 소비자의 상호 관계에는 큰 변화가 일어났다. 이는 마케팅, 고객 관리, 브랜드 관리 등의 접근 방식이 수정돼야 함을 의미한다(소셜미디어 연구포럼, 2012). 시장을 만들어내는 활동이 마케팅이라면 대화가 곧 시장인 소셜미디어 환경에서는 대화를 주도하는 소비자가 곧 마케터다. 전통적인 마케팅의 4P(Product, Price, Place, Promotion)로는 시장 대응이 부족하다. 여기에 또 하나의 P(Participation), 즉 소비자들을 브랜드에 참여시켜야 한다. 브랜드를 경험하게 하고, 입소문을 만들어내게 하는 콘텐츠와 스토리 연구가 필요하게 된 것이다(이종혁, 2012 재인용). 소셜미디어를 통한 입소문 효과는 과거에 볼 수 없는 위상을 갖게 됐다. 많은 소비자들이 블로그, 페이스북 등을 통해 공유하는 제품 및 서비스 정보는 강력한 영향력을 행사하고 있다. 기업들은 이용후기, 제품 리뷰, 제품 체험단 모집 등 이벤트를 통한 입소문 확산에 힘을 기울이고 있다. 파워블로거나 파워트위터러가 기업 마케팅의 공략 대상이 된 것도 같은 맥락에서다. 소셜미디어 이용자들은 이들과 유사 친구관계를 형성하며 브랜드 선호를 이끌어낸다. 문제는 이런 시도가 순수하고 자발적인 입소문이 아닌 소셜 소음으로 취급받기 쉽다는 점이다. 기업의 개입을 최소화하면서 커뮤니티 등을 통한 고객 간의 소통을 활성화시키는 방안이 모색돼야 할 것으로 보인다(소셜미디어 연구포럼, 2012).

참고문헌

1. 단행본

국정홍보처. 2005. 『정책성공을 위한 홍보 매뉴얼』. 국정홍보처.

권상로 역해. 1978. 일연. 『삼국유사』. 동서문화사.

그루닉(James Grunig)·헌트(Todd Hunt). 2006a. 『PR의 역사와 개념』. 박기순 외 옮김.
　　커뮤니케이션북스.

＿＿＿. 2006b. 『PR의 원칙과 책임』. 박기순 외 옮김. 커뮤니케이션북스.

＿＿＿. 2006c. 『PR의 기능과 운영』. 박기순 외 옮김. 커뮤니케이션북스.

＿＿＿. 2006d. 『PR의 테크닉과 실행』. 박기순 외 옮김. 커뮤니케이션북스.

그리핀, 엠(Em Griffin). 2010. 『첫눈에 반한 커뮤니케이션 이론』. 김동윤 옮김. 커뮤니케
　　이션북스.

기든스, 앤서니(Anthony Giddens). 2010. 『현대사회학』. 김미숙 외 옮김. 을유문화사.

김경희. 2009. 『한국사회와 인터넷 저널리즘』. 한울.

김병철. 2005a. 『온라인 저널리즘의 이해』. 한국외국어대출판부.

＿＿＿. 2005b. 『PR의 이해』. 한국외국어대출판부.

김상일 역주. 1976. 『한비자』, 상권. 삼중당 문고.

김성원 감수. 1994. 『동양명언집』. 명문당.

김영석. 2005. 『설득 커뮤니케이션』. 나남.

김영욱. 2003. 『PR 커뮤니케이션』. 이화여대출판부.

김주환. 2010. 『PR의 이론과 실제』. 학현사.

김찬석. 2007. 『사례로 본 PR경영』. 커뮤니케이션북스.

김춘식 외. 2010. 『저널리즘의 이해』. 한울.

김춘옥. 2006. 『방송저널리즘』. 커뮤니케이션북스.

김태욱. 2007. 『전략홍보 워크북』. 커뮤니케이션북스.

나은영. 2009. 『인간커뮤니케이션과 미디어』. 한나래.

닥터, 켄(Ken Doctor). 2010. 『뉴스의 종말』. 유영희 옮김. 21세기 북스.

뉴섬, 더그(Doug Newsom) 외. 2007. 『PR: 공중합의 형성과정과 전략』. 박현순 옮김.
　　커뮤니케이션북스.

디건, 데니스(Denise Deegan). 2006. 『시민단체 다루기』. 최윤희 옮김. 커뮤니케이션북스.

딕스-브라운(Barbara Diggs-Brown)·글루(Jodi L. G. Glou). 2005. 『PR스타일 가이드』.

KPR 옮김. 커뮤니케이션북스.

류희림. 2012. 『방송보도 기사쓰기』. 글로세움.

마이어스, 데이비드(David Myers). 2008. 『심리학개론』. 신현정·김비아 옮김. 시그마프
레스.

맥퀘일, 데니스(Denis McQuail). 2008. 『매스 커뮤니케이션 이론』. 양승찬·이강형 옮김.
나남.

문일평. 1970. 『한국의 문화』. 을유문화사.

밀러, 캐서린(Katherine Miller). 2006. 『조직커뮤니케이션』. 안주아 외 옮김. 커뮤니케이
션북스.

박금자. 2001. 『인터넷 미디어 읽기』. 커뮤니케이션북스.

박기동·박주승. 2006. 『경영학원론』. 박영사.

박노준. 2003. 『옛사람 옛노래 향가와 속요』. 태학사.

박성호. 2008. 『홍보학 개론』. 한울.

박성희. 2013. 『현대 미디어 인터뷰』. 나남.

박재훈. 2011. 『기업의 사고와 위기관리 119』. 커뮤니케이션북스.

박진용. 2011. 『언론과 홍보』, 개정판. 커뮤니케이션북스.

_____. 2012. 『메타저널리즘』. 한울

배규한 외. 2006. 『매스미디어와 정보사회』. 커뮤니케이션북스.

보턴(Carl H. Botan)·해즐턴(Vincent Hazleton). 2010. 『PR이론 II』. 유재웅 외 옮김.
커뮤니케이션북스.

서정우 외. 2002. 『현대신문학』. 나남.

설진아. 2011. 『소셜 미디어와 사회변동』. 커뮤니케이션북스.

소셜미디어 연구포럼. 2012. 『소셜 미디어의 이해』. 미래인.

슈메이커, 패멀라 J.(Pamela J. Shoemaker). 2001. 『게이트키핑의 이해』. 최재완 옮김.
커뮤니케이션북스.

스튜어트, 샐리(Sally Stewart). 2008. 『미디어 트레이닝』. 프레인앤리(주) 옮김. 커뮤니케
이션북스.

시노자키 료이치(篠崎良一). 2004. 『홍보, 머리로 뛰어라』. 장상인 옮김. 월간조선사.

신인섭·이명천·김찬석. 2010. 『한국 PR의 역사』. 커뮤니케이션북스.

쑤쑤, 다야 키샨(Daya Kishan Thussu). 2009. 『국제 커뮤니케이션』, 2판. 배현석 옮김.
한울.

아르젠티(Paul A. Argenti)·포먼(Janis Forman). 2006. 『기업홍보의 힘』. 이승봉 옮김.

커뮤니케이션북스.

안광호 외. 2004. 『광고관리』. 법문사.

앤더슨(Peter J. Anderson)·워드(Geoff Ward) 엮음. 2008. 『저널리즘과 선진민주주의』. 반현·노보경 옮김. 커뮤니케이션북스.

오미영·정인숙. 2005. 『커뮤니케이션 핵심이론』. 커뮤니케이션북스.

왓슨(Tom Watson)·노블(Paul Noble). 2006. 『PR의 평가』. 김현희 외 옮김. 커뮤니케이션북스.

유재웅. 2010. 『정부 PR』. 커뮤니케이션북스.

유재천 외. 2010. 『매스 커뮤니케이션의 이해』, 개정판. 커뮤니케이션북스.

윤희중·신호창 편저. 2000. 『PR 전략론』. 도서출판 책과길.

이명천·김요한. 2010. 『광고학 개론』, 개정판. 커뮤니케이션북스.

_____. 2012. 『PR입문』. 커뮤니케이션북스.

이상철. 1999. 『신문의 이해』. 박영사.

이영권. 1999. 『이것이 기업 PR이다』. 명경사.

이종혁. 2006. 『PR 프로젝트 기획』. 커뮤니케이션북스.

이종혁 편. 2012. 『소셜 미디어 PR』. 커뮤니케이션북스.

임태섭. 2003. 『스피치 커뮤니케이션』, 개정판. 커뮤니케이션북스.

정만수·이은택. 2008. 『설득 커뮤니케이션의 이해』. 에피스테메.

정인태. 2006. 『PR 캠페인 기획과 실무』. 커뮤니케이션북스.

정책홍보혁신포럼 편. 2005. 『이젠 정책 e 홍보다』. 커뮤니케이션북스.

조계현. 2005. 『PR실전론』. 커뮤니케이션북스.

조삼섭 외. 2007. 『광고홍보실무 특강』. 커뮤니케이션북스.

조용석 외. 2007. 『광고·홍보 실무특강』. 커뮤니케이션북스.

최민재·양승찬. 2009. 『인터넷 소셜미디어와 저널리즘』. 한국언론재단.

최윤희. 2001. 『현대PR론』, 개정1판. 나남.

_____. 2008. 『현대PR론』, 개정3판. 나남.

최재완. 2002. 『기업홍보의 이론과 실제』. 경희대출판부.

최창섭 외. 1998. 『교양언론학 강좌』. 범우사.

최철. 2011. 『기자수업』. 컬처그라퍼.

치알디니, 로버트(Robert B. Cialdini). 2002. 『설득의 심리학』. 이현우 옮김. 21세기북스.

태윤정. 2007. 『미디어 트레이닝』. 커뮤니케이션북스.

프랫카니스(Anthony Patkanis)·아론슨(Elliot Aronson). 2005. 『프로파간다 시대의 설득전

략』. 윤선길 외 옮김. 커뮤니케이션북스.

필립스, 데이비드(David Phillips). 2004.『온라인 PR』. 이종혁 옮김. 커뮤니케이션북스.

하컵, 토니(Tony Harcup). 2012.『저널리즘 원리와 실제』. 황태식 옮김. 명인문화사.

한국언론학회 편. 1994.『언론학원론』. 범우사.

한국역사연구회. 2005.『역사문화수첩』. 역민사.

한균태 외. 2008.『현대사회와 미디어』. 커뮤니케이션북스.

한미정. 2002.『인터넷으로 PR하기』. 커뮤니케이션북스.

한정호 외. 2014.『PR학 원론』. 커뮤니케이션북스.

할러, 미하엘(Michael Haller). 2008.『인터뷰: 저널리스트를 위한 핸드북』. 강태호 옮김.
　　커뮤니케이션북스.

함성원. 2010.『기업홍보실무 특강』. 커뮤니케이션북스.

해리스(Phil Harris)·프레이셔(Craig S Fleisher) 편저. 2007.『퍼블릭어페어즈 핸드북』.
　　김찬석·정나영 옮김. 커뮤니케이션북스.

헨드릭스, 제리(Jerry A. Hendrix). 2005.『성공한 PR』. 조전근·김원석 옮김. 커뮤니케이션
　　북스.

현대경영연구소 편. 2008.『기업홍보·CI·현대광고』. 승산서관.

홀츠, 셸(Shel Holtz). 2002.『인터넷 PR론』. 안보섭 옮김. 나남.

2. 보고서, 논문, 신문, 웹사이트

최영택·김상훈. 2012.「소셜미디어를 이용한 기업의 PR 활동에 대한 연구」.≪홍보학
　　연구≫, 제17권 3호.

한국언론진흥재단. 2013a.「한국언론연감 2013」.

_____. 2013b.「한국의 언론인 2013」.

_____. 2013c.「2013 언론수용자 의식조사」.

한국정보진흥원. 2014.「2013년 인터넷 중독 실태조사」.

≪조선일보≫. 2014.6.26. "SNS가 만드는 위험사회", A3면.

_____. 2014.7.3. "SNS가 만드는 위험사회", A6면.

골드오션커뮤니케이션즈(http://www.goldocean): 모니터링 서비스

구글(http://www.google.co.kr): 인명, 서명

네이버 지식백과(pmg지식엔진연구소.『시사상식사전』. 박문각): 2단계유통이론.

_____(고영복. 2000. 『사회학사전』. 사회문화연구소)

_____(『매스컴대사전』. 1993. 한국언론연구원)

_____(『자동차 용어사전』. 2012. 일진사)

_____(『한글글꼴용어사전』. 2000. 세종대왕기념사업회)

_____(『행정학사전』. 2009. 대영문화사)

뉴스와이어(http://www.newswire.co.kr/?ed=4): 보도자료 작성법

두산백과(http://terms.naver.com): 게임이론, 도메인명

모로버(http://www.moreover.com/): 모니터링 서비스

박덕삼 블로그(http://blog.naver.com/PostView): 투명성의 역설

브리태니커 비주얼 사전(http://terms.naver.com/entry): URL 주소

브리태니커 사전(http://100.daum.net): 뉴스 그룹

비알티(BRT, http://businessroundtable.org/about): BRT 현황

스크랩마스터(http://scrapmaster.co.kr/serviceInfo/page3.html): 모니터링 서비스

아이서퍼(www.eyesurfer.com): 모니터링 서비스

아이스크랩(www.eyescrap.com): 모니터링 서비스

언론중재위원회(http://www.pac.or.kr/html/main.asp): 언론중재 현황

영국 IPR(Institute of Public Relations, IPR.org.uk): Public Relations and the Internet

위키피디아(http://ko.wikipedia.org): 웹 2.0, 위기커뮤니케이션 이론

이병철 블로그 '이병철의 PR세상'(http://prworld.blog.me/20199854100)

천안 NGO센터 홈페이지(http://ngo-center.or.kr/): NGO

≪포천≫(http://fortune.com/): 세계 500대 기업

한국모니터링(http://www.monis.co.kr/): 모니터링 서비스

한국언론재단(http://www.kpf.or.kr): XML

박진용

대구에서 나고 자라 언론 외길을 걸어왔다. 경북대 재학 중 학보사 기자를 했던 것이 인연이 돼 ≪매일신문≫ 기자로 언론계에 첫발을 들여놓았다. 사회부 및 편집부 기자로 일하던 초급 기자 시절 한국언론연구원의 해외 장기 연수(덴마크)를 다녀왔다. 이후 문화재, 교육, 의료, 도시 행정, 경제 분야 기사를 썼다. 일선 취재를 마친 뒤 사회2부장, 사회1부장, 사회과학부장, 체육부장, 경제부장, 중부본부장, 편집부국장을 역임했다. 체육부장 재직 중인 1998년 수습기자 업무 매뉴얼인『기자학 입문』을 첫 저술했다. 같은 해 경북도문화상을 수상했고, 이듬해 계명대 대학원 신문방송학과를 졸업했다. 이후 계명대, 경운대, 대구대, 경일대 등에서 강사, 겸임교수로 교양언론과 저널리즘을 강의했다. 『기자학 입문』은 2002년과 2004년에 체제를 완전히 바꿔『실전기자론』이란 이름으로 두 차례 더 출간됐다. 국장 승진과 함께 논설위원, 문화사업국장, 독자국장, 제작국장, 논설실장, 윤전국장 등 보직을 거쳤다. 편집과 비편집을 오가며 IMF 사태와 경영난 시대를 힘겹게 보냈다. 논설위원 재임 중 언론 분야를 담당하며 세 번째 저술인『언론과 홍보』를 출간했다. 신문사 최선임이 되면서 영남대 언론정보학과 객원교수(산학협력 파견교수)로 자리를 옮겼다. 퇴임 후 2년간 같은 학과 겸임교수로 저널리즘, 홍보론을 강의했다. 저널리즘 강의를 하면서 그동안의 언론 변화를 총집한 저술이 2012년 출간된『메타저널리즘』이다. 신문, 방송, 온라인, 소셜 저널리즘을 한 책으로 묶었다. 2015년, 홍보론 강의의 결과물로 이 책을 출간하게 됐다.　jspkk1206@hanmail.net

한울아카데미 1780

PR 이론과 실무

ⓒ 박진용, 2015

지은이 l 박진용
펴낸이 l 김종수
펴낸곳 l 도서출판 한울
편집책임 l 이수동
편집 l 조수임

초판 1쇄 인쇄 l 2015년 3월 30일
초판 1쇄 발행 l 2015년 4월 15일

주소 l 413-120 경기도 파주시 광인사길 153 한울시소빌딩 3층
전화 l 031-955-0655
팩스 l 031-955-0656
홈페이지 l www.hanulbooks.co.kr
등록번호 l 제406-2003-000051호

Printed in Korea.
ISBN 978-89-460-5780-7 93320 (양장)
       978-89-460-4982-6 93320 (반양장)

* 책값은 겉표지에 표시되어 있습니다.
* 이 도서는 강의를 위한 학생판 교재를 따로 준비했습니다.
  강의 교재로 사용하실 때에는 본사로 연락해주십시오.